蜀漢政權中政治派系之研究

黃熾霖 著

天空數位圖書

目錄

附表

第一章 緒 論

第一節　研究動機

　　歷來對三國時期的研究，多集中在曹魏政權，因為曹魏上承兩漢[1]，下開兩晉，是三國中版圖最大、國力最強的一個政權，以歷史的傳承而言自有其重要地位；其次則為孫吳，原因是孫吳佔有江東，下開五朝，而江南地區的開發，對往後中國南北經濟重心的轉移有著重大影響，這件歷史大事可上溯至孫吳時期甚或兩漢。相較之下對於蜀漢政權的研究則較少[2]，研究的方向也多集中在諸葛亮個人[3]。

　　雖說蜀漢國祚不長，但以漢統自居，使天下三分，且以一州之力，百萬之眾，能維持四十餘年的政權，自有一番措置值得注意。

　　許倬雲說「劉備……如要重建漢時的政府結構……非將就當地的勢力……給予當地的人士管理益州的權力。」[4]即外來政權需要與本地勢力結合，才能長治的說法；這是理想的情況，即外來者與本土者能和衷共濟，共建政權。然而對蜀漢的情況尚有另一種說法，如白楊、黃朴民二人所撰的〈論蜀漢政權的政治分化〉一文則稱：「劉備入川建

1　此稱上承下開，並不牽涉正統論中正統問題，只因在帝位傳承上，漢獻帝後為魏文帝，魏元帝後為晉武帝而稱，關於正統論問題非本文討論範圍。

2　綜論蜀漢興亡的文章有：齊騁邨，〈論蜀漢之亡〉，《孔孟月刊》26 卷 1 期，1987年 9 月；近年中國大陸也有相當的研究，可以在中國期刊網中看到。

3　討論諸葛亮的文章，臺灣方面有：史念海，〈論諸葛亮的攻守策略－－中國古代地理政治家傳略之七〉，《文史雜誌》6 卷 2 期（1946 年）。祝秀俠，〈諸葛孔明·劉備·曹操－－三國人物新論之一〉，《中外雜誌》20 卷 5 期（1976 年 11 月）。胡秋原，〈大人君子政治家諸葛亮〉，《中華雜誌》19 卷 218 期（1981 年 9 月）。蔣君章，〈諸葛亮的政教經軍建設〉，《東方雜誌》16 卷 3 期（1982 年 9 月）等。大陸方面有：周一良，〈論諸葛亮〉，收入氏著《魏晉南北朝史論集》（北京：北京大學出版社，1997 年 6 月），頁 315-330。宋裕，〈諸葛亮不出兵子午谷的原因試說〉，收入《中國古代史論叢 1982 年第一輯》（1982 年 12 月），頁 330。陳可畏，〈論諸葛亮一出祁山之戰〉，收入《中國古代史論叢 1982 年第三輯》（1982 年 12 月），頁 38。吳洁生，〈評諸葛亮斬馬謖〉，收入《中國古代史論叢第七輯》（1983 年 10 月），頁 316。

4　許倬雲，《從歷史看領導》（臺北：財團法人洪建全教育文化基金會，1997 年 10月），頁 59。

立蜀漢政權，是以外來者的身份來統治蜀國的，因此勢必要受到益州本地勢力和劉璋舊部的抵制與反抗。」[5]即本土勢力對外來勢力是處於對抗的態勢，因此劉備如何安撫與安排益州的反抗勢力，成為蜀漢政權能否立足益州的重要因素。

蜀漢的情況到底如何？劉備等領導者如何處理此問題？當中牽涉蜀漢政權的權力結構，劉備及其部下以外來者的身份，如何與蜀地原有地方勢力結合以建立政權，進而維持統治架構，實有深入探討的價值。

針對蜀漢政權的權力結構，益州與非益州的地域觀念是一個研究方向；近人以此研究並有貢獻者，首推日人狩野直禎，他在〈蜀漢政權の構造〉一文中以地域觀點分析蜀漢政權的人事安排，得到中央官職以非益州籍人士為主，州僚佐則以益州土著大姓為主的結論[6]。對瞭解劉備如何透過政府架構以調和益州與非益州兩股勢力，非常有幫助。

臺灣地區也有耿立群站在地域觀點分析蜀漢政權成立的基礎，前後分為二篇文章[7]，第一篇先討論劉備統治時期，耿氏認為「劉備政權無論在中央或地方首長（即各郡太守）的任用上，都以外來人士佔優勢，其次是流寓勢力，最不受重用者為益州土著。唯有地方官之掾屬，是以土著大姓佔多數，此可謂承繼兩漢以來州郡辟除本地人為掾屬的傳統。」[8]第二篇認為蜀漢自劉備後，「中央官之任用……與先主朝一樣，主要由外來人士擔任。至於地方首長……則以益州土著佔絕大多

---

5 白楊、黃朴民撰，〈論蜀漢政權的政治分化〉，《中國史研究》（2008 年第 4 期），頁 85。

6 狩野直禎，〈蜀漢政權の構造〉，《史林》42 卷第 4 期（1959 年），頁 87，及頁 101 註 3。文章中特別舉出錄尚書事、平尚書事、尚書令、尚書僕射以及丞相府的主簿、參軍等人的籍貫差別，可更細微的觀察。

7 耿立群有兩篇文章，〈蜀漢政權的成立及初期統治〉，《國立中央圖書館館刊》20 卷 1 期（1987 年 6 月）；〈蜀漢後主時期對巴蜀的統治〉，《國立中央圖書館館刊》21 卷 2 期（1988 年 12 月）。

8 耿立群，〈蜀漢政權的成立及初期統治〉，頁 129。

數。」[9]前後兩文皆以地域的角度檢視蜀漢政權的社會基礎，耿氏並配合統計的方式，把蜀漢時期擔任錄尚書事、尚書令及地方郡太守等人士列出，以証蜀漢在任用官員上，地域考慮佔有一定的影響，益州人在蜀漢的政權中，影響力不及非益州人，其結論有類狩野直禎；只是兩人的結論似尚未能成為定論，因為還有不同的意見提出。

　　吳大昕在所著〈從蜀漢的地方制度論蜀人的政治地位――以州、郡組織為例〉的論文裡，對蜀漢的地方制度作研究，並提出與狩野直禎及耿立群二人不同的觀點，認為「蜀人雖是被統治者，但卻是地方上實際統治者。」[10]雖然前引狩野及耿氏等文章中認為蜀漢中央是由非益州人氏控制，但吳大昕指出「蜀漢政權在 221 年建立時，一切職官相當精簡，三公、九卿僅具名而已，實際上統治益州，仍舊依靠益州州府的力量。」至後主延熙以後中央組織漸趨完備後益州州府的影響力才降低，然而益州人卻也在中央政府逐漸增強他們的影響力，結論則是「蜀漢依靠蜀人治蜀」，與狩野、耿氏二人有著不同看法。

　　相對於以上三人，洪武雄又提出異於前述各人的觀點，他在〈蜀漢郡守考〉一文認為「從總數而言，益州土著與漢末流入的外來者約各佔半數。但分期而觀，更能呈現出劉備重用外來者與諸葛亮大力拔擢土著的明顯變化，在用人方針上的轉變，反映了蜀漢政權從初入益州時，急於拉攏劉二牧的舊勢力，調和同是外來者的新舊矛盾的用心；轉變成安撫益州土著，鞏固內部，以利其全心對外，進取中原的素志。俟諸葛亮壯志未酬身先死，蜀漢只能固守益州，在土著與外來者及其第二代中求才、用才，兩大勢力遂於郡守任用比率上趨於平衡。」[11]即兩大勢力是在平衡的狀態下發展。

9　耿立群，〈蜀漢後主時期對巴蜀的統治〉，頁 78。

10　吳大昕，〈從蜀漢的地方制度論蜀人的政治地位――以州、郡組織為例〉，《史化》27（1999 年 6 月），頁 35。

11　洪武雄，〈蜀漢郡守考〉，收錄在氏著《蜀漢政治制度史考論》（臺北：文津出版社，2008 年 1 月），頁 210。

以上各學人所提的觀點，基本上是從中央以及地方官員的州籍著手，以益州與非益州的比例為研究重點，本來根據史料中各人州籍資料所作之統計研究，得到應該是客觀公正的結果，可是他們彼此之間的結論卻互有差異，這是甚麼原因？筆者發現其中一個原因是研究取樣的不同，如耿立群說「依這些人（指蜀漢的政治人物）被蜀漢所羅致的地點，或他們原為何人屬下，來作區分標準。」[12]雖然耿氏此說應是針對蜀漢初期為研究期限，若作為蜀漢整體政治派系的發展為研究對象卻有值得注意的地方。

　　以地域觀點分析蜀漢政治權力結構其實面臨一些問題；首先，是州籍認定問題，如前引耿立群以羅致地點為研究取樣，則劉巴本為荊州零陵人，曹操征荊州，劉巴詣曹操，劉備得零陵後劉巴又遠適交阯，後才返蜀，則羅致地點是益州，所以劉巴應歸入益州？問題是自建安二十四年（219）關羽失荊州後，蜀漢只有益州一地，所有蜀漢人才都在益州羅致，則沒有地域派系可言了。

　　其次，一些人的籍貫也是問題，如董和，本為荊州南郡枝江人，可是祖先為「巴郡江州人」[13]，巴郡屬益州，則董和及其子董允該以南郡或巴郡視之？這裡就會變成荊州與益州之差。所以在討論政治派系時這樣的劃分標準有需要先作釐清。另外，通常都以荊益二州討論地域問題，可是蜀漢有很多非荊益二州人士，如諸葛亮、姜維等，若只把他們歸入非益州人士似乎又不適切，如諸葛亮與荊州人士的關係，與姜維有著很大差異，所以不能只用非益州人士攏統涵蓋。

　　除以上研究方向外，大陸地區有不同的研究路徑，王仲犖在《魏晉南北朝史》一書不純用地域觀點，以時間先後為準則，把蜀漢政權分為四個集團勢力，分別為隨劉備轉戰中原的舊部、荊楚群士、劉璋

---

[12] 耿立群，〈蜀漢政權的成立及初期統治〉，頁 129。

[13] 晉‧陳壽，《三國志》（台北：鼎文書局，1991），卷 39〈蜀書‧董和傳〉載「董和字幼宰，南郡枝江人也，其先本巴郡江州人。漢末，和率宗族西遷，益州牧劉璋以為牛鞞、江原長、成都令。」頁 979。

舊部後歸附劉備之士（有稱此類為東州士）、以及最後的益州人士[14]，這四類人物成為蜀漢政治派系的討論對象。

又如前白楊、黃朴民的〈論蜀漢政權的政治分化〉一文，認為「劉備蜀地立國，其政權官吏的構成大致來自於四個方面，我們可以稱之為四個群體，並在此基礎上，逐漸形成了鮮明的地域團體特徵。首先是劉備涿州起兵到寄寓荊州之前的核心成員。其次是劉備寄寓荊州劉表期間，所延攬、籠絡、收買的荊襄人物。第三是劉備進入兩川，取劉璋自代，所接納的劉璋部分舊屬與益州當地豪強、士人。最後是在蜀漢政權建立過程中從外來投奔的、以部曲相隨的實力派人物。」[15]雖然名稱不同，這四個群體與王仲犖所言並無大差別。

另外還有張寅瀟在〈從蜀漢派系鬥爭看馬謖之死〉一文雖然主要討論李嚴的問題，並認為「李嚴的興衰榮辱實與蜀漢政治派系鬥爭息息相關」；不過文中也論及派系的情況，並認為「在蜀漢政權真正建立起來之後，隨著關羽、張飛等主要代表人物的相繼離世，元老派在蜀漢政權裡已不占重要地位，而馬超、姜維等人為代表的外附勢力對蜀漢政局影響也不大…蜀漢統治者秉承的用人原則是以荊州派為主，極力拉攏東州士，共同壓制益州集團。」[16]至於荊州派、東州士及益州勢力等成員歸類之準則為何卻沒有說明。

[14] 王仲犖著《魏晉南北朝史》〈第一章第三節〉（上海：上海人民出版社，1979 年 12 月），說「隨劉備轉戰中原的舊文武，隨劉備入蜀的『荊楚群士』，都得到劉備和諸葛亮的重用…除此之外，劉備、諸葛亮對隨劉焉入蜀的劉璋舊部，也通過各種方式來加以拉攏…劉備、諸葛亮對益州土著地主集團，就不像對待從他們入蜀的荊楚群士和劉璋舊部一樣了。既有打擊的一面，也有拉攏的一面。」頁 81-83。

[15] 白楊、黃朴民撰，〈論蜀漢政權的政治分化〉，頁 89。

[16] 張寅瀟在〈從蜀漢派系鬥爭看馬謖之死〉認為「蜀漢統治集團應由五大派系構成，首先是追隨劉備起兵以及徐州吸納之人，以關羽、張飛、麋竺等人為代表，可稱之為『元老派』；其次是劉備寄寓荊州時搜羅的荊襄籍人士，以諸葛亮、龐統、馬良等人為代表，可稱之為『荊襄派』；再次是劉備輾轉各地收納的攜部曲相隨者，以趙雲、魏延、馬超等人為代表，可稱之為『部曲派』；再有就是漢末先于劉備入蜀者，以法正、李嚴、孟達等人為代表，可稱之為『東州派』；最後是土生土長的益州土著，以黃權、張裔、譙周等人為代表，可稱之為『益州派』。」《陝西理工大學學報（社會科學版）》（2019 年 4 月），頁 29。

前人對以上派系並未作清楚的界定，只有安劍華的〈〝東州士〞與蜀漢政權〉一文對東州士有較明確的定義，文章中引《華陽國志》認東州士是特指「南陽、三輔兩地於漢末避亂入蜀依附劉焉、劉璋之人士。」並認為「三輔指西漢京兆尹、左馮翊、右扶風，今陝西中部。南陽隸屬荊州，今河南南部一帶，這是關於〝東州士〞狹義的定義。但漢末避亂入蜀人士來源地域甚廣，三輔、南陽兩地難以涵蓋其範圍，因此文所謂〝東州士〞為廣義範疇的〝東州士〞，特指所有漢末先於劉備嫡系荊州集團避亂入蜀之人士及其後人。」最後認為「從法正助劉備奪得益州，到陳祗勾結黃皓禍亂朝廷，"東州士"完成了一個完整的輪迴。蜀漢的建國有賴法正之功，滅亡又與陳祗脫不了關係。」[17]所以從廣義而言包括所有「漢末先於劉備嫡系荊州集團避亂入蜀之人士及其後人」都屬東州士；安氏並在論文中以列表方式把東州士的成員作完整介紹，說明東州士在蜀漢政治發展中的重要性。

　　以上大陸地區的研究主要以三國時期的荊楚群士、東州士及益州勢力等觀念作為分析蜀漢政治派系的依據，似乎比較簡單，因為這些政治派系都是故有名稱，在史料上都有記載，只要把各派系所屬人士找到即可作分析研究，然而問題就在這些人物的歸屬上仍然出了問題。如荊楚群士與東州士牽涉的成員就是一個例子。

　　王仲犖在《魏晉南北朝史》書中指出「隨劉備轉戰中原的舊文武，隨劉備入蜀的『荊楚群士』」包括鄧芝等7人[18]；另外白楊、黃朴民的《論蜀漢政權的政治分化》認為的荊襄勢力則有諸葛亮、龐統，其他尚包括董允、費禕等8人[19]。然而安劍華在〈〝東州士〞與蜀漢政權〉

---

[17] 安劍華，〈〝東州士〞與蜀漢政權〉，《成都大學學報（社科版）》（2010年）第6期，頁18。

[18] 王仲犖著，《魏晉南北朝史》第一章第三節，頁81。其餘6人為霍峻、陳震、劉邕、董恢、輔匡、蔣琬。

[19] 白楊、黃朴民撰，〈論蜀漢政權的政治分化〉，頁89。其他6人為蔣琬、楊儀、劉敏、向朗、伊籍、馬良。

羅列所謂東州士的成員，包括鄧芝、費禕、董允等 36 人[20]。可以發現包括鄧芝、費禕、董允等都出現在兩陣營的名單中，只因為鄧芝是義陽新野人，費禕是江夏鄳人，董允是南郡枝江人[21]，義陽、江夏、南郡皆在荊州[22]，籍貫同為荊州應如何劃分荊楚群士與東州士？如徐州的諸葛亮基於甚麼原因劃歸荊楚群士？

不同分類標準有不同的結果，當然尚有其他不同的研究方向與結果[23]，由於與本文討論範疇不盡相同，所以不再討論羅列；往下只想針對前引各論文關於東州士、荊楚群士、益州勢力等界定為討論重點。

本書希望訂立劃分派系的標準，以助於對蜀漢時期政治派系發展的重新瞭解與解釋。

所以本書對蜀漢政治派系的研究以兩方面同時進行，一是以地域觀念作為界線，以史料所載各人州籍資料，作為探討對象，並以此觀察蜀漢政權中的地域分佈；另一方面又以三國時期慣用的派系名稱，如《華陽國志》所稱東州兵，以及荊楚群士等作研究對象，嘗試找出這些政治派系所牽涉的成員，並與地域研究結果作綜合比對，希望從他們兩者間的差異可以有新的發現。

---

[20] 安劍華，〈〝東州士〞與蜀漢政權〉，頁 23-25。其他 33 人為許靖、董和、龐義、法正、劉巴、李嚴、孟達、吳懿、吳班、許慈、裴俊、來敏、孟光、射堅、射援、費觀、王連、呂乂、杜祺、劉幹、陳祗、郤正、法邈、許勛、許游、來忠、李豐、王山、費承、費恭、鄧良、呂辰、呂雅。

[21] 晉·陳壽，《三國志》，卷 45〈蜀書·鄧芝傳〉，頁 1071；卷 39〈蜀書·董允傳〉，董允為董和子，董和社南郡枝江人，頁 979、985；卷 39〈蜀書·費禕傳〉，頁 1080。

[22] 清·吳增僅撰、楊守敬補正《三國郡縣表附考證》載義陽郡在曹文帝立後省。收錄在《二十五史補編》（北京：中華書局，1986），第三冊。頁 58，總頁 2878。

[23] 如田餘慶，〈李嚴興廢與諸葛用人〉，「劉璋邀劉備入蜀之初，這兩個營壘之間就自然形成『客主』之分，即所謂『新人』和『舊人』。」至「劉備征服劉璋，劉璋部屬全體進入劉備陣營以後，客和主、新和舊合流，其分野實際還存在，不過不再是軍事上兩營壘的區別，而是政治上兩個派別的區分。」收入氏著《秦漢魏晉史探微》（北京：中華書局，1993 年 11 月），頁 178。但田氏並未對這兩個政治派系深入研究，對蜀漢整體的權力結構也未觸及，全文的重點以人物李嚴和諸葛亮為主，時間上也只以劉備及諸葛亮為限，並未從新舊問題看蜀漢的整體發展。

第二節　研究範圍的界定

一、時間的界定

　　在探討蜀漢政治派系的發展情況，有一些問題要先釐清並界定，第一個問題是蜀漢政權的時間界定，包括起點、終點及中間的分期問題；起點該從何算起？因為時期不同取樣的範圍也隨之不同，如羅開玉在〈蜀漢行政建制研究〉一文稱「蜀漢政權在蜀中的統治共四十二年其中劉備只有二年，劉禪四十年，但劉備在稱帝前有一個過渡時期實際上統治蜀地七年，蜀漢實際上統治蜀地四十九年。」[24]由於羅氏此文以政府的職官制度為研究對象，只有政權建立後才有職官的設置，所以從政權建立後，即建安廿四年（219）劉備稱帝後才開始計算。

　　可是劉備政權建立有其過程，如從益州看，劉備應劉璋之請入益州是在建安十六年（211），十七年（212）與劉璋不和，十九年（214）劉璋降，劉備正式控有益州，如以外來統治者的角度看，蜀漢在益州的治權實始於建安十九年（214）；然而政權有延續性，在建安十九年（214）前劉備集團已經形成，甚至在〈隆中對〉強調荊州的重要性，因此在入蜀前後劉備集團都在經營荊州，所以要全面探討劉備集團起碼應該在荊州時期；然而劉備在進入荊州前已為一規模不大的政治勢力，甚至還可上溯至建安元年（196）「先主遂領徐州…曹公表先主為鎮東將軍封宜城亭侯。」[25]從此劉備具有一定的名位發展其政治集團，並不斷招賢納俊，以此作為劉備集團發展的起點也有堅實的理據。

　　由於本書研究方向與羅氏論文不同，本文研究主要從人才方面著手，因此政權建立前劉備所羅致在麾下的各地人才，都納入研究範圍，

---

[24] 羅開玉，〈蜀漢職官制度研究〉，《四川文物》（2004 年第 5 期），頁 6。文中尚把 49 年分為劉備、劉禪兩個時期，再把劉備時期分為四個階段。

[25] 晉·陳壽，《三國志》，卷 32〈蜀書·先主傳〉，頁 873。

研究起點應定在建安元年（196）劉備領徐州為鎮東將軍始，至於蜀漢政權的結束即劉禪降魏時，劉備集團從形成到蜀漢降魏，期間共 67 年（建安元年（196）至後主炎興元年（263））。

　　蜀漢政權的 67 年間，我們仍可細分三個時期作對比研究，首先是劉備時期，從建安元年（196）開始，其間經過歷入荊、入蜀及稱帝，至章武三年（221）劉備病逝，共 25 年；劉備死後，後主繼位，直到蜀亡還有四十年時間；不過四十年中又可分為兩期，前期為諸葛亮主政期，即後主建興元年（223）至建興十二年（235）諸葛亮卒為止共 12 年；後期即後主掌政時期，從建興十三年（236）始，中經延熙二十年（237-257），最後至景耀六年（263）（景耀六年亦即炎興元年）為魏所滅止，共 27 年。

　　以下主文將比對此三時期蜀漢政權中荊益二州人士之任用，以及荊楚群士、東州士、益州勢力等之發展與差異，以明白政治派系的發展情形。

二、政治派系的界定

　　前面說到本書以兩個視角探討蜀漢政治派系，一是地域觀念，這裡所謂地域觀念是以《三國志》等史料所記各人物之籍貫為主，這是比較簡單與客觀的方式，避免前面因為取樣方式不同而有爭議；其次則是傳統政治派系的方式，包括荊楚群士、東州士等，下面先對這三派系作簡要介紹。

　　首先談荊楚群士，《三國志》〈蜀書·先主傳〉載建安十三年（208）間劉備「屯新野。荊州豪傑歸先主者日益多。」[26]另外，同書〈劉巴傳〉載「先主奔江南，荊、楚群士從之如雲。」[27]這是荊楚群士一名之由來；

26　晉·陳壽，《三國志》，卷 32〈蜀書·先主傳〉，頁 876。
27　晉·陳壽，《三國志》，卷 39〈蜀書·劉巴傳〉，頁 980。

所謂荊楚、荊襄在三國時期都指荊州地區[28]，自建安初劉備至荊州依附劉表，幾年下來獲得荊楚群士的認同，所以才有「荊、楚群士從之如雲」的情形，不過所謂荊楚群士，並不單指荊州籍人士，上引王仲犖一書曾言「劉表統治荊州達二十年之久，荊州八郡，地方千里，帶甲十餘萬。在牧守混戰的時期，荊州比較安定，所以各地的人士流寓到荊州來…一時荊州的學術研究氣氛也非常濃厚。」[29]可見其他州郡人士也屬荊楚人士，如諸葛亮，因此荊楚群士的界定主要指這段時間在荊州為劉備所羅致之士，卻不一定為荊州籍人士。

以上就是所謂荊楚群士的來源；至於其中所包含的人物為何?史料中並沒詳細記載，有待後面逐一考證，只要是建安初劉備到荊州後加入其陣營者，不管是否荊州籍人士皆以荊楚群士視之，如諸葛亮。(後面將根據史料詳列荊楚人士)。

至於東州士，前引安劍華〈〝東州士〞與蜀漢政權〉一文中有界定，「漢末避亂入蜀人士來源地域甚廣，三輔、南陽兩地難以涵蓋其範圍，因此文所謂〝東州士〞為廣義範疇的〝東州士〞，特指所有漢末先於劉備嫡系荊州集團避亂入蜀之人士及其後人。」[30]這些都可以計入東州士，問題是三輔在東漢時屬司隸，曹魏改屬雍州[31]，南陽屬荊州[32]，這樣荊州籍人士也可作為東州士；因此前面才說荊楚群士與東州士容易

---

[28] 唐·孔穎達，《春秋左傳正義》，卷 8〈莊公十年〉「秋九月，荊敗蔡師于莘。」正義云「荊、楚一木二名，故以為國號亦得二名。終莊公之世，經皆書荊。」(《十三注疏·春秋左傳正義(上)》(北京：北京大學出版社，1999 年)頁 239。至於荊州範圍，詳後。

[29] 王仲犖著，《魏晉南北朝史》第一章第三節，頁 74。

[30] 安劍華，〈〝東州士〞與蜀漢政權〉，頁 18。

[31] 兩漢時三輔指京兆尹、左馮翊及右扶風，東漢時屬司隸。晉·司馬彪《續漢書·郡國志》(即今收錄在宋·范曄，《後漢書》的〈郡國志〉以下簡稱《續郡國志》)(台北：鼎文書局，1991.6)志 19，〈郡國一〉，頁 3385。至曹魏時屬雍州，參附表 1-2-1：曹魏州郡(屬北方州郡)，本文將之歸屬雍州。

[32] 《續郡國志》，志 22，〈郡國四〉，頁 3471。南陽在曹魏仍屬荊州，參附表 1-2-1：曹魏州郡(屬北方州郡)。

混淆，**可見要分別東州士與荊楚群士兩派系不能只以州籍作標準**，因為荊州籍人士可以為荊楚群士，也可以為東州士。

本書對東州士的認定，將從兩方面著手，一是時間，劉備入益州是在建安十六年（211），至十九年（214）拿下益州，所以只要是劉備入益州前已留停在益州之各州籍人士（益州除外），並曾仕於劉璋，符合此二者即為東州士；依此二標準則縱然同屬荊州，在派系上仍可分辨所屬荊楚群士或東州士，如鄧芝，雖為荊州義陽人，「漢末入蜀，未見知待⋯芝聞巴西太守龐羲好士，往依焉。先主定益州，芝為郫邸閣督。先主出至郫，與語，大奇之，擢為郫令，遷廣漢太守。」[33]鄧芝在漢末已入蜀，雖然在劉璋時只屬基層官僚未受重用，然而卻非如王仲犖書中所言「隨劉備轉戰中原舊日文武，隨劉備入蜀的『荊楚群士』。」[34]反而較符合安劍華對東州士「特指所有漢末先於劉備嫡系荊州集團避亂入蜀之人士及其後人」[35]，故應屬東州士。

這樣的劃分標準不止可分別荊東二派，甚至與益州勢力也可作釐清，如法正，安劍華在〈"東州士"與蜀漢政權〉的分類屬東州士，可是張鑫在〈三國蜀漢政權派系的動態分析〉中認為法正是「益州派系的代表人物」[36]，我們檢閱史料，法正為「（右）扶風郿人也。」[37]上已述及扶風屬雍州，安氏大概認為法正在建安初已入蜀依劉璋，因屬東州士；至於張氏或許認為法正在劉備入屬前即在益州，故為益州勢力，然而根據《三國志》法正非益州籍，在劉璋時已入屬，並出仕為新都令，據本書的標準應屬劉璋時的東州士。

---

33 晉·陳壽，《三國志》，卷45〈蜀書·鄧芝傳〉，頁1071。
34 王仲犖著，《魏晉南北朝史》第一章第三節，頁81。
35 安劍華，〈"東州士"與蜀漢政權〉，頁18。
36 張鑫，〈三國蜀漢政權派系的動態分析〉《巢湖學院學報》（2010年第12卷第1期，總期100），頁114。
37 晉·陳壽，《三國志》，卷45〈蜀書·法正傳〉，「法正字孝直，右扶風郿人也⋯建安初，天下饑荒，正與同郡孟達俱入蜀依劉璋，久之為新都令，後召署軍議校尉。既不任用，又為其州邑俱僑客者所謗無行，志意不得。」頁957。

至於同仕劉璋的益州人士又與東州士不同。此處劃歸益州勢力，所謂益州勢力是指益州籍人士在劉備據益州後仕於蜀漢者，在耿立群的〈蜀漢政權的成立及初期統治〉一文中列舉包括周群、譙周、黃權、馬忠、王平、張嶷、楊洪、費詩、張翼、楊戲、杜微、尹默、李譔、秦宓、彭羕、張裔、杜瓊、李恢、呂凱等 19 人[38]；不過透過對史料的尋找，本文找到更多在蜀漢政權下的益州人士。

其實這是蜀漢政權不容易解決的政治結構，李兆成在〈蜀漢政權與益州士族〉一文稱「自入蜀起，劉備集團也就面臨著如何處理與益州士族關係的難題。」一方面「是要震懾目無法紀的益州豪強，依法懲治那些敢於繼續為非作歹者，徹底改變此前益州士族的『專權自恣』為所欲為的混亂局面…另一要點是必須注意維護益州士族的正當利益，惟其如此，才有可能爭取到益州士族的支持。」[39]對打壓所謂「專權自恣」，不免被解釋為外來人欺負本土人的藉口，所以本土與非本土之矛盾，不容易消除。

不過也有學者認為蜀漢的派系對抗並不嚴重，如王瑰的〈論荊州士人在蜀漢政權中的地位〉一文，作者認為地域集團或政治派系的研究都誇大了蜀漢內部的矛盾，其理由是「整本《三國志》，在劉備入主益州後，從沒有提到或暗示過蜀中有所謂主客新舊矛盾。實際上，益州地區的主客矛盾在劉焉、劉璋時期才比較明顯地出現過……著《三國志》的陳壽是蜀人，在蜀為官有年，又是在入晉後寫蜀史，劉氏治下若曾有過明顯的主客新舊矛盾，他是不必避諱的。陳壽沒有任何提及，說明這種矛盾即便有也是很微弱的，至少沒有明顯影響蜀漢政治。」[40]作者此說同樣可以成立，面對各說都有一定的理據時，本書就是希望

[38] 耿立群，〈蜀漢政權的成立及初期統治〉，頁 118-119。
[39] 李兆成，〈蜀漢政權與益州士族〉《四川文物》（2002 年第 6 期），頁 9-11。
[40] 王瑰，〈論荊州士人在蜀漢政權中的地位〉《湖北文理學院學報》第 39 卷第 3 期（2018 年 3 月），頁 5。

透過較具體客觀的數字，縱不能對派系矛盾等得到定論，起碼可以看到荊益二州、或荊楚群士等人士在蜀漢政權中的分佈狀態。

或許就如雷近芳在〈試論蜀漢統治集團的地域構成及其矛盾〉一文中所言「（荊楚集團）他們一方面深明『覆巢之下無完卵』的大義，不斷抑制本集團的欲求追求，對強橫的故舊勢力（應指較他們早到益州的荊州人士，即東州士），對深懷怨恨的巴蜀集團極度忍讓、懷柔，犧牲局部利益換取全局利益；另一方面他們又善於利用其他勢力之間的矛盾衝突⋯鞏固了自己集團舉足輕重的地位。」[41]所以非益州人仕團結以對抗益州勢力，另一方面，蜀漢政權的版圖最後只有益州，因此在時間的推移下，益州派勢力在蜀漢政權中由於獨特的地理關係而佔有優勢，似乎才是蜀漢政治發展的整體趨勢。

最後尚有一些不屬以上四派系的人物，白楊、黃朴民在〈論蜀漢政權的政治分化〉一文中稱「蜀漢政權的最後一部份，是外來的實力人物，他們通常擁有自己的部曲，因種種原因入蜀投奔劉備相對於與蜀漢政權有著密切關係的三種勢力，我們可以稱之為外附勢力。這部份人中以馬超、魏延、霍峻為典型代表。」[42]不過他們由於人數較少，加入蜀漢政權的時間較短，對蜀漢政權的影響力也相對較低。

所以本書對傳統蜀漢政治派系的界別，首先維持荊楚群士、東州兵以及益州勢力，至於其他元老派、外附勢力等則統歸一類為非三派外勢力，因為元老派中如關羽、張飛、麋竺等在蜀漢政權早期即去世，對後來蜀漢政局發展影響不大，至於外附勢力如姜維，則因人數不多也不能對政局產生重大影響，故不作獨立研究。

至於史料記載中沒有明確時間或地域的人很難歸類，本書嘗試以此人的記載若出現於有明確時間、派系的人物之記述中，則以此明確

---

[41] 雷近芳，〈試論蜀漢統治集團的地域構成及其矛盾〉《信陽師範學院學報（哲學社會科學報》，1992 年第 4 期，頁 38。

[42] 白楊、黃朴民撰，〈論蜀漢政權的政治分化〉，頁 90。

時間與派系之人的同類視之。如杜祺、劉幹，附記於《三國志》〈蜀書‧呂乂傳〉，並提及王連，王連與呂乂皆東州士，故以東州士視杜祺、劉幹。至於沒有明確時間卻有籍貫資料者則為非三派系之人視之。

　　以上是本書對各派系的界定標準，除籍貫外，再配以時間軸，這樣的劃分確實比較複雜，可是三國時期的實際情況本來就是很複雜。

三、荊州與益州範圍的界定

　　雖然前面提到對蜀漢時期的政治派系將依傳統所謂東州士、荊楚群士、益州勢力等劃分，然而東州所含地區、荊楚包括的範圍、以及益州的版圖等仍與地域觀念有關，加上三國的版圖因戰爭與國力強弱而時有變動，因此對當時荊益二州甚至曹魏、孫權等版圖也有釐清的必要，只有州、郡、縣等名稱能夠確立，才能確切把東州士、荊楚之士等作清楚的分類。所以下面也對三政權的版圖作介紹。

　　本書基本以三國疆界為分界的標準，孫吳及蜀漢兩政權所轄地域為南方，曹魏所據則為北方；不過三國時期的疆界並非一成不變，隨著三國之間國力強弱以及戰爭等因素，疆域的界線不斷在調整，特別是揚州及荊州兩地，魏蜀吳均曾在此交戰，也數度易手[43]，致使問題更形複雜。如嚴師歸田在《中國地方行政制度史》所言「蜀漢僅置益州一州，治成都，領郡二十二（漢舊郡十一，更名者一，分置新郡十。）共領縣一百三十八。」[44]另外羅開玉〈蜀漢新置政區考述〉一文，統計「蜀漢共置二十七郡一百六十九縣。」[45]光是蜀漢版圖部份就有著不同

---

[43] 疆域調整之經過，請參閱以下三書；吳增僅撰、楊守敬補正，《三國郡縣表附考證》，荊州部份請參閱分頁64，總頁2884；揚州部份請參閱分頁68，總頁2888；謝鍾英撰，《三國疆域志》，荊揚二州請參閱分頁10，總頁2978；洪亮吉撰、謝鍾英補注，《補三國疆域志補注》，揚州部份請參閱分頁57，總頁3053，荊州部份請參閱分頁62，總頁3058。三書收錄在《二十五史補編》，第三冊。

[44] 嚴耕望，《中國地方行政制度史》〈魏晉南北朝地方行政制度上冊〉第一章〈行政區劃〉（臺灣：中央研究院歷史語言研究所，民國79年5月），頁4。

[45] 羅開玉，〈蜀漢行政建制研究〉《成都大學學報》社科版（2008年第6期），頁7。

的看法，所以本書的劃分並非定論，當中建平郡、黔安郡、宕渠郡、固陵郡等就與羅氏文章不同，只為方便下面的研究而暫定。

　　由於資料所限，疆域的變動引起南北地域範圍的變動，很難精確掌握，因此只能概略為之，本書依據清人吳增僅撰、楊守敬補正的《三國郡縣表附考證》所載為主[46]，再輔以清人謝鍾英撰《三國疆域志》及清人洪亮吉撰、謝鍾英補注之《補三國疆域志補注》等三書，以及胡運宏著《清儒補三國地理志成就探析》一文[47]，根據他們的考證，三國的疆域範圍大致如附表 1-2-1（曹魏州郡）、附表 1-2-2（蜀漢州郡）及附表 1-2-3（孫吳州郡）；並作為南北地域分界之準繩。

---

[46] 因為吳增僅的考據結果受到學術界的肯定，著名歷史地理學者楊守敬在《〈三國郡縣表附考證〉記》就曾對上述三書作過評論，其言曰「國朝洪亮吉《補疆域志》，大抵上承《續漢志》，下接《晉志》，揣度出之，而于本書紀、傳且多有不照。滄州葉圭綬謂洪氏之書想當然耳，非過論也。近武進謝鍾英為之補注，多所糾正，然沿偽者亦不少。惟盱眙吳增僅《三國郡縣表》，沿革燦然。」《二十五史補編》，第三冊，頁 2821。另近人胡運宏在〈清儒補三國地理志成就探析〉《中國歷史地理論叢》第 24 卷第 1 輯（2009 年 1 月）一文中也提到「總體來說，《洪志》草創規模，舛誤最多；《謝表》較《洪志》已有很大進步，然錯誤亦不少，未臻于上乘；學如集薪，《吳表》體例規整、考証細密，集清人補三國地理之大成……結論盡管遠非定論，但是基本上反映了三國時期的政區情況。」頁 118-119；胡文中所稱《洪志》即洪亮吉撰《補三國疆域志補注》；《謝表》即謝鍾英撰《三國疆域志》；《吳表》即吳增僅撰《三國郡縣表附考證》。文中並列表比較三書所示之州郡情形，清楚易明可供參考。

[47] 胡運宏，〈清儒補三國地理志成就探析〉，頁 109-119。

附表 1-2-1：曹魏州郡（屬北方州郡）

州	郡
司州	河南尹、原武、弘農、河東、平陽、河內、野王
豫州	穎川、襄城、汝南（漢時戈陽侯國屬汝南郡）[48]、戈陽郡、梁國、陳郡、沛國、譙郡、魯國、安豐
冀州	魏郡、廣平、陽平、巨鹿、趙國、常山、中山國、安平、平原、樂陵國、渤海、河間、清河
青州	齊國、濟南國、樂安、北海國、城陽、東萊
兗州	陳留國、東郡、濟陰、山陽、任成、東平國、濟北國、泰山郡
徐州	下邳、彭城國、東海國、琅邪國、東莞、廣陵
揚州[49]	廬江、九江（即淮南郡）
荊州[50]	南陽、南鄉、章陵（義陽[51]）、江夏之北境、襄陽、魏興、上庸、新城
雍州	京兆、馮翊、扶風、北地、新平、安定、廣魏、天水、隴西
涼州	金城、武威、張掖、酒泉、敦煌、西海、西平、西郡
幽州	范陽、燕國、漁陽、北平、上谷、代郡、遼東、昌黎、遼西、玄菟、帶方、樂浪
并州	太原、上黨、樂平、西河、雁門、新興

---

第一章

[48] 《續郡國志》，志 20，〈郡國二〉，頁 3424。
[49] 據吳增僅、楊守正《三國郡縣表附考證》在魏揚州部載「終魏之世，揚州祇九江一郡及廬江北境耳。」頁 68，總頁 2888。另廬江其餘地方則屬孫吳。
[50] 據吳增僅、楊守正《三國郡縣表附考證》在魏荊州部載赤壁戰後「曹魏荊州所統祇南陽、南鄉、襄陽、章陵及江夏之北境。」頁 64，總頁 2884。
[51] 吳增僅、楊守正《三國郡縣表附考證》疑章陵郡在黃初初年改為義陽郡。頁 58，總頁 2878。

附表 1-2-2：蜀漢州郡（屬南方州郡）

州	郡
益州	蜀郡、汶山、犍為、江陽、漢嘉、廣漢、東廣漢、梓潼、巴西郡、巴郡、巴東郡、涪陵、漢中、武都、陰平、朱提、南廣、越巂、建寧、牂柯、永昌、興古、雲南

附表 1-2-3：孫吳州郡（屬南方州郡）

州	郡
揚州	丹陽、新都、蘄春、會稽、臨海、建安、東陽、吳郡、吳興、豫章、廬陵、鄱陽、臨川、安成、廬江
荊州	南郡、宜都、建平、江夏、武陵、天門、長沙、衡陽、湘東、零陵、始安、邵陵、桂陽、始興、臨賀
交州	合浦、朱崖、交趾、新興、武平、九真、九德、日南、
廣州	南安、蒼梧、郁林、桂林、高涼、高興

　　以上是荊州、益州及相關郡縣的狀況，下面關於東州士、荊楚群士中牽涉州籍問題，將以此為依據。

第二章　蜀漢政權整體官員之地域分佈與派系

蜀漢政治中是否有地域或派系對抗的問題，或許有不同的說法，然而透過相關資料仍然可以看到政權中人才的地域分佈，王夫之在《讀通鑑論》就曾說「蜀所得收羅以為己用者，江、湘、巴、蜀之士耳。」[1]即蜀漢政權主要以江、湘、巴、蜀四地之人才為主。

其實不止蜀漢，曹魏與孫吳同樣有地域性，賈海鵬在〈論三國時期人才地理分布狀況及其影響因素〉一文就說「魏、吳、蜀三國的人才均來自天下各地，同時又各具側重點。據筆者粗略統計，曹魏集團的人才來自十二州、五十郡、八十五縣，主要集中在譙沛和潁川等地；孫吳集團的人才來自十一州、三十二郡、四十四縣，主要集中在淮泗和江東等地；蜀漢集團的人才來自十州、三十郡、三十七縣，主要集中在荊州和益州等地。」[2]三國人才的來源，曹魏以譙沛、潁川為主，孫吳則重以淮泗與江東，蜀漢則為荊益二地人才，政權具有地域性在當時似乎不能避免。

不過蜀漢政治人才的深層結構，如荊益二州人才的佔比、二州之佔比又會否因官職不同而有異？……等問題並未獲得解決，以下各章即針對這些問題作進一步研究。

以蜀漢整體官員為對象，本章擬從兩個途徑展開研究——地域分佈與政治派系，時間軸則以三個時期——劉備時期、諸葛亮時期、後主時期為分隔。

政治人才的地域分佈，主在探討荊州、益州以及其他地域人士在蜀漢政權中的分佈情況，並比較三個時期的變化；至於政治派系的分

---

[1] 清·王夫之，《讀通鑑論》卷 10〈三國〉（台北：里仁書局，民國 74 年）頁 307。
[2] 賈海鵬，〈論三國時期人才地理分布狀況及其影響因素〉《天中學刊》（第 36 卷第 5 期），2021 年 10 月，頁 129。

析，則研究荊楚群士、東州士以及益州勢力三個群體，在不同時期的分佈及變化。最後則觀察地域與政治派系之間的關係。

　　另外需要強調一點，蜀漢官員的取樣標準，是以他們各人進入政權的起家官為準，往後還有各級官員，如中央文官、武官等，都以各人第一次進入官僚系統之職級為統計對象，官員們往後的升遷則不再列入計算，所以各人在各級別職官中都只出現一次。

第一節　整體官員的地域分佈

　　這一節先把蜀漢所有官員作全部的統計，根據的資料是《三國志》、《三國職官表》、《華陽國志》、以及洪武雄〈《三國職官表》蜀漢部份校補〉[3]等，所有資料匯合在附錄一：蜀漢官員地域資料查考表，再根據附錄一整理為下面附表 2-1-1：蜀漢官員地域分佈表。

　　先看附表 2-1-1，根據資料找到蜀漢各級政府官員共 303 人，其中劉備時期有 143 人佔 47.19%，接近一半的官員，可見劉備時期對奠定蜀漢政權的重要性；諸葛亮時期的官員有 48 人佔 15.84%，後主時期則有 100 人佔 33%，約有三分之一，最後尚有不明時段 11 人佔 3.63%[4]，整體而言劉備與後主兩時期官員共有 243 人佔 80.19%，諸葛亮時期只佔 16.17%，大概因為諸葛亮時期只有 12 年，較先主與後主統治時期短暫，故在用人比例上較少。

　　至於地域分佈的問題，從附表 2-1-1 可以看到益州籍人士最多，有 99 人佔 32.67%，其次是荊州有 82 人佔 27.06%，兩州人士合計 181人，佔全部 303 人中的 59.73%，接近六成，印證前引賈海鵬在〈論三

---

[3] 洪武雄，〈《三國職官表》蜀漢部分校補〉，收錄在氏著《蜀漢政治制度史考論》，頁 221。
[4] 錯誤把晉朝官員登載於蜀漢時期有 1 人佔 0.33%。

國時期人才地理分布狀況及其影響因素〉一文所說「蜀漢集團的人才來自十州、三十郡、三十七縣，主要集中在荊州和益州等地。」可看到荊、益二州人士確實是政權組成的重要力量，亦可見荊益二州人士在蜀漢政權中的地位。毋怪歷來都認為蜀漢政權的政治派系中以地域性的荊益兩派最重要；只是後來關羽失荊州，蜀漢只剩益州，人才自然仰賴益州提供，可是荊州人才仍能保持高佔比，是值得注意的問題。

另外，其他州籍合計 54 人佔 17.82%，籍貫不明者 67 人佔 22.11%，本為西晉時期卻誤植於此者 1 人佔 0.33%，這三部份共計 122 人，佔全部人數 303 人中的 40.26%。其他州籍合計只有 54 人 17.82%，已不具決定性影響，若再細分不同州籍可說更不具重要性，也正是本書不把他們列入討論的原因。

接下來分別觀察三時段；先看劉備時期，共有 143 人（100%），整體而言，荊州籍人士有 48 人最多，益州籍 35 人居次，其他州合計 24 人，劉備時期荊州籍人士佔有優勢；接著再把劉備時期細分為三個時段，即入荊前、入荊後、與入蜀後，在劉備的三時段裡，入荊前只有 8 人（5.59%），入荊後為 22 人（15.38%），至入蜀後有 77 人（53.84%），可見入蜀後劉備政權才得以大力發展。

入荊前與劉備打天下的人，以幽、豫、冀、徐、青、司隸等州籍為主，荊州與益州籍人士尚無加入者，其時劉備尚未踏足荊、益二州，符合當時實際情境，劉備未入荊益以前並無固定根據地，只有在所過之處尋找合作人仕；第二期入荊後，處境粗安，故能在荊州擴大招攬人才，從數字上看到此時期有 22 人加入陣營，其中 21 人為荊州人士，劉備在建安六年（202）依劉表[5]，至建安十三年（209）「屯新野。荊州

[5] 晉·陳壽，《三國志》，卷1〈魏書·武帝紀〉，「（建安）六年…公南征備。備聞公自

豪傑歸先主者日益多。」[6]劉備在荊州七年已取得荊州豪傑的支持，以上數據恰好證明史料的記載；第三期入蜀後，其勢力擴張至荊益二州，而益州勢力也後來居上，在 77 人（100%）中以荊益二州最多，分別為 27（35.06%）與 36 人（46.75%），入蜀後益州人士的任用超越荊州人。

諸葛亮時期只記錄有 48 人（100%），是人數最少的時期，然而在州籍上仍以荊益二州為主，荊州有 10 人佔 20.83%，益州有 15 人佔 31.25%，荊益二州已佔 52.08%，同樣超過半數，荊益二州在佔比的差異上仍與劉備時期相若；其餘州籍人士共 7 人佔 14.58%，不明州籍有 16 人佔 33.33%；另外值得注意是益州人已超越荊州人約 10%，大概因為其時已失荊州地區，荊州人才之進用途徑受到影響。

後主時期有 100 人（100%），益州佔 42 人（42%），是人數與比例最高的州，荊州人數為 22 人，只佔 22%，荊益二州人數與佔比上已拉開 20% 的差距，應與蜀漢版圖只剩益州，政治人才主要較益州增補有關，或許就如毛漢光在〈三國政權的社會基礎〉一文所說，自黃皓當政後期，蜀漢政權有高度士族化的趨勢，「嗣侯襲官及以父為官的現象是劉備政權後期的普遍現象，意味著已經參加政權者其子孫有高度的保障，使統治階層局限於一個小圈圈內。」[7]而士族化的情形當以益州地方勢力為主；雖然荊州尚有 22 人佔 2 成，可是當中很多為荊州人士的第二、甚至是第三代，並非從荊州新加入蜀漢集團，如習忠、蔣顯等（參附錄二：荊楚群士資料查考表）。最後還有其他州籍人士有增加，

行，走奔劉表。」頁 22。

[6] 晉·陳壽，《三國志》，卷 32〈蜀書·先主傳〉，頁 876。

[7] 毛漢光，〈三國政權的社會基礎〉，收入氏著《中國中古社會史論》（臺北：聯經出版社，1988 年 2 月），頁 120 及 132。

合計共 21 人佔 21%，不明州籍 15 人佔 15%。

　　綜觀三個時期的發展過程，荊益二州是蜀漢政權的主要支持力量，在先主劉備入荊州及入益之後，荊益人士即大量加入蜀漢政權，可見政權建立以及人才的網羅，地域性是有重要影響，如荊州，三時段中荊州籍人共有 82 人（100%），劉備時期 48 人佔 58.53%接近六成，到諸葛亮時期與後主時期都因荊州失去而造成荊州人才的減少，可見**人才的獲得確受地域之影響**。

　　相對荊州而言的益州，其人才進入蜀漢政權基本是穩定的，益州人在劉備入蜀後有 36 人（佔總體益州人的 39.13%），與後主時期 40 人（佔 43.47%）相差並不大，即在掌握地域後，人才的進用就可以維持在穩定的狀態，不斷成為政權的支撐力量。

　　以上是從州籍分析蜀漢政權的地域性問題，荊益二州人士確實是蜀漢政權的基礎，而益州在蜀漢政權後來的發展中更成為重要的支撐力量，不過就如開始時說州籍不能完全反應蜀漢的政治派系問題，因為荊楚群士與東州士中不乏荊州人士，地域上重疊讓兩派系間的界線模糊，同時兩派系中也有非荊州人士，這些情況都不能單從地域分辨派系的情況；以下試從荊楚群士、東州士與益州勢力三方面探討蜀漢的政治派系。

附表 2-1-1：蜀漢官員地域分佈表

地域＼時間	劉備時期			諸葛亮時期	後主時期	不明時段	總人數
	入荊前	入荊後	入蜀後				
荊州		21[8]	27[9]	10[10]	22[11]	2[12]	82（27.06%）
益州			35[13]	15[14]	42[15]	7[16]	99（32.67%）
司州	1 關羽		2[17]	1 關興（關羽子）	3[18]	1 裴越	8（2.64%）
幽州	2[19]		1 士仁		2[20]		5（1.65%）

8　21 人為楊儀、魏延、黃忠、劉封、霍峻、向朗、潘濬、龐統、陳震、廖立、馬良、郝普、輔匡、張存、劉邕、鄧方、蔣琬、習禎、馬謖、李嚴、費觀。

9　27 人為黃柱、傅僉（傅肜之子）、馬秉（馬良之子）、宗瑋、龐統之父、霍弋（霍峻之子）、馮習、賴恭、向寵（向朗兄子）、傅肜、文布、鄧凱、龐林、康立、廖化、許慈、董允（董和之子）、費禕、劉巴、董和、劉循、呂乂、杜祺、劉幹、來敏、鄧芝、王連。

10　10 人為宗預、賴厷（賴恭之子）、董厥、劉敏、高翔、楊顒、胡濟、董恢、郭演、李豐（李嚴之子）。

11　22 人為：蔣顯（蔣琬之子）、樊建、劉武（劉邕之子）、習忠（習禎之子）、習隆（習忠之子）、蔣斌（蔣琬之子）、劉林（劉封之子）、閻宇、龐宏（龐統之子）、張太守、來忠（來敏之子）、許勳（許慈之子）、呂雅（呂乂之子）、羅憲（羅蒙之子）、費承（費禕之子）、鄧良（鄧芝之子）、費恭（費禕之子）、胡博、向充（向朗兄子）、向條（向朗之子）、王山（王連之子）、呂辰（呂乂之子）。

12　2 人為羅蒙、羅式。

13　35 人為馬齊、馬勳（馬勗）、王平、黃權、周群、彭羕、王謀、李恢、姚伷、杜瓊、尹默、龔祿（龔諶之子）、費詩、何宗、程畿、張嶷、李邈、張裕、張翼、李邵、李福、張裔、龔諶、焦璜、楊洪、古樸（古濮）、李朝、呂凱、秦宓、何祗、王伉、朱褒、王甫、馬忠、王士。

14　15 人為爨習、孟琰、張郁（都）（張裔之子）、王沖、張休、文恭、（伍）五梁、譙周、常房、王離、杜禎、柳伸、杜微、楊戲、張翌（張裔之子）。

15　42 人為張峻、尹宗（尹默之子）、周巨（周群之子）、李球（李恢弟之子）、衛繼、常忌、程瓊、張表、王祐（王甫之子）、黃崇（黃權之子）、楊宗、王崇（王化之弟）、陳壽、龔衡、猛獲、句扶、龔皦、柳隱、王嗣、常勗、李密（又名李宓）、文立、壽良、李譔、王長文、常閎、壽良父親、何祗族人、常竺、令狐衷、譚承、司馬勝之、王化（王商之孫）、杜軫（杜雄之子）、何隨、朱游、常偉、何雙（何宗之子）、張君、衛繼父親、常播、楊玩。

16　7 人為常高、李旦、陳術、王彭（王商之子）、費揖、李光、杜雄（七人皆為益州籍）。

17　2 人為：孟光、龐羲。

18　3 人為：裴儁、郤正、關統（關羽子）。

19　2 人為簡雍、張飛。

20　2 人為張紹（張飛子）、張遵（張飛孫）。

25

冀州	1趙雲		1胡潛	1許允	2²¹		5（1.65%）
徐州	1麋竺	1諸葛亮	1麋芳（麋竺弟）	1諸葛喬	5²²		9（2.97%）
豫州	2²³		2²⁴	1袁琳	7²⁵		12（3.96%）
青州	1孫乾						1（0.33%）
兗州			3²⁶				3（0.99%）
雍州			5²⁷	2²⁸	1法邈（法正子）	1上官勝	9（2.97%）
并州				1靳詳			1（0.33%）
涼州					1郭修		1（0.33%）
不明籍貫	36²⁹			16³⁰	15³¹		67（22.11%）
時段人數	143（47.19%）			48（15.84%）	100（33%）	11（3.63%）	302（99.66%）
晉世	1李驤						1（0.33%）
總人數	303（100%）						

資料來源：附錄一：蜀漢官員地域資料查考表

21 2 人為趙統、趙廣（二人為趙雲子）。
22 5 人為麋威（麋竺子）、麋照（麋威子）、諸葛瞻（諸葛亮之子）、諸葛攀（諸葛亮兄諸葛瑾之孫）、諸葛均（諸葛亮之弟）。
23 2 人為陳到、劉琰。
24 2 人為薛永、許靖。
25 7 人為薛齊（薛永子）、陳祇、陳裕（陳祇之子）、許游（許靖之孫）、張通、夏侯霸、趙敦。
26 3 人為伊籍、吳班、吳壹。
27 5 人為孟達、法正、射堅、馬超、馬岱。
28 2 人為射援、姜維。
29 36 人為雍茂、韓冉、殷純、劉豹、向舉、范疆（彊）、張達、申耽、劉□、劉□、趙累、申儀、吳蘭、雷銅、陳式（戒）、張南、陳曶、鄭綽、趙融、詹晏、陳鳳、杜路、劉寧、任夔、張著、趙筰、張爽、鄧輔、樊友、郭睦、閻芝、夏侯纂、黃元、正昂、宋遠、陰化。
30 16 人為樊岐、閻晏、杜義、盛勃、龐力、杜叡、滿元、胡忠、上官雝、丁威（丁咸）、李盛、黃襲、姚靜、鄭他、岑述、成藩。
31 15 人為黃皓、梁緒、楊敏、尹賞、梁虔、李虎、句安、李歆（韶）、張尉、王林、馬邈、趙正、蔣舒、王含、汝超。

第二節　蜀漢政治派系

在第一章中已提到本書對蜀漢政治派系的劃分以多原則進行，基本上以蜀漢政治發展為縱線，根據時間先後劃出荊楚群士、東州士與益州勢力，另外尚有一些不能納入三派者則總括為非以上三派，如元老級人士及後來個別人士加入蜀漢政權者，前者如關羽、張飛、趙雲等，後者如姜維。下面先要找出各派系的成員，才能接續討論他們的發展與相互關係。

另外關於各派系成員的取樣資料，不同於前面以初任官職為對象，改以最能證明其派系屬性的資料為主，如賴恭、董厥等（附錄二：荊楚群士資料查考表），因為這裡只要證明其派系屬性，與他的任官情況無關。

最後除個別派系的研究外，還會把荊州群士與東州士合為一體，以與益州勢力作對比，這樣對比安排是有原因的，就如〈諸葛亮接班人與蜀漢政權存亡〉一文所說「東州集團中大部分為荊州人士，如李嚴、董和、費補等，因此東州集團同荊州集團有一種地域性的內在聯繫，對荊州人士占多數的劉備集團採取積極合作的態度。」[32]又如顏勇在〈主客矛盾與蜀漢政權的失敗〉一文認為劉備、諸葛亮都是「堅定地依靠荊州地主集團，團結和信任東州地主集團，排斥和控制使用益州土著集團。」[33]所以這兩個派系因為地域、共同利益等關係，具備合作抗衡益州勢力的條件，因此後面除對各派系單獨研究外，尚把荊楚群士與東州士合一計算，看看與益州勢力之間的對比關係，即歸納為外來勢力與本土勢力之間的關係。

一、荊楚群士

首先討論荊楚群士，《華陽國志》曾說「昔豫州入蜀，荊、楚人貴。」

---

[32] 朱子彥、邊銳，〈諸葛亮接班人與蜀漢政權存亡〉《探索與爭鳴》（2007.10），頁 74。
[33] 顏勇，〈主客矛盾與蜀漢政權的失敗〉《貴州文史叢刊》（1993 年 02 期），頁 11。

³⁴可見劉備時期荊楚人士在政治上是佔有優勢，王瑰在〈論荊州士人在蜀漢政權中的地位〉中曾對《三國志》作統計，「各書（指魏書、蜀書、吳書）非宗室貴族列傳的粗略統計，魏國得傳者計 181 人，其中荊州籍 5 人，不到 3%；吳國 95 人，荊州籍 3 人，3%多一點；而蜀國 71 人，荊州籍 31 人，占 42%。」³⁵更可見荊楚人士在蜀漢政權中的地位，不過此文並未具體列出荊楚人士，所以下面將把所有荊楚人士列出，希望能更精確分析荊楚人士在蜀漢政權中的地位。

　　前面已清楚指出界定荊楚群士的標準，即劉備在建安六年（201）依附劉表，到建安十三年（208）自江陵撤退過程中，在荊州羅致的才俊之士，中間除荊州人士外，尚包括其他州郡但居於荊州之人士如諸葛亮等。下面我們先考證這段時間依附於劉備有那些人士，接著才能作進一步的分析研究。

　　從附錄二：荊楚群士資料查考表中載有 61 名荊楚群士，裡面包括父子、爺孫關係的荊楚群士，並整理為附表 2-2-1，經整理後三時期的荊楚群士 61 人（100%）中，劉備時期最多有 38 人（64.40%），諸葛亮時期有 7 人（11.86%），後主時期有 14 人（23.72%），**可見劉備時任用荊楚群士最多**，諸葛亮與後主時期減少任用荊楚群士，大概因失去荊州人才進用受到限制。荊楚群士與失去荊州一事，有許多或隱或顯的關聯；首先看荊楚群士中荊州籍所佔比例即能瞭解，61 人中有 52 人為荊州籍，佔 85.24%，荊楚群士中以荊州籍人士居多數；其次，三時期的分佈情形，以劉備時期最多，諸葛亮時期大量減少，可是到後主時期又較諸葛亮時期增加，這裡有一個值得注意的問題，既然說荊州在劉備時

28

³⁴ 晉·常璩撰，劉琳注，《華陽國志》（臺北：新文豐出版公司，1988 年 11 月），卷九，〈李特雄期壽勢志〉，頁 476。

³⁵ 王瑰，〈論荊州士人在蜀漢政權中的地位〉，頁 7。

期失去，造成諸葛亮時期荊楚人士減少，為什麼後主時期又能增加？因為這些增加的人是荊楚人士（荊州籍人士又較多）的第二或第三代，查閱附表 2-2-1 各註釋即可知道。此情況正可以解釋前面後主時期地域統計中，荊州籍仍佔一定份量的原因在此。

附表 2-2-1：荊楚群士一覽表

時間 地域	劉備時期			諸葛亮時期	後主時期	總人數
	入荊前	入荊後	入蜀後			
荊州		19 人[36]	15 人[37]	8 人[38]	10 人[39]	52（85.24%）
徐州		諸葛亮		諸葛喬[40]	3 人[41]	5（8.47%）
豫州			薛永		薛齊（薛永子）	2（3.38%）
兗州			伊籍			1（1.69%）
幽州			士仁			1（1.69%）
總人數	38(62.29%)			9(14.75%)	14(22.95%)	61（100%）

資料來源：附錄二：荊楚群士資料查考表

---

[36] 19 人為楊儀、魏延、黃忠、劉封、霍峻、向朗、潘濬、龐統、陳震、廖立、馬良、郝普、輔匡、張存、劉邕、鄧方、蔣琬、習禎、馬謖等。

[37] 15 人為：黃柱、傅僉（傅肜之子）、馬秉（馬良之子）、宗瑋、龐統之父、霍弋（霍峻之子）、馮習、賴恭、向寵（向朗兄子）、傅肜、文布、鄧凱、龐林、康立、廖化等。

[38] 8 人為：宗預、賴厷（賴恭之子）、董厥、劉敏、高翔、楊顒、向充（向朗兄子）、向條（向朗之子）、等。

[39] 10 人為：蔣顯（蔣琬之子）、樊建、劉武（劉邕之子）、習忠（習禎之子）、習隆（習忠之子）、蔣斌（蔣琬之子）、劉林（劉封之子）、閻宇、龐宏（龐統之子）、張太守等。

[40] 諸葛喬為諸葛亮兄瑾之第二子，故歸入第二代。

[41] 後主時期羅致荊楚群士中屬徐州人士有：諸葛瞻（諸葛亮之子）、諸葛攀（諸葛亮兄諸葛瑾之孫）、諸葛均（諸葛亮之弟）。

二、東州士

關於東州士,《後漢書》〈劉焉傳〉載靈帝時劉焉為益州牧,「初,南陽、三輔民數萬戶流入益州,焉悉收以為眾,名曰『東州兵』。」[42],另外《華陽國志》也有記載,「時南陽、三輔民數萬家避地入蜀,焉恣饒之,引為黨與,號『東州士』。」[43]可見東州士包含南陽、三輔等地區因避亂而進入益州之人士。

前引安劍華〈〝東州士〞與蜀漢政權〉一文的界定是以劉備入益州即建安十六年(211)開始,至十九年(214)拿下益州,只要在這時間前已在益州並出仕於劉璋的各州籍人士(益州籍除外),皆可視為東州士。**即東州士的界定主要以時間及非益州籍為主**,本書據此標準找到東州士人員共 50 人,相關史料可查看附錄三:東州士資料查考表。

整理附錄三的資料並製作成附表 2-2-2,這個表可以幫助我們看到關於東州士的統計資料,在 50 名(100%)的東州士中,劉備時期有 23 人佔 46%,其次是後主時期有 19 人佔 38%,諸葛亮時期最少只有 5 人佔 10%;劉備時期又以入蜀後有 21 人加入為最多,大抵劉備入蜀後東州士認劉備較劉璋為優故大量加入劉備陣營,就如許蓉生在〈蜀漢政權重要官員的地域構成及變化〉一文所說「東州人中除一部分原籍關中、河南之外,大部分原為荊襄人士,他們同荊州集團有一種地域性的內在聯繫;另外由於劉璋闇弱,政令多闕,他們更需要一個強有力的政權來保障自己的

---

[42] 宋·范曄,《後漢書》,卷 75〈劉焉傳〉,頁 2433。
[43] 晉·常璩撰,劉琳注,《華陽國志》卷五,〈公孫述劉二牧志〉,頁 326。

利益，因此對劉備集團采取積極合作的態度。」[44]這是東州士願意支持劉備的原因。

在地域方面屬荆州者有 32 人佔 64%超過六成，可見東州士中荆州籍人士同樣佔多數，劉備時期前後有 14 位荆州籍東州士加入，後主時期有 12 名，值得注意的後主時期的 12 名東州士，有 11 名為劉備時期東州士的後代（可參閱表中各註釋），這樣才能解釋後主時期荆州已非蜀漢所有，為什麼還有這麼多荆州籍人士加入蜀漢政權。以上資料再一次證明若只以地域作政治派系的分類，在蜀漢的政權中是容易造成混淆的。

最後尚有一值得注意的地方，就是把東州士與荆楚群士合計，荆州群士有 61 人，東州士有 48 人，合計 109 人（100%），在 109 人中屬荆州籍者有 82 人（荆楚群士有 52 人、東州士有 30 人），佔兩派總人數的 75.22%，達到四分之三的高比例，可見兩派在州籍上的重疊性很高，正因地域性的關係，兩派系具有合作與衝突的雙重性，合作是基於地域的關係，加入的時間不同則形成利益上的衝突；就如安劍華〈〝東州士〞與蜀漢政權〉提到兩派的關係很微妙、又有矛盾，「（東州士）本身地域和文化淵源令他們與劉備嫡系荆州集團之間更易親近，但新人與舊人的區別又使得他們與荆州集團有著不可避免的隔閡。」[45]

---

[44] 許蓉生，〈蜀漢政權重要官員的地域構成及變化─兼議諸葛亮的貴和精神〉《西南民族大學學報─人文社科版》（2005 年 12 月第 26 卷第 12 期），頁 323-324。
[45] 安劍華，〈〝東州士〞與蜀漢政權〉，頁 21。

附表 2-2-2：東州士一覽表

時間 地域	劉備時期			諸葛亮時期	後主時期	不明時段	總人數
	入荊前	入荊後	入蜀後				
荊州		2[46]	12[47]	4[48]	10[49]	2[50]	30（64%）
司州			2[51]		2[52]	裴越	5（10%）
豫州			許靖		4[53]		5（10%）
冀州			胡潛				1（2%）
雍州			3[54]	射援	法邈（法正子）		5（10%）
兗州			2[55]				2（4%）
總人數	23(47.91%)			5(10.41%)	17(35.41%)	3(6.25%)	48（100%）

資料來源：附錄三：東州士資料查考表

三、益州勢力

《三國志》注引〈英雄記〉有言「先是，南陽、三輔人流入
益州數萬家，收以為兵，名曰東州兵。璋性寬柔，無威略，東州

---

46 2 人為：李嚴、費觀。
47 12 人為：許慈、董允（董和之子）、費禕、劉巴、董和、劉循、呂乂、杜祺、劉
  幹、來敏、鄧芝、王連。
48 4 人為：胡濟、董恢、郭演、李豐（李嚴之子）。
49 10 人為：來忠（來敏之子）、許勳（許慈之子）、呂雅（呂乂之子）、羅憲（羅蒙
  之子）、費承（費禕之子）、鄧良（鄧芝之子）、費恭（費禕之子）、胡博、王山（王
  連之子）、呂辰（呂乂之子）。
50 2 人為羅蒙、羅式。
51 2 人為：孟光、龐羲。
52 2 人為：裴儁、郤正。
53 4 人為：陳祗、陳裕（陳祗之子）、許游（許靖之孫）、張通。
54 3 人為：孟達、法正、射堅。
55 2 人為：吳班、吳壹。

人侵暴舊民，璋不能禁，政令多闕，益州頗怨。」[56]此處所謂「益州頗怨」，正是學者們認為東州士、甚至劉備等外來勢力與益州本土勢力之間矛盾所在[57]，雖然也有認為蜀漢政權中的派系矛盾並不嚴重[58]，然而不同地域所造成的隔閡還是值得我們注意，如高茂兵在〈益州土著士人與劉璋、劉備集團〉一文所說「無論是劉焉、劉璋集團，還是劉備集團作為外來勢力是不能代表益州土著士人的全部利益。他們不想在兩種外來勢力的鬥爭中損害自身的利益，只想獲得新的發展機會。」[59]到底益州勢力與蜀漢政權間的關係如何？又或者益州勢力在蜀漢政權中真實的地位為何？希望透過下面的研究能得到解答。

益州勢力，前面已提過東州士也是益州勢力的一部份，不過東州士只是較劉備早到益州，卻並非本籍益州，以下所說的益州勢力是益州籍人士，這部份又回到以地域的觀念，即《三國志》等史料所載州籍屬益州之人士，共有 100 人，相關資料可以查看附錄四：益州勢力資料查考表。

經過對附錄四的整理後，繪製成附表 2-2-3：益州勢力一覽表，100名益州人士中，劉備時期任用 35 人（35%）[60]，諸葛亮時期有 15 人（15%），後主時期有 42 人（42%），後主時期人數最多，不過劉備時期居第二，而且在人數上與比例上都不是少數，可見劉備時期已經重視益州人才的進用。

---

56 晉·陳壽，《三國志》，卷 31〈蜀書·劉二牧傳〉注引〈英雄記〉，頁 868。
57 可參閱以下各篇文章；白楊、黃朴民撰，〈論蜀漢政權的政治分化〉。劉洋洋，〈從人心向背來看蜀漢的滅亡〉《青年作家》（中外文藝版）（2010 年第 12 期）。朱子彥、邊銳，〈諸葛亮接班人與蜀漢政權存亡〉《探索與爭鳴》（2007.10）。
58 如前引王瑰，〈論荊州士人在蜀漢政權中的地位〉，頁 5。
59 高茂兵、周建敏，〈益州土著士人與劉璋、劉備集團〉《樂山師範學院學報》第 19卷第 8 期（2004 年 8 月），頁 91。
60 李兆成在〈蜀漢政權與益州士族〉一文曾說「入蜀後劉備主要忙於對外拓展疆土的戰爭，『內修政理』實際上是由諸葛亮承擔和完成的。」頁 9。不過這裡只以時間作序列，不牽涉實際權力運用的問題。

附表：2-2-3 益州勢力一覽表

地域＼時間	劉備時期			諸葛亮時期	後主時期
	入荊前	入荊後	入蜀後		
益州			35[61]	15[62]	42[63]
各時段人數	35			15	42
不明時段	7[64](7%)				
晉世	1 李驤(1%)				
總人數	100(100%)				

資料來源：附錄四：益州勢力資料查考表

四、三派以外之力量

除以上三派人士外，還有下面附表附表 2-2-4：非三派勢力一覽表，此表根據附錄五：非三派勢力資料查考表整理而成，全表總括 27 人（100%），其中劉備時期有 11 人（40.74%），諸葛亮時期有 5 人（18.51%），後主時期有 10 人（37.03%），牽涉州籍包括雍州、司州等共 9 個州；劉備政權初起時轉戰全國各地，因此有機會招攬各地人才為己所用，所以荊益二州以外的州籍人士較

[61] 35 人為馬齊、馬勳（馬勛）、王平、黃權、周群、彭羕、王謀、李恢、姚伷、杜瓊、尹默、龔祿（龔諶之子）、費詩、何宗、程畿、張嶷、李邈、張裕、張翼、李邵、李福、張裔、龔諶、焦璜、楊洪、古樸（古濮）、李朝、呂凱、秦宓、何祗、王伉、朱褒、王甫、馬忠、王士。

[62] 15 人為爨習、孟琰、張郁（都）（張裔之子）、王沖、張休、文恭、（伍）五梁、譙周、常房、王離、杜禎、柳伸、杜微、楊戲、張毣（張裔之子）。

[63] 42 人為張峻、尹宗（尹默之子）、周巨（周群之子）、李球（李恢弟之子）、衛繼、常忌、程瓊、張表、王祐（王甫之子）、黃崇（黃權之子）、楊宗、王崇（王化之弟）、陳壽、龔衡、猛獲、句扶、龔皦、柳隱、王嗣、常勗、李密（又名李宓）、文立、壽良、李譔、王長文、常閌、壽良父親、何祗族人、常竺、令狐衷、譚承、司馬勝之、王化（王商之孫）、杜軫（杜雄之子）、何隨、朱游、常偉、何雙（何宗之子）、張君、衛繼父親、常播、楊玩。

[64] 7 人為常高、李旦、陳術、王彭（王商之子）、費揖、李光、杜雄（七人皆為益州籍）。

多，至立足於益州時，雖然政權較穩定可是人才的招攬卻受到限制，所以諸葛亮時期其他州籍的人才最少，最值得注意的是後主時期人數較諸葛亮時期增加，全部有 10 人，然而其中 7 人是跟隨劉備入蜀者的第二代，不然這方面的人才更少。

附表 2-2-4：非三派勢力一覽表

時間＼地域	劉備時期			諸葛亮時期	後主時期	不明時段	總人數
	入荊前	入荊後	入蜀後				
雍州			馬超、馬岱	姜維		上官勝	4（14.81%）
司州	關羽			關興（關羽子）	關統（關羽子）		3（11.11%）
冀州	趙雲			許允	2[65]		4（14.81%）
徐州	糜竺		糜芳（糜竺弟）		2[66]		4（14.81%）
幽州	2[67]				2[68]		4（14.81%）
豫州	2[69]			袁琳	2[70]		5（18.51%）
涼州					郭修		1（3.7%）
青州	孫乾						1（3.7%）
并州				靳詳			1（3.7%）
總人數	11（40.74%）			5（18.51%）	10（37.03%）	1（3.70%）	27（100%）

資料來源：附錄五：非三派勢力資料查考表

[65] 2 人為趙統、趙廣（二人為趙雲子）。
[66] 2 人為糜威（糜竺子）、糜照（糜威子）。
[67] 2 人為簡雍、張飛。
[68] 2 人為張紹（張飛子）、張遵（張飛孫）。
[69] 2 人為陳到、劉琰。
[70] 2 人為夏侯霸、趙敦。

五、不明州籍人士

在附錄六：不明籍貫人士資料查考表中有 67 人（100%），經整理後製成附表 2-2-5：不明州籍人士一覽表，劉備時期有 36 人（53.73%）為最多，諸葛亮時期有 16 人（23.88%），後主時期最少有 15 人（22.38%），或許因為劉備時期戎馬倥傯，征戰四方，因未有固定根據地以致對人才延攬的記錄較缺乏，所以不明州籍的情況最多，至諸葛亮與後主時期政權較穩定與上軌道，對朝廷官員的記錄也較詳盡。

附表 2-2-5：不明州籍人士一覽表

時間　　　　地域	劉備時期			諸葛亮時期	後主時期
	入荊前	入荊後	入蜀後		
不明州籍			36[71]	16[72]	15[73]
各時段人數	36（53.73%）			16（23.88%）	15（22.38%）
總人數	67（100%）				

資料來源：附錄六：不明籍貫人士資料查考表

36

---

[71] 36 人為雍茂、韓冉、殷純、劉豹、向舉、范疆（彊）、張達、申耽、劉□、劉□、趙累、申儀、吳蘭、雷銅、陳式（戒）、張南、陳習、鄭綽、趙融、詹晏、陳鳳、杜路、劉寧、任夔、張著、趙筰、張爽、鄧輔、樊友、郭睦、閻芝、夏侯纂、黃元、正昂、宋遠、陰化。

[72] 16 人為樊岐、閻晏、杜義、盛勃、龐力、杜叡、滿元、胡忠、上官雝、丁威（丁咸）、李盛、黃襲、姚靜、鄭他、岑述、成藩。

[73] 15 人為黃皓、梁緒、楊敏、尹賞、梁虔、李虎、句安、李歆（韶）、張尉、王林、馬邈、趙正、蔣舒、王含、汝超。

第三節　蜀漢整體官員政治派系分佈

以上根據現有史料，已找出蜀漢時期各政治派系中的成員，接下來可以綜合討論蜀漢時期政治派系的問題，把以上不同派系資料匯整在下面附表 2-3-1：蜀漢政治派系分佈表中，觀察後有下面情況值得注意。

首先，從整體 303 人（100%）中益州勢力確實佔最高比例，共有100 人佔 32.67%，其次是荊楚群士有 61 人佔 20.13%，第三是東州士有 48 人佔 15.84%，所以無庸置疑益州勢力是蜀漢政權中政治勢力最強大；不過前面曾提到，因為荊楚群士與東州士兩派有合作、協調的可能性，以他們作為合一的外來勢力觀察，則他們共有 109 人佔35.97%，甚至略為超越益州勢力，不過本土與非本土的差距並不大，可視為勢力均衡的狀態。

再從三個時段分別觀察，劉備時期全部有 143 人（100%），三派中以荊楚群士38 人最多（26.57%），其次是益州勢力有35 人佔24.47%，最後是東州士有 23 人佔 16.08%，可見劉備時期益州勢力尚未成為最大勢力，與荊楚群士處於較為平衡的狀態；然而，荊楚群士與東州士合計則有 61 人（42.65%），較益州勢力高出許多，可見**劉備時期外來勢力較本土勢力佔優勢**。

至於**諸葛亮時期**共有 48 人（100%），這時期益州勢力成為三派勢力中人數最多、佔比最大的一個派系，有 15 人佔 31.25%，其次是荊楚群士有 7 人（14.58%），第三是東州士 5 人（10.41%）；這裡有兩點值得注意，第一相比劉備時期，益州勢力增加 6 個百分點，而荊楚群士卻減少 12 個百分點，可見益州勢力與荊楚群士之間的差距變大，東州士也在諸葛亮時期減少 6 個百分點，應該還是與蜀漢政權的版圖只剩益州一地有關，荊州籍人才不容易招攬所致；第二點，就算荊楚群士與東州士合計，亦即以綜合的外來勢力而言，似乎看到兩勢力的消

長情形，**益州勢力已較佔優勢**了。

後主時期益州勢力的發展更迅速，這時段的 100 人（100%）中，益州勢力就有 42 人（42%），相較上一時段又增加 10 個百分點，其次是東州士有 17 人（17%），較前期增加 12 個百分點，東州士的增加，前面就有提及因為原東州士的第二代加入，所以造成人數及比例上的增加有關；最後是荊楚群士 16 人（16%），較上一時段稍為減少；另外，與前一時段相同，荊楚群士與東州士合計，不及益州勢力龐大且人數與佔比都有拉開的趨勢，**益州勢力之優勢較前更為擴大**。

附表 2-3-1：蜀漢政治派系分布表

時間 地域	劉備時期			諸葛亮時期	後主時期	不明時段	晉世	總人數
	入荊前	入荊後	入蜀後					
荊楚群士		20[74]	18[75]	7[76]	16[77]	0		61（20.13%）
東州士		2[78]	21[79]	5[80]	17[81]	3[82]		48（15.84%）

[74] 20 人為楊儀、魏延、黃忠、劉封、霍峻、向朗、潘濬、龐統、陳震、廖立、馬良、郝普、輔匡、張存、劉邕、鄧方、蔣琬、習禎、馬謖、諸葛亮。

[75] 18 人為黃柱、傅僉（傅肜之子）、馬秉（馬良之子）、宗瑋、龐統之父、霍弋（霍峻之子）、馮習、賴恭、向寵（向朗兄子）、傅肜、文布、鄧凱、龐林、康立、廖化、薛永、伊籍、士仁。

[76] 7 人為宗預、賴厷（賴恭之子）、董厥、劉敏、高翔、楊顒、諸葛喬。

[77] 16 人為蔣顯（蔣琬之子）、樊建、劉武（劉邕之子）、習忠（習禎之子）、習隆（習忠之子）、蔣斌（蔣琬之子）、劉林（劉封之子）、閻宇、龐宏（龐統之子）、張太守、諸葛瞻（諸葛亮之子）、諸葛攀（諸葛亮兄諸葛瑾之孫）、諸葛均（諸葛亮之弟）、薛齊（薛永子）、向充（向朗兄之子）、向條（向朗之子）。

[78] 2 人為：李嚴、費觀。

[79] 21 人為許慈、董允（董和之子）、費禕、劉巴、董和、劉循、呂乂、杜祺、劉幹、來敏、鄧芝、王連、孟光、龐羲、許靖、胡潛、孟達、法正、射堅、吳班、吳壹。

[80] 5 人為：胡濟、董恢、郭演、李豐（李嚴之子）、射援。

[81] 17 人為：來忠（來敏之子）、許勳（許慈之子）、呂雅（呂乂之子）、羅憲（羅蒙之子）、費承（費禕之子）、鄧良（鄧芝之子）、費恭（費禕之子）、胡博、王山（王連之子）、呂辰（呂乂之子）、裴儁、郤正、陳祗、陳裕（陳祗之子）、許游（許靖之孫）、張通、法邈（法正子）。

[82] 3 人為裴越（裴儁之子）（司州）、羅蒙（荊州）、羅式（羅憲兄）（荊州）。

益州勢力		35[83]	15[84]	42[85]	7[86]	李驤	100（33.00%）
三派以外	8[87]		3[88]	5[89]	10[90]	上官勝	27（8.91%）
不明籍貫	36[91]		16[92]	15[93]			67（22.11%）
總人數	143 （47.19%）		48 （15.84%）	100 （33.00%）	11 （3.63%）	1 （0.33%）	303 （100%）

資料來源：以上第二節各附表

[83] 35 人為馬齊、馬勳（馬勖）、王平、黃權、周群、彭羕、王謀、李恢、姚伷、杜瓊、尹默、龔祿（龔諶之子）、費詩、何宗、程畿、張嶷、李邈、張裕、張翼、李邵、李福、張裔、龔諶、焦璜、楊洪、古樸（古濮）、李朝、呂凱、秦宓、何祗、王伉、朱褒、王甫、馬忠、王士。

[84] 15 人為爨習、孟琰、張郁（都）（張裔之子）、王沖、張休、文恭、（伍）五梁、譙周、常房、王離、杜禎、柳伸、杜微、楊戲、張毣（張裔之子）。

[85] 42 人為張峻、尹宗（尹默之子）、周巨（周群之子）、李球（李恢弟之子）、衛繼、常忌、程瓊、張表、王祐（王甫之子）、黃崇（黃權之子）、楊宗、王崇（王化之弟）、陳壽、龔衡、猛獲、句扶、龔皦、柳隱、王嗣、常勗、李密（又名李宓）、文立、壽良、李譔、王長文、常閎、壽良父親、何祗族人、常竺、令狐衷、鐔承、司馬勝之、王化（王商之孫）、杜軫（杜雄之子）、何隨、朱游、常偉、何雙（何宗之子）、張君、衛繼父親、常播、楊玩。

[86] 7 人為常高、李旦、陳術、王彭（王商之子）、費揖、李光、杜雄（七人皆為益州籍）。

[87] 8 人為關羽、趙雲、麋竺、簡雍、張飛、陳到、劉琰、孫乾。

[88] 3 人為馬超、馬岱、麋芳（麋竺弟）。

[89] 5 人為姜維、關興（關羽子）、許允、袁琳、靳詳。

[90] 10 人為關統（關羽子）、趙統、趙廣（二人為趙雲子）、麋威（麋竺子）、麋照（麋威子）、張紹（張飛子）、張遵（張飛孫）、夏侯霸、趙敦、郭修。

[91] 36 人為雍茂、韓冉、殷純、劉豹、向舉、范疆（彊）、張達、申耽、劉□、劉□、趙累、申儀、吳蘭、雷銅、陳式（戒）、張南、陳智、鄭綽、趙融、詹晏、陳鳳、杜路、劉寧、任夔、張著、趙筰、張爽、鄧輔、樊友、郭睦、閻芝、夏侯纂、黃元、正昂、宋遠、陰化。

[92] 16 人為樊岐、閻晏、杜義、盛勃、龐力、杜叡、滿元、胡忠、上官雕、丁威（丁咸）、李盛、黃襲、姚靜、鄭他、岑述、成藩。

[93] 15 人為黃皓、梁緒、楊敏、尹賞、梁虔、李虎、句安、李歆（韶）、張尉、王林、馬邈、趙正、蔣舒、王含、汝超。

　　以上的結果，似乎與第一章所列前人研究的結果相同，即蜀漢政權確實存在著地域上的派系，初期以荊州籍人士最為重要，他們是荊楚群士與東州士中最主要的成員，蜀漢政權在劉備時期，基本都掌握在他們手中，隨著荊州的失去，以及時間的推移，益州勢力逐漸取得掌握蜀漢政權的機會。

　　然而，一個政府、行政機構有不同層級負不同事務，以現代行政學概念，即決策與事務等不同層級，前人的研究中也分中央與地方、尚書臺等不同的機關，所以在不同級別的官員中上述現象是否有不同？還是如同上面整體發展的情況？則有待下面更進一步的研究。

第二章

第三章　蜀漢中央文官之地域分佈與政治派系

　　前面從整體蜀漢官員作分析對象，瞭解總體官員在地域分佈與政治派系的問題，現在進一步希望把各級職官作分類研究，以期瞭解不同類型、不同職級的官員在地域分佈與政治派系的情況是否有異。

　　羅開玉在〈蜀漢職官制度研究〉一文認為蜀漢職官面臨的問題包括「蜀漢所處時代與兩漢已大有變化，其中較突出的是地方豪族經濟高度發展。在蜀中的具體反映是"大姓"普遍興起。他們在政治、經濟、甚至武裝上都擁有相當實力。為保護既得利益，豪族勢力要求參加國家管理。」與「蜀漢職官制度的另一特點是:為了確保外來勢力集團的利益，對來自荊楚統治階級的子弟人仕提供了優越的保證。」[1]亦即蜀漢政權需要妥善安排益州勢力、荊楚群士與東州士等不同勢力在職官制度之中，使三種勢力處於平衡的狀態，同時又不損害各自的利益；下面的研究，正是要觀察蜀漢政權的安排情況。

　　至於蜀漢職官制度的內涵為何，是首先要處理的問題。羅開玉的文章還提到「職官制度是最重要的典章制度之一，蜀漢職官制度，限於劉備稱帝後，主要包括構成蜀漢國家政權機器的中央和地方的官制，政治制度和軍事制度。」[2]此處提出兩個重點：一是時間，職官制度要從劉備稱帝後才出現；其次是職官制度起碼包括中央文官、中央武官及地方官員三大類。

　　以國家政體的角度檢視職官制度，確實起碼要具備以上三類型職官才堪稱為國家政權，至於為什麼要分開三種官員作研究？因為政權要有效運作需要一整套行政架構執行各種政令，包括中央決策機關負責制定政策、中央負責執行政策的行政機關，這些都屬於中央文官系統；另外，要貫徹中央政策到地方每一角落，則需要一整套地方行政機構，這部份屬地方官員系統；最後，政權也需要武裝力量以確保政

---

[1] 羅開玉，〈蜀漢職官制度研究〉，頁 15-16。
[2] 羅開玉，〈蜀漢職官制度研究〉，頁 6。

權安全，不管安全威脅來自外部或政權內部，所以政權也要有一套武裝行政體系，以確保政權之安全穩定。

這三類職官也確實在劉備稱帝建立蜀漢政權後才出現，不過在建安廿四年（219）劉備為漢中王時，就開始以王國名義建立中央政府架構，因為兩漢王國的建制有類於中央朝廷[3]，所以時間上可上溯到劉備為漢中王時（一年後劉備稱帝），至於劉備曾任左將軍、益州牧等職銜，因不具備建立國家規模的職官制度，所以暫時不作討論。

以下針對蜀漢政權中這三部份的官員（即中央文官、中央武官以及地方文武官員）作比對研究，不過本章先從中央文官著手，中央武官與地方官員則在第四、五章中討論。

第一節　蜀漢中央文官的範疇

中央文官就是指劉備為漢中王及稱帝後的中央職官，在此之前劉備擔任左將軍、益州牧等府屬官員，將留待討論武官與地方官員時再納入討論；同時，取樣標準仍以各人首次擔任中央職官為限，往後的升遷不列入計算，所以每人只會出現一次。

接下來更重要的是確定中央文官的職官與官員，關於魏晉時期政府職官分類，《晉書》〈職官志〉載「太宰、太傅、太保、司徒、司空、左右光祿大夫、光祿大夫，開府位從公者為文官公，冠進賢三梁，黑介幘。大司馬、大將軍、太尉、驃騎、車騎、衛將軍、諸大將軍，開府位從公者為武官公，皆著武冠，平上黑幘。」[4]對中央高級文武官員作區分，我們正好用此標準確定中央文官所牽涉的官員。

43

---

[3] 這部份可參考安作璋、熊鐵基《秦漢官制史稿》（山東：齊魯書社，2007）第二編第四章〈王國〉，頁719。書中討論兩漢時王國官制的發展時說「自西漢到東漢…總的趨勢是逐漸縮減。」這是指兩漢以大一統國家與朝廷控制著國家的時候，三國時朝廷已沒有控制力量，劉備與曹操都以王國名義發展各自的政權架構。此問題可參閱筆者《曹魏時期中央政務機關》第二章〈曹操對曹魏政制之影響〉（臺北：文史哲，民國91年），頁21-81。

[4] 唐·房玄齡等撰，《晉書》，卷24，〈職官志〉，頁726。

　　另外張金龍著《魏晉南北朝禁衛武官制度研究》認為文武殊途可上溯東漢時期,「東漢時期文、武官制之分已趨明朗,不僅有了明確的文官與武官概念,『武官』一詞正式出現,而且其內涵也已明確。在禮儀方面,文、武官職有別。具體來說,太尉、衛尉、執金吾(原中尉)及諸校尉等『尉』字稱號官職與光祿勳、諸將軍等屬于武官系統,太傅、司徒、司空諸公及其它諸卿等屬于文官系統。」[5]相較於《職官志》,此處的描述更為詳盡;既說蜀漢制度上承兩漢,這裡關於文武官員的說法正好作為參照,文官就是太傅、司徒、司空以及諸卿等蜀漢官員。

　　不僅如此,張金龍尚稱:「文官系統有尚書、門下(包括散騎)、中書等省官員,列卿以文官為主,光祿勳、衛尉及太后衛尉等職承襲漢制仍具有一定的武官性質,而御史台古員及司隸校尉、謁者僕射、都水使者等皆為文官。」[6]這裡就更具體指出所有中央文官的成員。

　　綜合以上資料,魏晉時期的中央文官包括以下官員,太傅、司徒、司空諸公及其它諸卿等(除光祿勳、衛尉及太后衛尉等職承襲漢制仍具有一定的武官性質外),另外尚有尚書、門下(包括散騎)、中書、而御史台官員及司隸校尉、謁者僕射、都水使者等皆為文官,所以只要史料中有記載都列入研究文官的範疇,當然仍要看蜀漢政權是否有設置此等官員,如司隸校尉,蜀漢基本並未常設此職。

　　至於蜀漢文官各官員的資料來源,本書是以《三國職官表》為基礎,再加上《三國志》、《華陽國志》等資料,盡可能搜羅曾擔任蜀漢中央文官的記錄。另外研究時間定在劉備為漢中王及稱帝後,因為這些官制的設立都發生在劉備入蜀後,所以關於劉備時期不再細分為入荊前、入荊後等時段。

5　張金龍,《魏晉南北朝禁衛武官制度研究》(北京:中華書局,2004),頁 10。
6　張金龍,《魏晉南北朝禁衛武官制度研究》,頁 13。

第二節　中央文官的地域分佈

根據以上的標準考証史料後，共找到曾擔任中央文官者 101 人（參附錄七：蜀漢中央文官資料查考表），整理他們擔任官員的時間與州籍等資料後，繪製成下面附表 3-2-1：蜀漢整體中央文官地域分佈表。

總人數 101 人中，我們先看三個時期的人數變化，劉備時期 26 人（25.74%）、諸葛亮時期 14 人（13.86%）、後主時期 54 人（53.46%），可以看到後主時期人數佔所有中央文官半數以上，或許可以說蜀漢政權到後主時期整體政治架構才完善。為甚麼這樣說？我們看看每一時期的情況；劉備在章武元年（221）稱帝建立蜀漢政權（就算以建安廿四年（219）為漢中王開始計算，也只比章武元年（221）時早一年多）才正式建構中央政體，可是劉備在章武三年去世，從立國到逝世只有三、四年時間，這一時段中央文官制度屬草創期，所以只錄有 26 人佔25.74%，中央文官制度的建立仍有待時間的推移。

劉備去世後主繼位，輔助後主的是諸葛亮，蜀漢進入諸葛亮時期，不過從附表可見諸葛亮時期中央文官的任用只有 14 人佔 13.86%，為三時期中最少的一期，這裡有值得注意的地方。劉備稱帝時，「（諸葛）亮以丞相錄尚書事，假節…建興元年，封亮武鄉侯，開府治事。頃之，又領益州牧。政事無巨細，咸決於亮。」[7]所謂開府即可自辟僚屬，如「建興元年，丞相亮開府，以（馬）忠為門下督」，「建興元年，丞相亮開府，辟（蔣）琬為東曹掾」[8]等，亦即諸葛亮有其他任用官員的管道，如前引日人狩野直禎的〈蜀漢政權の構造〉就注意到諸葛亮丞相府屬人員的問題[9]，諸葛亮的丞相府屬共有 38 位（後面有詳細資料），

7　晉·陳壽，《三國志》，卷 35〈蜀書·諸葛亮傳〉頁 917-918。
8　晉·陳壽，《三國志》，卷 43〈蜀書·馬忠傳〉，頁 1048；同書卷 44〈蜀書·蔣琬傳〉，頁 1057。
9　狩野直禎，〈蜀漢政權の構造〉，頁 94。

更重要的是丞相府屬並未納入中央文官的範疇，所以諸葛亮時期中央文官人數較少，或許是諸葛亮在府屬另有安排，因此有必要在後面對丞相府屬作獨立介紹與研究。

　　到後主時期人數達 54 人，超過百分之 50，諸葛亮去世後不再設丞相，同時蜀漢國內再沒有具備諸葛亮地位的官員，一切回歸體制，所以就任中央文官者較多；又或者文官的任用與培養本來就需要時間，經過劉備、諸葛亮的執政，蜀漢政權大致穩定，較有充裕時間健全中央文官制度，整體中央文官制度才得以建立。

　　至地域分佈情形，總數 101 人（100%）中益州最多佔 41 人（40.59%），荊州 34 人佔 33.66%；其他州籍合計 14 人（13.86%），不明州籍者有 12 人（11.88%）；從以上數字可以看到荊益二州人數與比例最多，兩州人數合計共有 75 人（74.25%），與前面總體人數的情況相同，可以看到荊益二州人士確實在中央文官制度具有影響力。雖然結果有類於狩野直禎的研究結果，即中央官職以非益州人士為主，可是若以荊益二州為觀察對象，實以益州較佔優勢。

　　三個時期若分別觀察，情況又是如何？劉備時期全部 26 人（100%），其中荊州以 15 人（57.69%）最多，益州只有 4 人（15.38%），司隸與其他州合計有 5 人（19.23%），此時期益州籍人士很少佔比也輕；這樣較懸殊的對比情況，或可從時間與地域作解釋，劉備在建安六年（202）入荊州依劉表，並發展自己的勢力，至建安十三年（208）「屯新野。荊州豪傑歸先主者日益多。」[10]的結果；至於益州則要到建安十九年（214）劉璋投降，劉備才佔有益州，因此荊州人較早與劉備合作。

　　另外，益州人士對劉備與荊州人有地域觀念上的隔閡，益州籍人

---

[10] 晉·陳壽，《三國志》，卷 32〈蜀書·先主傳〉，頁 876。

士對出仕劉備尚存觀望態度，就如〈益州土著士人與劉璋、劉備集團〉一文所說「益州士人歷經劉焉、劉璋兩代，對外來勢力心存戒備。」[11]這情況同樣造成劉備在任用益州人士較為保留；不過隨著時間的推移，蜀漢政權似乎能在益州站穩腳跟，益州人出仕意願較高，加上蜀漢政權失去荊州，人才來源只剩益州，任用益州人才成為唯一選項，所以益州出仕之人與比例都增加了。

　　諸葛亮時期與後主時期的中央文官都以益州人為主，諸葛亮時期全部有 14 人（100%），益州有 5 人（35.71%），荊州 3 人（21.42%），雖然此時期的總體人數不多，或許可以作為發展趨勢來觀察，即益州人士有要超過荊州人成為蜀漢中央文官的跡象。

　　最後是後主時期，共有 54 人（100%），當中益州籍有 25 人（46.29%）接近半數，荊州有 16 人（29.62%），可以明顯看到益州籍人士在人數及佔比上都大為增加，荊州籍人士較劉備時期只增加一人，但佔比則大為減少，荊益二州的差距增大。

　　以上三個時期的發展情況，似乎說明蜀漢政權在失去荊州後，人才的來源只剩益州籍人士添補的實際情形，因此益州籍人士成為多數。至於諸葛亮時期與後主時期為什麼尚有荊州人士加入？上一章討論派系時就提到，絕大多數在後主時期加入者，是隨劉備入蜀之荊州人士的後人。

---

11 高茂兵、周建敏，〈益州土著士人與劉璋、劉備集團〉，頁 91。

附表 3-2-1：蜀漢整體中央文官地域分佈表

時間 地域	劉備時期	諸葛亮時期	後主時期	不明時段	晉世	官職錯置	總人數
荊州	15[12]	3[13]	16[14]				34（33.66%）
益州	4[15]	5[16]	25[17]	3[18]	3[19]	1 王士	41（40.59%）
司州	1 孟光	1 關興	1 郤正				4（3.96%）
幽州			2[20]				2（1.98%）
冀州	1 胡潛						1（0.99%）
徐州	1 諸葛亮		1 諸葛瞻				2（1.98%）
豫州	1 許靖		3[21]				4（3.96%）
雍州	1 法正		1 姜維				1（0.99%）
不明籍貫	2[22]	5[23]	5[24]				12（11.88%）
總人數	26 （25.74%）	14 （13.86%）	54 （53.46%）	3 （2.97%）	3 （2.97%）	1 （0.99%）	101 （100%）

資料來源：附錄七：蜀漢中央文官資料查考表

---

[12] 15 人為賴恭、許慈、宗瑋、來敏、霍弋、費禕、董允、廖立、馬良、李嚴、楊儀、劉巴、鄧芝、蔣琬、龐統之父。

[13] 3 人為呂乂、郭演、陳震

[14] 16 人為向朗、許勳、呂雅、蔣顯、羅憲、宗預、樊建、費承、董厥、向充、胡博、劉武、鄧良、費恭、習忠、向條。

[15] 4 人為何宗、王謀、尹默、馬齊。

[16] 5 人為杜瓊、杜微、五粱、秦宓、李福。

[17] 25 人為張俊、尹宗、周巨、費詩、常忌、譚承、李譔、譙周、常竺、馬忠、姚伷、張翼、衛繼、程瓊、張表、楊戲、王祐、黃崇、李密、司馬勝之、文立、楊宗、王崇、陳壽、猛獲。

[18] 3 人為常高、張郁、壽良。

[19] 3 人為李驤、柳伸、杜禎。

[20] 2 人為張紹、張遵。

[21] 3 人為陳裕、許游、陳祗。

[22] 2 人為劉豹、向舉。

[23] 5 人為岑述、龐力、杜叡、滿元、胡忠。

[24] 5 人為黃皓、梁緒、楊敏、梁虔、李虎。

第三節　中央文官的政治派系分佈

　　上一節主要觀察蜀漢中央文官在地域分佈情況，這裡再從官員所屬的政治派系出發，觀察政治派系的分佈情況，從附表 3-3-1 中可以看到派系中以益州勢力最大，在全部 101 人（100%）中有 41 人佔40.59%，其次是東州士有 24 人佔 23.76%，最少是荊楚群士只有 20 人佔 19.80%。不過荊楚群士與東州士若結合，以外來勢力這一概念來觀察，則有 44 人佔 43.56%，超過益州勢力的 40.59%。所以這兩派若能聯合一致，與益州勢力相差不大，或許可以說外來勢力與益州本土勢力處於相對平衡的狀態。

　　至於不同時段中三派系的發展情況為何？先看**劉備時期**，總人數26 人（100%），最多是東州士有 11 人佔 42.30%，其次是荊楚群士有9 人佔 34.61%，益州勢力只有 4 人佔 15.38%。**在這個時期劉備任用官員多為東州士，荊楚群士為輔，至於益州勢力則最少**；對劉備及荊楚群士而言，東州士較荊楚群士早到益州，在建立政權的過程中，自然需要東州士的幫助，就如顏勇在〈主客矛盾與蜀漢政權的失敗〉一文所說「劉備、 諸葛亮等人，也沒有忘記積極主動通過各種方式拉攏東州地主集團。在當時的情況下這是劉備集團鞏固自己在益州統治地位的唯一手段。」[25]更何況東州士也有大部份人士為荊州籍，所以東州士與劉備荊楚群士較能妥協、協調共同利益。

　　劉備去世後主即位，不過在建興十二（234）以前蜀漢的政治實權由諸葛亮掌握，問題是諸葛亮時期初任中央文官者只有 14 人（100%），為何如此少數？這是值得注意的問題。14 人中以益州勢力有 5 人佔35.71%為最多，荊楚群士只有 1 人（7.14%），東州士則有 2 人（14.28%），

---

25 顏勇，〈主客矛盾與蜀漢政權的失敗〉，頁 10。

49

兩者相加也不及益州勢力。如同前面地域的情形一樣，雖然人數少可能不適合作為統計的依據，或許仍然可以作為一種趨勢看待，益州勢力在此時有發展的趨勢，正因為荊州已失，不過仍要與下面關於丞相府屬的情況合看，才能看到諸葛亮時期可能的真相。

最後是**後主時期**，此時期全部有 54 人（100%），益州勢力有 25 人佔 46.29%為最多數，其次是東州士有 11 人佔 20.37%，與益州勢力有 20%的差距，第三是荊楚群士有 10 位佔 18.51%，與益州勢力的差距更大；還有更值得注意的情況，就是東州士與荊楚群士合計 21 人與佔比 38.88%，仍然不及益州勢力的 25 人 46.29%，可見**益州勢力在後主時期的中央文官系統中，漸漸與另外兩派拉大差距，成為中央文官中最大政治勢力**。

若再仔細觀察益州勢力在三時段的發展情況，從最初 4 人 15.38%，到 5 人 35.71%，以及最後的 25 人 46.29%成為中央文官中最大的政治勢力，在人數上增加 6 倍，可見到後主時期益州勢力在中央文官的發展情形。

附表 3-3-1：中央文官政治派系分佈表

時間＼派系	劉備時期	諸葛亮時期	後主時期	不明時段	晉世	官職錯置	人數統計
荊楚群士	9[26]	1 陳震	10[27]				20（19.80%）
東州士	11[28]	2[29]	11[30]				24（23.76%）
益州勢力	4[31]	5[32]	25[33]	3[34]	3[35]	1 王士	41（40.59%）
三派以外		1 關興	3[36]				4（3.96%）
不明籍貫	2[37]	5[38]	5[39]				12（11.88%）
總人數	26（11.88%）	14（11.88%）	54（11.88%）	3（11.88%）	3（11.88%）	1（11.88%）	101（11.88%）

資料來源：附錄七：蜀漢中央文官資料查考表

---

[26] 9 人為賴恭、宗瑋、霍弋廖立、馬良、楊儀、蔣琬、龐統之父、諸葛亮。
[27] 10 人為向朗、蔣顯、宗預、樊建、董厥、劉武、習忠、諸葛瞻、向充、向條。
[28] 11 人為許慈、來敏、費禕、董允、法正、李嚴、劉巴、鄧芝、孟光、胡潛、許靖、
[29] 2 人為呂乂、郭演。
[30] 11 人為許勳、呂雅、羅憲、費承、胡博、鄧良、費恭、郤正、陳裕、許游、陳祗。
[31] 4 人為何宗、王謀、尹默、馬齊。
[32] 5 人為杜瓊、杜微、五樑、秦宓、李福。
[33] 25 人為張俊、尹宗、周巨、費詩、常忌、鐔承、李譔、譙周、常竺、馬忠、姚伷、張翼、衛繼、程瓊、張表、楊戲、王祐、黃崇、李密、司馬勝之、文立、楊宗、王崇、陳壽、猛獲。
[34] 3 人為常高、張郁、壽良。
[35] 3 人為李驤、柳伸、杜禎。
[36] 3 人為姜維、張紹、張遵。
[37] 2 人為劉豹、向舉。
[38] 5 人為岑述、龐力、杜叡、滿元、胡忠。
[39] 5 人為黃皓、梁緒、楊敏、梁虔、李虎。

第四節　丞相府屬及尚書臺之情況

　　上述三個時期中諸葛亮時期任用的中央官員相對較少，這是一個奇怪的現象，因為就時間而言，諸葛亮掌政有 12 年（建興元年到十二年），較劉備時期更長，為什麼中央文官的任命反較劉備時期少？相信史料缺漏不會是令人滿意的解釋；前面提到諸葛亮因為擔任丞相錄尚書事，丞相有開府的權力[40]，錄尚書事管有尚書臺，尚書臺職官屬於中央文官範疇，不過丞相府屬則不列入中央文官體系，即諸葛亮實際上有其他任用官員與幕僚的管道，不受朝廷影響，以下試著以丞相府屬作對比觀察，或許更掌握諸葛亮如何作人事部署。

　　從附表 3-4-1 可以看到諸葛亮丞相府屬有 38 人，較諸葛亮任用中央文官 14 人為多，兩者在數字上的差距，或許正代表諸葛亮在處理人事時，以丞相府屬為優先；另外 38 人（100%）中有 19 人（50%）屬荊州籍，剛好一半，其次是益州籍有 12 人佔 31.57%，可見益州籍人士在丞相府屬並未如中央文官般佔有優勢，荊州籍人士數量與佔比都較益州籍優勝。（諸葛亮時期中央文官 14 人（100%），益州 5 人（35.71%），荊州 3 人（21.42%））

　　另外在附表 3-4-2 中看到丞相府屬政治派系分佈的情況，38 人中以益州勢力有 12 人佔 31.57%最多，其次是荊楚群士 11 人佔 28.94%，東州士以 9 人 23.68%居第三，益州勢力雖然較多，不過差距不大；若把外來勢力的荊楚群士及東州士合計（20 人 52.62%）超過半數並以較大差距超越益州勢力，這情況與前面中央文官所呈現結果不同，值得我們注意諸葛亮的人事安排。或許就如洪武雄在〈諸葛亮之人事布局與蜀漢政權的世代交替〉一文所說「諸葛亮開府治事後，即透過丞相府屬積極培養新人，厚植接班實力。」[41]

40　晉·陳壽，《三國志》，卷 35〈蜀書·諸葛亮傳〉載劉備即帝位，「亮以丞相錄尚書事…建興元年，封亮武鄉侯，開府治事。」頁 917-918。

41　洪武雄，〈諸葛亮之人事布局與蜀漢政權的世代交替〉，《新亞學報》第 36 卷，頁 203。

前已述及諸葛亮在劉備章武元年被委任為丞相兼錄尚書事，錄尚書事掌握尚書臺，東漢時期錄尚書事、尚書臺的政治地位具有重大影響力，這是兩漢政治制度研究的常識，可見當時諸葛亮在中央政府中的影響力，「政事無巨細，咸決於亮。」[42] 許蓉生在〈蜀漢政權重要官員的地域構成及變化—兼議諸葛亮的貴和精神〉一文，特別對丞相、尚書令、尚書僕射等官員作分析，認為「總攬朝政的丞相、大將軍和職掌中樞事務的尚書令，均由荊州、東州人士擔任，而列名於表一的兩個益州人士姚伷和李福，僅任尚書僕射並未主持大政，陳壽也沒有為二人立傳，可知他們在政治上無重大作用和建樹。」[43] 所以上面丞相府屬的安排是否基於如此考慮？為求更清楚此情況，我們也把尚書臺作深入研究。

附表 3-4-3 只錄取諸葛亮為錄尚書事時尚書臺官員（其他時間官員不列入研究），這段時間只找到尚書臺 9 名官員，其中 6 人為荊州籍，兩名益州與 1 名雍州，從人數上看荊州籍人士握有尚書臺的優勢；至於政治派系方面，我們製成附表 3-5-4，表中以東州士 4 人最多，荊楚群士有 3 人居第二位，益州勢力只有 2 人，若把東州士與荊楚群士合計有 7 人，超過益州勢力 2 人甚多，可見諸葛亮為錄尚書事時，尚書臺並非益州籍人士所掌握，與中央文官整體的情況明顯不同。

針對尚書臺的情況，顏勇在〈主客矛盾與蜀漢政權的失敗〉一文認為劉備和諸葛亮都重用如吳壹、董和及其子董允（後為尚書令）、費禕等，因為劉諸二人「清醒地認識到，儘管他們同東州地主集團昨天還是仇敵，但他們兩者都是外來地主集團，同樣受著具有強烈排外性和獨立性的益州地方勢力的威脅，因此，他們之間必須消除成見，精誠團結，共同對付益州地方勢力。不然益州地方勢力成長壯大，就沒

---

[42] 晉·陳壽，《三國志》，卷 35〈蜀書·諸葛亮傳〉，頁 918。

[43] 許蓉生，〈蜀漢政權重要官員的地域構成及變化—兼議諸葛亮的貴和精神〉頁 324。

有他們兩個外來地方集團的立足之地了。」[44]亦即劉備與諸葛亮都把政治權力的重心——尚書臺——交給荊楚群士與東州士掌握。

至於益州勢力，文章中續稱「排斥和控制使用益州土著集團力量，并且不讓他們進入蜀漢政權的決策機關。」[45]或許這樣就能解釋中央文官與丞相府屬、尚書臺等機關，在州籍上所出現不同的現象之原因，即**在蜀漢真正掌握決策的權力機關，如丞相府、尚書臺，由荊楚群士與東州士掌握，在中央行政方面則可以任用益州籍人士擔任，一方面確保政權掌握在外來者手中，另一方面又可得到益州勢力的支持。**

不過，關於尚書臺成員部份，有學者從劉備與諸葛亮的關係作為切入點，如把夢陽在〈錄尚書事與蜀漢政局〉一文就說「蜀漢建立後，諸葛亮"以丞相錄尚書事"，既是外朝首腦，又得以參預內事。因此，如要限制諸葛亮的權力，避免其成為曹操一樣的權臣，對尚書機構的建設，特別是尚書令的選拔就顯得十分關鍵。」因此劉備前後任用三名尚書令，即法正、劉巴、李嚴，「劉備這番安排的用意就已十分明顯，即以尚書令與錄尚書事構成平衡模式，作為防比權臣擅政，維護帝業的制度保障。」[46]這部份關於劉備與諸葛亮的問題，或許代表外來統治者之間的矛盾，並不影響外來統治者對益州勢力的防範，由於此問題並非本書討論的範疇，在此不作討論。

我們還要注意諸葛亮也擔任益州牧，根據附錄十三所記其時州府屬有文恭、張裔等 14 人[47]，皆為益州籍人士，從丞相府屬、尚書臺以及州府屬，似乎看到諸葛亮地域、派系在人事安排中的情形。

---

[44] 顏勇，〈主客矛盾與蜀漢政權的失敗〉，頁 10。

[45] 顏勇，〈主客矛盾與蜀漢政權的失敗〉，頁 10-11。

[46] 把夢陽，〈錄尚書事與蜀漢政局〉《西北師大學報（社會科學版）》（第 53 卷第 6 期，2016 年 11 月），頁 93-94。

[47] 14 人為文恭、張裔、馬忠、李邵、秦宓、五樑、譙周、常房、王離、楊戲、杜禎、柳伸、馬齊、杜微等。

附表 3-4-1：諸葛亮丞相府屬地域分佈表

州別	諸葛亮時期丞相府屬	各州人數佔比
荊州	19[48]	50%
益州	12[49]	31.57%
司州	1 射援	2.63%
豫州	1 劉琰	2.63%
雍州	1 姜維	2.63%
不明籍貫	4[50]	10.52%
總人數	38	100

資料來源：附錄八：諸葛亮丞相府屬資料查考表

附表 3-4-2：諸葛亮丞相府屬政治派系分佈表

政治派系	諸葛亮時期	人數統計
荊楚群士	11[51]	28.94%
東州士	9[52]	23.68%
益州勢力	12[53]	31.57%
三派以外	2[54]	5.26%
不明籍貫	4[55]	10.52%
總人數	38	100%

資料來源：附錄八：諸葛亮丞相府屬資料查考表

---

[48] 19 人為霍弋、魏延、胡濟、董厥、來敏、鄧芝、楊儀、廖化、楊顒、董恢、向朗、馬謖、賴厷、蔣琬、王連、杜祺、李豐、宗預、費褘。

[49] 12 人為馬齊、姚伷、馬勛、馬忠、王平、張裔、楊戲、李邈、李邵、尹默、文恭、爨習。

[50] 4 人為樊岐、閻晏、杜義、盛勃。

[51] 11 人為霍弋、魏延、董厥、楊儀、廖化、楊顒、向朗、馬謖、賴厷、蔣琬、宗預。

[52] 9 人為胡濟、來敏、鄧芝、董恢、王連、杜祺、李豐、費褘、射援。

[53] 12 人為馬齊、姚伷、馬勛、馬忠、王平、張裔、楊戲、李邈、李邵、尹默、文恭、爨習。

[54] 2 人為劉琰、姜維。

[55] 4 人為樊岐、閻晏、杜義、盛勃。

附表 3-4-3：諸葛亮為錄尚書事時尚書台官員地域分佈表

州別	尚書臺官員州籍分佈	各州人數比例
荊州	6[56]	66.66%
益州	2[57]	22.22%
雍州	1 法正	11.11%
總人數	9	100%

資料來源：附錄九：諸葛亮為錄尚書事時尚書臺官員資料查考表

附表 3-4-4：諸葛亮為錄尚書事時尚書台官員政治派系分佈表

政治派系	諸葛亮	人數統計
荊楚群士	3[58]	33.33%
東州士	4[59]	44.44%
益州勢力	2[60]	22.22%
總人數	9	100%

資料來源：附錄九：諸葛亮為錄尚書事時尚書臺官員資料查考表

第五節　中央九卿以上級別官員的地域分佈與政治派系

　　由於上一節發現丞相府屬與尚書臺、甚至益州府屬的人事安排，與中央文官有差異，另外上引顏勇〈主客矛盾與蜀漢政權的失敗〉一文也提到「排斥和控制使用益州土著集團力量，并且不讓他們進入蜀漢政權的決策機關。」因此對中央文官的研究，似乎有需要更深一層研究，下面再把中央官員中級別較高的官員，如九卿以及九卿以上官員作獨立研究，瞭解高級別官員即負有決策權責的官員，他們在任用

[56] 6 人為劉巴、李嚴、陳震、楊儀、鄧芝、蔣琬。
[57] 2 人為李福、馬齊。
[58] 3 人為陳震、楊儀、蔣琬。
[59] 4 人為法正、劉巴、李嚴、鄧芝。
[60] 2 人為李福、馬齊。

上是否也有不同。

　　兩漢中央官制中最重要是丞相、或三公九卿，這是中央官制中級別最高的官員，當然官制本身不斷在變動，西漢初年的丞相九卿，到後期的三公九卿，還有兩漢時期尚書臺的發展使錄尚書事、尚書令等又成為重要職官，這些官員的發展歷程本身也是權力結構調整的過程，這些問題十分複雜，並非本書討論的範疇，所以這裡不作討論；對所謂蜀漢中央高級別文官之取樣標準，只能就兩漢整體之情況，如丞相、三公、九卿、尚書等等官員作為研究標準，詳細取樣的官員請參附錄十：蜀漢中央九卿以上文官資料查考表[61]，表中共列出中央高級別文官42 人，根據附錄資料製作為附表 3-5-1：蜀漢中央九卿及以上官員地域分佈、與附表：3-5-2 蜀漢中央九卿及以上官員政治派系分佈。

　　先看附表 3-5-1，可以看到 42 人（100%）中以荊州人士最多有 16人佔 38.09%，與位居第二的益州 12 人佔 28.57%，相差有 10%之數，其他州籍還有司州 4 人（9.52%）、豫州 3 人（7.14%），另外徐州與雍州各有 2 人（4.76%），這些州籍合計 11 人（26.18%），與前面中央文官整體的情況並不相同，整體文官是以益州籍為多數，可是在高級別文官則以荊州籍較多。〔整體文官 101 人（100%）中益州 41 人（40.59%），荊州 34 人佔 33.66%〕

　　再從個別時段看，劉備時期 10 人（100%）中，荊州有 4 人佔 40%，益州有 3 人佔 30%，司、徐、豫三州各 1 人各佔 10%。與前面全體文官在劉備時期相較，益州籍高級文官的比例較整體文官的比例高，大體上要籠絡益州勢力，一定地位的官職確實需要讓益州勢力掌握，才

---

[61] 附錄中有關錄尚書事與尚書臺的資料，與前面諸葛亮時期的尚書臺資料並不相同，這裡的尚書臺包涵蜀漢全部四十多年的官員，並非諸葛亮時期的錄尚書臺，請讀者注意。

能讓益州勢力願意效力。

　　諸葛亮時期只有 6 人（100%），其中荊、益二州者各有 2 人，各佔 33.33%，司州、豫州各 1 人，各佔 16.66%，此時期又是人數最少的時期，不過荊益 2 州的人數各佔比是相同，正如前面所說，雖然人數很少可能不具代表性，或許正是諸葛亮不以中央文官為發展重心的另一現象。

　　最後是後主時期有 23 人（100%），荊州籍有 10 人佔 43.47%，益州人有 5 人佔 21.73%，司州 2 人佔 8.69%，其餘徐、豫、雍三州各有 1 人，各佔 4.34%；後主時期荊州籍人士在高級文官中反佔有較大優勢，與前面整體文官不同，似乎看到蜀漢政權中較高級別之官員，益州籍人士相對處於劣勢。〔整體文官後主時期 54 人（100%），益州籍 25 人（46.29%），荊州籍 16 人（29.62%）〕

　　至於政治派系的情況，從附表 3-5-2 可以看到 42 人中荊楚群士有 11 人佔 26.19%，東州士有 13 人佔 30.95%，最後是益州勢力有 12 人佔 28.57%，三派以外的有 3 人只佔 7.14%，東州士最多而益州勢力也佔第二位，不過若把東州士與荊楚群士合計則有 57.13%超過半數，**非益州勢力在高級別文官中佔有絕對優勢。**

附表 3-5-1：蜀漢中央九卿及以上官員地域分佈表

時間＼地域	劉備時期	諸葛亮時期	後主時期	不明時段	晉世	官職錯置	總人數
荊州	4[62]	2[63]	10[64]				16（38.09%）
益州	3[65]	2[66]	5[67]		1 杜禎	1 王士	12（28.57%）
司州		1 孟光	2[68]				3（7.14%）
徐州	1 諸葛亮		1 諸葛瞻				2（4.76%）
豫州	1 許靖	1 劉琰	1 陳祗				3（7.14%）
雍州	1 法正		1 姜維	1 上官勝			3（7.14%）
不明籍貫			3[69]				3（7.14%）
總人數	10（23.8%）	6（14.28%）	23（54.76%）	1（2.38%）	1（2.38%）	1（2.38%）	42（100%）

資料來源：附錄十：蜀漢中央九卿以上文官資料查考表

---

[62] 4 人為賴恭、黃柱、劉巴、李嚴。
[63] 2 人為向朗、陳震。
[64] 10 人為蔣顯、許慈、來敏、蔣琬、費禕、董允、呂乂、董厥、樊建、向條。
[65] 3 人為黃權、何宗、王謀。
[66] 2 人為杜瓊、秦宓。
[67] 5 人為譙周、張峻、鐔承、馬忠、猛獲。
[68] 2 人為裴儁、郤正。
[69] 3 人為梁緒、尹賞、梁虔。

附表 3-5-2：蜀漢中央九卿及以上官員政治派系分佈表

時間 派系	劉備時期	諸葛亮時期	後主時期	不明時段	晉世	官職錯置	人數統計
荊楚群士	3[70]	2[71]	6[72]				11（26.19%）
東州士	4[73]	1 孟光	8[74]				13（30.95%）
益州勢力	3	2[75]	5[76]		1	1	12（28.57%）
三派以外		1	1	1			3（7.14%）
不明籍貫			3[77]				3（7.14%）
總人數	10 （23.8%）	6 （14.28%）	23 （54.76%）	1 （2.38%）	1 （2.38%）	1 （2.38%）	42（100%）

資料來源：附錄十：蜀漢中央九卿以上文官資料查考表

　　從以上各節關於州籍與政治派系的情況，我們得到如下結果；首先是州籍問題，我們發現整體文官中益州籍人士在人數與佔比上都超過其他州籍，可是政治派系的部份，益州勢力雖然仍佔四成為最大勢力，其次是東州士，第三為荊楚群士，只是把東州士與荊楚群士合計，則較益州勢力多兩人、兩個百分點；也就是說雖然地域分佈上益州較佔優勢，但在政治派系上本土與非本土卻處於較平衡的狀態。可見益州勢力與非益州勢力在中央文官體系中是一種平衡發展的狀態。

---

[70] 3 人為賴恭、黃柱、諸葛亮。
[71] 2 人為向朗、陳震。
[72] 6 人為蔣顯、蔣琬、董厥、樊建、諸葛瞻、向條。
[73] 4 人為劉巴、李嚴、許靖、法正。
[74] 8 人為許慈、來敏、費禕、董允、呂乂、裴儁、郤正、陳祗。
[75] 2 人為杜瓊、秦宓。
[76] 5 人為譙周、張峻、鐔承、馬忠、猛獲。
[77] 3 人為梁緒、尹賞、梁虔。

另外由於諸葛亮時期明顯看到丞相府屬、尚書臺以及州府屬等安排，似乎證明決策機關由非益州人士擔任，引起對中央文官領導階層的注意，在研究後發現文官中職位較高級別官員，東州士在人數與佔比上則為最多數，益州勢力第二，荊楚群士第三，而且把東州士與荊楚群士合計，在人數上有 24 人超過益州勢力的 12 人一倍，在佔比上也多一倍，可見非益州勢力與益州勢力在高級別文官中存在差距，非益州籍人士佔優勢。

　　最後，這樣的結論是否印證前面顏勇在〈主客矛盾與蜀漢政權的失敗〉一文所說劉備與諸葛亮都是「堅定地依靠荊州地主集團，團結和信任東州地主集團，排斥和控制使用益州土著集團力量，幷且不讓他們進入蜀漢政權的決策機關。」[78]

---

[78] 顏勇，〈主客矛盾與蜀漢政權的失敗〉，頁 10-11。

第四章　蜀漢中央武官之地域分佈與政治派系

　　上一章討論中央文官的情況，這一章討論主題是中央武官，過去
關於這方面研究較少，其實武官掌握軍事武力，是維繫政權的重要力
量，歷來政治領導者都十分重視軍事力量的掌握，而人事選用就是其
中重要一環，確保軍事力量作為保障政權安全的依據。下面就試著瞭
解蜀漢在中央武官之人事任用上，地域分佈與政治派系的情況。

第一節　蜀漢中央武官的範疇

　　從上一章中提到《晉書》〈職官志〉、張金龍《魏晉南北朝禁衛武
官制度研究》都有提到文武官員的分類，張金龍的《魏晉南北朝禁衛
武官制度研究》一書更具體列出中央武官的成員，包括「武官系統主
要是指承擔皇帝—宮殿—京師保衛任務的禁衛武官，即領軍將軍（中
領軍），護軍將軍（中護軍），左、右衛將軍，左、右、前、後軍將軍，
屯騎、步兵、越騎、長水、射聲等五校尉。」[1]所以魏晉時期中央武官
大體上包括大司馬、大將軍、太尉、驃騎、車騎、衛將軍、諸大將軍、
衛尉、執金吾（原中尉）及諸校尉等「尉」字稱號官職與光祿勳、諸
將軍等；另外尚有承擔皇帝、宮殿、京師保衛任務的禁衛武官，即領
軍將軍（中領軍），護軍將軍（中護軍），左、右衛將軍，左、右、前、
後軍將軍，屯騎、步兵、越騎、長水、射聲等五校尉。以下將以此為
基礎，搜羅相關史料中關於蜀漢時期武官的資料作分析、對比研究。

　　當然關於軍事將領，蜀漢時期尚有重要的都督制度，都督是重要
軍事將領，羅開玉在〈蜀漢行政建制研究〉一文稱「蜀漢軍事管制融
入到行政建制中，是蜀漢行政建制的最大特色，這主要表現在都督之
制和都尉制上。」[2]不過本章並未把都督與都尉納入討論範疇，因為牽
涉到整體軍政制度，簡單說就是軍政系統也分為中央與地方兩大部份，

---

[1] 張金龍，《魏晉南北朝禁衛武官制度研究》，頁 13。
[2] 羅開玉，〈蜀漢行政建制研究〉，頁 14。

中央武官就如上述所涵蓋的官職，至於都督則屬地方行政制度，嚴耕望師在《中國地方行政制度史》一書就說「魏晉南朝之地方行政，通常認為是州、郡、縣三級制。實則州之上尚有更大之行政區域曰都督區，州刺史之上尚有更具權力之統制機構曰都督府。」[3]同書並列舉蜀漢的四個都督區，「蜀漢於緣邊諸郡並置都督：有漢中都督…有江州都督及永安都督…有庲降都督。」[4]其實不止都督，尚有都尉也屬於地方行政制度的範疇，因此關於這些職官的問題留待下一章討論地方行政制度時再作討論。

然而，有一問題要注意，它與文官制度同樣有級別不同的情形，如前引在《晉書》〈職官志〉所載，「大司馬、大將軍、太尉、驃騎、車騎、衛將軍、諸大將軍，開府位從公者為武官公，皆著武冠，平上黑幘。文武官公，皆假金章紫綬，著五時服…諸公及開府位從公者，品秩第一，食奉日五斛。」下文又載「驃騎已下及諸大將軍不開府非持節都督者，品秩第二，其祿與特進同。」[5]武官品秩高低不同就成為級別的差異，當然級別高低並不必然影響其在軍政制度的實力與權柄，這又是研究軍事制度的常識，如兩漢太尉一職，《漢書》〈百官表〉載「太尉，秦官，金印紫綬，掌武事。」[6]然而就如《秦漢官制史稿》一書所說「所謂『掌武事』…實際上在西漢時只不過是皇帝的軍事顧問，太尉本身並無發兵、領兵之權。」[7]亦即太尉有崇高的政治地位，卻不必然擁有實際的軍隊調動、指揮權；正因如此，此處所劃分的級別，

65

---

3 嚴耕望，《中國地方行政制度史》〈魏晉南北朝地方行政制度〉，第一章〈行政區劃〉，頁1。

4 嚴耕望，《中國地方行政制度史》〈魏晉南北朝地方行政制度〉，第一章〈行政區劃〉，頁27。

5 唐·房玄齡等撰，《晉書》，卷24，〈職官志〉，頁726。

6 漢·班固《漢書》（台北：鼎文書局，1991）卷19上〈百官公卿表〉，頁725。

7 安作璋、熊鐵基《秦漢官制史稿》第一編第一章第四節〈太尉〉，頁75。

只就當時軍政制度上所訂立的級別差異為基礎，並不討論當時實際權力的情形。

另外還有將軍開府的問題，就算同為驃騎等將軍，開府與否即影響其品秩與政治地位，如張欣在〈漢魏開府制度考〉中所說「開府者取得與三公相近似地位，在政局中樞中處於重要地位，而非僅實施一般將軍之職責。開府之制，使一般將軍這類非常設機構制度化、常態化，此或即開府之意義所在。」[8]不過包括軍政實權與開府等問題，牽涉每一時代政治與軍政等事務，甚至每一個人自己具有的政治影響力而言，並不必然與職位相稱，因此本書暫不能處理這些個別差異度過大的問題，此處只希望探討不同級別的武官，在任用上是否有地域或派別的差異。

除對整體中央武官作研究外，我們還要對蜀漢中央武官作級別的分類，至於分類的標準將參考洪武雄在＜蜀漢將軍的班位及其散職化傾向＞一文所劃分的六級別，分別為第一級大將軍，第二級驃騎、車騎、衛將軍，第三級雜號大將軍，第四級別是位在卿上的前後左右將軍及安漢、軍師將軍，第五級別是位在卿下、五校之上的雜號將軍，第六級別是五校之下的雜號將軍等[9]，不過就此處討論的範疇（整體中央武官）而言，洪氏六級分類尚有不足——缺少中央禁衛武官。禁衛武官應包含在中央武官內，因此除洪文六種分類外，本書尚增加禁衛武官一類，把中央武官分為七級別。

搜集資料匯整為附錄十一：蜀漢中央武官資料查考表。我們尚發現一個問題，表中所列中央武官的職位與擔任人員，有些部份記載不清楚，如將、中郎將等名稱，因此下面將分兩部份討論，第一部份是

---

[8] 張欣，〈漢魏開府制度考〉《人文雜誌》（2017 年第 12 期）。

[9] 洪武雄，〈蜀漢將軍的班位及其散職化傾向〉，收錄在氏著《蜀漢政治制度史考論》，頁 17-31。

整體武官的統計與分析，包括只有將、中郎將等名稱皆納入研究範圍，對他們的地域與派系問題加以分析研究；第二部份則逐一研究各級別武官，不能作級別分類者，如只有中郎將、將、尉等名稱則不列入討論。

最後，基本的取樣仍與前面標準一致，即每一官員只取其首任，所以從整體武官到各分類武官，每人在各部份研究時只會出現一次，往後的升遷都不在討論範圍。

第二節　中央武官的地域分佈

下面先從全體武官的地域分佈與政治派系開始，相關資料可查閱附錄十一：蜀漢中央武官資料查考表，透過查考表的整理，曾擔任中央武官者共有 161 人，已繪製附表 4-2-1：蜀漢全體中央武官地域分佈表，表中除看到蜀漢整體的中央武官任用情形外，還把蜀漢政權分為三個時段，即劉備時期、諸葛亮時期及後主時期，從整體與不同時段比較中央武官各方面的情形。

先就整體人數而言，與前面中央文官相較，武官人數較多，共有 161 人，大體因為取樣的時間較長，文官採樣的標準是劉備為漢中王或稱帝後，武官則從劉備在建安元年（196）劉備領徐州為鎮東將軍，征戰各地，招賢納俊開始；其次，政權建立初期，當以武官為主，有武力才能建立政權，所以人數較多。

至於三時段的人數分佈而言，劉備時期有 63 人（39.13%），諸葛亮時期 49 人（30.43%）、後主時期 46 人（28.57%），從數字看，中央武官在劉備時期最多，政權的創立依靠武力，所以武官較多，不過就整體而言三時期的差距並不算太大，應與三國時期戰爭頻繁有關，蜀漢作為三國中版圖與國力最小的政權，自然更不能放鬆武備，因此武官在各時段都有現實上的需要。

從附表 4-2-1 可以看到地域的分佈情形，就全部 161 人（100%）中，屬荊州籍有 50 人（31.05%）、代表蜀漢政權中有 3 成武官來自荊州，大體上就如前文所說，劉備在建安六年（202）到荊州後，至建安十三年（209）「屯新野。荊州豪傑歸先主者日益多。」[10]從此荊州籍人士便投入劉備陣營，成為人數最多的勢力團體；其次是益州有 34 人（21.11%），荊益二州在人數與比例上已超過半數，與前面中央文官一樣，荊益二州是蜀漢政權的重要支持力量；另外包括司隸等 9 州人士共 38 人（23.60%），最後尚有一項 39 人（24.22%）屬不明州籍人士。

若從本土與非本土的角度來看，本土的益州籍人數與比例在蜀漢政權中是最少數，只佔 21.11%，與前面中央文官 40.59%的比例有明顯差別，大概武官掌握軍事權力，所以蜀漢政權對中央武官授與益州人士比較謹慎。

然而，我們如果以三時段作對比研究，荊州與益州武將人數在三時段的發展剛好是相反，正見荊益二州的此消彼長的過程，荊州在三時段共有 50 人（100%），先主時期有 23 人，佔 46.00%，諸葛亮時期 16 人佔 32.00%，後主時期只有 11 人佔 22.00%，可見荊州人在蜀漢政權的發展過程中逐漸的減少，當然我們也要瞭解在蜀漢失去荊州後，荊州人才的取得是有困難的；至於益州的情況卻剛好相反，三時期的益州總人數是 34 人（100%），先主時只有 6 人佔 17.64%，諸葛亮時期 14 人佔 41.17%，後主時期有 13 人佔 38.23%，尚有 1 人（2.94%）不明時段，**可見益州人在蜀漢政權擔任武官是在諸葛亮掌政時開始。**

地域的分佈似乎顯示荊州籍人士逐漸為益州籍人士所取代，然而若從政治派系的角度觀察，是否也有相同的結果？

---

[10] 晉・陳壽，《三國志》，卷 32〈蜀書・先主傳〉，頁 876。

附表 4-2-1：蜀漢全體中央武官地域分佈表

時間\地域	劉備時期				諸葛亮時期	後主時期	不明時段	總人數
	入荊前	入荊後	入蜀後					
			曾仕劉璋	先主任用				
荊州		4[11]	5[12]	14[13]	16[14]	11[15]		50（31.05%）
益州		1 王平		5[16]	14[17]	13[18]	1 李旦	34（21.11%）
司隸		1 關羽	2[19]	1 馬超	2[20]	3[21]		9（5.59%）
幽州		1 張飛		2[22]				3（1.86%）
冀州	1 趙雲				1 許允	2[23]		4（2.48%）
徐州		1 諸葛亮		1 麋竺	1 諸葛喬	5[24]		8（4.96%）
豫州			1 許靖	1 劉琰	2[25]	3[26]		7（4.34%）
青州				1 孫乾				1（0.62%）

---

[11] 4 人為李嚴、龐統、劉封、霍峻。
[12] 5 人為王連、費觀、董和、劉循、來敏。
[13] 14 人為黃忠、賴恭、魏延、鄧方、馮習、向寵、輔匡、廖化、傅肜、文布、鄧凱、黃柱、傅僉、馬秉。
[14] 16 人為高翔、蔣琬、楊儀、鄧芝、向朗、廖立、費禕、劉敏、馬謖、杜祺、胡濟、陳震、郭演、董恢、宗預、董允。
[15] 11 人為閻宇、董厥、霍弋、蔣斌、習隆、胡博、向充、羅憲、劉林、鄧良、劉邕。
[16] 5 人為黃權、龔祿、王士、張裔、周群。
[17] 14 人為李恢、李邈、李福、馬忠、楊洪、秦宓、爨習、王沖、張嶷、張休、張翼、五梁、杜瓊、孟琰。
[18] 13 人為張表、句扶、王嗣、龔皦、楊戲、龔衡、常勗、何隨、王化、李譔、李球、衛繼、柳隱。
[19] 2 人為法正、射援。
[20] 2 人為馬岱、孟光。
[21] 3 人為裴儁、關統、法邈。
[22] 2 人為簡雍、傅仁。
[23] 2 人為趙統、趙廣。
[24] 5 人為諸葛瞻、諸葛攀、諸葛均、麋威、麋照。
[25] 2 人為袁琳、陳到。
[26] 3 人為夏侯霸、陳祗、張通。

兗州		1 吳壹	1 吳班	1 伊籍				3（1.86%）
雍州					1 姜維		1 上官勝	2（1.24%）
涼州						1 郭修		1（0.62%）
不明籍貫	18[27]			12[28]		8[29]	1 姓名不詳	39（24.22%）
總人數	63 （39.13%）			49 （30.43%）		46 （28.57%）	3 （1.86%）	161 （100%）

資料來源：附錄十一：蜀漢中央武官資料查考表

第三節　中央武官的政治派系分佈

　　從附錄十一再次整理政治派系的情況，繪製成附表 4-3-1 的量化結果，從整體人數與比例上，荊楚群士以 40 人（24.84%）佔最多數，其次是益州勢力，有 34 人佔 21.11%，東州士只有 27 人（16.77%）為最少，若再把荊楚群士與東州士合一計算以與益州勢力作比較，則以 67 人（41.61%）超過 4 成為最多數，並與益州勢力有著明顯的差距，可見**總體而言，荊楚群士與東州士對蜀漢政權的武裝力量較具影響力。**

　　若比較三時段的情況，可以發現劉備時期 63 人（100%）中屬荊楚群士者有 20 人（佔 31.74%），東州士有 11 人（佔 17.46%），益州勢力則只有 6 人（9.52%）；可以發現在劉備時期不管荊楚群士或東州士，都較益州勢力具備優勢，更不用說把荊楚群士與東州士合起來有 31 人（49.20%）接近半數，而且益州勢力只佔不到一成，所以這一時期非益州的外來勢力佔絕對優勢。

---

[27] 18 人為申耽、劉□、劉□、申儀、吳蘭、雷銅、陳式、張南、陳曶、鄭綽、趙融、詹晏、陳鳳、杜路、劉寧、任夔、張著、姓名不詳。

[28] 12 人為劉巴、上官雝、閻晏、丁威、杜義、李盛、黃襲、姚靜、鄭他、樊岐、岑述、盛勃。

[29] 8 人為句安、李歆、張尉、王林、馬邈、趙正、黃皓、尹賞。

至於諸葛亮時期，大概因掌政時間較短所以人數也較少，只有 49 人（100%），荊楚群士有 10 人（20.40%），東州士有 8 人（16.32%），益州勢力在此時期卻大量增加為有 14 人（28.57%），更是劉備時期的兩倍多；雖然荊州群士與東州士合計仍有 18 人（36.72%），人數與佔比仍然較益州本土勢力為大，不過相對劉備時期減少，似乎看到非益州與益州兩勢力的消長趨勢。大概諸葛亮時期蜀漢政權只剩益州一地，延攬其他州郡的人才並不容易，所以大量進用益州人才。

最後是後主時期，此時期是三時期中人數最少，只有 46 人（100%），其中荊楚群士 10 人（21.73%），東州士則 8 人（17.39%），益州勢力則最多有 13 人（28.26%）；與諸葛亮時期相較，雖然人數減少，三派系的佔比卻與諸葛亮時期相若，東州士有增加一個百分點，其餘兩派也略減。或許最值得注意的部份，仍然是後主時期中央武官中，非益州勢力的荊楚群士與東州士合計後（18 人 39.12%），仍然較益州勢力（13 人 28.26%）為多為大，後主時期的軍事武力仍然掌握在非益州勢力手中。

總結而言，整體中央武官中，不論是地域上荊州籍人士、或是派系上以荊楚群士與東州士的非益州勢力，都較益州籍人士與勢力為多為主，到三個時期中每一個時期，荊州籍人士與非益州勢力同樣在中央武官中較益州籍與益州勢力佔優勢，可見蜀漢政權在掌控軍事力量方面，仍然以非本土人士為主。

附表 4-3-1：蜀漢中央武官政治派系分佈表

時間 派系	劉備時期			諸葛亮時期	後主時期	不明時段	總人數
	入荊前	入荊後	入蜀後				
荊楚群士		4[30]	16[31]	10[32]	10[33]		40（24.84%）
東州士		2[34]	9[35]	8[36]	8[37]		27（16.77%）
益州勢力		1 王平	5[38]	14[39]	13[40]	1 李旦	34（21.11%）
三派以外	1 趙雲	2[41]	5[42]	5[43]	7[44]	1 上官勝	21（13.04%）
不明籍貫			18[45]	12[46]	8[47]	1 姓名不詳	39（24.22%）
總人數	63 （39.13%）			49 （30.43%）	46 （28.57%）	3 （1.86%）	161 （100%）

資料來源：附錄十一：蜀漢中央武官資料查考表

---

30 4人為龐統、劉封、霍峻、諸葛亮。
31 16人為黃忠、賴恭、魏延、鄧方、馮習、向寵、輔匡、廖化、傅肜、文布、鄧凱、黃柱、傅僉、馬秉、傅仁、伊籍。
32 10人為高翔、蔣琬、楊儀、鄧芝、向朗、廖立、費禕、劉敏、馬謖、杜祺、胡濟、陳震、郭演、董恢、宗預、董允、諸葛喬。
33 9人為閻宇、董厥、霍弋、蔣斌、習隆、劉林、劉邕、諸葛瞻、諸葛攀、諸葛均。
34 2人為李嚴、吳壹。
35 9人為王連、費觀、董和、劉循、來敏、法正、射援、許靖、吳班
36 8人為鄧芝、費禕、杜祺、胡濟、郭演、董恢、董允、孟光。
37 8人為胡博、向充、羅憲、鄧良、裴儁、法邈、陳祗、張通。
38 5人為黃權、龔祿、王士、張裔、周群。
39 14人為李恢、李邈、李福、馬忠、楊洪、秦宓、爨習、王沖、張嶷、張休、張翼、五梁、杜瓊、孟琰。
40 13人為張表、句扶、王嗣、龔皦、楊戲、龔衡、常勗、何隨、王化、李譔、李球、衛繼、柳隱。
41 2人為關羽、張飛。
42 5人為馬超、簡雍、麋竺、劉琰、孫乾。
43 5人為馬岱、許允、袁琳、陳到、姜維。
44 7人為關統、趙統、趙廣、麋威、麋照、夏侯霸、郭修。
45 18人為申耽、劉□、劉□、申儀、吳蘭、雷銅、陳式、張南、陳曶、鄭綽、趙融、詹晏、陳鳳、杜路、劉寧、任夔、張著、姓名不詳。
46 12人為劉巴、上官雝、閻晏、丁威、杜義、李盛、黃襲、姚靜、鄭他、樊岐、岑述、盛勃。
47 8人為句安、李歆、張尉、王林、馬邈、趙正、黃皓、尹賞。

第四節　中央武官不同級別在地域分佈與政治派系的情況

　　上面是針對全體中央武官的研究，下面再來觀察不同級別的中央武官，他們在地域分佈與政治派系的情況；取樣的標準是以級別為標準，同一級別一人只以一次計算，其間的升遷不列入計算。至於分級的標準，就如上面所說以洪武雄〈蜀漢將軍的班位及其散職化傾向〉一文所分六種級別為基礎，再加上第七類中央禁衛武官。

　　此處對中央武官詳細的級別分類如下：（一）大將軍；（二）驃騎、車騎、衛將軍；（三）雜號大將軍；（四）位在卿上的前後左右將軍及安漢、軍師將軍；（五）位在卿下、五校之上的雜號將軍，這裡包括 1.四方征、鎮、安、平將軍的相對位次，2.四征之上的其它雜號將軍，3.四征之下、五校之上的雜號將軍；（六）五校之下的雜號將軍；最後再加上禁衛武官等七大類作比較分析。這七大類武官的擔任人及詳細資料，可參看附錄十二：蜀漢中央武官級別分類資料查考表，表中列出所有擔任人士之相關資料。

　　第一個級別是大將軍，在附表 4-4-1 所列四人即蜀漢時期的大將軍，四人出任時間皆在後主時期，地域上三位是荊州籍，一為雍州人，這一級別中沒有益州籍人士；至於派系上，可參看附表 4-4-2，兩人為荊楚群士，一人為東州士，最後是不屬三派系的姜維，同樣沒有益州籍人士擔任大將軍，由於此為最高級別之武官，被歷史記錄的機會很大，加上蜀漢國祚不長，只有四人的可能性很高，可見蜀漢時期最高級別的大將軍只授與非益州人士，是否看到蜀漢政權對益州籍人士有保留態度？

附表 4-4-1：（第一級）大將軍地域分佈表

時間＼地域	先主時期	諸葛亮時期	後主時期	總數
荊州			蔣琬、費禕、閻宇	3(75%)
雍州			姜維	1(25%)
總人數	0	0	4	4(100%)

資料來源：附錄十二：蜀漢中央武官級別分類資料查考表

附表 4-4-2：（第一級）大將軍政治派系表

時間＼派系	先主時期	諸葛亮時期	後主時期	總數
荊楚群士			蔣琬、閻宇	2(50%)
東州士			費禕	1(25%)
三派以外人士			姜維	1(25%)
總人數	0	0	4	4(100%)

資料來源：附錄十二：蜀漢中央武官級別分類資料查考表

　　第二級別是驃騎、車騎、衛將軍，附表 4-4-3 中的將軍共有 12 位，在時間的任用上以後主時期最多共 8 位，先主及諸葛亮時期各二位；至於州籍上則以荊州人士有四位，佔全部總人數的三分之一，可見荊州籍人士的影響力，其他則雍州、豫州各 2 人、幽州、兗州、益州、徐州各 1 人，最可注意是益州籍只有 1 人，這是唯一進入中央武官第二級別的益州籍人士。

附表 4-4-3：（第二級）驃騎、車騎、衛將軍等地域分佈表

時間 地域	先主時期	諸葛亮時期	後主時期	總數
荊州		李嚴	胡濟、鄧芝、廖化	4(33.33%)
益州			張翼	1(8.3%)
幽州	張飛			1(8.3%)
雍州	馬超		姜維	2(16.66%)
豫州		劉琰	夏侯霸	2(16.66%)
兗州			吳壹	1(8.3%)
徐州			諸葛瞻	1(8.3%)
總人數	2(16.66%)	2(16.66%)	8(66.66%)	12(100%)

資料來源：附錄十二：蜀漢中央武官級別分類資料查考表

　　從附表 4-4-4 可以看到第二級別的中央武官派系分佈情形，整體而言，全部 12 人中以東州士與三派之外的人士最多，各有 5 人，荊州群士與益州勢力各 1 人，同時若把東州士與荊楚群士合計則剛好佔一半；更值得注意是後主時期，此時期任命 4 位東州士與 1 位荊楚群士，從上面關於文官、武官等整體發展而言，後主時期的荊州籍人士與非益州勢力都有削減的趨勢，可是這一級別的武官卻以東州士與荊楚人士為多，而益州勢力卻只有 1 人被任命，可見後主時期對軍事人員任用之態度，益州勢力似乎沒有較荊楚群士與東州士佔優勢。

附表 4-4-4：（第二級）驃騎、車騎、衛將軍等政治派系分佈表

時間 派系	先主時期	諸葛亮時期	後主時期	總人數
荊楚群士			廖化	1(8.3%)
東州士		李嚴	胡濟、吳壹、鄧芝、諸葛瞻	5(41.6%)
益州勢力			張翼	1(8.3%)
三派以外人士	馬超、張飛	劉琰	夏侯霸、姜維	5(41.6%)
總人數	2(16.66%)	2(16.66%)	8(66.66%)	12(100%)

資料來源：附錄十二：蜀漢中央武官級別分類資料查考表

第三級別是雜號大將軍，從附表 4-4-5 中看到全部只有 9 個雜號大將軍，除一位在諸葛亮時期任命外，其餘 8 人皆在後主時期擔任；至於地域問題，以荊州籍 4 人最多，其次益州籍也有 3 人，雍州與豫州各 1 人，與前兩級別相較，益州籍人士有所增加，只是仍然不及荊州人士。

附表 4-4-5：（第三級）雜號大將軍地域分佈表

時間 地域	先主時期	諸葛亮時期	後主時期	總人數
荊州		魏延	胡濟、宗預、董厥	4(44.44%)
益州			馬忠、王平、張翼	3(33.33%)
雍州			姜維	1(11.11%)
豫州			袁琳	1(11.11%)
總人數	0	1(11.11%)	8(88.88%)	9(100%)

資料來源：附錄十二：蜀漢中央武官級別分類資料查考表

至於這級別關於政治派系的問題，從附表 4-4-6 可以看到荊楚群士與益州勢力同為 3 人，2 人是三派以外人士，最後 1 人是東州士，整體而言，荊楚群士與東州士仍為最多數，值得注意是益州勢力已與荊楚群士同為 3 人，可見此一級別上益州勢力已佔一席之地，雖然荊楚群士與東州士合計 4 人仍然超過益州勢力，相較前兩級別而言，益州勢力已有較大發展。

附表 4-4-6：（第三級）雜號大將軍政治派系分佈表

時間 派系	先主時期	諸葛亮時期	後主時期	總人數
荊楚群士		魏延	宗預、董厥	3(33.333%)
東州士			胡濟、	1(11.11%)
益州勢力			馬忠、王平、張翼	3(33.33%)
三派以外人士			姜維、袁琳	2(22.22%)
總人數		1(8.3%)	8(8.3%)	9(100%)

資料來源：附錄十二：蜀漢中央武官級別分類資料查考表

　　第四級別是位在卿上的前後左右將軍及安漢、軍師等將軍，從附表 4-4-7 中共有 27 位武官，其中荊州籍有 10 位最多，其次是益州籍有 5 位，徐州有 3 位，豫州、兗州與雍州各 2 人，其餘司州、涼州、幽州各 1 人；在任用的時間上，先主時期有 6 人，諸葛亮時期 9 人，後主時期有 11 人，更值得注意是後主時期任用荊州籍人士共 5 位，荊州人士似乎較益州更有優勢。

附表 4-4-7：（第四級）位在卿上的前後左右將軍及安漢、軍師將軍地域分佈表

地域 ＼ 時間	先主時期	諸葛亮時期	後主時期	時段不詳	總人數
荊州	黃忠	3[48]	5[49]	劉邕	10(8.3%)
益州		2[50]	3[51]		5(8.3%)
司州	關羽				1(8.3%)
豫州		2[52]			2(8.3%)
兗州		2[53]			2(8.3%)
雍州	馬超		姜維		2(8.3%)
涼州			郭脩		1(8.3%)
幽州	張飛				1(8.3%)
徐州	2[54]		諸葛瞻		3(8.3%)
總人數	6(22.22%)	9(33.33%)	11(11.11%)	1(3.7%)	27(100%)

資料來源：附錄十二：蜀漢中央武官級別分類資料查考表

　　再來看這一級別的政治派系情況，從附表 4-5-6 看到 27 人中，以荊楚群士 9 人達三分之一為最多，東州士與益州勢力各 5 人，荊楚群士與東州士合計有 14 人，可見非益州勢力同樣在此級別武官中佔優勢；尚可注意是後主時期任用荊楚群士達 4 人，若再與後主時期任用東州士合計共有 6 人，較益州勢力的 3 人高出一倍，也超過後主時期任用 11 人的半數，仍然是非益州勢力佔優勢。

---

[48] 3 人為李嚴、高翔、輔匡。
[49] 5 人為鄧芝、胡濟、宗預、向朗、閻宇。
[50] 2 人為李恢、李邈。
[51] 3 人為張表、句扶、王平。
[52] 2 人為袁琳、劉琰。
[53] 2 人為吳班、吳懿。
[54] 2 人為麋竺、諸葛亮。

附表 4-4-8：（第四級）位在卿上的前後左右將軍及安漢、軍師將軍政治派系分佈表

時間 派系	先主時期	諸葛亮時期	後主時期	時段不詳	總人數
荊楚群士	2[55]	2[56]	4[57]	劉邕	9(33.33%)
東州士		3[58]	2[59]		5(18.51%)
益州勢力		2[60]	3[61]		5(18.51%)
三派以外人士	4[62]	2[63]	2[64]		8(29.62%)
總人數	6(22.22%)	9(33.33%)	11(11.11%)	1(3.7%)	27(100%)

資料來源：附錄十二：蜀漢中央武官級別分類資料查考表

接下來看第五級別的中央武官，即位在卿下、五校之上的雜號將軍，請參看附表 4-4-9，全部 43 人中屬荊州者有 17 人為最多數，其次是益州人也有 10 人，兩州合計已超過半數；整體來看，從劉備時期的 17 人，到諸葛亮的 15 人，以及後主時期降為 11 人，是減少的發展趨勢；不過值得注意的是益州籍人士卻剛好相反，從劉備時的 1 人，到諸葛亮時期的 4 人，以及後主時的 5 人則呈增加的趨勢。

[55] 2 人為黃忠、諸葛亮。
[56] 2 人為高翔、輔匡。
[57] 4 人為宗預、向朗、閻宇、諸葛瞻。
[58] 3 人為李嚴、吳班、吳懿。
[59] 2 人為鄧芝、胡濟。
[60] 2 人為李恢、李邈。
[61] 3 人為張表、王平、句扶。
[62] 4 人為關羽、馬超、張飛、麋竺。
[63] 2 人為袁琳、劉琰。
[64] 2 人為姜維、郭修。

附表 4-4-9：（第五級）位在卿下、五校之上的雜號將軍地域分佈表

時間地域	劉備時期	諸葛亮時期	後主時期	總人數
荆州	6[65]	6[66]	5[67]	17(39.53%)
益州	黃權	4[68]	5[69]	10(23.25%)
司隸	關羽			1(2.32%)
幽州	張飛			1(2.32%)
冀州		趙雲		1(2.32%)
豫州	2[70]	陳到	陳祗	4(9.3%)
兗州	吳壹			1(2.32%)
雍州	2[71]	2[72]		4(9.3%)
不明籍貫	3[73]	劉巴		4(9.3%)
總人數	17(39.53%)	15(34.88%)	11(25.58%)	43(100%)

資料來源：附錄十二：蜀漢中央武官級別分類資料查考表

　　附表 4-4-10 可以觀察到此級別派系分佈情況，荆楚群士有 12 人最多，其次是益州勢力有 10 人，東州士也有 9 人，雖然荆楚群士較多，也可以說三派勢力相對平衡，不過若把荆楚群士與東州士屬於外人勢力合看，則有 21 人接近半數，遠遠超過本土益州勢力，可見這一級別上仍然是非益州勢力佔優勢。

　　在不同時期方面，三派的發展有不同的現象，荆楚群士相對平穩，

---

[65] 6 人為黃忠、魏延、李嚴、劉封、賴恭、鄧方。
[66] 6 人為輔匡、蔣琬、楊儀、鄧芝、費觀、來敏。
[67] 5 人為劉邕、霍弋、閻宇、劉敏、董允。
[68] 4 人為張裔、王平、李福、馬忠。
[69] 5 人為張表、孟琰、王嗣、龔皦、張嶷。
[70] 2 人為劉琰、許靖。
[71] 2 人為馬超、法正。
[72] 2 人為姜維、馬岱。
[73] 3 人為申耽、劉□、劉□。

在先主時5人、諸葛亮時期為3人、以及後主時期4人，每一時期人數相差不大；東州士由4人、3人到2人，雖然人數相差不大，卻似乎有減少的趨勢；反觀益州勢力則呈現增加的趨勢，從1人、4人到5人，可見這一級別的中央武官，在數字上益州勢力有取代其餘兩派的趨勢，不過由於蜀漢滅亡，沒有機會證明此趨勢的發展。

附表4-4-10：（第五級）位在卿下、五校之上的雜號將軍政治派系分佈表

時間 派系	先主時期	諸葛亮時期	後主時期	總人數
荊楚群士	5[74]	3[75]	4[76]	12(8.3%)
東州士	4[77]	3[78]	2[79]	9(8.3%)
益州勢力	黃權	4[80]	5[81]	10(8.3%)
三派以外人士	4[82]	4[83]		8(8.3%)
籍貫不詳	3[84]	劉巴		4(8.3%)
總人數	17(39.53%)	15(34.88%)	11(25.58%)	43(100%)

資料來源：附錄十二：蜀漢中央武官級別分類資料查考表

---

[74] 5人為黃忠、魏延、劉封、賴恭、鄧方。
[75] 3人為輔匡、蔣琬、楊儀。
[76] 4人為劉邕、霍弋、閻宇、劉敏。
[77] 4人為李嚴、許靖、吳壹、法正。
[78] 3人為鄧芝、費觀、來敏。
[79] 2人為陳祇、董允。
[80] 4人為張裔、王平、李福、馬忠。
[81] 5人為張表、孟琰、王嗣、龔祿、張嶷。
[82] 4人為劉琰、馬超、張飛、關羽。
[83] 4人為趙雲、陳到、姜維、馬岱。
[84] 3人為申耽、劉□、劉□。

第六級中央武官，即五校之下的雜號將軍，在州籍的分佈上可以從附表 4-4-11 看到，全部人數並不多只有 17 人，可是荊州籍卻佔 7 人為最多數，其餘各州籍均 1 人，荊州籍人士遠超益州人士；至於各時段中也以先主時期 8 人最多，之後呈現減少趨勢，諸葛亮時期 5 人，後主只有 4 人。

附表 4-4-11：（第六級）五校之下的雜號將軍地域分佈表

時間 地域	劉備時期	諸葛亮時期	後主時期	總人數
荊州	3[85]	費觀	3[86]	7(41.17%)
益州		楊洪		1(5.88%)
幽州	簡雍			1(5.88%)
冀州	趙雲			1(5.88%)
雍州		姜維		1(5.88%)
徐州			諸葛攀	1(5.88%)
兗州	伊籍			1(5.88%)
青州	孫乾			1(5.88%)
不明籍貫	申儀	2[87]		3(17.64%)
總人數	8(47.05%)	5(29.41%)	4(23.52%)	17(100%)

資料來源：附錄十二：蜀漢中央武官級別分類資料查考表

至於第六級中央武官在派系的分佈，附表 4-4-12 可以看到，17 人中東州士以 5 人最多，荊楚群士則為 4 人，益州勢力只有 1 人，益州勢力面對不論是荊楚群士、或東州士都處於劣勢，更別說荊楚群士與東州士合計有 9 人，超過半數的結果，可見益州勢力在此一級別中勢力相當薄弱。

---

[85] 3 人為李嚴、王連、黃忠。
[86] 3 人為霍弋、蔣斌、來敏。
[87] 2 人為上官雝、閻晏。

附表 4-4-12：（第六級）五校之下的雜號將軍政治派系分佈表

時間　　派系	劉備時期	諸葛亮時期	後主時期	總人數
荊楚群士	2[88]		2[89]	4(23.52%)
東州士	2[90]	費觀	2[91]	5(29.41%)
益州勢力		楊洪		1(5.88%)
三派以外	3[92]	姜維		4(23.52%)
不明籍貫	申儀	2[93]		3(17.64%)
總人數	8(47.05%)	5(29.41%)	4(23.52%)	17(100%)

資料來源：附錄十二：蜀漢中央武官級別分類資料查考表

　　最後一個是第七級別，即中央禁衛武官，張金龍在《魏晉南北朝禁衛武官制度研究》中關於蜀漢的禁衛武官有專章討論，並認為禁衛武官包括領軍、中領軍，與其統率的虎賁中郎將、虎賁中郎督等（虎騎監、虎步監當為其屬官），尚有中都護、護軍、行護軍與前左右護軍等皆屬禁衛武官，還有五校（即屯騎、步兵、越騎、長水、射聲等五校尉）也有禁衛職能，另外三署郎將，（即五官、左、右中郎將），書中認為暫沒有此等中郎將諸職的隸屬關係，是否為禁衛武官暫不清楚，不過此處仍將列為統計對象，最後是漢朝時的禁衛三卿，即光祿勳、衛尉與執金吾（原中尉），書中明確指出光祿勳與衛尉已不具禁衛職能，似乎可以不納入討論。[94]不過此處認為書中只列舉李嚴與劉琰擔任光

---

[88] 2 人為黃忠、伊籍。
[89] 2 人為霍弋、蔣斌。
[90] 2 人為李嚴、王連。
[91] 2 人為諸葛攀、來敏。
[92] 3 人為趙雲、簡雍、孫乾。
[93] 2 人為上官雝、閻晏。
[94] 張金龍，《魏晉南北朝禁衛武官制度研究》第五章〈蜀漢禁衛武官制度〉，頁 166-167。

祿勳與衛尉作為證據，可見在諸葛亮時期與後主時期尚有其他人士擔任，或許是個別擔任人的問題、也或許是過度時期的現象，不管如何，蜀漢既以兩漢政制作為基本架構，似乎仍能納入研究。

以下將會把蜀漢時能找到的光祿勳、衛尉、執金吾、領軍、中領軍、虎賁中郎將、虎賁中郎督、虎騎監、虎步監、中都護、護軍、行護軍與前左右護軍、屯騎、步兵、越騎、長水、射聲等五校尉、以及五官、左、右中郎將等作為研究對象。

從附表 4-4-13 中可以看到中央禁衛武官級別共有 69 人（100%），荊州籍人士以 25 人（36.23%）最多，其次是益州籍有 20 人（28.98%），荊益二州合計 45 人（65.21%），超過六成；至於時段的不同，劉備時期只有 8 人，諸葛亮時期 28 人，後主時期最多為 32 人，大概劉備稱漢中王及稱帝後，中央禁衛武官尚在建構過程，所以人數最少，至諸葛亮與後主時期，中央政府已有規模，體制上自更為充實。

至於荊益二州在三時段的發展，荊州籍人士增減沒有一固定的軌跡，劉備時期 5 人，至諸葛亮時期增加至 12 人，不過後主時期又減為 8 人；反觀益州人士，從劉備時期 1 人，到諸葛亮時期增加為 7 人，後主時期再增加為 11 人，兩州在發展上呈現不同的趨勢。

附表 4-4-13：（第七級）中央禁衛武官地域分佈表

時間　地域	先主時期	諸葛亮時期	後主時期	時段不詳	總人數
荊州	5[95]	12[96]	8[97]		25(36.23%)
益州	黃權	7[98]	11[99]	1 李旦	20(28.98%)
司州		孟光	2[100]		3(4.34%)
冀州		2[101]	趙統		3(4.34%)
豫州		劉琰	2[102]		3(4.34%)
兗州	2[103]				2(2.89%)
雍州		姜維	法邈		2(2.89%)
徐州		諸葛喬	5[104]		6(8.69%)
不明州籍		3[105]	2[106]		5(7.24%)
總人數	8(11.59%)	28(40.57%)	32(46.37%)	1(1.44%)	69(100%)

資料來源：附錄十二：蜀漢中央武官級別分類資料查考表

　　最後再看中央禁衛武官的派系情況，從附表 4-4-14 可以看到以總體人數而言，益州勢力在 69 人（100%）中佔 20 人（28.98%）最多，這是七個級別中唯一益州勢力較荊楚群士與東州士多，雖然相差不大，而且荊楚群士與東州士也各佔 18 人，尚說是勢均力敵；更何況若荊楚群士與東州士合計，仍然遠遠超過益州勢力，不過由於是唯一的一個級別，仍有特別注意的價值。

　　再從三時段分析，劉備時期大概就像前面所說，因為蜀漢稱帝建

85

[95] 5 人為馮習、李嚴、黃柱、傅僉、馬秉。
[96] 12 人為費禕、劉敏、向寵、王連、向朗、廖立、陳震、郭演、董恢、宗預、來敏、董允。
[97] 8 人為羅憲、閻宇、胡濟、蔣琬、習隆、胡博、向充、鄧良。
[98] 7 人為爨習、楊洪、秦宓、張裔、五樑、杜瓊、孟琰。
[99] 11 人為冀衡、張翼、王平、楊戲、常勗、何隨、王化、李譔、李球、衛繼、柳隱。
[100] 2 人為裴儁、關統。
[101] 2 人為趙雲、許允。
[102] 2 人為陳祇、張通。
[103] 2 人為吳班、吳壹。
[104] 5 人為諸葛攀、諸葛瞻、諸葛均、糜威、糜照。
[105] 3 人為上官雝、丁威、陳式。
[106] 2 人為黃皓、尹賞。

國較晚，中央禁衛武官建制較遲之緣故，所以人數較少；諸葛亮時期則三派的勢力均等，各有 7 人，到後主時期，荊楚群士與東州士大體維持不變，即 7 人與 8 人，可是益州勢力卻增加為 11 人，似乎代表益州勢力在後主時期有增加的趨勢。

附表 4-4-14：（第七級）中央禁衛武官政治派系分佈表

時間 派系	劉備時期	諸葛亮時期	後主時期	不明時段	總數
荊楚群士	4[107]	7[108]	7[109]		18(26.08%)
東州士	3[110]	7[111]	8[112]		18(26.08%)
益州勢力	黃權	7[113]	11[114]	李旦	20(28.98%)
三派之外		4[115]	4[116]		8(11.59%)
籍貫不詳		3[117]	2[118]		5(7.24%)
總人數	8(11.59%)	28(40.57%)	32(46.37%)	1(1.44%)	69(100%)

資料來源：附錄十二：蜀漢中央武官級別分類資料查考表

　　歸納以上的結果，從整體情況看，州籍以荊州最多，益州次之，荊州較佔優勢；至於政治派系方面，外來勢力也較益州勢力大；不只就整體而言，就連七個級別的中央武官，地域上以荊州為最，政治派系也以外來勢力的荊楚群士與東州士佔優勢，或許可以說，**蜀漢政權中，軍事力量的領導權，是掌握在外來勢力的手中，這部份是過往研究者少有提及的。**

第四章

---

[107] 4 人為馮習、黃柱、傅僉、馬秉。
[108] 7 人為劉敏、向寵、向朗、廖立、陳震、宗預、諸葛喬。
[109] 7 人為閻宇、蔣琬、習隆、向充、諸葛攀、諸葛瞻、諸葛均。
[110] 3 人為李嚴、吳班、吳壹。
[111] 7 人為費禕、王連、郭演、董恢、來敏、董允、孟光。
[112] 8 人為羅憲、胡濟、胡博、鄧良、裴儁、陳祗、張通、法邈。
[113] 7 人為爨習、楊洪、秦宓、張裔、五樑、杜瓊、孟琰。
[114] 11 人為龔衡、張翼、王平、楊戲、常勗、何隨、王化、李譔、李球、衛繼、柳隱。
[115] 4 人為趙雲、許允、劉琰、姜維。
[116] 4 人為關統、趙統、麋威、麋照。
[117] 3 人為上官雝、丁威、陳式。
[118] 2 人為黃皓、尹賞。

第五章　蜀漢地方官員之地域分佈與政治派系

第一節　蜀漢地方官員的範疇

羅開玉在〈蜀漢行政建制研究〉有言:「西漢武帝以後,州刺史遂成定制,並逐步由巡察監督官吏演變為一級政府機構,至東漢晚期又採納劉焉建議,行州牧之制,州一級政權略似割據一方的諸侯。蜀漢政府和當時的魏、吳政權一樣照搬了這種制度。」[1]亦即蜀漢地方行政制度上承東漢。

然而政治制度隨著國家社會環境變遷而改變,蜀漢政權畢竟與東漢時期不同,以版圖而言,蜀漢只有東漢時期的益州,是兩漢時期十三州中的一州,不能與東漢時期等同,雖然後主建興七年(229)曾與孫吳結開盟並約分曹魏天下,《三國志》記曰:「(陳)震到武昌,孫權與震升壇歃盟,交分天下:以徐、豫、幽、青屬吳,并、涼、冀、兗屬蜀,其司州之土,以函谷關為界。」[2]由此約定,蜀漢分得并、涼、冀、兗四州及部份司州,蜀漢以遙領方式設置四州之刺史或牧州,不過蜀漢其實並沒有實際擁有四州之地。

從上面的記載似乎蜀漢擁有五州,其實就蜀漢地方行政制度而言,基本上還是只有益州一隅,如前引嚴耕望師在《中國地方行政制度史》所言「蜀漢僅置益州一州,治成都,領郡二十二(漢舊郡十一,更名者一,分置新郡十。)共領縣一百三十八。」[3]這是蜀漢的實際領地與版圖,至於具體郡縣名稱可參閱本書第二章,此處不再重覆。

除上面所言承東漢而來的地方制度外,三國時期魏蜀吳都因戰爭頻仍作出調整,最重要就是都督區的成立,前引嚴耕望師《中國地方

---

[1] 羅開玉,〈蜀漢行政建制研究〉,頁7。
[2] 晉·陳壽,《三國志》〈蜀書·陳震傳〉,頁985。另外,同書〈吳書·吳主傳〉也有載:「(黃龍元年)六月,蜀遣衛尉陳震慶權踐位。權乃參分天下,豫、青、徐、幽屬吳,兗、冀、并、涼屬蜀。其司州之土,以函谷關為界。」頁1134。
[3] 嚴耕望,《中國地方行政制度史》〈魏晉南北朝地方行政制度〉,頁4。另有前引羅開玉《蜀漢行政建制研究》一文中提到蜀有27郡169縣,頁8。

行政制度史》曾言「魏晉南朝之地方行政，通常認為是州、郡、縣三級制。實則州之上尚有更大之行政區域曰都督區，州刺史之上尚有更具權力之統制機構曰都督府。」[4]所以蜀漢的地方行政制度除東漢時州、郡、縣三級外，尚有都督府的設立，嚴師在書中就提到「蜀漢於緣邊諸郡並置都督：有漢中都督，以備魏；有江州都督及永安都督（一名巴東都督），以備吳；有庲降都督，統南中七郡，以先治南昌縣，徙治平夷縣，又徙味縣，以備南蠻。」[5]這四個都督也是地方制度的一環，因此以下也把他們納入研究範圍。

除都督外尚有都尉一職，上一章引用羅開玉在〈蜀漢行政建制研究〉一文也有關於都尉之論述，文章稱「都尉之制西漢已有之…蜀漢在一些郡的邊疆地區，主要是兄弟民族雜居地區和重要關津之地設置都尉，負責兵事，又兼管當地政務。蜀漢先後設置過蜀郡北部都尉、廣漢都尉、巴郡江關都尉、陰平郡關尉等，都尉可轄一至數縣，其軍事事務可直接受朝廷或都督、州領導，行政事務一般受所在郡領導。」[6]所以後面也會一併討論都尉一職。

前兩章討論中央文官與武官，發現文武官員的地域與派系會影響他們的任用情況，地方行政官員是否也有類似情況？因為地方制度中也有文武不同兩個系統，張金龍著《魏晉南北朝禁衛武官制度研究》：「地方軍政首長亦有文、武之分，如州刺史、郡太守為文官，都督、校尉等為武官。府僚佐亦分文、武，如長史為文，司馬為武。」[7]既然有文武兩系統的不同，以下討論也應加入這一討論項目。

---

[4] 嚴耕望，《中國地方行政制度史》〈魏晉南北朝地方行政制度〉，第一章〈行政區劃〉，頁 1。
[5] 嚴耕望，《中國地方行政制度史》〈魏晉南北朝地方行政制度〉，頁 27。
[6] 羅開玉在〈蜀漢行政建制研究〉，頁 14。
[7] 張金龍，《魏晉南北朝禁衛武官制度研究》，頁 13。關於兩漢地方行政制度發展，可參閱嚴耕望《中國地方行政制度史》〈魏晉南北朝地方行政制度〉、羅開玉〈蜀漢行政建制研究〉等專書與論文。

　　既有文武兩系統，則各自包含的官員為何？這是要釐清確認的問題，才能接續下面的研究；由於《三國志》沒有記錄官職的職官志，我們只能依據《晉書》〈職官志〉，從〈職官志〉所載有州、郡、縣各自不同的府屬；先看州府屬，〈職官志〉記「州置刺史，別駕、治中從事、諸曹從事等員。所領中郡以上及江陽、朱提郡，郡各置部從事一人，小郡亦置一人。又有主簿，門亭長、錄事、記室書佐、諸曹佐、守從事、武猛從事等。凡吏四十一人，卒二十人。」[8]尚有一些記錄個別州府之官員，應屬晉時特色，此處就不錄載。大體州府屬就如上列所開各職官。

　　《晉書》〈職官志〉尚記錄郡之府屬，「郡皆置太守，河南郡京師所在，則曰尹。諸王國以內史掌太守之任，又置主簿、主記室、門下賊曹、議生、門下史、記室史、錄事史、書佐、循行、幹、小史、五官掾、功曹史、功曹書佐、循行小史、五官掾等員…郡國皆置文學掾一人。」郡府僚佐的記錄十分清楚；以下還有縣級單位的記錄，「縣大者置令，小者置長。有主簿、錄事史、主記室史、門下書佐、幹、游徼、議生、循行功曹史、小史、廷掾、功曹史、小史書佐幹、戶曹掾史幹、法曹門幹、金倉賊曹掾史、兵曹史、吏曹史、獄小史、獄門亭長、都亭長、賊捕掾等員。」[9]郡與縣戶數多寡會影響其編制，〈職官志〉中有詳細的記載，不過既非本書討論範疇故不錄於此。

　　下面將以此等職官名稱為依據，尋找蜀漢地方行政組織之官員作研究；至於以上州、郡、縣等僚屬之更詳細的職權，可參考嚴耕望師《中國地方行政制度史》一書[10]，此處不作討論。

　　討論地方行政官員問題時，將分為三部份，首先從整體地方官員

8　唐·房玄齡等撰，《晉書》卷24，志14〈職官志〉，頁745。
9　唐·房玄齡等撰，《晉書》卷24，志14〈職官志〉，頁746。
10　嚴耕望，《中國地方行政制度史》〈魏晉南北朝地方行政制度〉，第三、四、五、六各章。

著手，探討他們在地域、與派系分佈的情況；接著再分為文官與武官兩部份觀察，看看是否與前面中央文武官員出現相同的情況。

對地方官列入統計的標準，仍與前面各官種相同，即以官員之初任地方官為準，至於之後在地方官的升遷任免則不再納入。

第二節　整體地方官員的地域分佈

蜀漢政權中暫時找到曾擔任地方官員者共 158 人，所有相關資料可參閱附錄十三：蜀漢地方官員資料查考表，總人數與武官差不多，較中央文官為多，大體因為地方官員為實際治民之官，而人民又是政權的根本，只要佔領、統治一地就有需要立即派駐官員，以管理、掌握該地方，才能落實擴充政權的勢力範圍，同時也是一個政權獲得人力及各種資源的重要來源，所以建立、健全地方行政系統有時間上的迫切性，也因此官員的人數也最多及制度最健全。

根據附錄十三：蜀漢地方官員資料查考表，我們匯整資料後製作成附表 5-2-1：蜀漢整體地方官員地域分佈表，158 人（100%）在三時段的分佈情形如下：劉備時期有 79 人（50.00%）剛好半數、諸葛亮時期有 21 人（13.29%）、後主時期有 50 人（31.64%），在人數上劉備時後最多，後主時期第二，諸葛亮時期最少。

至於地域問題，從附表 5-2-1 可以看到，在整體地方行政官員 158 人中，益州人以 78 人佔 49.36%，接近半數；大體劉備據益州後，地方官員基本保持劉璋時期的模樣，一方面是力求穩定益州政局，故不作大規模更替；另一原因是授與益州籍人士地方層級的管治權，藉此得到益州人士對蜀漢政權的支持。

至於荊州則有 45 人佔 28.48%，其他各州籍合計共有 18 人 11.39%，不明州籍者為 17 人（10.75%），可見在地方行政官員上益州人佔絕大部份。似乎與前引吳大昕＜從蜀漢的地方制度論蜀人的政治地位－－

以州、郡組織為例〉一文所言,「蜀人雖是被統治者,但卻是地方上實際統治者。」[11]不過仍得更深入研究才能確認。

再從不同時段觀察,劉備時期全部 79 人中(100%),益州有 33 人佔 41.77%,荊州有 23 人佔 29.11%,其他州籍合共 10 人佔 12.65%,所以益州籍人士不止在整體地方官員中佔優勢,早在劉備時期已大量擔任地方行政官員佔據優勢,可見劉備時期已任用頗多益州人士。

其次是諸葛亮時期,全部只有 22 人(100%),益州籍人士即佔 11 人(50.00%),荊州只有 6 人佔 27.27%,與劉備時期相較,益州籍人士的佔比更重,荊州則呈小幅下降,其他州籍合計 4 人佔 18.18%,尚有一人不明州籍(4.54%),可見諸葛亮時期益州人擔任地方官員的佔比更重。

至於後主時期,全部 50 人(100%),益州籍有 29 人佔 58.00%,荊州有 14 人佔 28.00%,益州籍人士的佔比更進一步超過半數,接近六成;其他州籍合計有 4 人佔 8.00%,尚有 3 人不明州籍(6.00%),益州人以過半數佔地方行政官員的多數。在三時段中看到益州人士上升的趨勢,從 41.02%到半數,以及後主時期的 58%;而荊州籍人士則沒有大變化,一方面因為要與益州籍人士妥協以得到支持,另一方面與蜀漢失去荊州後再沒有荊州籍人士被羅致有關。

第五章

92

---

11 吳大昕,〈從蜀漢的地方制度論蜀人的政治地位――以州、郡組織為例〉,《史化》27(1999 年 6 月),頁 35。

附表 5-2-1：蜀漢整體地方官員地域分佈表

時間＼地域	劉備時期				諸葛亮時期	後主時期	不明時段	總人數
	入荊前	入荊後	入蜀後					
			曾仕劉璋	劉備任用				
荊州		8[12]	4[13]	11[14]	6[15]	14[16]	2[17]	45（28.48%）
益州			17[18]	16[19]	10[20]	29[21]	6[22]	78（49.36%）
徐州	1 麋芳				1 諸葛亮			2（1.26%）
兗州				1 吳懿（吳壹）				1（0.59%）
司州						1 關興		1（0.59%）
雍州			3[23]	1 馬超	1 姜維	1 法邈		6（3.79%）
幽州		1 張飛						1（0.59%）
冀州				1 趙雲				1（0.59%）
豫州	1 劉琰			1 薛永	1 陳到	2[24]		5（3.16%）

[12] 此 8 人為龐統、龐林、廖立、張存、陳震、馬謖、鄧方、蔣琬，相關資料可查閱附錄十三：蜀漢地方官員資料查考表，以下各註皆可查閱。

[13] 4 人為費觀、王連、鄧芝、李嚴。

[14] 11 人為潘濬、康立、向朗、廖化、郝普、楊儀、輔匡、魏延、霍峻、習禎、劉邕。

[15] 6 人為楊顒、董恢、呂乂、李豐、劉巴、劉敏。

[16] 14 人為費禕、胡濟、宗預、羅憲、劉幹、龐弘、張太守、王山、霍弋、杜祺、呂辰、閻宇、傅僉、蔣斌。

[17] 2 人為羅蒙、羅式。

[18] 17 人為李恢、馬勳、楊洪、彭羕、黃權、王謀、王甫、杜瓊、費詩、何宗、程畿、秦宓、張嶷、李邈、張裕、張裔、龔諶。

[19] 16 人為李邵、李朝、姚伷、尹默、龔祿、何祗、張翼、李福、王士、焦璜、呂凱、古樸、馬齊、王伉、朱褒、馬忠。

[20] 10 人為文恭、五梁、譙周、常房、王離、楊戲、杜禎、柳伸、杜微、何祗族人。

[21] 29 人為鐔承、常勗、李密（宓）、文立、司馬勝之、何隨、王化、壽良、李譔、王長文、柳隱、王平、常閎、王嗣、張休、常竺、令狐衷、張翹、杜軫、朱游、常忌、常播、常偉、何雙、張君、衛繼父、楊玩、張表、楊宗。

[22] 6 人為陳術、王彭、費揖、李驤、李光、杜雄。

[23] 3 人為孟達、法正、射堅。

[24] 2 人為薛齊、趙敦。

			1 靳詳			1（0.59%）
并州			1 靳詳			1（0.59%）
不明籍貫	13[25]		1 陳戒	3[26]		17（10.75%）
總人數	79（50.00%）		21（13.29%）	50（31.64%）	8（5.06%）	158（100%）

資料來源：附錄十三：蜀漢地方官員資料查考表

第三節　整體地方官員的政治派系分佈

益州籍人士既在蜀漢地方行政官員中佔多數，政治派系中的益州勢力，是否一定也佔有優勢？荊楚群士與東州士在地方行政官員中又是何種地位？下面繼續探討。

接著探討在地方行政官員中，三派政治勢力之分佈情形，從附表5-3-1 可以看到，益州勢力以 78 人佔 49.36%，接近半數為最多，荊楚群士與東州士人數相若，各為 21 人（13.29%）及 22 人（13.92%），不論人數與佔比都與益州勢力有很大的差距；值得注意是兩派縱然合計也不及益州勢力，其他如三派勢力之外只有 10 人（6.32%），又或者是不明州籍者 14 人（8.86%），與益州勢力都有明顯的差距，**可見在地方行政職官上，益州勢力有絕對的優勢。**

再從不同時段看，劉備時期有 79 人（100%），益州勢力佔其中 33 人（41.77%），其次是荊楚群士有 20 人佔 25.31%，東州士則只有 8 人只佔 10.12%，雖然益州勢力佔多數，不過外來力的荊楚群士與東州士合計也有 28 人（35.43%），相差尚沒有很大，然而劉備時期的益州勢力在地方行政官員中已佔有優勢。

諸葛亮時期是三時段中人數最少的一段時期，不過在比例上或許

---

25 13 人為趙筰、張爽、申儀、鄧輔、樊友、郭睦、申耽、閻芝、夏侯纂、黃元、正昂、宋遠、陰化。
26 3 人為汝超、蔣舒、王含。

還可以看到一些趨勢，此時段全部 21 人（100%），益州勢力有 10 人佔 47.61%，與劉備時期相比增加 5 個百分比，至於荊楚群士與東州士則分別為 3 與 4 人，各佔 14.28% 與 19.04%，荊楚群士減少而東州士有增加，不過兩者合計只有 7 人 33.32%，與益州勢力尚有 14 個百分點的距離，較劉備時期的差距更為擴大，益州勢力的優勢更明顯。

　　最後是後主時期，全部 50 人（100%）中益州勢力就有 29 人（58%），益州勢力不論人數與佔比較前增加，可見益州勢力有不斷增加的趨勢；至於荊楚群士與東州士，兩者各有 8 人（各佔 16%），在比例上與前兩時段沒有太大的差異，都各佔有 10 幾個百分點，不像益州勢力有不斷發展的趨勢；可見**蜀漢政權在發展的過程中，地方行政官員越發依賴益州本土力量的維持。真如前引文所說「蜀人雖是被統治者，但卻是地方上實際統治者。」**

附表 5-3-1：蜀漢整體地方官員之政治派系分佈表

時間 派系	劉備時期	諸葛亮時期	後主時期	不明時段	總人數
荊楚群士	20[27]	3[28]	8[29]		31（19.62%）
東州士	8[30]	4[31]	8[32]	2[33]	22（13.92%）
益州勢力	33[34]	10[35]	29[36]	6[37]	78（49.36%）
三派以外	5[38]	3[39]	2[40]		10（6.32%）
不明籍貫	13[41]	1 陳戒	3[42]		17（10.75%）
總人數	79（50.00%）	21（13.29%）	50（31.64%）	8（5.06%）	158（100%）

資料來源：附錄十三：蜀漢地方官員資料查考表

---

[27] 20 人為龐統、龐林、廖立、張存、陳震、馬謖、鄧方、蔣琬、潘濬、康立、向朗、廖化、郝普、楊儀、輔匡、魏延、霍峻、習禎、劉邕、薛永。相關資料可查閱附錄十三：蜀漢地方官員資料查考表，以下各註皆可查閱。

[28] 3 人為楊顒、劉敏、諸葛亮。

[29] 8 人為宗預、龐弘、張太守、霍弋、閻宇、傅僉、蔣斌、薛齊。

[30] 8 人為費觀、王連、鄧芝、李嚴、吳懿（吳壹）、孟達、法正、射堅。

[31] 4 人為董恢、呂乂、李豐、劉巴。

[32] 8 人為費禕、胡濟、羅憲、劉幹、王山、杜祺、呂辰、法邈。

[33] 2 人為羅蒙、羅式。

[34] 33 人為李恢、馬勳、楊洪、彭羕、黃權、王謀、王甫、杜瓊、費詩、何宗、程畿、秦宓、張嶷、李邈、張裕、張裔、龔諶、李邵、李朝、姚伷、尹默、龔祿、何祗、張翼、李福、王士、焦璜、呂凱、古樸、馬齊、王伉、朱褒、馬忠。

[35] 10 人為文恭、五梁、譙周、常房、王離、楊戲、杜禎、柳伸、杜微、何祗族人。

[36] 29 人為譚承、常勗、李密（宓）、文立、司馬勝之、何隨、王化、壽良、李譔、王長文、柳隱、王平、常閎、王嗣、張休、常竺、令狐衷、張翌、杜軫、朱游、常忌、常播、常偉、何雙、張君、衛繼父、楊玩、張表、楊宗。

[37] 6 人為陳術、王彭、費揖、李驤、李光、杜雄。

[38] 5 人為麋芳、馬超、張飛、趙雲、劉琰。

[39] 3 人為姜維、陳到、靳詳。

[40] 2 人為關興、趙敦。

[41] 13 人為趙筰、張爽、申儀、鄧輔、樊友、郭睦、申耽、閻芝、夏侯纂、黃元、正昂、宋遠、陰化。

[42] 3 人為汝超、蔣舒、王含。

第四節　蜀漢地方官員中的文職官員

　　前引張金龍所著《魏晉南北朝禁衛武官制度研究》就有提到「地方軍政首長亦有文、武之分，如州刺史、郡太守為文官，都督、校尉等為武官。府僚佐亦分文、武，如長史為文，司馬為武。」[43]地方官員中除州刺史、郡太守為文官外，從嚴耕望師的《中國地方行政制度史》一書中，提到州、郡、縣府屬之職權，雖然書中並沒有明確劃分文武二途，仍可在書中介紹各府屬職權時免為分類，根據書中所列，州刺史的屬官有別駕、治中從事、主簿、功曹書佐、錄事、記室、門亭長、防門等[44]。

　　至於郡府佐官有丞、長史，屬吏則有功曹史、五官掾、主簿、主記室掾史、錄事、錄事史、門下通事等十二個職位，還有 18 個分職諸曹，再加上學官、督郵、上計等為一龐大的地方行政府架構[45]；郡府組織似較州府為大，嚴師有言「**置地方行政之重心於郡國守相，不置重心於州刺史。**」[46]因為治民的需要，所以郡府的組織十分龐大。

　　最後，作為更基層的治民機關縣政府，其規模也十分可觀，縣府佐吏有丞、獄丞、功曹、廷掾、主簿等 11 個門下職位，另外還有 13 個分職諸曹等等[47]，與郡府一樣為龐大的行政機關，才能處理人民所有的事務；以下就根據這樣的標準找出蜀漢時期地方文職官員，並製成附錄十四：蜀漢地方文職官員資料查考表。

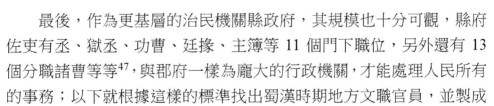

---

[43] 張金龍，《魏晉南北朝禁衛武官制度研究》，頁 13。

[44] 嚴耕望，《中國地方行政制度史》〈魏晉南北朝地方行政制度〉，第三章，頁 139-145。

[45] 嚴耕望，《中國地方行政制度史》〈魏晉南北朝地方行政制度〉，第五章，頁 268-290。

[46] 嚴耕望，《中國地方行政制度史》〈魏晉南北朝地方行政制度〉，第四章，頁 231。

[47] 嚴耕望，《中國地方行政制度史》〈魏晉南北朝地方行政制度〉，第六章，頁 332-343。

　　根據附錄十四整理製作為附表 5-4-1：蜀漢地方文職官員地域分佈表，蜀漢地方文職官員共 145 人，益州籍人士有 77 人（53.10%）為最多，較前面總體地方官員的比例還要高，其次是荊州籍有 40 人（27.58%），其餘各州籍合計 14 人（9.56%），不明州籍者也有 14 人（9.56%），益州籍人士在地方文職中超過半數，蜀漢政權以益州人治理益州之地方，在此顯露無遺。

　　再就三時段觀察：劉備時期以 76 人（52.41%）最多，其次是後主時期有 46 人（31.72%），最少是諸葛亮時期只有 16 人（11.03%），政權初建，不管是沿用劉璋時期的舊部或新任官員，地方官員其實是政權的根基，只有地方鞏固後才有中央政權，所以劉備時期建立地方政府體系是最重要的一項工作。

　　至於三時期中地域分佈又是如何？從中又可以看到何種端倪，接下來再作分析。劉備時期有 75 人（100%），其中益州籍人士有 31 人（41.33%）超過四成為最多，其次是荊州籍人士有 23 人（30.66%），益州人在劉備時期佔有優勢；至於諸葛亮時期人數雖然只有 16 人（100%），或許在與不同時期的對比下能得到啟示，此時期益州籍有 11 人（68.75%），接近 7 成，與上一時期相較又增加兩成，荊州籍有 3 人（18.75%），兩地之差異越發加大。

　　最後是後主時期，全部 45 人（100%）之中，益州籍有 29 人（64.44%）最多，雖然比例略少於諸葛亮時期，仍然維持在六成以上。至於荊州則只有 12 人（26.66%），較諸葛亮時期為多，不過與益州籍相比仍屬懸殊之差。可見在地方文職官員中，與整體地方行政官員的情況相似，益州勢力為主要力量。

附表 5-4-1：蜀漢地方文職官員地域分佈表

時間＼地域	劉備時期				諸葛亮時期	後主時期	不明時段	總人數
	入荊前	入荊後	入蜀後					
			曾仕劉璋	劉備任用				
荊州		8[48]	4[49]	11[50]	3[51]	12[52]	2[53]	40（27.58%）
益州			15[54]	16[55]	11[56]	29[57]	6[58]	77（53.10%）
徐州	麋芳				諸葛亮			2（1.37%）
兗州				吳懿				1（0.68%）
雍州			3[59]	馬超	姜維	法邈		6（4.13%）
幽州		張飛						1（0.68%）
豫州	劉琰			薛永		趙敦		4（2.75%）
不明籍貫	13[60]					汝超		14（9.65%）
總人數	76（52.41%）				16（11.03%）	45（31.03%）	8（5.51%）	145（100%）

資料來源：附錄十四：蜀漢地方文職官員資料查考表

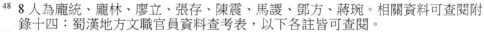

---

[48] 8 人為龐統、龐林、廖立、張存、陳震、馬謖、鄧方、蔣琬。相關資料可查閱附錄十四：蜀漢地方文職官員資料查考表，以下各註皆可查閱。

[49] 4 人為費觀、王連、鄧芝、李嚴。

[50] 11 人為潘濬、康立、向朗、廖化、郝普、楊儀、輔匡、魏延、霍峻、習禎、劉邕。

[51] 3 人為楊顒、董恢、呂乂。

[52] 12 人為費禕、胡濟、宗預、羅憲、劉幹、龐弘、張太守、王山、霍弋、杜祺、呂辰、李豐。

[53] 2 人為羅蒙、羅式。

[54] 15 人為李恢、楊洪、彭羕、黃權、王謀、王甫、杜瓊、費詩、何宗、程畿、秦宓、張嶷、李邈、張裔、龔諶。

[55] 16 人為李邵、李朝、姚伷、尹默、龔祿、何祗、張翼、李福、王士、焦璜、呂凱、古樸、馬齊、王伉、朱褒、馬忠。

[56] 11 人為馬勳、文恭、五梁、譙周、常房、王離、楊戲、杜禎、柳伸、杜微、何祗族人。

[57] 29 人為譚承、常勗、李密（宓）、文立、司馬勝之、何隨、王化、壽良、李譔、王長文、柳隱、王平、常閎、王嗣、張休、常竺、令狐衷、張翌、杜軫、朱游、常忌、常播、常偉、何雙、張君、衛繼父、楊玩、張表、楊宗。

[58] 6 人為陳術、王彭、費揖、李驤、李光、杜雄。

[59] 3 人為孟達、法正、射堅。

[60] 13 人為趙筰、張爽、申儀、鄧輔、樊友、郭睦、申耽、閻芝、夏侯纂、黃元、正昂、宋遠、陰化。

我們再來看看地方文職官員的派系分佈情況，既然益州籍人士為多數，益州勢力也應該是佔多數，從下面實際數字看看，在附表 5-4-2 中 145 人（100%）屬益州勢力者有 77 人（53.10%），超過半數，荊楚群士與東州士分別為 27 人（18.62%）與 21 人（14.48%），兩者合計也只有 48 人（33.10%），與益州勢力相差很大。

至於在時段上，劉備時期 75 人（100%），益州勢力有 31 人（41.33%）最多，荊楚群士與東州士分別為 20 人（26.66%）與 7 人（9.33%），兩者都與益州勢力相差甚大，就算荊楚群宜與東州士合計，雖然有 27 人（35.99%）與益州勢力較接近，可是仍有 6 個百分點的差距。

諸葛亮時期有 16 人（100%），益州勢力有 11 人（68.75%）接近七成的多數，至於荊楚群士與東州士則為 2 人（12.50%）與 3 人（18.75%），各自與益州勢力相差約五成，就算荊楚群士與東州士合計有 5 人（31.25%），仍然不及益州勢力的半數。

最後是後主時期，全部 45 人（100%）中屬於益州勢力者有 29 人（64.44%）超過六成，荊楚群士與東州士有 5 人（11.11%）與 9 人（20.00%），與益州勢力同前兩時段一樣相差甚多，兩者合計為 14 人（31.11%），與益州勢力還是有半數的差異。所以三個時期都以益州勢力最大。

附表 5-4-2：蜀漢地方文職官員之派系分佈表

時間 \ 派系	劉備時期	諸葛亮時期	後主時期	不明時段	總人數
荊楚群士	20[61]	2[62]	5[63]		27（18.62%）
東州士	8[64]	2[65]	9[66]	2[67]	21（14.48%）
益州勢力	31[68]	11[69]	29[70]	6[71]	77（53.1%）
三派以外	4[72]	1 姜維	1 趙敦		6（4.13%）
不明籍貫	13[73]		1 汝超		14（9.65%）
總人數	76（52.41%）	16（11.03%）	45（31.03%）	8（5.51%）	145（100%）

資料來源：附錄十四：蜀漢地方文職官員資料查考表

---

[61] 20 人為龐統、龐林、廖立、張存、陳震、馬謖、鄧方、蔣琬、潘濬、康立、向朗、廖化、郝普、楊儀、輔匡、魏延、霍峻、習禎、劉邕、薛永。相關資料可查閱附錄十四：蜀漢地方文職官員資料查考表，以下各註皆可查閱。

[62] 2 人為楊顒、諸葛亮。

[63] 5 人為宗預、龐弘、張太守、霍弋、薛齊。

[64] 8 人為費觀、王連、鄧芝、李嚴、吳懿（吳壹）、孟達、法正、射堅。

[65] 2 人為董恢、呂乂。

[66] 9 人為費禕、胡濟、羅憲、劉幹、王山、杜祺、呂辰、李豐、法邈。

[67] 2 人為羅蒙、羅式。

[68] 31 人為李恢、楊洪、彭羕、黃權、王謀、王甫、杜瓊、費詩、何宗、程畿、秦宓、張嶷、李邈、張裔、龔諶、李邵、李朝、姚伷、尹默、龔祿、何祗、張翼、李福、王士、焦璜、呂凱、古樸、馬齊、王伉、朱褒、馬忠。

[69] 11 人為馬勳、文恭、五梁、譙周、常房、王離、楊戲、杜禎、柳伸、杜微、何祗族人。

[70] 29 人為鐔承、常勗、李密（宓）、文立、司馬勝之、何隨、王化、壽良、李譔、王長文、柳隱、王平、常閎、王嗣、張休、常竺、令狐衷、張翚、杜軫、朱游、常忌、常播、常偉、何雙、張君、衛繼父、楊玩、張表、楊宗。

[71] 6 人為陳術、王彭、費揖、李驤、李光、杜雄。

[72] 4 人為麋芳、馬超、張飛、劉琰。

[73] 13 人為趙筰、張爽、申儀、鄧輔、樊友、郭睦、申耽、閻芝、夏侯纂、黃元、正昂、宋遠、陰化。

第五節　蜀漢地方官員中的武職官員

　　至於地方武職官員，再以嚴耕望師的《中國地方行政制度史》一書為依據，不過地方行政中武職似乎並非主要職權，嚴師在書中曾提及都督本為治軍而設，並引《南齊書》〈百官志〉所言「都督知軍事，刺史治民。」[74]然而關於蜀漢的都督府，或許尚在發展階段，其建制尚無明確記錄，史料中只找到參軍、監軍等名稱；另外刺史本以治民為主，不過嚴師書中曾說「而刺史為一州行政長官，亦勢不能與軍事毫不相涉。」[75]因此刺史的佐吏有郡督軍、督軍從事、典軍從事、武猛從事、軍事諮議諸職等官吏[76]，似乎在組織編制上不及文官組織的規模。

　　至於郡縣的武職官員的編制也沒有文職官員多，郡守佐官有司馬，屬吏有兵曹、諸督將等，大體就如嚴師書中所說「郡國首相之職掌以民事為本，不以軍事為重。」[77]最後是縣府中的武職官員，佐吏有尉、兵曹、參軍等[78]，郡與縣在武職官員的編制上較小，與文職官員有很大差距。

　　下面根據附錄十五：蜀漢地方武職官員資料查考表，製作附表 5-5-1 蜀漢地方武職官員地域分佈表，地方武職官員共有 42 人（100%），相關記載不多，除資料殘缺外，編制小人數較少相信也是重要原因；既然如此，總體 42 人或可看作特定現象或趨勢，仍有值得參考的價值。

---

[74] 梁·蕭子顯，《南齊書》（台北：鼎文書局，1990），卷 16，志 8〈百官志〉，頁 328。
[75] 嚴耕望，《中國地方行政制度史》〈魏晉南北朝地方行政制度〉，第二章，頁 103。
[76] 嚴耕望，《中國地方行政制度史》〈魏晉南北朝地方行政制度〉，第三章，頁 143-144。
[77] 嚴耕望，《中國地方行政制度史》〈魏晉南北朝地方行政制度〉，第四章，頁 231。
[78] 嚴耕望，《中國地方行政制度史》〈魏晉南北朝地方行政制度〉，第六章，頁 332-343。

總體 42 人的地域分佈如下，荊州籍人士有 18 人（42.85%）最多，其次是益州籍人士有 15 人（35.71%），這裡值得注意的是荊州較益州籍人士為多，雖然人數與佔比相差不算大，不過與前面文職官員是益州籍較多的情況下，有著不一樣的結果。

　　下面各時段人數不多，仍不失可資參考；劉備時期有 10 人（100%），荊益二州各有 4 人（各佔 40%），這裡雖然人數少可能有不準確的情況，只是若與文職官員作對比，則仍可作為疑點探討，為什麼同為地方官員，在文職與武職的比例上有著明顯的不同？

　　以上的情況並不單單出現在劉備時期，諸葛亮時期的 14 人（100%）中，荊州有 6 人（42.85%）為最多，益州籍人士有 4 人（28.57%），同樣是荊州籍較益州籍人士為多，仍然與文職官員不同。

　　最後是後主時期，全部 18 人（100%）之中，荊州與益州各有 8 人（44.44%）與 7 人（38.88%），兩者差距並不大，不過仍與文職官員相較就顯出不同之處，似乎維持某種平衡的關係，益州籍人士在地方武職官員中不能像文職官員中俱有絕對的優勢。若再與中央武官的地域分佈情形同時觀察，中央武官中益州勢力也不佔優勢，**或許蜀漢武官在人事任用上，不管中央與地方，都有地域的考量，不讓益州人士佔有優勢。**

附表 5-5-1：蜀漢地方武職官員地域分佈表

時間 地域	劉備時期	諸葛亮時期	後主時期	總人數
荊州	4[79]	6[80]	8[81]	18（42.85%）
益州	4[82]	4[83]	7[84]	15（35.71%）
兗州	吳懿（吳壹）			1（2.38%）
司州			關興	1（2.38%）
雍州		姜維		1（2.38%）
豫州		陳到		1（2.38%）
冀州	趙雲			1（2.38%）
并州		靳詳		1（2.38%）
不明籍貫		陳戒	2[85]	3（7.14%）
總人數	10（23.8%）	14（33.33%）	18（42.85%）	42（100%）

資料來源：附錄十五：蜀漢地方武職官員資料查考表

　　再看看政治派系的分佈觀察，從附錄十五整理為附表 5-5-2，就整體而言，42 人（100%）之中益州勢力有 15 人（35.71%）最多，荊楚群士與東州士則分別為 12 人（28.57%），以及 7 人（16.66%），益州勢力佔優勢；然而兩派外來人士若合計，則有 19 人（45.23%），即較益州勢力為大，以此觀之外來勢力對地方武力似乎還是有掌控的跡象。

　　再就三時段而言，劉備時期共有 10 人（100%），益州勢力有 4 人

---

[79] 3 人為李嚴、魏延、鄧方、陳震。相關資料可查閱附錄十五：蜀漢地方武職官員資料查考表，以下各註皆可查閱。
[80] 6 人為李豐、劉邕、鄧芝、劉巴、劉敏。
[81] 8 人為胡濟、宗預、閻宇、傅僉、霍弋、廖化、杜祺、蔣斌。
[82] 4 人為李恢、黃權、費詩、張裕。
[83] 4 人為李福、張翼、馬忠、張嶷。
[84] 7 人為王平、柳隱、張表、楊戲、楊宗、王嗣、張翌。
[85] 2 人為蔣舒、王含。

（40%）最多，荊楚群士與東州士分別為 3 人（30%）與 2 人（20%），不過仍與總體情況相同，即荊楚群士與東州士合計就超過益州勢力。同樣的情況也出現在諸葛亮時期，此時期全部有 14 人（100%），益州勢力有 4 人（28.57%），荊楚群士與東州士各有 3 人（21.42%），兩派都沒有益州勢力人多比例高，可是兩派合計又超過益州勢力。

最後的後主時期也同樣的情況，全部 18 人（100%）中，益州勢力最多有 7 人（38.88%），荊楚群士有 6 人（33.33%），東州士有 2 人（11.11%），荊楚群士與東州士合計有 8 人（44.44%）則超過益州勢力。不過從佔比來看，這一時期益州勢力與外來力量只差 5 個百分點，較前兩時期的差距都少許多。

雖然以上統計人數不多，全部只有 42 人，或許並不能具有說服力，只是值得注意的是在地方文武二職上所呈現不同的結果，在文職上益州勢力具有壓倒性的優勢，為何在武職官員中沒有這樣的現象？或許因為武職官員的資料不足，所以未能呈現，又或者是蜀漢政權的有意安排，只要牽涉到武裝力量，包括前面中央武官，都不能讓益州籍人士佔有優勢，因為對蜀漢政權構成威脅，故而作此平衡之安排。

附表 5-5-2：蜀漢地方武職官員政治派系分佈表

時間 派系	劉備時期	諸葛亮時期	後主時時期	總人數
荊楚群士	3[86]	3[87]	6[88]	12（28.57%）
東州士	2[89]	3[90]	2[91]	7（16.66%）
益州勢力	4[92]	4[93]	7[94]	15（35.71%）
三派以外	1 趙雲	3[95]	1 關興	5（11.9%）
不明籍貫		1 陳戒	2[96]	3（3.14%）
總人數	10（23.8%）	14（33.33%）	18（42.85%）	42（100%）

資料來源：附錄十五：蜀漢地方武職官員資料查考表

第六節　蜀漢地方領導階層的地域分佈

　　從上文可以得到的結論是，在整體地方官員中益州籍人士佔絕對優勢，甚至在文職官員中也同樣佔優勢，只是在武官方面，益州人士與勢力卻不及荊州籍與外來勢力，這情況與中央官制相同，這樣的情況不免令人懷疑蜀漢政權在人事安排上有地域性的考量。

　　然而地方領導階層—包括都督、州刺史、郡太守以及縣令長—這些首長對地方具有相當影響力，蜀漢政權對此又有何安排？前引嚴耕望師的《中國地方行政制度史》曾提及「**漢代地方官吏之任用有極嚴**

106

---

86 3 人為魏延、鄧方、陳震。相關資料可查閱附錄十五：蜀漢地方武職官員資查考表，以下各註皆可查閱。
87 3 人為劉邕、劉敏、輔匡。
88 6 人為宗預、閻宇、傅僉、霍弋、廖化、蔣斌。
89 2 人為李嚴、吳懿（吳壹）。
90 3 人為李豐、鄧芝、劉巴。
91 2 人為胡濟、杜祺。
92 4 人為李恢、黃權、費詩、張裕。
93 4 人為李福、張翼、馬忠、張嶷。
94 7 人為王平、柳隱、張表、楊戲、楊宗、王嗣、張翼。
95 3 人為姜維、陳到、靳詳。
96 2 人為蔣舒、王含。

格之籍貫限制…刺史不用本州人；郡守國相不用本郡人；縣令長丞不但不用本縣人，且不用本郡人…監官長吏自辟之屬吏，必用本籍人。」[97]既說蜀漢制度上承兩漢，這樣的任用規則並未改變（從附錄十三查考即知），正因如此，蜀漢地方各級府吏中益州籍人士自然較多較佔優勢，但從各級地方領導階層來看，或許有不一樣的結果。

《南齊書》〈百官志〉言「都督知軍事，刺史治民。」[98]都督既屬地方官又管著軍事，蜀漢政權對都督的人選會作何種安排，我們從附表 5-6-1 看看。從整體看全部 22 人中荊州籍有 11 人，剛好半數，益州籍有 7 人，可見荊州人擔任都督較佔優勢；在不同時段中，只有諸葛亮時期較特別，益州籍 3 人而荊州籍只有 1 人，與劉備時期與後主時期並不一樣，劉備時期荊益都督人數是 4 比 1，後主時期是 6 比 3，都是荊州人士佔多數。

再看派系分佈情形，附表 5-6-2 看到派系分佈的情況，益州派系以 7 人最多，不過荊楚群士與東州士各有 6 人，三派可說是一種平衡狀態，不過更重要是外來勢力，即荊楚群士與東州士合計有 12 人，與本土的益州勢力形成較大的差距，非本土勢力還是較佔優勢。

本土與非本土勢力在不同時段中，劉備時期的差距最大，是 1 與 5 之差，非本土的荊楚群士與東州士有 5 人，益州勢力只有 1 人；其次是後主時期 3 與 6 之比，本土的益州勢力只有 3 人，非本土的荊楚群士與東州士合計有 6 人；最特別是諸葛亮時期，本土勢力超越非本土勢力成 3 與 1 之比，似乎應該特別注意。不過不管如何，**在都督一職上，荊州籍、非本土勢力佔有優勢，這是否代表非本土勢力企圖對地方軍事權力的掌控。**

[97] 嚴耕望，《中國地方行政制度史》〈秦漢地方行政制度史〉，頁 357。
[98] 梁·蕭子顯，《南齊書》卷 16，志 8〈百官志〉，頁 328。

附表 5-6-1：蜀漢都督地域分佈表

時間 / 地域	劉備時期				諸葛亮時期	後主時期	不明時段	總人數
	入荊前	入荊後	入蜀後					
			曾仕劉璋	劉備任用				
荊州			2[99]	2[100]	李豐	6[101]		11（50%）
益州				李恢	3[102]	3[103]		7（23.8%）
雍州						姜維		1（23.8%）
兗州			吳懿（吳壹）					1（23.8%）
冀州				趙雲				1（23.8%）
豫州					陳到			1（23.8%）
總人數	7（23.8%）				5（22.72%）	10（45.45%）		22（100%）

資料來源：附錄十三：蜀漢地方官員資料查考表

108

---

[99] 2 人為費觀、李嚴。

[100] 2 人為魏延、鄧方。

[101] 6 人為胡濟、鄧芝、宗預、閻宇、傅僉、霍弋。

[102] 3 人為李福、張翼、馬忠。

[103] 3 人為王平、柳隱、張表。

附表 5-6-2：蜀漢都督之政治派系分佈表

時間 派系	劉備時期	諸葛亮時期	後主時期	不明時段	總人數
荊楚群士	2[104]		4[105]		6（27.27%）
東州士	3[106]	1 李豐	2[107]		6（17.17%）
益州勢力	1 李恢	3[108]	3[109]		7（31.81%）
三派以外	1 趙雲	1 陳到	1 姜維		3（13.63%）
總人數	7（31.81%）	5（27.72%）	10（45.45%）		22（100%）

資料來源：附錄十三：蜀漢地方官員資料查考表

　　州牧刺史方面，雖然蜀漢版圖只有益州一地，前面提到曾與孫吳約分曹魏國土，所以有一些遙領州牧刺史的職銜，根據附錄十三，找到州牧與刺史共 13 人，並製成附表 5-6-3，表中可以發現州牧刺史作為地方大員，荊州籍有 7 位超過半數佔優勢，益州籍只有 2 位，可見在州牧與刺史的地方大員，仍以外來勢力為主。

　　另外在政治派系上外來勢力同樣佔優勢，從附表 5-6-4 可以看到荊楚人士有 5 人，東州士有 4 人，益州勢力只有 2 人，都不及外來兩派勢力人數。

---

[104] 2 人為魏延、鄧方。相關資料可查閱附錄十三：蜀漢地方官員資料查考表，以下各註皆可查閱。
[105] 4 人為宗預、閻宇、傅僉、霍弋。
[106] 3 人為費觀、李嚴、吳懿（吳壹）。
[107] 2 人為胡濟、鄧芝。
[108] 3 人為李福、張翼、馬忠。
[109] 3 人為王平、柳隱、張表。

蜀漢政權中政治派系之研究

附表 5-6-3：蜀漢州牧刺史地域分佈表

時間　地域	劉備時期				諸葛亮時期	後主時期	不明時段	總人數
	入荊前	入荊後	入蜀後					
			曾仕劉璋	劉備任用				
荊州					魏延	6[110]		7（53.84%）
益州			李恢			張翼、		2（15.38%）
徐州					諸葛亮			1（7.69%）
兗州					吳懿（吳壹）			1（7.69%）
雍州				馬超		姜維		2（15.38%）
總人數	2（15.38%）				3（23.07%）	8（61.53%）		13（100%）

資料來源：附錄十三：蜀漢地方官員資料查考表

附表 5-6-4：蜀漢州牧刺史之政治派系分佈表

時間　派系	劉備時期	諸葛亮時期	後主時期	總人數
荊楚群士	0	2[111]	3[112]	5（38.46%）
東州士	0	1 吳懿（吳壹）	3[113]	4（30.76%）
益州勢力	1 李恢		1 張翼	2（15.38%）
三派以外	1 馬超		1 姜維	2（15.38%）
總人數	2（15.38%）	3（23.07%）	8（61.53%）	13（100%）

資料來源：附錄十三：蜀漢地方官員資料查考表

[110] 6 人為蔣琬、費褘、鄧芝、胡濟、宗預、廖化。相關資料可查閱附錄十三：蜀漢地方官員資料查考表，以下各註皆可查閱。
[111] 2 人為魏延、諸葛亮。相關資料可查閱附錄十三：蜀漢地方職官員資料查考表，以下各註皆可查閱。
[112] 3 人為蔣琬、宗預、廖化。
[113] 3 人為費褘、鄧芝、胡濟。

再就郡太守而言，附表 5-6-5 可以看到，總人數較多有 88 人，畢竟益州一地也設有 22 個郡，人數較多對我們的研究與觀察較有幫助；我們先來看 88 人（100%）中最多是益州籍人士有 38 人（43.18%），不過荊州籍也有 32 人（36.36%），與前面整體地方官員的差距減少許多；至於時段方面，劉備時期有 42 人（100%），荊州有 19 人（45.23%）最多，益州只有 7 人（16.66%），可見劉備時期荊州籍佔有絕對優勢，不過這情況到諸葛亮時期卻有很大的轉變。

諸葛亮時期只找記錄 18 位（100%）郡太守的資料，其中卻有 15 人（83.33%）為益州籍，這是三個時期最特別的時段，諸葛亮大量起用益州籍人士為郡守；不過到後主時期這現象又有所改變，後主時期有 20 名（100%）郡太守，益州籍雖然仍佔一半有 10 位（50%），可是荊州籍也有 8 人（40%），相差並未與諸葛亮時期的懸殊，不過三個時期可以看到益州籍人士的增加趨勢。

至於派系分佈的情況，可以在附表附表 5-6-6 看到，在總人數上，益州勢力有 38 人最多，荊楚群士 21 人，東州士 17 人，益州勢力在三派分立下最佔優勢，不過若把荊楚群士與東州士，即外來勢力合計則為 38 人，與本土益州勢力相互平衡，可見在郡太守的任用上，益州人並未佔優勢，蜀漢政權似乎以平衡的手段安排本土與非本土勢力。

再分時段來看，劉備時期 42 人中，荊楚群士有 16 人，東州士有 7 人，合計有 23 人遠超過益州勢力的 7 人，諸葛亮時期由於差異懸殊，與地域分佈情況沒有不同，倒是後主時期，益州勢力雖然佔全數 20 人中的半數，可是荊楚群士與東州士合計剛好也 10 人，更能看到本土與非本土處於平衡的狀態。

附表 5-6-5：蜀漢郡太守地域分佈表

時間 / 地域	劉備時期				諸葛亮時期	後主時期	不明時段	總人數
	入荊前	入荊後	入蜀後					
			曾仕劉璋	劉備任用				
荊州	1 廖立		4[114]	14[115]	3[116]	8[117]	2[118]	32（36.36%）
益州			5[119]	2[120]	15[121]	10[122]	6[123]	38（43.18%）
徐州				麋芳				1（1.13%）
雍州			3[124]			法邈		4（4.54%）
幽州		張飛						1（1.13%）
豫州				2[125]		薛齊		3（3.34%）
不明籍貫	9[126]							9（10.22%）
總人數	42（47.72%）				18（20.45%）	20（22.72%）	8（9.09%）	88（100%）

資料來源：附錄十三：蜀漢地方官員資料查考表

---

[114] 4 人為費觀、王連、鄧芝、李嚴。相關資料可查閱附錄十三：蜀漢地方官員資料查考表，以下各註皆可查閱。

[115] 14 人為康立、向朗、廖化、郝普、楊儀、輔匡、魏延、霍峻、張存、習禎、劉邕、陳震、馬謖、鄧方。

[116] 3 人為楊顒、董恢、呂乂（呂義）。

[117] 8 人為羅憲（羅獻）、劉幹、龐宏、張太守、王山、霍弋、李豐、杜祺。

[118] 2 人為羅蒙、羅式。

[119] 5 人為張裔、楊洪、龔諶、彭羕、費詩。

[120] 2 人為王士、焦璜。

[121] 15 人為張翼、李福、楊戲、姚伷、何祗、馬齊、李邈、王離、何祗族人、龔祿、朱褒、馬忠、李恢、呂凱、王伉。

[122] 10 人為柳隱、王平、常閎、壽良父親、王嗣、張嶷、張休、常竺、譚承、張翌。

[123] 6 人為陳術、王彭、費揖、常閎、李驤、李光。

[124] 3 人為孟達、法正、射堅。

[125] 2 人為劉琰、薛永。

[126] 9 人為申儀、鄧輔、樊友、郭睦、申耽、閻芝、夏侯纂、黃元、正昂。

附表 5-6-6：蜀漢郡太守之政治派系分佈表

時間＼派系	劉備時期	諸葛亮時期	後主時期	不明時段	總人數
荊楚群士	16[127]	1 楊顒	4[128]		21（23.86%）
東州士	7[129]	2[130]	6[131]	2[132]	17（19.31%）
益州勢力	7[133]	15[134]	10[135]	6[136]	38（43.18%）
三派以外	3[137]				3（3.4%）
不明籍貫	9[138]				9（10.22%）
總人數	42（47.72%）	18（20.45%）	20（22.72%）	8（9.09%）	88（100%）

資料來源：附錄十三：蜀漢地方官員資料查考表

　　最後是基層的縣令長，前引嚴耕望師《中國地方行政制度史》提到蜀漢共有縣級單位 138，由於史料缺漏，在附錄十三中所找到的只有 26 位縣令長，因為人數不多，研究結果自然難言可信，不過也不失其參考的價值。

　　附表 5-6-7 中有 26 位（100%）縣令長，他們的地域分佈如下，益州以 17 人（65.38%）最多，荊州有 7 位（26.92），這兩地人士已佔 24

---

[127] 16 人為廖立、康立、向朗、廖化、郝普、楊儀、輔匡、魏延、霍峻、張存、習禎、劉邕、陳震、馬謖、鄧方、薛永。

[128] 4 人為龐宏、張太守、霍弋、薛齊。

[129] 7 人為費觀、王連、鄧芝、李嚴、孟達、法正、射堅。

[130] 2 人為董恢、呂乂（呂義）。

[131] 6 人為羅憲（羅獻）、劉幹、王山、李豐、杜祺、法邈。

[132] 2 人為羅蒙、羅式。

[133] 7 人為張裔、楊洪、龔諶、彭羕、費詩、王士、焦璜。

[134] 15 人為張翼、李福、楊戲、姚伷、何祗、馬齊、李邈、王離、何祗族人、龔祿、朱褒、馬忠、李恢、呂凱、王伉。

[135] 10 人為柳隱、王平、常閎、壽良父親、王嗣、張嶷、張休、常竺、鐔承、張翼。

[136] 6 人為陳術、王彭、費揖、常閎、李驤、李光。

[137] 3 人為麋芳、張飛、劉琰。

[138] 9 人為申儀、鄧輔、樊友、郭睦、申耽、閻芝、夏侯纂、黃元、正昂。

位，而且益州籍佔絕對多數，這樣的結果似乎是可以預期並有其必然性，畢竟是益州人的地方；可是如果我們從分段的時期觀察，發現有值得注意的地方。

劉備時期有 12 位縣令長，益州有 6 人佔半數，可是荊州籍人士也有 5 人，相差並不懸殊，甚至從人數看似乎在一種平衡的狀態；諸葛亮時期只有 2 人，是最少的時段，荊益二州各有 1 人；最終打破兩州平衡狀態是在後主時期，11 人中益州有 9 人，荊州只有 1 人，平衡的狀態打破。

至於派系的問題可以看附表 5-6-8，若以本土與外來作劃分，則情況與地域分佈完全相同，整體而言，本土勢力有 17 人，外來勢力有 7 人（荊楚群士 3 人、東州士 4 人）；各時段的情況也與地域分佈相同。

附表 5-6-7：蜀漢縣令長地域分佈表

時間＼地域	劉備時期				諸葛亮時期	後主時期	不明時段	總人數
	入荊前	入荊後	入蜀後					
			曾仕劉璋	劉備任用				
荊州			2[139]	3[140]	呂乂（呂義）	呂辰		7（26.92%）
益州			王甫	5[141]	何祗	9[142]	杜雄	17（65.38%）
豫州						趙敦		1（3.84%）
不明籍貫	陰化							1（3.84%）
總人數	12（46.15%）				2（7.69%）	11（42.3%）	1（3.84%）	26（100%）

資料來源：附錄十三：蜀漢地方官員資料查考表

附表 5-6-8：蜀漢縣令長之政治派系分佈表

時間＼派系	劉備時期	諸葛亮時期	後主時期	不明時段	總人數
荊楚群士	3[143]	0	0		3（3.84%）
東州士	2[144]	1 呂乂（呂義）	1 呂辰		4（3.84%）
益州勢力	6[145]	1 何祗	9[146]	1 杜雄	17（65.38%）
三派以外			1 趙敦		1（3.84%）
不明籍貫	1 陰化				1（3.84%）
總人數	12（46.15%）	2（7.69%）	11（42.3%）	1（3.84%）	26（100%）

資料來源：附錄十三：蜀漢地方官員資料查考表

139 2 人為鄧芝、王連。相關資料可查閱附錄十三：蜀漢地方官員資料查考表，以下各註皆可查閱。
140 3 人為馬謖、習禎、蔣琬。
141 5 人為李福、李朝、馬忠、張翼、王士。
142 9 人為常勗、朱游、常忌、常播、常偉、王化、何隨、何雙、張君。
143 3 人為馬謖、習禎、蔣琬。相關資料可查閱附錄十三：蜀漢地方職官員資料查考表，以下各註皆可查閱。
144 2 人為鄧芝、王連。
145 6 人為王甫、李福、李朝、馬忠、張翼、王士。
146 9 人為常勗、朱游、常忌、常播、常偉、王化、何隨、何雙、張君。

　　從以上的研究對各級地方領導官員可以得到如下結論；都督一級以荊州籍人士最多，政治派系則以外來勢力（荊楚群士與東州士）為主；州牧刺史同樣以荊州籍佔多數，外來勢力也在政治派系中佔優勢；這種情況到郡太守一級出現改變，郡太守一級以益州人為多數，然而在政治派系方面，益州的本土勢力與外來勢力才達到均衡的狀態。最後縣令長一級，以益州人佔優勢，甚至在政治派系方面也是本土勢力較外來勢力大。

　　雖然整體情況如此，若細看表中三時期的發展，可以發現郡太守在劉備時期尚未取得優勢，到諸葛亮時期才改變；只有縣令長，在劉備時期本土勢力已超越外來勢力（雖然差距尚小），至後主時期才大幅超越外來勢力。

　　不管如何，我們比較整體地方官員與領導官員後，可以發現**整體以益州人、益州勢力為主，可是領導階層如都督、州牧刺史、甚至郡太守，都以外來勢力為多數，甚至地方武官也以外來勢力為主，從這些結果可以看到蜀漢政權在人事任用上確實有平衡地域的安排。**

第五章

116

第六章　結論

　　對蜀漢政治、權力結構的研究，過去有從荊益二州的地域觀念著手，也有就史書記載的荊楚群士、東州士與益州勢力等政治派系出發，正如前面第一章所說，這兩種方法都有其問題存在；本書試圖結合兩種方法，並重新劃定地域、政治派系的標準，以求更令人滿意的答案。

　　經過以上各章的討論，我們可以得到兩部份的結論，即地域分佈與政治派系兩方面；先就地域而言，有些結論與前人研究相同，如益州籍人士在蜀漢政權中的人數佔有優勢，當中包括全體蜀漢官員、或分類後的中央文官、以及地方官員，這些在上面各章都有詳細資料，此處不再重複。雖然益州籍人士在這些蜀漢官員的數量上佔有優勢，然而除去地方整體官員在劉備時期已超越荊州人士外，其他類別的益州官員都要到蜀漢政權的中後期才後來居上，亦即從三個時期觀察，劉備時期益州籍人士並未佔有優勢，荊州籍人士反而是多數，必需到諸葛亮及後主時期才改變這種情況。

　　另外，最特別的一項是前人較少提到的中央武官，我們的研究發現這一類官員情況非常特殊，首先是整體人數都以荊州籍為多數，就算分三時期觀察，只有後主時期益州人士才稍較荊州人為多；其次把中央武官分為七類級別，每一級別仍然是荊州籍人士佔多數，甚至人數上超過益州人許多；更值得注意的是，本研究也把地方武力作為獨立研究對象，研究結果同樣呈現荊州人士較佔優勢；這樣的結果不免令人懷疑是蜀漢主政者的刻意安排，甚至可以說明蜀漢政權在軍事權力方面，欲以荊州為主要掌控者，益州籍人士不佔有優勢。

　　其實不只軍事權力作如此安排，就連中央文官中九卿級別以上的

官員、與地方文官中州牧刺史等，屬於領導層級的官員都以荊州籍及外來勢力為主；若再從諸葛亮時期的丞相府屬、尚書臺官員等同屬荊州籍與外來勢力所掌握，似乎也透過了蜀漢政權在處理地域問題時的安排手段，即**屬於武力與具有決策權之官員以非益州籍為主；在與益州人民關係較密切、接觸較頻繁的郡太守與縣令長兩級別，益州籍人士才能與非益州籍人士分庭抗禮、達到平衡的狀態。**

其實根據上面的結論，我們還觀察到，若把非益州籍人士合稱為非益州人士，即包括荊州、徐州等益州以外各州籍人士，則他們的數量就超過益州籍人士，或至少在差距上大為縮小；這樣正好證明只以荊益二州之地域研究，對蜀漢政治結構存在著盲點與不足之處，需要超越地域的政治派系研究，或可看得更清晰，下面就是從政治派系角度出發所得到的結論。

本書把荊楚群士與東州士的界線重新確立，加上益州勢力作為研究蜀漢政治派系的對象，更根據史料把所有官員歸屬於各自派系，經過研究後我們發現，就整體蜀漢官員中，三派系仍然以益州勢力最大；然而過往的研究有認為荊楚群士與東州士有合作抗衡益州勢力的空間，本書也試著把兩派合一觀察，當我們把兩派合稱為外來勢力或非本土勢力時，並與益州本土勢力作比較，發現本土與外來勢力間就達到平衡的狀態，這情況也出現在中央文官、與地方郡太守兩部份。

尤有甚者，級別在九卿以上官員、地方領導階層之都督、刺史等都是非本土勢力大大超過本土勢力，只有最基層的縣令長益州勢力才佔得優勢；反過來，非本土勢力的東州士在中央武官中雖略遜於益州

勢力，可是荊楚群士卻超過益州勢力為最大派系，更重要是兩派合一的非本土勢力遠超本土的益州勢力，這是最值得注意的地方。

　　至此，我們似乎可以看出一個取向：從整體到不同級別官員的各種情形、從劉備到諸葛亮以及後主，都有一種平衡荊益、本土與非本土勢力的用心，希望在顧及雙方利益的前提下，共同維護蜀漢政權的發展。

附　錄

附錄一：蜀漢官員地域資料查考表　　　資料來源：《三國職官表》等資料

官名	屬官	姓名	籍貫	任官時所屬時段
丞相	祭酒	射援[1]	（雍州）扶風	諸葛亮時期
	從事中郎	樊岐[2]	籍貫不詳	諸葛亮時期
	主簿	胡濟[3]	（荊州）義陽	諸葛亮時期
		宗預[4]	（荊州）南陽安眾	諸葛亮時期
	參軍	閻晏[5]	籍貫不詳	諸葛亮時期
		爨習[6]	（庲降都督）建寧	諸葛亮時期
		杜義[7]	籍貫不詳	諸葛亮時期
		盛勃[8]	籍貫不詳	諸葛亮時期
	西曹屬	賴厷[9]（令史）	（荊州）零陵	諸葛亮時期

---

[1] 晉·陳壽，《三國志》，卷 32，〈蜀書·先主傳〉注引〈三輔決錄注〉曰「援字文雄，扶風人也…兄堅，字文固…與弟援南入蜀依劉璋，璋以堅為長史…丞相諸葛亮以援為祭酒，遷從事中郎，卒官。」頁 885。另據洪武雄著，〈《三國職官表》蜀漢部份校補〉認射援在「建興初，後遷從事中郎。」頁 222。**列入諸葛亮時期。**

[2] 晉·陳壽，《三國志》，卷 40，〈蜀書·李嚴傳〉注引諸葛亮公文上尚書曰「領從事中郎武略中郎將臣樊岐等議。」頁 1000。**列入諸葛亮時期。**

[3] 晉·陳壽，《三國志》，卷 39，〈蜀書·董和傳〉注曰「姓胡，名濟，義陽人。為亮主簿。」頁 980。**列入諸葛亮時期。**

[4] 晉·陳壽，《三國志》，卷 45，〈蜀書·宗預傳〉載「宗預字德豔，南陽安眾人。建安中，隨張飛入蜀。建興初，丞相亮以為主簿，遷參軍右中郎將。」頁 1075。**列入諸葛亮時期。**

[5] 晉·陳壽，《三國志》，卷 40，〈蜀書·李嚴傳〉注引諸葛亮公文上尚書曰「行參軍建義將軍臣閻晏」頁 1000。**列入諸葛亮時期。**

[6] 晉·陳壽，《三國志》，卷 40，〈蜀書·李嚴傳〉注引諸葛亮公文上尚書曰「行參軍偏將軍臣爨習。」頁 1000。晉·常璩撰，劉琳注，《華陽國志》（臺北：新文豐出版公司，1988 年 11 月），卷 4，〈南中志〉載「（諸葛）亮收其俊傑建寧爨習。」頁 229。**列入諸葛亮時期。**

[7] 晉·陳壽，《三國志》，卷 40，〈蜀書·李嚴傳〉注引諸葛亮公文上尚書曰「行參軍裨將軍臣杜義。」頁 1000。**列入諸葛亮時期。**

[8] 晉·陳壽，《三國志》，卷 40，〈蜀書·李嚴傳〉注引諸葛亮公文上尚書曰「行參軍綏戎都尉盛勃。」頁 1000。**列入諸葛亮時期。**

[9] 晉·陳壽，《三國志》，卷 45，〈蜀書·楊戲傳〉載「荊楚宿士零陵賴恭為太常…恭子厷，為丞相西曹令史，隨諸葛亮於漢中，早夭。」頁 1082。另據洪武雄著，〈《三國職官表》蜀漢部份校補〉認賴厷在「建興五年（227），八年（230）之前卒。」頁 236。**列入諸葛亮時期。**

	東曹屬			
	倉曹屬	姜維[10]（掾）	（雍州）天水冀人	諸葛亮時期
	散屬	董厥（令史）[11]	（荊州）義陽	諸葛亮時期
	記室			
	門下督			
太傅				
大司馬		劉備[12]	（幽州）涿郡涿縣	
	長史			
	營部司馬			
	前部司馬			
	後部司馬			
	司馬			
	主簿	雍茂[13]	籍貫不詳	劉備時期（入蜀後）
	軍謀掾	韓冉[14]	籍貫不詳	劉備時期（入蜀後）

---

10 晉·陳壽，《三國志》，卷44，〈蜀書·姜維傳〉載「姜維字伯約，天水冀人也…亮辟維為倉曹掾，」頁1062-1065。另據洪武雄著，〈《三國職官表》蜀漢部份校補〉認姜維在「建興六年（228）為倉曹掾加奉義將軍，八年（230）遷護軍、征西將軍。」頁237。**列入諸葛亮時期。**

11 晉·陳壽，《三國志》，卷35，〈蜀書·諸葛亮傳〉載「董厥者，丞相亮時為府令史。」另注引〈晉百官表〉曰「董厥字龔襲，亦義陽人。」頁933。**列入諸葛亮時期。**

12 晉·陳壽，《三國志》，卷32，〈蜀書·先主傳〉載「先主姓劉，諱備，字玄德，涿郡涿縣人…璋推先主行大司馬，領司隸校尉…羣下上先主為漢中王…還治成都。」頁871。另據洪武雄著，〈《三國職官表》蜀漢部份校補〉認「飴孫或因備為一國之主，故建安末劉備曾居官左將軍、益州牧、大司馬皆不列載。但其卜益州員職以備為州牧時居多，故仍補述之，以明終始。」頁241。**不列入計算。**

13 晉·陳壽，《三國志》，卷39，〈蜀書·劉巴傳〉注引〈零陵先賢傳〉曰「與主簿雍茂諫備，備以他事殺茂，由是遠人不復至矣。」頁981。另據洪武雄著，〈《三國職官表》蜀漢部份校補〉認「主簿雍茂諫先主勿稱帝，當在曹丕代漢後、先主稱帝前，其任在建安廿五年（220）、六年（221）間。」頁245。**列入劉備時期（入蜀後）。**

14 晉·陳壽，《三國志》，卷32，〈蜀書·先主傳〉注引〈魏書〉曰「備聞曹公薨，遣掾韓冉奉書弔，并致賻贈之禮。」頁889。曹操在建安廿五年薨，**列入劉備時期（入蜀後）。**

	東曹掾			
	曹屬	殷純[15]	籍貫不詳	劉備時期（入蜀後）
大將軍				
右大將軍				
	司馬			
	主簿			
	參軍	來忠[16]	（荊州）義陽新野	後主時期
	東曹掾			
太尉		上官勝[17]	（雍州）隴西上邽	不明時段
司徒				
特進				
光祿大夫				
太常		張峻[18]	（益州）成都	後主時期
	博士	許慈[19]	（荊州）南陽	劉備時期（入蜀後）

124

[15] 晉·陳壽，《三國志》，卷 32，〈蜀書·先主傳〉載「魏文帝稱尊號，改年曰黃初。或傳聞漢帝見害，先主乃發喪制服…大司馬屬殷純。」頁 887。**列入劉備時期（入蜀後）。**

[16] 晉·陳壽，《三國志》，卷 42，〈蜀書·來敏傳〉載「來敏字敬達，義陽新野人，來歙之後也。父豔，為漢司空。漢末大亂，敏隨姊（夫）奔荊州，姊夫黃琬是劉璋祖母之姪，故璋遣迎琬妻，敏遂俱與姊入蜀，常為璋賓客…子忠，亦博覽經學，有敏風，與尚書向充等並能協贊大將軍姜維。維善之，以為參軍。」頁 1025。另據洪武雄著，〈《三國職官表》蜀漢部份校補〉認在「延熙末、景耀間。」頁 250。**列入後主時期。**

[17] 宋·歐陽修、宋祁撰，《新唐書》，卷 73 下，〈宰相世系三下〉載「漢徙大姓以實關中，上官氏徙隴西上邽。漢有右將軍安陽侯桀，生安，車騎將軍、桑樂侯，以反伏誅。遺腹子期，裔孫勝，蜀太尉。」頁 2943。**列入時間不詳。**

[18] 晉·陳壽，《三國志》，卷 33，〈蜀書·後主傳〉注引〈王隱蜀記〉曰「（劉）禪又遣太常張峻、益州別駕汝超受節度，遣太僕蔣顯有命敕姜維。」頁 900。另晉·常璩撰，劉琳注，《華陽國志》，卷 12，〈益梁寧三州（三國）兩晉以來人事目錄添立目錄〉載「使持節、西夷校尉張（岐）[峻]，字紹茂。（成都人也。）」頁 686。**列入後主時期。**

[19] 晉·陳壽，《三國志》，卷 32，〈蜀書·先主傳〉載建安廿六年（221）有「博士許慈。」頁 889。同書卷 42，〈蜀書·許慈傳〉載「許慈字仁篤，南陽人也，建安中，與許靖等俱自交州入蜀…先主定蜀，承喪亂歷紀，學業衰廢，乃鳩合典籍，沙汰眾學，慈、潛並為學士，與孟光、來敏等典掌舊文。」頁 1022-1023。**列入劉備時期（入蜀後）。**

		胡潛[20]	（冀州）魏郡	劉備時期（入蜀後）
		許勳（許勛）[21]	（荊州）南陽	後主時期
		尹宗[22]	（益州）梓潼涪人	後主時期
		周巨[23]	（益州）巴西閬中	後主時期
	太史令			
	高廟令	常高[24]	（益州）蜀郡江原	不明時段
	每陵園邑令			
光祿勳		黃柱（王柱）[25]	（荊州）南陽	劉備時期（入蜀後）

20 晉·陳壽，《三國志》，卷 42，〈蜀書·許慈傳〉載「時又有魏郡胡潛，字公興，不知其所以在益土…先主定蜀，承喪亂歷紀，學業衰廢，乃鳩合典籍，沙汰眾學，慈、潛並為學士，與孟光、來敏等典掌舊文。值庶事草創，動多疑議，慈、潛更相克伐，謗讟忿爭，形於聲色；書籍有無，不相通借，時尋楚撻，以相震攇。其矜己妒彼，乃至於此。」頁 1023。**列入劉備時期（入蜀後）。**

21 晉·陳壽，《三國志》，卷 42，〈蜀書·許慈傳〉載許勛，「許慈字仁篤，南陽人也…子勛傳其業，復為博士。」頁 1022-1023。另據洪武雄著，〈《三國職官表》蜀漢部份校補〉認在「後主世。」頁 257。**列入後主時期。**

22 晉·陳壽，《三國志》，卷 42，〈蜀書·尹默傳〉載尹宗，「尹默字思潛，梓潼涪人…子宗傳其業，為博士。」頁 1026。另據洪武雄著，〈《三國職官表》蜀漢部份校補〉認在「後主世。」頁 257。**列入後主時期。**

23 晉·陳壽，《三國志》，卷 42，〈蜀書·周群傳〉載周巨，「周羣字仲直，巴西閬中人也…州牧劉璋，辟以為師友從事。先主定蜀，署儒林校尉…羣卒，子巨頗傳其術。」頁 1021。另據洪武雄著，〈《三國職官表》蜀漢部份校補〉認在「後主世。」頁 257。**列入後主時期。**

24 晉·常璩撰，劉琳注，《華陽國志》卷 6，〈劉先主志〉載「先主即帝位…立宗廟，給祭高皇帝、世祖光武皇帝。」頁 358。；同書卷 11，〈後賢志〉載「常勗，字脩（修）業，蜀郡江原人也…父，高廟令。」頁 603。另註釋曰「常勗父當是蜀時太廟令。或謂其人名高，職任廟令，亦通。」頁 626。**列入不明時段。**

25 晉·陳壽，《三國志》，卷 45，〈蜀書·楊戲傳〉載「先主為漢中王，用荊楚宿士零陵賴恭為太常，南陽黃柱為光祿勳，謀為少府。」頁 1082。**列入劉備時期（入蜀後）。**《三國職官表》記為王柱，並列《華陽國志》為資料來源，可是翻查劉琳注，《華陽國志》卷 6，〈劉先主志〉載「光祿勳黃（權）〔柱〕。」頁 357-358。另全書並沒有王柱的記載。

		裴儁[26]	（司州）河東聞喜	後主時期
	五官中郎將			
	中郎	董恢[27]	（荊州）襄陽	諸葛亮時期
	郎中	李旦[28]	（益州）廣漢郪人	不明時段
	左中郎將	傅僉[29]	（荊州）義陽	劉備時期（入蜀後）
	右中郎將			
	南中郎將			
	北中郎將			
	虎賁中郎將	關統[30]	（司州）河東解人	後主時期
		糜威[31]	（徐州）東海胸人	後主時期

26 晉·陳壽，《三國志》，卷42，〈蜀書·孟光傳〉載「光祿勳河東裴儁」，並注引《傅暢裴氏家記》曰：「儁字奉先，魏尚書令潛弟也。儁姊夫為蜀中長史，儁送之，時年十餘歲，遂遭漢末大亂，不復得還。既長知名，為蜀所推重也。子越，字令緒，為蜀督軍。蜀破，遷還洛陽，拜議郎。」頁1024。另據洪武雄著，〈《三國職官表》蜀漢部份校補〉認在「延熙中。」頁261。**列入後主時期**。

27 晉·陳壽，《三國志》，卷39，〈蜀書·董允傳〉注引〈襄陽記〉曰「董恢字休緒，襄陽人。入蜀，以宣信中郎副費禕使吳。」頁986。另據洪武雄著，〈《三國職官表》蜀漢部份校補〉認董恢在「建興中由宣信中郎轉丞相府屬。」頁262。**列入諸葛亮時期**。

28 晉·常璩撰，劉琳注，《華陽國志》，卷11，〈後賢志〉載「李毅，字允剛，廣漢郪人也。祖父朝，字偉南，州別駕從事。父旦，字欽宗，光祿郎中主事。」頁615。另據洪武雄著，〈《三國職官表》蜀漢部份校補〉認「旦為李朝子，朝卒於章武二年（222）。李旦任光祿郎中、主事當在蜀漢世。」頁263。**列入不詳時段**。

29 晉·陳壽，《三國志》，卷45，〈蜀書·楊戲傳〉載〈季漢輔臣贊〉記「有義陽傅肜…戰死。拜子僉為左中郎，後為關中都督，景耀六年，又臨危授命。論者嘉其父子奕世忠義。」頁1089。另據洪武雄著，〈《三國職官表》蜀漢部份校補〉認傅僉「其任在先主章武二（222）、三年（223）間。」頁263。**列入劉備時期（入蜀後）**。

30 晉·陳壽，《三國志》，卷36，〈蜀書·關羽傳〉載「關羽字雲長，本字長生，河東解人也…子統嗣，尚公主，官至虎賁中郎將。」頁939-942。據洪武雄，〈《三國職官表》蜀漢部份校補〉認「當在延熙六年（243）董允不加此官後。」頁266。**列入於後主時期**。

31 晉·陳壽，《三國志》，卷38，〈蜀書·糜竺傳〉載「糜竺字子仲，東海胸人也…子威，官至虎賁中郎將。」頁969-970。據洪武雄，〈《三國職官表》蜀漢部份校補〉認「關統與糜威不知何者先任此官。」頁266。關統在延熙六年，參關統條，故把糜威列於**後主時期**。

	虎賁中郎	趙統[32]	（冀州）常山真定	後主時期
	羽林 左右部督	李球[33]（右部）	（庲降都督） 建寧俞元	後主時期
	羽林中郎將			
	羽林監			
	虎步監	孟琰[34]	（庲降都督）朱提	諸葛亮時期
	虎騎監	麋照[35]	（徐州）東海朐人	後主時期
	奉車都尉	法邈[36]	（雍州）扶風郿人	後主時期
		衛繼[37]	（益州）漢嘉嚴道	後主時期

---

32 晉·陳壽，《三國志》，卷 36，〈蜀書·趙雲傳〉載「趙雲字子龍，常山真定人也…雲子統嗣，官至虎賁中郎，督行領軍。」頁 951。據洪武雄，〈《三國職官表》蜀漢部份校補〉認在「後主世。」頁 266-267。**列入後主時期。**

33 晉·陳壽，《三國志》，卷 43，〈蜀書·李恢傳〉載「李恢字德昂，建寧俞元人也。仕郡督郵…聞先主自葭萌還攻劉璋。恢知璋之必敗，先主必成，乃託名郡使，北詣先主，遇於綿竹。先主嘉之，從至雒城，遣恢至漢中交好馬超，超遂從命。成都既定，先主領益州牧，以恢為功曹書佐主簿…恢弟子球，羽林右部督。」頁 1045-1046。另洪武雄著，〈《三國職官表》蜀漢部份校補〉認李球在「景耀六年」，頁 267。**列入後主時期。**

34 晉·常璩撰，劉琳注，《華陽國志》，卷 4，〈南中志〉載「（諸葛）亮收其俊傑建寧爨習，朱提孟琰及獲為官屬，習官至領軍，琰，輔漢將軍，獲，御史中丞。」頁 229。另洪武雄著，〈《三國職官表》蜀漢部份校補〉認在「建興中」，頁 268-269。**列入諸葛亮時期。**

35 晉·陳壽，《三國志》，卷 38，〈蜀書·麋竺傳〉載「麋竺字子仲，東海朐人也…子威，官至虎賁中郎將。威子照，虎騎監。」頁 969-970。另洪武雄著，〈《三國職官表》蜀漢部份校補〉認在「後主世」，頁 269。**列入後主時期。**

36 晉·陳壽，《三國志》，卷 37，〈蜀書·法正傳〉載「法正字孝直，（右）扶風郿人也，祖父真，有清節高名。建安初，天下饑荒，正與同郡孟達俱入蜀依劉璋，久之為新都令，後召署軍議校尉。…賜子邈爵關內侯，官至奉車都尉、漢陽太守。」頁 957-961。另洪武雄著，〈《三國職官表》蜀漢部份校補〉「當在後主世，後遷漢陽太守」，頁 269。**列入後主時期。**

37 晉·陳壽，《三國志》，卷 45，〈蜀書·楊戲傳〉注引〈益部耆舊雜記〉曰「王嗣、常播、衛繼三人，皆劉氏亡蜀時人，故錄于篇…衛繼字子業，漢嘉嚴道人也…屢遷拜奉車都尉、大尚書。」頁 1091。另洪武雄著，〈《三國職官表》蜀漢部份校補〉「延熙末、景耀年間為奉車都尉，後遷大尚書。」頁 270。**列入後主時期。**

	駙馬都尉	諸葛喬[38]	（徐州）琅邪陽都	諸葛亮時期
	騎都尉	馬秉[39]	（荊州）襄陽宜城	劉備時期（入蜀後）
		諸葛瞻[40]	（徐州）琅邪陽都	後主時期
	太中大夫	宗瑋[41]	（荊州）南陽	劉備時期（入蜀後）
	中散大夫			
	諫議大夫			
	議郎	孟光[42]	（司州）河南洛陽	劉備時期（入蜀後）
		龐統之父[43]	（荊州）襄陽	劉備時期（入蜀後）

38 晉·陳壽，《三國志》，卷 35，〈蜀書·諸葛喬傳〉載「諸葛亮字孔明，琅邪陽都人也…喬字伯松，亮兄瑾之第二子也，本字仲慎…拜為駙馬都尉，隨亮至漢中。」頁 911-931。另洪武雄著，《〈三國職官表〉蜀漢部份校補》以《三國職官表》所列為建興元年，認「未知何據。」頁 270。此處仍列諸葛亮時期。

39 晉·陳壽，《三國志》，卷 39，〈蜀書·馬良傳〉載「馬良字季常，襄陽宜城人也…先主領荊州辟為從事…先主拜良子秉為騎都尉。」頁 982-983。另洪武雄著，《〈三國職官表〉蜀漢部份校補》認「章武二年（222）先主東征，馬良遇害。『先主拜良子秉為騎都尉』。」頁 270-271。列入劉備時期（入蜀後）。

40 晉·陳壽，《三國志》，卷 35，〈蜀書·諸葛瞻傳〉載「諸葛亮字孔明，琅邪陽都人也…亮子瞻，嗣爵…瞻字思遠…年十七，尚公主，拜騎都尉。」頁 911-932。另洪武雄著，《〈三國職官表〉蜀漢部份校補》認在「延熙六年（243）拜，旋遷羽林中郎將。」，頁 271。列入後主時期。

41 晉·陳壽，《三國志》，卷 32，〈蜀書·先主傳〉載「（章武）二年…孫權聞先主住白帝，甚懼，遣使請和。先主許之，遣太中大夫宗瑋報命。」頁 890。另據晉·常璩撰，劉琳注，《華陽國志》，卷 6，〈劉先主志〉載「先主使太中大夫南陽宗瑋報命。」頁 360。列入劉備時期（入蜀後）。

42 晉·陳壽，《三國志》，卷 42，〈蜀書·孟光傳〉載「孟光字孝裕，河南洛陽人…獻帝遷都長安，遂逃入蜀，劉焉父子待以客禮…先主定益州，拜為議郎。」頁 1023。另洪武雄著，《〈三國職官表〉蜀漢部份校補》認「建安廿四年（219）拜，建興元年（223）遷符節令。」頁 274。列入劉備時期（入蜀後）。

43 晉·陳壽，《三國志》，卷 37，〈蜀書·龐統傳〉載「龐統字士元，襄陽人也…拜統父議郎，遷諫議大夫。」頁 953-956。另洪武雄著，《〈三國職官表〉蜀漢部份校補》認「議郎、諫議大夫雖冗散，但皆帝王命官。建安十九年（214），備僅為左將軍領荊、益州牧，如何祇拜統父議郎、諫議大夫？或當於建安廿四年（219）先主為漢中王後拜之？」頁 274。列入劉備時期（入蜀後）。

		劉豹[44]	籍貫不詳	劉備時期（入蜀後）
		向舉[45]	籍貫不詳	劉備時期（入蜀後）
	謁者	常忌[46]	（益州）蜀郡江原	後主時期
		呂雅[47]	（荊州）南陽	後主時期
	黃門令			
	黃門丞	黃皓[48]	籍貫不詳	後主時期
衛尉				
太僕		蔣顯[49]	（荊州）零陵湘鄉	後主時期
廷尉				

---

[44] 晉·陳壽,《三國志》,卷 32,〈蜀書·先主傳〉載「魏文帝稱尊號,改年曰黃初。或傳聞漢帝見害,先生乃發喪制服…故議郎陽泉侯劉豹、青衣侯向舉。」頁 887。**列入劉備時期（入蜀後）。**

[45] 參上註劉豹條。

[46] 晉·常璩撰,劉琳注,《華陽國志》,卷 11,〈後賢志〉載「常勗,字脩（修）業,蜀郡江原人也…忌字茂通,蜀謁者。」頁 603-604。另同書卷 12,〈益梁寧三州三國【兩晉】以來人士目錄〉載「州都常忌,字茂通。（勗從弟也。）」頁 686。另洪武雄著,〈《三國職官表》蜀漢部份校補〉認「忌任謁者當在延熙年間,方能於延熙末、景耀年間有之後的諸多歷練。後遷黃門侍郎。」頁 275。**列入後主時期。**

[47] 晉·陳壽,《三國志》,卷 39,〈蜀書·呂乂傳〉載「呂乂字季陽,南陽人也,父常,送故將（軍）劉焉入蜀,值王路隔塞,遂不得還。…子辰,景耀中為成都令。辰弟雅,謁者。」頁 988。洪武雄著,〈《三國職官表》蜀漢部份校補〉中雖然也不確定時間,只認為呂雅在「景耀世?」頁 275-276。**列入後主時期。**

[48] 晉·陳壽,《三國志》,卷 39,〈蜀書·董允傳〉載「後主漸長大,愛宦人黃皓…終（董）允之世,皓位不過黃門丞。」頁 986。另洪武雄著,〈《二國職官表》蜀漢部份校補〉認在「建興末、延熙初為黃門丞,延熙九年後遷黃門令。」頁 276。**列入後主時期。**

[49] 晉·陳壽,《三國志》,卷 33,〈蜀書·後主傳〉在景耀六年時,注引王隱〈蜀記〉「遣太僕蔣顯有命敕姜維。」頁 901。同書卷 44,〈蜀書·蔣琬傳〉載「蔣琬字公琰、零陵湘鄉人也,弱冠與外弟泉陵劉敏俱知名。琬以州書佐隨先主入蜀,除廣都長…子斌嗣,為綏武將軍、漢城護軍…斌弟顯,為太子僕。」頁 1057-1060。另洪武雄著,〈《三國職官表》蜀漢部份校補〉認「一作太僕,一作太子僕,未知孰是?景耀六年（263）。」頁 277。**列入後主時期。**

大鴻臚		梁緒[50]	籍貫不詳	後主時期
宗正				
大司農				
	督農	楊敏[51]	籍貫不詳	後主時期
	（漢中）督運	龐力[52]	籍貫不詳	諸葛亮時期
		杜叡	籍貫不詳	諸葛亮時期
		滿元	籍貫不詳	諸葛亮時期
		胡忠	籍貫不詳	諸葛亮時期
少府				
執金吾		尹賞[53]	籍貫不詳	後主時期
長樂少府				
大長秋		梁虔[54]	籍貫不詳	後主時期
太子太傅				
以下四職《三國職官表》及《校補》皆缺，筆者據前各人註釋中曾任職官補上。				

[50] 晉・陳壽，《三國志》，卷 44，〈蜀書・姜維傳〉「（姜）維昔所俱至蜀，梁緒官至大鴻臚…皆先蜀亡沒。」頁 1069。另洪武雄著，〈《三國職官表》蜀漢部份校補〉認「緒為大鴻臚當在杜瓊之後，在延熙末或景耀初。」頁 278。**列入後主時期。**

[51] 晉・陳壽，《三國志》，卷 44，〈蜀書・蔣琬傳〉「亮卒，以琬為尚書令…督農楊敏曾毀琬」頁 1058。另洪武雄著，〈《三國職官表》蜀漢部份校補〉認「延熙初。」頁 280。**列入後主時期。**

[52] 唐・杜祐，《通典》，卷 10，〈食貨十〉「蜀相諸葛孔明出軍至祁山，今扶風縣，始以木牛運。其後又出斜谷，以流馬運。按亮集，督軍龐力、杜叡、滿元、胡忠推意作一腳木牛。」頁 216。洪武雄著，〈《三國職官表》蜀漢部份校補〉認龐力、杜叡、滿元、胡忠等為督運，與通典不同，又記在建興年間諸葛亮時期任職，頁 280-281。**列入諸葛亮時期。**

[53] 晉・陳壽，《三國志》，卷 44，〈蜀書・姜維傳〉「（姜）維昔所俱至蜀…尹賞執金吾…皆先蜀亡沒。」頁 1069。另洪武雄著，〈《三國職官表》蜀漢部份校補〉認在「延熙末或景耀初。」頁 282。**列入後主時期。**

[54] 晉・陳壽，《三國志》，卷 44，〈蜀書・姜維傳〉「（姜）維昔所俱至蜀…梁虔大長秋，皆先蜀亡沒。」頁 1069。另洪武雄著，〈《三國職官表》蜀漢部份校補〉認在「延熙末或景耀初。」頁 283。**列入後主時期。**

太子中庶子		張郁[55]	（益州）蜀郡成都	諸葛亮時期
太子僕				
太子舍人		霍弋[56]	（荊州）南郡枝江	劉備時期（入蜀後）
		董允[57]	（荊州）南郡枝江	劉備時期（入蜀後）
		費禕[58]	（荊州）江夏鄳人	劉備時期（入蜀後）
		羅憲（羅獻）[59]	（荊州）襄陽	後主時期
太子洗馬				
以上為筆者補充。				

---

55 晉·陳壽，《三國志》，卷 41，〈蜀書·張裔傳〉載「張裔字君嗣，蜀郡成都人也…劉璋時，舉孝廉，為魚復長，還州署從事，領帳下司馬…子毣嗣，歷三郡守監軍。毣弟郁，太子中庶子。」頁 1011-1013。洪武雄著，〈《三國職官表》蜀漢部份校補〉認「張裔卒於建興八年，毣歷三郡守當在後主時期較有可能。」頁 473。其弟張郁為太子中庶子。也應在後主時期，然而筆者認為後主建興八年是諸葛亮執政時期，**列入諸葛亮時期**。

56 晉·陳壽，《三國志》，卷 41，〈蜀書·霍峻傳〉載「霍峻字仲邈，南郡枝江人也。兄篤，於鄉里合部曲數百人。篤卒，荊州牧劉表令峻攝其眾。表卒，峻率眾歸先主，先主以峻為中郎將。…子弋，字紹先，先主末年為太子舍人。」頁 1007-1008。**列入劉備時期（入蜀後）**。

57 晉·陳壽，《三國志》，卷 39，〈蜀書·董允傳〉載「董允字休昭，掌軍中郎將和之子也。先主立太子，允以選為舍人，徙洗馬。」頁 985-986。另同卷〈蜀書·董和傳〉載「董和字幼宰，南郡枝江人也。其先本巴郡江州人。漢末，和率宗族西遷，益州牧劉璋以為牛鞞、江原長、成都令。」頁 979。**列入劉備時期（入蜀後）**。

58 晉·陳壽，《三國志》，卷 44，〈蜀書·費禕傳〉載「費禕字文偉，江夏鄳人也。少孤，依族父伯仁。伯仁姑，益州牧劉璋之母也。璋遣使迎仁，仁將禕游學入蜀。…先主立太子，禕與允俱為舍人，遷庶子。」頁 1060-1061。**列入劉備時期（入蜀後）**。

59 晉·陳壽，《三國志》，卷 41，〈蜀書·霍峻傳〉載「巴東領軍襄陽羅憲。」另注引〈襄陽記〉曰「羅憲字令則…後主立太子，為太子舍人。」頁 1008。**列入後主時期**。另晉·常璩撰，劉琳注，《華陽國志》，卷 1，〈巴志〉載「內領軍襄陽羅獻。」頁 11。劉琳注認羅獻即羅憲。

131

侍中		關興[60]	（司州）河東解人	諸葛亮時期
		張紹[61]	（幽州）涿郡	後主時期
	中常侍			
	給事 黃門侍郎	陳裕[62]	（豫州）汝南	後主時期
		費承[63]	（荊州）江夏鄳人	後主時期
		郭演[64]（郭攸之）	（荊州）南陽	諸葛亮時期
	黃門丞			
錄尚書事				
尚書令		樊建[65]	（荊州）義陽	後主時期
	尚書僕射			

---

[60] 晉·陳壽，《三國志》，卷 36，〈蜀書·關羽傳〉載「關羽字雲長…河東解人也…子興嗣。興字安國，少有令問，丞相諸葛亮深器異之。」頁 939-942。另洪武雄著，〈《三國職官表》蜀漢部份校補〉認「當在建興年間任侍中，後遷中監軍。」頁 285。**列入諸葛亮時期**。

[61] 晉·陳壽，《三國志》，卷 36，〈蜀書·張飛傳〉載「張飛字益德，涿郡人也…次子紹嗣，官至侍中尚書僕射。」頁 943-944。另洪武雄著，〈《三國職官表》蜀漢部份校補〉認在「景耀六年（263）時，以侍中守尚書僕射。」頁 287。**列入後主時期**。

[62] 晉·陳壽，《三國志》，卷 39，〈蜀書·董允傳〉載陳裕，「（陳祇）祇字奉宗，汝南人，許靖兄之外孫也。少孤，長於靖家…景耀元年卒，後主痛惜…賜子粲爵關內侯，拔次子裕為黃門侍郎。」頁 987。另洪武雄著，〈《三國職官表》蜀漢部份校補〉認在「景耀年間。」頁 289。**列入後主時期**。

[63] 晉·陳壽，《三國志》，卷 44，〈蜀書·費禕傳〉載「費禕字文偉，江夏鄳人也。少孤，依族父伯仁。伯仁姑，益州牧劉璋之母也。璋遣使迎仁，仁將禕遊學入蜀…子承嗣，為黃門侍郎。」頁 1060-1062。另洪武雄著，〈《三國職官表》蜀漢部份校補〉認在「延熙末。」頁 289。**列入後主時期**。

[64] 晉·陳壽，《三國志》，卷 39，〈蜀書·董允傳〉注引〈楚國先賢傳〉曰「攸之，南陽人，以器業知名於時。」頁 986。另晉·常璩撰，劉琳注，《華陽國志》，卷 7，〈劉後主志〉載「（建興）二年…江夏費禕、南郡董允、郭攸之始為侍郎。」頁 381。又據洪武雄著，〈《三國職官表》蜀漢部份校補〉郭演即郭演長，也即郭攸之字演長，頁 261。**列入諸葛亮時期**。

[65] 晉·陳壽，《三國志》，卷 35，〈蜀書·諸葛亮傳〉載「亮卒後，（董厥）稍遷至尚書僕射，代陳祇為尚書令，遷大將軍，平臺事，而義陽樊建代焉。」頁 933。**列入後主時期**。

	尚書	張遵[66]	（幽州）涿郡	後主時期
		劉武[67]	（荊州）義陽	後主時期
		許游[68]	（豫州）汝南平輿	後主時期
		程瓊[69]	（益州）犍為	後主時期
		張表[70]	（益州）蜀郡	後主時期
	郎（吏部）	陳祗[71]	（豫州）汝南	後主時期
	（左選）	鄧良[72]	（荊州）義陽新野	後主時期
	（右選）	王祐[73]	（益州）廣漢郪人	後主時期

---

[66] 晉·陳壽,《三國志》,卷 36,〈蜀書·張飛傳〉載「張飛字益德,涿郡人也…長子苞,早夭。次子紹嗣,官至侍中尚書僕射。苞子遵為尚書。」頁 943-944。又據洪武雄著,〈《三國職官表》蜀漢部份校補〉認張遵在「景耀六年（263）時為尚書」,頁 299。**列入後主時期**。

[67] 晉·陳壽,《三國志》,卷 45,〈蜀書·楊戲傳〉載「劉南和名邕,義陽人也。隨先主入蜀。益州既定,為江陽太守。建興中,稍遷至監軍後將軍,賜爵關內侯,卒。子式嗣。少子武,有文,與樊建齊名,官亦至尚書。」頁 1084。又據洪武雄著,〈《三國職官表》蜀漢部份校補〉認劉武「與樊建齊名,如官仕亦相當,則其為尚書當在延熙末、景耀初。」頁 300。**列入後主時期**。

[68] 晉·陳壽,《三國志》,卷 38,〈蜀書·許靖傳〉載「許靖字文休,汝南平輿人…後劉璋遂使使招靖,靖來入蜀…子欽,先靖天沒。欽子游,景耀中為尚書。」頁 963-967。**列入後主時期**。

[69] 晉·常璩撰,劉琳注,《華陽國志》,卷 11,〈後賢志〉載「故蜀尚書犍為程瓊。」頁 602。據洪武雄著,〈《三國職官表》蜀漢部份校補〉認「或亦在延熙末、景耀年間。」頁 301。**列入後主時期**。

[70] 晉·陳壽,《三國志》,卷 45,〈蜀書·楊戲傳〉載「蜀郡張表伯達並知名…張表有威儀風觀,始名位與戲齊,後至尚書,督庲降後將軍。」頁 1077-1078。另據洪武雄著,〈《三國職官表》蜀漢部份校補〉認張表在「延熙十二年（249）起」任庲降都督,之前為尚書,頁 407-408。**列入後主時期**。

[71] 晉·陳壽,《三國志》,卷 39,〈蜀書·董允傳〉載「（陳祗）祗字奉宗,汝南人。許靖兄之外孫也。少孤,長於靖家…稍遷至選曹郎。」頁 987。另據洪武雄著,〈《三國職官表》蜀漢部份校補〉認在「延熙初為尚書選曹郎,九年（246）超遷侍中。」頁 302。**列入後主時期**。

[72] 晉·陳壽,《三國志》,卷 45,〈蜀書·鄧芝傳〉載「鄧芝字伯苗,義陽新野人,漢司徒禹之後也。漢末入蜀,未見知待。時益州從事張裕善相,芝往從之…芝聞巴西太守龐羲好士,往依焉。先主定益州,芝為郫邸閣督。先主出至郫,與語,大奇之,擢為郫令,遷廣漢太守。所在清嚴有治績,入為尚書…子良,襲爵,景耀中為尚書左選郎。」頁 1071-1073。另據洪武雄著,〈《三國職官表》蜀漢部份校補〉認在「景耀中為尚書左選郎,景耀末遷駙馬都尉。」頁 302。**列入後主時期**。

[73] 晉·陳壽,《三國志》,卷 45,〈蜀書·楊戲傳〉載「（王）國山名甫,廣漢郪人也…劉璋時為州書佐…子祐,有父風,官至尚書右選郎。」頁 1086。據洪武雄著,〈《三國職官表》蜀漢部份校補〉認在「後主世。」頁 302。**列入後主時期**。

	（尚書郎）	馬齊[74]	（益州）巴西閬中	劉備時期 （入蜀後）
		李驤[75]	（益州）梓潼涪人	已入晉世
		李虎[76]	籍貫不詳	後主時期
		黃崇[77]	（益州）巴西閬中	後主時期
		費恭[78]	（荊州）江夏鄳人	後主時期
		習忠[79]	（荊州）襄陽	後主時期
	（度支）			
	（尚書郎）	楊宗[80]	（益州）巴郡	後主時期

[74] 晉·陳壽，《三國志》，卷45，〈蜀書·楊戲傳〉載馬齊「（馬）盛衡名勳，（馬）承伯名齊，皆巴西閬中人也…齊為太守張飛功曹。飛貢之先主，為尚書郎。」頁1086-1087。另據洪武雄著，〈《三國職官表》蜀漢部份校補〉認馬齊在「建安末先主為漢中王後由巴西功曹遷，建興中為州從事。」頁303。張飛為巴西太守在益州平定後，**列入劉備時期（入蜀後）**。

[75] 晉·陳壽，《三國志》，卷45，〈蜀書·楊戲傳〉載「（李）孫德名福，梓潼涪人也。」又注引〈益部耆舊雜記〉曰「子驤，字叔龍，亦有名，官至尚書郎、廣漢太守。」頁1087。據洪武雄著，〈《三國職官表》蜀漢部份校補〉認「李驤任尚書郎及廣漢太守皆已入晉世，非蜀漢時。」頁303。**列入不列入計算**。

[76] 晉·陳壽，《三國志》，卷33，〈蜀書·後主傳〉注引王隱〈蜀記〉曰「禪又遣太常張峻、益州別駕汝超受節度，遣太僕蔣顯有命敕姜維。又遣尚書郎李虎送士民簿」頁900。據洪武雄著，〈《三國職官表》蜀漢部份校補〉認在「景耀六年（263）時。」頁303。**列入後主時期**。

[77] 晉·陳壽，《三國志》，卷43，〈蜀書·黃權傳〉載「黃權字公衡，巴西閬中人也。少為郡吏，州牧劉璋召為主簿…權留蜀子崇，為尚書郎，隨衛將軍諸葛瞻拒鄧艾。」頁1043-1045。據洪武雄著，〈《三國職官表》蜀漢部份校補〉認在「景耀六年（263）時。」頁303-304。**列入後主時期**。

[78] 晉·陳壽，《三國志》，卷44，〈蜀書·費禕傳〉載「費禕字文偉，江夏鄳人也…子承嗣，為黃門侍郎。承弟恭，尚公主。」另注引〈禕別傳〉曰：「恭為尚書郎，顯名當世，早卒。」頁1060-1062。據洪武雄著，〈《三國職官表》蜀漢部份校補〉認在「當在延熙、景耀世。」頁304。**列入後主時期**。

[79] 晉·陳壽，《三國志》，卷45，〈蜀書·楊戲傳〉載「（習）文祥名禎，襄陽人也。隨先主入蜀，歷雒、郫令、（南）廣漢太守。失其行事。子忠，官至尚書郎。」頁1085。據洪武雄著，〈《三國職官表》蜀漢部份校補〉認在「後主世。」頁304。**列入後主時期**。

[80] 晉·常璩撰，劉琳注，《華陽國志》，卷11，〈後賢志〉載「文立，字廣休，巴郡臨江人也…同郡毛楚、楊【崇】宗，皆有德美，楚牂柯，【崇】宗武陵太守。」頁601-602。據洪武雄著，〈《三國職官表》蜀漢部份校補〉認「（楊）宗為尚書郎當在景耀年間，後遷巴東都督參軍，六年（263）蜀亡。」頁305。**列入後主時期**。

	尚書 主書令史			
中書令				
	中書郎			
秘書令				
	秘書郎			
	主書主圖主 譜令史	郤正[81]（郤正）	（司州）河南偃師	後主時期
	東觀郎	王崇[82]	（益州）廣漢郪人	後主時期
	東觀秘書郎	晉·陳壽[83]	（益州）巴西安漢	後主時期
中領軍	（中領軍）			
	（領軍）	吳班[84]	（兗州）陳留	劉備時期 （入蜀後）

---

[81] 晉·陳壽，《三國志》，卷 42，〈蜀書·郤正傳〉載「郤正字令先，河南偃師人也。祖父儉，靈帝末為益州刺史，為盜賊所殺。會天下大亂，故正父揖因留蜀…弱冠能屬文，入為祕書吏，轉為令史，遷郎，至令。」頁 1034。據洪武雄著，〈《三國職官表》蜀漢部份校補〉認在「建興末入為祕書吏，三十年間歷令史、郎而至今。」頁 307。**列入後主時期。**晉·常璩撰，劉琳注，《華陽國志》，卷 7，〈劉後主志〉載「祕書令河南郤正。」頁 393。

[82] 晉·常璩撰，劉琳注，《華陽國志》，卷 11，〈後賢志〉載「王化，字伯遠，廣漢郪人也…祖父商，字文表，州牧劉璋時為蜀太守…少弟崇，字幼遠…蜀時東觀郎。」頁 605。據洪武雄著，〈《三國職官表》蜀漢部份校補〉認王崇在「景耀世。」頁 308。**列入後主時期。**

[83] 晉·常璩撰，劉琳注，《華陽國志》，11，〈後賢志〉載「晉·陳壽，字承祚，巴西安漢人也。少受學於散騎常侍譙周…初應州命，衛將軍主簿，東觀秘書郎，散騎、黃門侍郎。」頁 606。洪武雄著，〈《三國職官表》蜀漢部份校補〉認晉·陳壽當生於建興十一年（223），次年諸葛亮卒，壽豈能為諸葛亮門下書佐，頁 440。同書並認為「景耀四年（261）諸葛瞻為？（衛）將軍，景耀末，晉·陳壽由？（衛）將軍主簿徙為東觀秘書郎。」頁 308。不過沒有任何關於晉·陳壽擔任主簿的記載，由於是景耀四年的事，**列入於後主時期。**

[84] 晉·陳壽，《三國志》，卷 45，〈蜀書·楊戲傳〉載「（吳）子遠名壹，陳留人也。隨劉焉入蜀。劉璋時，為中郎將，將兵拒先主於涪，詣降。先主定益州，以壹為護軍討逆將軍，納壹妹為夫人…壹族弟班，字元雄…先主時，為領軍。」頁 1083-1084。據洪武雄著，〈《三國職官表》蜀漢部份校補〉認吳班在「章武元年（221）、二年（222）伐吳時為將軍、領軍。」頁 309。**列入劉備時期（入蜀後）。**

		馮習[85]	（荊州）南郡人	劉備時期（入蜀後）
		龔衡[86]	（益州）巴西安漢	後主時期
	（前領軍）			
	（行領軍）			
	（應為副貳）			
	典軍	上官雝[87]	籍貫不詳	諸葛亮時期
	中護軍			
	（前護軍）	許允[88]	（冀州）涿郡高陽[89]	諸葛亮時期
	（左護軍）	丁威（丁咸）[90]	籍貫不詳	諸葛亮時期
	（右護軍）	劉敏[91]	（荊州）零陵泉陵	諸葛亮時期
	（護軍）			

85 晉‧陳壽，《三國志》，卷45，〈蜀書‧楊戲傳〉載「（馮）休元名習，南郡人。隨先主入蜀。先主東征吳，習為領軍，統諸軍，大敗於猇亭。」頁1088。據洪武雄著，《《三國職官表》蜀漢部份校補》認在「章武元年（221）、二年（222）伐吳時為將軍、領軍。」頁309-310。列入劉備時期（入蜀後）。

86 晉‧陳壽，《三國志》，卷45，〈蜀書‧楊戲傳〉載「（龔）德緒名祿，巴西安漢人也。先主定益州，為郡從事牙門將…弟衡，景耀中為領軍。」頁1088。列入後主時期。

87 晉‧陳壽，《三國志》，卷40，〈蜀書‧李嚴傳〉注引諸葛亮公文上尚書曰「行中典軍討虜將軍臣上官雝」頁1000。列入諸葛亮時期。籍貫不詳。

88 晉‧陳壽，《三國志》，卷40，〈蜀書‧李嚴傳〉載亮公文曰「行前護軍偏將軍漢成亭侯臣許允。」頁1000。列入諸葛亮時期。同書卷9，〈魏書‧夏侯尚傳〉載「中領軍高陽許允」頁302。

89 《續地理志》，志20，〈郡國二〉載「高陽故屬涿。有葛城。」頁3436。

90 晉‧陳壽，《三國志》，卷40，〈蜀書‧李嚴傳〉注引諸葛亮公文上尚書曰「行左護軍篤信中郎將臣丁咸。」頁1000。據洪武雄著，《《三國職官表》蜀漢部份校補》指「丁威」誤，當作「丁咸」，頁314-315。列入諸葛亮時期。籍貫不詳。

91 晉‧陳壽，《三國志》，卷40，〈蜀書‧李嚴傳〉注引諸葛亮公文上尚書曰「行右護軍偏將軍劉敏。」頁1000。列入諸葛亮時期。另同書卷44，〈蜀書‧蔣琬傳〉載「蔣琬字公琰、零陵湘鄉人也，弱冠與外弟泉陵劉敏俱知名。琬以州書佐隨先主入蜀，除廣都長」頁1057-1060。此處認劉敏與蔣琬同時隨劉備入蜀。

（行護軍）	諸葛攀[92]	（徐州）琅邪陽都	後主時期
	吳壹[93]（吳懿）	（兗州）陳留	劉備時期（入蜀後）
屯騎校尉			
步兵校尉	習隆[94]	（荊州）襄陽	後主時期
越騎校尉			
長水校尉	諸葛均[95]	（徐州）琅邪陽都	後主時期
	胡博[96]	（荊州）義陽	後主時期
長水參軍			

---

[92] 晉·陳壽，《三國志》，卷 35，〈蜀書·諸葛喬傳〉載「諸葛亮字孔明，琅邪陽都人也…喬字伯松，亮兄瑾之第二子也…子攀，官至行護軍翊武將軍，亦早卒。」頁 911-931。據洪武雄著，〈《三國職官表》蜀漢部份校補〉認諸葛攀「當在延熙、景耀間。」頁 315。**列入後主時期。**

[93] 晉·陳壽，《三國志》，卷 45，〈蜀書·楊戲傳〉載「（吳）子遠名壹，陳留人也。隨劉焉入蜀。劉璋時，為中郎將…先主定益州，以壹為護軍討逆將軍，納壹妹為夫人」頁 1083。據洪武雄著，〈《三國職官表》蜀漢部份校補〉認在「建安十九年（214）。」頁 315。**列入劉備時期（入蜀後）。**另外《華陽國志》有吳懿，筆者懷疑吳懿疑為吳壹，原因：第一，《三國志》並沒有吳懿的記載；第二，吳懿最早見於《華陽國志》；第三，《華陽國志》所載吳懿之事跡似為《三國志》所載吳壹相同，如晉·常璩撰，劉琳注，《華陽國志》卷 7〈劉後主志〉記建興十二年諸葛亮卒，「以吳懿為車騎將軍，假節，督漢中事。」頁 386。與晉·陳壽，《三國志》，卷 33，〈蜀書·後主傳〉載「（建興）十二年…秋八月，亮卒于渭濱…以左將軍吳壹為車騎將軍，假節督漢中。」頁 897。所以這裡把吳懿與吳壹視為同一人。

[94] 晉·陳壽，《三國志》，卷 45，〈蜀書·楊戲傳〉載「（習）文祥名禎，襄陽人也。隨先主入蜀，歷雒、郫令，（南）廣漢太守。失其行事。子忠，官至尚書郎。」又注引〈襄陽記〉曰「忠子隆，為步兵校尉，掌校祕書。」頁 1085。同書卷 35，〈蜀書·諸葛亮傳〉景耀六年時，注引〈襄陽記〉中有步兵校尉習隆。**列入後主時期。**

[95] 晉·陳壽，《三國志》，卷 35，〈蜀書·諸葛亮傳〉載「諸葛亮字孔明，琅邪陽都人也…亮弟均，官至長水校尉。」頁 911-928。據洪武雄著，〈《三國職官表》蜀漢部份校補〉認「史未言（諸葛）均早亮卒，則其任至長校尉當在建興末以後。」頁 319。**列入後主時期。**

[96] 晉·陳壽，《三國志》，卷 39，〈蜀書·董和傳〉注曰「姓胡，名濟，義陽人…濟弟博，歷長水校尉尚書。」頁 980。洪武雄著，〈《三國職官表》蜀漢部份校補〉認「延熙中由長水校尉轉尚書」，頁 320。**列入後主時期。**

	射聲校尉	向充[97]	（荊州）襄陽宜城	後主時期
御史中丞		向條[98]	（荊州）襄陽宜城	後主時期
		猛獲（孟獲）[99]	（庲降都督）建寧	後主時期
符節令				
殿中督（中部督）		張通[100]	（豫州）汝南	後主時期
驃騎將軍				
右驃騎將軍				
車騎將軍				
左車騎將軍				
右車騎將軍				
	正行參軍			
	營都督			
	帳下將	范彊（彊）[101]	籍貫不詳	劉備時期（入蜀後）

---

[97] 晉·陳壽，《三國志》，卷 41，〈蜀書·向朗傳〉載「向朗字巨達，襄陽宜城人也。荊州牧劉表以為臨沮長。表卒，歸先主…蜀既平，以朗為巴西太守…朗兄子寵，先主時為牙門將…寵弟充，歷射聲校尉尚書。」頁 1010-1011。洪武雄著，〈《三國職官表》蜀漢部份校補〉認「向充由射聲校尉遷尚書當在景耀年間」，頁 321。**列入後主時期。**

[98] 晉·陳壽，《三國志》，卷 41，〈蜀書·向朗傳〉載「向朗字巨達，襄陽宜城人也…子條嗣，景耀中為御史中丞。」頁 1010。**列入後主時期。**

[99] 晉·常璩撰，劉琳注，《華陽國志》，卷 12，〈益梁寧二州先漢以來士女目錄〉載「御史中丞孟獲。右三人，建寧人士。」頁 683。洪武雄著，〈《三國職官表》蜀漢部份校補〉認在「後主世。」頁 321。**列入後主時期。**

[100] 晉·陳壽，《三國志》，卷 42，〈蜀書·郤正傳〉載景耀六年「殿中督汝南張通。」頁 1041。**列入後主時期。**

[101] 晉·陳壽，《三國志》，卷 36，〈蜀書·張飛傳〉載「其帳下將張達、范彊殺（張）飛，持其首，順流而奔孫權。」頁 944。洪武雄著，〈《三國職官表》蜀漢部份校補〉認在「章武元年（221）。」頁 329-330。**列入劉備時期（入蜀後）。籍貫不詳。**

		張達	籍貫不詳	劉備時期（入蜀後）
衛將軍				
鎮東大將軍				
撫軍將軍				
輔國大將軍				
征南將軍				
征西將軍		陳到[102]	（豫州）汝南	劉備時期（入荊前）
征西大將軍				
征北將軍		申耽[103]	籍貫不詳	劉備時期（入蜀後）
		夏侯霸[104]	（豫州）沛國譙人	後主時期
鎮東將軍				
鎮南將軍				
鎮南大將軍				
鎮西將軍	資深者為大將軍			

102 晉·陳壽，《三國志》，卷 45，〈蜀書·楊戲傳〉載「（陳）叔至名到，汝南人也。自豫州隨先主，名位常亞趙雲，俱以忠勇稱。建興初，官至永安都督、征西將軍，封亭侯。」頁 1084。此處沒有記載「自豫州隨先主」後之職銜，既稱可與趙雲相比較，仍應列**劉備時期（入荊前）**。

103 晉·陳壽，《三國志》，卷 40，〈蜀書·劉封傳〉載「建安廿四…先主加（申）耽征北將軍，領上庸太守員鄉侯如故…申耽降魏。」頁 991-994。**列入劉備時期（入蜀後）。籍貫不詳**。

104 晉·陳壽，《三國志》，卷 9，〈魏書·諸夏侯傳〉載諸夏侯沛國譙人，霸為夏侯淵中子，頁 272。同書卷 33，〈蜀書·後主傳〉載「（延熙）十二年春正月，魏誅大將軍曹爽等，右將軍夏侯霸來降。」頁 898。洪武雄著，《〈三國職官表〉蜀漢部份校補》認「延熙十二年（249）夏侯霸來降，疑先拜征北大將軍，十四年再遷車騎將軍。」頁 327。**列入後主時期**。

鎮北將軍			
鎮北 大將軍			
安南將軍			
平西將軍	馬超[105]	（雍州）扶風茂陵	劉備時期 （入蜀後）
	劉□[106]	籍貫不詳	劉備時期 （入蜀後）
平北將軍	馬岱[107]	（雍州）扶風茂陵	劉備時期 （入蜀後）
	劉□[108]	籍貫不詳	劉備時期 （入蜀後）
前將軍	袁琳（袁綝）[109]	（豫州）穎川	諸葛亮時期
	主簿		
（營）都督	趙累[110]	籍貫不詳	劉備時期 （入蜀後）

[105] 晉·陳壽，《三國志》，卷36，〈蜀書·馬超傳〉載「馬超字孟起，（右）扶風茂陵人也…先主遣人迎超，超將兵徑到城下。城中震怖，璋即稽首，以超為平西將軍。」頁944-947。洪武雄著，〈《三國職官表》蜀漢部份校補〉認在「建安十九年（214）為平西將軍，廿四年（219）遷左將軍。」頁343。**列入劉備時期（入蜀後）。**

[106] 洪武雄著，〈《三國職官表》蜀漢部份校補〉補「建安二十六年〈黃龍甘露碑〉有平西將軍劉□（名闕）。」頁344。**列入劉備時期（入蜀後）。籍貫不詳。**

[107] 晉·陳壽，《三國志》，卷36，〈蜀書·馬超傳〉載「馬超字孟起，（右）扶風茂陵人也…（章武）二年卒，時年四十七。臨沒上疏曰：『臣門宗二百餘口，為孟德所誅略盡，惟有從弟岱，當為微宗血食之繼，深託陛下，餘無復言。』…岱位至平北將軍，進爵陳倉侯。」頁944-947。馬超在章武二年卒，馬岱為平北將軍或在此時，**列入劉備時期（入蜀後）。**

[108] 洪武雄著，〈《三國職官表》蜀漢部份校補〉補「建安二十六年〈黃龍甘露碑〉在鎮東將軍劉琰之後、平北將軍劉□（名闕）之前。」頁343。**列入劉備時期（入蜀後）。籍貫不詳。**

[109] 晉·陳壽，《三國志》，卷40，〈蜀書·李嚴傳〉注引建興九年（諸葛）亮公文上尚書曰「前將軍都亭侯臣袁綝」頁1000。另晉·常璩撰，劉琳注，《華陽國志》，卷7，〈劉後主志〉載「穎川袁綝。」頁387。據洪武雄著，〈《三國職官表》蜀漢部份校補〉認在「建興末由前將軍遷征西大將軍。」頁345。**列入諸葛亮時期。**

[110] 晉·陳壽，《三國志》，卷55，〈吳書·劉封傳〉載「權征關羽，璋與朱然斷羽走道，到臨沮，住夾石。璋部下司馬馬忠禽羽，并羽子平、都督趙累等。」頁1300。時為建安廿四年，**列入劉備時期（入蜀後）。籍貫不詳。**

後將軍				
左將軍		句扶[111]（勾扶）	（益州）巴西漢昌	後主時期
		郭修[112]	（涼州）西平	後主時期
		劉備	（幽州）涿郡涿縣	校補頁 352
	長史	許靖[113]	（豫州）汝南平輿	劉備時期（入蜀後）
	營司馬	龐羲[114]	（司州）河南	劉備時期（入蜀後）
		趙雲[115]	（冀州）常山真定	劉備時期（入荊前）
	從事中郎	麋竺[116]	（徐州）東海朐人	劉備時期（入荊前）

---

111 晉·陳壽，《三國志》，卷 43，〈蜀書·王平傳〉載「（王）平同郡漢昌句扶句古候反忠勇寬厚，數有戰功，功名爵位亞平，官至左將軍，封宕渠侯。」頁 1051。王平為巴西郡。另外，晉·常璩撰，劉琳注，《華陽國志》卷 7〈劉後主志〉載為勾扶，左將軍為右將軍，「平同郡勾扶，亦果壯，亞平，官至右將軍，封宕渠侯。」頁 390。洪武雄著，〈《三國職官表》蜀漢部份校補〉認在「延熙十年（247）為左將軍。」頁 351。列入後主時期。

112 郭修即郭脩、郭循，晉·陳壽，《三國志》，卷 33，〈蜀書·後主傳〉載「（延熙）十六年春正月，大將軍費禕為魏降人郭循所殺于漢壽。」頁 898。同書卷 4，〈魏書·三少帝紀〉載「故中郎西平郭脩。」頁 126。至於郭脩為西平人。洪武雄著，〈《三國職官表》蜀漢部份校補〉認在「延熙十三年（250）或十四年（251），由魏中郎（將）拜左將軍，十六年（253）伏誅。」頁 351-352。列入後主時期。

113 晉·陳壽，《三國志》，卷 38，〈蜀書·許靖傳〉載「許靖字文休，汝南平輿人…（劉）璋以靖為巴郡、廣漢太守…（建安）十六年轉在蜀郡。十九年，先主克蜀，以靖為左將軍長史。」頁 963-967。列入劉備時期（入蜀後）。

114 晉·陳壽，《三國志》，卷 31，〈蜀書·劉焉傳〉載「議郎河南龐羲與焉通家，乃募將焉諸孫入蜀…璋累遣龐羲等攻魯…先主定蜀，羲為左將軍司馬。」頁 867-870。列入劉備時期（入蜀後）。

115 晉·陳壽，《三國志》，卷 36，〈蜀書·趙雲傳〉載「趙雲字子龍，常山真定人也。本屬公孫瓚，瓚遣先主為田楷拒袁紹，雲遂隨從，為先主主騎（應為司馬）。」頁 948-949。另據洪武雄著，〈《三國職官表》蜀漢部份校補〉引《三國志集解》營司馬當為左將軍司馬，非此處大司馬司馬，頁 244。列入劉備時期（入荊前）。

116 晉·陳壽，《三國志》，卷 38，〈蜀書·麋竺傳〉載「麋竺字子仲，東海朐人也…先主將適荊州，遣竺先與劉表相聞，以竺為左將軍從事中郎。益州既平，拜為安漢將軍。」頁 969-970。洪武雄著，〈《三國職官表》蜀漢部份校補〉認在「建安六年（201），十九年（214）遷安漢將軍。」頁 353-354。列入劉備時期（入荊前）。

		孫乾[117]	（青州）北海	劉備時期（入荊前）
		簡雍[118]	（幽州）涿郡涿縣	劉備時期（入荊前）
		伊籍[119]	（兗州）山陽	劉備時期（入蜀後）
	西曹掾	劉巴[120]	（荊州）零陵烝陽	劉備時期（入蜀後）
	兵曹掾	楊儀[121]	（荊州）襄陽	劉備時期（入荊後）
	掾			

117 晉·陳壽，《三國志》，卷38，〈蜀書·孫乾傳〉載「孫乾字公祐，北海人也。先主領徐州，辟為從事…先主定益州，乾自從事中郎為秉忠將軍。」頁970。洪武雄著，〈《三國職官表》蜀漢部份校補〉認在「建安六年（201），十九年（214）遷秉忠將軍。」頁354。**列入劉備時期（入荊前）**。

118 晉·陳壽，《三國志》，卷38，〈蜀書·簡雍傳〉載「簡雍字憲和，涿郡人也。少與先主有舊，隨從周旋。先主至荊州，雍與麋竺、孫乾同為從事中郎…先主拜雍為昭德將軍。」頁970-971。洪武雄著，〈《三國職官表》蜀漢部份校補〉認在「建安六年（201），十九年（214）遷昭德將軍。」頁354。**列入劉備時期（入荊前）**。

119 晉·陳壽，《三國志》，卷38，〈蜀書·伊籍傳〉載「伊籍字機伯，山陽人。少依邑人鎮南將軍劉表。先主之在荊州，籍常往來自託。表卒，遂隨先主南渡江，從入益州。益州既定，以籍為左將軍從事中郎…後遷昭文將軍。」頁971。洪武雄著，〈《三國職官表》蜀漢部份校補〉認在「建安十九年（214），建安末遷昭文將軍。」頁354。**列入劉備時期（入蜀後）**。

120 晉·陳壽，《三國志》，卷39，〈蜀書·劉巴傳〉載「劉巴字子初，零陵烝陽人也…巴復從交阯至蜀。俄而先主定益州…先主辟為左將軍西曹掾。」頁980-981。洪武雄著，〈《三國職官表》蜀漢部份校補〉認在「建安十九年（214）之後，廿四年（219）遷尚書。」頁354。**列入劉備時期（入蜀後）**

121 晉·陳壽，《三國志》，卷40，〈蜀書·楊儀傳〉載「楊儀字威公，襄陽人也。建安中，為荊州刺史傅羣主簿，背羣而詣襄陽太守關羽。羽命為功曹，遣奉使西詣先主。先主與語論軍國計策，政治得失，大悅之，因辟為左將軍兵曹掾。」頁1004-1005。洪武雄著，〈《三國職官表》蜀漢部份校補〉認楊儀任左將軍兵曹掾在「建安十九年（214）之後，廿四年（219）遷尚書。」頁355。然而楊儀在任兵曹掾前已為關羽主簿，時為入蜀前，**列入劉備時期（入荊後）**。

	屬	馬勳（馬勛）[122]	（益州）巴西閬中	劉備時期（入蜀後）
右將軍		高翔[123]	（荊州）南郡	諸葛亮時期
征虜將軍		張飛[124]	（幽州）涿郡涿縣	劉備時期（入荊前）
鎮軍將軍		龔祿[125]	（益州）巴西安漢	後主時期
輔國將軍				
輔漢將軍				
振威將軍				
奮威將軍				
揚威將軍				
揚武將軍				
安遠將軍				

122 晉·陳壽，《三國志》，卷 45，〈蜀書·楊儀傳〉載「（馬）盛衡名勳…巴西閬中人也。勳，劉璋時為州書佐，先主定蜀，辟為左將軍屬，後轉州別駕從事，卒。」頁 1086。晉·常璩撰，劉琳注，《華陽國志》，卷 7，〈劉後主志〉載「丞相亮開府，領益州牧…辟尚書郎蔣琬及廣漢李邵、巴西馬勳為掾。」頁 381。同書卷 1，〈巴志〉劉琳注曰「〔馬盛衡〕馬勳，閬中人。」頁 56。**列入諸葛亮時期**。洪武雄著，〈《三國職官表》蜀漢部份校補〉認在「建安十九年（214）之後，後轉益州別駕從事。」頁 355。洪氏此處有誤。

123 晉·陳壽，《三國志》，卷 40，〈蜀書·李嚴傳〉注引建興九年諸葛亮公文上尚書曰「督前部右將軍玄鄉侯臣高翔。」頁 1000。晉·常璩撰，劉琳注，《華陽國志》，卷 7，〈劉後主志〉載「潁川袁綝、南郡高翔至大將軍，綝征西將軍。」頁 387。洪武雄著，〈《三國職官表》蜀漢部份校補〉認「翔為宿將，建興九年（231）在右將軍位，建興末由加將軍遷諸大將軍。」頁 355。**列入諸葛亮時期。**

124 晉·陳壽，《三國志》，卷 36，〈蜀書·張飛傳〉載「張飛字益德，涿郡人也…先主既定江南，以飛為宜都太守、征虜將軍，封新亭侯。」頁 943-944。洪武雄著，〈《三國職官表》蜀漢部份校補〉認在「建安十五年（210），廿四年（219）遷右將軍。」頁 357。列入劉備時期（入荊前）**元老派**。

125 晉·常璩撰，劉琳注，《華陽國志》，卷 12，〈益梁寧二州先漢以來士女目錄〉載「越巂太守龔祿，字德緒。安漢人。父諶，犍為太守，見《巴紀》）。鎮軍將軍龔皦，字德光。（祿弟也。）」頁 670。劉琳注「諶，劉璋時曾為巴西功曹，迎降張飛。」頁 699。洪武雄著，〈《三國職官表》蜀漢部份校補〉認在「後主世為鎮軍將軍。」頁 358。**列入後主時期。**

盪寇將軍		關羽[126]	（司州）河東解縣	劉備時期（入荊前）
昭文將軍				
昭德將軍				
討逆將軍				
討寇將軍				
討虜將軍				
秉忠將軍				
建義將軍				
奉義將軍				
忠節將軍				
建信將軍		申儀[127]	籍貫不詳	劉備時期（入蜀後）
安漢將軍				
軍師將軍				
鎮遠將軍		賴恭[128]	（荊州）零陵	劉備時期（入蜀後）
執慎將軍				
撫戎將軍				
綏武將軍		蔣斌[129]	（荊州）零陵湘鄉	後主時期

[126] 晉·陳壽，《三國志》，卷36，〈蜀書·關羽傳〉載「關羽字雲長，本字長生，河東解人也…先主為平原相，以羽、飛為別部司馬，分統部曲…先主收江南諸郡，乃封拜元勳，以羽為襄陽太守、盪寇將軍。」頁939-942。洪武雄著，〈《三國職官表》蜀漢部份校補〉認在「建安十五年為盪寇將軍，廿四年遷前將軍。」頁363。**列入劉備時期（入荊前）。**

[127] 晉·陳壽，《三國志》，卷40，〈蜀書·劉封傳〉載「建安廿四年…上庸太守申耽舉眾降…先主加耽征北將軍…以耽弟儀為建信將軍、西城太守。」頁991。**列入劉備時期（入蜀後）。籍貫不詳。**

[128] 晉·陳壽，《三國志》，卷32，〈蜀書·先主傳〉記建安廿四年有「鎮遠將軍臣賴恭」。頁884。**列入劉備時期（入蜀後）。**另據晉·陳壽，《三國志》，卷45，〈蜀書·楊戲傳〉載「荊楚宿士零陵賴恭為太常…恭子厷，為丞相西曹令史，隨諸葛亮於漢中，早夭。」頁1082。

[129] 晉·陳壽，《三國志》，卷44，〈蜀書·蔣琬傳〉載「蔣琬字公琰、零陵湘鄉人也…子斌嗣，為綏武將軍、漢城護軍。」頁1057-1060。洪武雄著，〈《三國職官表》蜀漢部份校補〉認蔣斌在「景耀元年（258），六年（263）為亂兵所殺。」頁370。**列入後主時期。**

翊武將軍			
興業將軍			
副軍將軍			
翊軍將軍			
輔軍將軍			
綏軍將軍			
牙門將軍			
	魏延[130]	（荊州）義陽	劉備時期（入荊後）
	王平[131]	（益州）巴西宕渠	劉備時期（入蜀後）
	向寵[132]	（荊州）襄陽宜城	劉備時期（入蜀後）
	趙廣[133]	（冀州）常山真定	後主時期
	劉林[134]	（荊州）長沙	後主時期

[130] 晉·陳壽，《三國志》，卷 40，〈蜀書·魏延傳〉載「魏延字文長，義陽人也。以部曲隨先主入蜀，數有戰功，遷牙門將軍。」頁 1002。洪武雄著，〈《三國職官表》蜀漢部份校補〉認魏延在「建安中，廿四年（219）遷鎮遠將軍。」頁 374。既稱建安中，建安有廿五年，建安中約建安十三年間，**列入劉備時期（入荊後）。**

[131] 晉·陳壽，《三國志》，卷 43，〈蜀書·王平傳〉載「王平字子均，巴西宕渠人也…從曹公征漢中，因降先主，拜牙門將。」頁 1049。另據洪武雄著，〈《三國職官表》蜀漢部份校補〉認王平在「先主世、建興初，拜牙門將。」頁 374。**列入劉備時期（入蜀後）。**

[132] 晉·陳壽，《三國志》，卷 41，〈蜀書·向朗傳〉載「向朗字巨達，襄陽宜城人也。荊州牧劉表以為臨沮長。表卒，歸先主。先主定江南，使朗督秭歸、夷道、巫（山）、夷陵四縣軍民事。蜀既平，以朗為巴西太守，頃之轉任牂牁，又徙房陵…朗兄子寵，先主時為牙門將。」頁 1010-1011。據洪武雄著，〈《三國職官表》蜀漢部份校補〉認向寵在「章武年間，建興初遷中部督。」頁 374。**列入劉備時期（入蜀後）。**

[133] 晉·陳壽，《三國志》，卷 36，〈蜀書·趙雲傳〉載「趙雲字子龍，常山真定人也…次子廣，牙門將，隨姜維沓中，臨陳戰死。」頁 951。洪武雄著，〈《三國職官表》蜀漢部份校補〉認在「景耀年間，戰死。」頁 374。**列入後主時期。**

[134] 晉·陳壽，《三國志》，卷 40，〈蜀書·劉封傳〉載「劉封者，本羅侯寇氏之子，長沙劉氏之甥也。先主至荊州，以未有繼嗣，養封為子。」另注曰「封子林為牙門將，咸熙元年內移河東。」頁 991-994。**列入後主時期。**

		王沖[135]	（益州）廣漢	諸葛亮時期
		柳隱[136]	（益州）蜀郡成都	後主時期
		句安[137]	籍貫不詳	後主時期
		李歆（韶）	籍貫不詳	後主時期
偏將軍		黃權[138]	（益州）巴西閬中	劉備時期（入蜀後）
裨將軍		李嚴[139]	（荊州）南陽	劉備時期（入荊後）
		費觀[140]	（荊州）江夏鄳人	劉備時期（入荊後）
		黃忠[141]	（荊州）南陽	劉備時期（入荊後）

[135] 晉·陳壽，《三國志》，卷 41，〈蜀書·費詩傳〉載「王沖者，廣漢人也。為牙門將，統屬江州督李嚴。」頁 1017。洪武雄著，〈《三國職官表》蜀漢部份校補〉認在「建興初，後降魏。」頁 374。**列入諸葛亮時期**。

[136] 晉·常璩撰，劉琳注，《華陽國志》，卷 11，〈後賢志〉載「柳隱，字休然，蜀郡成都人也…數從大將軍姜維征伐…為牙門將，巴郡太守，騎都尉。遷漢中黃金圍督。」頁 602。另據洪武雄著，〈《三國職官表》蜀漢部份校補〉認在「延熙末、景耀年間由牙門將遷（巴郡太守），後遷騎都尉。」頁 449。**列入後主時期**。

[137] 晉·陳壽，《三國志》，卷 22，〈魏書·陳群傳〉載「蜀大將軍姜維率眾依麴山築二城，使牙門將句安、李歆等守之，聚羌胡質任等寇偪諸郡。」頁 638。洪武雄著，〈《三國職官表》蜀漢部份校補〉認在「延熙十二年（249）。」頁 375。**列入後主時期。籍貫不詳**。

[138] 晉·陳壽，《三國志》，卷 43，〈蜀書·黃權傳〉載「黃權字公衡，巴西閬中人也。少為郡吏，州牧劉璋召為主簿…先主假權偏將軍。」頁 1043-1045。洪武雄著，〈《三國職官表》蜀漢部份校補〉認黃權在「建安十九年（214），章武元年（221）遷鎮北將軍。」頁 376。**列入劉備時期（入蜀後）**。

[139] 晉·陳壽，《三國志》，卷 40，〈蜀書·李嚴傳〉載「李嚴字正方，南陽人也…劉璋以為成都令，復有令名。建安十八年…嚴率眾降先主，先主拜嚴裨將軍。」頁 998-999。**列入劉備時期（入荊後）**。

[140] 晉·陳壽，《三國志》，卷 45，〈蜀書·楊戲傳〉載「（費）賓伯名觀，江夏鄳人也。劉璋母，觀之族姑，璋又以女妻觀…觀建安十八年參李嚴軍，拒先主於緜竹，與嚴俱降。先主既定益州，拜為裨將軍。」頁 1081-1082。洪武雄著，〈《三國職官表》蜀漢部份校補〉認在「建安十八年（213）拜，先主世遷巴郡太守。」頁 377-378。**列入劉備時期（入荊後）**。

[141] 晉·陳壽，《三國志》，卷 36，〈蜀書·黃忠傳〉載「黃忠字漢升，南陽人也。荊州牧劉表以為中郎將…先主南定諸郡，忠遂委質（以裨將軍名號），隨從入蜀…益州既定，拜為討虜將軍。」頁 948。洪武雄著，〈《三國職官表》蜀漢部份校補〉認在「建安中，十九年（214）遷討虜將軍。」頁 378。**列入劉備時期（入荊後）**。

將軍 （稱將軍 無名號）		吳蘭[142]	籍貫不詳	劉備時期 （入蜀後）
		雷銅	籍貫不詳	劉備時期 （入蜀後）
		陳式（戒）[143]	籍貫不詳	劉備時期 （入蜀後）
		張南	籍貫不詳	劉備時期 （入蜀後）
		陳曶[144]	籍貫不詳	劉備時期 （入蜀後）
		（傅）士仁[145]	（幽州）廣陽[146]	劉備時期 （入蜀後）
		鄭綽[147]	籍貫不詳	劉備時期 （入蜀後）

---

[142] 晉·陳壽，《三國志》，卷 32，〈蜀書·先主傳〉載「二十三年，先主率諸將進兵漢中。分遣將軍吳蘭、雷銅等入武都，皆為曹公軍所沒。」頁 884。**列入劉備時期（入蜀後）。籍貫不詳。**

[143] 晉·陳壽，《三國志》，卷 32，〈蜀書·先主傳〉載「二年春正月，先主軍還秭歸，將軍吳班、陳式水軍屯夷陵，夾江東西岸。」頁 890。據洪武雄著，〈《三國職官表》蜀漢部份校補〉認陳式在「章武元年（221）至二年（222），四人（吳班、馮習、陳式、張南）俱為將軍，隨先主征吳。」頁 379。**列入劉備時期（入蜀後），籍貫不詳。**同書尚稱「『陳戒』當作『陳式』」。頁 316。

[144] 晉·陳壽，《三國志》，卷 32，〈蜀書·先主傳〉載章武三年（223）「遣將軍陳曶討（黃）元。」頁 891。**列入劉備時期（入蜀後）。籍貫不詳。**

[145] 晉·陳壽，《三國志》，卷 45，〈蜀書·楊戲傳〉載「士仁字君義，廣陽人也，為將軍，住公安，統屬關羽；與羽有隙，叛迎孫權。」頁 1090。洪武雄著，〈《三國職官表》蜀漢部份校補〉認「『傅』字衍，當作『士仁』，建安廿四年（219）為將軍，降吳。」頁 380。**列入劉備時期（入蜀後）。**

[146] 《續郡國志》，志 23，〈郡國五〉廣陽屬幽州，頁 3527。

[147] 晉·陳壽，《三國志》，卷 41，〈蜀書·楊洪傳〉載章武三年（223）時，「使將軍陳曶、鄭綽討元。」頁 1013。**列入劉備時期（入蜀後） 籍貫不詳。**

	張休[148]華683	（益州）漢嘉	諸葛亮時期
	李盛	籍貫不詳	諸葛亮時期
	黃襲	籍貫不詳	諸葛亮時期
	張尉[149]	籍貫不詳	後主時期
	趙融[150]	籍貫不詳	劉備時期（入蜀後）
	傅肜[151]	（荊州）義陽	劉備時期（入蜀後）
將	詹晏[152]	籍貫不詳	劉備時期（入蜀後）
	陳鳳	籍貫不詳	劉備時期（入蜀後）
	姚靜[153]	籍貫不詳	諸葛亮時期
	鄭他	籍貫不詳	諸葛亮時期
	王林[154]	籍貫不詳	後主時期

[148] 晉·陳壽，《三國志》，卷43，〈蜀書·王平傳〉載「丞相亮既誅馬謖及將軍張休、李盛，奪將軍黃襲等兵。」頁1050。洪武雄著，〈《三國職官表》蜀漢部份校補〉認時為「建興六年（228）。」頁380-381。**列入諸葛亮時期**。另據晉·常璩撰，劉琳注，《華陽國志》，卷12，〈益梁寧二州先漢以來士女目錄〉載「雲南太守張休，右二人，漢嘉人士。【在劉氏世。】」頁689。

[149] 晉·陳壽，《三國志》，卷43，〈蜀書·張嶷傳〉載「（建興）十四年，武都氐王苻健請降，遣將軍張尉往迎，過期不到，大將軍蔣琬深以為念。」頁1051。**列入後主時期。籍貫不詳**。

[150] 晉·陳壽，《三國志》，卷58，〈吳書·陸遜傳〉載「使將軍馮習為大督，張南為前部，輔匡、趙融、廖淳、傅肜等各為別督。」頁1346。洪武雄著，〈《三國職官表》蜀漢部份校補〉認其時趙融為督在「章武元年（221）至二年（222）。」頁381。**列入劉備時期（入蜀後）。籍貫不詳**。

[151] 晉·陳壽，《三國志》，卷45，〈蜀書·楊戲傳〉載「有義陽傅肜，先主退軍（征吳之戰），斷後拒戰…遂戰死。」頁1088。時為章武年間，**列入劉備時期（入蜀後）**。

[152] 晉·陳壽，《三國志》，卷58，〈吳書·陸遜傳〉載「遜遣將軍李異、謝旌等將三千人，攻蜀將詹晏、陳鳳。」頁1345。洪武雄著，〈《三國職官表》蜀漢部份校補〉認在「建安廿五年（220）。」頁382。**列入劉備時期（入蜀後）。籍貫不詳**。

[153] 唐·房玄齡等撰，《晉書》，卷1，〈宣帝紀〉載「蜀將姚靜、鄭他等帥其屬七千餘人來降。」頁6。洪武雄著，〈《三國職官表》蜀漢部份校補〉認在「建興五年（227）、六年（228）。」頁382。**列入諸葛亮時期。籍貫不詳**。

[154] 唐·房玄齡等撰，《晉書》，卷2，〈文帝紀〉載「大將軍曹爽之伐蜀也…蜀將王林夜襲帝營。」頁32。曹爽伐蜀在後主延熙七年。**列入後主時期。籍貫不詳**。

		杜路[155]	籍貫不詳	劉備時期（入蜀後）
		劉寧	籍貫不詳	劉備時期（入蜀後）
		文布[156]	（荊州）秭歸	劉備時期（入蜀後）
		鄧凱	（荊州）秭歸	劉備時期（入蜀後）
		任夔[157]	籍貫不詳	劉備時期（入蜀後）
		馬邈[158]	籍貫不詳	後主時期
		張著[159]	籍貫不詳	劉備時期（入蜀後）

---

155 晉·陳壽，《三國志》，卷 58，〈吳書·陸遜傳〉載「備將杜路、劉寧等窮逼請降。備升馬鞍山，陳兵自繞。」頁 1347。洪武雄著，〈《三國職官表》蜀漢部份校補〉認在「章武元年（221）至二年（222）。」頁 383。**列入劉備時期（入蜀後）。籍貫不詳。**

156 晉·陳壽，《三國志》，卷 58，〈吳書·陸遜傳〉載「秭歸大姓文布、鄧凱等合夷兵數千人，首尾西方。」頁 1345。《晉書》，卷 15，〈地理下〉載「荊州建平郡秭歸故楚子國。」頁 453-456。洪武雄著，〈《三國職官表》蜀漢部份校補〉認在「建安廿五年（220）。」頁 383。**列入劉備時期（入蜀後）。**

157 晉·陳壽，《三國志》，卷 1，〈魏書·武帝紀〉載「曹洪破吳蘭，斬其將任夔等。」頁 51。洪武雄著，〈《三國職官表》蜀漢部份校補〉認在「建安廿三年（218）。」頁 383。**列入劉備時期（入蜀後）。**

158 晉·陳壽，《三國志》，卷 28，〈魏書·鄧艾傳〉載「蜀守將馬邈降。」頁 779。洪武雄著，〈《三國職官表》蜀漢部份校補〉認在「景耀六年（263）。」頁 383。**列入後主時期。籍貫不詳。**

159 晉·陳壽，《三國志》，卷 36，〈蜀書·趙雲傳〉注引〈雲別傳〉曰「（劉備）公軍敗，已復合，雲陷敵，還趣圍。將張著被創，雲復馳馬還營迎著。」頁 949。洪武雄著，〈《三國職官表》蜀漢部份校補〉認在「建安廿四年（219）。」頁 383。**列入劉備時期（入蜀後）。籍貫不詳。**

掌軍中郎將		董和[160]	（荊州）南郡枝江	劉備時期（入蜀後）
司金中郎將				
奉車中郎將		劉循[161]	（荊州）江夏竟陵	劉備時期（入蜀後）
軍議中郎將				
軍師中郎將		諸葛亮[162]	（徐州）琅邪陽都	劉備時期（入荊後）
翰林中郎將（為羽林之誤）				
副軍中郎將		劉封[163]	（荊州）長沙	劉備時期（入荊後）
篤信中郎將				

---

[160] 晉·陳壽，《三國志》，卷39，〈蜀書·董和傳〉載「董和字幼宰，南郡枝江人也，其先本巴郡江州人。漢末，和率宗族西遷，益州牧劉璋以為牛鞞、江原長、成都令…還遷益州太守…先主定蜀，徵和為掌軍中郎將，與軍師將軍諸葛亮並署左將軍大司馬府事。」頁979-980。洪武雄著，〈《三國職官表》蜀漢部份校補〉認在「建安十九年（214）以掌軍中郎將參署左將軍、大司馬府事，廿五（220）、六年（221）卒。」頁383-384。**列入劉備時期（入蜀後）。**

[161] 晉·陳壽，《三國志》，卷31，〈蜀書·劉璋傳〉載「璋長子循…先主以為奉車中郎將。」頁870。劉璋為劉焉子，江夏竟陵人。洪武雄著，〈《三國職官表》蜀漢部份校補〉認在「建安十九年（214）。」頁384。**列入劉備時期（入蜀後）。**

[162] 晉·陳壽，《三國志》，卷35，〈蜀書·諸葛亮傳〉載「諸葛亮字孔明，琅邪陽都人也…（建安十三年）先主遂收江南，以亮為軍師中郎將。」頁911-915。**列入劉備時期。**

[163] 晉·陳壽，《三國志》，卷40，〈蜀書·劉封傳〉載「劉封者，本羅侯寇氏之子，長沙劉氏之甥也。先主至荊州，以未有繼嗣，養封為子…益州既定，以封為副軍中郎將…遷封為副軍將軍。」頁991-994。劉備入荊後已為養子，**列入劉備時期（入荊後）。**

武略 中郎將				
昭武 中郎將				
綏南 中郎將				
忠節 中郎將				
武猛 中郎將				
中郎將		霍峻[164]	（荊州）南郡枝江	劉備時期 （入荊後）
鹽府校尉		岑述[165]	籍貫不詳	諸葛亮時期
典曹都尉		呂乂[166] （呂義）	（荊州）南陽	劉備時期 （入蜀後）
		杜祺[167]	（荊州）南陽	劉備時期 （入蜀後）

164 晉·陳壽，《三國志》，卷41，〈蜀書·霍峻傳〉載「霍峻字仲邈，南郡枝江人也，兄篤，於鄉里合部曲數百人。篤卒，荊州牧劉表令峻攝其眾。表卒，峻率眾歸先主…先主以峻為中郎將…以峻為梓潼太守、裨將軍。」頁1007。洪武雄著，〈《三國職官表》蜀漢部份校補〉認在「建安十三年（208）為中郎將，廿二年（217）遷裨將軍。」頁387-388。**列入劉備時期（入荊後）。**

165 晉·陳壽，《三國志》，卷41，〈蜀書·楊洪傳〉「（建興）五年，丞相亮北住漢中，欲用張裔為留府長史…後裔與司鹽校尉岑述不和。」頁1014。洪武雄著，〈《三國職官表》蜀漢部份校補〉認在「建興五年（227）至八年（230）張裔為丞相留府長史，述任司鹽校尉當在此期間，九年（231）已轉（漢中）督運。」頁389。**列入諸葛亮時期。籍貫不詳。**

166 晉·陳壽，《三國志》，卷39，〈蜀書·呂乂傳〉載「呂乂字季陽，南陽人也，父常，送故將（軍）劉焉入蜀，值王路隔塞，遂不得還…先主定益州，置鹽府校尉，較鹽鐵之利，後校尉王連請乂及南陽杜祺、南鄉劉幹等並為典曹都尉。」頁988。洪武雄著，〈《三國職官表》蜀漢部份校補〉認呂乂在「建安末、章武年間，後遷新都令。」頁389。**列入劉備時期（入蜀後）。**

167 晉·陳壽，《三國志》，卷39，〈蜀書·呂乂傳〉載杜祺、劉幹在「先主定益州，置鹽府校尉，較鹽鐵之利，後校尉王連請乂及南陽杜祺、南鄉劉幹等並為典曹都尉。」頁988。另據洪武雄著，〈《三國職官表》蜀漢部份校補〉認杜祺、劉幹在「建安末、章武初年間，（杜祺）後稍遷丞相參軍武略中郎將。」頁389。**列入劉備時期（入蜀後）。**

		劉幹	（荊州）南鄉	劉備時期 （入蜀後）
儒林校尉		周群[168]	（益州）巴西閬中	劉備時期 （入蜀後）
典學校尉		來敏[169]	（荊州）義陽新野	劉備時期 （入蜀後）
昭信校尉				
宣信校尉				
將兵都尉		趙正[170]	籍貫不詳	後主時期
綏戎都尉				
中都護	（行都護）			
	參軍	孤忠（狐忠）[171]	（益州）巴西閬中	即馬忠
	督軍	成藩[172]	籍貫不詳	諸葛亮時期

[168] 晉·陳壽，《三國志》，卷42，〈蜀書·周群傳〉載「周羣字仲直，巴西閬中人也…州牧劉璋，辟以為師友從事。先主定蜀，署儒林校尉。」頁1020。洪武雄著，〈《三國職官表》蜀漢部份校補〉認在「建安十九年（214）。」頁390。**列入劉備時期（入蜀後）。**

[169] 晉·陳壽，《三國志》，卷42，〈蜀書·來敏傳〉載「來敏字敬達，義陽新野人，來歙之後也…常為璋賓客…先主定益州，署敏典學校尉。」頁1025。**列入劉備時期。**

[170] 晉·陳壽，《三國志》，卷40，〈蜀書·楊儀傳〉「（楊儀）自以為功勳至大，宜當代亮秉政，呼都尉趙正以周易筮之。」頁1005。洪武雄著，〈《三國職官表》蜀漢部份校補〉認在「建興十二年（234）。」頁392。時諸葛亮已死，**列入後主時期。籍貫不詳。**

[171] 晉·陳壽，《三國志》，卷42，〈蜀書·馬忠傳〉載「馬忠字德信，巴西閬中人也。少養外家，姓狐，名篤，後乃復姓，改名忠。為郡吏，建安末舉孝廉，除漢昌長。……」頁1048。洪武雄著，〈《三國職官表》蜀漢部份校補〉認孤忠即狐忠，亦即馬忠，並認時間應為建興九年，即諸葛亮掌政時期，頁393。即後面巴西郡漢昌長馬忠。**列入諸葛亮時期。**

[172] 晉·陳壽，《三國志》，卷40，〈蜀書·李嚴傳〉「（建興）九年春，亮軍祁山，平催督運事。秋夏之際，值天霖雨，運糧不繼，平遣參軍狐忠、督軍成藩喻指，呼亮來還。」頁999。**列入於諸葛亮時期。籍貫不詳。**

		裴越[173]	（司州）河東聞喜	時段不詳
都督中外				
漢中都督				
江州都督		李豐[174]	（荊州）南陽	諸葛亮時期
永安都督	（巴東都督）			
關中都督				
黃金督				
庲降都督		閻宇[175]	（荊州）南郡	後主時期
庲降副貳都督				
庲降都督參軍				
巴東都督參軍				
其他督區	武興督	蔣舒[176]	籍貫不詳	後主時期
	建威督			

---

[173] 晉·陳壽，《三國志》，卷42，〈蜀書·孟光傳〉載「光祿勳河東裴儁」。另注引傅暢〈裴氏家記〉曰「儁字奉先，魏尚書令潛弟也。儁姊夫為蜀中長史，儁送之，時年十餘歲，遂遭漢末大亂，不復得還。…子越，字令緒，為蜀督軍。」頁1024。同書卷23，〈魏書書·裴潛傳〉載「裴潛字文行，河東聞喜人也。」頁671。**列入時段不詳。**

[174] 晉·陳壽，《三國志》，卷40，〈蜀書·李嚴傳〉載「李嚴字正方，南陽人也…（建安八年）嚴子豐為江州都督督軍。」頁998-999。**列入諸葛亮時期。**

[175] 晉·陳壽，《三國志》，卷43，〈蜀書·蔣琬傳〉注引〈華陽國志〉載「閻宇字文平，南郡人也。」頁1049。洪武雄著，〈《三國職官表》蜀漢部份校補〉認閻宇在「延熙末繼張表為都督，延熙廿年（257）自南中領兵支援巴東，景耀元年（258）徙巴東都督。」頁408。**列入後主時期。**

[176] 晉·陳壽，《三國志》，卷44，〈蜀書·姜維傳〉注引〈蜀記〉曰「蔣舒為武興督，在事無稱。」頁1066。洪武雄著，〈《三國職官表》蜀漢部份校補〉認在「延熙末、景耀年間。」頁410。**列入後主時期。籍貫不詳。**

153

附錄

	廣武督領陰平太守			
	西安督領汶山太守	王嗣[177]	（益州）犍為資中	後主時期
督		向朗[178]	（荊州）襄陽宜城	劉備時期（入荊後）
（諸監軍）	樂城監軍	王含[179]	籍貫不詳	後主時期
		靳詳[180]	（并州）太原	諸葛亮時期
	前監軍鎮北大將軍			
	前監軍入領大將軍司馬			
	中監軍前將軍			

[177] 晉·陳壽，《三國志》，卷 45，〈蜀書·楊戲傳〉載〈季漢輔臣贊〉注引〈益部耆舊雜記〉曰「王嗣字承宗，犍為資中人也。其先，延熙世以功德顯著。舉孝廉，稍遷西安圍督、汶山太守，加安遠將軍。」頁 1090。洪武雄著，〈《三國職官表》蜀漢部份校補〉認在「延熙末、景耀年間，以將軍督西安，並領汶山太守。」頁 411。可是從〈益部耆舊雜記〉所載先為督、汶山太守後再加將軍，不過在時間上是在**後主時期**。

[178] 晉·陳壽，《三國志》，卷 41，〈蜀書·向朗傳〉載「向朗字巨達，襄陽宜城人也。荊州牧劉表以為臨沮長。表卒，歸先主。先主定江南，使朗督秭歸、夷道、巫（山）、夷陵四縣軍民事。蜀既平，以朗為巴西太守。」頁 1010-1011。定江南時已任用向朗，列入**劉備時期（入荊後）**。

[179] 晉·陳壽，《三國志》，卷 44，〈蜀書·姜維傳〉「於是令督漢中胡濟卻住漢壽，監軍王含守樂城，護軍蔣斌守漢城。」頁 1065。洪武雄著，〈《三國職官表》蜀漢部份校補〉認在「景耀元年（258）至六年（263）。」頁 412。列入**後主時期**。**籍貫不詳**。

[180] 晉·陳壽，《三國志》，卷 3，〈魏書·明帝紀〉注引〈魏略〉載「使將軍郝昭築陳倉城；會亮至，圍昭，不能拔。昭字伯道，太原人…亮圍陳倉，使昭鄉人靳詳於城外遙說之。」所以靳詳為太原人，頁 94。洪武雄著，〈《三國職官表》蜀漢部份校補〉認在「建興六年（228）。」為亮監軍，頁 413。列入**諸葛亮時期**。

	中監軍 揚武將軍			
	行前監軍征 南將軍			
	中監軍			
（諸護軍）	漢中左			
	永安			
	江州			
	漢城			
	庲降			
司隸校尉				
益州 牧刺史[181]	（領益州牧）	劉備	（幽州）涿郡涿縣	
	（領益州牧）			
	（領益州刺史			
	（不曾領）			
	（領益州刺史			
兗州刺史 （遙領）				
冀州刺史 （遙領）				
并州刺史 （遙領）				
涼州刺史 （遙領）				

---

[181] 益州部有蜀郡、犍為、江陽、汶山、漢嘉、漢中、廣漢、梓潼、巴郡、巴西、巴東、涪陵、宕渠、武都、陰平等十五郡。

交州刺史 （遙領）			
荊州刺史 （遙領）			
雍州刺史 （遙領）			
涼州刺史 （遙領）			
庲降 都督			統南中七郡[182]
州掾屬	治中從事	潘濬[183]	（荊州）武陵	劉備時期 （入荊後）
		彭羕[184]華535	（益州）廣漢	劉備時期 （入蜀後）
		文恭[185]	（益州）梓潼涪人	諸葛亮時期

---

[182] 南中七郡為朱提、越巂、柯、建寧、興古、永昌、雲南。

[183] 晉·陳壽，《三國志》，卷45，〈蜀書·楊戲傳〉載「潘濬字承明，武陵人也。先主入蜀，以為荊州治中，典留州事。」頁1090。洪武雄著，〈《三國職官表》蜀漢部份校補〉認在「建安十六年（211）至廿四年（219）濬為荊州治。」頁422。**列入劉備時期（入荊後）。**

[184] 晉·陳壽，《三國志》，卷40，〈蜀書·彭羕傳〉載「彭羕字永年，廣漢人…羕仕州，不過書佐，後又為眾人所謗毀於州牧劉璋，璋髡鉗羕為徒隸…先主領益州牧，拔羕為治中從事。」頁994-995。洪武雄著，〈《三國職官表》蜀漢部份校補〉認在「建安十九年（214），後左遷江陽太守。」頁423。曾仕於劉璋，**列入劉備時期（入蜀後）。**

[185] 晉·常璩撰，劉琳注，《華陽國志》，卷10下，〈先賢士女總贊（下）〉載「（李）福同郡梓潼文恭，字仲寶，亦以才幹為牧亮治中從事，丞相參軍。」頁579。另據洪武雄著，〈《三國職官表》蜀漢部份校補〉認文恭在「建興初，三年（225）轉丞相參軍。」頁423。**列入諸葛亮時期。**

		龐統[186]	（荊州）襄陽	劉備時期（入荊後）
		龐林[187]	（荊州）襄陽	劉備時期（入蜀後）
	別駕從事	趙筰[188]	籍貫不詳	劉備時期（入蜀後）
		汝超[189]	籍貫不詳	後主時期
		王謀[190]	（益州）漢嘉	劉備時期（入蜀後）
	功曹從事	（伍）五梁[191]	（益州）犍為南安	諸葛亮時期 200
		李恢[192]	（益州）建寧俞元	劉備時期（入蜀後）

---

186 晉·陳壽，《三國志》，卷37，〈蜀書·龐統傳〉載「龐統字士元，襄陽人也…先主領荊州，統以從事守耒陽令…以為治中從事。親待亞於諸葛亮，遂與亮並為軍師中郎將。」頁953-956。洪武雄著，〈《三國職官表》蜀漢部份校補〉認文恭在「建安十五年（210）由荊州治中遷（軍師中郎將），十八年（213）卒。」頁385。建安十五年前為治中從事，**列入劉備時期（入荊後）**。

187 晉·陳壽，《三國志》，卷37，〈蜀書·龐統傳〉載「龐統字士元，襄陽人也…統率眾攻城，為流矢所中，卒…先主痛惜…統弟林，以荊州治中從事參鎮北將軍黃權征吳。」頁953-956。先主征吳在章武元年，**列入於劉備時期（入蜀後）**。

188 晉·陳壽，《三國志》，卷32，〈蜀書·先主傳〉載「或傳聞漢帝見害，先主乃發喪制服…益州別駕從事趙筰。」頁887。洪武雄著，〈《三國職官表》蜀漢部份校補〉認在「建安廿五年（220）。」頁426。**列入劉備時期（入蜀後）。籍貫不詳**。

189 晉·陳壽，《三國志》，卷33，〈蜀書·後主傳〉注引王隱〈蜀記〉曰「禪又遣太常張峻、益州別駕汝超受節度。」頁900。洪武雄著，〈《三國職官表》蜀漢部份校補〉認在「景耀六年（263）。」頁427。**列入後主時期。籍貫不詳**。

190 晉·陳壽，《三國志》，卷45，〈蜀書·楊戲傳〉載「王元泰名謀，漢嘉人也…劉璋時為巴郡太守，還為州治中從事。先主定益州，領牧，以為別駕。」頁1082。**列入劉備時期（入蜀後）**。

191 晉·陳壽，《三國志》，卷42，〈蜀書·杜微傳〉載「建興二年，丞相亮領益州牧…以秦宓為別駕，五梁為功曹…五梁者，字德山，犍為南安人也。」頁1019-1020。**列入諸葛亮時期**。

192 晉·陳壽，《三國志》，卷43，〈蜀書·李恢傳〉載「李恢字德昂，建寧俞元人也。仕郡督郵，姑夫爨習為建伶令…聞先主自葭萌還攻劉璋…先主領益州牧，以恢為功曹書佐主簿。」頁1045-1046。曾仕於劉璋。**列入劉備時期（入蜀後）**。

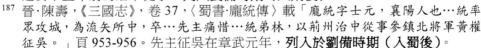

		姚伷[193]	（益州）巴西閬中	劉備時期（入蜀後）
	議曹從事	杜瓊[194]	（益州）蜀郡成都	劉備時期（入蜀後）
	勸學從事	張爽[195]	籍貫不詳	劉備時期（入蜀後）
		尹默[196]	（益州）梓潼涪人	劉備時期（入蜀後）
		譙周[197]	（益州）巴西西充國	諸葛亮時期
	典學從事			
	部郡從事	龔祿[198]	（益州）巴西安漢	劉備時期（入蜀後）

[193] 晉・陳壽，《三國志》，卷45，〈蜀書・楊戲傳〉載「（姚）伷字子緒，亦閬中人。先主定益州後，為功曹書佐。」頁1087。另據洪武雄著，〈《三國職官表》蜀漢部份校補〉認姚伷在「建安末為功曹書佐參功曹從事姚伷條。」頁439。**列入劉備時期（入蜀後）。**

[194] 晉・陳壽，《三國志》，卷42，〈蜀書・杜瓊傳〉載「杜瓊字伯瑜，蜀郡成都人也…劉璋時辟為從事。先主定益州，領牧，以瓊為議曹從事。」頁1021。**列入劉備時期（入蜀後）。**

[195] 晉・陳壽，《三國志》，卷32，〈蜀書・先主傳〉載「或傳聞漢帝見害，先主乃發喪制服…勸學從事張爽。」頁887。洪武雄著，〈《三國職官表》蜀漢部份校補〉認在「建安廿五年。」頁429-430。**列入劉備時期（入蜀後）。籍貫不詳。**

[196] 晉・陳壽，《三國志》，卷42，〈蜀書・尹默傳〉載「尹默字思潛，梓潼涪人…先主定益州，領牧，以為勸學從事。」頁1026。**列入劉備時期。**

[197] 晉・陳壽，《三國志》，卷42，〈蜀書・譙周傳〉載「譙周字允南，巴西西充國人也…建興中，丞相亮領益州牧，命周為勸學從事。」頁1027-1030。**列入諸葛亮時期。**

[198] 晉・陳壽，《三國志》，卷45，〈蜀書・楊戲傳〉載「（龔）德緒名祿，巴西安漢人也。先主定益州，為郡從事牙門將。」頁1088。晉・常璩撰，劉琳注，《華陽國志》，卷12，〈益梁寧二州先漢以來士女目錄〉載「越嶲太守龔祿，字德緒。安漢人。父諶，犍為太守，見《巴紀》）。鎮軍將軍龔皦，字德光。（祿弟也。）」頁670。劉琳注「諶，劉璋時曾為巴西功曹，迎降張飛。」頁699。洪武雄著，〈《三國職官表》蜀漢部份校補〉認在「建安末為部郡從事，未知何郡？建興三年（225）遷越嶲太守。」頁432。**列入劉備時期（入蜀後）。**

		常房[199]	（庲降都督）牂柯	諸葛亮時期
	督軍從事	王離[200]	（益州）廣漢	諸葛亮時期
		費詩[201]	（益州）犍為南安	劉備時期（入蜀後）
		常勗[202]	（益州）蜀郡江原	後主時期
	從事祭酒	何宗[203]	（益州）蜀郡郫人	劉備時期（入蜀後）
		程畿[204]	（益州）巴西閬中	劉備時期（入蜀後）
	從事	劉琰[205]	（豫州）魯國	劉備時期（入荊前）

199　清‧洪飴孫，《三國職官表》，記「部郡從事…牂柯常房」。收入《廿五史補編》（北京：中華書局，1986 年 6 月）第二冊，第 86 頁，總頁 2816。洪武雄著，〈《三國職官表》蜀漢部份校補〉認在「建興元年（223）。」頁 432-433。**列入諸葛亮時期。**

200　晉‧陳壽，《三國志》，卷 41，〈蜀書‧楊洪傳〉注引〈益部耆舊傳雜記〉曰「廣漢王離，字伯元，亦以才幹顯。為督軍從事。」頁 1014。洪武雄著，〈《三國職官表》蜀漢部份校補〉認在「建興初。」頁 433-434。**列入諸葛亮時期。**

201　晉‧陳壽，《三國志》，卷 41，〈蜀書‧費詩傳〉載「費詩字公舉，犍為南安人也成都既定，先主領益州牧，以詩為督軍從事。」頁 1015-1016。**列入劉備時期（入蜀後）。**

202　晉‧常璩撰，劉琳注，《華陽國志》，卷 11，〈後賢志〉載「常勗，字脩（修）業，蜀郡江原人也…州命辟從事。」頁 603。另據洪武雄著，〈《三國職官表》蜀漢部份校補〉認在「延熙末、景耀年間由督軍從事轉光祿郎中，又由郡功曹復轉。」頁 434。**列入後主時期。**

203　晉‧陳壽，《三國志》，卷 45，〈蜀書‧楊戲傳〉載「何彥英名宗，蜀郡郫人也…劉璋時，為犍為太守。先主定益州，領牧，辟為從事祭酒。」頁 1083。另據洪武雄著，〈《三國職官表》蜀漢部份校補〉認在「建安十九年（214），章武元年（221）遷大鴻臚。」頁 435。**列入劉備時期（入蜀後）。**

204　晉‧陳壽，《三國志》，卷 45，〈蜀書‧楊戲傳〉載「（程）季然名畿，巴西閬中人也。劉璋時為漢昌長…遷畿江陽太守。先主領益州牧，辟為從事祭酒。」頁 1089。**列入劉備時期（入蜀後）。**

205　晉‧陳壽，《三國志》，卷 40，〈蜀書‧劉琰傳〉載「劉琰字威碩，魯國人也。先主在豫州，辟為從事。」頁 1001。**列入劉備時期（入荊後）。**

		陳震[206]	（荊州）南陽	劉備時期（入荊後）
		廖立[207]	（荊州）武陵臨沅	劉備時期（入荊後）
		馬良[208]	（荊州）襄陽宜城	劉備時期（入荊後）
		張嶷[209]	（益州）巴郡南充國	劉備時期（入蜀後）
		李密[210]（李宓）	（益州）犍為武陽	後主時期
		李邈[211]	（益州）廣漢郪人	劉備時期（入蜀後）
		杜禎[212]	（益州）蜀郡成都	諸葛亮時期

206 晉·陳壽，《三國志》，卷39，〈蜀書·陳震傳〉載「陳震字孝起，南陽人也。先主領荊州牧，辟為從事，部諸郡，隨先主入蜀。」頁984-985。**列入劉備時期（入荊後）**。

207 晉·陳壽，《三國志》，卷40，〈蜀書·廖立傳〉載「廖立字公淵，武陵臨沅人。先主領荊州牧，辟為從事，年未三十，擢為長沙太守。」頁997。**列入劉備時期（入荊後）**。

208 晉·陳壽，《三國志》，卷39，〈蜀書·馬良傳〉載「馬良字季常，襄陽宜城人也…先主領荊州，辟為從事。」頁982。**列入劉備時期（入荊後）**。

209 晉·陳壽，《三國志》，卷43，〈蜀書·張嶷傳〉載「張嶷字伯岐，巴郡南充國人也…州召為從事。」頁1051-1054。另據洪武雄著，〈《三國職官表》蜀漢部份校補〉認在「建安末，建興五年（227）之前遷廣漢郡都尉。」頁435。**列入劉備時期（入蜀後）**。

210 晉·陳壽，《三國志》，卷45，〈蜀書·楊戲傳〉注「（楊）戲同縣（犍為武陽）後進有李密者。」又注引〈華陽國志〉曰「本郡禮命不應，州辟從事尚書郎。」頁1078。另據洪武雄著，〈《三國職官表》蜀漢部份校補〉認在「延熙末、景耀年間，後轉尚書郎。」頁436。**列入後主時期**。密也有不同版本寫宓，如前引劉琳注，《華陽國志》，卷11，〈後賢志〉，頁607。

211 晉·陳壽，《三國志》，卷45，〈蜀書·楊戲傳〉載「（李）永南名邵，廣漢郪人也。」注引〈華陽國志〉曰「邵兄邈，字漢南，劉璋時為牛鞞長。先主領牧，為從事。」頁1086。另據洪武雄著，〈《三國職官表》蜀漢部份校補〉認李邈在「建安十九年。」頁436。**列入劉備時期（入蜀後）**。

212 晉·常璩撰，劉琳注，《華陽國志》，卷11，〈後賢志〉載「柳隱，字休然，蜀郡成都人也。少與同郡杜禎、柳伸並知名…杜禎，字文然…州牧諸葛亮辟為從事。」頁602-603。**列入諸葛亮時期**。

		柳伸[213]	（益州）蜀郡成都	諸葛亮時期
		文立[214]	（益州）巴郡臨江	後主時期
		壽良[215]	（益州）蜀郡成都	後主時期
	前部司馬			
	後部司馬	張裕[216]	（益州）蜀郡	劉備時期（入蜀後）
	左部司馬			
	右部司馬			
	主簿	杜微[217]	（益州）梓潼涪人	諸葛亮時期
	書佐	李譔[218]	（益州）梓潼涪人	後主時期
		張翼[219]	（益州）犍為武陽	劉備時期（入蜀後）

213 晉·常璩撰，劉琳注，《華陽國志》，卷 11，〈後賢志〉載「柳隱，字休然，蜀郡成都人也。少與同郡杜禎、柳伸並知名…柳伸，字雅厚。州牧諸葛亮辟為從事。」頁 602。**列入諸葛亮時期**。

214 晉·常璩撰，劉琳注，《華陽國志》，卷 11，〈後賢志〉載「文立字廣休，巴郡臨江人也…州刺史費禕命為從事。」頁 601。另據洪武雄著，〈《三國職官表》蜀漢部份校補〉認在「延熙中，後入為尚書郎。」頁 436。**列入後主時期**。

215 晉·常璩撰，劉琳注，《華陽國志》，11，〈後賢志〉載「壽良，字文淑，蜀郡成都人也…州從事，散騎、黃門侍郎。」頁 612。另據洪武雄著，〈《三國職官表》蜀漢部份校補〉認在「延熙、景耀間。」頁 437。**列入後主時期**。

216 晉·陳壽，《三國志》，卷 42，〈蜀書·周羣傳〉載「時州後部司馬蜀郡張裕。」頁 1020。另據洪武雄著，〈《三國職官表》蜀漢部份校補〉認張裕在「建安廿二年（217）時為州後部司馬，廿四年（219）誅。」頁 437-438。**列入劉備時期（入蜀後）**。

217 晉·陳壽，《三國志》，卷 42，〈蜀書·杜微傳〉載「杜微字國輔，梓潼涪人也…劉璋辟為從事，以疾去官…建興二年，丞相亮領益州牧，選迎皆妙簡舊德，以秦宓為別駕，五梁為功曹，微為主簿…拜為諫議大夫，以從其志。」頁 1019-1020。另據洪武雄著，〈《三國職官表》蜀漢部份校補〉認在「建興二年，不久拜諫議大夫。」頁 438。**列入諸葛亮時期**。

218 晉·陳壽，《三國志》，卷 42，〈蜀書·李譔傳〉載「李譔字欽仲，梓潼涪人也…始為州書佐、尚書令史。」頁 1026-1027。另據洪武雄著，〈《三國職官表》蜀漢部份校補〉認在「建興末，後轉尚書令史。」頁 439。**列入後主時期**。

219 晉·陳壽，《三國志》，卷 45，〈蜀書·張翼傳〉載「張翼字伯恭，犍為武陽人也…先主定益州，領牧，翼為書佐。」頁 1073-1075。據洪武雄著，〈《三國職官表》蜀漢部份校補〉認在「建安十九年（214），建安末舉孝廉、為江陽長。」頁 439。**列入劉備時期（入蜀後）**。

郡太守		楊戲[220] （楊羲、楊義）	（益州）犍為武陽	諸葛亮時期
		李邵[221]	（益州）廣漢郪人	劉備時期 （入蜀後）
		李福[222]	（益州）梓潼涪人	劉備時期 （入蜀後）
		王長文[223]	（益州）廣漢郪人	後主時期
郡太守	固陵太守	康立[224]	（荊州）武陵	劉備時期 （入蜀後）
	西城太守			
	長沙太守			
	房陵太守	鄧輔[225]	籍貫不詳	劉備時期 （入蜀後）

220 晉·陳壽，《三國志》，卷45，〈蜀書·楊戲傳〉載「楊戲字文然，犍為武陽人也…戲年二十餘，從州書佐為督軍從事。」頁1077。據洪武雄著，〈《三國職官表》蜀漢部份校補〉認楊戲在「建興初，後遷督軍從事。」頁439。**列入諸葛亮時期**。另據晉·常璩撰，劉琳注，《華陽國志》，劉琳注曰「顧校：『楊義』當作楊義。《蜀志》有傳，作楊戲，『戲』、『義』古通用。」頁563。

221 晉·陳壽，《三國志》，卷45，〈蜀書·楊戲傳〉載「（李）永南名邵，廣漢郪人也。先主定蜀後，為州書佐部從事。」頁1086。另據洪武雄著，〈《三國職官表》蜀漢部份校補〉認李邵在「建安末，後遷郡從事。」頁439。**列入劉備時期（入蜀後）**。

222 晉·陳壽，《三國志》，卷45，〈蜀書·楊戲傳〉載「（李）孫德名福，梓潼涪人也。先主定益州後，為書佐、西充國長、成都令。」頁1087。**列入劉備時期（入蜀後）**。

223 晉·常璩撰，劉琳注，《華陽國志》，卷11，〈後賢志〉載「王長文，字德儁，廣漢郪人也…弱冠，州三辟書佐。」頁611。洪武雄著，〈《三國職官表》蜀漢部份校補〉認在「延熙末、景耀年間。」頁440。**列入後主時期**。

224 晉·常璩撰，劉琳注，《華陽國志》，卷1，〈巴志〉載「建安二十一年，以朐忍、魚復、〔漢豐〕、羊渠，及宜都之巫、北井六縣為固陵郡。武陵康立為太守。」劉琳注曰：「『康立』，史不見其人。當是『廖立』之誤。」頁11。**列入劉備時期（入蜀後）**。

225 晉·陳壽，《三國志》，卷58，〈吳書·陸遜傳〉載「遜遣將軍李異、謝旌等將三千人，攻蜀將詹晏、陳鳳…又攻房陵太守鄧輔、南鄉太守郭睦，大破之。」頁1345。洪武雄著，〈《三國職官表》蜀漢部份校補〉認鄧輔在「建安廿四年。」頁442。**列入劉備時期（入蜀後）。籍貫不詳。**

	宜都太守	廖化[226]	（荊州）襄陽	劉備時期（入蜀後）
		孟達[227]	（雍州）扶風	劉備時期（入蜀後）
		樊友[228]	籍貫不詳	劉備時期（入蜀後）
	南郡太守	麋芳[229]	（徐州）東海朐人	劉備時期（入蜀後）
	零陵太守	郝普[230]	（荊州）義陽	劉備時期（入荊後）
	南鄉太守	郭睦[231]	籍貫不詳	劉備時期（入蜀後）

---

[226] 晉·陳壽，《三國志》，卷45，〈蜀書·宗預傳〉載「廖化字元儉，本名淳，襄陽人也。為前將軍關羽主簿，羽敗，屬吳。思歸先主，乃詐死，時人謂為信然，因攜持老母晝夜西行。會先主東征，遇於秭歸。先主大悅，以化為宜都太守。」頁1077。雖曾為關羽主簿，後降孫權，劉備後來再起用，**列入劉備時期（入蜀後）**。

[227] 晉·陳壽，《三國志》，卷40，〈蜀書·劉封傳〉載「初，劉璋遣扶風孟達副法正，各將兵二千人，使迎先主，先主因令達并領其眾，留屯江陵。蜀平後，以達為宜都太守。」頁991。洪武雄著，〈《三國職官表》蜀漢部份校補〉認孟達在「建安十九年（214）至廿四年（219）。」頁443。**列入劉備時期（入蜀後）**。

[228] 晉·陳壽，《三國志》，卷58，〈吳書·陸遜傳〉載「備宜都太守樊友委郡走，諸城長吏及蠻夷君長皆降。」頁1345。洪武雄著，〈《三國職官表》蜀漢部份校補〉認在「建安廿四年（219）。」頁443。**列入劉備時期（入蜀後）。籍貫不詳**。

[229] 晉·陳壽，《三國志》，卷45，〈蜀書·楊戲傳〉載「麋芳字子方，東海人也，為南郡太守。」頁1090。為麋竺弟，參看麋竺條。洪武雄著，〈《三國職官表》蜀漢部份校補〉認麋芳在「建安廿四年（219）時，降吳。」頁443。**列入劉備時期（入蜀後）**。

[230] 晉·陳壽，《三國志》，卷45，〈蜀書·楊戲傳〉載「郝普字子太，義陽人。先主自荊州入蜀，以普為零陵太守。為吳將呂蒙所譎，開城詣蒙。」頁1090。洪武雄著，〈《三國職官表》蜀漢部份校補〉認在「建安十五年（210），十九年（214）降吳。」頁444。**列入劉備時期（入荊後）**。

[231] 晉·陳壽，《三國志》，卷58，〈吳書·陸遜傳〉載「遜…攻蜀將詹晏、陳鳳…又攻房陵太守鄧輔、南鄉太守郭睦，大破之。」頁1345。洪武雄著，〈《三國職官表》蜀漢部份校補〉認郭睦在「建安廿四年（219）。」頁444。**列入劉備時期（入蜀後）。籍貫不詳**。

	弘農太守			
	扶風太守			
	漢陽太守			
	上庸太守	陳術[232]	（益州）漢中	時段不詳
	巴郡太守	張裔[233]	（益州）蜀郡成都	劉備時期 （入蜀後）
		輔匡[234]	（荊州）襄陽	劉備時期 （入荊後）
		楊顒[235]	（荊州）襄陽	諸葛亮時期
		薛齊[236]	（豫州）陳國	後主時期

附
錄

164

232 晉·陳壽，《三國志》，卷 42，〈蜀書·李譔傳〉載「時又有漢中陳術，字申伯，亦
博學多聞，著釋問七篇、益部耆舊傳及志，位歷三郡太守。」頁 1027。晉·常璩
撰，劉琳注，《華陽國志》，卷 10 下，〈先賢士女總贊（下）〉載「陳術，字申伯，
作《耆舊傳》者也。失其行事。歷新城、魏興、上庸三郡太守。」頁 573。劉琳
校注曰「按新城、魏興、上庸三郡乃建安二十年曹操立。廿四年屬蜀，太守分別
為孟達、申儀、申耽。至次年三郡復歸魏。則陳術歷任三郡太守乃魏官，疑此人
是後來歸附蜀漢，不然則係遙置。」頁 590。**故陳術任官時段不詳。**
233 晉·陳壽，《三國志》，卷 41，〈蜀書·張裔傳〉載「張裔字君嗣，蜀郡成都人也…
劉璋時舉孝廉，為魚復長，還州署從事，領帳下司馬…先主以裔為巴郡太守。」
頁 1011-1013。**列入劉備時期（入蜀後）。**
234 晉·陳壽，《三國志》，卷 45，〈蜀書·楊戲傳〉載「輔元弼名匡，襄陽人也。隨先
主入蜀。益州既定，為巴郡太守。」頁 1084。據洪武雄著，〈《三國職官表》蜀
漢部份校補〉認「其任巴守亦當在建安十九（214）、廿年（215）間，不知其與
張裔孰先孰後。」頁 447。因在入蜀前已跟隨先主，**列入劉備時期（入荊後）。**
235 晉·陳壽，《三國志》，卷 45，〈蜀書·楊戲傳〉載「（楊）顒亦荊州人也。」注引
〈襄陽記〉曰「楊顒字子昭，楊儀宗人也。入蜀，為巴郡太守，丞相諸葛亮主
簿…後為東曹屬典選舉。」頁 1082。楊儀襄陽人，參楊儀註。另據洪武雄著，
〈《三國職官表》蜀漢部份校補〉認楊顒任巴郡太守在「建興初，後轉丞相主簿。」
頁 448。**列入諸葛亮時期。**
236 宋·歐陽修、宋祁撰，《新唐書》，卷 73 下，〈宰相世系三下〉載「薛氏出自任姓…
饒生愿…子永，字茂長，從蜀先主入蜀，為蜀郡太守。…永生齊，字夷甫，巴、
蜀二郡太守。」頁 2989-2990。洪武雄著，〈《三國職官表》蜀漢部份校補〉認薛
齊「當在延熙末、景耀間，後遷蜀郡守。」頁 449。**列入後主時期。**

		王彭[237]	（益州）廣漢郪人	不明時段
	巴東太守			
	巴西太守	閻芝[238]	籍貫不詳	劉備時期（入蜀後）
		費揖[239]	（益州）犍為南安	不明時段
	涪陵太守	龐宏[240]	（荊州）襄陽	後主時期
	宕渠太守			
	漢中太守	常閎[241]	（益州）蜀郡江原	後主時期
	梓潼太守			
	武都太守			
	陰平太守			
	蜀郡太守	法正[242]	（雍州）扶風郿人	劉備時期（入蜀後）

---

[237] 晉·常璩撰，劉琳注，《華陽國志》，卷11，〈後賢志〉載「王化，字伯遠，廣漢郪人也…祖父商，字文表，州牧劉璋時為蜀太守…父彭，字仲□巴郡太守。」頁605。洪武雄著，〈《三國職官表》蜀漢部份校補〉認「延熙末、景耀年間，王化歷仕郡、州吏、光祿郎中主事、尚書郎、縣令等職。其父王彭任巴守應在蜀漢世，惟不知年代。」頁449。**列入不明時段。**

[238] 晉·陳壽，《三國志》，卷43，〈蜀書·馬忠傳〉載「先主東征，敗績猇亭，巴西太守閻芝發諸縣兵五千人以補遺闕，遣忠送往。」頁1048。洪武雄著，〈《三國職官表》蜀漢部份校補〉認在「章武二年（222）。」頁451。**列入劉備時期（入蜀後）。籍貫不詳。**

[239] 晉·常璩撰，劉琳注，《華陽國志》，卷11，〈後賢志〉載「費立，字建熙，犍為南安人也。父揖，字君讓，巴西太守。」頁618。**列入不明時段。**

[240] 晉·陳壽，《三國志》，卷37，〈蜀書·龐統傳〉載「龐統字士元，襄陽人也…統子宏，字巨師，剛簡有臧否，輕傲尚書令陳祗，為祗所抑，卒於涪陵太守。」頁953-956。洪武雄著，〈《三國職官表》蜀漢部份校補〉認「延熙十四年（251）至景耀元年（258）陳祗為尚書令，宏任涪陵守，當在此期間。」頁453。**列入後主時期。**

[241] 晉·常璩撰，劉琳注，《華陽國志》，11，〈後賢志〉載「常勗，字脩業，蜀郡江原人也…從父閎，漢中、廣漢太守。」頁603。洪武雄著，〈《三國職官表》蜀漢部份校補〉認在「後主世，未確知何時？後轉廣漢守。」頁454-455。**列入後主時期。**

[242] 晉·陳壽，《三國志》，卷37，〈蜀書·法正傳〉載「法正字孝直，（右）扶風郿人也…建安初，天下饑荒，正與同郡孟達俱入蜀依劉璋，久之為新都令…（先主）以正為蜀郡太守、揚武將軍。」頁957-962。另據洪武雄著，〈《三國職官表》蜀漢部份校補〉認法正任蜀郡太守在「建安十九年（214）至廿二年（217）。」頁457。**列入劉備時期（入蜀後）。**

		薛永[243]	（豫州）淮陽（陳國）[244]	劉備時期（入蜀後）
		張太守[245]	（荊州）南陽	後主時期
	廣漢太守	張存[246]	（荊州）南陽	劉備時期（入荊後）
		夏侯纂[247]	籍貫不詳	劉備時期（入蜀後）
		射堅[248]	（雍州）扶風	劉備時期（入蜀後）
		羅蒙[249]	（荊州）襄陽	不明時段

[243] 宋·歐陽修、宋祁撰，《新唐書》，卷73下，〈宰相世系三下〉載「薛氏出自任姓…饒生愿，為淮陽太守，因徙居焉…子永，字茂長，從蜀先主入蜀，為蜀郡太守。」頁2989-2990。既稱「從蜀先主入蜀」，列入**劉備時期（入蜀後）**。

[244] 晉·司馬彪《續漢書·郡國志》（即今收錄在宋·范曄，《後漢書》的〈郡國志志〉以下簡稱《續郡國志》）（台北：鼎文書局，1991.6），志20，〈郡國二〉載「陳國高帝置為淮陽，章和二年改。」，頁3429。

[245] 晉·常璩撰，劉琳注，《華陽國志》，11，〈後賢志〉載「杜軫，字超宗，蜀郡成都人也…鄧艾既破蜀，被徵。鍾會進成都，時太守南陽張府君不肯出官。」頁610。洪武雄著，〈《三國職官表》蜀漢部份校補〉認張太守在「景耀末，蜀世最後一任蜀郡太守。」頁458-459。**列入後主時期**。

[246] 晉·陳壽，《三國志》，卷45，〈蜀·楊戲傳〉載「（張）處仁本名存，南陽人也。以荊州從事隨先主入蜀，南次至雒，以為廣漢太守…（龐）統中矢卒…先主怒…免存官，病卒。」頁1085。洪武雄著，〈《三國職官表》蜀漢部份校補〉認張存「任免皆在建安十八年（213）。」頁459。**列入劉備時期（入荊後）**。

[247] 晉·陳壽，《三國志》，卷38，〈蜀書·秦宓傳〉載「先主既定益州，廣漢太守夏侯纂。」頁974。洪武雄著，〈《三國職官表》蜀漢部份校補〉認在「建安末。」頁459。**列入劉備時期（入蜀後）。籍貫不詳**。

[248] 晉·陳壽，《三國志》，卷32，〈蜀書·先主傳〉注引〈三輔決錄注〉曰「（射）援字文雄，扶風人也…兄堅，字文固…與弟援南入蜀依劉璋，璋以堅為長史。劉備代璋，以堅為廣漢、蜀郡太守。」頁884-886。洪武雄著，〈《三國職官表》蜀漢部份校補〉認在「建安十九年（214），廿五年（220）遷蜀郡守。」頁459。**列入劉備時期（入蜀後）**。

[249] 晉·陳壽，《三國志》，卷41，〈蜀書·霍峻傳〉載「巴東領軍襄陽羅憲。」另注引〈襄陽記〉曰「羅憲字令則。父蒙，避亂於蜀，官至廣漢太守。」頁1008。**不明時段**。

犍為太守	龔諶[250]	（益州）巴西安漢	劉備時期（入蜀後）
	壽良父親[251]	（益州）蜀郡成都	後主時期
江陽太守	劉邕[252]	（荊州）義陽	劉備時期（入荊後）
	王山[253]	（荊州）南陽	後主時期
汶山太守	何祗族人[254]	（益州）蜀郡	後主時期
漢嘉太守	黃元[255]	籍貫不詳	劉備時期（入蜀後）
越嶲太守	焦璜[256]	（益州）梓潼	劉備時期（入蜀後）

[250] 晉·常璩撰，劉琳注，《華陽國志》，卷 12，〈益梁寧二州先漢以來士女目錄〉載「越嶲太守龔祿，字德緒。（安漢人。父諶，犍為太守，見《巴紀》。）」頁 670。劉琳注「諶，劉璋時曾為巴西功曹，迎降張飛。」頁 699。洪武雄著，〈《三國職官表》蜀漢部份校補〉認龔諶在「應於章武二年（222）接續李嚴，然不久任。」頁 462。**列入劉備時期（入蜀後）。**

[251] 晉·常璩撰，劉琳注，《華陽國志》，11，〈後賢志〉載「壽良，字文淑，蜀郡成都人也。父祖二世犍為太守。」頁 612。洪武雄著，〈《三國職官表》蜀漢部份校補〉認壽良「其父或在建興末、延熙初。」頁 462。**列入後主時期。**

[252] 晉·陳壽，《三國志》，卷 45，〈蜀書·楊戲傳〉載「劉南和名邕，義陽人也。隨先主入蜀。益州既定，為江陽太守。」頁 1084。據洪武雄著，〈《三國職官表》蜀漢部份校補〉認在「建安十九（214）。」頁 464。因在入蜀前已跟隨先主，**列入劉備時期（入荊後）。**

[253] 晉·陳壽，《三國志》，卷 41，〈蜀書·王連傳〉載「王連字文儀，南陽人也。劉璋時入蜀，為梓潼令…子山嗣，官至江陽太守。」頁 1009-1010。洪武雄著，〈《三國職官表》蜀漢部份校補〉認王山在「後主世。」頁 464。**列入後主時期。**

[254] 晉·陳壽，《三國志》，卷 45，〈蜀書·楊戲傳〉注引〈益部耆舊雜記〉曰「（何祗）遷廣漢。後夷反叛，辭〔曰〕「令得前何府君，乃能安我耳」！時難〔復〕屈祗，拔祗族人為〔之〕，汶山復得安。」頁 1015。洪武雄著，〈《三國職官表》蜀漢部份校補〉認「約在建興五（227）、六年（228）間。」頁 462。**列入後主時期。**

[255] 晉·陳壽，《三國志》，卷 32，〈蜀書·先主傳〉載「冬十二月，漢嘉太守黃元聞先主疾不豫，舉兵拒守。」頁 890。洪武雄著，〈《三國職官表》蜀漢部份校補〉認在「章武年間。」頁 465。**列入劉備時期（入蜀後）。籍貫不詳。**

[256] 晉·常璩撰，劉琳注，《華陽國志》，3，〈蜀志〉載「遣都督李承之殺將軍梓潼焦璜，破沒郡土。」頁 131。洪武雄著，〈《三國職官表》蜀漢部份校補〉認在「建安末、章武年間以將軍領郡，章武三年（223）被害。」頁 466-467。**列入劉備時期（入蜀後）。**

	牂柯太守	羅式[257]	（荊州）襄陽	不明時段
	益州郡 （含建寧郡）	正昂[258]	籍貫不詳	劉備時期 （入蜀後）
	朱提郡	李光[259]	（益州）犍為武陽	不明時段
	雲南郡			
	永昌郡			
	南廣郡	常竺[260]	（益州）蜀郡江原	後主時期
		令狐衷[261]	（益州）巴西	後主時期
	興古郡			
	郡名不詳	鐔承[262]	（益州）廣漢郪人	後主時期
		張翌[263]	（益州）蜀郡成都	諸葛亮時期

[257] 《晉書》，卷57，〈羅憲傳〉載「羅憲字令則，襄陽人也…兄子尚…父式，牂柯太守。」頁1551-1552。另洪武雄著，〈《三國職官表》蜀漢部份校補〉認羅式任牂柯守或當在蜀漢世，頁468。**列入不明時段。**

[258] 晉·陳壽，《三國志》，卷41，〈蜀書·張裔傳〉「先是，益州郡殺太守正昂。」頁1011。洪武雄著，〈《三國職官表》蜀漢部份校補〉認在「建安末、章武初。」頁468-469。**列入劉備時期（入蜀後）。籍貫不詳。**

[259] 晉·常璩撰，劉琳注，《華陽國志》，11，〈後賢志〉載「李宓，字令伯，犍為武陽人也。祖父光，朱提太守。」頁607。洪武雄著，〈《三國職官表》蜀漢部份校補〉認李光必在蜀漢前期，頁470-471。**列入不明時段。**

[260] 晉·常璩撰，劉琳注，《華陽國志》，11，〈後賢志〉載「常騫，字季慎，蜀郡江原人也。祖父竺，字代文，南廣太守，侍中。」頁619。另洪武雄著，〈《三國職官表》蜀漢部份校補〉認在「延熙中，後遷為侍中。」頁472。**列入後主時期。**

[261] 晉·常璩撰，劉琳注，《華陽國志》，4，〈南中志〉載「南廣郡，蜀延熙中置，以蜀郡常竺為太守。蜀朝召竺，入為侍中，巴西令狐衷代之。」頁238。洪武雄著，〈《三國職官表》蜀漢部份校補〉認「延熙中、晚期，代常竺。」頁472。**列入後主時期。**

[262] 晉·常璩撰，劉琳注，《華陽國志》，卷10中，〈先賢士女總贊（中）廣漢士女〉載「鐔承，字公文，郪人也。歷郡守，州右職，為少府，太常…承以和獨立，特進之也。」頁535。另洪武雄著，〈《三國職官表》蜀漢部份校補〉認「其任郡守或在建興末、延熙初，後轉州右職。」頁473。**列入後主時期。**

[263] 晉·陳壽，《三國志》，卷41，〈蜀書·張裔傳〉載「張裔字君嗣，蜀郡成都人也…劉璋時舉孝廉，為魚復長，還州署從事，領帳下司馬…先主以裔為巴郡太守…子毣嗣，歷三郡守監軍。」頁1011-1013。洪武雄著，〈《三國職官表》蜀漢部份校補〉認「張裔卒於建興八年，毣歷三郡守當在後主時期較有可能。」頁473。其弟張郁為太子中庶子。也應在後主時期，然而筆者認為後主建興八年是諸葛亮執政時期，**列入諸葛亮時期。**

郡掾屬	蜀郡 北部都尉			
	犍為 屬國都尉	鄧方[264]	（荊州）南郡人	劉備時期 （入荊後）
	廣漢都尉			
	牂柯五部 都尉			
	陰平郡關尉 （閣尉）			
	巴東郡江關 都尉			
	功曹掾	楊洪[265]	（益州）犍為武陽	劉備時期 （入蜀後）
		古樸（古濮）[266]	（益州）廣漢德陽	劉備時期 （入蜀後）
		李朝[267]	（益州）廣漢郪人	劉備時期 （入蜀後）

---

264 晉·陳壽，《三國志》，卷45，〈蜀書·楊戲傳〉載「（鄧）孔山名方，南郡人也。以荊州從事隨先主入蜀。蜀既定，為犍為屬國都尉，因易郡名，為朱提太守。」頁1081。洪武雄著，〈《三國職官表》蜀漢部份校補〉認「建安十九年（214）、廿年（215）間由犍為屬國都尉遷（朱提太守），章武元年（221）或二年（222）卒官。」頁470。在建安十九年前已隨先主，**列入劉備時期（入荊後）**。

265 晉·陳壽，《三國志》，卷41，〈蜀書·楊洪傳〉載「楊洪字季休，犍為武陽人也。劉璋時歷部諸郡。先主定蜀，太守李嚴命為功曹。」頁1013。洪武雄著，〈《三國職官表》蜀漢部份校補〉認在「建安十九年（214），後轉部蜀郡從事。」頁476。**列入劉備時期（入蜀後）**。

266 晉·常璩撰，劉琳注，《華陽國志》，3，〈蜀志〉載「德陽縣…太守夏侯纂時，古濮為功曹。康、古、袁氏為四姓，大族之甲者也。」頁126。可見古濮應為此縣大族。另劉琳註稱「〔古濮〕《蜀志·李宓傳》及本書（即華陽國志）卷十二《目錄》作古樸。」頁186。洪武雄著，〈《三國職官表》蜀漢部份校補〉認在「建安末。」頁476。**列入劉備時期（入蜀後）**。

267 晉·陳壽，《三國志》，卷45，〈蜀書·楊戲傳〉載「（李）永南名邵，廣漢郪人也…偉南名朝，永南兄。郡功曹，舉孝廉，臨邛令，入為別駕從事。」頁1086-1088。洪武雄著，〈《三國職官表》蜀漢部份校補〉認在「建安末，後舉孝廉，遷臨邛令。」頁476。**列入劉備時期（入蜀後）**。

		司馬勝之[268]	（益州）廣漢綿竹	後主時期
		王化[269]	（益州）廣漢郪人	後主時期
		杜軫[270]	（益州）蜀郡成都	後主時期
		何隨[271]	（益州）蜀郡郫人	後主時期
	功曹吏（即功曹不必另列）			
	五官掾	呂凱[272]	（益州）永昌不韋	劉備時期（入蜀後）
	師友祭酒	秦宓[273]	（益州）廣漢緜竹	劉備時期（入蜀後）

268 晉·常璩撰，劉琳注，《華陽國志》，卷11，〈後賢志〉載「司馬勝之，字興先，廣漢緜竹人也…初為郡功曹…州辟從事。」頁603。另洪武雄著，〈《三國職官表》蜀漢部份校補〉認在「延熙末、景耀年間，後轉州從事。」頁477。**列入後主時期。**

269 晉·常璩撰，劉琳注，《華陽國志》，卷11，〈後賢志〉載「王化，字伯遠，廣漢郪人也…祖父商，字文表，州牧劉璋時為蜀太守…父彭，字仲□巴郡太守…（化）郡命功曹，州辟從事。」頁605。另洪武雄著，〈《三國職官表》蜀漢部份校補〉認在「延熙末、景耀年間，後轉州從事。」頁477。**列入後主時期。**

270 晉·陳壽，《三國志》，卷41，〈蜀書·霍峻傳〉注引〈襄陽記〉曰「蜀郡常忌、杜軫、壽良。」頁1008。晉·常璩撰，劉琳注，《華陽國志》，11，〈後賢志〉載「杜軫，字超宗，蜀郡成都人也。父雄，字伯休，安漢、雒令。」頁610。洪武雄著，〈《三國職官表》蜀漢部份校補〉認在「景耀六年（263）。」頁477。**列入後主時期。**

271 晉·常璩撰，劉琳注，《華陽國志》，卷11，〈後賢志〉載「何隨，字季業，蜀郡郫人也，漢司空武後…郡命功曹。州辟從事。光祿郎中主事。除安漢令。蜀亡，去官。」頁604。另洪武雄著，〈《三國職官表》蜀漢部份校補〉認在「延熙末、景耀年間，後轉州從事。」頁477。**列入後主時期。**

272 晉·陳壽，《三國志》，卷43，〈蜀書·呂凱傳〉載「呂凱字季平、永昌不韋人也。仕郡五官掾功曹…以凱為雲南太守。」頁1046-1048。洪武雄著，〈《三國職官表》蜀漢部份校補〉認在「章武年間為永昌郡吏，由五官掾轉功曹。」頁478。**列入劉備時期（入蜀後）。**

273 晉·陳壽，《三國志》，卷38，〈蜀書·秦宓傳〉載「秦宓字子勑，廣漢緜竹人也…劉璋時，宓同郡王商為治中從事…先主既定益州，廣漢太守夏侯纂請宓為師友祭酒，領五官掾，稱曰仲父。」頁971-976。**列入劉備時期（入蜀後）。**

督軍從事				
門下書佐	何祇[274]	（益州）蜀郡	劉備時期（入蜀後）	
主簿（縣主簿非郡吏）				
郡丞	王伉[275]永昌郡丞	（益州）蜀郡成都	劉備時期（入蜀後）	
	宋遠[276]犍為郡丞	籍貫不詳	劉備時期（入蜀後）	
	朱褒[277]	（庲降都督）朱提	劉備時期（入蜀後）	
縣令長				
蜀郡	成都令	呂辰[278]	（荊州）南陽	後主時期

274 晉·陳壽，《三國志》，卷43，〈蜀書·張嶷傳〉載「廣漢太守蜀郡何祇。」頁1051。另據同書卷41，〈蜀書·楊洪傳〉注引〈益部耆舊傳雜記〉曰「祇字君肅…初仕郡，後為督軍從事。」頁1014。洪武雄著，〈《三國職官表》蜀漢部份校補〉認在「建安末，後遷督軍從事。」頁479。**列入劉備時期（入蜀後）**。

275 晉·陳壽，《三國志》，卷43，〈蜀書·呂凱傳〉載「（呂）凱與府丞蜀郡王伉…王伉亦封亭侯，為永昌太守。」頁1046-1048。另晉·常璩撰，劉琳注，《華陽國志》，12，〈益梁寧二州先漢以來士女目錄〉載「永昌太守王伉。成都人。」頁665。洪武雄著，〈《三國職官表》蜀漢部份校補〉認王伉在「章武初至建興三年（225），永昌郡丞。」頁479。**列入劉備時期（入蜀後）**。

276 洪武雄著，〈《三國職官表》蜀漢部份校補〉據建安二十六年〈黃龍甘露碑〉「時（犍為）太守南陽李嚴正方、丞宋遠文奇、武陽令陰化。」補，頁479。**列入劉備時期（入蜀後）。籍貫不詳**。

277 晉·常璩撰，劉琳注，《華陽國志》，卷4，〈南中志〉載「先主薨後…牂牁郡丞朱提朱褒領太守。」頁227。晉·陳壽，《三國志》，卷33，〈蜀書·後主傳〉載「建興元年夏，牂牁太守朱褒擁郡反。」頁894。洪武雄著，〈《三國職官表》蜀漢部份校補〉認在「章武年間，章武三年（223）夏四月先主薨後遷太守。」頁479。**列入劉備時期（入蜀後）**。

278 晉·陳壽，《三國志》，卷39，〈蜀書·呂乂傳〉載「呂乂字季陽，南陽人也…子辰，景耀中為成都令。」頁988。**列入後主時期**。

附錄

171

	郫令	鄧芝[279]	（荊州）義陽新野	劉備時期（入蜀後）
	臨邛令			
	廣都長	蔣琬[280]	（荊州）零陵湘鄉	劉備時期（入荊後）
	江原令或長	朱游（稱長）[281]	（益州）蜀郡廣都	後主時期
		趙敦（稱令）[282]	（豫州）潁川	後主時期
廣漢郡	雒令	習禎[283]	（荊州）襄陽	劉備時期（入荊後）
	緜竹令	王甫[284]	（益州）廣漢郪人	劉備時期（入蜀後）
		馬謖[285]	（荊州）襄陽宜城	劉備時期（入荊後）

---

279 晉・陳壽，《三國志》，卷45，〈蜀書・鄧芝傳〉載「鄧芝字伯苗，義陽新野人…漢末入蜀…先主定益州，芝為郫邸閣督…擢為郫令」頁1071-1073。列入**劉備時期（入蜀後）**。

280 晉・陳壽，《三國志》，卷44，〈蜀書・蔣琬傳〉載「蔣琬字公琰、零陵湘鄉人也…琬以州書佐隨先主入蜀，除廣都長…頃之，為什邡令。」頁1057-1060。列入**劉備時期（入荊後）**。

281 晉・陳壽，《三國志》，卷45，〈蜀書・楊戲傳〉注引〈益部者舊雜記〉曰「縣長廣都朱游」頁1090-1091。《續郡國志》，志23，〈郡國五〉載「蜀郡秦置…廣都」，頁3509。洪武雄著，〈《三國職官表》蜀漢部份校補〉認在「建興末，稱『縣長』。」頁481。**列入後主時期**。

282 晉・陳壽，《三國志》，卷45，〈蜀書・楊戲傳〉注引〈益部者舊雜記〉曰「縣令潁川趙敦」頁1091。洪武雄著，〈《三國職官表》蜀漢部份校補〉認在「延熙初，稱『縣令』。」頁481。**列入後主時期**。

283 晉・陳壽，《三國志》，卷45，〈蜀書・楊戲傳〉載「（習）文祥名禎，襄陽人也。隨先主入蜀，歷雒、郫令，廣漢太守。失其行事。」頁1085。洪武雄著，〈《三國職官表》蜀漢部份校補〉認在「建安末、後轉蜀郡郫令。」頁482。隨先主入蜀，即在入蜀前已為先主效力，**列入劉備時期（入荊後）**。

284 晉・陳壽，《三國志》，卷45，〈蜀書・楊戲傳〉載「（王）國山名甫，廣漢郪人也…劉璋時為州書佐。先主定蜀後，為緜竹令，還為荊州議曹從事。」頁1086。**列入劉備時期（入蜀後）**。

285 晉・陳壽，《三國志》，卷39，〈蜀書・馬謖傳〉載「馬良字季常，襄陽宜城人也…良弟謖，字幼常。以荊州從事隨先主入蜀，除緜竹成都令。」頁982-983。列入**劉備時期（入荊後）**。

	什邡令	王連[286]	（荊州）南陽	劉備時期（入蜀後）
	新都令			
	郪長			
巴西郡	閬中令	常偉[287]	（益州）蜀郡江原	後主時期
	安漢令	杜雄[288]	（益州）蜀郡成都	不明時段
	西充國長			
	漢昌長	馬忠[289]	（益州）巴西閬中	劉備時期（入蜀後）
漢中郡	沔陽長			
涪陵郡	涪陵令			
江陽郡	符節長	王士[290]	（益州）廣漢郪人	劉備時期（入蜀後）
建寧郡	雙柏長	何雙[291]	（益州）蜀郡郫人	後主時期

---

[286] 晉·陳壽，《三國志》，卷41，〈蜀書·王連傳〉載「王連字文儀，南陽人也。劉璋時入蜀，為梓潼令…及成都既平，以連為什邡令，轉在廣都。」頁1009-1010。**列入劉備時期（入蜀後）。**

[287] 晉·常璩撰，劉琳注，《華陽國志》，11，〈後賢志〉載「常騫，字季慎，蜀郡江原人也…父偉，字公然，閬中令。」頁619。洪武雄著，〈《三國職官表》蜀漢部份校補〉認「在蜀漢末葉或晉初，難以確知。」頁484。既然是蜀漢末，故暫**列為後主時期。**

[288] 晉·常璩撰，劉琳注，《華陽國志》，11，〈後賢志〉載「杜軫，字超宗，蜀郡成都人也。父雄，字伯休，安漢、雒令。」頁610。洪武雄著，〈《三國職官表》蜀漢部份校補〉認在「蜀漢世。」頁484。**不明時段。**

[289] 晉·陳壽，《三國志》，卷43，〈蜀書·蔣琬傳〉載「馬忠字德信，巴西閬中人也…為郡吏，建安末舉孝廉，除漢昌長…建興元年，丞相亮開府，以忠為門下督。」頁1048-1049。建安末應屬先主入益州後，**列入劉備時期（入蜀後）。**

[290] 晉·陳壽，《三國志》，卷45，〈蜀書·楊戲傳〉載「（王）義彊名士，廣漢郪人，國山從兄也。從先主入蜀後，舉孝廉，為符節長，遷牙門將。」頁1088。晉·陳壽，《三國志》，卷45，〈蜀書·楊戲傳〉載「國山名甫…劉璋時為州書佐。」頁1086。洪武雄著，〈《三國職官表》蜀漢部份校補〉認在「建安末、後遷牙門將。」頁486。**列入劉備時期（入蜀後）。**

[291] 晉·陳壽，《三國志》，卷45，〈蜀書·楊戲傳〉載「何彥英名宗，蜀郡郫人也…劉璋時，為犍為太守。先主定益州，領牧，辟為從事祭酒…子雙，字漢偶…為雙柏長。早卒。」頁1083。洪武雄著，〈《三國職官表》蜀漢部份校補〉認「當蜀漢末葉。」頁486。**列入後主時期。**

漢嘉郡	嚴道長	張君[292]	蜀郡成都	後主時期
犍為郡	武陽令	陰化[293]	籍貫不詳	劉備時期（入蜀後）
縣諸曹掾史	功曹	衛繼父親[294]	（益州）漢嘉嚴道	後主時期
	主簿	常播[295]	（益州）蜀郡江原	後主時期
		楊玩[296]	（益州）蜀郡	後主時期

292 晉·陳壽，《三國志》，卷 45，〈蜀書·楊戲傳〉注引〈益部耆舊雜記〉曰「衛繼字子業，漢嘉嚴道人也。兄弟五人。繼父為縣功曹。繼為兒時，與兄弟隨父游戲庭寺中，縣長蜀郡成都張君無子，數命功曹呼其子省弄，甚憐愛之。」頁 1090。洪武雄著，〈《三國職官表》蜀漢部份校補〉認「延熙世。」頁 486。**列入後主時期。**

293 洪武雄著，〈《三國職官表》蜀漢部份校補〉認「建安廿六年（221）〈黃龍甘露碑〉，『武陽令陰化』。」頁 487。**列入劉備時期（入蜀後）。籍貫不詳。**

294 晉·陳壽，《三國志》，卷 45，〈蜀書·楊戲傳〉注引〈益部耆舊雜記〉曰「衛繼字子業，漢嘉嚴道人也。兄弟五人。繼父為縣功曹。」頁 1091。洪武雄著，〈《三國職官表》蜀漢部份校補〉認「延熙世。」頁 487。**列入後主時期。**

295 晉·陳壽，《三國志》，卷 45，〈蜀書·楊戲傳〉注引〈益部耆舊雜記〉曰「常播字文平，蜀郡江原人也。播仕縣主簿功曹…舉孝廉，除郪長，年五十餘卒。」頁 1090-1091。洪武雄著，〈《三國職官表》蜀漢部份校補〉認在「建興末，後蜀郡江原轉縣功曹。」頁 488。**列入後主時期。**

296 清·洪飴孫，《三國職官表》記「蜀郡常播楊玩」，收入《廿五史補編》第二冊，第 87 頁，總頁 2817。洪武雄著，〈《三國職官表》蜀漢部份校補〉認在「建興十五年（237）。」頁 488。**列入後主時期。**

附錄二：荊楚群士資料查考表　　　　　　　　　資料來源：《三國職官表》等資料

官名	屬官	姓名	籍貫	任官時 所屬時段
丞相	主簿	宗預[1]	（荊州）南陽安眾	諸葛亮時期
	西曹屬	賴厷[2]	（荊州）零陵	諸葛亮時期
	散屬	董厥[3]	（荊州）義陽	諸葛亮時期
光祿勳		黃柱 （王柱）[4]	（荊州）南陽	先主時期 （入蜀後）
	左中郎將	傅僉[5]	（荊州）義陽	先主時期 （入蜀後）
	駙馬都尉	諸葛喬[6]	（徐州）琅邪陽都	諸葛亮時期

1　晉·陳壽，《三國志》，卷45，〈蜀書·宗預傳〉載「宗預字德豔，南陽安眾人。建安中，隨張飛入蜀。建興初，丞相亮以為主簿，遷參軍右中郎將。」頁1075。故列諸葛亮時期。**隨張飛入蜀，故列荊楚群士。**

2　晉·陳壽，《三國志》，卷45，〈蜀書·楊戲傳〉載「**荊楚宿士**零陵賴恭為太常…恭子厷，為丞相西曹令史，隨諸葛亮於漢中，早夭。」頁1082。另據洪武雄著，〈《三國職官表》蜀漢部份校補〉認賴厷在「建興五年（227），八年（230）之前卒。」頁236。故列諸葛亮時期。

3　晉·陳壽，《三國志》，卷35，〈蜀書·諸葛亮傳〉載「董厥者，丞相亮時為府令史。」另注引〈晉百官表〉曰「董厥字龔襲，亦義陽人。」頁933。故列諸葛亮時期。**附於諸葛亮傳且為荊州義陽人，故列荊楚群士。**

4　晉·陳壽，《三國志》，卷45，〈蜀書·楊戲傳〉載「先主為漢中王，用**荊楚宿士**零陵賴恭為太常，南陽黃柱為光祿勳，謀為少府。」頁1082。故列先主時期（入蜀後）。《三國職官表》記為王柱，並列《華陽國志》為資料來源，可是翻查劉琳注，《華陽國志》卷6，〈劉先主志〉載「光祿勳黃（權）〔柱〕。」頁357-358。另全書並沒有王柱的記載。

5　晉·陳壽，《三國志》，卷45，〈蜀書·楊戲傳〉載〈季漢輔臣贊〉記「有義陽傅肜…戰死。拜子僉為左中郎，後為關中都督，景耀六年，又臨危授命。論者嘉其父子奕世忠義。」頁1089。另據洪武雄著，〈《三國職官表》蜀漢部份校補〉認傅僉「其任在先主章武二（222）、三年（223）間。」頁263。故列先主時期（入蜀後）。**未言時間且為荊州義陽人，以荊楚群士視之。**

6　晉·陳壽，《三國志》，卷35，〈蜀書·諸葛喬傳〉載「諸葛亮字孔明，琅邪陽都人也…亮早孤，從父玄為袁術所署豫章太守，玄將亮及亮弟均之官。會漢朝更選朱皓代玄。玄素與荊州牧劉表有舊，往依之…喬字伯松，亮兄瑾之第二子也，本字仲慎…拜為駙馬都尉，隨亮至漢中。」頁911-931。另洪武雄著，〈《三國職官表》蜀漢部份校補〉以《三國職官表》所列為建興元年，認「未知何據。」頁270。此處仍列諸葛亮時期。**從諸葛亮開始已久居荊州，故列荊楚群士。**

	騎都尉	馬秉[7]	（荊州）襄陽宜城	先主時期 （入蜀後）
		諸葛瞻[8]	（徐州）琅邪陽都	後主時期
	太中大夫	宗瑋[9]	（荊州）南陽	先主時期 （入蜀後）
	議郎	龐統之父[10]	（荊州）襄陽	先主時期 （入蜀後）
太僕		蔣顯[11]	（荊州）零陵湘鄉	後主時期
太子舍人		霍弋[12]	（荊州）南郡枝江	先主時期 （入蜀後）

7 晉·陳壽，《三國志》，卷39，〈蜀書·馬良傳〉載「馬良字季常，襄陽宜城人也…先主領荊州辟為從事…先主拜良子秉為騎都尉。」頁982-983。另洪武雄著，〈《三國職官表》蜀漢部份校補〉認「章武二年（222）先主東征，馬良遇害。『先主拜良子秉為騎都尉』。」頁270-271。故列先主時期（入蜀後）。**荊州襄陽人，故列荊楚群士。**

8 晉·陳壽，《三國志》，卷35，〈蜀書·諸葛瞻傳〉載「諸葛亮字孔明，琅邪陽都人也…亮子瞻，嗣爵…瞻字思遠…年十七，尚公主，拜騎都尉。」頁911-932。另洪武雄著，〈《三國職官表》蜀漢部份校補〉認在「延熙六年（243）拜，旋遷羽林中郎將。」，頁271。故列後主時期。**從諸葛亮開始已久居荊州，故列荊楚群士。**

9 晉·陳壽，《三國志》，卷32，〈蜀書·先主傳〉載「（章武）二年…孫權聞先主住白帝，甚懼，遣使請和。先主許之，遣太中大夫宗瑋報命。」頁890。另據晉·常璩撰，劉琳注，《華陽國志》，卷6，〈劉先主志〉載「先主使太中大夫南陽宗瑋報命。」頁360。故列先主時期（入蜀後）。**因為是荊州南陽人，以荊楚群士視之。**

10 晉·陳壽，《三國志》，卷37，〈蜀書·龐統傳〉載「龐統字士元，襄陽人也…拜統父議郎，遷諫議大夫。」頁953-956。另洪武雄著，〈《三國職官表》蜀漢部份校補〉認「議郎、諫議大夫雖冗散，但皆帝王命官。建安十九年（214），備僅為左將軍領荊、益州牧，如何祇拜統父議郎、諫議大夫？或當於建安廿四年（219）先主為漢中王後拜之？」頁274。故列先主時期（入蜀後）。**荊州襄陽人故列荊楚群士。**

11 晉·陳壽，《三國志》，卷33，〈蜀書·後主傳〉在景耀六年時，注引王隱〈蜀記〉「遣太僕蔣顯有命敕姜維。」頁901。同書卷44，〈蜀書·蔣琬傳〉載「蔣琬字公琰、零陵湘鄉人也，弱冠與外弟泉陵劉敏俱知名。琬以州書佐隨先主入蜀，除廣都長…子斌嗣，為綏武將軍、漢城護軍…斌弟顯，為太子僕。」頁1057-1060。另洪武雄著，〈《三國職官表》蜀漢部份校補〉認「一作太僕，一作太子僕，未知孰是？景耀六年（263）。」頁277。故列後主時期。**荊州零陵人故列荊楚群士。**

12 晉·陳壽，《三國志》，卷41，〈蜀書·霍峻傳〉載「霍峻字仲邈，南郡枝江人也。兄篤，於鄉里合部曲數百人。篤卒，荊州牧劉表令峻攝其眾。表卒，峻率眾歸先主，先主以峻為中郎將。…子弋，字紹先，先主末年為太子舍人。」頁1007-1008。故列先主時期（入蜀後）。**荊州南郡人故列荊楚群士。**

尚書令		樊建[13]	（荊州）義陽	後主時期
	尚書	劉武[14]	（荊州）義陽	後主時期
	尚書郎	習忠[15]	（荊州）襄陽	後主時期
中領軍		馮習[16]	（荊州）南郡人	先主時期 （入蜀後）
	（右護軍）	劉敏[17]	（荊州）零陵泉陵	諸葛亮時期
	（行護軍）	諸葛攀[18]	（徐州）琅邪陽都	後主時期
	步兵校尉	習隆[19]	（荊州）襄陽	後主時期

---

13 晉·陳壽，《三國志》，卷 35，〈蜀書·諸葛亮傳〉載「亮卒後，（董厥）稍遷至尚書僕射，代陳祗為尚書令，遷大將軍，平臺事，而義陽樊建代焉。」頁 933。故列後主時期。**樊建為荊州義陽人故列荊楚群士。**

14 晉·陳壽，《三國志》，卷 45，〈蜀書·楊戲傳〉載「劉南和名邕，義陽人也。隨先主入蜀。益州既定，為江陽太守。建興中，稍遷至監軍後將軍，賜爵關內侯，卒。子式嗣。少子武，有文，與樊建齊名，官亦至尚書。」頁 1084。又據洪武雄著，〈《三國職官表》蜀漢部份校補〉認劉武「與樊建齊名，如宜仕亦相當，則其為尚書當在延熙末、景耀初。」頁 300。故列後主時期。**劉邕為荊州義陽人故列荊楚群士。**

15 晉·陳壽，《三國志》，卷 45，〈蜀書·楊戲傳〉載「（習）文祥名禎，襄陽人也。隨先主入蜀，歷雒、郫令，（南）廣漢太守。失其行事。子忠，官至尚書郎。」頁 1085。據洪武雄著，〈《三國職官表》蜀漢部份校補〉認在「後主世。」頁 304。故列後主時期。**荊州襄陽人故列荊楚群士。**

16 晉·陳壽，《三國志》，卷 45，〈蜀書·楊戲傳〉載「（馮）休元名習，南郡人。隨先主入蜀。先主東征吳，習為領軍，統諸軍，大敗於猇亭。」頁 1088。據洪武雄著，〈《三國職官表》蜀漢部份校補〉認在「章武元年（221）、二年（222）伐吳時為將軍、領軍。」頁 309-310。故列先主時期（入蜀後）。**荊州南郡人故列荊楚群士。**

17 晉·陳壽，《三國志》，卷 40，〈蜀書·李嚴傳〉注引諸葛亮公文上尚書曰「行右護軍偏將軍劉敏。」頁 1000。故列諸葛亮時期。另同書卷 44，〈蜀書·蔣琬傳〉載「蔣琬字公琰、零陵湘鄉人也，弱冠與外弟泉陵劉敏俱知名。琬以州書佐隨先主入蜀，除廣都長」頁 1057-1060。**劉敏為荊州零陵泉陵人，故列荊楚群士。**

18 晉·陳壽，《三國志》，卷 35，〈蜀書·諸葛喬傳〉載「諸葛亮字孔明，琅邪陽都人也…喬字伯松，亮兄瑾之第二子也…子攀，官至行護軍翊武將軍，亦早卒。」頁 911-931。據洪武雄著，〈《三國職官表》蜀漢部份校補〉認諸葛攀「當在延熙、景耀間。」頁 315。故列後主時期。**從諸葛亮開始已久居荊州，故列荊楚群士。**

19 晉·陳壽，《三國志》，卷 45，〈蜀書·楊戲傳〉載「（習）文祥名禎，襄陽人也。隨先主入蜀，歷雒、郫令，（南）廣漢太守。失其行事。子忠，官至尚書郎。」又注引〈襄陽記〉曰「忠子隆，為步兵校尉，掌校祕書。」頁 1085。同書卷 35，〈蜀書·諸葛亮傳〉景耀六年時，注引〈襄陽記〉中有步兵校尉習隆。故列後主時期。**荊州襄陽人故列荊楚群士。**

	長水校尉	諸葛均[20]	（徐州）琅邪陽都	後主時期
	射聲校尉	向充[21]	（荊州）襄陽宜城	後主時期
御史中丞		向條[22]	（荊州）襄陽宜城	後主時期
左將軍	從事中郎	伊籍[23]	（兗州）山陽	先主時期（入蜀後）
	兵曹掾	楊儀[24]	（荊州）襄陽	先主時期（入荊後）
右將軍		高翔[25]	（荊州）南郡	諸葛亮時期

[20] 晉·陳壽，《三國志》，卷 35，〈蜀書·諸葛亮傳〉載「諸葛亮字孔明，琅邪陽都人也…亮弟均，官至長水校尉。」頁 911-928。據洪武雄著，〈《三國職官表》蜀漢部份校補〉認「史未言（諸葛）均早亮卒，則其任至長校尉當在建興末以後。」頁 319。故列後主時期。**從諸葛亮開始已久居荊州，故列荊楚群士。**

[21] 晉·陳壽，《三國志》，卷 41，〈蜀書·向朗傳〉載「向朗字巨達，襄陽宜城人也。荊州牧劉表以為臨沮長。表卒，歸先主…蜀既平，以朗為巴西太守…朗兄子寵，先主時為牙門將…寵弟充，歷射聲校尉尚書。」頁 1010-1011。洪武雄著，〈《三國職官表》蜀漢部份校補〉認「向充由射聲校尉遷尚書當在景耀年間」，頁 321。故列後主時期。**荊州襄陽宜城人故列荊楚群士。**

[22] 晉·陳壽，《三國志》，卷 41，〈蜀書·向朗傳〉載「向朗字巨達，襄陽宜城人也…子條嗣，景耀中為御史中丞。」頁 1010。故列後主時期。**荊州襄陽宜城人故列荊楚群士。**

[23] 晉·陳壽，《三國志》，卷 38，〈蜀書·伊籍傳〉載「伊籍字機伯，山陽人。**少依邑人鎮南將軍劉表。**先主之在荊州，籍常往來自託。表卒，遂隨先主南渡江，從入益州。益州既定，以籍為左將軍從事中郎…後遷昭文將軍。」頁 971。洪武雄著，〈《三國職官表》蜀漢部份校補〉認在「建安十九年（214），建安末遷昭文將軍。」頁 354。故列先主時期（入蜀後）。**伊籍少時已在荊州，故列荊楚群士。**

[24] 晉·陳壽，《三國志》，卷 40，〈蜀書·楊儀傳〉載「楊儀字威公，襄陽人也。建安中，為荊州刺史傅羣主簿，背羣而詣襄陽太守關羽。羽命為功曹，遣奉使西詣先主。先主與語論軍國計策，政治得失，大悅之，因辟為左將軍兵曹掾。」頁 1004-1005。洪武雄著，〈《三國職官表》蜀漢部份校補〉認楊儀任左將軍兵曹掾在「建安十九年（214）之後，廿四年（219）遷尚書。」頁 355。然而楊儀在任兵曹掾前已為關羽主簿，時為入蜀前，故列先主時期（入荊後）。**荊州襄陽人故列荊楚群士。**

[25] 晉·陳壽，《三國志》，卷 40，〈蜀書·李嚴傳〉注引建興九年諸葛亮公文上尚書曰「督前部右將軍玄鄉侯臣高翔。」頁 1000。晉·常璩撰，劉琳注，《華陽國志》，卷 7，〈劉後主志〉載「潁川袁綝、南郡高翔至大將軍，綝征西將軍。」頁 387。洪武雄著，〈《三國職官表》蜀漢部份校補〉認「翔為宿將，建興九年（231）在右將軍位，建興末由加將軍遷諸大將軍。」頁 355。故列諸葛亮時期。**未明言時間，籍貫為荊州南郡故列荊楚群士。**

鎮遠 將軍		賴恭[26]	（荊州）零陵	先主時期 （入蜀後）
綏武 將軍		蔣斌[27]	（荊州）零陵湘鄉	後主時期
牙門 將軍		魏延[28]	（荊州）義陽	先主時期 （入荊後）
		向寵[29]	（荊州）襄陽宜城	先主時期 （入蜀後）
		劉林[30]	（荊州）長沙	後主時期
裨將軍		黃忠[31]	（荊州）南陽	先主時期 （入荊後）

---

26 晉·陳壽，《三國志》，卷 32，〈蜀書·先主傳〉記建安廿四年有「鎮遠將軍臣賴恭」。頁 884。故列先主時期（入蜀後）。另據晉·陳壽，《三國志》，卷 45，〈蜀書·楊戲傳〉載「**荊楚宿士**零陵賴恭為太常…恭子厷，為丞相西曹令史，隨諸葛亮於漢中，早夭。」頁 1082。**故列荊楚群士**。

27 晉·陳壽，《三國志》，卷 44，〈蜀書·蔣琬傳〉載「蔣琬字公琰、零陵湘鄉人也…子斌嗣，為綏武將軍、漢城護軍。」頁 1057-1060。洪武雄著，〈《三國職官表》蜀漢部份校補〉認蔣斌在「景耀元年（258），六年（263）為亂兵所殺。」頁 370。故列後主時期。荊州零陵人故列荊楚群士。

28 晉·陳壽，《三國志》，卷 40，〈蜀書·魏延傳〉載「魏延字文長，義陽人也。以部曲隨先主入蜀，數有戰功，遷牙門將軍。」頁 1002。洪武雄著，〈《三國職官表》蜀漢部份校補〉認魏延在「建安中，廿四年（219）遷鎮遠將軍。」頁 374。既稱建安中，建安有廿五年，建安中約建安十三年間，故列先主時期（入荊後）。**荊州義陽人故列荊楚群士**。

29 晉·陳壽，《三國志》，卷 41，〈蜀書·向朗傳〉載「向朗字巨達，襄陽宜城人也。荊州牧劉表以為臨沮長。表卒，歸先主。先主定江南，使朗督秭歸、夷道、巫（山）、夷陵四縣軍民事。蜀既平，以朗為巴西太守，頃之轉任牂牁，又徙房陵…朗兄子寵，先主時為牙門將。」頁 1010-1011。據洪武雄著，〈《三國職官表》蜀漢部份校補〉認向寵在「章武年間，建興初遷中部督。」頁 374。故列先主時期（入蜀後）。**荊州襄陽宜城人故列荊楚群士**。

30 晉·陳壽，《三國志》，卷 40，〈蜀書·劉封傳〉載「劉封者，本羅侯寇氏之子，長沙劉氏之甥也。先主至荊州，以未有繼嗣，養封為子。」另注曰「封子林為牙門將，咸熙元年內移河東。」頁 991-994。故列後主時期。**荊州長沙人故列荊楚群士**。

31 晉·陳壽，《三國志》，卷 36，〈蜀書·黃忠傳〉載「黃忠字漢升，南陽人也。荊州牧劉表以為中郎將…先主南定諸郡，忠遂委質（以裨將軍名號），隨從入蜀…益州既定，拜為討虜將軍。」頁 948。洪武雄著，〈《三國職官表》蜀漢部份校補〉認在「建安中，十九年（214）遷討虜將軍。」頁 378。故列先主時期（入荊後）。**荊州南陽人故列荊楚群士**。

將軍		（傅） 士仁[32]	（幽州）廣陽[33]	先主時期 （入蜀後）
		傅肜[34]	（荊州）義陽	先主時期 （入蜀後）
將		文布[35]	（荊州）秭歸	先主時期 （入蜀後）
		鄧凱	（荊州）秭歸	先主時期 （入蜀後）
軍師 中郎將		諸葛亮[36]	（徐州）琅邪陽都	先主時期 （入荊後）
副軍 中郎將		劉封[37]	（荊州）長沙	先主時期 （入荊後）

---

[32] 晉·陳壽，《三國志》，卷 45，〈蜀書·楊戲傳〉載「士仁字君義，廣陽人也，為將軍，住公安，統屬關羽；與羽有隙，叛迎孫權。」頁 1090。洪武雄著，〈《三國職官表》蜀漢部份校補〉認「『傅』字衍，當作『士仁』，建安廿四年（219）為將軍，降吳。」頁 380。故列先主時期（入蜀後）。士仁住公安，公安即荊州武陵郡孱陵，《續百官志》志 22，〈郡國四〉荊州武陵郡孱陵注引〈魏氏春秋〉曰：「劉備在荊州所都，改曰公安。」**士仁既住公安，故列荊楚群士。**

[33] 廣陽屬幽州，見《續郡國志》，志 23，〈郡國五〉幽州廣陽郡，頁 3527。

[34] 晉·陳壽，《三國志》，卷 45，〈蜀書·楊戲傳〉載「有義陽傅肜，先主退軍（征吳之戰），斷後拒戰…遂戰死。」頁 1088。時為章武年間，故列先主時期許入蜀後）。**荊州義陽人，又列於荊楚之士張南之後，故列荊楚群士。**

[35] 晉·陳壽，《三國志》，卷 58，〈吳書·陸遜傳〉載「秭歸大姓文布、鄧凱等合夷兵數千人，首尾西方。」頁 1345。《晉書》，卷 15，〈地理下〉載「荊州建平郡秭歸故楚子國。」頁 453-456。洪武雄著，〈《三國職官表》蜀漢部份校補〉認在「建安廿五年（220）。」頁 383。故列先主時期（入蜀後）。**荊州建平秭歸人故列荊楚群士。**

[36] 晉·陳壽，《三國志》，卷 35，〈蜀書·諸葛亮傳〉載「諸葛亮字孔明，琅邪陽都人也…（建安十三年）先主遂收江南，以亮為軍師中郎將。」頁 911-915。故列先主時期。**諸葛亮已久居荊州，故列荊楚群士。**

[37] 晉·陳壽，《三國志》，卷 40，〈蜀書·劉封傳〉載「劉封者，本羅侯寇氏之子，長沙劉氏之甥也。先主至荊州，以未有繼嗣，養封為子…益州既定，以封為副軍中郎將…遷封為副軍將軍。」頁 991-994。劉備入荊後已為養子，故列先主時期（入荊後）。**荊州長沙人故列荊楚群士。**

中郎將		霍峻[38]	（荊州）南郡枝江	先主時期（入荊後）
庲降都督		閻宇[39]	（荊州）南郡	後主時期
督		向朗[40]	（荊州）襄陽宜城	先主時期（入荊後）
州掾屬	治中從事	潘濬[41]	（荊州）武陵	先主時期（入荊後）
		龐統[42]	（荊州）襄陽	先主時期（入荊後）
		龐林[43]	（荊州）襄陽	先主時期（入蜀後）

38 晉·陳壽，《三國志》，卷 41，〈蜀書·霍峻傳〉載「霍峻字仲邈，南郡枝江人也，兄篤，於鄉里合部曲數百人。篤卒，荊州牧劉表令峻攝其眾。表卒，峻率眾歸先主…先主以峻為中郎將…以峻為梓潼太守、裨將軍。」頁 1007。洪武雄著，〈《三國職官表》蜀漢部份校補〉認在「建安十三年（208）為中郎將，廿二年（217）遷裨將軍。」頁 387-388。故列先主時期（入荊後）。荊州南郡枝江人，故列荊楚群士。

39 晉·陳壽，《三國志》，卷 43，〈蜀書·蔣琬傳〉注引〈華陽國志〉載「閻宇字文平，南郡人也。」頁 1049。洪武雄著，〈《三國職官表》蜀漢部份校補〉認閻宇在「延熙末繼張表為都督，延熙廿年（257）自南中領兵支援巴東，景耀元年（258）徙巴東都督。」頁 408。故列後主時期。荊州南郡人，故列荊楚群士。

40 晉·陳壽，《三國志》，卷 41，〈蜀書·向朗傳〉載「向朗字巨達，襄陽宜城人也。荊州牧劉表以為臨沮長。表卒，歸先主。先主定江南，使朗督秭歸、夷道、巫（山）、夷陵四縣軍民事。蜀既平，以朗為巴西太守。」頁 1010-1011。定江南時已任用向朗，故列先主時期（入荊後）。荊州襄陽人，故列荊楚群士。

41 晉·陳壽，《三國志》，卷 45，〈蜀書·楊戲傳〉載「潘濬字承明，武陵人也。先主入蜀，以為荊州治中，典留州事。」頁 1090。洪武雄著，〈《三國職官表》蜀漢部份校補〉認在「建安十六年（211）至廿四年（219）濬為荊州治。」頁 422。故列先主時期（入荊後）。荊州武陵人，故列荊楚群士。

42 晉·陳壽，《三國志》，卷 37，〈蜀書·龐統傳〉載「龐統字士元，襄陽人也…先主領荊州，統以從事守耒陽令…以為治中從事。親待亞於諸葛亮，遂與亮並為軍師中郎將。」頁 953-956。洪武雄著，〈《三國職官表》蜀漢部份校補〉認文恭在「建安十五年（210）由荊州治中遷（軍師中郎將），十八年（213）卒。」頁 385。建安十五年前為治中從事，故列先主時期（入荊後）。荊州襄陽人，故列荊楚群士。

43 晉·陳壽，《三國志》，卷 37，〈蜀書·龐統傳〉載「龐統字士元，襄陽人也…統率眾攻城，為流矢所中，卒…先主痛惜…統弟林，以荊州治中從事參鎮北將軍黃權征吳。」頁 953-956。先主征吳在章武元年，故列於先主時期（入蜀後）。荊州襄陽人，故列荊楚群士。

	從事	陳震[44]	（荊州）南陽	先主時期（入荊後）
		廖立[45]	（荊州）武陵臨沅	先主時期（入荊後）
		馬良[46]	（荊州）襄陽宜城	先主時期（入荊後）
郡太守	固陵太守	康立[47]	（荊州）武陵	先主時期（入蜀後）
	宜都太守	廖化[48]	（荊州）襄陽	先主時期（入蜀後）
	零陵太守	郝普[49]	（荊州）義陽	先主時期（入荊後）

[44] 晉·陳壽，《三國志》，卷 39，〈蜀書·陳震傳〉載「陳震字孝起，南陽人也。先主領荊州牧，辟為從事，部諸郡，隨先主入蜀。」頁 984-985。故列先主時期（入荊後）。**荊州南陽人，故列荊楚群士。**

[45] 晉·陳壽，《三國志》，卷 40，〈蜀書·廖立傳〉載「廖立字公淵，武陵臨沅人。先主領荊州牧，辟為從事，年未三十，擢為長沙太守。」頁 997。故列先主時期（入荊後）。**荊州武陵人，故列荊楚群士。**

[46] 晉·陳壽，《三國志》，卷 39，〈蜀書·馬良傳〉載「馬良字季常，襄陽宜城人也…先主領荊州，辟為從事。」頁 982。故列先主時期（入荊後）。**荊州襄陽人，故列荊楚群士。**

[47] 晉·常璩撰，劉琳注，《華陽國志》，卷 1，〈巴志〉載「建安二十一年，以胊忍、魚復、〔漢豐〕、羊渠，及宜都之巫、北井六縣為固陵郡。武陵康立為太守。」劉琳注曰：「『康立』，史不見其人。當是『廖立』之誤。」頁 11。故列先主時期（入蜀後）。**荊州武陵人，故列荊楚群士。**

[48] 晉·陳壽，《三國志》，卷 45，〈蜀書·宗預傳〉載「廖化字元儉，本名淳，襄陽人也。為前將軍關羽主簿，羽敗，屬吳。思歸先主，乃詐死，時人謂為信然，因攜持老母晝夜西行。會先主東征，遇於秭歸。先主大悅，以化為宜都太守。」頁 1077。雖曾為關羽主簿，後降孫權，劉備後來再起用，故列先主時期（入蜀後）。**荊州襄陽人，故列荊楚群士。**

[49] 晉·陳壽，《三國志》，卷 45，〈蜀書·楊戲傳〉載「郝普字子太，義陽人。先主自荊州入蜀，以普為零陵太守。為吳將呂蒙所譎，開城詣蒙。」頁 1090。洪武雄著，《《三國職官表》蜀漢部份校補》認在「建安十五年（210），十九年（214）降吳。」頁 444。故列先主時期（入荊後）。**荊州義陽人，故列荊楚群士。**

巴郡太守	輔匡[50]	（荊州）襄陽	先主時期（入荊後）
	楊顒[51]	（荊州）襄陽	諸葛亮時期
	薛齊[52]	（豫州）陳國	後主時期
涪陵太守	龐宏[53]	（荊州）襄陽	後主時期
蜀郡太守	薛永[54]	（豫州）淮陽（陳國）[55]	先主時期（入蜀後）
	張太守[56]	（荊州）南陽	後主時期

[50] 晉·陳壽，《三國志》，卷 45，〈蜀書·楊戲傳〉載「輔元弼名匡，襄陽人也。隨先主入蜀。益州既定，為巴郡太守。」頁 1084。據洪武雄著，〈《三國職官表》蜀漢部份校補〉認「其任巴守亦當在建安十九（214）、廿年（215）間，不知其與張裔孰先孰後。」頁 447。因在入蜀前已跟隨先主，故列先主時期（入荊後）。**荊州襄陽人，故列荊楚群士。**

[51] 晉·陳壽，《三國志》，卷 45，〈蜀書·楊戲傳〉載「（楊）顒亦荊州人也。」注引〈襄陽記〉曰「楊顒字子昭，楊儀宗人也。入蜀，為巴郡太守，丞相諸葛亮主簿…後為東曹屬典選舉。」頁 1082。楊儀襄陽人，參楊儀註。另據洪武雄著，〈《三國職官表》蜀漢部份校補〉認楊顒任巴郡太守在「建興初，後轉丞相主簿。」頁 448。故列諸葛亮時期。**荊州人，故列荊楚群士。**

[52] 宋·歐陽修、宋祁撰，《新唐書》，卷 73 下，〈宰相世系三下〉載「薛氏出自任姓…饒生愿…子永，字茂長，從蜀先主入蜀，為蜀郡太守。…永生齊，字夷甫，巴、蜀二郡太守。」頁 2989-2990。洪武雄著，〈《三國職官表》蜀漢部份校補〉認薛齊「當在延熙末、景耀間，後遷蜀郡守。」頁 449。故列後主時期。**隨先主入蜀故列荊楚群士。**

[53] 晉·陳壽，《三國志》，卷 37，〈蜀書·龐統傳〉載「龐統字士元，襄陽人也…統子宏，字巨師，剛簡有臧否，輕傲尚書令陳祗，為祗所抑，卒於涪陵太守。」頁 953-956。洪武雄著，〈《三國職官表》蜀漢部份校補〉認「延熙十四年（251）至景耀元年（258）陳祗為尚書令，宏任涪陵守，當在此期間。」頁 453。故列後主時期。**荊州襄陽人，故列荊楚群士。**

[54] 宋·歐陽修、宋祁撰，《新唐書》，卷 73 下，〈宰相世系三下〉載「薛氏出自任姓…饒生愿，為淮陽太守，因徙居焉…子永，字茂長，從蜀先主入蜀，為蜀郡太守。」頁 2989-2990。既稱「從蜀先主入蜀」，故列先主時期（入蜀後）。**隨先主入蜀故列荊楚群士。**

[55] 晉·司馬彪《續漢書·郡國志》（即今收錄在宋·范曄，《後漢書》的〈郡國志志〉以下簡稱《續郡國志》）（台北：鼎文書局，1991.6），志 20，〈郡國二〉載「陳國高帝置為淮陽，章和二年改。」頁 3429。

[56] 晉·常璩撰，劉琳注，《華陽國志》，11，〈後賢志〉載「杜軫，字超宗，蜀郡成都人也…鄧艾既破蜀，被徵。鍾會進成都，時太守南陽張府君不肯出官。」頁 610。洪武雄著，〈《三國職官表》蜀漢部份校補〉認張太守在「景耀末，蜀世最後一任蜀郡太守。」頁 458-459。故列後主時期。**張府君為南陽人，南陽在荊州列故列荊楚群士。**

	廣漢太守	張存[57]	（荊州）南陽	先主時期（入荊後）
	江陽太守	劉邕[58]	（荊州）義陽	先主時期（入荊後）
	犍為屬國都尉	鄧方[59]	（荊州）南郡人	先主時期（入荊後）
蜀郡	廣都長	蔣琬[60]	（荊州）零陵湘鄉	先主時期（入荊後）
廣漢郡	雒令	習禎[61]	（荊州）襄陽	先主時期（入荊後）
		馬謖[62]	（荊州）襄陽宜城	先主時期（入荊後）

---

57 晉·陳壽，《三國志》，卷 45，〈蜀書·楊戲傳〉載「（張）處仁本名存，南陽人也。以荊州從事隨先主入蜀，南次至雒，以為廣漢太守…（龐）統中矢卒…先主怒…免存官，病卒。」頁 1085。洪武雄著，〈《三國職官表》蜀漢部份校補〉認張存「任免皆在建安十八年（213）。」頁 459。故列先主時期（入荊後）。**荊州南陽人，故列荊楚群士。**

58 晉·陳壽，《三國志》，卷 45，〈蜀書·楊戲傳〉載「劉南和名邕，義陽人也。隨先主入蜀。益州既定，為江陽太守。」頁 1084。據洪武雄著，〈《三國職官表》蜀漢部份校補〉認在「建安十九（214）。」頁 464。因在入蜀前已跟隨先主，故列先主時期（入荊後）。**荊州義陽人，故列荊楚群士。**

59 晉·陳壽，《三國志》，卷 45，〈蜀書·楊戲傳〉載「（鄧）孔山名方，南郡人也。以荊州從事隨先主入蜀。蜀既定，為犍為屬國都尉，因易郡名，為朱提太守。」頁 1081。洪武雄著，〈《三國職官表》蜀漢部份校補〉認「建安十九年（214）、廿年（215）間由犍為屬國都尉遷（朱提太守），章武元年（221）或二年（222）卒官。」頁 470。在建安十九年前已隨先主，故列先主時期（入荊後）。**荊州南郡人，故列荊楚群士。**

60 晉·陳壽，《三國志》，卷 44，〈蜀書·蔣琬傳〉載「蔣琬字公琰、零陵湘鄉人也…琬以州書佐隨先主入蜀，除廣都長…頃之，為什邡令。」頁 1057-1060。故列先主時期（入荊後）。**荊州零陵人，故列荊楚群士。**

61 晉·陳壽，《三國志》，卷 45，〈蜀書·楊戲傳〉載「（習）文祥名禎，襄陽人也。隨先主入蜀，歷雒、郫令，廣漢太守。失其行事。」頁 1085。洪武雄著，〈《三國職官表》蜀漢部份校補〉認在「建安末、後轉蜀郡郫令。」頁 482。隨先主入蜀，即在入蜀前已為先主效力，故列先主時期（入荊後）。**荊州襄陽人，故列荊楚群士。**

62 晉·陳壽，《三國志》，卷 39，〈蜀書·馬謖傳〉載「馬良字季常，襄陽宜城人也…良弟謖，字幼常。以荊州從事隨先主入蜀，除綿竹成都令。」頁 982-983。故列先主時期（入荊後）。**荊州襄陽人，故列荊楚群士。**

附錄三：東州士資料查考表

資料來源：《三國職官表》等資料

丞相	祭酒	射援[1]	（雍州）扶風	諸葛亮時期
	主簿	胡濟[2]	（荊州）義陽	諸葛亮時期
右大將軍	參軍	來忠[3]	（荊州）義陽新野	後主時期
太常	博士	許慈[4]	（荊州）南陽	先主時期（入蜀後）
		胡潛[5]	（冀州）魏郡	先主時期（入蜀後）

[1] 晉·陳壽，《三國志》，卷 32，〈蜀書·先主傳〉注引〈三輔決錄注〉曰「援字文雄，扶風人也…兄堅，字文固…與弟援南入蜀依劉璋，璋以堅為長史…丞相諸葛亮以援為祭酒，遷從事中郎，卒官。」頁 885。另據洪武雄著，《〈三國職官表〉蜀漢部份校補》認射援在「建興初，後遷從事中郎。」頁 222。**時間在建興初，故列諸葛亮時期。曾入蜀依劉璋，故列東州士。**

[2] 晉·陳壽，《三國志》，卷 39，〈蜀書·董和傳〉注曰「姓胡，名濟，義陽人。為亮主簿。」頁 980。故列諸葛亮時期。胡濟載於董和傳，傳載「董和字幼宰，南郡枝江人也，其先本巴郡江州人。漢末，和率宗族西遷，益州牧劉璋以為牛鞞、江原長、成都令。」**董和在劉璋時入蜀任官為東州士，故把胡濟也列東州士。**

[3] 晉·陳壽，《三國志》，卷 42，〈蜀書·來敏傳〉載「來敏字敬達，義陽新野人，來歙之後也。父豔，為漢司空。漢末大亂，敏隨姊（夫）奔荊州，姊夫黃琬是劉璋祖母之姪，**故璋遣迎琬妻，敏遂俱與姊入蜀，常為璋賓客**…子忠，亦博覽經學，有敏風，與尚書向充等並能協贊大將軍姜維。維善之，以為參軍。」頁 1025。另據洪武雄著，《〈三國職官表〉蜀漢部份校補》認在「延熙末、景耀間。」頁 250。故列後主時期。**劉璋時已入蜀，故列東州士。**

[4] 晉·陳壽，《三國志》，卷 32，〈蜀書·先主傳〉載建安廿六年（221）有「博士許慈。」頁 889。同書卷 42，〈蜀書·許慈傳〉載「許慈字仁篤，南陽人也，**建安中，與許靖等俱自交州入蜀**…先主定蜀，承喪亂歷紀，學業衰廢，乃鳩合典籍，沙汰眾學，慈、潛並為學士，與孟光、來敏等典掌舊文。」頁 1022-1023。故列先主時期（入蜀後）。同書卷 38，〈蜀書·許靖傳〉**載許靖在劉璋曷入蜀。因此把許慈列東州士。**

[5] 晉·陳壽，《三國志》，卷 42，〈蜀書·許慈傳〉載「與許靖等俱自交州入蜀。時又有魏郡胡潛，字公興，不知其所以在益土…先主定蜀，承喪亂歷紀，學業衰廢，乃鳩合典籍，沙汰眾學，慈、潛並為學士，與孟光、來敏等典掌舊文。值庶事草創，動多疑議，慈、潛更相克伐，謗讟忿爭，形於聲色；書籍有無，不相通借，時尋楚撻，以相震撼。其矜己妒彼，乃至於此。」頁 1023。故列先主時期（入蜀後）。**約與許靖時期在蜀，故列東州士。**

		許勛（許勛）[6]	（荊州）南陽	後主時期
光祿勳		裴儁[7]	（司州）河東聞喜	後主時期
	中郎	董恢[8]	（荊州）襄陽	諸葛亮時期
	奉車都尉	法邈[9]	（雍州）扶風郿人	後主時期
	議郎	孟光[10]	（司州）河南洛陽	先主時期（入蜀後）
	謁者	呂雅[11]	（荊州）南陽	後主時期

---

6 晉·陳壽，《三國志》，卷 42，〈蜀書·許慈傳〉載許勛，「許慈字仁篤，南陽人也…子勛傳其業，復為博士。」頁 1022-1023。另據洪武雄著，〈《三國職官表》蜀漢部份校補〉認在「後主世。」頁 257。故列後主時期。**東州士許慈後人。**

7 晉·陳壽，《三國志》，卷 42，〈蜀書·孟光傳〉載「光祿勳河東裴儁」，並注引《傅暢裴氏家記》曰：「儁字奉先，魏尚書令潛弟也。儁姊夫為蜀中長史，儁送之，**時年十餘歲，遂遭漢末大亂，不復得還。**既長知名，為蜀所推重也。子越，字令緒，為蜀督軍。蜀破，遷還洛陽，拜議郎。」頁 1024。另據洪武雄著，〈《三國職官表》蜀漢部份校補〉認在「延熙中。」頁 261。故列後主時期。**漢末大亂前已入蜀，故列東州士。**

8 晉·陳壽，《三國志》，卷 39，〈蜀書·董允傳〉注引〈襄陽記〉曰「董恢字休緒，襄陽人。入蜀，以宣信中郎副費禕使吳。」頁 986。另據洪武雄著，〈《三國職官表》蜀漢部份校補〉認董恢在「建興中由宣信中郎轉丞相府屬。」頁 262。故列諸葛亮時期。**附於董允傳，董允為董和之子，董和曾仕劉璋，故以東州士視之。**

9 晉·陳壽，《三國志》，卷 37，〈蜀書·法正傳〉載「法正字孝直，（右）扶風郿人也，祖父真，有清節高名。建安初，天下饑荒，**正與同郡孟達俱入蜀依劉璋**，久之為新都令，後召署軍議校尉。…賜子邈爵關內侯，官至奉車都尉、漢陽太守。」頁 957-961。另洪武雄著，〈《三國職官表》蜀漢部份校補〉「當在後主世，後遷漢陽太守」，頁 269。故列後主時期。**劉璋時入蜀故列東州士。**

10 晉·陳壽，《三國志》，卷 42，〈蜀書·孟光傳〉載「孟光字孝裕，河南洛陽人…獻帝遷都長安，遂逃入蜀，**劉焉父子待以客禮**…先主定益州，拜為議郎。」頁 1023。另洪武雄著，〈《三國職官表》蜀漢部份校補〉認「建安廿四年（219）拜，建興元年（223）遷符節令。」頁 274。故列先主時期（入蜀後）。**劉焉父子時已入蜀，故列東州士。**

11 晉·陳壽，《三國志》，卷 39，〈蜀書·呂乂傳〉載「呂乂字季陽，南陽人也，父常，送故將（軍）劉焉入蜀，值王路隔塞，遂不得還。…子辰，景耀中為成都令。辰弟雅，謁者。」頁 988。洪武雄著，〈《三國職官表》蜀漢部份校補〉中雖然也不確定時間，只認為呂雅在「景耀世？」頁 275-276。此處仍列後主時期。**呂常時已入蜀，呂雅為後人，故列東州士。**

附錄

太子舍人		董允[12]	（荊州）南郡枝江	先主時期（入蜀後）
		費禕[13]	（荊州）江夏鄳人	先主時期（入蜀後）
		羅憲（羅獻）[14]	（荊州）襄陽	後主時期
侍中	給事黃門侍郎	陳裕[15]	（豫州）汝南	後主時期
		費承[16]	（荊州）江夏鄳人	後主時期
		郭演[17]（郭攸之）	（荊州）南陽	諸葛亮時期

---

[12] 晉·陳壽，《三國志》，卷 39，〈蜀書·董允傳〉載「董允字休昭，掌軍中郎將和之子也。先主立太子，允以選為舍人，徙洗馬。」頁 985-986。另同卷〈蜀書·董和傳〉載「董和字幼宰，南郡枝江人也。其先本巴郡江州人。漢末，和率宗族西遷，**益州牧劉璋以為牛鞞、江原長、成都令。**」頁 979。故列先主時期（入蜀後）。**劉璋時已入蜀，故列東州士。**

[13] 晉·陳壽，《三國志》，卷 44，〈蜀書·費禕傳〉載「費禕字文偉，江夏鄳人也。少孤，依族父伯仁。伯仁姑，益州牧劉璋之母也。璋遣使迎仁，仁將禕游學入蜀…先主立太子，禕與允俱為舍人，遷庶子。」頁 1060-1061。故列先主時期（入蜀後）。**劉璋時已入蜀，故列東州士。**

[14] 晉·陳壽，《三國志》，卷 41，〈蜀書·霍峻傳〉載「巴東領軍襄陽羅憲。」另注引〈襄陽記〉曰**「羅憲字令則，父蒙，避亂於蜀**，官至廣漢太守…後主立太子，為太子舍人。」頁 1008。故列後主時期。另晉·常璩撰，劉琳注，《華陽國志》，卷 1，〈巴志〉載「內領軍襄陽羅獻。」頁 11。劉琳注認羅獻即羅憲。**羅憲父羅蒙，避亂於蜀，故列東州士。**

[15] 晉·陳壽，《三國志》，卷 39，〈蜀書·董允傳〉載陳裕，「（陳祗）祗字奉宗，汝南人，許靖兄之外孫也。**少孤，長於靖家**…景耀元年卒，後主痛惜…賜子粲爵關內侯，拔次子裕為黃門侍郎。」頁 987。另洪武雄著，〈《三國職官表》蜀漢部份校補〉認在「景耀年間。」頁 289。故列後主時期。**許靖列東州士，陳祗長於許靖家，列東州士，故其子同列東州士。**

[16] 晉·陳壽，《三國志》，卷 44，〈蜀書·費禕傳〉載「費禕字文偉，江夏鄳人也。少孤，依族父伯仁。伯仁姑，**益州牧劉璋之母也。璋遣使迎仁，仁將禕遊學入蜀**…子承嗣，為黃門侍郎。」頁 1060-1062。另洪武雄著，〈《三國職官表》蜀漢部份校補〉認在「延熙末。」頁 289。故列後主時期。**先劉備入蜀之子孫，列東州士。**

[17] 晉·陳壽，《三國志》，卷 39，〈蜀書·董允傳〉注引〈楚國先賢傳〉曰「攸之，南陽人，以器業知名於時。」頁 986。另晉·常璩撰，劉琳注，《華陽國志》，卷 7，〈劉後主志〉載「（建興）二年…江夏費禕、南郡董允、郭攸之始為侍郎。」頁 381。又據洪武雄著，〈《三國職官表》蜀漢部份校補〉郭演即郭演長，也即郭攸之字演長，頁 261。故列諸葛亮時期。**附於董允傳故列東州士。**

尚書令	尚書	許游[18]	（豫州）汝南平輿	後主時期
	郎（吏部）	陳祗[19]	（豫州）汝南	後主時期
	（左選）	鄧良[20]	（荊州）義陽新野	後主時期
	（尚書郎）	費恭[21]	（荊州）江夏鄳人	後主時期
秘書令	主書主圖 主譜令史	郤正[22]（郄正）	（司州）河南偃師	後主時期
中領軍	（領軍）	吳班[23]	（兗州）陳留	先主時期 （入蜀後）

18 晉·陳壽，《三國志》，卷 38，〈蜀書·許靖傳〉載「許靖字文休，汝南平輿人…後劉璋遂使使招靖，靖來入蜀…子欽，先靖天沒。欽子游，景耀中為尚書。」頁 963-967。故列後主時期。**許靖孫，故列東州士。**

19 晉·陳壽，《三國志》，卷 39，〈蜀書·董允傳〉載「（陳祗）祗字奉宗，汝南人。許靖兄之外孫也。少孤，長於靖家…稍遷至選曹郎。」頁 987。另據洪武雄著，〈《三國職官表》蜀漢部份校補〉認在「延熙初為尚書選曹郎，九年（246）超遷侍中。」頁 302。故列後主時期。**許靖列東州士，陳祗長於許靖家，故列東州士。**

20 晉·陳壽，《三國志》，卷 45，〈蜀書·鄧芝傳〉載「鄧芝字伯苗，義陽新野人，漢司徒禹之後也。**漢末入蜀，未見知待。時益州從事張裕善相，芝往從之…芝聞巴西太守龐羲好士，往依焉。**先主定益州，芝為郫邸閣督。先主出至郫，與語，大奇之，擢為郫令，遷廣漢太守。所在清嚴有治績，入為尚書…子良，襲爵，景耀中為尚書左選郎。」頁 1071-1073。另據洪武雄著，〈《三國職官表》蜀漢部份校補〉認在「景耀中為尚書左選郎，景耀末遷駙馬都尉。」頁 302。故列後主時期。**鄧芝在劉備入蜀前已到益州，故列東州士。**

21 晉·陳壽，《三國志》，卷 44，〈蜀書·費禕傳〉載「費禕字文偉，江夏鄳人也…**少孤，依族父伯仁。伯仁姑，益州牧劉璋之母也。璋遣使迎仁，仁將禕游學入蜀…**子承嗣，為黃門侍郎。承弟恭，尚公主。」另注引〈禕別傳〉曰：「恭為尚書郎，顯名當世，早卒。」頁 1060-1062。據洪武雄著，〈《三國職官表》蜀漢部份校補〉認在「當在延熙、景耀世。」頁 304。故列後主時期。**費恭父費禕在劉璋時入蜀，故父子同列東州士。**

22 晉·陳壽，《三國志》，卷 42，〈蜀書·郤正傳〉載「郤正字令先，河南偃師人也。**祖父儉，靈帝末為益州刺史，為盜賊所殺。會天下大亂，故正父揖因留蜀**…弱冠能屬文，入為祕書吏，轉為令史，遷郎，至令。」頁 1034。據洪武雄著，〈《三國職官表》蜀漢部份校補〉認在「建興末入為秘書吏，三十年間歷令史、郎而至今。」頁 307。故列後主時期。晉·常璩撰，劉琳注，《華陽國志》，卷 7，〈劉後主志〉載「秘書令河南郤正。」頁 393。**郤正父親時已留蜀，故列東州士。**

23 晉·陳壽，《三國志》，卷 45，〈蜀書·楊戲傳〉載「（吳）子遠名壹，陳留人也。**隨劉焉入蜀。劉璋時**，為中郎將，將兵拒先主於涪，詣降。先主定益州，以壹為護軍討逆將軍，納壹妹為夫人…壹族弟班，字元雄…先主時，為領軍。」頁 1083-1084。據洪武雄著，〈《三國職官表》蜀漢部份校補〉認吳班在「章武元年（221）、二年（222）伐吳時為將軍、領軍。」頁 309。故列先主時期（入蜀後）。**吳壹在劉璋時已任官，其族弟吳班亦列東州士。**

附錄

	（行護軍）	吳壹[24]（吳懿）	（兗州）陳留	先主時期（入蜀後）
	長水校尉	胡博[25]	（荊州）義陽	後主時期
殿中督（中部督）		張通[26]	（豫州）汝南	後主時期
左將軍	長史	許靖[27]	（豫州）汝南平輿	先主時期（入蜀後）
	營司馬	龐羲[28]	（司州）河南	先主時期（入蜀後）

24　晉·陳壽，《三國志》，卷 45，〈蜀書·楊戲傳〉載「（吳）子遠名壹，陳留人也。隨劉焉入蜀。劉璋時，為中郎將…先主定益州，以壹為護軍討逆將軍，納壹妹為夫人」頁 1083。據洪武雄著，〈《三國職官表》蜀漢部份校補〉認在「建安十九年（214）。」頁 315。故列先主時期（入蜀後）。另外《華陽國志》有吳懿，筆者懷疑吳懿疑為吳壹，原因：第一，《三國志》並沒有吳懿的記載；第二，吳懿最早見於《華陽國志》；第三，《華陽國志》所載吳懿之事跡似為《三國志》所載吳壹相同，如晉·常璩撰，劉琳注，《華陽國志》卷 7〈劉後主志〉記建興十二年諸葛亮卒，「以吳懿為車騎將軍，假節，督漢中事。」頁 386。與晉·陳壽，《三國志》，卷 33，〈蜀書·後主傳〉載「（建興）十二年…秋八月，亮卒于渭濱…以左將軍吳壹為車騎將軍，假節督漢中。」頁 897。所以這裡把吳懿與吳壹視為同一人。**吳壹在劉璋時已任官，故列東州士。**

25　晉·陳壽，《三國志》，卷 39，〈蜀書·董和傳〉注曰「姓胡，名濟，義陽人…濟弟博，歷長水校尉尚書。」頁 980。洪武雄著，〈《三國職官表》蜀漢部份校補〉認「延熙中由長水校尉轉尚書」，頁 320。故列後主時期。**董和在劉璋時入蜀任官為東州士，故把胡濟、胡博也列東州士。**

26　晉·陳壽，《三國志》，卷 42，〈蜀書·郤正傳〉載景耀六年「殿中督汝南張通。」頁 1041。故列後主時期。**附於東州士郤正傳故列東州士。**

27　晉·陳壽，《三國志》，卷 38，〈蜀書·許靖傳〉載「許靖字文休，汝南平輿人…（劉）**璋以靖為巴郡、廣漢太守…（建安）十六年轉在蜀郡。十九年，先主克蜀，以靖為左將軍長史。」頁 963-967。故列先主時期（入蜀後）。許靖曾仕劉璋，故列東州士。**

28　晉·陳壽，《三國志》，卷 31，〈蜀書·劉焉傳〉載「議郎河南龐羲與焉通家，乃募將焉諸孫入蜀…璋累遣龐羲等攻魯…先主定蜀，羲為左將軍司馬。」頁 867-870。故列先主時期（入蜀後）。**曾仕劉璋，故列東州士。**

	西曹掾	劉巴[29]	（荊州）零陵烝陽	先主時期 （入蜀後）
裨將軍		李嚴[30]	（荊州）南陽	先主時期 （入荊後）
		費觀[31]	（荊州）江夏鄳人	先主時期 （入荊後）
掌軍中郎將		董和[32]	（荊州）南郡枝江	先主時期 （入蜀後）
奉車中郎將		劉循[33]	（荊州）江夏竟陵	先主時期 （入蜀後）

[29] 晉·陳壽，《三國志》，卷 39，〈蜀書·劉巴傳〉載「劉巴字子初，零陵烝陽人也。」後注引〈零陵先賢傳〉載「見益州牧劉璋，璋父焉昔為巴父祥所舉孝廉，見巴驚喜，每大事輒以咨訪。」頁 980-981。洪武雄著，《〈三國職官表〉蜀漢部份校補》認在「建安十九年（214）之後，廿四年（219）遷尚書。」頁 354。故列先主時期（入蜀後）。**與劉璋早有聯繫故列東州士。**

[30] 晉·陳壽，《三國志》，卷 40，〈蜀書·李嚴傳〉載「李嚴字正方，南陽人也…**劉璋以為成都令，復有令名。建安十八年…嚴率眾降先主，先主拜嚴裨將軍。**」頁 998-999。故列先主時期（入荊後）。**曾仕劉璋故列東州士。**

[31] 晉·陳壽，《三國志》，卷 45，〈蜀書·楊戲傳〉載「（費）賓伯名觀，江夏鄳人也。**劉璋母，觀之族姑，璋又以女妻觀…觀建安十八年參李嚴軍，拒先主於縣竹，與嚴俱降。先主既定益州，拜為裨將軍。**」頁 1081-1082。洪武雄著，《〈三國職官表〉蜀漢部份校補》認在「建安十八年（213）拜，先主世遷巴郡太守。」頁 377-378。故列先主時期（入荊後）。**曾仕劉璋故列東州士。**

[32] 晉·陳壽，《三國志》，卷 39，〈蜀書·董和傳〉載「董和字幼宰，南郡枝江人也，其先本巴郡江州人。漢末，和率宗族西遷，**益州牧劉璋以為牛鞞、江原長、成都令…還遷益州太守**…先主定蜀，徵和為掌軍中郎將，與軍師將軍諸葛亮並署左將軍大司馬府事。」頁 979-980。洪武雄著，〈《三國職官表》蜀漢部份校補〉認在「建安十九年（214）以掌軍中郎將參署左將軍、大司馬府事，廿五（220）、六年（221）卒。」頁 383-384。故列先主時期（入蜀後）。**曾仕劉璋故列東州士。**

[33] 晉·陳壽，《三國志》，卷 31，〈蜀書·劉璋傳〉載「璋長子循…先主以為奉車中郎將。」頁 870。劉璋為劉焉子，江夏竟陵人。洪武雄著，〈《三國職官表》蜀漢部份校補〉認在「建安十九年（214）。」頁 384。故列先主時期（入蜀後）。**劉璋為荊州人入蜀，故其子列東州士。**

典曹都尉		呂乂[34]（呂義）	（荊州）南陽	先主時期（入蜀後）
		杜祺[35]	（荊州）南陽	先主時期（入蜀後）
		劉幹	（荊州）南鄉	先主時期（入蜀後）
典學校尉		來敏[36]	（荊州）義陽新野	先主時期（入蜀後）
中都護	督軍	裴越[37]	（司州）河東聞喜	時段不詳
江州都督		李豐[38]	（荊州）南陽	諸葛亮時期

[34] 晉·陳壽，《三國志》，卷39，〈蜀書·呂乂傳〉載「呂乂字季陽，南陽人也，**父常，送故將（軍）劉焉入蜀，值王路隔塞，遂不得還**…先主定益州，置鹽府校尉，較鹽鐵之利，後校尉王連請乂及南陽杜祺、南鄉劉幹等並為典曹都尉。」頁988。洪武雄著，〈《三國職官表》蜀漢部份校補〉認呂乂在「建安末、章武年間，後遷新都令。」頁389。故列先主時期（入蜀後）。**劉璋故列東州士。呂常時已入蜀，呂乂為後人，故列東州士。**

[35] 晉·陳壽，《三國志》，卷39，〈蜀書·呂乂傳〉載杜祺、劉幹在「先主定益州，置鹽府校尉，較鹽鐵之利，後校尉王連請乂及南陽杜祺、南鄉劉幹等並為典曹都尉。」頁988。另據洪武雄著，〈《三國職官表》蜀漢部份校補〉認杜祺、劉幹在「建安末、章武初年間，（杜祺）後稍遷丞相參軍武略中郎將。」頁389。故列先主時期（入蜀後）。**附於呂乂傳，呂乂王連皆東州士，故以東州士視杜祺、劉幹。**

[36] 晉·陳壽，《三國志》，卷42，〈蜀書·來敏傳〉載「來敏字敬達，義陽新野人，來歙之後也…常**為璋賓客**…先主定益州，署敏典學校尉。」頁1025。故列先主時期。**曾仕劉璋故列東州士。**

[37] 晉·陳壽，《三國志》，卷42，〈蜀書·孟光傳〉載「光祿勳河東裴儁」。另注引傅暢〈裴氏家記〉曰「儁字奉先，魏尚書令潛弟也。**儁姊夫為蜀中長史，儁送之，時年十餘歲，遂遭漢末大亂，不復得還。**…子越，字令緒，為蜀督軍。」頁1024。同書卷23，〈魏書書·裴潛傳〉載「裴潛字文行，河東聞喜人也。」頁671。時段不詳。**早已入蜀，故列東州士。**

[38] 晉·陳壽，《三國志》，卷40，〈蜀書·李嚴傳〉載「李嚴字正方，南陽人也…**劉璋以為成都令**…（建安八年）嚴子豐為江州都督督軍。」頁998-999。故列諸葛亮時期。**李嚴曾仕劉璋，故其子列東州士。**

郡太守	宜都太守	孟達[39]	（雍州）扶風	先主時期（入蜀後）
	蜀郡太守	法正[40]	（雍州）扶風郿人	先主時期（入蜀後）
	廣漢九守	射堅[41]	（雍州）扶風	先主時期（入蜀後）
		羅蒙[42]	（荊州）襄陽	不明時段
	江陽太守	王山[43]	（荊州）南陽	後主時期
	牂柯太守	羅式[44]	（荊州）襄陽	不明時段

[39] 晉·陳壽，《三國志》，卷40，〈蜀書·劉封傳〉載「初，**劉璋遣扶風孟達副法正，各將兵二千人，使迎先主，先主因令達并領其眾，留屯江陵。蜀平後，以達為宜都太守。**」頁991。洪武雄著，《《三國職官表》蜀漢部份校補》認孟達在「建安十九年（214）至廿四年（219）。」頁443。故列先主時期（入蜀後）。**曾仕劉璋，故列東州士。**

[40] 晉·陳壽，《三國志》，卷37，〈蜀書·法正傳〉載「法正字孝直，（右）扶風郿人也…建安初，天下饑荒，正與**同郡孟達俱入蜀依劉璋**，久之為新都令…（先主）以正為蜀郡太守、揚武將軍。」頁957-962。另據洪武雄著，《《三國職官表》蜀漢部份校補》認法正任蜀郡太守在「建安十九年（214）至廿二年（217）。」頁457。故列先主時期（入蜀後）。**曾仕劉璋，故列東州士。**

[41] 晉·陳壽，《三國志》，卷32，〈蜀書·先主傳〉注引〈三輔決錄注〉曰「（射）援字文雄，扶風人也…兄堅，字文固…**與弟援南入蜀依劉璋，璋以堅為長史。劉備代璋，以堅為廣漢、蜀郡太守。**」頁884-886。洪武雄著，《《三國職官表》蜀漢部份校補》認在「建安十九年（214），廿五年（220）遷蜀郡守。」頁459。故列先主時期（入蜀後）。**曾仕劉璋，故列東州士。**

[42] 晉·陳壽，《三國志》，卷41，〈蜀書·霍峻傳〉載「巴東領軍襄陽羅憲。」另注引〈襄陽記〉曰「羅憲字令則。父蒙，避亂於蜀，官至廣漢太守。」頁1008。不明時段。**應指漢末大亂，故列東州士。**

[43] 晉·陳壽，《三國志》，卷41，〈蜀書·王連傳〉載「王連字文儀，南陽人也。**劉璋時入蜀，為梓潼令**…子山嗣，官至江陽太守。」頁1009-1010。洪武雄著，《《三國職官表》蜀漢部份校補》認王山在「後主世。」頁464。故列後主時期。**曾仕劉璋，故其子列東州士。**

[44] 唐·房玄齡等撰，《晉書》，卷57，〈羅憲傳〉載「羅憲字令則，襄陽人也…兄子尚…父式，牂柯太守。」頁1551-1552。另洪武雄著，《《三國職官表》蜀漢部份校補》認羅式任牂柯守或當在蜀漢世，頁468。不明時段。**為羅蒙家族故列東州士。**

蜀郡	成都令	呂辰[45]	（荊州）南陽	後主時期
	郫令	鄧芝[46]	（荊州）義陽新野	先主時期（入蜀後）
廣漢郡	什邡令	王連[47]	（荊州）南陽	先主時期（入蜀後）

---

[45] 晉·陳壽，《三國志》，卷 39，〈蜀書·呂乂傳〉載「呂乂字季陽，南陽人也…子辰，景耀中為成都令。」頁 988。故列後主時期。**呂常時已入蜀，呂辰為後人，故列東州士。**

[46] 晉·陳壽，《三國志》，卷 45，〈蜀書·鄧芝傳〉載「鄧芝字伯苗，義陽新野人…漢末入蜀…先主定益州，芝為郫邸閣督…擢為郫令」頁 1071-1073。故列先主時期（入蜀後）。**鄧芝在劉備入蜀前已到益州，故列東州士。**

[47] 晉·陳壽，《三國志》，卷 41，〈蜀書·王連傳〉載「王連字文儀，南陽人也。**劉璋時入蜀，為梓潼令**…及成都既平，以連為什邡令，轉在廣都。」頁 1009-1010。故列先主時期（入蜀後）。**曾仕劉璋，故列東州士。**

附錄四：益州勢力資料查考表　　　　　資料來源：《三國職官表》等資料

丞相	參軍	爨習[1]	（庲降都督）建寧	諸葛亮時期
太常		張峻[2]	（益州）成都	後主時期
	博士	尹宗[3]	（益州）梓潼涪人	後主時期
		周巨[4]	（益州）巴西閬中	後主時期
	高廟令	常高[5]	（益州）蜀郡江原	不明時段
光祿勳	郎中	李旦[6]	（益州）廣漢郪人	不明時段

1　晉·陳壽，《三國志》，卷 40，〈蜀書·李嚴傳〉注引諸葛亮公文上尚書曰「行參軍偏將軍臣爨習。」頁 1000。晉·常璩撰，劉琳注，《華陽國志》，卷 4，〈南中志〉載「（諸葛）亮收其俊傑建寧爨習。」頁 229。故列諸葛亮時期。另晉·陳壽，《三國志》，卷 43，〈蜀書·李恢傳〉載「李恢字德昂，建寧俞元人也。仕郡督郵，姑夫爨習為建伶令…聞先主自葭萌還攻劉璋…先主領益州牧，以恢為功曹書佐主簿。」頁 1045-1046。**曾仕於劉璋。益州勢力（劉璋時已為建伶令）**

2　晉·陳壽，《三國志》，卷 33，〈蜀書·後主傳〉注引〈王隱蜀記〉曰「（劉）禪又遣太常張峻、益州別駕汝超受節度，遣太僕蔣顯有命敕姜維。」頁 900。另晉·常璩撰，劉琳注，《華陽國志》，卷 12，〈益梁寧三州（三國）兩晉以來人事目錄添立目錄〉載「使持節、西夷校尉張（岐）[峻]，字紹茂。（成都人也。）」頁 686。故列後主時期。**張峻為益州人，故列益州勢力。**

3　晉·陳壽，《三國志》，卷 42，〈蜀書·尹默傳〉載尹宗，「尹默字思潛，梓潼涪人…子宗傳其業，為博士。」頁 1026。另據洪武雄著，〈《三國職官表》蜀漢部份校補〉認在「後主世。」頁 257。故列後主時期。**伊默曾游學荊州，但本為益州人，與其子伊宗俱列益州勢力。**

4　晉·陳壽，《三國志》，卷 42，〈蜀書·周群傳〉載周巨，「周羣字仲直，巴西閬中人也…州牧劉璋，辟以為師友從事。先主定蜀，署儒林校尉…羣卒，子巨頗傳其術。」頁 1021。另據洪武雄著，〈《三國職官表》蜀漢部份校補〉認在「後主世。」頁 257。故列後主時期。**曾仕劉璋，益州人故列益州勢力。**

5　晉·常璩撰，劉琳注，《華陽國志》（臺北：新文豐出版公司，1988 年 11 月），卷 11，〈後賢志〉載「常勗，字脩（修）業，蜀郡江原人也…父，高廟令。」頁 603。另註釋曰「常勗父當是蜀時太廟令。或謂其人名高，職任廟令，亦通。」頁 626。**益州人故列益州勢力。**

6　晉·常璩撰，劉琳注，《華陽國志》，卷 11，〈後賢志〉載「李毅，字允剛，廣漢郪人也。祖父朝，字偉南，州別駕從事。父旦，字欽宗，光祿郎中主事。」頁 615。另據洪武雄著，〈《三國職官表》蜀漢部份校補〉認「旦為李朝子，朝卒於章武二年（222）。李旦任光祿郎中、主事當在蜀漢世。」頁 263。然不能確定時段。**益州人故列益州勢力。**

	羽林左右部督	李球[7]（右部）	（庲降都督）建寧俞元	後主時期
	虎步監	孟琰[8]	（庲降都督）朱提	諸葛亮時期
	奉車都尉	衛繼[9]	（益州）漢嘉嚴道	後主時期
	謁者	常忌[10]	（益州）蜀郡江原	後主時期
太子中庶子		張郁[11]	（益州）蜀郡成都	諸葛亮時期
尚書令	尚書	程瓊[12]	（益州）犍為	後主時期

[7] 晉·陳壽，《三國志》，卷43，〈蜀書·李恢傳〉載「李恢字德昂，建寧俞元人也。仕郡督郵…聞先主自葭萌還攻劉璋。恢知璋之必敗，先主必成，乃託名郡使，北詣先主，遇於綿竹。先主嘉之，從至雒城，遣恢至漢中交好馬超，超遂從命。成都既定，先主領益州牧，以恢為功曹書佐主簿…恢弟子球，羽林右部督。」頁1045-1046。另洪武雄著，〈《三國職官表》蜀漢部份校補〉認李球在「景耀六年」，頁267。故列後主時期。**曾仕劉璋，益州人，故列益州勢力。**

[8] 晉·常璩撰，劉琳注，《華陽國志》，卷4，〈南中志〉載「（諸葛）亮收其俊傑建寧爨習，朱提孟琰及獲為官屬，習官至領軍，琰，輔漢將軍，獲，御史中丞。」頁229。另洪武雄著，〈《三國職官表》蜀漢部份校補〉認在「建興中」，頁268-269。故列諸葛亮時期。**益州人，故列益州勢力。**

[9] 晉·陳壽，《三國志》，卷45，〈蜀書·楊戲傳〉注引〈益部耆舊雜記〉曰「王嗣、常播、衛繼三人，皆劉氏王蜀時人，故錄于篇…衛繼字子業，漢嘉嚴道人也…屢遷拜奉車都尉、大尚書。」頁1091。另洪武雄著，〈《三國職官表》蜀漢部份校補〉「延熙末、景耀年間為奉車都尉，後遷大尚書。」頁270。故列後主時期。**曾仕劉璋，益州人故列益州勢力。**

[10] 晉·常璩撰，劉琳注，《華陽國志》，卷11，〈後賢志〉載「常勗，字脩（修）業，蜀郡江原人也…忌字茂通，蜀謁者。」頁603-604。另同書卷12，〈益梁寧三州三國【兩晉】以來人士目錄〉載「州都常忌，字茂通。（勗從弟也。）」頁686。另洪武雄著，〈《三國職官表》蜀漢部份校補〉認「忌任謁者當在延熙年間，方能於延熙末、景耀年間有之後的諸多歷練。後遷黃門侍郎。」頁275。故列後主時期。**益州人，故列益州勢力。**

[11] 晉·陳壽，《三國志》，卷41，〈蜀書·張裔傳〉載「張裔字君嗣，蜀郡成都人也…劉璋時，舉孝廉，為魚復長，還州署從事，領帳下司馬…子毣嗣，歷三郡守監軍。毣弟都，太子中庶子。」頁1011-1013。洪武雄著，〈《三國職官表》蜀漢部份校補〉認「張裔卒於建興八年，毣歷三郡守當在後主時期較有可能。」頁473。其弟張郁為太子中庶子。也應在後主時期，然而筆者認為後主建興八年是諸葛亮執政時期，故列諸葛亮時期。**曾仕劉璋，益州人故列益州勢力。**

[12] 晉·常璩撰，劉琳注，《華陽國志》，卷11，〈後賢志〉載「故蜀尚書犍為程瓊。」頁602。據洪武雄著，〈《三國職官表》蜀漢部份校補〉認「或亦在延熙末、景耀年間。」頁301。故列後主時期。**益州人，故列益州勢力。**

		張表[13]	（益州）蜀郡	後主時期
吏部（右選）		王祐[14]	（益州）廣漢鄡人	後主時期
	（尚書郎）	馬齊[15]	（益州）巴西閬中	先主時期（入蜀後）
		李驤[16]	（益州）梓潼涪人	已入晉世
		黃崇[17]	（益州）巴西閬中	後主時期
	（尚書郎）	楊宗[18]	（益州）巴郡	後主時期

---

13 晉·陳壽，《三國志》，卷45，〈蜀書·楊戲傳〉載「蜀郡張表伯達並知名…張表有威儀風觀，始名位與戲齊，後至尚書，督庲降後將軍。」頁1077-1078。另據洪武雄著，〈《三國職官表》蜀漢部份校補〉認張表在「延熙十二年（249）起」任庲降都督，之前為尚書，頁407-408。故列後主時期。**益州人故列益州勢力。**

14 晉·陳壽，《三國志》，卷45，〈蜀書·楊戲傳〉載「（王）國山名甫，廣漢鄡人也…劉璋時為州書佐…子祐，有父風，官至尚書右選郎。」頁1086。據洪武雄著，〈《三國職官表》蜀漢部份校補〉認在「後主世。」頁302。故列後主時期。**其父曾仕劉璋，益州人故列益州勢力。**

15 晉·陳壽，《三國志》，卷45，〈蜀書·楊戲傳〉載馬齊「（馬）盛衡名勳，（馬）承伯名齊，皆巴西閬中人也…齊為太守張飛功曹。飛貢之先主，為尚書郎。」頁1086-1087。另據洪武雄著，〈《三國職官表》蜀漢部份校補〉認馬齊在「建安末先主為漢中王後由巴西功曹遷，建興中為州從事。」頁303。張飛為巴西太守在益州平定後，故列先主時期（入蜀後）。**益州人故列益州勢力。**

16 晉·陳壽，《三國志》，卷45，〈蜀書·楊戲傳〉載「（李）孫德名福，梓潼涪人也。」又注引〈益部耆舊雜記〉曰「子驤，字叔龍，亦有名，官至尚書郎、廣漢太守。」頁1087。據洪武雄著，〈《三國職官表》蜀漢部份校補〉認「李驤任尚書郎及廣漢太守皆已入晉世，非蜀漢時。」頁303。**非蜀漢時人故不列入計算。**

17 晉·陳壽，《三國志》，卷43，〈蜀書·黃權傳〉載「黃權字公衡，巴西閬中人也。少為郡吏，州牧劉璋召為主簿…權留蜀子崇，為尚書郎，隨衛將軍諸葛瞻拒鄧艾。」頁1043-1045。據洪武雄著，〈《三國職官表》蜀漢部份校補〉認在「景耀六年（263）時。」頁303-304。故列後主時期。**其父曾仕劉璋，益州人故列益州勢力。**

18 晉·常璩撰，劉琳注，《華陽國志》，卷11，〈後賢志〉載「文立，字廣休，巴郡臨江人也…同郡毛楚、楊【崇】宗，皆有德美，楚牂柯，【崇】宗武陵太守。」頁601-602。據洪武雄著，〈《三國職官表》蜀漢部份校補〉認「（楊）宗為尚書郎當在景耀年間，後遷巴東都督參軍，六年（263）蜀亡。」頁305。故列後主時期。**益州人故列益州勢力。**

秘書令	東觀郎	王崇[19]	（益州）廣漢郪人	後主時期
	東觀秘書郎	晉·陳壽[20]	（益州）巴西安漢	後主時期
中領軍	（領軍）	龔衡[21]	（益州）巴西安漢	後主時期
御史中丞		猛獲（孟獲）[22]	（庲降都督）建寧	後主時期
左將軍		句扶[23]（勾扶）	（益州）巴西漢昌	後主時期
	屬	馬勳（馬勖）[24]	（益州）巴西閬中	先主時期（入蜀後）

[19] 晉·常璩撰，劉琳注，《華陽國志》，卷 11，〈後賢志〉載「王化，字伯遠，廣漢郪人也…祖父商，字文表，州牧劉璋時為蜀太守…少弟崇，字幼遠…蜀時東觀郎。」頁 605。據洪武雄著，〈《三國職官表》蜀漢部份校補〉認王崇在「景耀世。」頁308。故列後主時期。**其祖曾仕劉璋，益州人故列益州勢力。**

[20] 晉·常璩撰，劉琳注，《華陽國志》，11，〈後賢志〉載「晉·陳壽，字承祚，巴西安漢人也。少受學於散騎常侍譙周…初應州命，衛將軍主簿，東觀秘書郎，散騎、黃門侍郎。」頁 606。洪武雄著，〈《三國職官表》蜀漢部份校補〉認晉·陳壽當生於建興十一年（223），次年諸葛亮卒，壽豈能為諸葛亮門下書佐，頁440。同書並認為「景耀四年（261）諸葛瞻為？（衛）將軍，景耀末，晉·陳壽由？（衛）將軍主簿徙為東觀秘書郎。」頁 308。不過沒有任何關於晉·陳壽擔任主簿的記載，由於是景耀四年的事，故列於後主時期。**益州人故列益州勢力。**

[21] 晉·陳壽，《三國志》，卷 45，〈蜀書·楊戲傳〉載「（龔）德緒名祿，巴西安漢人也。先主定益州，為郡從事牙門將…弟衡，景耀中為領軍。」頁 1088。故列後主時期。**益州人故列益州勢力。**

[22] 晉·常璩撰，劉琳注，《華陽國志》，卷 12，〈益梁寧二州先漢以來士女目錄〉載「御史中丞孟獲。右三人，建寧人士。」頁 683。洪武雄著，〈《三國職官表》蜀漢部份校補〉認在「後主世。」頁 321。故列後主時期。**益州人故列益州勢力。**

[23] 晉·陳壽，《三國志》，卷 43，〈蜀書·王平傳〉載「（王）平同郡漢昌句扶句古侯反忠勇寬厚，數有戰功，功名爵位亞平，官至左將軍，封宕渠侯。」頁1051。王平為巴西郡。另外，晉·常璩撰，劉琳注，《華陽國志》卷 7〈劉後主志〉載為勾扶，左將軍為右將軍，「平同郡勾扶，亦果壯，亞平，官至右將軍，封宕渠侯。」頁390。洪武雄著，〈《三國職官表》蜀漢部份校補〉認在「延熙十年（247）為左將軍。」頁 351。故列後主時期。**益州人故列益州勢力。**

[24] 晉·陳壽，《三國志》，卷 45，〈蜀書·楊儀傳〉載「（馬）盛衡名勳…巴西閬中人也。勳，劉璋時為州書佐，先主定蜀，辟為左將軍屬，後轉州別駕從事，卒。」頁1086。晉·常璩撰，劉琳注，《華陽國志》，卷 7，〈劉後主志〉載「丞相亮開府，領益州牧…辟尚書郎蔣琬及廣漢李邵、巴西馬勳為掾。」頁381。同書卷 1，〈巴志〉劉琳注曰「〔馬盛衡〕馬勳，閬中人。」頁 56。故列諸葛亮時期。洪武雄著，〈《三國職官表》蜀漢部份校補〉認在「建安十九年（214）之後，後轉益州別駕從事。」頁 355。洪氏此處有誤。**曾仕劉璋，益州人故列益州勢力。**

鎮軍將軍			龔祿[25]	（益州）巴西安漢	後主時期
牙門將軍			王平[26]	（益州）巴西宕渠	先主時期（入蜀後）
			王沖[27]	（益州）廣漢	諸葛亮時期
			柳隱[28]	（益州）蜀郡成都	後主時期
偏將軍			黃權[29]	（益州）巴西閬中	先主時期（入蜀後）
將軍			張休[30]	（益州）漢嘉	諸葛亮時期

---

[25] 晉·常璩撰，劉琳注，《華陽國志》，卷 12，〈益梁寧二州先漢以來士女目錄〉載「越巂太守龔祿，字德緒。安漢人。父諶，犍為太守，見《巴紀》）。鎮軍將軍龔皦，字德光。（祿弟也。）」頁 670。劉琳注「諶，劉璋時曾為巴西功曹，迎降張飛。」頁 699。洪武雄著，《《三國職官表》蜀漢部份校補》認在「後主世為鎮軍將軍。」頁 358。故列後主時期。**其父曾仕劉璋，益州人故列益州勢力。**

[26] 晉·陳壽，《三國志》，卷 43，〈蜀書·王平傳〉載「王平字子均，巴西宕渠人也…從曹公征漢中，因降先主，拜牙門將。」頁 1049。另據洪武雄著，《《三國職官表》蜀漢部份校補》認王平在「先主世、建興初，拜牙門將。」頁 374。故列先主時期（入蜀後）。**益州人故列益州勢力。**

[27] 晉·陳壽，《三國志》，卷 41，〈蜀書·費詩傳〉載「王沖者，廣漢人也。為牙門將，統屬江州督李嚴。」頁 1017。洪武雄著，《《三國職官表》蜀漢部份校補》認在「建興初，後降魏。」頁 374。故列諸葛亮時期。**益州人故列益州勢力。**

[28] 晉·常璩撰，劉琳注，《華陽國志》，卷 11，〈後賢志〉載「柳隱，字休然，蜀郡成都人也…數從大將軍姜維征伐…為牙門將，巴郡太守，騎都尉。邊漢中黃金圍督。」頁 602。另據洪武雄著，《《三國職官表》蜀漢部份校補》認在「延熙末、景耀年間由牙門將遷（巴郡太守），後遷騎都尉。」頁 449。故列後主時期。**益州人故列益州勢力。**

[29] 晉·陳壽，《三國志》，卷 43，〈蜀書·黃權傳〉載「黃權字公衡，巴西閬中人也。少為郡吏，州牧劉璋召為主簿…先主假權偏將軍。」頁 1043-1045。洪武雄著，《《三國職官表》蜀漢部份校補》認黃權在「建安十九年（214），章武元年（221）遷鎮北將軍。」頁 376。故列先主時期（入蜀後）。**曾仕劉璋，益州人故列益州勢力。**

[30] 晉·陳壽，《三國志》，卷 43，〈蜀書·王平傳〉載「丞相亮既誅馬謖及將軍張休、李盛，奪將軍黃襲等兵。」頁 1050。洪武雄著，《《三國職官表》蜀漢部份校補》認時為「建興六年（228）。」頁 380-381。另據晉·常璩撰，劉琳注，《華陽國志》，卷 12，〈益梁寧二州先漢以來士女目錄〉載「雲南太守張休，右二人，漢嘉人士。【在劉氏世。】」頁 689。**益州人故列益州勢力。**

附錄

		周群[31]	（益州）巴西閬中	先主時期（入蜀後）
儒林校尉				
中都護	參軍	孤忠（狐忠）[32]	（益州）巴西閬中	參註 95
其他督區	西安督領汶山太守	王嗣[33]	（益州）犍為資中	後主時期
州掾屬	治中從事	彭羕[34]	（益州）廣漢	先主時期（入蜀後）
		文恭[35]	（益州）梓潼涪人	諸葛亮時期
	別駕從事	王謀[36]	（益州）漢嘉	先主時期（入蜀後）

---

31 晉·陳壽，《三國志》，卷 42，〈蜀書·周群傳〉載「周羣字仲直，巴西閬中人也…州牧劉璋，辟以為師友從事。先主定蜀，署儒林校尉。」頁 1020。洪武雄著，〈《三國職官表》蜀漢部份校補〉認在「建安十九年（214）。」頁 390。故列先主時期（入蜀後）。**曾仕劉璋，益州人故列益州勢力。**

32 晉·陳壽，《三國志》，卷 42，〈蜀書·馬忠傳〉載「馬忠字德信，巴西閬中人也。少養外家，姓狐，名篤，後乃復姓，改名忠。為郡吏，建安末舉孝廉，除漢昌長……」頁 1048。洪武雄著，〈《三國職官表》蜀漢部份校補〉認孤忠即狐忠，亦即馬忠，並認時間應為建興九年，即諸葛亮掌政時期，頁 393。即後面巴西郡漢昌長馬忠。故列諸葛亮時期。**益州人故列益州勢力。**

33 晉·陳壽，《三國志》，卷 45，〈蜀書·楊戲傳〉載〈季漢輔臣贊〉注引〈益部耆舊雜記〉曰「王嗣字承宗，犍為資中人也。其先，延熙世以功德顯著。舉孝廉，稍遷西安圍督、汶山太守，加安遠將軍。」頁 1090。洪武雄著，〈《三國職官表》蜀漢部份校補〉認在「延熙末、景耀年間，以將軍督西安，並領汶山太守。」頁 411。可是從〈益部耆舊雜記〉所載先為督、汶山太守後再加將軍，不過在時間上是在後主時期。**益州人故列益州勢力。**

34 晉·陳壽，《三國志》，卷 40，〈蜀書·彭羕傳〉載「彭羕字永年，廣漢人…羕仕州，不過書佐，後又為眾人所謗毀於州牧劉璋，璋髡鉗羕為徒隸…先主領益州牧，拔羕為治中從事。」頁 994-995。洪武雄著，〈《三國職官表》蜀漢部份校補〉認在「建安十九年（214），後左遷江陽太守。」頁 423。列先主時期（入蜀後）。**曾仕於劉璋，益州人故列益州勢力。**

35 晉·常璩撰，劉琳注，《華陽國志》，卷 10 下，〈先賢士女總贊（下）〉載「（李）福同郡梓潼文恭，字仲寶，亦以才幹為牧亮治中從事，丞相參軍。」頁 579。另據洪武雄著，〈《三國職官表》蜀漢部份校補〉認文恭在「建興初，三年（225）轉丞相參軍。」頁 423。故列諸葛亮時期。**益州人故列益州勢力。**

36 晉·陳壽，《三國志》，卷 45，〈蜀書·楊戲傳〉載「王元泰名謀，漢嘉人也…劉璋時為巴郡太守，還為州治中從事。先主定益州，領牧，以為別駕。」頁 1082。故列先主時期（入蜀後）。**曾仕於劉璋，益州人故列益州勢力。**

	功曹從事	（伍）五梁[37]	（益州）犍為南安	諸葛亮時期
		李恢[38]	（益州）建寧俞元	先主時期（入蜀後）
		姚伷[39]	（益州）巴西閬中	先主時期（入蜀後）
	議曹從事	杜瓊[40]	（益州）蜀郡成都	先主時期（入蜀後）
	勸學從事	尹默[41]	（益州）梓潼涪人	先主時期（入蜀後）
		譙周[42]	（益州）巴西充國	諸葛亮時期
	部郡從事	龔祿[43]	（益州）巴西安漢	先主時期（入蜀後）

---

37 晉·陳壽，《三國志》，卷42，〈蜀書·杜微傳〉載「建興二年，丞相亮領益州牧…以秦宓為別駕，五梁為功曹…五梁者，字德山，犍為南安人也。」頁1019-1020。故列諸葛亮時期。**益州人故列益州勢力。**

38 晉·陳壽，《三國志》，卷43，〈蜀書·李恢傳〉載「李恢字德昂，建寧俞元人也。仕郡督郵，姑夫爨習為建伶令…聞先主自葭萌還攻劉璋…先主領益州牧，以恢為功曹書佐主簿。」頁1045-1046。故列先主時期（入蜀後）。**曾仕於劉璋，益州人故列益州勢力。**

39 晉·陳壽，《三國志》，卷45，〈蜀書·楊戲傳〉載「（姚）伷字子緒，亦閬中人。先主定益州後，為功曹書佐。」頁1087。另據洪武雄著，〈《三國職官表》蜀漢部份校補〉認姚伷在「建安末為功曹書佐參功曹從事姚伷條。」頁439。故列先主時期（入蜀後）。**益州人故列益州勢力。**

40 晉·陳壽，《三國志》，卷42，〈蜀書·杜瓊傳〉載「杜瓊字伯瑜，蜀郡成都人也…劉璋時辟為從事。先主定益州，領牧，以瓊為議曹從事。」頁1021。故列先主時期（入蜀後）。**曾仕於劉璋，益州人故列益州勢力。**

41 晉·陳壽，《三國志》，卷42，〈蜀書·尹默傳〉載「尹默字思潛，梓潼涪人…先主定益州，領牧，以為勸學從事。」頁1026。故列先主時期。**益州人故列益州勢力。**

42 晉·陳壽，《三國志》，卷42，〈蜀書·譙周傳〉載「譙周字允南，巴西西充國人也…建興中，丞相亮領益州牧，命周為勸學從事。」頁1027-1030。故列諸葛亮時期。**益州人故列益州勢力。**

43 晉·陳壽，《三國志》，卷45，〈蜀書·楊戲傳〉載「（龔）德緒名祿，巴西安漢人也。先主定益州，為郡從事牙門將。」頁1088。晉·常璩撰，劉琳注，《華陽國志》，卷12，〈益梁寧二州先漢以來士女目錄〉載「越巂太守龔祿，字德緒。安漢人。父諶，犍為太守，見《巴紀》）。鎮軍將軍龔衡，字德光。（祿弟也。）」頁670。劉琳注「諶，劉璋時曾為巴西功曹，迎降張飛。」頁699。洪武雄著，〈《三國職官表》蜀漢部份校補〉認在「建安末為部郡從事，未知部何郡？建興三年（225）遷越巂太守。」頁432。故列先主時期（入蜀後）。**其父曾仕於劉璋，益州人故列益州勢力。**

附錄

		常房[44]	（庲降都督）牂柯	諸葛亮時期
	督軍從事	王離[45]	（益州）廣漢	諸葛亮時期
		費詩[46]	（益州）犍為南安	先主時期 （入蜀後）
		常勖[47]	（益州）蜀郡江原	後主時期
	從事祭酒	何宗[48]	（益州）蜀郡郫人	先主時期 （入蜀後）
		程畿[49]	（益州）巴西閬中	先主時期 （入蜀後）
	從事	張嶷[50]	（益州） 巴郡南充國	先主時期 （入蜀後）

44　清·洪飴孫，《三國職官表》，記「部郡從事…牂柯常房」。收入《廿五史補編》（北
　　京：中華書局，1986 年 6 月）第二冊，第 86 頁，總頁 2816。洪武雄著，《〈三國
　　職官表〉蜀漢部份校補》認在「建興元年（223）。」頁 432-433。故列諸葛亮時
　　期。**益州人故列益州勢力。**

45　晉·陳壽，《三國志》，卷 41，〈蜀書·楊洪傳〉注引〈益部耆舊傳雜記〉曰「廣漢
　　王離，字伯元，亦以才幹顯。為督軍從事。」頁 1014。洪武雄著，《〈三國職官表〉
　　蜀漢部份校補》認在「建興初。」頁 433-434。故列諸葛亮時期。**益州人故列益
　　州勢力。**

46　晉·陳壽，《三國志》，卷 41，〈蜀書·費詩傳〉載「費詩字公舉，犍為南安人也…
　　劉璋時為緜竹令…成都既定，先主領益州牧，以詩為督軍從事。」頁 1015-1016。
　　故列先主時期（入蜀後）。**曾仕於劉璋，益州人故列益州勢力。**

47　晉·常璩撰，劉琳注，《華陽國志》，卷 11，〈後賢志〉載「常勖，字脩（修）業，
　　蜀郡江原人也…州命辟從事。」頁 603。另據洪武雄著，《〈三國職官表〉蜀漢部
　　份校補》認在「延熙末、景耀年間由督軍從事轉光祿郎中，又由郡功曹復轉。」
　　頁 434。故列後主時期。**益州人故列益州勢力。**

48　晉·陳壽，《三國志》，卷 45，〈蜀書·楊戲傳〉載「何彥英名宗，蜀郡郫人也…劉
　　璋時，為犍為太守。先主定益州，領牧，辟為從事祭酒。」頁 1083。另據洪武雄
　　著，《〈三國職官表〉蜀漢部份校補》認在「建安十九年（214），章武元年（221）
　　遷大鴻臚。」頁 435。故列先主時期（入蜀後）。**曾仕於劉璋，益州人故列益州勢
　　力。**

49　晉·陳壽，《三國志》，卷 45，〈蜀書·楊戲傳〉載「（程）季然名畿，巴西閬中人也。
　　劉璋時為漢昌長…遷畿江陽太守。先主領益州牧，辟為從事祭酒。」頁 1089。故
　　列先主時期（入蜀後）。**曾仕於劉璋，益州人故列益州勢力。**

50　晉·陳壽，《三國志》，卷 43，〈蜀書·張嶷傳〉載「張嶷字伯岐，巴郡南充國人也…
　　州召為從事。」頁 1051-1054。另據洪武雄著，《〈三國職官表〉蜀漢部份校補》
　　認在「建安末，建興五年（227）之前遷廣漢郡都尉。」頁 435。故列先主時期（入
　　蜀後）。**益州人故列益州勢力。**

		李密[51]（李宓）	（益州）犍為武陽	後主時期
		李邈[52]	（益州）廣漢郪人	先主時期（入蜀後）
		杜禎[53]	（益州）蜀郡成都	諸葛亮時期
		柳伸[54]	（益州）蜀郡成都	諸葛亮時期
		文立[55]	（益州）巴郡臨江	後主時期
		壽良[56]	（益州）蜀郡成都	後主時期
	後部司馬	張裕[57]	（益州）蜀郡	先主時期（入蜀後）

51　晉·陳壽，《三國志》，卷45，〈蜀書·楊戲傳〉注「（楊）戲同縣（犍為武陽）後進有李密者。」又注引〈華陽國志〉曰「本郡禮命不應，州辟從事尚書郎。」頁1078。另據洪武雄著，〈《三國職官表》蜀漢部份校補〉認在「延熙末、景耀年間，後轉尚書郎。」頁436。故列後主時期。密也有不同版本寫宓，如前引劉琳注，《華陽國志》，卷11，〈後賢志〉，頁607。**益州人故列益州勢力。**

52　晉·陳壽，《三國志》，卷45，〈蜀書·楊戲傳〉載「（李）永南名邵，廣漢郪人也。」注引〈華陽國志〉曰「邵兄邈，字漢南，劉璋時為牛鞞長。先主領牧，為從事。」頁1086。另據洪武雄著，〈《三國職官表》蜀漢部份校補〉認李邈在「建安十九年。」頁436。故列先主時期（入蜀後）。**曾仕於劉璋，益州人故列益州勢力。**

53　晉·常璩撰，劉琳注，《華陽國志》，卷11，〈後賢志〉載「柳隱，字休然，蜀郡成都人也。少與同郡杜禎、柳伸並知名…杜禎，字文然…州牧諸葛亮辟為從事。」頁602-603。故列諸葛亮時期。**益州人故列益州勢力。**

54　晉·常璩撰，劉琳注，《華陽國志》，卷11，〈後賢志〉載「柳隱，字休然，蜀郡成都人也。少與同郡杜禎、柳伸並知名…柳伸，字雅厚。州牧諸葛亮辟為從事。」頁602。故列諸葛亮時期。**益州人故列益州勢力。**

55　晉·常璩撰，劉琳注，《華陽國志》，卷11，〈後賢志〉載「文立字廣休，巴郡臨江人也…州刺史費禕命為從事。」頁601。另據洪武雄著，〈《三國職官表》蜀漢部份校補〉認在「延熙中，後入為尚書郎。」頁436。故列後主時期。**益州人故列益州勢力。**

56　晉·常璩撰，劉琳注，《華陽國志》，11，〈後賢志〉載「壽良，字文淑，蜀郡成都人也…州從事，散騎、黃門侍郎。」頁612。另據洪武雄著，〈《三國職官表》蜀漢部份校補〉認在「延熙、景耀間。」頁437。故列後主時期。**益州人故列益州勢力。**

57　晉·陳壽，《三國志》，卷42，〈蜀書·周羣傳〉載「時州後部司馬蜀郡張裕。」頁1020。另據洪武雄著，〈《三國職官表》蜀漢部份校補〉認張裕在「建安廿二年（217）時為州後部司馬，廿四年（219）誅。」頁437-438。故列先主時期（入蜀後）。**益州人故列益州勢力。**

	主簿	杜微[58]	（益州）梓潼涪人	諸葛亮時期
	書佐	李譔[59]	（益州）梓潼涪人	後主時期
		張翼[60]	（益州）犍為武陽	先主時期 （入蜀後）
		楊戲[61] （楊羲、楊義）	（益州）犍為武陽	諸葛亮時期
		李邵[62]	（益州）廣漢郪人	先主時期 （入蜀後）
		李福[63]	（益州）梓潼涪人	先主時期 （入蜀後）

---

[58] 晉‧陳壽，《三國志》，卷 42，〈蜀書‧杜微傳〉載「杜微字國輔，梓潼涪人也…劉璋辟為從事，以疾去官…建興二年，丞相亮領益州牧，選迎皆妙簡舊德，以秦宓為別駕，五梁為功曹，微為主簿…拜為諫議大夫，以從其志。」頁 1019-1020。另據洪武雄著，〈《三國職官表》蜀漢部份校補〉認在「建興二年，不久拜諫議大夫。」頁 438。故列諸葛亮時期。**曾仕於劉璋，益州人故列益州勢力。**

[59] 晉‧陳壽，《三國志》，卷 42，〈蜀書‧李譔傳〉載「李譔字欽仲，梓潼涪人也…始為州書佐、尚書令史。」頁 1026-1027。另據洪武雄著，〈《三國職官表》蜀漢部份校補〉認在「建興末，後轉尚書令史。」頁 439。故列後主時期。**益州人故列益州勢力。**

[60] 晉‧陳壽，《三國志》，卷 45，〈蜀書‧張翼傳〉載「張翼字伯恭，犍為武陽人也…先主定益州，領牧，翼為書佐。」頁 1073-1075。據洪武雄著，〈《三國職官表》蜀漢部份校補〉認在「建安十九年（214），建安末舉孝廉、為江陽長。」頁 439。故列先主時期（入蜀後）。**益州人故列益州勢力。**

[61] 晉‧陳壽，《三國志》，卷 45，〈蜀書‧楊戲傳〉載「楊戲字文然，犍為武陵人也…戲年二十餘，從州書佐為督軍從事。」頁 1077。據洪武雄著，〈《三國職官表》蜀漢部份校補〉認楊戲在「建興初，後遷督軍從事。」頁 439。故列諸葛亮時期。另據晉‧常璩撰，劉琳注，《華陽國志》（臺北：新文豐出版公司，1988 年 11 月），劉琳注曰「顧校：『楊義』當作楊義。《蜀志》有傳，作楊戲，『戲』、『義』古通用。」頁 563。**益州人故列益州勢力。**

[62] 晉‧陳壽，《三國志》，卷 45，〈蜀書‧楊戲傳〉載「（李）永南名邵，廣漢郪人也。先主定蜀後，為州書佐部從事。」頁 1086。另據洪武雄著，〈《三國職官表》蜀漢部份校補〉認李邵在「建安末，後遷部郡從事。」頁 439。故列先主時期（入蜀後）。**益州人故列益州勢力。**

[63] 晉‧陳壽，《三國志》，卷 45，〈蜀書‧楊戲傳〉載「（李）孫德名福，梓潼涪人也。先主定益州後，為書佐、西充國長、成都令。」頁 1087。故列先主時期（入蜀後）。**益州人故列益州勢力。**

郡太守		王長文[64]	（益州）廣漢郪人	後主時期
郡太守	上庸太守	陳術[65]	（益州）漢中	時段不詳
	巴郡太守	張裔[66]	（益州）蜀郡成都	先主時期（入蜀後）
		王彭[67]	（益州）廣漢郪人	不明時段
	巴西太守	費揖[68]	（益州）犍為南安	不明時段
	漢中太守	常閎[69]	（益州）蜀郡江原	後主時期
	犍為太守	龔諶[70]	（益州）巴西安漢	先主時期（入蜀後）

204

---

64 晉·常璩撰，劉琳注，《華陽國志》，卷11，〈後賢志〉載「王長文，字德儁，廣漢郪人也…弱冠，州三辟書佐。」頁611。洪武雄著，〈《三國職官表》蜀漢部份校補〉認在「延熙末、景耀年間。」頁440。故列後主時期。**益州人故列益州勢力。**

65 晉·陳壽，《三國志》，卷42，〈蜀書·李譔傳〉載「時又有漢中陳術，字申伯，亦博學多聞，著釋問七篇、益部耆舊傳及志，位歷三郡太守。」頁1027。晉·常璩撰，劉琳注，《華陽國志》，卷10下，〈先賢士女總贊（下）〉載「陳術，字申伯，作《耆舊傳》者也。失其行事。歷新城、魏興、上庸三郡太守。」頁573。劉琳校注曰「按新城、魏興、上庸三郡乃建安二十年曹操立。廿四年屬蜀，太守分別為孟達、申儀、申耽。至次年三郡復歸魏。則陳術歷任三郡太守乃魏官，疑此人是後來歸附蜀漢，不然則係遙置。」頁590。故陳術任官時段不詳。**益州人故列益州勢力。**

66 晉·陳壽，《三國志》，卷41，〈蜀書·張裔傳〉載「張裔字君嗣，蜀郡成都人也…劉璋時舉孝廉，為魚復長，還州署從事，領帳下司馬…先主以裔為巴郡太守。」頁1011-1013。故列先主時期（入蜀後）。**曾仕於劉璋，益州人故列益州勢力。**

67 晉·常璩撰，劉琳注，《華陽國志》，卷11，〈後賢志〉載「王化，字伯遠，廣漢郪人也…祖父商，字文表，州牧劉璋時為蜀太守…父彭，字仲□巴郡太守。」頁605。洪武雄著，〈《三國職官表》蜀漢部份校補〉認「延熙末、景耀年間，王化歷仕郡、州吏、光祿郎中主事、尚書郎、縣令等職。其父王彭任巴守應在蜀漢世，惟不知年代。」頁449。故列不明時段。**祖父王商曾仕於劉璋，益州人故列益州勢力。**

68 晉·常璩撰，劉琳注，《華陽國志》，卷11，〈後賢志〉載「費立，字建熙，犍為南安人也。父揖，字君讓，巴西太守。」頁618。不明時段。**益州人故列益州勢力。**

69 晉·常璩撰，劉琳注，《華陽國志》，11，〈後賢志〉載「常勖，字脩業，蜀郡江原人也…從父閎，漢中、廣漢太守。」頁603。洪武雄著，〈《三國職官表》蜀漢部份校補〉認在「後主世，未確知何時？後轉廣漢守。」頁454-455。故列後主時期。**益州人故列益州勢力。**

70 晉·常璩撰，劉琳注，《華陽國志》，卷12，〈益梁寧二州先漢以來士女目錄〉載「越巂太守龔祿，字德緒。（安漢人。父諶，犍為太守，見《巴紀》。）」頁670。劉琳注「諶，劉璋時曾為巴西功曹，迎降張飛。」頁699。洪武雄著，〈《三國職官表》蜀漢部份校補〉認龔諶在「應於章武二年（222）接續李嚴，然不久任。」頁462。故列先主時期（入蜀後）。**龔諶曾仕於劉璋，益州人故列益州勢力。**

		壽良父親[71]	（益州）蜀郡成都	後主時期
汶山太守		何祗族人[72]	（益州）蜀郡	後主時期
越嶲太守		焦璜[73]	（益州）梓潼	先主時期（入蜀後）
朱提郡		李光[74]	（益州）犍為武陽	不明時段
南廣郡		常竺[75]	（益州）蜀郡江原	後主時期
		令狐衷[76]	（益州）巴西	後主時期
郡名不詳		鐔承[77]	（益州）廣漢郪人	後主時期

---

71 晉·常璩撰，劉琳注，《華陽國志》，11，〈後賢志〉載「壽良，字文淑，蜀郡成都人也。父祖二世犍為太守。」頁612。洪武雄著，〈《三國職官表》蜀漢部份校補〉認壽良「其父或在建興末、延熙初。」頁462。故列後主時期。**益州人故列益州勢力。**

72 晉·陳壽，《三國志》，卷45，〈蜀書·楊戲傳〉注引〈益部耆舊雜記〉曰「（何祗）遷廣漢。後夷反叛，辭〔曰〕「令得前何府君，乃能安我耳」！時難〔復〕屈祗，拔祗族人為〔之〕，汶山復得安。」頁1015。洪武雄著，〈《三國職官表》蜀漢部份校補〉認「約在建興五（227）、六年（228）間。」頁462。故列後主時期。**益州人故列益州勢力。**

73 晉·常璩撰，劉琳注，《華陽國志》，卷3，〈蜀志〉載「遣都督李承之殺將軍梓潼焦璜，破沒郡土。」頁131。洪武雄著，〈《三國職官表》蜀漢部份校補〉認在「建安末、章武年間以將軍領郡，章武三年（223）被害。」頁466-467。故列先主時期（入蜀後）。**益州人故列益州勢力。**

74 晉·常璩撰，劉琳注，《華陽國志》，11，〈後賢志〉載「李宓，字令伯，犍為武陽人也。祖父光，朱提太守。」頁607。洪武雄著，〈《三國職官表》蜀漢部份校補〉認李光必在蜀漢前期，頁470-471。**益州人故列益州勢力。**

75 晉·常璩撰，劉琳注，《華陽國志》，11，〈後賢志〉載「常騫，字季慎，蜀郡江原人也。祖父竺，字代文，南廣太守，侍中。」頁619。另洪武雄著，〈《三國職官表》蜀漢部份校補〉認在「延熙中，後遷侍中。」頁472。故列後主時期。**益州人故列益州勢力。**

76 晉·常璩撰，劉琳注，《華陽國志》，4，〈南中志〉載「南廣郡，蜀延熙中置，以蜀郡常竺為太守。蜀朝召竺，入為侍中，巴西令狐衷代之。」頁238。洪武雄著，〈《三國職官表》蜀漢部份校補〉認「延熙中、晚期，代常竺。」頁472。故列後主時期。**益州人故列益州勢力。**

77 晉·常璩撰，劉琳注，《華陽國志》，卷10中，〈先賢士女總贊（中）廣漢士女〉載「鐔承，字公文，郪人也。歷郡守，州右職，為少府，太常…承以和獨立，特進之也。」頁535。另洪武雄著，〈《三國職官表》蜀漢部份校補〉認「其任郡守或在建興末、延熙初，後轉州右職。」頁473。故列後主時期。**益州人故列益州勢力。**

附錄

205

		張翌[78]	（益州）蜀郡成都	諸葛亮時期
郡掾屬	功曹掾	楊洪[79]	（益州）犍為武陽	先主時期（入蜀後）
		古樸（古濮）[80]	（益州）廣漢德陽	先主時期（入蜀後）
		李朝[81]	（益州）廣漢郪人	先主時期（入蜀後）
		司馬勝之[82]	（益州）廣漢綿竹	後主時期
		王化[83]	（益州）廣漢郪人	後主時期

[78] 晉·陳壽，《三國志》，卷 41，〈蜀書·張裔傳〉載「張裔字君嗣，蜀郡成都人也…劉璋時舉孝廉，為魚復長，還州署從事，領帳下司馬…先主以裔為巴郡太守…子翌嗣，歷三郡守監軍。」頁 1011-1013。洪武雄著，〈《三國職官表》蜀漢部份校補〉認「張裔卒於建興八年，翌歷三郡守當在後主時期較有可能。」頁 473。其弟張郁為太子中庶子。也應在後主時期，然而筆者認為後主建興八年是諸葛亮執政時期，故列諸葛亮時期。**其父曾仕於劉璋，益州人故列益州勢力。**

[79] 晉·陳壽，《三國志》，卷 41，〈蜀書·楊洪傳〉載「楊洪字季休，犍為武陽人也。劉璋時歷部諸郡。先主定蜀，太守李嚴命為功曹。」頁 1013。洪武雄著，〈《三國職官表》蜀漢部份校補〉認在「建安十九年（214），後轉部蜀郡從事。」頁 476。故列先主時期（入蜀後）。**曾仕於劉璋，益州人故列益州勢力。**

[80] 晉·常璩撰，劉琳注，《華陽國志》，卷 3，〈蜀志〉載「德陽縣…太守夏侯慕時，古濮為功曹。康、古、袁氏為四姓，大族之甲者也。」頁 126。可見古濮應為此縣大族。另劉琳註稱「〔古濮〕《蜀志·李宓傳》及本書（即華陽國志）卷十二《目錄》作古樸。」頁 186。洪武雄著，〈《三國職官表》蜀漢部份校補〉認在「建安末。」頁 476。故列先主時期（入蜀後）。**益州人故列益州勢力。**

[81] 晉·陳壽，《三國志》，卷 45，〈蜀書·楊戲傳〉載「（李）永南名邵，廣漢郪人也…偉南名朝，永南兄。郡功曹，舉孝廉，臨邛令，入為別駕從事。」頁 1086-1088。洪武雄著，〈《三國職官表》蜀漢部份校補〉認在「建安末，後舉孝廉，遷臨邛令。」頁 476。故列先主時期（入蜀後）。**益州人故列益州勢力。**

[82] 晉·常璩撰，劉琳注，《華陽國志》，卷 11，〈後賢志〉載「司馬勝之，字興先，廣漢綿竹人也…初為郡功曹…州辟從事。」頁 603。另洪武雄著，〈《三國職官表》蜀漢部份校補〉認在「延熙末、景耀年間，後轉州從事。」頁 477。故列後主時期。**益州人故列益州勢力。**

[83] 晉·常璩撰，劉琳注，《華陽國志》，卷 11，〈後賢志〉載「王化，字伯遠，廣漢郪人也…祖父商，字文表，州牧劉璋時為蜀太守…父彭，字仲□巴郡太守…（化）郡命功曹，州辟從事。」頁 605。另洪武雄著，〈《三國職官表》蜀漢部份校補〉認在「延熙末、景耀年間，後轉州從事。」頁 477。故列後主時期。**祖父王商曾仕於劉璋，益州人故列益州勢力。**

		杜軫[84]	（益州）蜀郡成都	後主時期
		何隨[85]	（益州）蜀郡郫人	後主時期
	五官掾	呂凱[86]	（益州）永昌不韋	先主時期 （入蜀後）
	師友祭酒	秦宓[87]	（益州）廣漢緜竹	先主時期 （入蜀後）
	門下書佐	何祗[88]	（益州）蜀郡	先主時期 （入蜀後）
	郡丞	王伉[89] 永昌郡丞	（益州）蜀郡成都	先主時期 （入蜀後）

[84] 晉·陳壽，《三國志》，卷 41，〈蜀書·霍峻傳〉注引〈襄陽記〉曰「蜀郡常忌、杜軫、壽良。」頁 1008。晉·常璩撰，劉琳注，《華陽國志》，11，〈後賢志〉載「杜軫，字超宗，蜀郡成都人也。父雄，字伯休，安漢、雒令。」頁 610。洪武雄著，〈《三國職官表》蜀漢部份校補〉認在「景耀六年（263）。」頁 477。故列後主時期。**益州人故列益州勢力**。

[85] 晉·常璩撰，劉琳注，《華陽國志》，卷 11，〈後賢志〉載「何隨，字季業，蜀郡郫人也，漢司空武後…郡命功曹。州辟從事。光祿郎中主事。除安漢令。蜀亡，去官。」頁 604。另洪武雄著，〈《三國職官表》蜀漢部份校補〉認在「延熙末、景耀年間，後轉州從事。」頁 477。故列後主時期。**益州人故列益州勢力**。

[86] 晉·陳壽，《三國志》，卷 43，〈蜀書·呂凱傳〉載「呂凱字季平、永昌不韋人也。仕郡五官掾功曹…以凱為雲南太守。」頁 1046-1048。洪武雄著，〈《三國職官表》蜀漢部份校補〉認在「章武年間為永昌郡吏，由五官掾轉功曹。」頁 478。故列先主時期（入蜀後）。**益州人故列益州勢力**。

[87] 晉·陳壽，《三國志》，卷 38，〈蜀書·秦宓傳〉載「秦宓字子勑，廣漢緜竹人也…劉璋時，宓同郡王商為治中從事…先主既定益州，廣漢太守夏侯纂請宓為師友祭酒，領五官掾，稱曰仲父。」頁 971-976。故列先主時期（入蜀後）。**曾仕於劉璋，益州人故列益州勢力**。

[88] 晉·陳壽，《三國志》，卷 43，〈蜀書·張嶷傳〉載「廣漢太守蜀郡何祗。」頁 1051。另據同書卷 41，〈蜀書·楊洪傳〉注引〈益部耆舊傳雜記〉曰「祗字君肅…初仕郡，後為督軍從事。」頁 1014。洪武雄著，〈《三國職官表》蜀漢部份校補〉認在「建安末，後遷督軍從事。」頁 479。故列先主時期（入蜀後）。**益州人故列益州勢力**。

[89] 晉·陳壽，《三國志》，卷 43，〈蜀書·呂凱傳〉載「（呂）凱與府丞蜀郡王伉…王伉亦封亭侯，為永昌太守。」頁 1046-1048。另晉·常璩撰，劉琳注，《華陽國志》，12，〈益梁寧二州先漢以來士女目錄〉載「永昌太守王伉。成都人。」頁 665。洪武雄著，〈《三國職官表》蜀漢部份校補〉認王伉在「章武初至建興三年（225），永昌郡丞。」頁 479。故列先主時期（入蜀後）。**益州人故列益州勢力**。

		朱褒[90]	（庲降都督）朱提	先主時期 （入蜀後）
縣令長	江原令或長	朱游（稱長）[91]	（益州）蜀郡廣都	後主時期
	緜竹令	王甫[92]	（益州）廣漢郪人	先主時期 （入蜀後）
巴西郡	閬中令	常偉[93]	（益州）蜀郡江原	後主時期
	安漢令	杜雄[94]	（益州）蜀郡成都	不明時段
	漢昌長	馬忠[95]	（益州）巴西閬中	先主時期 （入蜀後）
江陽郡	符節長	王士[96]	（益州）廣漢郪人	先主時期 （入蜀後）

---

90 晉·常璩撰，劉琳注，《華陽國志》，卷 4，〈南中志〉載「先主薨後…牂牁郡丞朱提朱褒領太守。」頁 227。晉·陳壽，《三國志》，卷 33，〈蜀書·後主傳〉載「建興元年夏，牂牁太守朱褒擁郡反。」頁 894。洪武雄著，〈《三國職官表》蜀漢部份校補〉認在「章武年間，章武三年（223）夏四月先主薨後遷太守。」頁 479。故列先主時期（入蜀後）。**益州人故列益州勢力**。

91 晉·陳壽，《三國志》，卷 45，〈蜀書·楊戲傳〉注引〈益部耆舊雜記〉曰「縣長廣都朱游」頁 1090-1091。《續郡國志》，志 23，〈郡國五〉載「蜀郡秦置…廣都」，頁 3509。洪武雄著，〈《三國職官表》蜀漢部份校補〉認在「建興末，稱『縣長』。」頁 481。故列後主時期。**益州人故列益州勢力**。

92 晉·陳壽，《三國志》，卷 45，〈蜀書·楊戲傳〉載「（王）國山名甫，廣漢郪人也…劉璋時為州書佐。先主定蜀後，為緜竹令，還為荊州議曹從事。」頁 1086。故列先主時期（入蜀後）。**曾仕於劉璋，益州人故列益州勢力**。

93 晉·常璩撰，劉琳注，《華陽國志》，11，〈後賢志〉載「常騫，字季慎，蜀郡江原人也…父偉，字公然，閬中令。」頁 619。洪武雄著，〈《三國職官表》蜀漢部份校補〉認「在蜀漢末葉或晉初，難以確知。」頁 484。既然是蜀漢末，故暫列為後主時期。**益州人故列益州勢力**。

94 晉·常璩撰，劉琳注，《華陽國志》，11，〈後賢志〉載「杜軫，字超宗，蜀郡成都人也。父雄，字伯休，安漢、雒令。」頁 610。洪武雄著，〈《三國職官表》蜀漢部份校補〉認在「蜀漢世。」頁 484。不明時段。**益州人故列益州勢力**。

95 晉·陳壽，《三國志》，卷 43，〈蜀書·蔣琬傳〉載「馬忠字德信，巴西閬中人也…為郡吏，建安末舉孝廉，除漢昌長…建興元年，丞相亮開府，以忠為門下督。」頁 1048-1049。建安末應屬先主入益州後，故列先主時期（入蜀後）。**益州人故列益州勢力**。

96 晉·陳壽，《三國志》，卷 45，〈蜀書·楊戲傳〉載「（王）義彊名士，廣漢郪人，國山從兄也。從先主入蜀後，舉孝廉，為符節長，遷牙門將。」頁 1088。晉·陳壽，《三國志》，卷 45，〈蜀書·楊戲傳〉載「國山名甫…劉璋時為州書佐。」頁 1086。洪武雄著，〈《三國職官表》蜀漢部份校補〉認在「建安末、後遷牙門將。」頁 486。故列先主時期（入蜀後）。**益州人故列益州勢力**。

建寧郡	雙柏長	何雙[97]	（益州）蜀郡郫人	後主時期
漢嘉郡	嚴道長	張君[98]	蜀郡成都	後主時期
縣諸曹掾史	功曹	衛繼父親[99]	（益州）漢嘉嚴道	後主時期
	主簿	常播[100]	（益州）蜀郡江原	後主時期
		楊玩[101]	（益州）蜀郡	後主時期

---

[97] 晉·陳壽，《三國志》，卷45，〈蜀書·楊戲傳〉載「何彥英名宗，蜀郡郫人也…劉璋時，為犍為太守。先主定益州，領牧，辟為從事祭酒…子雙，字漢偶…為雙柏長。早卒。」頁1083。洪武雄著，〈《三國職官表》蜀漢部份校補〉認「當蜀漢末葉。」頁486。故列後主時期。**益州人故列益州勢力。**

[98] 晉·陳壽，《三國志》，卷45，〈蜀書·楊戲傳〉注引〈益部耆舊雜記〉曰「衛繼字子業，漢嘉嚴道人也。兄弟五人。繼父為縣功曹。繼為兒時，與兄弟隨父游戲庭寺中，縣長蜀郡成都張君無子，數命功曹呼其子省弄，甚憐愛之。」頁1090。洪武雄著，〈《三國職官表》蜀漢部份校補〉認「延熙世。」頁486。故列後主時期。**益州人故列益州勢力。**

[99] 晉·陳壽，《三國志》，卷45，〈蜀書·楊戲傳〉注引〈益部耆舊雜記〉曰「衛繼字子業，漢嘉嚴道人也。兄弟五人。繼父為縣功曹。」頁1091。洪武雄著，〈《三國職官表》蜀漢部份校補〉認「延熙世。」頁487。故列後主時期。**益州人故列益州勢力。**

[100] 晉·陳壽，《三國志》，卷45，〈蜀書·楊戲傳〉注引〈益部耆舊雜記〉曰「常播字文平，蜀郡江原人也。播仕縣主簿功曹…舉孝廉，除郪長，年五十餘卒。」頁1090-1091。洪武雄著，〈《三國職官表》蜀漢部份校補〉認在「建興末，後蜀郡江原轉縣功曹。」頁488。故列後主時期。**益州人故列益州勢力。**

[101] 清·洪飴孫，《三國職官表》記「蜀郡常播楊玩」，收入《廿五史補編》第二冊，第87頁，總頁2817。洪武雄著，〈《三國職官表》蜀漢部份校補〉認在「建興十五年（237）。」頁488。故列後主時期。**益州人故列益州勢力。**

附錄五：非三派勢力一覽表

資料來源：《三國職官表》等資料

丞相	倉曹屬	姜維[1]（掾）	（雍州）天水冀人	諸葛亮時期
太尉		上官勝[2]	（雍州）隴西上邽	不明時段
光祿勳	虎賁 中郎將	關統[3]	（司州）河東解人	後主時期
		麋威[4]	（徐州）東海朐人	後主時期
	虎賁中郎	趙統[5]	（冀州）常山真定	後主時期
	虎騎監	麋照[6]	（徐州）東海朐人	後主時期
侍中		關興[7]	（司州）河東解人	諸葛亮時期

---

[1] 晉·陳壽，《三國志》，卷44，〈蜀書·姜維傳〉載「姜維字伯約，天水冀人也…亮辟維為倉曹掾，」頁1062-1065。另據洪武雄著，〈《三國職官表》蜀漢部份校補〉認姜維在「建興六年（228）為倉曹掾加奉義將軍，八年（230）遷護軍、征西將軍。」頁237。**故列諸葛亮時期。**

[2] 宋·歐陽修、宋祁撰，《新唐書》，卷73下，〈宰相世系三下〉載「漢徙大姓以實關中，上官氏徙隴西上邽。漢有右將軍安陽侯桀，生安，車騎將軍、桑樂侯，以反伏誅。遺腹子期，裔孫勝，蜀太尉。」頁2943。**時間不明**

[3] 晉·陳壽，《三國志》，卷36，〈蜀書·關羽傳〉載「關羽字雲長，本字長生，河東解人也…子統嗣，尚公主，官至虎賁中郎將。」頁939-942。據洪武雄，〈《三國職官表》蜀漢部份校補〉認「當在延熙六年（243）董允不加此官後。」頁266。**故列於後主時期。元老派子孫。**

[4] 晉·陳壽，《三國志》，卷38，〈蜀書·麋竺傳〉載「麋竺字子仲，東海朐人也…子威，官至虎賁中郎將。」頁969-970。據洪武雄，〈《三國職官表》蜀漢部份校補〉認「關統與麋威不知何者先任此官。」頁266。關統在延熙六年，參關統條，**故把麋威列於後主時期。元老派子孫。**

[5] 晉·陳壽，《三國志》，卷36，〈蜀書·趙雲傳〉載「趙雲字子龍，常山真定人也…雲子統嗣，官至虎賁中郎，督行領軍。」頁951。據洪武雄，〈《三國職官表》蜀漢部份校補〉認在「後主世」。頁266-267。**故列後主時期。元老派子孫。**

[6] 晉·陳壽，《三國志》，卷38，〈蜀書·麋竺傳〉載「麋竺字子仲，東海朐人也…子威，官至虎賁中郎將。威子照，虎騎監。」頁969-970。另洪武雄著，〈《三國職官表》蜀漢部份校補〉認在「後主世」，頁269。**故列後主時期。元老派子孫。**

[7] 晉·陳壽，《三國志》，卷36，〈蜀書·關羽傳〉載「關羽字雲長…河東解人也…子興嗣。興字安國，少有令問，丞相諸葛亮深器異之。」頁939-942。另洪武雄著，〈《三國職官表》蜀漢部份校補〉認「當在建興年間任侍中，後遷中監軍。」頁285。**故列諸葛亮時期。元老派子孫。**

		張紹[8]	（幽州）涿郡	後主時期
尚書令	尚書	張遵[9]	（幽州）涿郡	後主時期
中領軍	（前護軍）	許允[10]	（冀州）涿郡高陽[11]	諸葛亮時期
征西將軍		陳到[12]	（豫州）汝南	先主時期（入荊前）
征北將軍		夏侯霸[13]	（豫州）沛國譙人	後主時期
平西將軍		馬超[14]	（雍州）扶風茂陵	先主時期（入蜀後）

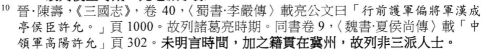

8　晉·陳壽，《三國志》，卷36，〈蜀書·張飛傳〉載「張飛字益德，涿郡人也…次子紹嗣，官至侍中尚書僕射。」頁943-944。另洪武雄著，〈《三國職官表》蜀漢部份校補〉認在「景耀六年（263）時，以侍中守尚書僕射。」頁287。**故列後主時期。元老派子孫。**

9　晉·陳壽，《三國志》，卷36，〈蜀書·張飛傳〉載「張飛字益德，涿郡人也…長子苞，早夭。次子紹嗣，官至侍中尚書僕射。苞子遵為尚書。」頁943-944。又據洪武雄著，〈《三國職官表》蜀漢部份校補〉認張遵在「景耀六年（263）時為尚書」，頁299。**故列後主時期。元老派子孫。**

10　晉·陳壽，《三國志》，卷40，〈蜀書·李嚴傳〉載亮公文曰「行前護軍偏將軍漢成亭侯臣許允。」頁1000。故列諸葛亮時期。同書卷9，〈魏書·夏侯尚傳〉載「中領軍高陽許允」頁302。**未明言時間，加之籍貫在冀州，故列非三派人士。**

11　《續地理志》，志20，〈郡國二〉載「高陽故屬涿。有葛城。」頁3436。

12　晉·陳壽，《三國志》，卷45，〈蜀書·楊戲傳〉載「（陳）叔至名到，汝南人也。自豫州隨先主，名位常亞趙雲，俱以忠勇稱。建興初，官至永安都督、征西將軍，封亭侯。」頁1084。此處沒有記載「自豫州隨先主」後之職銜，既稱可與趙雲相比較，仍應**列先主時期（入荊前）。故列元老派。**

13　晉·陳壽，《三國志》，卷9，〈魏書·諸夏侯傳〉載諸夏侯沛國譙人，霸為夏侯淵中子，頁272。同書卷33，〈蜀書·後主傳〉載「（延熙）十二年春正月，魏誅大將軍曹爽等，右將軍夏侯霸來降。」頁898。洪武雄著，〈《三國職官表》蜀漢部份校補〉認「延熙十二年（249）夏侯霸來降，疑先拜征北大將軍，十四年再遷車騎將軍。」頁327。**故列後主時期。列入外附集團。**

14　晉·陳壽，《三國志》，卷36，〈蜀書·馬超傳〉載「馬超字孟起，（右）扶風茂陵人也…先主遣人迎超，超將兵徑到城下。城中震怖，璋即稽首，以超為平西將軍。」頁944-947。洪武雄著，〈《三國職官表》蜀漢部份校補〉認在「建安十九年（214）為平西將軍，廿四年（219）遷左將軍。」頁343。**故列先主時期（入蜀後）。列入外附集團。**

平北將軍		馬岱[15]	（雍州）扶風茂陵	先主時期（入蜀後）
前將軍		袁琳（袁綝）[16]	（豫州）穎川	諸葛亮時期
左將軍		郭修[17]	（涼州）西平	後主時期
	營司馬	趙雲[18]	（冀州）常山真定	先主時期（入荊前）
	從事中郎	麋竺[19]	（徐州）東海朐人	先主時期（入荊前）
		孫乾[20]	（青州）北海	先主時期（入荊前）

15 晉・陳壽，《三國志》，卷36，〈蜀書・馬超傳〉載「馬超字孟起，（右）扶風茂陵人也…（章武）二年卒，時年四十七。臨沒上疏曰：『臣門宗二百餘口，為孟德所誅略盡，惟有從弟岱，當為微宗血食之繼，深託陛下，餘無復言。』…岱位至平北將軍，進爵陳倉侯。」頁944-947。馬超在章武二年卒，馬岱為平北將軍或在此時，**故列先主時期（入蜀後）。列入外附集團。**

16 晉・陳壽，《三國志》，卷40，〈蜀書・李嚴傳〉注引建興九年（諸葛）亮公文上尚書曰「前將軍都亭侯臣袁綝」頁1000。另晉・常璩撰，劉琳注，《華陽國志》，卷7，〈劉後主志〉載「穎川袁綝。」頁387。據洪武雄著，〈《三國職官表》蜀漢部份校補〉認在「建興末由前將軍遷征西大將軍。」頁345。故列諸葛亮時期。**未列明時間，穎川在豫州，故列於非三派人士。**

17 郭修即郭脩、郭循，晉・陳壽，《三國志》，卷33，〈蜀書・後主傳〉載「（延熙）十六年春正月，大將軍費禕為魏降人郭循所殺于漢壽。」頁898。同書卷4，〈魏書・三少帝紀〉載「故中郎西平郭脩。」頁126。至於郭脩為西平人。洪武雄著，〈《三國職官表》蜀漢部份校補〉認在「延熙十三年（250）或十四年（251），由魏中郎（將）拜左將軍，十六年（253）伏誅。」頁351-352。**故列後主時期。列入外附勢力。**

18 晉・陳壽，《三國志》，卷36，〈蜀書・趙雲傳〉載「趙雲字子龍，常山真定人也。本屬公孫瓚，瓚遣先主為田楷拒袁紹，雲遂隨從，為先主主騎（應為司馬）。」頁948-949。另據洪武雄著，〈《三國職官表》蜀漢部份校補〉引《三國志集解》營司馬當為左將軍司馬，非此處大司馬司馬，頁244。**故列先主時期（入荊前）。列入元老派。**

19 晉・陳壽，《三國志》，卷38，〈蜀書・麋竺傳〉載「麋竺字子仲，東海朐人也…先主將適荊州，遣竺先與劉表相聞，以竺為左將軍從事中郎。益州既平，拜為安漢將軍。」頁969-970。洪武雄著，〈《三國職官表》蜀漢部份校補〉認在「建安六年（201），十九年（214）遷安漢將軍。」頁353-354。**故列先主時期（入荊前）。列入元老派。**

20 晉・陳壽，《三國志》，卷38，〈蜀書・孫乾傳〉載「孫乾字公祐，北海人也。先主領徐州，辟為從事…先主定益州，乾自從事中郎為秉忠將軍。」頁970。洪武雄著，〈《三國職官表》蜀漢部份校補〉認在「建安六年（201），十九年（214）遷秉忠將軍。」頁354。**故列先主時期（入荊前）。列入元老派。**

		簡雍[21]	（幽州）涿郡涿縣	先主時期 （入荊前）
征虜將軍		張飛[22]	（幽州）涿郡涿縣	先主時期 （入荊前）
盪寇將軍		關羽[23]	（司州）河東解縣	先主時期 （入荊前）
牙門將軍		趙廣[24]	（冀州）常山真定	後主時期
（諸監軍）	樂城監軍	靳詳[25]	（并州）太原	諸葛亮時期
州掾屬	從事	劉琰[26]	（豫州）魯國	先主時期 （入荊前）

---

21 晉·陳壽，《三國志》，卷 38，〈蜀書·簡雍傳〉載「簡雍字憲和，涿郡人也。少與先主有舊，隨從周旋。先主至荊州，雍與麋竺、孫乾同為從事中郎…先主拜雍為昭德將軍。」頁 970-971。洪武雄著，〈《三國職官表》蜀漢部份校補〉認在「建安六年（201），十九年（214）遷昭德將軍。」頁 354。**故列先主時期（入荊前）。列入元老派。**

22 晉·陳壽，《三國志》，卷 36，〈蜀書·張飛傳〉載「張飛字益德，涿郡人也…先主既定江南，以飛為宜都太守、征虜將軍，封新亭侯。」頁 943-944。洪武雄著，〈《三國職官表》蜀漢部份校補〉認在「建安十五年（210），廿四年（219）遷右將軍。」頁 357。**故列先主時期（入荊前）。列入元老派。**

23 晉·陳壽，《三國志》，卷 36，〈蜀書·關羽傳〉載「關羽字雲長，本字長生，河東解人也…先主為平原相，以羽、飛為別部司馬，分統部曲…先主收江南諸郡，乃封拜元勳，以羽為襄陽太守、盪寇將軍。」頁 939-942。洪武雄著，〈《三國職官表》蜀漢部份校補〉認在「建安十五年為盪寇將軍，廿四年遷前將軍。」頁 363。**故列先主時期（入荊前）。列入元老派。**

24 晉·陳壽，《三國志》，卷 36，〈蜀書·趙雲傳〉載「趙雲字子龍，常山真定人也…次子廣，牙門將，隨姜維沓中，臨陳戰死。」頁 951。洪武雄著，〈《三國職官表》蜀漢部份校補〉認在「景耀年間，戰死。」頁 374。**故列後主時期。列入元老派。**

25 晉·陳壽，《三國志》，卷 3，〈魏書·明帝紀〉注引〈魏略〉載「使將軍郝昭築陳倉城；會亮至，圍昭，不能拔。昭字伯道，太原人…亮圍陳倉，使昭鄉人靳詳於城外遙說之。」所以靳詳為太原人，頁 94。洪武雄著，〈《三國職官表》蜀漢部份校補〉認在「建興六年（228）。」為亮監軍，頁 413。**故列諸葛亮時期。列入外附勢力。**

26 晉·陳壽，《三國志》，卷 40，〈蜀書·劉琰傳〉載「劉琰字威碩，魯國人也。先主在豫州，辟為從事。」頁 1001。**故列先主時期（入荊前）。列入元老派。**

| 郡太守 | 南郡太守 | 麋芳[27] | （徐州）東海朐人 | 先主時期（入蜀後） |
| 蜀郡 | 江原令或長 | 趙敦（稱令）[28] | （豫州）潁川 | 後主時期 |

---

27 晉・陳壽，《三國志》，卷 45，〈蜀書・楊戲傳〉載「麋芳字子方，東海人也，為南郡太守。」頁 1090。為麋竺弟，參看麋竺條。洪武雄著，《〈三國職官表〉蜀漢部份校補》認麋芳在「建安廿四年（219）時，降吳。」頁 443。**故列先主時期（入蜀後）。列入元老派。**

28 晉・陳壽，《三國志》，卷 45，〈蜀書・楊戲傳〉注引〈益部耆舊雜記〉曰「縣令潁川趙敦」頁 1091。洪武雄著，《〈三國職官表〉蜀漢部份校補》認在「延熙初，稱『縣令』。」頁 481。故列後主時期。**未列明時間且籍貫為豫州潁川故列入非三派人士。**

附錄六：不明籍貫人士一覽表

資料來源：《三國職官表》等資料

丞相	從事中郎	樊岐[1]	籍貫不詳	諸葛亮時期
	參軍	閻晏[2]	籍貫不詳	諸葛亮時期
		杜義[3]	籍貫不詳	諸葛亮時期
		盛勃[4]	籍貫不詳	諸葛亮時期
大司馬	主簿	雍茂[5]	籍貫不詳	先主時期（入蜀後）
	軍謀掾	韓冉[6]	籍貫不詳	先主時期（入蜀後）
	曹屬	殷純[7]	籍貫不詳	先主時期（入蜀後）
光祿勳	議郎	劉豹[8]	籍貫不詳	先主時期（入蜀後）

1　晉·陳壽，《三國志》，卷40，〈蜀書·李嚴傳〉注引諸葛亮公文上尚書曰「領從事中郎武略中郎將臣樊岐等議。」頁 1000。**故列諸葛亮時期。籍貫不詳。**

2　晉·陳壽，《三國志》，卷40，〈蜀書·李嚴傳〉注引諸葛亮公文上尚書曰「行參軍建義將軍臣閻晏」頁 1000。**故列諸葛亮時期。籍貫不詳。**

3　晉·陳壽，《三國志》，卷40，〈蜀書·李嚴傳〉注引諸葛亮公文上尚書曰「行參軍裨將軍臣杜義。」頁 1000。**故列諸葛亮時期。籍貫不詳。**

4　晉·陳壽，《三國志》，卷40，〈蜀書·李嚴傳〉注引諸葛亮公文上尚書曰「行參軍綏戎都尉盛勃。」頁 1000。**故列諸葛亮時期。籍貫不詳。**

5　晉·陳壽，《三國志》，卷39，〈蜀書·劉巴傳〉注引〈零陵先賢傳〉曰「與主簿雍茂諫備，備以他事殺茂，由是遠人不復至矣。」頁 981。另據洪武雄著，〈《三國職官表》蜀漢部份校補〉認「主簿雍茂諫先主勿稱帝，當在曹丕代漢後、先主稱帝前，其任在建安廿五年（220）、六年（221）間。」頁 245。**故列先主時期（入蜀後）。籍貫不詳。**

6　晉·陳壽，《三國志》，卷32，〈蜀書·先主傳〉注引〈魏書〉曰「備聞曹公薨，遣掾韓冉奉書弔，并致賻贈之禮。」頁 889。曹操在建安廿五年薨，**故列先主時期（入蜀後）。籍貫不詳。**

7　晉·陳壽，《三國志》，卷32，〈蜀書·先主傳〉載「魏文帝稱尊號，改年曰黃初。或傳聞漢帝見害，先主乃發喪制服…大司馬屬殷純。」頁 887。**故列先主時期（入蜀後）。籍貫不詳。**

8　晉·陳壽，《三國志》，卷32，〈蜀書·先主傳〉載「魏文帝稱尊號，改年曰黃初。或傳聞漢帝見害，先主乃發喪制服…故議郎陽泉侯劉豹、青衣侯向舉。」頁 887。

		向舉[9]	籍貫不詳	先主時期（入蜀後）
	黃門丞	黃皓[10]	籍貫不詳	後主時期
大鴻臚		梁緒[11]	籍貫不詳	後主時期
大司農	督農	楊敏[12]	籍貫不詳	後主時期
	（漢中）督運	龐力[13]	籍貫不詳	諸葛亮時期
		杜叡	籍貫不詳	諸葛亮時期
		滿元	籍貫不詳	諸葛亮時期
		胡忠	籍貫不詳	諸葛亮時期
執金吾		尹賞[14]	籍貫不詳	後主時期
大長秋		梁虔[15]	籍貫不詳	後主時期

9　參上註劉豹條。
10　晉‧陳壽，《三國志》，卷 39，〈蜀書‧董允傳〉載「後主漸長大，愛宦人黃皓…終（董）允之世，皓位不過黃門丞。」頁 986。另洪武雄著，〈《三國職官表》蜀漢部份校補〉認在「建興末、延熙初為黃門丞，延熙九年後遷黃門令。」頁 276。**故列後主時期。籍貫不詳。**
11　晉‧陳壽，《三國志》，卷 44，〈蜀書‧姜維傳〉「（姜）維昔所俱至蜀，梁緒官至大鴻臚…皆先蜀亡沒。」頁 1069。另洪武雄著，〈《三國職官表》蜀漢部份校補〉認「緒為大鴻臚當在杜瓊之後，在延熙末或景耀初。」頁 278。**故列後主時期。籍貫不詳。**
12　晉‧陳壽，《三國志》，卷 44，〈蜀書‧蔣琬傳〉「亮卒，以琬為尚書令…督農楊敏曾毀琬」頁 1058。另洪武雄著，〈《三國職官表》蜀漢部份校補〉認「延熙初。」頁 280。**故列後主時期。籍貫不詳。**
13　唐‧杜祐，《通典》，卷 10，〈食貨十〉「蜀相諸葛孔明出軍至祁山，今扶風縣，始以木牛運。其後又出斜谷，以流馬運。按亮集，督軍龐力、杜叡、滿元、胡忠推意作一腳木牛。」頁 216。洪武雄著，〈《三國職官表》蜀漢部份校補〉認龐力、杜叡、滿元、胡忠等為督運，與通典不同，又記在建興年間諸葛亮時期任職，頁 280-281。**故列諸葛亮時期時期。籍貫不詳。**
14　晉‧陳壽，《三國志》，卷 44，〈蜀書‧姜維傳〉「（姜）維昔所俱至蜀…尹賞執金吾…皆先蜀亡沒。」頁 1069。另洪武雄著，〈《三國職官表》蜀漢部份校補〉認在「延熙末或景耀初。」頁 282。**故列後主時期。籍貫不詳。**
15　晉‧陳壽，《三國志》，卷 44，〈蜀書‧姜維傳〉「（姜）維昔所俱至蜀…梁虔大長秋，皆先蜀亡沒。」頁 1069。另洪武雄著，〈《三國職官表》蜀漢部份校補〉認在「延熙末或景耀初。」頁 283。**故列後主時期。籍貫不詳。**

尚書令	尚書郎	李虎[16]	籍貫不詳	後主時期
中領軍	典軍	上官雝[17]	籍貫不詳	諸葛亮時期
	（左護軍）	丁威（丁咸）[18]	籍貫不詳	諸葛亮時期
右車騎將軍	帳下將	范彊（彊）[19]	籍貫不詳	先主時期（入蜀後）
		張達	籍貫不詳	先主時期（入蜀後）
征北將軍		申耽[20]	籍貫不詳	先主時期（入蜀後）
平西將軍		劉□[21]	籍貫不詳	先主時期（入蜀後）
平北將軍		劉□[22]	籍貫不詳	先主時期（入蜀後）

16 晉‧陳壽，《三國志》，卷 33，〈蜀書‧後主傳〉注引王隱〈蜀記〉曰「禪又遣太常張峻、益州別駕汝超受節度，遣太僕蔣顯有命敕姜維。又遣尚書郎李虎送士民簿」頁 900。據洪武雄著，〈《三國職官表》蜀漢部份校補〉認在「景耀六年（263）時。」頁 303。**故列後主時期。籍貫不詳。**

17 晉‧陳壽，《三國志》，卷 40，〈蜀書‧李嚴傳〉注引諸葛亮公文上尚書曰「行中典軍討虜將軍臣上官雝」頁 1000。**故列諸葛亮時期。籍貫不詳。**

18 晉‧陳壽，《三國志》，卷 40，〈蜀書‧李嚴傳〉注引諸葛亮公文上尚書曰「行左護軍篤信中郎將臣丁咸。」頁 1000。據洪武雄著，〈《三國職官表》蜀漢部份校補〉指「丁威」誤，當作「丁咸」，頁 314-315。**故列諸葛亮時期。籍貫不詳。**

19 晉‧陳壽，《三國志》，卷 36，〈蜀書‧張飛傳〉載「其帳下將張達、范彊殺（張）飛，持其首，順流而奔孫權。」頁 944。洪武雄著，〈《三國職官表》蜀漢部份校補〉認在「章武元年（221）。」頁 329-330。**故列先主時期（入蜀後）。籍貫不詳。**

20 晉‧陳壽，《三國志》，卷 40，〈蜀書‧劉封傳〉載「建安廿四…先主加（申）耽征北將軍，領上庸太守員鄉侯如故…申耽降魏。」頁 991-994。**故列先主時期（入蜀後）。籍貫不詳。**

21 洪武雄著，〈《三國職官表》蜀漢部份校補〉補「建安二十六年〈黃龍甘露碑〉有平西將軍劉□（名闕）。」頁 344。**故列先主時期（入蜀後）。籍貫不詳。**

22 洪武雄著，〈《三國職官表》蜀漢部份校補〉補「建安二十六年〈黃龍甘露碑〉在鎮東將軍劉琰之後、平北將軍劉□（名闕）之前。」頁 343。**故列先主時期（入蜀後）。籍貫不詳。**

前將軍	（營）都督	趙累[23]	籍貫不詳	先主時期（入蜀後）
建信將軍		申儀[24]	籍貫不詳	先主時期（入蜀後）
牙門將軍		句安[25]	籍貫不詳	後主時期
		李歆（韶）	籍貫不詳	後主時期
將軍 （稱將軍無名號）		吳蘭[26]	籍貫不詳	先主時期（入蜀後）
		雷銅	籍貫不詳	先主時期（入蜀後）
		陳式（戒）[27]	籍貫不詳	先主時期（入蜀後）
		張南	籍貫不詳	先主時期（入蜀後）

[23] 晉·陳壽，《三國志》，卷55，〈吳書·劉封傳〉載「權征關羽，璋與朱然斷羽走道，到臨沮，住夾石。璋部下司馬馬忠禽羽，并羽子平、都督趙累等。」頁1300。時為建安廿四年，**故列先主時期（入蜀後）。籍貫不詳。**

[24] 晉·陳壽，《三國志》，卷40，〈蜀書·劉封傳〉載「建安廿四年…上庸太守申耽舉眾降…先主加耽征北將軍…以耽弟儀為建信將軍、西城太守。」頁991。**故列先主時期（入蜀後）。籍貫不詳。**

[25] 晉·陳壽，《三國志》，卷22，〈魏書·陳群傳〉載「蜀大將軍姜維率眾依麴山築二城，使牙門將句安、李歆等守之，聚羌胡質任等寇偪諸郡。」頁638。洪武雄著，《〈三國職官表〉蜀漢部份校補》認在「延熙十二年（249）。」頁375。**故列後主時期。籍貫不詳。**

[26] 晉·陳壽，《三國志》，卷32，〈蜀書·先主傳〉載「二十三年，先主率諸將進兵漢中。分遣將軍吳蘭、雷銅等入武都，皆為曹公軍所沒。」頁884。**故列先主時期（入蜀後）。籍貫不詳。**

[27] 晉·陳壽，《三國志》，卷32，〈蜀書·先主傳〉載「二年春正月，先主軍還秭歸，將軍吳班、陳式水軍屯夷陵，夾江東西岸。」頁890。據洪武雄著，《〈三國職官表〉蜀漢部份校補》認陳式在「章武元年（221）至二年（222），四人（吳班、馮習、陳式、張南）俱為將軍，隨先主征吳。」頁379。**故列先主時期（入蜀後）。**同書尚稱「『陳戒』當作『陳式』」。頁316。**籍貫不詳。**

		陳曶[28]	籍貫不詳	先主時期（入蜀後）
		鄭綽[29]	籍貫不詳	先主時期（入蜀後）
		李盛	籍貫不詳	諸葛亮時期
		黃襲	籍貫不詳	諸葛亮時期
		張尉[30]	籍貫不詳	後主時期
		趙融[31]	籍貫不詳	先主時期（入蜀後）
將軍		詹晏[32]	籍貫不詳	先主時期（入蜀後）
		陳鳳	籍貫不詳	先主時期（入蜀後）
		姚靜[33]	籍貫不詳	諸葛亮時期
		鄭他	籍貫不詳	諸葛亮時期

28 晉‧陳壽，《三國志》，卷 32，〈蜀書‧先主傳〉載章武三年（223）「遣將軍陳曶討（黃）元。」頁 891。**故列先主時期（入蜀後）。籍貫不詳。**

29 晉‧陳壽，《三國志》，卷 41，〈蜀書‧楊洪傳〉載章武三年（223）時，「使將軍陳曶、鄭綽討元。」頁 1013。**故列先主時期（入蜀後）籍貫不詳。**

30 晉‧陳壽，《三國志》，卷 43，〈蜀書‧張嶷傳〉載「（建興）十四年，武都氐王符健請降，遣將軍張尉往迎，過期不到，大將軍蔣琬深以為念。」頁 1051。**故列後主時期。籍貫不詳。**

31 晉‧陳壽，《三國志》，卷 58，〈吳書‧陸遜傳〉載「使將軍馮習為大督，張南為前部，輔匡、趙融、廖淳、傅肜等各為別督。」頁 1346。洪武雄著，〈《三國職官表》蜀漢部份校補〉認其時趙融為督在「章武元年（221）至二年（222）。」頁 381。**故列先主時期（入蜀後）。籍貫不詳。**

32 晉‧陳壽，《三國志》，卷 58，〈吳書‧陸遜傳〉載「遜遣將軍李異、謝旌等將三千人，攻蜀將詹晏、陳鳳。」頁 1345。洪武雄著，〈《三國職官表》蜀漢部份校補〉認在「建安廿五年（220）。」頁 382。**故列先主時期（入蜀後）。籍貫不詳。**

33 唐‧房玄齡等撰，《晉書》，卷 1，〈宣帝紀〉載「蜀將姚靜、鄭他等帥其屬七千餘人來降。」頁 6。洪武雄著，〈《三國職官表》蜀漢部份校補〉認在「建興五年（227）、六年（228）。」頁 382。**故列諸葛亮時期。籍貫不詳。**

		王林[34]	籍貫不詳	後主時期
		杜路[35]	籍貫不詳	先主時期（入蜀後）
		劉寧	籍貫不詳	先主時期（入蜀後）
		任夔[36]	籍貫不詳	先主時期（入蜀後）
		馬邈[37]	籍貫不詳	後主時期
		張著[38]	籍貫不詳	先主時期（入蜀後）
鹽府校尉		岑述[39]	籍貫不詳	諸葛亮時期
將兵都尉		趙正[40]	籍貫不詳	後主時期

34 唐·房玄齡等撰，《晉書》，卷 2，〈文帝紀〉載「大將軍曹爽之伐蜀也…蜀將王林夜襲帝營。」頁 32。曹爽伐蜀在後主延熙七年。**故列後主時期。籍貫不詳。**

35 晉·陳壽，《三國志》，卷 58，〈吳書·陸遜傳〉載「備將杜路、劉寧等窮逼請降。備升馬鞍山，陳兵自繞。」頁 1347。洪武雄著，《〈三國職官表〉蜀漢部份校補》認在「章武元年（221）至二年（222）。」頁 383。**故列先主時期（入蜀後）。籍貫不詳。**

36 晉·陳壽，《三國志》，卷 1，〈魏書·武帝紀〉載「曹洪破吳蘭，斬其將任夔等。」頁 51。洪武雄著，《〈三國職官表〉蜀漢部份校補》認在「建安廿三年（218）。」頁 383。**故列先主時期（入蜀後）。籍貫不詳。**

37 晉·陳壽，《三國志》，卷 28，〈魏書·鄧艾傳〉載「蜀守將馬邈降。」頁 779。洪武雄著，《〈三國職官表〉蜀漢部份校補》認在「景耀六年（263）。」頁 383。**故列後主時期。籍貫不詳。**

38 晉·陳壽，《三國志》，卷 36，〈蜀書·趙雲〉注引〈雲別傳〉曰「（劉備）公軍敗，已復合，雲陷敵，還趣圍。將張著被創，雲復馳馬還營迎著。」頁 949。洪武雄著，《〈三國職官表〉蜀漢部份校補》認在「建安廿四年（219）。」頁 383。**故列先主時期（入蜀後）。籍貫不詳。**

39 晉·陳壽，《三國志》，卷 41，〈蜀書·楊洪傳〉「（建興）五年，丞相亮北住漢中，欲用張裔為留府長史…後裔與司鹽校尉岑述不和。」頁 1014。洪武雄著，《〈三國職官表〉蜀漢部份校補》認在「建興五年（227）至八年（230）張裔為丞相留府長史，述任司鹽校尉當在此期間，九年（231）已轉（漢中）督運。」頁 389。**故列諸葛亮時期。籍貫不詳。**

40 晉·陳壽，《三國志》，卷 40，〈蜀書·楊儀傳〉「（楊儀）自以為功勳至大，宜當代亮秉政，呼都尉趙正以周易筮之。」頁 1005。洪武雄著，《〈三國職官表〉蜀漢部份校補》認在「建興十二年（234）。」頁 392。時諸葛亮已死，**故列後主時期。籍貫不詳。**

中都護	督軍	成藩[41]	籍貫不詳	諸葛亮時期
其他督區	武興督	蔣舒[42]	籍貫不詳	後主時期
（諸監軍）	樂城監軍	王含[43]	籍貫不詳	後主時期
州掾屬	別駕從事	趙筰[44]	籍貫不詳	先主時期（入蜀後）
		汝超[45]	籍貫不詳	後主時期
	勸學從事	張爽[46]	籍貫不詳	先主時期（入蜀後）
郡太守	房陵太守	鄧輔[47]	籍貫不詳	先主時期（入蜀後）
		樊友[48]	籍貫不詳	先主時期（入蜀後）

---

41 晉・陳壽，《三國志》，卷 40，〈蜀書・李嚴傳〉「（建興）九年春，亮軍祁山，平催督運事。秋夏之際，值天霖雨，運糧不繼，平遣參軍狐忠、督軍成藩喻指，呼亮來還。」頁 999。**故列於諸葛亮時期。籍貫不詳。**

42 晉・陳壽，《三國志》，卷 44，〈蜀書・姜維傳〉注引〈蜀記〉曰「蔣舒為武興督，在事無稱。」頁 1066。洪武雄著，〈《三國職官表》蜀漢部份校補〉認在「延熙末、景耀年間。」頁 410。**故列後主時期。籍貫不詳。**

43 晉・陳壽，《三國志》，卷 44，〈蜀書・姜維傳〉「於是令督漢中胡濟卻住漢壽，監軍王含守樂城，護軍蔣斌守漢城。」頁 1065。洪武雄著，〈《三國職官表》蜀漢部份校補〉認在「景耀元年（258）至六年（263）。」頁 412。**故列後主時期。籍貫不詳。**

44 晉・陳壽，《三國志》，卷 32，〈蜀書・先主傳〉載「或傳聞漢帝見害，先主乃發喪制服…益州別駕從事趙筰。」頁 887。洪武雄著，〈《三國職官表》蜀漢部份校補〉認在「建安廿五年（220）。」頁 426。**故列先主時期（入蜀後）。籍貫不詳。**

45 晉・陳壽，《三國志》，卷 33，〈蜀書・後主傳〉注引王隱〈蜀記〉曰「禪又遣太常張峻、益州別駕汝超受節度。」頁 900。洪武雄著，〈《三國職官表》蜀漢部份校補〉認在「景耀六年（263）。」頁 427。**故列後主時期。籍貫不詳。**

46 晉・陳壽，《三國志》，卷 32，〈蜀書・先主傳〉載「或傳聞漢帝見害，先主乃發喪制服…勸學從事張爽。」頁 887。洪武雄著，〈《三國職官表》蜀漢部份校補〉認在「建安廿五年。」頁 429-430。**故列先主時期（入蜀後）。籍貫不詳。**

47 晉・陳壽，《三國志》，卷 58，〈吳書・陸遜傳〉載「遜遣將軍李異、謝旌等將三千人，攻蜀將詹晏、陳鳳…又攻房陵太守鄧輔、南鄉太守郭睦，大破之。」頁 1345。洪武雄著，〈《三國職官表》蜀漢部份校補〉認鄧輔在「建安廿四年。」頁 442。**故列先主時期（入蜀後）。籍貫不詳。**

48 晉・陳壽，《三國志》，卷 58，〈吳書・陸遜傳〉載「備宜都太守樊友委郡走，諸城長吏及蠻夷君長皆降。」頁 1345。洪武雄著，〈《三國職官表》蜀漢部份校補〉認在「建安廿四年（219）。」頁 443。**故列先主時期（入蜀後）。籍貫不詳。**

	南鄉太守	郭睦[49]	籍貫不詳	先主時期（入蜀後）
	巴西太守	閻芝[50]	籍貫不詳	先主時期（入蜀後）
		夏侯纂[51]	籍貫不詳	先主時期（入蜀後）
	漢嘉太守	黃元[52]	籍貫不詳	先主時期（入蜀後）
	益州郡（含建寧郡）	正昂[53]	籍貫不詳	先主時期（入蜀後）
		宋遠[54]犍為郡丞	籍貫不詳	先主時期（入蜀後）
犍為郡	武陽令	陰化[55]	籍貫不詳	先主時期（入蜀後）

49 晉·陳壽，《三國志》，卷 58，〈吳書·陸遜傳〉載「遜…攻蜀將詹晏、陳鳳…又攻房陵太守鄧輔、南鄉太守郭睦，大破之。」頁 1345。洪武雄著，〈《三國職官表》蜀漢部份校補〉認郭睦在「建安廿四年（219）。」頁 444。**故列先主時期（入蜀後）。籍貫不詳。**

50 晉·陳壽，《三國志》，卷 43，〈蜀書·馬忠傳〉載「先主東征，敗績猇亭，巴西太守閻芝發諸縣兵五千人以補遺闕，遣忠送往。」頁 1048。洪武雄著，〈《三國職官表》蜀漢部份校補〉認在「章武二年（222）。」頁 451。**故列先主時期（入蜀後）。籍貫不詳。**

51 晉·陳壽，《三國志》，卷 38，〈蜀書·秦宓傳〉載「先主既定益州，廣漢太守夏侯纂。」頁 974。洪武雄著，〈《三國職官表》蜀漢部份校補〉認在「建安末。」頁 459。**故列先主時期（入蜀後）。籍貫不詳。**

52 晉·陳壽，《三國志》，卷 32，〈蜀書·先主傳〉載「冬十二月，漢嘉太守黃元聞先主疾不豫，舉兵拒守。」頁 890。洪武雄著，〈《三國職官表》蜀漢部份校補〉認在「章武年間。」頁 465。**故列先主時期（入蜀後）。籍貫不詳。**

53 晉·陳壽，《三國志》，卷 41，〈蜀書·張裔傳〉「先是，益州郡殺太守正昂。」頁 1011。洪武雄著，〈《三國職官表》蜀漢部份校補〉認在「建安末、章武初。」頁 468-469。**故列先主時期（入蜀後）。籍貫不詳。**

54 洪武雄著，〈《三國職官表》蜀漢部份校補〉據建安二十六年〈黃龍甘露碑〉「時（犍為）太守南陽李嚴正方、丞宋遠文奇、武陽令陰化。」補，頁 479。故列先主時期（入蜀後）。籍貫不詳

55 洪武雄著，〈《三國職官表》蜀漢部份校補〉認「建安廿六年（221）〈黃龍甘露碑〉，『武陽令陰化』。」頁 487。**故列先主時期（入蜀後）。籍貫不詳。**

附錄七：蜀漢中央文官一覽表　　　　　　　　　資料來源：《三國職官表》等資料

丞相		諸葛亮[1]	（徐州）琅邪陽都	劉備時期
太傅		許靖[2]	（豫州）汝南平輿	劉備時期
司徒				
特進		向朗[3]	（荊州）襄陽宜城	後主時期
光祿大夫				
太常		賴恭[4]	（荊州）零陵	劉備時期
		張峻[5]	（益州）成都	後主時期
	博士	許慈[6]	（荊州）南陽	劉備時期
		胡潛[7]	（冀州）魏郡	劉備時期
		許勳(許勛)[8]	（荊州）南陽	後主時期

1　晉·陳壽，《三國志》，卷35，＜蜀書·諸葛亮傳＞載「諸葛亮字孔明，琅邪陽都人也…先主於是即帝位，策亮為丞相…亮以丞相錄尚書事，假節。」頁911-922。**故列劉備時期。**

2　晉·陳壽，《三國志》，卷38，＜蜀書·許靖傳＞載「許靖字文休，汝南平輿人也…先主為漢中王，靖為太傅。」頁963-967。**故列劉備時期。**

3　晉·陳壽，《三國志》，卷41，＜蜀書·向朗傳＞載「向朗字巨達，襄陽宜城人也…亮卒後徒左將軍，追論舊功，封顯明亭侯，位特進…延熙十年(247)卒。」頁1010-1011。**故列後主時期。**

4　晉·陳壽，《三國志》，卷45，＜蜀書·楊戲傳＞載「先主為漢中王，荊楚宿士零陵賴恭為太常」頁1082。**故列劉備時期。**

5　晉·陳壽，《三國志》，卷33，＜蜀書·後主傳＞景耀六年注引＜王隱蜀記＞曰「(劉)禪又遣太常張峻、益州別駕汝超受節度，遣太僕蔣顯有命敕姜維。」頁900。**故列後主時期。**

6　晉·陳壽，《三國志》，卷42，＜蜀書·許慈傳＞載「許慈字仁篤，南陽人也…先主定蜀，承喪亂歷紀，學業衰廢，乃鳩合典籍，沙汰眾學，慈、潛並為學士，與孟光、來敏等典掌舊文。」頁1022-1023。洪武雄著，＜《三國職官表》蜀漢部份校補＞認許慈「或在建安廿四年(219)先主稱王時任博士，廿六年(221)仍在博士職。」頁256。**故列劉備時期。**

7　晉·陳壽，《三國志》，卷42，＜蜀書·許慈傳＞載「時又有魏郡胡潛，字公興…先主定蜀…(許)慈、(胡)潛並為學士，與孟光、來敏等典掌舊文。」頁1023。**故列劉備時期。**洪武雄著，＜《三國職官表》蜀漢部份校補＞認「胡潛是否曾任博士，存疑？」頁256-257。

8　晉·陳壽，《三國志》，卷42，＜蜀書·許慈傳＞載「許慈字仁篤，南陽人也…子勳傳其業，復為博士。」頁1022-1023。洪武雄著，＜《三國職官表》蜀漢部份校補＞認許勳在「後主世。」頁257。**故列後主時期。**

		尹宗[9]	（益州）梓潼涪人	後主時期
		周巨[10]	（益州）巴西閬中	後主時期
	太史令			
	高廟令	常高[11]	（益州）蜀郡江原	時段不詳
	每陵園邑令			
光祿勳	太中大夫	宗瑋[12]	（荊州）南陽	劉備時期
	中散大夫			
	諫議大夫	杜瓊[13]	（益州）蜀郡成都	諸葛亮時期
		杜微[14]	（益州）梓潼涪人	諸葛亮時期
		費詩[15]	（益州）犍為南安	後主時期

9　晉·陳壽，《三國志》，卷 42，＜蜀書·尹默傳＞載「尹默字思潛，梓潼涪人...子宗傳其業，為博士。」頁 1026。洪武雄著，＜《三國職官表》蜀漢部份校補＞認尹宗在「後主世。」頁 257。**故列後主時期。**

10　晉·陳壽，《三國志》，卷 42，＜蜀書·周群傳＞載「周羣字仲直，巴西閬中人也...羣卒，子巨頗傳其術。」頁 1021。洪武雄著，＜《三國職官表》蜀漢部份校補＞認周巨在「後主世。」頁 257。**故列後主時期。**

11　晉·常璩撰，劉琳注，《華陽國志》(臺北：新文豐出版公司，1988 年 11 月)，卷 11，＜後賢志＞載「常勗，字脩(修)業，蜀郡江原人也...父，高廟令。」頁 603。另註釋曰「常勗父當是蜀時太廟令。或謂其人名高，職任廟令，亦通。」頁 626。**不確知任職時段。**

12　晉·陳壽，《三國志》，卷 32，＜蜀書·先主傳＞載「(章武)二年...孫權聞先主住白帝，甚懼，遣使請和。先主許之，遣太中大夫宗瑋報命。」頁 890。另據晉·常璩撰，劉琳注，《華陽國志》，卷 6，＜劉先主志＞載「先主使太中大夫南陽宗瑋報命。」頁 360。**故列劉備時期。**

13　晉·陳壽，《三國志》，卷 42，＜蜀書·杜瓊傳＞載「杜瓊字伯瑜，蜀郡成都人也。少受學於任安，精究安術。劉璋時辟為從事。先主定益州，領牧，以瓊為議曹從事。後主踐阼，拜諫議大夫，遷左中郎將、大鴻臚、太常。」頁 1021。洪武雄著，＜《三國職官表》蜀漢部份校補＞認杜瓊在「建興元年(223)由益州議曹從事遷，十二年(234)之前遷左中郎將。」頁 273。**故列諸葛亮時期時期。**

14　晉·陳壽，《三國志》，卷 42，＜蜀書·杜微傳＞載「杜微字國輔，梓潼涪人也。少受學於廣漢任安。劉璋辟為從事，以疾去官...建興二年，丞相亮領益州牧，選迎皆妙簡舊德，以秦宓為別駕，五梁為功曹，微為主簿。微固辭...拜為諫議大夫，以從其志。」頁 1019-1020。洪武雄著，＜《三國職官表》蜀漢部份校補＞認杜微在「建興二年(224)由益州主簿遷諫議大夫。」頁 273。**故列諸葛亮時期。**

15　晉·陳壽，《三國志》，卷 41，＜蜀書·費詩傳＞載「費詩字公舉，犍為南安人也...蔣琬秉政，以詩為諫議大夫。」頁 1015-1016。蔣琬秉政時諸葛亮已死，**故列後主時期。**

	議郎	孟光[16]	（司州）河南洛陽	劉備時期
		(伍)五梁[17]	（益州）犍為南安	諸葛亮時期
		龐統之父[18]	（荊州）襄陽	劉備時期
		劉豹[19]	籍貫不詳	劉備時期
		向舉[20]	籍貫不詳	劉備時期
	謁者	常忌[21]	（益州）蜀郡江原	後主時期
		呂雅[22]	（荊州）南陽	後主時期
	黃門令			
	黃門丞	黃皓[23]	籍貫不詳	後主時期

---

16 晉·陳壽，《三國志》，卷 42，＜蜀書·孟光傳＞載「孟光字孝裕，河南洛陽人…先主定益州，拜為議郎，與許慈等並掌制度。」頁 1023。**故列劉備時期。**

17 晉·陳壽，《三國志》，卷 42，＜蜀書·杜微傳＞載「五梁為功曹…五梁者，字德山，犍為南安人也，以儒學節操稱。從議郎遷諫議大夫、五官中郎將。」頁 1019-1020。另晉·常璩撰，劉琳注，《華陽國志》，卷 10 下，＜先賢士女總贊(中)＞載「伍梁，字德山，南安人也。」頁 541。洪武雄著，＜《三國職官表》蜀漢部份校補＞認五梁在「建興初由州功曹遷，後遷諫議大夫。」頁 275。**故列諸葛亮時期。**

18 晉·陳壽，《三國志》，卷 37，＜蜀書·龐統傳＞載「龐統字士元，襄陽人也…拜統父議郎，遷諫議大夫。」頁 953-956。另洪武雄著，＜《三國職官表》蜀漢部份校補＞認「議郎、諫議大夫雖冗散，但皆帝王命官。建安十九年(214)，備僅為左將軍領荊、益州牧，如何祇拜統父議郎、諫議大夫?或當於建安廿四年(219)先主為漢中王後拜之?」頁 274。**故列劉備時期。**

19 晉·陳壽，《三國志》，卷 32，＜蜀書·先主傳＞載建安廿五年「魏文帝稱尊號，改年曰黃初。或傳聞漢帝見害，先主乃發喪制服…故議郎陽泉侯劉豹、青衣侯向舉」，頁 887。**故列劉備時期。**

20 參上註。

21 晉·常璩撰，劉琳注，《華陽國志》，卷 11，＜後賢志＞載「常勖，字脩(修)業，蜀郡江原人也…忌字茂通，蜀謁者。」頁 603-604。另同書卷 12，＜益梁寧三州三國【兩晉】以來人士目錄＞載「州都常忌，字茂通。(勖從弟也。)」頁 686。另洪武雄著，＜《三國職官表》蜀漢部份校補＞認「忌任謁者當在延熙年間，方能於延熙末、景耀年間有之後的諸多歷練。後遷黃門侍郎。」頁 275。**故列後主時期。**

22 晉·陳壽，《三國志》，卷 39，＜蜀書·呂乂傳＞載「呂乂字季陽，南陽人也…子辰，景耀中為成都令。辰弟雅，謁者。」頁 988。洪武雄著，＜《三國職官表》蜀漢部份校補＞中雖然也不確定時間，只認為呂雅在「景耀世?」頁 275-276。**此處仍列後主時期。**

23 洪武雄著，＜《三國職官表》蜀漢部份校補＞認黃皓在「延熙九年(246)以後由黃門丞遷(黃門令)，景耀元年(258)後遷中常侍。」頁 276。**黃皓在延熙九年前為黃門丞，故列後主時期。**

太僕		蔣顯[24]	（荊州）零陵湘鄉	後主時期
廷尉				
大鴻臚		何宗[25]	（益州）蜀郡郫人	劉備時期
		梁緒[26]	籍貫不詳	後主時期
宗正				
大司農		秦宓[27]	（益州）廣漢縣竹	諸葛亮時期
	督農	呂乂[28]（呂義）	（荊州）南陽	諸葛亮時期
		楊敏[29]	籍貫不詳	後主時期
	(漢中)督運	岑述[30]	籍貫不詳	諸葛亮時期

---

[24] 晉·陳壽，《三國志》，卷33，＜蜀書·後主傳＞在景耀六年時，注引王隱＜蜀記＞「遣太僕蔣顯有命敕姜維。」頁901。同書卷44，＜蜀書·蔣琬傳＞載「蔣琬字公琰、零陵湘鄉人也…子斌嗣，為綏武將軍、漢城護軍…斌弟顯，為太子僕。」頁1057-1060。**此處所記為太子僕，非太僕。故列後主時期。**

[25] 晉·陳壽，《三國志》，卷45，＜蜀書·楊戲傳＞載「何彥英名宗，蜀郡郫人也…先主定益州，領牧，辟為從事祭酒。後援引圖、讖，勸先主即尊號。踐阼之後，遷為大鴻臚。建興中卒。」頁1083。**故列劉備時期。**

[26] 晉·陳壽，《三國志》，卷44，＜蜀書·姜維傳＞「（姜）維昔所俱至蜀，梁緒官至大鴻臚…皆先蜀亡沒。」頁1069。另洪武雄著，＜《三國職官表》蜀漢部份校補＞認「緒為大鴻臚當在杜瓊之後，在延熙末或景耀初。」頁278。**故列後主時期。**

[27] 晉·陳壽，《三國志》，卷38，＜蜀書·秦宓傳＞載「秦宓字子勑，廣漢縣竹人也…建興二年，丞相亮領益州牧，選宓迎為別駕，尋拜左中郎將…遷大司農，四年卒。」頁971-976。**故列諸葛亮時期。**

[28] 晉·陳壽，《三國志》，卷39，＜蜀書·呂乂傳＞載「呂乂字季陽，南陽人也…先主定益州，置鹽府校尉，較鹽鐵之利，後校尉王連請乂及南陽杜祺、南鄉劉幹等並為典曹都尉。乂遷新都、縣竹令…遷巴西太守，丞相諸葛亮連年出軍，調發諸郡，多不相救，乂募取兵五千人詣亮，慰喻檢制，無逃竄者。徙為漢中太守，兼領督農，供繼軍糧。亮卒，累遷廣漢、蜀郡太守…後入為尚書，代董允為尚書令。」頁988。洪武雄著，＜《三國職官表》蜀漢部份校補＞呂乂在「建興九年(231)由巴西太守徙漢中太守領，十二年(234)徙廣漢太守，應不兼領督農。」頁278。**故列諸葛亮時期時期。**

[29] 晉·陳壽，《三國志》，卷44，＜蜀書·蔣琬傳＞「亮卒，以琬為尚書令…督農楊敏曾毀琬」頁1058。洪武雄著，＜《三國職官表》蜀漢部份校補＞認楊敏在「延熙初。」頁280。**故列後主時期時期。**

[30] 晉·陳壽，《三國志》，卷41，＜蜀書·楊洪傳＞「（建興）五年，丞相亮北住漢中，欲用張裔為留府長史…後裔與司鹽校尉岑述不和。」頁1014。洪武雄著，＜《三國職官表》蜀漢部份校補＞認在「建興五年(227)至八年(230)張裔為丞相留府長史，述任司鹽校尉當在此期間，九年(231)已轉(漢中)督運。」頁389。**故列諸葛亮時期。**

附錄

		龐力[31]	籍貫不詳	諸葛亮時期
		杜叡	籍貫不詳	諸葛亮時期
		滿元	籍貫不詳	諸葛亮時期
		胡忠	籍貫不詳	諸葛亮時期
少府		王謀[32]	（益州）漢嘉	劉備時期
		鐔承[33]	（益州）廣漢鄣人	後主時期
長樂少府				
大長秋		梁虔[34]	籍貫不詳	後主時期
太子太傅				
以下五職《三國職官表》及《校補》皆缺，筆者據前各人註釋中補上。				
太子中庶子		張郁[35]	（益州）蜀郡成都	時段不詳
		李譔[36]	（益州）梓潼涪人	後主時期

[31] 洪武雄著，＜《三國職官表》蜀漢部份校補＞認岑述、龐力、杜叡、滿元、胡忠等在建興年間諸葛亮時期任職，頁280-281。**故列諸葛亮時期。**

[32] 晉·陳壽，《三國志》，卷45，＜蜀書·楊戲傳＞載「王元泰名謀，漢嘉人也…先主為漢中王，用荊楚宿士零陵賴恭為太常，南陽黃柱為光祿勳，謀為少府；建興初，賜爵關內侯，後代賴恭為太常。」頁1082。**故列劉備時期。**

[33] 晉·常璩撰，劉琳注，《華陽國志》，卷10中，＜先賢士女總贊(中)廣漢士女＞載「鐔承，字公文，鄣人也。歷郡守，州右職，為少府，太常…承以和獨立，特進之也。」頁535。洪武雄著，＜《三國職官表》蜀漢部份校補＞認鐔承在「後主世由州右職遷(少府)，延熙年間遷太常。」頁282。**故列後主時期。**

[34] 晉·陳壽，《三國志》，卷44，＜蜀書·姜維傳＞「(姜)維昔所俱至蜀…梁虔大長秋，皆先蜀亡沒。」頁1069。另洪武雄著，＜《三國職官表》蜀漢部份校補＞認在「延熙末或景耀初。」頁283。**故列後主時期。**

[35] 晉·陳壽，《三國志》，卷41，＜蜀書·張裔傳＞載「張裔字君嗣，蜀郡成都人也…子毣嗣，歷三郡守監軍。毣弟郁，太子中庶子。」頁1011-1013。另據同書卷33，＜蜀書·後主傳＞載「延熙元年春正月，立皇后張氏。大赦，改元。立子璿為太子，子瑤為安定王。」頁897。洪武雄著，＜《三國職官表》蜀漢部份校補＞認「張裔卒於建興八年，毣歷三郡守當在後主時期較有可能。」頁473。其弟張郁為太子中庶子。**故列後主時期。**

[36] 晉·陳壽，《三國志》，卷42，＜蜀書·李譔傳＞載「李譔字欽仲，梓潼涪人也…延熙元年，後主立太子，以譔為庶子，遷為僕。轉中散大夫、右中郎將，猶侍太子。」頁1026-1027。皆在延熙以後，**故列後主時期。**

太子僕		尹默[37]	（益州）梓潼涪人	劉備時期
		譙周[38]	（益州）巴西西充國	後主時期
太子家令		來敏[39]	（荊州）義陽新野	劉備時期
太子舍人		霍弋[40]	（荊州）南郡枝江	劉備時期
		費禕[41]	（荊州）江夏鄳人	劉備時期
		董允[42]	（荊州）南郡枝江	劉備時期
		羅憲(羅獻)[43]	（荊州）襄陽	後主時期
太子洗馬				
	以上為筆者補充。			
侍中		廖立[44]	（荊州）武陵臨沅	劉備時期
		馬良[45]	（荊州）襄陽宜城	劉備時期

37 晉·陳壽，《三國志》，卷42，＜蜀書·尹默傳＞載「尹默字思潛，梓潼涪人…先主定益州，領牧，以為勸學從事，及立太子，以默為僕。」頁1026。洪武雄著，＜《三國職官表》蜀漢部份校補＞認尹默在「先主世由太子僕遷家令，建興元年(223)由太子家令遷諫議大夫，五年(227)轉軍祭酒。」頁273。**故列劉備時期。**

38 晉·陳壽，《三國志》，卷42，＜蜀書·譙周傳＞載延熙元年，「譙周字允南，巴西西充國人也…後主立太子，以周為僕，轉家令。」頁1027-1030。**故列後主時期。**

39 晉·陳壽，《三國志》，卷42，＜蜀書·來敏傳＞載「來敏字敬達，義陽新野人，來歙之後也…先主定益州，署敏典學校尉，及立太子，以為家令。後主踐阼，為虎賁中郎將。」頁1025。**故列劉備時期。**

40 晉·陳壽，《三國志》，卷41，＜蜀書·霍峻傳＞載「霍峻字仲邈，南郡枝江人也…子弋，字紹先，先主末年為太子舍人。」頁1007-1008。**故列劉備時期。**

41 晉·陳壽，《三國志》，卷44，＜蜀書·費禕傳＞載「費禕字文偉，江夏鄳人也…先主立太子，禕與允俱為舍人，遷庶子。」頁1060-1061。**故列劉備時期。**

42 晉·陳壽，《三國志》，卷39，＜蜀書·董允傳＞載「董允字休昭，掌軍中郎將和之子也。先主立太子，允以選為舍人，徙洗馬。」頁985-986。**故列劉備時期。**

43 晉·陳壽，《三國志》，卷41，＜蜀書·霍峻傳＞載「巴東領軍襄陽羅憲。」另注引＜襄陽記＞曰「羅憲字令則…後主立太子，為太子舍人，遷庶子、尚書吏部郎。」頁1008。另晉·常璩撰，劉琳注，《華陽國志》，卷1，＜巴志＞載「內領軍襄陽羅獻。」頁11。劉琳注認羅獻即羅憲。**故列後主時期。**

44 晉·陳壽，《三國志》，卷40，＜蜀書·廖立傳＞載「廖立字公淵，武陵臨沅人…二十四年，先主為漢中王，徵立為侍中。」頁997-998。**故列劉備時期。**

45 晉·陳壽，《三國志》，卷39，＜蜀書·馬良傳＞載「馬良字季常，襄陽宜城人也…先主稱尊號，以良為侍中。」頁982-983。**故列劉備時期。**

		關興[46]	（司州）河東解人	諸葛亮時期
		宗預[47]	（荊州）南陽安眾	後主時期
		諸葛瞻[48]	（徐州）琅邪陽都	後主時期
		樊建[49]	（荊州）義陽	後主時期
		張紹[50]	（幽州）涿郡	後主時期
		常竺[51]	（益州）蜀郡江原	後主時期
	中常侍			
	給事黃門侍郎			
		陳裕[52]	（豫州）汝南	後主時期

---

[46] 晉·陳壽，《三國志》，卷36，〈蜀書·關羽傳〉載「關羽字雲長，本字長生，河東解人也…子興嗣。興字安國，少有令問，丞相諸葛亮深器異之。弱冠為侍中、中監軍，數歲卒。」頁939-942。洪武雄著，〈《三國職官表》蜀漢部份校補〉認關興「當在建興年間任侍中，後遷監軍。」頁285。**故列諸葛亮時期。**

[47] 晉·陳壽，《三國志》，卷45，〈蜀書·宗預傳〉載「宗預字德豔，南陽安眾人也…建興初，丞相亮以為主簿…及亮卒…遷為侍中，徙尚書。」頁1075。**故列後主時期。**

[48] 晉·陳壽，《三國志》，卷35，〈蜀書·諸葛瞻傳〉載「諸葛亮字孔明，琅邪陽都人也…亮子瞻，嗣爵…年十七，尚公主，拜騎都尉。其明年為羽林中郎將，屢遷射聲校尉、侍中、尚書僕射。」頁911-932。洪武雄著，〈《三國職官表》蜀漢部份校補〉認諸葛瞻在「延熙中由射聲校尉遷(侍中)，十六年(253)時在侍中職，後遷尚書僕射。」頁286。**故列後主時期。**

[49] 晉·陳壽，《三國志》，卷35，〈蜀書·諸葛亮傳〉載「義陽樊建。」頁933。洪武雄著，〈《三國職官表》蜀漢部份校補〉認樊建「當在延熙末、景耀初。」頁287。**故列後主時期。**

[50] 晉·陳壽，《三國志》，卷36，〈蜀書·張飛傳〉載「張飛字益德，涿郡人也…次子紹嗣，官至侍中尚書僕射。」頁943-944。洪武雄著，〈《三國職官表》蜀漢部份校補〉認張紹在「景耀六年(263)時，以侍中守尚書僕射。」頁287。**故列後主時期。**

[51] 晉·常璩撰，劉琳注，《華陽國志》，11，〈後賢志〉載「常騫，字季慎，蜀郡江原人也。祖父竺，字代文，南廣太守，侍中。」頁619。洪武雄著，〈《三國職官表》蜀漢部份校補〉認常竺在「延熙年間，由南廣太守遷。」頁287-288。**故列後主時期。**

[52] 晉·陳壽，《三國志》，卷39，〈蜀書·董允傳〉載「(陳祗) 祗字奉宗，汝南人…賜子粲爵關內侯，拔次子裕為黃門侍郎。」頁987。洪武雄著，〈《三國職官表》蜀漢部份校補〉認陳裕在「景耀年間。」頁289。**故列後主時期。**

		費承[53]	（荊州）江夏鄳人	後主時期
		郭演(郭攸之)[54]	（荊州）南陽	諸葛亮時期
		壽良[55]	（益州）蜀郡成都	時段不詳（疑入晉）
	黃門丞			
錄尚書事		姜維[56]	（雍州）天水冀人	後主時期
		馬忠[57]	（益州）巴西閬中	後主時期
尚書令		法正[58]	（雍州）扶風郿人	劉備時期
		李嚴[59]	（荊州）南陽	劉備時期
	尚書僕射	李福[60]	（益州）梓潼涪人	諸葛亮時期

53 晉·陳壽，《三國志》，卷44，＜蜀書·費禕傳＞載「費禕字文偉，江夏鄳人也…子承嗣，為黃門侍郎。」頁1060-1062。洪武雄著，＜《三國職官表》蜀漢部份校補＞認費承在「延熙末。」頁289。**故列後主時期。**

54 晉·陳壽，《三國志》，卷39，＜蜀書·董允傳＞注引＜楚國先賢傳＞曰「攸之，南陽人，以器業知名於時。」頁986。另晉·常璩撰，劉琳注，《華陽國志》，卷7，＜劉後主志＞載「(建興)二年…江夏費禕、南郡董允、郭攸之始為侍郎。」頁381。洪武雄著，＜《三國職官表》蜀漢部份校補＞認郭演在「建興初歷侍郎、中郎，三年(225)遷侍中。」頁285。同書又認在「建興二年(224)(為侍郎)，後轉中郎。」頁289。又認為郭演即郭攸之字演長，頁261。**故列諸葛亮時期。**

55 晉·常璩撰，劉琳注，《華陽國志》，11，＜後賢志＞載「壽良，字文淑，蜀郡成都人也…州從事，散騎、黃門侍郎。」頁612。洪武雄著，＜《三國職官表》蜀漢部份校補＞認壽良「其為散騎、黃人侍郎疑已入晉後而入大同前。」頁290。**時段不詳(疑入晉)。**

56 晉·陳壽，《三國志》，卷44，＜蜀書·姜維傳＞載「姜維字伯約，天水冀人也…(延熙)十年，遷衛將軍，與大將軍費禕共錄尚書事。」頁1062-1065。**故列後主時期。**

57 晉·陳壽，《三國志》，卷43，＜蜀書·蔣琬傳＞載「馬忠字德信，巴西閬中人也…(延熙)七年春，大將軍費禕北禦魏敵，留(馬)忠成都，平尚書事。」頁1048-1049。**故列後主時期。**

58 晉·陳壽，《三國志》，卷37，＜蜀書·法正傳＞載「法正字孝直，(右)扶風郿人也…先主立為漢中王，以正為尚書令、護軍將軍。明年卒。」頁957-962。**故列劉備時期。**

59 晉·陳壽，《三國志》，卷40，＜蜀書·李嚴傳＞載「李嚴字正方，南陽人也…章武二年，先主徵嚴詣永安宮，拜尚書令。」頁998-999。**故列劉備時期。**

60 晉·陳壽，《三國志》，卷45，＜蜀書·楊戲傳＞載「(李)孫德名福，梓潼涪人也…建興元年，徙巴西太守，為江州督、楊威將軍，入為尚書僕射，封平陽亭侯。」頁1087。**故列諸葛亮時期。**

		姚伷[61]	（益州）巴西閬中	後主時期
		董厥[62]	（荊州）義陽	後主時期
	尚書	楊儀[63]	（荊州）襄陽	劉備時期
		劉巴[64]	（荊州）零陵烝陽	劉備時期
		鄧芝[65]	（荊州）義陽新野	劉備時期
		陳震[66]	（荊州）南陽	諸葛亮時期
		張遵[67]	（幽州）涿郡	後主時期
		向充[68]	（荊州）襄陽宜城	後主時期
		胡博[69]	（荊州）義陽	後主時期

---

61 晉·陳壽,《三國志》,卷45,＜蜀書·楊戲傳＞載「(姚)伷字子緒,亦閬中人。先主定益州後,為功曹書佐...亮卒,稍遷為尚書僕射。」頁1087。**故列後主時期。**

62 晉·陳壽,《三國志》,卷35,＜蜀書·諸葛亮傳＞載「董厥者,丞相亮時為府令史...徙為主簿。亮卒後,稍遷至尚書僕射,代陳祗為尚書令,遷大將軍,平臺事,而義陽樊建代焉。」另注引＜晉百官表＞載「董厥字龔襲,亦義陽人。」頁933。**故列後主時期。**

63 晉·陳壽,《三國志》,卷40,＜蜀書·楊儀傳＞載「楊儀字威公,襄陽人也...及先主為漢中王,拔儀為尚書...左遷遙署弘農太守。」頁1004-1005。**故列劉備時期。**

64 晉·陳壽,《三國志》,卷39,＜蜀書·劉巴傳＞載「劉巴字子初,零陵烝陽人也...先主辟為左將軍西曹掾。建安二十四年,先主為漢中王,巴為尚書,後代法正為尚書令。」頁980-981。**故列劉備時期。**

65 晉·陳壽,《三國志》,卷45,＜蜀書·鄧芝傳＞載「鄧芝字伯苗,義陽新野人...先主定益州...入為尚書。」頁1071-1073。**故列劉備時期。**

66 晉·陳壽,《三國志》,卷39,＜蜀書·陳震傳＞載「陳震字孝起,南陽人也...建興三年,入拜尚書,遷尚書令,奉命使吳。七年,孫權稱尊號,以震為衛尉。」頁984-985。**故列諸葛亮時期。**

67 晉·陳壽,《三國志》,卷36,＜蜀書·張飛傳＞載「張飛字益德,涿郡人也...長子苞,早夭。次子紹嗣,官至侍中尚書僕射。苞子遵為尚書。」頁943-944。洪武雄著,＜《三國職官表》蜀漢部份校補＞認張遵在「景耀六年(263)時為尚書」,頁299。**故列後主時期。**

68 晉·陳壽,《三國志》,卷41,＜蜀書·向朗傳＞載「向朗字巨達,襄陽宜城人也...朗兄子寵,先主時為牙門將...寵弟充,歷射聲校尉尚書。」頁1010-1011。洪武雄著,＜《三國職官表》蜀漢部份校補＞認「姜維任大將軍在延熙十九年(256)後,向充由射聲校尉遷尚書當在延熙末、景耀年署。」頁229。**故列後主時期。**

69 晉·陳壽,《三國志》,卷39,＜蜀書·董和傳＞注曰「姓胡,名濟,義陽人...濟弟博,歷長水校尉尚書。」頁980。洪武雄著,＜《三國職官表》蜀漢部份校補＞認「延熙九年由長水校尉遷」,頁299。**故列後主時期。**

		張翼[70]	（益州）犍為武陽	後主時期
		劉武[71]	（荊州）義陽	後主時期
		許游[72]	（豫州）汝南平輿	後主時期
		衛繼[73]	（益州）漢嘉嚴道	後主時期
		程瓊[74]	（益州）犍為	後主時期
		張表[75]	（益州）蜀郡	後主時期
	郎（吏部）	陳祗[76]	（豫州）汝南	後主時期
	（左選）	鄧良[77]	（荊州）義陽新野	後主時期
	（右選）	楊戲[78]	（益州）犍為武陽	後主時期

---

[70] 晉·陳壽，《三國志》，卷45，〈蜀書·張翼傳〉載「張翼字伯恭，犍為武陽人也…延熙元年，入為尚書。」頁1073-1075。**故列後主時期。**

[71] 晉·陳壽，《三國志》，卷45，〈蜀書·楊戲傳〉載「劉南和名邕，義陽人也…子式嗣。少子武，有文，與樊建齊名，官亦至尚書。」頁1084。洪武雄著，〈《三國職官表》蜀漢部份校補〉認劉武「與樊建齊名，如宦仕亦相當，則其為尚書當在延熙末、景耀初。」頁300。故列後主時期。

[72] 晉·陳壽，《三國志》，卷38，〈蜀書·許靖傳〉載「許靖字文休，汝南平輿人…子欽，先靖天沒。欽子游，景耀中為尚書。」頁963-967。**故列後主時期。**

[73] 晉·陳壽，《三國志》，卷45，〈蜀書·楊戲傳〉注引〈益部耆舊雜記〉曰「衛繼字子業，漢嘉嚴道人也…屢遷拜奉車都尉、大尚書，忠篤信厚，為眾所敬。鍾會之亂，遇害成都。」頁1091。洪武雄著，〈《三國職官表》蜀漢部份校補〉認「景耀年間由奉車都尉遷。」頁300。**故列後主時期。**

[74] 晉·常璩撰，劉琳注，《華陽國志》，卷11，〈後賢志〉載「故蜀尚書犍為程瓊。」頁602。據洪武雄著，〈《三國職官表》蜀漢部份校補〉認「或亦在延熙末、景耀年間。」頁301。**故列後主時期。**

[75] 晉·陳壽，《三國志》，卷45，〈蜀書·楊戲傳〉載「蜀郡張表伯達並知名…張表有威儀風觀，始名位與戲齊，後至尚書，督庲降後將軍。」頁1077-1078。洪武雄著，〈《三國職官表》蜀漢部份校補〉認張表在「延熙十二年(249)起」任庲降都督，之前為尚書，頁407-408。**故列後主時期。**

[76] 晉·陳壽，《三國志》，卷39，〈蜀書·董允傳〉載「(陳祗)祗字奉宗，汝南人…稍遷至選曹郎。」頁987。另據洪武雄著，〈《三國職官表》蜀漢部份校補〉認在「延熙初為尚書選曹郎，九年(246)超遷侍中。」頁302。**故列後主時期。**

[77] 晉·陳壽，《三國志》，卷45，〈蜀書·鄧芝傳〉載「鄧芝字伯苗，義陽新野人…子良，襲爵，景耀中為尚書左選郎。」頁1071-1073。另據洪武雄著，〈《三國職官表》蜀漢部份校補〉認在「景耀中為尚書左選郎，景耀末遷駙馬都尉。」頁302。**故列後主時期。**

[78] 晉·陳壽，《三國志》，卷45，〈蜀書·楊戲傳〉載「楊戲字文然，犍為武陵人也…亮卒，為尚書右選部郎，刺史蔣琬請為治中從事史。」頁1077。**故列後主時期。**另據晉·常璩撰，劉琳注，《華陽國志》(臺北：新文豐出版公司，1988年11月)，劉琳注曰「顧校：『楊義』當作楊義。《蜀志》有傳，作楊戲，『戲』、『義』古通用。」頁563。

		王祐[79]	（益州）廣漢郪人	後主時期
	（尚書郎）	蔣琬[80]	（荊州）零陵湘野	劉備時期
		馬齊[81]	（益州）巴西閬中	劉備時期
		李驤[82]	（益州）梓潼涪人	晉世
		李虎[83]	籍貫不詳	後主時期
		黃崇[84]	（益州）巴西閬中	後主時期
		費恭[85]	（荊州）江夏鄳人	後主時期
		習忠[86]	（荊州）襄陽	後主時期

---

79 晉·陳壽,《三國志》,卷45,＜蜀書·楊戲傳＞載「(王) 國山名甫,廣漢郪人也...劉璋時為州書佐...子祐,有父風,官至尚書右選郎。」頁1086。洪武雄著,＜《三國職官表》蜀漢部份校補＞認在「後主世。」頁302。**故列後主時期。**

80 晉·陳壽,《三國志》,卷44,＜蜀書·蔣琬傳＞載「蔣琬字公琰、零陵湘鄉人也...琬以州書佐隨先主入蜀,除廣都長...頃之,為什邡令。先主為漢中王,琬入為尚書郎。」頁1057-1060。**故列入劉備時期。**

81 晉·陳壽,《三國志》,卷45,＜蜀書·楊戲傳＞載「(馬)盛衡名勳,(馬)承伯名齊,皆巴西閬中人也...齊為太守張飛功曹。飛貢之先主,為尚書郎。」頁1086-1087。**故列劉備時期。**

82 晉·陳壽,《三國志》,卷45,＜蜀書·楊戲傳＞載「(李) 孫德名福,梓潼涪人也。」又注引＜益部耆舊雜記＞曰「子驤,字叔龍,亦有名,官至尚書郎、廣漢太守。」頁1087。洪武雄著,＜《三國職官表》蜀漢部份校補＞認「李驤任尚書郎及廣漢太守皆已入晉世,非蜀漢時。」頁303。**已入晉世故不列入計算。**

83 晉·陳壽,《三國志》,卷33,＜蜀書·後主傳＞注引王隱＜蜀記＞曰「禪又遣太常張峻、益州別駕汝超受節度,遣太僕蔣顯有命敕姜維。又遣尚書郎李虎送士民簿」頁900。據洪武雄著,＜《三國職官表》蜀漢部份校補＞認在「景耀六年(263)時。」頁303。**故列後主時期。**

84 晉·陳壽,《三國志》,卷43,＜蜀書·黃權傳＞載「黃權字公衡,巴西閬中人也...權留蜀子崇,為尚書郎,隨衛將軍諸葛瞻拒鄧艾。」頁1043-1045。洪武雄著,＜《三國職官表》蜀漢部份校補＞認在「景耀六年(263)時。」頁303-304。**故列後主時期。**

85 晉·陳壽,《三國志》,卷44,＜蜀書·費禕傳＞載「費禕字文偉,江夏鄳人也...子承嗣,為黃門侍郎。承弟恭,尚公主。」另注引＜禕別傳＞曰:「恭為尚書郎,顯名當世,早卒。」頁1060-1062。洪武雄著,＜《三國職官表》蜀漢部份校補＞認在「當在延熙、景耀世。」頁304。**故列後主時期。**

86 晉·陳壽,《三國志》,卷45,＜蜀書·楊戲傳＞載「(習)文祥名禎,襄陽人也...子忠,官至尚書郎。」頁1085。洪武雄著,＜《三國職官表》蜀漢部份校補＞認在「後主世。」頁304。故列後主時期。

		李密(李宓)[87]	（益州）犍為武陽	後主時期
	（度支）	柳伸[88]	（益州）蜀郡成都	晉世
	(尚書郎)	司馬勝之[89]	（益州）廣漢綿竹	後主時期
	(尚書郎)	文立[90]	（益州）巴郡臨江	後主時期
		楊宗[91]	（益州）巴郡	後主時期
	尚書主書令史			
中書令				
	中書郎			
秘書令				
	秘書郎			
	主書主圖主譜	郤正(郗正)[92]	（司州）河南偃師	後主時期

---

87 晉·陳壽，《三國志》，卷 45，＜蜀書·楊戲傳＞注「(楊)戲同縣(犍為武陽)後進有李密者。」又注引＜華陽國志＞曰「本郡禮命不應，州辟從事尚書郎。」頁 1078。另據洪武雄著，＜《三國職官表》蜀漢部份校補＞認在「延熙末、景耀年間，後轉尚書郎。」頁 436。**故列後主時期**。密也有不同版本寫宓，如前引劉琳注，《華陽國志》，卷 11，＜後賢志＞，頁 607。

88 晉·常璩撰，劉琳注，《華陽國志》，卷 11，＜後賢志＞載「柳隱，字休然，蜀郡成都人也。少與同郡杜禎、柳伸並知名…柳伸，字雅厚。州牧諸葛亮辟為從事…伸，度支。」頁 602。另據洪武雄著，＜《三國職官表》蜀漢部份校補＞中認為**柳伸為度支郎在晉世而非蜀漢建興初，故不應列於此**，頁 304-305。

89 晉·常璩撰，劉琳注，《華陽國志》，卷 11，＜後賢志＞載「司馬勝之，字興先，廣漢緜竹人也…初為郡功曹…州辟從事，進尚書左選郎，徙祕書郎。」頁 603。洪武雄著，＜《三國職官表》蜀漢部份校補＞認「當在延熙末、景耀初由州從事轉尚書郎，後徙秘書郎。」頁 305。**故列後主時期**。

90 晉·常璩撰，劉琳注，《華陽國志》，卷 11，＜後賢志＞載「文立字廣休，巴郡臨江人也…州刺史費禕命為從事，入為尚書郎，復辟禕大將軍東曹掾，稍遷尚書。」頁 601。洪武雄著，＜《三國職官表》蜀漢部份校補＞中認「延熙中由州從事轉。」頁 305。**故列後主時期**。

91 晉·常璩撰，劉琳注，《華陽國志》，卷 11，＜後賢志＞載「文立，字廣休，巴郡臨江人也…同郡毛楚、楊【崇】宗，皆有德美，楚牂柯，【崇】宗武陵太守。」頁 601-602。洪武雄著，＜《三國職官表》蜀漢部份校補＞認「(楊)宗為尚書郎當在景耀年間，後遷巴東都督參軍，六年(263)蜀亡。」頁 305。**故列後主時期**。

92 晉·陳壽，《三國志》，卷 42，＜蜀書·郤正傳＞載「郤正字令先，河南偃師人也…弱冠能屬文，入為祕書吏，轉為令史，遷郎，至令。」頁 1034。據洪武雄著，＜《三國職官表》蜀漢部份校補＞認在「建興末入為秘書吏，三十年間歷令史、郎而至令。」頁 307。**故列後主時期**。晉·常璩撰，劉琳注，《華陽國志》，卷 7，＜劉後主志＞載「秘書令河南郤正。」頁 393。

附
錄

	令史			
	東觀郎	王崇[93]	（益州）廣漢郪人	後主時期
	東觀秘書郎	陳壽[94]	（益州）巴西安漢	後主時期
御史中丞		向條[95]	（荊州）襄陽宜城	後主時期
		猛獲(孟獲)[96]	（庲降都督）建寧	後主時期
符節令		王士[97]	（益州）廣漢郪人	官職似錯置
	(當在晉世)	杜禎[98]	（益州）蜀郡成都	晉世

[93] 晉·常璩撰，劉琳注，《華陽國志》，卷 11，＜後賢志＞載「王化，字伯遠，廣漢郪人也…祖父商，字文表，州牧劉璋時為蜀太守…少弟崇，字幼遠，學業淵博，雅性洪粹，蜀時東觀郎。」頁 605。洪武雄著，＜《三國職官表》蜀漢部份校補＞認王崇在「景耀世。」頁 308。**故列後主時期。**

[94] 晉·常璩撰，劉琳注，《華陽國志》，11，＜後賢志＞載「晉·陳壽，字承祚，巴西安漢人也。少受學於散騎常侍譙周…初應州命，衛將軍主簿，東觀秘書郎，散騎、黃門侍郎。」頁 606。洪武雄著，＜《三國職官表》蜀漢部份校補＞中認「景耀四年(261)諸葛瞻為衛將軍，景耀末，晉·陳壽由衛將軍主簿徙為東觀秘書郎。」頁 308。**故列後主時期。**

[95] 晉·陳壽，《三國志》，卷 41，＜蜀書·向朗傳＞載「向朗字巨達，襄陽宜城人也…子條嗣，景耀中為御史中丞。」頁 1010。**故列後主時期。**

[96] 晉·常璩撰，劉琳注，《華陽國志》，卷 12，＜益梁寧二州先漢以來士女目錄＞載「御史中丞孟獲。右三人，建寧人士。」頁 683。洪武雄著，＜《三國職官表》蜀漢部份校補＞認在「後主世。」頁 321。**故列後主時期。**

[97] 晉·陳壽，《三國志》，卷 45，＜蜀書·楊戲傳＞載「(王)義彊名士，廣漢郪人，國山從兄也。從先主入蜀後，舉孝廉，為符節長，遷牙門將，出為宕渠太守，徙在犍為。會丞相亮南征，轉為益州太守，將南行，為蠻夷所害。」頁 1088。洪武雄著，＜《三國職官表》蜀漢部份校補＞認「王士當為江陽郡符節縣長，飴孫所論誤，王士不應置此」，頁 322。

[98] 晉·常璩撰，劉琳注，《華陽國志》，卷 11，＜後賢志＞載「柳隱，字休然，蜀郡成都人也。少與同郡杜禎、柳伸並知名…杜禎，字文然…符節令，梁益二州都督。」頁 602-603。洪武雄著，＜《三國職官表》蜀漢部份校補＞認「梁益二州於晉世始分，禎為符節令亦在晉世。」頁 323。**已入晉世。**

附錄八：諸葛亮丞相府屬資料查考表　　　資料來源：《三國職官表》等資料

官名	屬官	姓名	籍貫	任官時所屬時段
丞相	祭酒	射援[1]	（雍州）扶風	諸葛亮時期
	從事中郎	樊岐[2]	籍貫不詳	諸葛亮時期
	主簿	胡濟[3]	（荊州）義陽	諸葛亮時期
		宗預[4]	（荊州）南陽安眾	諸葛亮時期
		楊顒[5]	(荊州)襄陽	諸葛亮時期
		楊戲(屬)[6]	(益州)犍為武陽	諸葛亮時期
	軍祭酒	來敏[7]	(荊州)義陽新野	諸葛亮時期
		尹默[8]	(益州)梓潼涪人	諸葛亮時期
	參軍	楊儀[9]	(荊州)襄陽	諸葛亮時期
		廖化[10]	(荊州)襄陽	諸葛亮時期

1 晉·陳壽，《三國志》，卷 32，＜蜀書·先主傳＞注引＜三輔決錄注＞曰「援字文雄，扶風人也…兄堅，字文固…與弟援南入蜀依劉璋，璋以堅為長史…丞相諸葛亮以援為祭酒，遷從事中郎，卒官。」頁 885。另據洪武雄著，＜《三國職官表》蜀漢部份校補＞認射援在「建興初，後遷從事中郎。」頁 222。

2 晉·陳壽，《三國志》，卷 40，＜蜀書·李嚴傳＞注引諸葛亮公文上尚書曰「領從事中郎武略中郎將臣樊岐等議。」頁 1000。

3 晉·陳壽，《三國志》，卷 39，＜蜀書·董和傳＞注曰「姓胡，名濟，義陽人。為亮主簿。」頁 980。

4 晉·陳壽，《三國志》，卷 45，＜蜀書·宗預傳＞載「宗預字德豔，南陽安眾人。建安中，隨張飛入蜀。建興初，丞相亮以為主簿，遷參軍右中郎將。」頁 1075。

5 晉·陳壽，《三國志》，卷 45，＜蜀書·楊儀傳＞注引〈襄陽記〉載「楊顒字子昭，楊儀宗人也。入蜀，為巴郡太守，丞相諸葛亮主簿。」頁 1083。

6 晉·陳壽，《三國志》，卷 45，＜蜀書·楊戲傳＞載「楊戲字文然，犍為武陽人也…丞相亮深識之。戲年二十餘，從州書佐為督軍從事，職典刑獄，論法決疑，號為平當，府辟為屬主簿。」頁 1077。

7 晉·陳壽，《三國志》，卷 42，＜蜀書·來敏傳＞載「來敏字敬達，義陽新野人，來歙之後也…後主踐阼，為虎賁中郎將。丞相亮住漢中，請為軍祭酒、輔軍將軍，坐事去職。」頁 1025。

8 晉·陳壽，《三國志》，卷 42，＜蜀書·尹默傳＞載「尹默字思潛，梓潼涪人…後主踐阼，拜諫議大夫。丞相亮住漢中，請為軍祭酒。」頁 1026。

9 晉·陳壽，《三國志》，卷 40，＜蜀書·楊儀傳＞載「楊儀字威公，襄陽人也…建興三年，丞相亮以為參軍，署府事，將南行。五年，隨亮漢中。八年，遷長史。」頁 1004。

10 晉·陳壽，《三國志》，卷 45，＜蜀書·宗預傳＞載「廖化字元儉，本名淳，襄陽人也…先主薨，為丞相參軍。」頁 1077。

		馬謖[11]	(荊州)襄陽宜城	諸葛亮時期
		杜祺[12]	(荊州)南陽	諸葛亮時期
		李豐[13]	(荊州)南陽	諸葛亮時期
		費禕[14]	(荊州)江夏鄳人	諸葛亮時期
		王平[15]	(益州)巴西宕渠	諸葛亮時期
		張裔[16]	(益州)蜀郡成都	諸葛亮時期
		李邈[17]	(益州)廣漢郪人	諸葛亮時期
		文恭[18]	(益州)梓潼涪人	諸葛亮時期
		閻晏[19]	籍貫不詳	諸葛亮時期
		爨習[20]	(益州)（庲降都督）	諸葛亮時期

---

[11] 晉·陳壽，《三國志》，卷 39，<蜀書·馬良傳>載「馬良 字季常，襄陽宜城人也...良弟謖，字幼常...丞相諸葛亮...以謖為參軍。」頁 983-984。

[12] 晉·陳壽，《三國志》，卷 40，<蜀書·李嚴傳>注引建興九年(231)免李平公文，為「行參軍武略中郎將臣杜祺。」頁 1000。

[13] 晉·陳壽，《三國志》，卷 40，<蜀書·李嚴傳>注引諸葛亮與李豐書曰「君以中郎參軍居府。」頁 1001。

[14] 晉·陳壽，《三國志》，卷 44，<蜀書·費禕傳>載「費禕字文偉，江夏鄳人也...(建興四年 226)亮北住漢中，請禕為參軍。」頁 1060。

[15] 晉·陳壽，《三國志》，卷 43，<蜀書·王平傳>載「王平字子均，巴西宕渠人也...丞相亮既誅馬謖及將軍張休、李盛，奪將軍黃襲等兵，平特見崇顯，加拜參軍，統五部兼當營事，進位討寇將軍，封亭侯。」頁 1049。

[16] 晉·陳壽，《三國志》，卷 41，<蜀書·張裔傳>載「張裔字君嗣，蜀郡成都人也...丞相亮以為參軍，署府事，又領益州治中從事。」頁 1011-1012。

[17] 晉·陳壽，《三國志》，卷 45，<蜀書·楊戲傳>注引《華陽國志》曰：「(李)邵兄邈，字漢南，劉璋時為牛鞞長。先主領牧，為從事...久之，為犍為太守、丞相參軍、安漢將軍。」頁 1086。

[18] 晉·常璩撰，劉琳注，《華陽國志》，卷 10 下，<先賢士女總贊(下)>載「(李)福同郡梓潼文恭，字仲寶，亦以才幹為牧亮治中從事，丞相參軍。」頁 579。另據洪武雄著，<《三國職官表》蜀漢部份校補>認文恭在「建興初，三年(225)轉丞相參軍。」頁 423。

[19] 晉·陳壽，《三國志》，卷 40，<蜀書·李嚴傳>注引諸葛亮公文上尚書曰「行參軍建義將軍臣閻晏」頁 1000。

[20] 晉·陳壽，《三國志》，卷 40，<蜀書·李嚴傳>注引諸葛亮公文上尚書曰「行參軍偏將軍臣爨習。」頁 1000。晉·常璩撰，劉琳注，《華陽國志》，卷 4，<南中志>載「(諸葛)亮收其俊傑建寧爨習。」頁 229。故列諸葛亮時期。另晉·陳壽，《三國志》，卷 43，<蜀書·李恢傳>載「李恢字德昂，建寧俞元人也。仕郡督郵，姑夫爨習為建伶令...聞先主自葭萌還攻劉璋...先主領益州牧，以恢為功曹書佐主簿。」頁 1045-1046。

				建寧	
		杜義[21]	籍貫不詳		諸葛亮時期
		盛勃[22]	籍貫不詳		諸葛亮時期
	西曹屬	賴厷[23]（令史）	（荊州）零陵		諸葛亮時期
	（掾）	李邵（李卲）[24]	(益州)廣漢郪人		諸葛亮時期
	東曹屬	蔣琬[25]	（荊州）零陵湘鄉		諸葛亮時期
	倉曹屬	姜維[26]（掾）	（雍州）天水冀人		諸葛亮時期
	散屬(令史)	董厥[27]	（荊州）義陽		諸葛亮時期
	記室	霍弋[28]	(荊州)南郡枝江		諸葛亮時期
	門下督	馬忠[29]	(益州)巴西閬中		諸葛亮時期
	前軍師	魏延[30]	(荊州)義陽		諸葛亮時期

21 晉·陳壽，《三國志》，卷40，＜蜀書·李嚴傳＞注引諸葛亮公文上尚書曰「行參軍裨將軍臣杜義。」頁1000。

22 晉·陳壽，《三國志》，卷40，＜蜀書·李嚴傳＞注引諸葛亮公文上尚書曰「行參軍綏戎都尉盛勃。」頁1000。

23 晉·陳壽，《三國志》，卷45，＜蜀書·楊戲傳＞載「荊楚宿士零陵賴恭為太常…恭子厷，為丞相西曹令史，隨諸葛亮於漢中，早夭。」頁1082。另據洪武雄著，＜《三國職官表》蜀漢部份校補＞認賴厷在「建興五年(227)，八年(230)之前卒。」頁236。

24 晉·陳壽，《三國志》，卷45，＜蜀書·楊戲傳＞注引《華陽國志》曰：「(李) 邵，廣漢郪人也。先主定蜀後，為州書佐部從事。建興元年，丞相亮辟為西曹掾。」頁1086。

25 晉·陳壽，《三國志》，卷44，＜蜀書·蔣琬傳＞載「蔣琬字公琰、零陵湘鄉人也…建興元年，丞相亮開府，辟琬為東曹掾…遷為參軍。五年，亮住漢中，琬與長史張裔統留府事。八年，代裔為長史，加撫軍將軍。」頁1057。

26 晉·陳壽，《三國志》，卷44，＜蜀書·姜維傳＞載「姜維字伯約，天水冀人也…亮辟維為倉曹掾，」頁1062-1065。另據洪武雄著，＜《三國職官表》蜀漢部份校補＞認姜維在「建興六年(228)為倉曹掾加奉義將軍，八年(230)遷護軍、征西將軍。」頁237。

27 晉·陳壽，《三國志》，卷35，＜蜀書·諸葛亮傳＞載「董厥者，丞相亮時為府令史。」另注引＜晉百官表＞曰「董厥字龔襲，亦義陽人。」頁933。

28 晉·陳壽，《三國志》，卷41，＜蜀書·霍峻傳＞載「霍峻字仲邈，南郡枝江人也…子弋，字紹先，先主末年為太子舍人。後主踐阼，除謁者。丞相諸葛亮北駐漢中，請為記室。」頁1007。

29 晉·陳壽，《三國志》，卷43，＜蜀書·馬忠傳＞載「馬忠字德信，巴西閬中人也…建興元年，丞相亮開府，以忠為門下督。」頁1048。

30 晉·陳壽，《三國志》，卷40，＜蜀書·魏延傳＞載「魏延字文長，義陽人也…建興

	鄧芝[31]	(荊州)義陽新野	諸葛亮時期
中軍師	劉琰[32]	(豫州)魯國	諸葛亮時期
丞相府屬	董恢[33]	(荊州)襄陽	諸葛亮時期
丞相長史	向朗[34]	(荊州)襄陽宜城	諸葛亮時期
	王連[35]	(荊州)南陽	諸葛亮時期
丞相掾	馬齊[36]	(益州)巴西閬中	諸葛亮時期
	姚伷[37]	(益州)巴西閬中	諸葛亮時期
	馬勗(掾)[38]	(益州)巴西閬中	諸葛亮時期

元年，封都亭侯。五年，諸葛亮駐漢中，更以延為督前部，領丞相司馬、涼州刺史，八年…遷為前軍師征西大將軍。」頁1002。洪武雄著，＜《三國職官表》蜀漢部份校補＞以前軍師列入丞相府屬，頁224。

[31] 晉·陳壽，《三國志》，卷45，＜蜀書·鄧芝傳＞載「鄧芝字伯苗，義陽新野人…及亮北住漢中，以芝為中監軍、揚武將軍。亮卒，遷前軍師前將軍，領兗州刺史，封陽武亭侯，頃之為督江州。」頁1071-1072。

[32] 晉·陳壽，《三國志》，卷40，＜蜀書·劉琰傳＞載「劉琰字威碩，魯國人也…後主立，封都鄉侯，班位每亞李嚴，為衛尉中軍師後將軍，遷車騎將軍。」頁1001。洪武雄著，＜《三國職官表》蜀漢部份校補＞認丞相府屬在「建興元年(223)加中軍師，十二年(234)棄市(指劉琰)。」頁223。

[33] 晉·陳壽，《三國志》，卷39，＜蜀書·董允傳＞注引〈襄陽記〉載「董恢字休緒，襄陽人…諸葛亮聞之，以為知言。還未滿三日，辟為丞相府屬，遷巴郡太守。」頁986。

[34] 晉·陳壽，《三國志》，卷41，＜蜀書·向朗傳＞載「向朗字巨達，襄陽宜城人也…後主踐阼，為步兵校尉，代王連領丞相長史。丞相亮南征，朗留統後事。」頁1010。

[35] 晉·陳壽，《三國志》，卷41，＜蜀書·王連傳＞載「王連字文儀，南陽人也。劉璋時入蜀，為梓潼令…建興元年，拜屯騎校尉，領丞相長史，封平陽亭侯。」頁1009。

[36] 晉·陳壽，《三國志》，卷45，＜蜀書·楊戲傳＞載馬齊在「建興中，從事丞相掾，遷廣漢太守。」頁1087。

[37] 晉·陳壽，《三國志》，卷45，＜蜀書·楊戲傳＞載姚伷在「伷字子緒，亦閬中人。先主定益州後，為功曹書佐。建興元年，為廣漢太守。丞相亮北駐漢中，辟為掾。」頁1087。

[38] 晉·常璩撰，劉琳注，《華陽國志》，卷7，＜劉後主志＞載「丞相亮開府，領益州牧…辟尚書郎蔣琬及廣漢李邵、巴西馬勗為掾。」頁381。同書卷1，＜巴志＞劉琳注曰「〔馬盛衡〕馬勗，閬中人。」頁56。故列諸葛亮時期。洪武雄著，＜《三國職官表》蜀漢部份校補＞認在「建安十九年(214)之後，後轉益州別駕從事。」頁355。洪氏此處有誤。

附錄九：諸葛亮為錄尚書事時尚書臺官員一覽表

資料來源：《三國職官表》等資料

錄尚書事	諸葛亮[1]	（徐州）琅邪陽都	先主時期
尚書令	法正[2]	（雍州）扶風郿人	先主時期
	劉巴[3]	（荊州）零陵烝陽	先主時期
	李嚴[4]	（荊州）南陽	先主時期
	陳震[5]	（荊州）南陽	諸葛亮時期
尚書僕射	李福[6]	（益州）梓潼涪人	諸葛亮時期
尚書	楊儀[7]	（荊州）襄陽	先主時期
	劉巴[8]	（荊州）零陵烝陽	先主時期
	鄧芝[9]	（荊州）義陽新野	先主時期
	陳震[10]	（荊州）南陽	諸葛亮時期

---

[1] 章武元年(221)以丞相錄尚書事，建興十二年卒。

[2] 洪武雄著，＜《三國職官表》蜀漢部份校補＞認法正在「建安廿四年(219)遷，廿五年(220)卒官。」頁293。**故列劉備時期。**

[3] 洪武雄著，＜《三國職官表》蜀漢部份校補＞認劉巴在「建安廿五年(220)由尚書遷，章武二年(222)卒官。」頁293。**故列劉備時期。**

[4] 洪武雄著，＜《三國職官表》蜀漢部份校補＞認李嚴在「章武二年(222)由輔漢將軍、犍為太守遷，後主繼位，嚴留鎮永安，加光祿勳，當不復任尚書令。」頁293-294。**故列劉備時期。**

[5] 洪武雄著，＜《三國職官表》蜀漢部份校補＞認陳震在「建興三年(225)由犍為太守遷（尚書）。」頁298。至「建興五年(227)由尚書遷（尚書令），七年(229)遷衛尉。」頁294。**故列諸葛亮時期。**

[6] 洪武雄著，＜《三國職官表》蜀漢部份校補＞認李福在「建興九年(231)代李豐督江州，後遷尚書僕射，建興十二年(234)時已在尚書僕射任上。」頁296。**故列諸葛亮時期。**

[7] 晉·陳壽，《三國志》，卷40，＜蜀書·楊儀傳＞載「及先主為漢中王，拔儀為尚書。」頁1004。**故列劉備時期。**

[8] 晉·陳壽，《三國志》，卷39，＜蜀書·劉巴傳＞載「建安二十四年，先主為漢中王，巴為尚書。」頁981。**故列劉備時期。**

[9] 洪武雄著，＜《三國職官表》蜀漢部份校補＞認鄧芝在「其由廣漢太守遷尚書，或在章武元年(221)稱帝時。」頁297-298。**故列劉備時期。**

[10] 晉·陳壽，《三國志》，卷39，＜蜀書·陳震傳＞載「建興三年，入拜尚書。」頁984。**故列諸葛亮時期。**

（尚書郎）	蔣琬[11]	（荊州）零陵湘野	先主時期
	馬齊[12]	（益州）巴西閬中	先主時期

---

[11] 晉·陳壽，《三國志》，卷44，＜蜀書·蔣琬傳＞載「先主為漢中王，琬入為尚書郎。」頁897。**故列劉備時期。**

[12] 晉·陳壽，《三國志》，卷45，＜蜀書·楊戲傳＞載「（馬）齊為太守張飛功曹。飛貢之先主，為尚書郎。」頁1087。**故列劉備時期。**

附錄十：蜀漢中央九卿以上文官資料查考表

資料來源：《三國職官表》等資料

官名	姓名	籍貫	備註
丞相	諸葛亮[1]	（徐州）琅邪陽都	劉備時期
太傅	許靖[2]	（豫州）汝南平輿	劉備時期
大司馬	劉備[3]	（幽州）涿郡涿縣	劉備本人不列入計算
	蔣琬	（荊州）零陵湘鄉	
太尉	上官勝[4]	（雍州）隴西上邽	不明時段
司徒	許靖	（豫州）汝南平輿	
特進	向朗	（荊州）襄陽宜城	
	鐔承	（益州）廣漢郪人	
光祿大夫	來敏	（荊州）義陽新野	
	譙周[5]	（益州）巴西西充國	後主時期

---

1 晉·陳壽，《三國志》，卷 35，＜蜀書·諸葛亮傳＞載「諸葛亮字孔明，琅邪陽都人也…成都平，以亮為軍師將軍，署左將軍府事…先主於是即帝位，策亮為丞相…亮以丞相錄尚書事，假節。張飛卒後，領司隸校尉…建興元年，封亮武鄉侯，開府治事。頃之，又領益州牧。政事無巨細，咸決於亮…以亮為右將軍，行丞相事，所總統如前。」頁 911-922。**列入劉備時期**。

2 晉·陳壽，《三國志》，卷 38，＜蜀書·許靖傳＞載「許靖字文休，汝南平輿人…劉璋遂使使招靖，靖來入蜀。璋以靖為巴郡、廣漢太守…十九年，先主克蜀，以靖為左將軍長史。先主為漢中王，靖為太傅。及即尊號，策靖曰：『朕獲奉洪業，君臨萬國，夙宵惶惶，懼不能綏。百姓不親，五品不遜，汝作司徒，其敬敷五教，在寬。君其勖哉！秉德無怠，稱朕意焉。』」頁 963-967。**列入劉備時期**。

3 晉·陳壽，《三國志》，卷 32，＜蜀書·先主傳＞載「先主姓劉，諱備，字玄德，涿郡涿縣人…(劉)謙表先主為豫州刺史…先主遂領徐州…曹公表先主為鎮東將軍，封宜城亭侯，是歲建安元年也…曹公厚遇之，以為豫州牧…表先主為左將軍…琦病死，羣下推先主為荊州牧，治公安…璋推先主行大司馬，領司隸校尉…羣下上先主為漢中王…還治成都。」頁 871。**劉備本人不列入計算**。

4 宋·歐陽修、宋祁撰，《新唐書》，卷 73 下，＜宰相世系三下＞載「漢徙大姓以實關中，上官氏徙隴西上邽。漢有右將軍安陽侯桀，生安，車騎將軍、桑樂侯，以反伏誅。遺腹子期，裔孫勝，蜀太尉。」頁 2943。**列入時段不詳**。

5 晉·陳壽，《三國志》，卷 42，＜蜀書·譙周傳＞載「譙周字允南，巴西西充國人也…建興中，丞相亮領益州牧，命周為勸學從事…大將軍蔣琬領刺史，徙為典學從事，總州之學者…後主立太子，以周為僕，轉家令…徙為中散大夫，猶侍太子…後遷光祿大夫，位亞九列。」頁 1027-1030。**列入後主時期**。

太常	賴恭[6]	（荊州）零陵	劉備時期
	王謀	（益州）漢嘉	
	杜瓊	（益州）蜀郡成都	
	鐔承	（益州）廣漢郪人	
	張峻[7]	（益州）成都	後主時期
光祿勳	黃權[8]	（益州）巴西閬中	劉備時期
	黃柱(王柱)[9]	（荊州）南陽	劉備時期
	李嚴	（荊州）南陽	
	向朗[10]	（荊州）襄陽宜城	諸葛亮時期
	裴儁[11]	（司州）河東聞喜	後主時期

---

6 晉·陳壽，《三國志》，卷 45，＜蜀書·楊戲傳＞載「荊楚宿士零陵賴恭為太常」頁 1082。**列入劉備時期**。

7 晉·陳壽，《三國志》，卷 33，＜蜀書·後主傳＞注引＜王隱蜀記＞曰「(劉)禪又遣太常張峻、益州別駕汝超受節度，遣太僕蔣顯有命敕姜維。」頁 900。另晉·常璩撰，劉琳注，《華陽國志》，卷 12，＜益梁寧三州(三國)兩晉以來人事目錄添立目錄＞載「使持節、西夷校尉張(岐)[峻]，字紹茂。(成都人也。)」頁 686。**列入後主時期**。

8 晉·陳壽，《三國志》，卷 43，＜蜀書·黃權傳＞載「黃權字公衡，巴西閬中人也。少為郡吏，州牧劉璋召為主簿…先主假權偏將軍…先主以權為護軍…先主為漢中王，猶領益州牧，以權為治中從事…以權為鎮北將軍，督江北軍以防魏師…權留蜀子崇，為尚書郎。」頁 1043-1045。洪武雄著，＜《三國職官表》蜀漢部份校補＞認黃權在「建安廿四年(219)至廿六年(221)為光祿勳，先主稱帝後失其行事。」頁 259-260。**列入劉備時期**。

9 晉·陳壽，《三國志》，卷 45，＜蜀書·楊戲傳＞載「南陽黃柱為光祿勳」頁 1082。《三國職官表》記為王柱，並列《華陽國志》為資料來源，可是翻查劉琳注，《華陽國志》卷 6，＜劉先主志＞載「光祿勳黃(權)〔柱〕。」頁 357-358。另全書並沒有王柱的記載。**列入劉備時期**。

10 晉·陳壽，《三國志》，卷 41，＜蜀書·向朗傳＞載「向朗字巨達，襄陽宜城人也…後主踐阼，為步兵校尉…數年，為光祿勳，亮卒後徙左將軍，追論舊功，封顯明亭侯，位特進。」頁 1010。**列入諸葛亮時期**。

11 晉·陳壽，《三國志》，卷 42，＜蜀書·孟光傳＞載「光祿勳河東裴儁」。另注引傅暢＜裴氏家記＞曰「儁字奉先，魏尚書令潛弟也。儁姊夫為蜀中長史，儁送之，時年十餘歲，遂遭漢末大亂，不復得還。」頁 1024。同書卷 23，＜魏書·裴潛傳＞載「裴潛字文行，河東聞喜人也。」頁 671。洪武雄著，＜《三國職官表》蜀漢部份校補＞認在「延熙中。」頁 261。**列入後主時期**。

243

衛尉	劉琰[12]	（豫州）魯國	諸葛亮時期
	陳震	（荊州）南陽	
太僕	蔣顯[13]	（荊州）零陵湘鄉	後主時期
廷尉			
大鴻臚	何宗[14]	（益州）蜀郡郫人	劉備時期
	杜瓊[15]	（益州）蜀郡成都	諸葛亮時期
	梁緒[16]	籍貫不詳	後主時期
宗正			
大司農	秦宓[17]	（益州）廣漢縣竹	諸葛亮時期
	孟光	（司州）河南洛陽	
少府	王謀[18]	（益州）漢嘉	劉備時期

12　晉·陳壽，《三國志》，卷40，<蜀書·劉琰傳>載「劉琰字威碩，魯國人也...後主立，封都鄉侯，班位每亞李嚴，為衛尉中軍師後將軍，遷車騎將軍。」頁1001。洪武雄著，<《三國職官表》蜀漢部份校補>認在「建興元年(223)由鎮東將軍遷，四年(226)轉後將軍。」頁277。**列入諸葛亮時期**。

13　晉·陳壽，《三國志》，卷33，<蜀書·後主傳>在景耀六年時，注引王隱<蜀記>「遣太僕蔣顯有命敕姜維。」頁901。同書卷44，<蜀書·蔣琬傳>載「蔣琬字公琰、零陵湘鄉人也...子斌嗣，為綏武將軍、漢城護軍...斌弟顯，為太子僕。」頁1057-1060。此處所記為太子僕，非太僕。洪武雄著，<《三國職官表》蜀漢部份校補>認在「景耀六年(263)。」頁277。**列入後主時期**。

14　晉·陳壽，《三國志》，卷45，<蜀書·楊戲傳>載「何彥英名宗，蜀郡郫人也...劉璋時，為犍為太守。先主定益州，領牧，辟為從事祭酒。後援引圖、讖，勸先主即尊號。踐阼之後，遷為大鴻臚。建興中卒。」頁1083。**列入劉備時期**。

15　晉·陳壽，《三國志》，卷42，<蜀書·杜瓊傳>載「杜瓊字伯瑜，蜀郡成都人也...劉璋時辟為從事。先主定益州，領牧，以瓊為議曹從事。後主踐阼，拜諫議大夫，遷左中郎將、大鴻臚、太常。」頁1021。洪武雄著，<《三國職官表》蜀漢部份校補>認杜瓊「建興十二年(234)之前由諫議大夫遷，建興末或延熙初遷大鴻臚。」頁264。**列入諸葛亮時期**。

16　晉·陳壽，《三國志》，卷44，<蜀書·姜維傳>「(姜)維昔所俱至蜀，梁緒官至大鴻臚...皆先蜀亡沒。」頁1069。另洪武雄著，<《三國職官表》蜀漢部份校補>認「緒為大鴻臚當在杜瓊之後，在延熙末或景耀初。」頁278。**列入後主時期**。

17　晉·陳壽，《三國志》，卷38，<蜀書·秦宓傳>載「秦宓字子勑，廣漢縣竹人也...建興二年，丞相亮領益州牧，選宓迎為別駕，尋拜左中郎將...遷大司農，四年卒。」頁971-976。**列入諸葛亮時期**。

18　晉·陳壽，《三國志》，卷45，<蜀書·楊戲傳>載「王元泰名謀，漢嘉人也...先主為漢中王，用荊楚宿士零陵賴恭為太常，南陽黃柱為光祿勳，謀為少府。」頁1082。**列入劉備時期**。

	鐔承[19]	（益州）廣漢鄭人	後主時期
執金吾	尹賞[20]	籍貫不詳	後主時期
長樂少府	孟光	（司州）河南洛陽	
大長秋	許慈[21]	（荊州）南陽	後主時期
	來敏[22]	（荊州）義陽新野	後主時期
	梁虔[23]	籍貫不詳	後主時期
太子太傅	諸葛亮	（徐州）琅邪陽都	劉備時期
錄尚書事	諸葛亮	（徐州）琅邪陽都	
	蔣琬	（荊州）零陵湘鄉	
	費禕	（荊州）江夏鄳人	
	姜維[24]	（雍州）天水冀人	後主時期
	馬忠[25]	（益州）巴西閬中	後主時期
	諸葛瞻[26]	（徐州）琅邪陽都	後主時期

---

[19] 晉·常璩撰，劉琳注，《華陽國志》，卷 10 中，＜先賢士女總贊(中)廣漢士女＞載「鐔承，字公文，鄭人也。歷郡守，州右職，為少府，太常。時費、姜秉政，孟光、來敏皆棲遲，承以和獨立，特進之也。」頁 535。另洪武雄著，＜《三國職官表》蜀漢部份校補＞認「後主世由州右職遷，丞熙年間遷太常。」頁 282。**列入後主時期**。

[20] 晉·陳壽，《三國志》，卷 44，＜蜀書·姜維傳＞「(姜)維昔所俱至蜀...尹賞執金吾...皆先蜀亡沒。」頁 1069。另洪武雄著，＜《三國職官表》蜀漢部份校補＞認在「延熙末或景耀初。」頁 282。**列入後主時期**。

[21] 晉·陳壽，《三國志》，卷 42，＜蜀書·許慈傳＞載「許慈字仁篤，南陽人也...慈後主世稍遷至大長秋，卒。」頁 1022-1023。**列入後主時期**。

[22] 晉·陳壽，《三國志》，卷 42，＜蜀書·來敏傳＞載「來敏字敬達，義陽新野人，來歙之後也...亮卒後，還成都為大長秋，又免，後累遷為光祿大夫，復坐過黜。」頁 1025。**列入後主時期**。

[23] 晉·陳壽，《三國志》，卷 44，＜蜀書·姜維傳＞「(姜)維昔所俱至蜀...梁虔大長秋，皆先蜀亡沒。」頁 1069。另洪武雄著，＜《三國職官表》蜀漢部份校補＞認在「延熙末或景耀初。」頁 283。**列入後主時期**。

[24] 晉·陳壽，《三國志》，卷 44，＜蜀書·姜維傳＞載「姜維字伯約，天水冀人也...(延熙)十年，遷衛將軍，與大將軍費禕共錄尚書事。」頁 1062-1065。**列入後主時期**。

[25] 晉·陳壽，《三國志》，卷 43，＜蜀書·蔣琬傳＞載「馬忠字德信，巴西閬中人也...(延熙)七年春，大將軍費禕北禦魏敵，留(馬)忠成都，平尚書事。」頁 1048-1049。**列入後主時期**。

[26] 晉·陳壽，《三國志》，卷 35，＜蜀書·諸葛瞻傳＞載「諸葛亮字孔明，琅邪陽都人也...亮子瞻，嗣爵...瞻字思遠...景耀四年，為行都護衛將軍，與輔國大將軍南鄉侯董厥並平尚書事。」頁 911-932。**列入後主時期**。

	董厥	（荊州）義陽	
尚書令	法正[27]	（雍州）扶風郿人	劉備時期
	劉巴[28]	（荊州）零陵烝陽	劉備時期
	李嚴[29]	（荊州）南陽	劉備時期
	陳震[30]	（荊州）南陽	諸葛亮時期
	蔣琬[31]	（荊州）零陵湘鄉	後主時期
	費禕[32]	（荊州）江夏鄳人	後主時期
	董允[33]	（荊州）南郡枝江	後主時期
	呂乂(呂義)[34]	（荊州）南陽	後主時期
	陳祗[35]	（豫州）汝南	後主時期

---

27 晉·陳壽，《三國志》，卷 37，＜蜀書·法正傳＞載「法正字孝直，（右）扶風郿人也…先主立為漢中王，以正為尚書令、護軍將軍。明年卒。」頁 957-962。**列入劉備時期。**

28 晉·陳壽，《三國志》，卷 39，＜蜀書·劉巴傳＞載「劉巴字子初，零陵烝陽人也…建安二十四年，先主為漢中王，巴為尚書，後代法正為尚書令。」頁 980-981。**列入劉備時期。**

29 晉·陳壽，《三國志》，卷 40，＜蜀書·李嚴傳＞載「李嚴字正方，南陽人也…章武二年，先主徵嚴詣永安宮，拜尚書令。三年，先主疾病，嚴與諸葛亮並受遺詔輔少主；以嚴為中都護，統內外軍事，留鎮永安。建興元年，封都鄉侯，假節，加光祿勳。四年，轉為前將軍…八年，遷驃騎將軍…亮表嚴子豐為江州都督督軍，典嚴後事。亮以明年當出軍，命嚴以中都護署府事。嚴改名為平。」頁 998-999。**列入劉備時期。**

30 晉·陳壽，《三國志》，卷 39，＜蜀書·陳震傳＞載「陳震字孝起，南陽人也…建興三年，入拜尚書，遷尚書令，奉命使吳。七年，孫權稱尊號，以震為衛尉。」頁 984-985。**列入諸葛亮時期。**

31 晉·陳壽，《三國志》，卷 44，＜蜀書·蔣琬傳＞載「蔣琬字公琰、零陵湘鄉人也…亮卒，以琬為尚書令，俄而加行都護，假節，領益州刺史，遷大將軍，錄尚書事，封安陽亭侯…明年就加為大司馬。」頁 1058。**列入後主時期。**

32 晉·陳壽，《三國志》，卷 44，＜蜀書·費禕傳＞載「費禕字文偉，江夏鄳人也…亮卒，禕為後軍師。頃之，代蔣琬為尚書令。琬自漢中還涪，禕遷大將軍，錄尚書事。」頁 1060-1061。**列入後主時期。**

33 晉·陳壽，《三國志》，卷 39，＜蜀書·董允傳＞載「董允字休昭，掌軍中郎將和之子也。先主立太子，允以選為舍人，徙洗馬。後主襲位，遷黃門侍郎…延熙六年，加輔國將軍。七年，以侍中守尚書令，為大將軍費禕副貳。」頁 985-986。另同卷＜蜀書·董和傳＞載「董和字幼宰，南郡枝江人也。」頁 979。**列入後主時期。**

34 晉·陳壽，《三國志》，卷 39，＜蜀書·呂乂傳＞載「呂乂字季陽，南陽人也…(亮卒)後入為尚書，代董允為尚書令。」頁 988。**列入後主時期。**

35 晉·陳壽，《三國志》，卷 39，＜蜀書·董允傳＞載「(陳祗)祗字奉宗，汝南人。許靖兄之外孫也。少孤，長於靖家…稍遷至選曹郎…呂乂卒，祗又以侍中守尚書令，加鎮軍將軍。」頁 987。**列入後主時期。**

	董厥[36]	（荊州）義陽	後主時期
	樊建[37]	（荊州）義陽義陽	後主時期
中書令			
秘書令	郤正[38](郤正)	（司州）河南偃師	後主時期
御史中丞	向條[39]	（荊州）襄陽宜城	後主時期
	猛獲(孟獲)[40]	（庲降都督）建寧	後主時期
符節令	孟光[41]	（司州）河南洛陽	諸葛亮時期
	王士[42]	（益州）廣漢郪人	官職似錯置
	杜禎[43]	（益州）蜀郡成都	晉世

36　晉·陳壽，《三國志》，卷 35，＜蜀書·諸葛亮傳＞載「董厥者，丞相亮時為府令史…徙為主簿。亮卒後，稍遷至尚書僕射，代陳祗為尚書令，遷大將軍，平臺事，而義陽樊建代焉。」另注引＜晉百官表＞載「董厥字龔襲，亦義陽人。」頁 933。**列入後主時期。**

37　晉·陳壽，《三國志》，卷 35，＜蜀書·諸葛亮傳＞載「亮卒後，(董厥)稍遷至尚書僕射，代陳祗為尚書令，遷大將軍，平臺事，而義陽樊建代焉。」頁 933。**列入後主時期。**

38　晉·陳壽，《三國志》，卷 42，＜蜀書·郤正傳＞載「郤正字令先，河南偃師人也…弱冠能屬文，入為秘書吏，轉為令史，遷郎，至令。」頁 1034。晉·常璩撰，劉琳注，《華陽國志》，卷 7，＜劉後主志＞載「秘書令河南郤正。」頁 393。洪武雄著，＜《三國職官表》蜀漢部份校補＞認「建興末仍秘書吏，三十年間歷令史、郎而至令。其由郎遷令當在延熙末、景耀初，至蜀亡。」頁 307。**列入後主時期。**

39　晉·陳壽，《三國志》，卷 41，＜蜀書·向朗傳＞載「向朗字巨達，襄陽宜城人也…子條嗣，景耀中為御史中丞。」頁 1010。**列入後主時期。**

40　晉·常璩撰，劉琳注，《華陽國志》，卷 12，＜益梁寧二州先漢以來士女目錄＞載「御史中丞孟獲。右三人，建寧人士。」頁 683。洪武雄著，＜《三國職官表》蜀漢部份校補＞認在「後主世。」頁 321。**列入後主時期。**

41　晉·陳壽，《三國志》，卷 42，＜蜀書·孟光傳＞載「孟光字孝裕，河南洛陽人…先主定益州，拜為議郎，與許慈等並掌制度。後主踐阼，為符節令、屯騎校尉、長樂少府，遷大司農。」頁 1023。**列入諸葛亮時期。**

42　晉·陳壽，《三國志》，卷 45，＜蜀書·楊戲傳＞載「(王)義彊名士，廣漢郪人，國山從兄也。從先主入蜀後，舉孝廉，為符節長，遷牙門將，出為宕渠太守，徙在犍為。會丞相亮南征，轉為益州太守，將南行，為蠻夷所害。」頁 1088。洪武雄著，＜《三國職官表》蜀漢部份校補＞稱「王士當為江陽郡符節縣長，飴孫所論誤，王士不應置此」，頁 322。

43　晉·常璩撰，劉琳注，《華陽國志》，卷 11，＜後賢志＞載「柳隱，字休然，蜀郡成都人也。少與同郡杜禎、柳伸並知名…杜禎，字文然…符節令，梁益二州都督。」頁 602-603。洪武雄著，＜《三國職官表》蜀漢部份校補＞稱「梁益二州於晉世始分，禎為符節令亦在晉世。」頁 323。**列入晉世。**

附錄十一：蜀漢中央武官資料查考表　　　資料來源：《三國職官表》等資料

(一)大將軍

大將軍	蔣琬[1]	（荊州）零陵湘鄉	後主時期
	費禕[2]	（荊州）江夏鄳人	後主時期
	姜維[3]	（雍州）天水冀人	後主時期
右大將軍	閻宇[4]	（荊州）南郡	後主時期

(二)驃騎、車騎、衛將軍

驃騎將軍	馬超[5]	（雍州）扶風茂陵	劉備時期(入蜀後)
	李嚴[6]	（荊州）南陽	諸葛亮時期

[1] 晉·陳壽，《三國志》，卷44，＜蜀書·蔣琬傳＞載「蔣琬字公琰、零陵湘鄉人也...亮卒，以琬為尚書令，俄而加行都護，假節，領益州刺史，遷大將軍，錄尚書事...又命琬開府，明年就加為大司馬。」頁1057-1060。洪武雄著，＜《三國職官表》蜀漢部份校補＞認在「建興十三年(235)由尚書令遷，延熙二年(239)遷大司馬。」頁247。**列入後主時期**。

[2] 晉·陳壽，《三國志》，卷44，＜蜀書·費禕傳＞載「費禕字文偉，江夏鄳人也...亮卒，禕為後軍師。頃之，代蔣琬為尚書令。琬自漢中還涪，禕遷大將軍，錄尚書事...禕復領益州刺史。」頁1060-1061。洪武雄著，＜《三國職官表》蜀漢部份校補＞認在「延熙六年(243)由尚書令遷，十六年(253)歲首被害。」頁247。**列入後主時期**。

[3] 晉·陳壽，《三國志》，卷44，＜蜀書·姜維傳＞載「姜維字伯約，天水冀人也...延熙...十九年春，就遷維為大將軍...求自貶削。為後將軍，行大將軍事...景耀元年...復拜大將軍。」頁1062-1065。洪武雄著，＜《三國職官表》蜀漢部份校補＞認在「延熙十九年(256)由衛將軍遷，同年貶為後將軍行大將軍事。景耀元年(258)復為大將軍，六年(263)敗亡。」頁248。**列入後主時期**。

[4] 晉·陳壽，《三國志》，卷41，＜蜀書·霍峻傳＞注引＜襄陽記＞曰「時(景耀年間)右大將軍閻宇都督巴東，為領軍。」頁1008。洪武雄著，＜《三國職官表》蜀漢部份校補＞認閻宇「景耀二年(259)由右將軍遷右大將軍都督巴東。」頁248。**列入後主時期**。

[5] 晉·陳壽，《三國志》，卷36，＜蜀書·馬超傳＞載「馬超字孟起，（右）扶風茂陵人也...章武元年，遷驃騎將軍，領涼州牧。」頁944-946。**列入劉備時期(入蜀後)**。

[6] 晉·陳壽，《三國志》，卷40，＜蜀書·李嚴傳＞載「李嚴字正方，南陽人也...(建興)八年，遷驃騎將軍。」頁998-999。**列入諸葛亮時期**。

右驃騎將軍	胡濟[7]	（荊州）義陽	後主時期
車騎將軍	張飛[8]	（幽州）涿郡涿縣	劉備時期(入蜀後)
	劉琰[9]	（豫州）魯國	諸葛亮時期
	吳壹[10]	（兗州）陳留	後主時期
	鄧芝[11]	（荊州）義陽新野	後主時期
	夏侯霸[12]	（豫州）沛國譙人	後主時期
左車騎將軍	張翼[13]	（益州）犍為武陽	後主時期

---

[7] 晉·陳壽，《三國志》，卷 39，＜蜀書·董和傳＞注曰「姓胡，名濟，義陽人。為亮主簿，有忠蓋之效，故見褒述。亮卒，為中典軍，統諸軍，封成陽亭侯，遷中監軍前將軍，督漢中，假節領兗州刺史，至右驃騎將軍。」頁 980。洪武雄著，＜《三國職官表》蜀漢部份校補＞認胡濟在「景耀初，由鎮西大將軍遷右驃騎將軍。」頁 325。**列入後主時期。**

[8] 晉·陳壽，《三國志》，卷 36，＜蜀書·張飛傳＞載「張飛字益德，涿郡人也…章武元年，遷車騎將軍，領司隸校尉。」頁 943-944。**列入劉備時期(入蜀後)。**

[9] 晉·陳壽，《三國志》，卷 40，＜蜀書·劉琰傳＞載「劉琰字威碩，魯國人也…後主立，封都鄉侯，班位每亞李嚴，為衛尉中軍師後將軍，遷車騎將軍。」頁 1001。洪武雄著，＜《三國職官表》蜀漢部份校補＞認劉琰在「建興八年(230)由後將軍遷，十二年(234)棄市。」頁 326。**列入諸葛亮時期。**

[10] 晉·陳壽，《三國志》，卷 45，＜蜀書·楊戲傳＞載「(吳)子遠名壹，陳留人也…十二年，丞相亮卒，以壹督漢中，車騎將軍。」頁 1083。洪武雄著，＜《三國職官表》蜀漢部份校補＞認在「建興十二年(234)由左將軍遷，十五年(237)卒。」頁 326。因為在諸葛亮卒後，**列入後主時期。**

[11] 晉·陳壽，《三國志》，卷 45，＜蜀書·鄧芝傳＞載「鄧芝字伯苗，義陽新野人…延熙六年，就遷為車騎將軍，後假節。」頁 1071-1073。洪武雄著，＜《三國職官表》蜀漢部份校補＞認在「延熙六年(243)由前將軍遷，十四年(231)卒。」頁 326。**列入後主時期。**

[12] 晉·陳壽，《三國志》，卷 9，＜魏書·諸夏侯傳＞載諸夏侯沛國譙人，霸為夏侯淵中子，「霸，正始中為討蜀護軍右將軍，進封博昌亭侯，素為曹爽所厚。聞爽誅，自疑，亡入蜀。」頁 272。同書卷 44，＜蜀書·姜維傳＞載姜維「復與車騎將軍夏侯霸等俱出狄道。」頁 1064。洪武雄著，＜《三國職官表》蜀漢部份校補＞認在「延熙十四年(251)由征北大將軍遷，景耀二年(259)前卒。」頁 327-328。**列入後主時期。**

[13] 晉·陳壽，《三國志》，卷 45，＜蜀書·張翼傳＞載「張翼字伯恭，犍為武陽人也…景耀二年，遷左車騎將軍，領冀州刺史。」頁 1073-1075。洪武雄著，＜《三國職官表》蜀漢部份校補＞認在「景耀二年(259)由鎮南大將軍遷，假節領并州。」頁 328。**列入後主時期。**

附錄

右車騎將軍	廖化[14]	（荊州）襄陽	後主時期
衛將軍	姜維[15]	（雍州）天水冀人	後主時期
	諸葛瞻[16]	（徐州）琅邪陽都	後主時期

(三)雜號大將軍

鎮軍大將軍	宗預	（荊州）南陽安眾	參征西大將軍
鎮南大將軍	馬忠[17]	（益州）巴西閬中	後主時期
	張翼	（益州）犍為武陽	參征西大將軍
鎮西大將軍	姜維[18]	（雍州）天水冀人	後主時期
	胡濟[19]	（荊州）義陽	後主時期
鎮北大將軍	王平[20]	（益州）巴西宕渠	後主時期

---

[14] 晉·陳壽，《三國志》，卷45，＜蜀書·宗預傳＞載「廖化字元儉，本名淳，襄陽人也…先主薨，為丞相參軍，後為督廣武，稍遷至右車騎將軍。」頁1077。洪武雄著，＜《三國職官表》蜀漢部份校補＞認在「景耀二年(259)與張翼同時遷，六年(263)蜀亡。」頁328。**列入後主時期。**

[15] 晉·陳壽，《三國志》，卷44，＜蜀書·姜維傳＞載「姜維字伯約，天水冀人也…(延熙)十年，遷衛將軍，與大將軍費禕共錄尚書事。」頁1062-1065。**列入後主時期。**

[16] 晉·陳壽，《三國志》，卷35，＜蜀書·諸葛瞻傳＞載「諸葛亮字孔明，琅邪陽都人也…亮子瞻，嗣爵…景耀四年，為行都護衛將軍，與輔國大將軍南鄉侯董厥並平尚書事。」頁911-932。**列入後主時期。**

[17] 晉·陳壽，《三國志》，卷43，＜蜀書·蔣琬傳＞載「馬忠字德信，巴西閬中人也…延熙五年還朝，因至漢中，見大司馬蔣琬，宣傳詔旨，加拜鎮南大將軍。」頁1048-1049。洪武雄著，＜《三國職官表》蜀漢部份校補＞認在「延熙六年(243)由安南將軍遷鎮南大將軍，十二年(249)卒。」頁339。**列入後主時期。**

[18] 晉·陳壽，《三國志》，卷44，＜蜀書·姜維傳＞載「姜維字伯約，天水冀人也…亮辟維為倉曹掾，加奉義將軍，封當陽亭侯，時年二十七…後遷中監軍征西將軍…(延熙)六年，遷鎮西大將軍，領涼州刺史。」頁1062-1065。洪武雄著，＜《三國職官表》蜀漢部份校補＞認「延熙六年(243)由輔漢將軍遷，十年(247)遷衛將軍。」頁340。**列入後主時期。**

[19] 晉·陳壽，《三國志》，卷44，＜蜀書·姜維傳＞載「(延熙)十九年…與鎮西大將軍胡濟期會上邽。」頁1064。洪武雄著，＜《三國職官表》蜀漢部份校補＞認胡濟延熙年間曾為鎮西大將軍，並在「景耀初，由鎮西大將軍遷右驃騎將軍。」頁325。**列入後主時期。**

[20] 晉·陳壽，《三國志》，卷43，＜蜀書·王平傳＞載「王平字子均，巴西宕渠人也…(延熙)六年，(蔣)琬還住涪，拜平前監軍、鎮北大將軍，統漢中。」頁1049。**列入後主時期。**

征西大將軍	魏延[21]	（荊州）義陽	諸葛亮時期
	宗預[22]	（荊州）南陽安眾	後主時期
	袁琳(袁綝)[23]	（豫州）穎川	後主時期
	張翼[24]	（益州）犍為武陽	後主時期
輔國大將軍	董厥[25]	（荊州）義陽	後主時期

(四)位在卿上的前後左右將軍及安漢、軍師將軍

前將軍	關羽[26]	（司隸）河東解縣	劉備時期(入蜀後)
	李嚴[27]	（荊州）南陽	諸葛亮時期
	袁琳(袁綝)[28]	（豫州）穎川	諸葛亮時期

---

21 晉·陳壽,《三國志》,卷 40,＜蜀書·魏延傳＞載「魏延字文長,義陽人也...(建興)八年...遷為前軍師征西大將軍,假節,進封南鄭侯。」頁 1002。**列入諸葛亮時期。**

22 晉·陳壽,《三國志》,卷 45,＜蜀書·宗預傳＞載「宗預字德艷,南陽安眾人也...(延熙年間)遷後將軍,督永安,就拜征西大將軍,賜爵關內侯。景耀元年,以疾徵還成都。後為鎮軍大將軍,領兗州刺史。」頁 1075。洪武雄著,＜《三國職官表》蜀漢部份校補＞認在「延熙十八年(255)由後將軍遷(征西大將軍),景耀元年(258)遷鎮軍大將軍。」頁 336。**列入後主時期。**

23 晉·陳壽,《三國志》,卷 40,＜蜀書·李嚴傳＞注引(諸葛)亮公文上尚書曰「前將軍都亭侯臣袁綝」頁 1000。另晉·常璩撰,劉琳注,《華陽國志》,卷 7,＜劉後主志＞載「穎川袁綝、南郡高翔至大將軍,綝征西將軍。」頁 387。洪武雄著,＜《三國職官表》蜀漢部份校補＞認在「建興十二年(234 諸葛亮卒後)由前將軍遷征西大將軍。」頁 337。**列入後主時期。**

24 晉·陳壽,《三國志》,卷 45,＜蜀書·張翼傳＞載「張翼字伯恭,犍為武陽人也...延熙元年,入為尚書,稍遷督建威,假節,進封都亭侯,征西大將軍...進翼位鎮南大將軍...景耀二年,遷左車騎將軍,領冀州刺史。」頁 1073-1075。**列入後主時期。**

25 晉·陳壽,《三國志》,卷 35,＜蜀書·諸葛亮傳＞載「董厥者,丞相亮時為府令史...亮卒後,稍遷至尚書僕射,代陳祗為尚書令,遷大將軍。」另注引＜晉百官表＞載「董厥字龔襲,亦義陽人。」頁 933。洪武雄著,＜《三國職官表》蜀漢部份校補＞認在「景耀四年(261)由尚書令遷(輔國大將軍),六年(263)蜀亡。」頁 332。**列入後主時期。**

26 晉·陳壽,《三國志》,卷 36,＜蜀書·關羽傳＞載「關羽字雲長,本字長生,河東解人也...(建安)二十四年,先主為漢中王,拜羽為前將軍,假節鉞。」頁 939-942。**列入劉備時期(入蜀後)。**

27 晉·陳壽,《三國志》,卷 40,＜蜀書·李嚴傳＞載「李嚴字正方,南陽人也...(建興)四年,轉為前將軍...嚴改名為平。」頁 998-999。**列入諸葛亮時期。**

28 晉·陳壽,《三國志》,卷 40,＜蜀書·李嚴傳＞注引建興九年(諸葛)亮公文上尚書曰「前將軍都亭侯臣袁綝」頁 1000。洪武雄著,＜《三國職官表》蜀漢部份校補＞認在「建興末由前將軍遷征西大將軍。」頁 345。**列入諸葛亮時期。**

	鄧芝[29]	（荊州）義陽新野	後主時期
	胡濟[30]	（荊州）義陽	後主時期
後將軍	黃忠[31]	（荊州）南陽	劉備時期(入蜀後)
	劉琰[32]	（豫州）魯國	諸葛亮時期
	吳班[33]	（兗州）陳留	諸葛亮時期
	吳壹[34](吳懿)	（兗州）陳留	誤植於此
	劉邕[35]	（荊州）義陽	時段不詳
	宗預[36]	（荊州）南陽安眾	後主時期

---

[29] 晉·陳壽,《三國志》,卷45,＜蜀書·鄧芝傳＞載「鄧芝字伯苗,義陽新野人...亮卒,遷前軍師前將軍,領兗州刺史。」頁1071-1073。洪武雄著,＜《三國職官表》蜀漢部份校補＞認在「建興十二年(234)由揚武將軍遷,延熙六年(243)遷車騎將軍。」頁345。**列入後主時期**。

[30] 晉·陳壽,《三國志》,卷39,＜蜀書·董和傳＞注曰「姓胡,名濟,義陽人...亮卒,為中典軍,統諸軍,封成陽亭侯,遷中監軍前將軍,督漢中。」頁980。洪武雄著,＜《三國職官表》蜀漢部份校補＞認在「延熙中由中典軍遷(前將軍),延熙末遷鎮西大將軍。」頁345-346。**列入後主時期**。

[31] 晉·陳壽,《三國志》,卷36,＜蜀書·黃忠傳＞載「黃忠字漢升,南陽人也...先主為漢中王,欲用忠為後將軍...遂與羽等齊位,賜爵關內侯。」頁948。洪武雄著,＜《三國職官表》蜀漢部份校補＞認在「建安廿四年(219)先主稱王後,由征西將軍遷,廿五年(220)卒。」頁347。**列入劉備時期(入蜀後)**。

[32] 晉·陳壽,《三國志》,卷40,＜蜀書·劉琰傳＞載「劉琰字威碩,魯國人也...後主立,封都鄉侯,班位每亞李嚴,為衛尉中軍師後將軍,遷車騎將軍。」頁1001。洪武雄著,＜《三國職官表》蜀漢部份校補＞認在「建興四年(226)由衛尉轉(後將軍),八年(230)遷車騎將軍。」頁347。**列入諸葛亮時期**。

[33] 晉·陳壽,《三國志》,卷40,＜蜀書·李嚴傳＞注引建興九年(諸葛)亮公文上尚書曰「督後部後將軍安樂侯臣吳班」頁1000。洪武雄著,＜《三國職官表》蜀漢部份校補＞認在「建興八年(230)遷後將軍,建興末當另有遷轉,延熙至驃騎將軍。」頁348。**列入諸葛亮時期**。

[34] 洪武雄著,＜《三國職官表》蜀漢部份校補＞認在「＜李嚴傳＞注引建興九年(231)免李平公文,壹為『左將軍』。此處誤植。」頁348。**誤植於此**。

[35] 晉·陳壽,《三國志》,卷45,＜蜀書·楊戲傳＞載「劉南和名邕,義陽人也。隨先主入蜀。益州既定,為江陽太守。建興中,稍遷至監軍後將軍,賜爵關內侯,卒。」頁1084。洪武雄著,＜《三國職官表》蜀漢部份校補＞認「邕遷為後將軍未知是建興初、劉琰之前或建興末、吳班之後?飴孫『建興十五年(237)』之說,未知何據?」頁348。**列入時段不詳**。

[36] 晉·陳壽,《三國志》,卷45,＜蜀書·宗預傳＞載「宗預字德豔,南陽安眾人也...延熙十年,為屯騎校尉...遷後將軍,督永安。」頁1075。洪武雄著,＜《三國職官表》蜀漢部份校補＞認在「延熙中由屯騎校尉遷(後將軍),十八年(255)遷征西大將軍。」頁348。**列入後主時期**。

	姜維[37]	（雍州）天水冀人	後主時期
	張表[38]	（益州）蜀郡	後主時期
左將軍	諸葛亮[39]	（徐州）琅邪陽都	錯置官職
	馬超[40]	（雍州）扶風茂陵	劉備時期(入蜀後)
	吳懿(吳壹[41])	（兗州）陳留	諸葛亮時期
	向朗[42]	（荊州）襄陽宜城	後主時期
	句扶[43](勾扶)	（益州）巴西漢昌	後主時期

[37] 晉·陳壽，《三國志》，卷 44，＜蜀書·姜維傳＞載「姜維字伯約，天水冀人也…(延熙)十九年春，就遷維為大將軍…求自貶削。為後將軍，行大將軍事…景耀元年…復拜大將軍。」頁 1062-1065。**列入後主時期。**

[38] 晉·陳壽，《三國志》，卷 45，＜蜀書·楊戲傳＞載「蜀郡張表伯達並知名…張表有威儀風觀，始名位與戲齊，後至尚書，督庲降後將軍。」頁 1077-1078。洪武雄著，＜《三國職官表》蜀漢部份校補＞認在「延熙十八年(255)由安南將軍遷，不久卒官。」頁 349。**列入後主時期。**

[39] 洪武雄著，＜《三國職官表》蜀漢部份校補＞認「亮以軍師將軍署左將軍劉備府事，亮非左將軍，不應置此。」頁 349。**錯置官職。**

[40] 晉·陳壽，《三國志》，卷 36，＜蜀書·馬超傳＞載「馬超字孟起，(右)扶風茂陵人也…先主為漢中王，拜超為左將軍，假節。」頁 944-947。**列入劉備時期(入蜀後)。**

[41] 晉·陳壽，《三國志》，卷 45，＜蜀書·楊戲傳＞載「(吳)子遠名壹，陳留人也…建興八年…遷左將軍。」頁 1083。**列入諸葛亮時期。**吳懿疑為吳壹，原因：第一，《三國志》並沒有吳懿的記載；第二，吳懿最早見於《華陽國志》；第三，《華陽國志》所載吳懿之事跡似為《三國志》所載吳壹相同，如晉·常璩撰，劉琳注，《華陽國志》卷 7＜劉後主志＞記建興十二年諸葛亮卒，「以吳懿為車騎將軍，假節，督漢中事。」頁 386。與晉·陳壽，《三國志》，卷 33，＜蜀書·後主傳＞載「(建興)十二年…秋八月，亮卒于渭濱…以左將軍吳壹為車騎將軍，假節督漢中。」頁 897。所以這裡把吳懿與吳壹視為同一人。

[42] 晉·陳壽，《三國志》，卷 41，＜蜀書·向朗傳＞載「向朗字巨達，襄陽宜城人也。荊州牧劉表以為臨沮長。表卒，歸先主…亮卒後徙左將軍。」頁 1010-1011。洪武雄著，＜《三國職官表》蜀漢部份校補＞認「建興十二年(234)由光祿勳徙，延熙十年(247)卒。」頁 350。**列入後主時期。**

[43] 晉·陳壽，《三國志》，卷 43，＜蜀書·王平傳＞載「(王)平同郡漢昌句扶句古候反忠勇寬厚，數有戰功，功名爵位亞平，官至左將軍，封宕渠候。」頁 1051。王平為巴西郡。另外，晉·常璩撰，劉琳注，《華陽國志》卷 7＜劉後主志＞載為勾扶，左將軍為右將軍，「平同郡勾扶，亦果壯，亞平，官至右將軍，封宕渠候。」頁 390。洪武雄著，＜《三國職官表》蜀漢部份校補＞認「延熙十年(247)為左將軍。」頁 350-351。**列入後主時期。**

	郭修[44]	（涼州）西平	後主時期
	劉備	（幽州）涿郡涿縣	不列入計算
右將軍	張飛[45]	（幽州）涿郡涿縣	劉備時期(入蜀後)
	高翔[46]	（荊州）南郡	諸葛亮時期
	輔匡[47]	（荊州）襄陽	諸葛亮時期
	諸葛亮	（徐州）琅邪陽都	參軍師將軍
	閻宇[48]	（荊州）南郡	後主時期
安漢將軍	麋竺[49]	（徐州）東海朐人	劉備時期(入蜀後)

---

44 郭修即郭脩、郭循，晉·陳壽，《三國志》，卷33，＜蜀書·後主傳＞載「(建興)十六年春正月，大將軍費禕為魏降人郭循所殺于漢壽。」頁898。同書卷43，＜蜀書·張嶷傳＞載「後禕果為魏降人郭脩所害。」頁1053。至於郭脩為西平人。同書卷4，＜魏書·三少帝紀＞載「故中郎西平郭脩。」頁126。洪武雄著，＜《三國職官表》蜀漢部份校補＞認「延熙十三年(250)或十四年(251)，由魏中郎(將)拜左將軍，十六年(253)伏誅。」頁351-352。**列入後主時期。**

45 晉·陳壽，《三國志》，卷36，＜蜀書·張飛傳＞載「張飛字益德，涿郡人也…先主為漢中王，拜飛為右將軍、假節。」頁943-944。洪武雄著，＜《三國職官表》蜀漢部份校補＞「建安廿四年(219)由征虜將軍遷，章武元年(221)遷車騎將軍。」頁355-356。**列入劉備時期(入蜀後)。**

46 晉·陳壽，《三國志》，卷40，＜蜀書·李嚴傳＞注引建興九年(諸葛)亮公文上尚書曰「督前部右將軍玄鄉侯臣高翔」頁1000。洪武雄著，＜《三國職官表》蜀漢部份校補＞認「翔為宿將，建興九年(231)在右將軍位，建興末由右將軍遷諸大將軍。」頁356。**列入諸葛亮時期。**

47 晉·陳壽，《三國志》，卷45，＜蜀書·楊戲傳＞載「輔元弼名匡，襄陽人也。隨先主入蜀。益州既定，為巴郡太守。建興中，徙鎮南，為右將軍，封中鄉侯。」頁1084。洪武雄著，＜《三國職官表》蜀漢部份校補＞認「建興四年(226)由鎮南將軍遷。」頁356-357。**列入諸葛亮時期。**

48 晉·陳壽，《三國志》，卷43，＜蜀書·馬忠傳＞注引＜華陽國志＞載「閻宇字文平，南郡人也。」頁1049。另據《漢將相大臣年表》載閻宇為右將軍，頁2629-2630。洪武雄著，＜《三國職官表》蜀漢部份校補＞認「延熙末由安南將軍遷，景耀二年(259)遷右大將軍。」頁357。**列入後主時期。**

49 晉·陳壽，《三國志》，卷38，＜蜀書·麋竺傳＞載「麋竺字子仲，東海朐人也…先主將適荊州，遣竺先與劉表相聞，以竺為左將軍從事中郎。益州既平，拜為安漢將軍。」頁969-970。洪武雄著，＜《三國職官表》蜀漢部份校補＞認「建安十九年(214)由左將軍從事中郎遷，廿六年(221)卒。」頁367。**列入劉備時期(入蜀後)。**

	李恢[50]	（益州）建寧俞元	諸葛亮時期
	王平[51]	（益州）巴西宕渠	後主時期
	李邈[52]	（益州）廣漢郪人	諸葛亮時期
軍師將軍	諸葛亮[53]	（徐州）琅邪陽都	劉備時期(入蜀後)
	諸葛瞻[54]	（徐州）琅邪陽都	後主時期

(五)位在卿下、五校之上的雜號將軍

1.四方征、鎮、安、平將軍的相對位次

征南將軍	趙雲[55]	（冀州）常山真定	諸葛亮時期
	劉巴[56]	不詳	諸葛亮時期

---

[50] 晉·陳壽，《三國志》，卷 43，<蜀書·李恢傳>載「李恢字德昂，建寧俞元人也…封漢興亭侯，加安漢將軍。」頁 1045-1046。洪武雄著，<《三國職官表》蜀漢部份校補>認「建興三年(225)至九年(231)，以庲降都督加安漢將軍。」頁 367。**列入諸葛亮時期**。

[51] 晉·陳壽，《三國志》，卷 43，<蜀書·王平傳>載「王平字子均，巴西宕渠人也…(亮卒後)遷後典軍、安漢將軍，副車騎將軍吳壹住漢中，又領漢中太守。」頁 1049。洪武雄著，<《三國職官表》蜀漢部份校補>認「建興十二年(234)，由討寇將軍遷(安漢將軍)，延熙六年(243)遷鎮北大將軍。」頁 367-368。**列入後主時期**。

[52] 晉·陳壽，《三國志》，卷 45，<蜀書·楊戲傳>載「(李)永南名邵，廣漢郪人也。」注引<華陽國志>曰「邵兄邈，字漢南，劉璋時為牛鞞長。先主領牧，為從事…久之，為犍為太守、丞相參軍、安漢將軍。」頁 1086。洪武雄著，<《三國職官表》蜀漢部份校補>認「建興九年(231)以後方為安漢將軍，十二年(234)誅死。」頁 367。**列入諸葛亮時期**。

[53] 晉·陳壽，《三國志》，卷 35，<蜀書·諸葛亮傳>載「諸葛亮字孔明，琅邪陽都人也…成都平，以亮為軍師將軍，署左將軍府事。」頁 911-922。洪武雄著，<《三國職官表》蜀漢部份校補>認「建安十九年(214)由軍師中郎將遷，章武元年(221)遷丞相、錄尚書事。」頁 368。**列入劉備時期(入蜀後)**。

[54] 晉·陳壽，《三國志》，卷 35，<蜀書·諸葛瞻傳>載「諸葛亮字孔明，琅邪陽都人也…亮子瞻，嗣爵…年十七，尚公主，拜騎都尉。其明年為羽林中郎將，屢遷射聲校尉、侍中、尚書僕射，加軍師將軍。」頁 911-932。洪武雄著，<《三國職官表》蜀漢部份校補>認「景耀初以尚書僕射加(軍師將軍)，景耀四年(261)遷衛將軍。」頁 368。**列入後主時期**。

[55] 晉·陳壽，《三國志》，卷 36，<蜀書·趙雲傳>載「趙雲字子龍，常山真定人也…建興元年，為中護軍、征南將軍，封永昌亭侯，遷鎮東將軍。」頁 948-949。**列入諸葛亮時期**。

[56] 晉·陳壽，《三國志》，卷 40，<蜀書·李嚴傳>注引建興九年(諸葛)亮公文上尚書曰「行前監軍征南將軍臣劉巴」頁 1000。**列入諸葛亮時期**。此劉巴，非劉巴傳之「劉巴字子初，零陵烝陽人也。」因劉子初在章武二年卒。參洪武雄著，<《三國職官表》蜀漢部份校補>，頁 333。

	姜維[57]	（雍州）天水冀人	誤植
征西將軍	黃忠[58]	（荊州）南陽	劉備時期(入蜀後)
	陳到[59]	（豫州）汝南	諸葛亮時期
	姜維[60]	（雍州）天水冀人	諸葛亮時期
征北將軍	申耽[61]	籍貫不詳	劉備時期(入蜀後)
	黃權[62]	（益州）巴西閬中	與鎮北將軍時相同
鎮東將軍	趙雲	（冀州）常山真定	參征南將軍
	劉琰[63]	（豫州）魯國	劉備時期(入蜀後)

---

[57] 洪武雄著，<《三國職官表》蜀漢部份校補>認「『征南』誤，當作『征西』。」，頁333。

[58] 晉·陳壽，《三國志》，卷36，<蜀書·黃忠傳>載「黃忠字漢升，南陽人也...(建安廿四年)遷征西將軍。」頁948。**列入劉備時期(入蜀後)。**

[59] 晉·陳壽，《三國志》，卷45，<蜀書·楊戲傳>載「(陳)叔至名到，汝南人也。自豫州隨先主，名位常亞趙雲，俱以忠勇稱。建興初，官至永安都督、征西將軍，封亭侯。」頁1084。洪武雄著，<《三國職官表》蜀漢部份校補>認「建興初為征西將軍，應於建興八年(230)之前卒官。」頁334。**列入諸葛亮時期。**

[60] 晉·陳壽，《三國志》，卷44，<蜀書·姜維傳>載「姜維字伯約，天水冀人也...亮辟維為倉曹掾，加奉義將軍，封當陽亭侯，時年二十七...後遷中監軍征西將軍...(延熙)六年，遷鎮西大將軍，領涼州刺史。」頁1062-1065。洪武雄著，<《三國職官表》蜀漢部份校補>認「建興八年(230)由奉義將軍遷征西將軍，十二年(234)遷輔漢將軍。」頁335-336。**列入諸葛亮時期。**

[61] 晉·陳壽，《三國志》，卷40，<蜀書·劉封傳>載「建安廿四...先主加(申)耽征北將軍，領上庸太守員鄉侯如故...申耽降魏。」頁991-994。洪武雄著，<《三國職官表》蜀漢部份校補>認「建安廿四年(219)，廿五年(220)降魏。」頁337。**列入劉備時期(入蜀後)。**

[62] 晉·陳壽，《三國志》，卷43，<蜀書·黃權傳>載「黃權字公衡，巴西閬中人也。」頁1043。傳中未記其為征北將軍。清·萬斯同著，<漢將相大臣年表>記章武元年黃權為征北將軍，二年降魏，其時鎮北將軍為魏延。頁1，總頁2625。收錄在《二十五史補編》，第二冊。

[63] 晉·陳壽，《三國志》，卷40，<蜀書·劉琰傳>載「劉琰字威碩，魯國人也。先主在豫州，辟為從事...先主定益州，以琰為固陵太守。後主立，封都鄉侯，班位每亞李嚴，為衛尉中軍師後將軍，遷車騎將軍。」頁1001。洪武雄著，<《三國職官表》蜀漢部份校補>認「建安二十六年時為鎮東將軍，先主稱帝後，不知是否另有升遷。後主建興元年(223)遷衛尉。」頁338。**列入劉備時期(入蜀後)。**

鎮南將軍	輔匡[64]	（荊州）襄陽	諸葛亮時期
	劉邕[65]	（荊州）義陽	後主時期
鎮西將軍			
鎮北將軍	黃權[66]	（益州）巴西閬中	劉備時期(入蜀後)
	魏延[67]	（荊州）義陽	劉備時期(入蜀後)
安南將軍	馬忠[68]	（益州）巴西閬中	後主時期
	霍弋[69]	（荊州）南郡枝江	後主時期
	張表[70]	（益州）蜀郡	後主時期

---

64 晉·陳壽，《三國志》，卷45，〈蜀書·楊戲傳〉載「輔元弼名匡，襄陽人也。隨先主入蜀。益州既定，為巴郡太守。建興中，徙鎮南，為右將軍，封中鄉侯。」頁1084。洪武雄著，〈《三國職官表》蜀漢部份校補〉認「建興元年(223)徙鎮南將軍，四年(226)遷右將軍，故曰年位與李嚴相次。」頁338-339。**列入諸葛亮時期。**

65 晉·陳壽，《三國志》，卷45，〈蜀書·楊戲傳〉載「劉南和名邕，義陽人也。隨先主入蜀。益州既定，為江陽太守。建興中，稍遷至監軍後將軍，賜爵關內侯，卒。」頁1084。洪武雄著，〈《三國職官表》蜀漢部份校補〉認劉邕在建興十五年(237)官至鎮南將軍，頁340。**列入後主時期。**

66 晉·陳壽，《三國志》，卷43，〈蜀書·黃權傳〉載「黃權字公衡，巴西閬中人也…以權為鎮北將軍，督江北軍以防魏師。」頁1043-1045。洪武雄著，〈《三國職官表》蜀漢部份校補〉認在「章武元年(221)為鎮北將軍，二年(222)降魏。」頁341。與此征北將軍未知孰是?不過都可列**劉備時期(入蜀後)。**

67 晉·陳壽，《三國志》，卷40，〈蜀書·魏延傳〉載「魏延字文長，義陽人也…先主踐尊號，進拜鎮北將軍。」頁1002。洪武雄著，〈《三國職官表》蜀漢部份校補〉認「章武元年(221)至二年(222)，魏延與黃權同為鎮北將軍。」頁341。**列入劉備時期(入蜀後)。**

68 晉·陳壽，《三國志》，卷43，〈蜀書·蔣琬傳〉載「馬忠字德信，巴西閬中人也…(建興)十一年，南夷豪帥劉冑反，擾亂諸郡。徵庲降都督張翼還，以忠代翼。忠遂斬冑，平南土。加忠監軍奮威將軍，封博陽亭侯。加安南將軍，進封彭鄉亭侯。」頁1048-1049。洪武雄著，〈《三國職官表》蜀漢部份校補〉認「延熙三年(240)由奮威將軍遷(安南將軍)，五年(242)遷鎮南大將軍。」頁342。**列入後主時期。**

69 晉·陳壽，《三國志》，卷41，〈蜀書·霍峻傳〉載「霍峻字仲邈，南郡枝江人也…子弋，字紹先…景耀六年，進號安南將軍。」頁1007-1008。**列入後主時期。**

70 晉·陳壽，《三國志》，卷45，〈蜀書·楊戲傳〉載「蜀郡張表伯達並知名…張表有威儀風觀，始名位與戲齊，後至尚書，督庲降後將軍。」頁1077-1078。洪武雄著，〈《三國職官表》蜀漢部份校補〉認「延熙十二年(249)張表繼馬忠為庲降都督，先加安南將軍，延熙十八年(255)加後將軍。」頁343。**列入後主時期。**

	閻宇[71]	（荊州）南郡	後主時期
平西將軍	馬超[72]	（雍州）扶風茂陵	劉備時期(入蜀後)
	劉□[73]	籍貫不詳	劉備時期(入蜀後)
平北將軍	馬岱[74]	（雍州）扶風茂陵	諸葛亮時期
	劉□[75]	籍貫不詳	劉備時期(入蜀後)

2.四征之上的其它雜號將軍

輔漢將軍	李嚴[76]	（荊州）南陽	劉備時期(入蜀後)
	張裔[77]	（益州）蜀郡成都	諸葛亮時期

---

[71] 晉·陳壽，《三國志》，卷43，＜蜀書·馬忠傳＞注引＜華陽國志＞載「閻宇字文平，南郡人也。」頁1049。洪武雄著，＜《三國職官表》蜀漢部份校補＞認「景耀元年(258)...閻宇在庲降都督任上六曾加安南將軍...自馬忠後，庲降都督常先加安南將軍，後再遷陞，馬忠遷鎮南大將軍，張表遷後將軍，延熙末閻宇則遷右將軍。」頁343。**列入後主時期。**

[72] 晉·陳壽，《三國志》，卷36，＜蜀書·馬超傳＞載「馬超字孟起，（右）扶風茂陵人也...先主遣人迎超，超將兵徑到城下。城中震怖，璋即稽首，以超為平西將軍。」頁944-947。洪武雄著，＜《三國職官表》蜀漢部份校補＞認「建安十九年(214)為平西將軍，廿四年(219)遷左將軍。」頁343。**列入劉備時期(入蜀後)。**

[73] 洪武雄著，＜《三國職官表》蜀漢部份校補＞補「建安二十六年＜黃龍甘露碑＞有平西將軍劉□(名闕)。」頁344。**列入劉備時期(入蜀後)。**

[74] 晉·陳壽，《三國志》，卷36，＜蜀書·馬超傳＞載「馬超字孟起，（右）扶風茂陵人也...(章武)二年卒...臨沒上疏曰：『臣門宗二百餘口，為孟德所誅略盡，惟有從弟岱，當為微宗血食之繼，深託陛下，餘無復言。』追諡超曰威侯，子承嗣。岱位至平北將軍，進爵陳倉侯。」頁944-947。同書卷40，＜蜀書·魏延傳＞載「延獨與其子數人逃亡，奔漢中。(楊)儀遣馬岱追斬之。」頁1004。洪武雄著，＜《三國職官表》蜀漢部份校補＞認「建安十二年(234)時馬岱為平北將軍，未知何年卒官。」頁344。**故暫列諸葛亮時期。**

[75] 洪武雄著，＜《三國職官表》蜀漢部份校補＞補「建安二十六年＜黃龍甘露碑＞在鎮東將軍劉琰之後、平北將軍劉□(名闕)之前。」頁343。**列入劉備時期(入蜀後)。**

[76] 晉·陳壽，《三國志》，卷40，＜蜀書·李嚴傳＞載「李嚴字正方，南陽人也...成都既定，為犍為太守、興業將軍...加輔漢將軍，領郡如故。」頁998-999。洪武雄著，＜《三國職官表》蜀漢部份校補＞認「章武元年(221)由興業將軍遷，二年(222)拜尚書令。」頁360。**列入劉備時期(入蜀後)。**

[77] 晉·陳壽，《三國志》，卷41，＜蜀書·張裔傳＞載「張裔字君嗣，蜀郡成都人也...亮出駐漢中，裔以射聲校尉領留府長吏...加輔漢將軍，領長史如故。建興八年卒。」頁1011-1013。洪武雄著，＜《三國職官表》蜀漢部份校補＞認「建興六年(228)由射聲校尉遷，八年(230)卒。」頁360。**列入諸葛亮時期。**

	姜維[78]	（雍州）天水冀人	後主時期
	孟琰[79]	（庲降都督）朱提	後主時期
撫軍將軍	蔣琬[80]	（荊州）零陵湘鄉	諸葛亮時期
	夏侯霸[81]	（豫州）沛國譙人	後主時期
綏軍將軍	楊儀[82]	（荊州）襄陽	諸葛亮時期
鎮軍將軍	許靖[83]	（豫州）汝南平輿	劉備時期(入蜀後)
	趙雲[84]	（冀州）常山真定	諸葛亮時期
	陳祗[85]	（豫州）汝南	後主時期

---

[78] 晉·陳壽，《三國志》，卷 44，＜蜀書·姜維傳＞載「姜維字伯約，天水冀人也…(建興)十二年，亮卒，維還成都，為右監軍輔漢將軍，統諸軍，進封平襄侯。」頁 1062-1065。**列入後主時期。**

[79] 晉·常璩撰，劉琳注，《華陽國志》，卷 4，＜南中志＞載「(諸葛)亮收其俊傑建寧爨習，朱提孟琰及獲為官屬，習官至領軍，琰，輔漢將軍，獲，御史中丞。」頁 229。洪武雄著，＜《三國職官表》蜀漢部份校補＞認「後主世官至輔漢將軍。」頁 360。**列入後主時期。**

[80] 晉·陳壽，《三國志》，卷 44，＜蜀書·蔣琬傳＞載「蔣琬字公琰、零陵湘鄉人也…(建興)八年，代裔為長史，加撫軍將軍。」頁 1057-1060。**列入諸葛亮時期。**

[81] 晉·陳壽，《三國志》，卷 9，＜魏書·諸夏侯傳＞載諸夏侯沛國譙人，霸為夏侯淵中子，頁 272。同書卷 33，＜蜀書·後主傳＞載「(延熙)十二年春正月，魏誅大將軍曹爽等，右將軍夏侯霸來降。」頁 898。洪武雄著，＜《三國職官表》蜀漢部份校補＞認「延熙十二年(249)夏侯霸來降，疑先拜征北大將軍，十四年再遷車騎將軍。」頁 327。**列入後主時期。**

[82] 晉·陳壽，《三國志》，卷 40，＜蜀書·楊儀傳＞載「楊儀字威公，襄陽人也…(建興)八年，遷長史，加綏軍將軍…拜為中軍師。」頁 1004-1005。**列入諸葛亮時期。**

[83] 晉·陳壽，《三國志》，卷 38，＜蜀書·許靖傳＞載「許靖字文休，汝南平輿人…十九年，先主克蜀，以靖為左將軍長史。」頁 963-967。同書卷 32，＜蜀書·先主傳＞載建安廿四年(219)群下上劉備為漢中王時有「左將軍（領）長史〔領〕鎮軍將軍臣許靖。」頁 884。洪武雄著，＜《三國職官表》蜀漢部份校補＞認「建安十九年(214)至廿四年(219)靖為左將軍長史，其領鎮軍將軍當在此期間，廿四年(219)遷太傅。」頁 358。**列入劉備時期(入蜀後)。**

[84] 晉·陳壽，《三國志》，卷 36，＜蜀書·趙雲傳＞載「趙雲字子龍，常山真定人也…(建興)五年…既為鎮軍將軍。」頁 948-949。**列入諸葛亮時期。**

[85] 晉·陳壽，《三國志》，卷 39，＜蜀書·董允傳＞載「(陳祗) 祗字奉宗，汝南人…稍遷至選曹郎…呂乂卒，祗又以侍中守尚書令，加鎮軍將軍。」頁 987。洪武雄著，＜《三國職官表》蜀漢部份校補＞認「延熙十四年(251)加，景耀元年(258)或二年(259)卒。」頁 358。**列入後主時期。**

	王嗣[86]	（益州）犍為資中	後主時期
	龔祿[87]	（益州）巴西安漢	後主時期
征虜將軍	張飛[88]	（幽州）涿郡涿縣	劉備時期(入荊後)
盪寇將軍	關羽[89]	（司隸）河東解縣	劉備時期(入荊後)
	張嶷[90]	（益州）巴郡南充國	後主時期
副軍將軍	劉封[91]	（荊州）長沙	劉備時期(入蜀後)
討逆將軍	吳壹[92]	（兗州）陳留	劉備時期(入荊後)

---

[86] 晉·陳壽，《三國志》，卷 45，＜蜀書·楊戲傳＞注引＜益部耆舊雜記＞曰「王嗣字承宗，犍為資中人也。其先，延熙世以功德顯著。舉孝廉，稍遷西安圍督、汶山太守，加安遠將軍...遷鎮軍，故領郡。」頁 1090。洪武雄著，＜《三國職官表》蜀漢部份校補＞認「景耀年間由安遠將軍遷(鎮軍將軍)，在陳祗之後。」頁 358。**列入後主時期**。

[87] 晉·常璩撰，劉琳注，《華陽國志》，卷 12，＜益梁寧二州先漢以來士女目錄＞載「越嶲太守龔祿，字德緒。(安漢人。父諶，犍為太守，見《巴紀》。) 鎮軍將軍龔皦，字德光。(祿弟也。)」頁 670。洪武雄著，＜《三國職官表》蜀漢部份校補＞認「後主世為鎮軍將軍。」頁 358。**列入後主時期**。

[88] 晉·陳壽，《三國志》，卷 36，＜蜀書·張飛傳＞載「張飛字益德，涿郡人也...先主既定江南，以飛為宜都太守、征虜將軍。」頁 943-944。洪武雄著，＜《三國職官表》蜀漢部份校補＞認「建安十五年(210)(征虜將軍)，廿四年(219)遷右將軍。」頁 358。**列入劉備時期(入荊後)**。

[89] 晉·陳壽，《三國志》，卷 36，＜蜀書·關羽傳＞載「關羽字雲長，本字長生，河東解人也...先主收江南諸郡，乃封拜元勳，以羽為襄陽太守、盪寇將軍，駐江北。」頁 939-942。洪武雄著，＜《三國職官表》蜀漢部份校補＞認「建安十五年(210)為盪寇將軍，廿四年(219)遷前將軍。」頁 363。**列入劉備時期(入荊後)**。

[90] 晉·陳壽，《三國志》，卷 43，＜蜀書·張嶷傳＞載「張嶷字伯岐，巴郡南充國人也...後主於是加嶷撫戎將軍，領郡如故...拜盪寇將軍。」頁 1051-1054。洪武雄著，＜《三國職官表》蜀漢部份校補＞認「延熙十七年(254)由撫戎將軍遷(盪寇將軍)，同年陣亡。」頁 364。**列入後主時期**。

[91] 晉·陳壽，《三國志》，卷 40，＜蜀書·劉封傳＞載「劉封者，本羅侯寇氏之子，長沙劉氏之甥也。先主至荊州，以未有繼嗣，養封為子...益州既定，以封為副軍中郎將...遷封為副軍將軍。」頁 991-994。洪武雄著，＜《三國職官表》蜀漢部份校補＞認「建安廿四年(219)由副軍中郎將遷(副軍將軍)，廿五年(220)賜死。」頁 364。**列入劉備時期(入蜀後)**。

[92] 晉·陳壽，《三國志》，卷 45，＜蜀書·楊戲傳＞載「(吳)子遠名壹，陳留人也...先主定益州，以壹為護軍討逆將軍，納壹妹為夫人。」頁 1083。洪武雄著，＜《三國職官表》蜀漢部份校補＞認「建安十八年(213)為討逆將軍，建興八年(230)遷至左將軍。」頁 364。**列入劉備時期(入荊後)**。

討寇將軍	王平[93]	（益州）巴西宕渠	諸葛亮時期

3.四征之下、五校之上的雜號將軍

鎮遠將軍	賴恭[94]	（荊州）零陵	劉備時期(入蜀後)
	魏延[95]	（荊州）義陽	劉備時期(入蜀後)
揚武將軍	法正[96]	（雍州）扶風郿人	劉備時期(入蜀後)
	鄧芝[97]	（荊州）義陽新野	諸葛亮時期
揚威將軍	李福[98]	（益州）梓潼涪人	諸葛亮時期
	劉敏[99]	（荊州）零陵泉陵	後主時期

---

[93] 晉·陳壽，《三國志》，卷43，<蜀書·王平傳>載「王平字子均，巴西宕渠人也…(建興中)拜參軍，統五部兼當營事，進位討寇將軍。」頁1049。洪武雄著，<《三國職官表》蜀漢部份校補>認「建興六年(228)由裨將軍超遷，十二年(234)遷安漢將軍。」頁365。**列入諸葛亮時期。**

[94] 晉·陳壽，《三國志》，卷32，<蜀書·先主傳>載建安廿四年「羣下上先主為漢中王」中有鎮遠將軍臣賴恭，頁884。洪武雄著，<《三國職官表》蜀漢部份校補>認「建安末，廿四年(219)遷太常。」頁369。**列入劉備時期(入蜀後)。**

[95] 晉·陳壽，《三國志》，卷40，<蜀書·魏延傳>載「魏延字文長，義陽人也…先主為漢中王…先主乃拔延為督漢中鎮遠將軍，領漢中太守。」頁1002。洪武雄著，<《三國職官表》蜀漢部份校補>認「建安廿四年(219)由牙門將軍遷，章武元年(221)遷鎮北將軍。」頁369。**列入劉備時期(入蜀後)。**

[96] 晉·陳壽，《三國志》，卷37，<蜀書·法正傳>載「法正字孝直，(右)扶風郿人也…(先主)以正為蜀郡太守、揚武將軍。」頁957-962。洪武雄著，<《三國職官表》蜀漢部份校補>認「建安十九年(214)為揚武將軍，廿四年(219)遷尚書令、護軍將軍。」頁362-363。**列入劉備時期(入蜀後)。**

[97] 晉·陳壽，《三國志》，卷45，<蜀書·鄧芝傳>載「鄧芝字伯苗，義陽新野人…及亮北住漢中，以芝為中監軍、揚武將軍。」頁1071-1073。洪武雄著，<《三國職官表》蜀漢部份校補>認「建興五年(227)由中郎將遷，十二年(234)遷前軍師前將軍。」頁363。**列入諸葛亮時期。**

[98] 晉·陳壽，《三國志》，卷45，<蜀書·楊戲傳>載「(李)孫德名福，梓潼涪人也…建興元年，徙巴西太守，為江州督、楊威將軍。」頁1087。洪武雄著，<《三國職官表》蜀漢部份校補>認「建興九年(231)以揚威將軍督江州，十二年(234)之前遷尚書僕射。」頁361。**列入諸葛亮時期。**

[99] 晉·陳壽，《三國志》，卷44，<蜀書·蔣琬傳>載「蔣琬字公琰、零陵湘鄉人也。弱冠與外弟泉陵劉敏俱知名…劉敏，左護軍、揚威將軍，與鎮北大將軍王平俱鎮漢中。」頁1057-1060。洪武雄著，<《三國職官表》蜀漢部份校補>認「延熙六年(243)由偏將軍遷，七年(244)仍在揚威將軍。」頁362。**列入後主時期。**

	費觀[100]	（荊州）江夏鄳人	諸葛亮時期
輔軍將軍	來敏[101]	（荊州）義陽新野	諸葛亮時期
輔國將軍	董厥	（荊州）義陽	參輔國大將軍
	董允[102]	（荊州）南郡枝江	後主時期
奮威將軍	馬忠[103]	（益州）巴西閬中	諸葛亮時期
撫戎將軍	張嶷[104]	（益州）巴郡南充國	後主時期
安遠將軍	鄧方[105]	（荊州）南郡人	劉備時期(入蜀後)
	王嗣[106]	（益州）犍為資中	後主時期

---

100 晉·陳壽，《三國志》，卷45，〈蜀書·楊戲傳〉載「（費）賓伯名觀，江夏鄳人也...先主既定益州，拜為裨將軍，後為巴郡太守、江州都督，建興元年封都亭侯，加振威將軍。」頁1081-1082。**列入諸葛亮時期。**

101 晉·陳壽，《三國志》，卷42，〈蜀書·來敏傳〉載「來敏字敬達，義陽新野人也...後主踐阼，為虎賁中郎將。丞相亮住漢中，請為軍祭酒、輔軍將軍，坐事去職。」頁1025。洪武雄著，〈《三國職官表》蜀漢部份校補〉認「建興五年(227)由虎賁中郎將遷，建興中去職，十二年(234)遷大長秋。」頁373。**列入諸葛亮時期。**

102 晉·陳壽，《三國志》，卷39，〈蜀書·董允傳〉載「董允字休昭，掌軍中郎將和之子也。先主立太子，允以選為舍人，徙洗馬。後主襲位，遷黃門侍郎...亮尋請禕為參軍，允遷為侍中，領虎賁中郎將...延熙六年，加輔國將軍。七年，以侍中守尚書令，為大將軍費禕副貳。」頁985-986。另同卷〈蜀書·董和傳〉載「董和字幼宰，南郡枝江人也。」頁979。**列入後主時期。**

103 晉·陳壽，《三國志》，卷43，〈蜀書·蔣琬傳〉載「馬忠字德信，巴西閬中人也...(建興)十一年，南夷豪帥劉冑反，擾亂諸郡。徵庲降都督張翼還，以忠代翼。忠遂斬冑，平南土。加忠監軍奮威將軍，封博陽亭侯。加安南將軍，進封彭鄉亭侯。」頁1048-1049。洪武雄著，〈《三國職官表》蜀漢部份校補〉認「建興十一年(233)以庲降都督加，延熙三年(240)遷安南將軍。」頁361。**列入諸葛亮時期。**

104 晉·陳壽，《三國志》，卷43，〈蜀書·張嶷傳〉載「張嶷字伯岐，巴郡南充國人也...後主於是加嶷撫戎將軍，領郡如故...拜盪寇將軍。」頁1051-1054。洪武雄著，〈《三國職官表》蜀漢部份校補〉認「延熙三年(240)以越巂太守加，十七年(254)拜盪寇將軍。」頁370。**列入後主時期。**

105 晉·陳壽，《三國志》，卷45，〈蜀書·楊戲傳〉載「（鄧）孔山名方，南郡人也。以荊州從事隨先主入蜀。蜀既定，為犍為屬國都尉，因易郡名，為朱提太守，選為安遠將軍、庲降都督，住南昌縣。章武二年卒。失其行事，故不為傳。」頁1081。**列入劉備時期(入蜀後)。**

106 晉·陳壽，《三國志》，卷45，〈蜀書·楊戲傳〉注引〈益部耆舊雜記〉曰「王嗣字承宗，犍為資中人也。其先，延熙世以功德顯著。舉孝廉，稍遷西安圍督、汶山太守，加安遠將軍...遷鎮軍，故領郡。」頁1090。洪武雄著，〈《三國職官表》蜀漢部份校補〉認「延熙末或景耀年間加，後遷鎮軍將軍。」頁359。**列入後主時期。**

(六)五校之下的雜號將軍

興業將軍	李嚴[107]	（荊州）南陽	劉備時期(入蜀後)
	王連[108]	（荊州）南陽	劉備時期(入蜀後)
忠節將軍	楊洪[109]	（益州）犍為武陽	諸葛亮時期
討虜將軍	黃忠[110]	（荊州）南陽	劉備時期(入蜀後)
	上官雝[111]	籍貫不詳	諸葛亮時期
翊軍將軍	趙雲[112]	（冀州）常山真定	劉備時期(入蜀後)
	霍弋[113]	（荊州）南郡枝江	後主時期

---

[107] 晉·陳壽，《三國志》，卷40，＜蜀書·李嚴傳＞載「李嚴字正方，南陽人也…先主拜嚴裨將軍。成都既定，為犍為太守、興業將軍…加輔漢將軍，領郡如故。」頁998-999。洪武雄著，＜《三國職官表》蜀漢部份校補＞認「建安十九年(214)由裨將軍遷，章武元年(221)遷輔漢將軍。」頁371。**列入劉備時期(入蜀後)。**

[108] 晉·陳壽，《三國志》，卷41，＜蜀書·王連傳＞載「王連字文儀，南陽人也…及成都既平，以連為什邡令，轉在廣都，所居有績。遷司鹽校尉…遷蜀郡太守、興業將軍，領鹽府如故。」頁1009-1010。洪武雄著，＜《三國職官表》蜀漢部份校補＞認「章武初以蜀郡太守加，建興元年(223)遷屯騎校尉領丞相長史。」頁371。

[109] 晉·陳壽，《三國志》，卷41，＜蜀書·楊洪傳＞載「楊洪字季休，犍為武陽人也…洪建興元年賜爵關內侯，復為蜀郡太守、忠節將軍，後為越騎校尉，領郡如故。」頁1013。洪武雄著，＜《三國職官表》蜀漢部份校補＞認「建興元年(223)，五年(227)之前遷越騎校尉、領蜀郡太守如故。」頁366。**列入諸葛亮時期。**

[110] 晉·陳壽，《三國志》，卷36，＜蜀書·黃忠傳＞載「黃忠字漢升，南陽人也…益州既定，拜為討虜將軍…遷征西將軍。是歲，先主為漢中王，欲用忠為後將軍。」頁948。洪武雄著，＜《三國職官表》蜀漢部份校補＞認「建安十九年(214)由裨將軍遷，廿四年(219)遷征西將軍。」頁365。**列入劉備時期(入蜀後)。**

[111] 晉·陳壽，《三國志》，卷40，＜蜀書·李嚴傳＞注引建興九年諸葛亮公文上尚書曰「行中典軍討虜將軍臣上官雝」頁1000。**列入諸葛亮時期。**

[112] 晉·陳壽，《三國志》，卷36，＜蜀書·趙雲傳＞載「趙雲字子龍，常山真定人也…成都既定，以雲為翊軍將軍。」頁948-949。另據洪武雄著，＜《三國職官表》蜀漢部份校補＞認「建安十九年(214)由牙門將軍或偏將軍遷，建興元年(223)遷征南將軍。」頁372。**列入劉備時期(入蜀後)。**

[113] 晉·陳壽，《三國志》，卷41，＜蜀書·霍峻傳＞載「霍峻字仲邈，南郡枝江人也…子弋，字紹先…遷監軍翊軍將軍，領建寧太守，還統南郡事。」頁1007-1008。洪武雄著，＜《三國職官表》蜀漢部份校補＞認「景耀元年(258)遷，景耀六年(263)進號安南將軍。」頁372。**列入後主時期。**

| 奉義將軍 | 姜維[114] | （雍州）天水冀人 | 諸葛亮時期 |

以下各將僅一人出任，也沒有遷黜記錄。

昭德將軍	簡雍[115]	（幽州）涿郡涿縣	劉備時期(入蜀後)
秉忠將軍	孫乾[116]	（青州）北海	劉備時期(入蜀後)
昭文將軍	伊籍[117]	（兗州）山陽	劉備時期(入蜀後)
建信將軍	申儀[118]	籍貫不詳	劉備時期(入蜀後)
振威將軍	費觀[119]	（荊州）江夏鄳人	諸葛亮時期
建義將軍	閻晏(安)[120]	籍貫不詳	諸葛亮時期
翊武將軍	諸葛攀[121]	（徐州）琅邪陽都	後主時期

114 晉·陳壽，《三國志》，卷44，＜蜀書·姜維傳＞載「姜維字伯約，天水冀人也...亮辟維為倉曹掾，加奉義將軍，封當陽亭侯，時年二十七。」頁1062-1065。洪武雄著，＜《三國職官表》蜀漢部份校補＞認「建興六年(228)加奉義將軍，八年(230)遷征西將軍。」頁366。列入諸葛亮時期。

115 晉·陳壽，《三國志》，卷38，＜蜀書·簡雍傳＞載「簡雍字憲和，涿郡人也...先主拜雍為昭德將軍。」頁970-971。洪武雄著，＜《三國職官表》蜀漢部份校補＞認「建安十九年(214)由左將軍從事中郎遷(昭德將軍)。」頁364。列入劉備時期(入蜀後)。

116 晉·陳壽，《三國志》，卷38，＜蜀書·孫乾傳＞載「孫乾字公祐，北海人也。先主領徐州，辟為從事...先主定益州，乾自從事中郎為秉忠將軍。」頁970。洪武雄著，＜《三國職官表》蜀漢部份校補＞認「建安十九年(214)由左將軍從事中郎遷(秉忠將軍)，『頃之，卒』。」頁365-366。列入劉備時期(入蜀後)。

117 晉·陳壽，《三國志》，卷38，＜蜀書·伊籍傳＞載「伊籍字機伯，山陽人...益州既定，以籍為左將軍從事中郎...後遷昭文將軍。」頁971。洪武雄著，＜《三國職官表》蜀漢部份校補＞認「建安末由左將軍從事中郎遷(昭文將軍)。」頁364。列入劉備時期(入蜀後)。

118 晉·陳壽，《三國志》，卷40，＜蜀書·劉封傳＞載「建安廿四年...上庸太守申耽舉眾降...先主加耽征北將軍...以耽弟儀為建信將軍、西城太守。」頁991。列入劉備時期(入蜀後)。洪武雄著，＜《三國職官表》蜀漢部份校補＞認「建安廿四年(219)，廿五年(220)降魏。」頁367。列入劉備時期(入蜀後)。

119 晉·陳壽，《三國志》，卷45，＜蜀書·楊戲傳＞載「（費）賓伯名觀，江夏鄳人也...建興元年封都亭侯，加振威將軍。」頁1081-1082。洪武雄著，＜《三國職官表》蜀漢部份校補＞認「建興元年(223)遷(振威將軍)。」頁361。列入諸葛亮時期。

120 晉·陳壽，《三國志》，卷40，＜蜀書·李嚴傳＞注引建興九年諸葛亮公文上尚書曰「行參軍建義將軍臣閻晏」頁1000。列入諸葛亮時期。

121 晉·陳壽，《三國志》，卷35，＜蜀書·諸葛喬傳＞載「諸葛亮字孔明，琅邪陽都人也...喬字伯松，亮兄瑾之第二子也，本字仲慎...子攀，官至行護軍翊武將軍，亦早卒。」頁911-931。洪武雄著，＜《三國職官表》蜀漢部份校補＞認「飴孫推論諸葛攀於延熙中官至翊武將軍。」頁370-371。列入後主時期。

綏武將軍	蔣斌[122]	（荊州）零陵湘鄉	後主時期
執慎將軍	來敏[123]	（荊州）義陽新野	後主時期

五校

屯騎校尉	王連[124]	（荊州）南陽	諸葛亮時期
	孟光[125]	（司隸）河南洛陽	諸葛亮時期
	宗預[126]	（荊州）南陽安眾	後主時期
步兵校尉	向朗[127]	（荊州）襄陽宜城	諸葛亮時期
	習隆[128]	（荊州）襄陽	後主時期

[122] 晉·陳壽，《三國志》，卷44，＜蜀書·蔣琬傳＞載「蔣琬字公琰、零陵湘鄉人也…子斌嗣，為綏武將軍、漢城護軍。」頁1057-1060。洪武雄著，＜《三國職官表》蜀漢部份校補＞認「景耀元年(258)，六年(263)為亂兵所殺。」頁370。列入後主時期。

[123] 晉·陳壽，《三國志》，卷42，＜蜀書·來敏傳＞載「來敏字敬達，義陽新野人…後以敏為執慎將軍，欲令以官重自警戒也。」頁1025。洪武雄著，＜《三國職官表》蜀漢部份校補＞認「應在延熙末、景耀初任之。」頁370。列入後主時期。

[124] 晉·陳壽，《三國志》，卷41，＜蜀書·王連傳＞載「王連字文儀，南陽人也…建興元年，拜屯騎校尉，領丞相長史，封平陽亭侯。」頁1009-1010。洪武雄著，＜《三國職官表》蜀漢部份校補＞認「建興元年(223)由蜀郡太守、興業將軍領司鹽校尉遷，三年(225)卒。」頁316-317。列入諸葛亮時期。

[125] 晉·陳壽，《三國志》，卷42，＜蜀書·孟光傳＞載「孟光字孝裕，河南洛陽人…後主踐阼，為符節令、屯騎校尉、長樂少府，遷大司農。」頁1023。洪武雄著，＜《三國職官表》蜀漢部份校補＞認「建興年間由符節令遷，在王連之後，延熙初遷長樂少府。」頁317。列入諸葛亮時期。

[126] 晉·陳壽，《三國志》，卷45，＜蜀書·宗預傳＞載「宗預字德豔，南陽安眾人也…延熙十年，為屯騎校尉…遷後將軍。」頁1075。洪武雄著，＜《三國職官表》蜀漢部份校補＞認「延熙十年(247)由尚書轉，後遷後將軍督永安。」頁317。列入後主時期。

[127] 晉·陳壽，《三國志》，卷41，＜蜀書·向朗傳＞載「向朗字巨達，襄陽宜城人也…。後主踐阼，為步兵校尉，代王連領丞相長史…為光祿勳。」頁1010-1011。洪武雄著，＜《三國職官表》蜀漢部份校補＞認「建興元年(223)由房陵太守遷，三年(225)領丞相長史，六年(228)免官。」頁317-318。列入諸葛亮時期。

[128] 晉·陳壽，《三國志》，卷45，＜蜀書·楊戲傳＞載「(習)文祥名禎，襄陽人也…子忠，官至尚書郎。」又注引＜襄陽記＞曰「忠子隆，為步兵校尉，掌校祕書。」頁1085。洪武雄著，＜《三國職官表》蜀漢部份校補＞認「景耀六年(263)時，在步兵校尉職。」頁318。列入後主時期。

越騎校尉	楊洪[129]	（益州）犍為武陽	諸葛亮時期
長水校尉	廖立[130]	（荊州）武陵臨沅	諸葛亮時期
	秦宓[131]	（益州）廣漢緜竹	諸葛亮時期
	諸葛均[132]	（徐州）琅邪陽都	後主時期
	胡博[133]	（荊州）義陽	後主時期
射聲校尉	張裔[134]	（益州）蜀郡成都	諸葛亮時期
	諸葛瞻[135]	（徐州）琅邪陽都	後主時期

---

[129] 晉·陳壽，《三國志》，卷41，＜蜀書·楊洪傳＞載「楊洪字季休，犍為武陽人也…建興元年賜爵關內侯，復為蜀郡太守、忠節將軍，後為越騎校尉，領郡如故。」頁1013。洪武雄著，＜《三國職官表》蜀漢部份校補＞認「建興五年(227)之前由忠節將軍遷，領蜀郡太守如故，六年(228)卒。」頁318。**列入諸葛亮時期。**

[130] 晉·陳壽，《三國志》，卷40，＜蜀書·廖立傳＞載「廖立字公淵，武陵臨沅人…後主襲位，徙長水校尉。」頁997-998。洪武雄著，＜《三國職官表》蜀漢部份校補＞認「建興元年(223)由將軍遷，三年(225)廢。」頁318-319。**列入諸葛亮時期。**

[131] 晉·陳壽，《三國志》，卷38，＜蜀書·秦宓傳＞載「秦宓字子勑，廣漢緜竹人也…建興二年，丞相亮領益州牧，選宓迎為別駕，尋拜左中郎將、長水校尉…遷大司農，四年卒。」頁971-976。洪武雄著，＜《三國職官表》蜀漢部份校補＞認「建興三年(225)由左中郎將遷，尋遷大司農，四年(226)卒。」頁319。**列入諸葛亮時期。**

[132] 晉·陳壽，《三國志》，卷35，＜蜀書·諸葛亮傳＞載「諸葛亮字孔明，琅邪陽都人也…亮弟均，官至長水校尉。」頁911-928。洪武雄著，＜《三國職官表》蜀漢部份校補＞認「史未言均早亮卒，則其任至長水校尉當在建興末以後。」頁319。**列入後主時期。**

[133] 晉·陳壽，《三國志》，卷39，＜蜀書·董和傳＞注曰「姓胡，名濟，義陽人…濟弟博，歷長水校尉尚書。」頁980。洪武雄著，＜《三國職官表》蜀漢部份校補＞認「延熙中由長水校尉轉尚書。」頁320。**列入後主時期。**

[134] 晉·陳壽，《三國志》，卷41，＜蜀書·張裔傳＞載「張裔字君嗣，蜀郡成都人也…亮出駐漢中，裔以射聲校尉領留府長吏。」頁1011-1013。洪武雄著，＜《三國職官表》蜀漢部份校補＞認「建興五年(227)由丞相參軍、治中從事遷，六年(228)遷輔漢將軍領長史如故。」頁320。**列入諸葛亮時期。**

[135] 晉·陳壽，《三國志》，卷35，＜蜀書·諸葛瞻傳＞載「諸葛亮字孔明，琅邪陽都人也…亮子瞻，嗣爵…其明年(延熙七年)為羽林中郎將，屢遷射聲校尉、侍中、尚書僕射，加軍師將軍。」頁911-932。洪武雄著，＜《三國職官表》蜀漢部份校補＞認「延熙中由羽林中郎將遷，後遷侍中，延熙十六年(253)在侍中職。」頁320。**列入後主時期。**

| | 楊戲[136]
(楊羲、楊義) | （益州）犍為武陽 | 後主時期 |
| | 向充[137] | （荊州）襄陽宜城 | 後主時期 |

中領軍、中護軍

中領軍	向寵	（荊州）襄陽宜城	參後中部督向寵
（領軍）	吳班[138]	（兗州）陳留	劉備時期(入蜀後)
	馮習[139]	（荊州）南郡人	劉備時期(入蜀後
	龔衡[140]	（益州）巴西安漢	後主時期
（前領軍）	張翼[141]	（益州）犍為武陽	後主時期

---

136 晉·陳壽，《三國志》，卷 45，＜蜀書·楊戲傳＞載「楊戲字文然，犍為武陵人也…亮卒…以疾徵還成都，拜護軍監軍，出領梓潼太守，入為射聲校尉。」頁 1077。洪武雄著，＜《三國職官表》蜀漢部份校補＞認「延熙末由梓潼太守遷，景耀元年(258)免為庶人。」頁 321。**列入後主時期**。另據晉·常璩撰，劉琳注，《華陽國志》(臺北：新文豐出版公司，1988 年 11 月)，劉琳注曰「顧校：『楊義』當作楊羲。《蜀志》有傳，作楊戲，『戲』、『義』古通用。」頁 563。

137 晉·陳壽，《三國志》，卷 41，＜蜀書·向朗傳＞載「向朗字巨達，襄陽宜城人也。荊州牧劉表以為臨沮長。表卒，歸先主…朗兄子寵，先主時為牙門將…寵弟充，歷射聲校尉尚書。」頁 1010-1011。洪武雄著，＜《三國職官表》蜀漢部份校補＞認「姜維任大將軍在延熙十九年(256)後，向充由射聲校尉遷尚書當在景耀年間。」頁 321。**列入後主時期**。

138 晉·陳壽，《三國志》，卷 45，＜蜀書·楊戲傳＞載「(吳)子遠名壹，陳留人也…壹族弟班，字元雄…先主時，為領軍。後主世，稍遷至驃騎將軍，假節，封綿竹侯。」頁 1083-1084。洪武雄著，＜《三國職官表》蜀漢部份校補＞認「章武元年(221)、二年(222)伐吳時為將軍、領軍。」頁 309。**列入劉備時期(入蜀後)**。

139 晉·陳壽，《三國志》，卷 45，＜蜀書·楊戲傳＞載「(馮) 休元名習，南郡人。隨先主入蜀。先主東征吳，習為領軍，統諸軍，大敗於猇亭。」頁 1088。同書卷 55，＜吳書·潘璋傳＞載「斬備護軍馮習等。」頁 1300。洪武雄著，＜《三國職官表》蜀漢部份校補＞認「章武元年(221)、二年(222)伐吳時為將軍、領軍。」頁 309-310。**列入劉備時期(入蜀後)**。

140 晉·陳壽，《三國志》，卷 45，＜蜀書·楊戲傳＞載「(龔) 德緒名祿，巴西安漢人也…弟衡，景耀中為領軍。」頁 1088。**列入後主時期**。

141 晉·陳壽，《三國志》，卷 45，＜蜀書·張翼傳＞載「張翼字伯恭，犍為武陽人也…亮卒，拜前領軍，追論討劉胄功，賜爵關內侯。延熙元年，入為尚書。」頁 1073-1075。洪武雄著，＜《三國職官表》蜀漢部份校補＞認「建興十二年(234)由前軍都督轉前領軍，延熙元年(238)入為尚書。」頁 310-311。**列入後主時期**。

（行領軍）	趙統[142]	（冀州）常山真定	後主時期
(應為副貳)	羅憲(羅獻)[143]	（荊州）襄陽	後主時期
	閻宇[144]	（荊州）南郡人	後主時期
	爨習[145]	（庲降都督）建寧	諸葛亮時期
典軍	上官雝[146]	籍貫不詳	諸葛亮時期
	王平[147]	（益州）巴西宕渠	後主時期
	胡濟[148]	（荊州）義陽	後主時期

[142] 晉·陳壽，《三國志》，卷 36，＜蜀書·趙雲傳＞載「趙雲字子龍，常山真定人也…雲子統嗣，官至虎賁中郎，督行領軍。」頁 951。洪武雄著，＜《三國職官表》蜀漢部份校補＞認「後主世。」頁 311。**列入後主時期。**

[143] 晉·陳壽，《三國志》，卷 41，＜蜀書·霍峻傳＞載「巴東領軍襄陽羅憲。」另注引＜襄陽記＞曰「羅憲字令則…(黃皓預政時)時右大將軍閻宇都督巴東，為領軍，後主拜憲為宇副貳。」頁 1008。另晉·常璩撰，劉琳注，《華陽國志》，卷 1，＜巴志＞載「內領軍襄陽羅獻。」頁 11。劉琳注認羅獻即羅憲。洪武雄著，＜《三國職官表》蜀漢部份校補＞認「＜襄陽記＞所載為是。」頁 311-312。**列入後主時期。**

[144] 晉·陳壽，《三國志》，卷 43，＜蜀書·馬忠傳＞注引＜華陽國志＞載「閻宇字文平，南郡人也。」頁 1049。洪武雄著，＜《三國職官表》蜀漢部份校補＞認「景耀元年(258)至六年(263)為領軍，督永安。」頁 312。**列入後主時期。**

[145] 晉·常璩撰，劉琳注，《華陽國志》，卷 4，＜南中志＞載「(諸葛)亮收其俊傑建寧爨習，朱提孟琰及獲為官屬，習官至領軍，琰，輔漢將軍，獲，御史中丞。」頁 229。**列入諸葛亮時期。**

[146] 晉·陳壽，《三國志》，卷 40，＜蜀書·李嚴傳＞注引建興九年諸葛亮公文上尚書曰「行中典軍討虜將軍臣上官雝」頁 1000。**列入諸葛亮時期。**

[147] 晉·陳壽，《三國志》，卷 43，＜蜀書·王平傳＞載「王平字子均，巴西宕渠人也…(亮卒後)遷後典軍、安漢將軍，副車騎將軍吳壹住漢中，又領漢中太守…延熙元年，大將軍蔣琬住沔陽，平更為前護軍，署琬府事。六年，琬還住涪，拜平前監軍、鎮北大將軍，統漢中。」頁 1049。洪武雄著，＜《三國職官表》蜀漢部份校補＞認「建興十二年(234)由討寇將軍、丞相參軍遷後典軍、安漢將軍，延熙元年(238)遷前護軍，署琬府事。」頁 312-313。**列入後主時期。**

[148] 晉·陳壽，《三國志》，卷 39，＜蜀書·董和傳＞注曰「姓胡，名濟，義陽人…亮卒，為中典軍，統諸軍，封成陽亭侯，遷中監軍前將軍，督漢中，假節領兗州刺史，至右驃騎將軍。」頁 980。洪武雄著，＜《三國職官表》蜀漢部份校補＞認「建興十二年(234)由丞相中參軍、昭武中郎將遷中典軍，後遷中監軍前將軍。」頁 313。**列入後主時期。**

中護軍	趙雲[149]	（冀州）常山真定	諸葛亮時期
	費禕[150]	（荊州）江夏鄳人	諸葛亮時期
（前護軍）	許允[151]	（冀州）涿郡高陽	諸葛亮時期
	王平	（益州）巴西宕渠	參典軍王平
（左護軍）	丁威(丁咸)[152]	籍貫不詳	諸葛亮時期
（右護軍）	劉敏[153]	（荊州）零陵泉陵	諸葛亮時期
（護軍）	姜維[154]	（雍州）天水冀人	諸葛亮時期
（行護軍）	諸葛攀[155]	（徐州）琅邪陽都	後主時期

[149] 晉·陳壽，《三國志》，卷36，＜蜀書·趙雲傳＞載「趙雲字子龍，常山真定人也…建興元年，為中護軍、征南將軍，封永昌亭侯，遷鎮東將軍。」頁948-949。另據洪武雄著，＜《三國職官表》蜀漢部份校補＞認「建興元年(223)。」頁313-314。**列入諸葛亮時期**。

[150] 晉·陳壽，《三國志》，卷44，＜蜀書·費禕傳＞載「費禕字文偉，江夏鄳人也…建興八年，轉為中護軍，後又為司馬…亮卒，禕為後軍師。」頁1060-1061。**列入諸葛亮時期**。

[151] 晉·陳壽，《三國志》，卷9，＜魏書·夏侯尚傳＞載「中領軍高陽許允」頁302。同書卷40，＜蜀書·李嚴傳＞注引建興九年諸葛亮公文上尚書曰「行中典軍討虜將軍臣上官雝」頁1000。**列入諸葛亮時期**。

[152] 晉·陳壽，《三國志》，卷40，＜蜀書·李嚴傳＞注引建興九年諸葛亮公文上尚書曰「行左護軍篤信中郎將臣丁咸。」頁1000。洪武雄著，＜《三國職官表》蜀漢部份校補＞指「丁威」誤，當作「丁咸」，頁314-315。**列入諸葛亮時期**。

[153] 晉·陳壽，《三國志》，卷44，＜蜀書·蔣琬傳＞載「蔣琬字公琰、零陵湘鄉人也。弱冠與外弟泉陵劉敏俱知名…劉敏，左護軍、揚威將軍，與鎮北大將軍王平俱鎮漢中。」頁1057-1060。同書卷40，＜蜀書·李嚴傳＞注引建興九年諸葛亮公文上尚書曰「行左護軍篤信中郎將臣丁咸。」頁1000。**列入諸葛亮時期**。

[154] 晉·陳壽，《三國志》，卷44，＜蜀書·姜維傳＞載「姜維字伯約，天水冀人也…後遷中監軍征西將軍…十二年，亮卒，維還成都，為右監軍輔漢將軍，統諸軍，進封平襄侯。」頁1062-1065。洪武雄著，＜《三國職官表》蜀漢部份校補＞認「建興八年(230)至十二年(234)。亮卒後，遷監軍。」頁315。**列入諸葛亮時期**。

[155] 晉·陳壽，《三國志》，卷35，＜蜀書·諸葛喬傳＞載「諸葛亮字孔明，琅邪陽都人也…喬字伯松，亮兄瑾之第二子也，本字仲慎…子攀，官至行護軍翊武將軍，亦早卒。」頁911-931。洪武雄著，＜《三國職官表》蜀漢部份校補＞認「當在延熙、景耀間。」頁315。**列入後主時期**。

	楊戲 (楊羲、楊義)156	（益州）犍為武陽	後主時期
	吳壹157	（兗州）陳留	劉備時期(入蜀後)
	陳式(戒)158	籍貫不詳	諸葛亮時期
	陳祗159	（豫州）汝南	後主時期
	馮習	（荊州）南郡人	參前領軍馮習
殿中督(中部督)	向寵160	（荊州）襄陽宜城	諸葛亮時期
	張通161	（豫州）汝南	後主時期
中都護（行都護）	李嚴162	（荊州）南陽	劉備時期(入蜀後)

156 晉·陳壽，《三國志》，卷 45，＜蜀書·楊戲傳＞載「楊戲字文然，犍為武陵人也…以疾徵還成都，拜護軍監軍，出領梓潼太守，入為射聲校尉。」頁 1077。洪武雄著，＜《三國職官表》蜀漢部份校補＞認「延熙末，後為監軍。」頁 315。**列入後主時期。**另據晉·常璩撰，劉琳注，《華陽國志》(臺北：新文豐出版公司，1988 年 11 月)，劉琳注曰「顧校：『楊義』當作楊義。《蜀志》有傳，作楊戲，『戲』、『義』古通用。」頁 563。

157 晉·陳壽，《三國志》，卷 45，＜蜀書·楊戲傳＞載「(吳)子遠名壹，陳留人也…先主定益州，以壹為護軍討逆將軍，納壹妹為夫人。章武元年，為關中都督。」頁 1083。洪武雄著，＜《三國職官表》蜀漢部份校補＞認「建安十九年(214)。」頁 315。**列入劉備時期(入蜀後)。**

158 晉·常璩撰，劉琳注，《華陽國志》，卷 2，＜漢中志＞載「(建興)七年，丞相諸葛亮遣護軍陳戒伐之，遂平武都、陰平二郡，還屬益州。」頁 72。據洪武雄著，＜《三國職官表》蜀漢部份校補＞認「『陳戒』當作『陳式』。建興七年(229)。」頁 316。**列入諸葛亮時期。**

159 晉·陳壽，《三國志》，卷 39，＜蜀書·董允傳＞載「(陳祗) 祗字奉宗，汝南人…稍遷至選曹郎…呂乂卒，祗又以侍中守尚書令，加鎮軍將軍。」頁 987。另晉·常璩撰，劉琳注，《華陽國志》，卷 7，＜劉後主志＞載「(景耀二年)領中護軍陳祗卒。」頁 392。**列入後主時期。**

160 晉·陳壽，《三國志》，卷 41，＜蜀書·向朗傳＞載「向朗字巨達，襄陽宜城人也…朗兄子寵，先主時為牙門將…建興元年封都亭侯，後為中部督，典宿衛兵…遷中領軍。」頁 1010-1011。洪武雄著，＜《三國職官表》蜀漢部份校補＞認「建興五年(227)由中部督遷。」頁 309。**列入諸葛亮時期。**

161 晉·陳壽，《三國志》，卷 42，＜蜀書·郤正傳＞載景耀六年(263)「殿中督汝南張通。」頁 1041。**列入後主時期。**

162 晉·陳壽，《三國志》，卷 40，＜蜀書·李嚴傳＞載「李嚴字正方，南陽人也…(章武)三年，先主疾病，嚴與諸葛亮並受遺詔輔少主；以嚴為中都護，統內外軍事，留鎮永安。」頁 998-999。**列入劉備時期(入蜀後)。**

	蔣琬[163]	（荊州）零陵湘鄉	後主時期
	諸葛瞻[164]	（徐州）琅邪陽都	後主時期

牙門將軍

牙門將軍	趙雲[165]	（冀州）常山真定	劉備時期(入荊後)
	魏延[166]	（荊州）義陽	劉備時期(入蜀後)
	王平[167]	（益州）巴西宕渠	劉備時期(入荊後)
	向寵[168]	（荊州）襄陽宜城	劉備時期(入蜀後)
	趙廣[169]	（冀州）常山真定	後主時期
	劉林[170]	（荊州）長沙	後主時期

---

[163] 晉·陳壽，《三國志》，卷44，＜蜀書·蔣琬傳＞載「蔣琬字公琰、零陵湘鄉人也...亮卒，以琬為尚書令，俄而加行都護，假節，領益州刺史，遷大將軍，錄尚書事。」頁1057-1060。洪武雄著，＜《三國職官表》蜀漢部份校補＞認「建興十二年(234)以尚書令加行都護。」頁393。**列入後主時期。**

[164] 晉·陳壽，《三國志》，卷35，＜蜀書·諸葛瞻傳＞載「諸葛亮字孔明，琅邪陽都人也...亮子瞻，嗣爵...景耀四年，為行都護衛將軍，與輔國大將軍南鄉侯董厥並平尚書事。」頁911-932。**列入後主時期。**

[165] 晉·陳壽，《三國志》，卷36，＜蜀書·趙雲傳＞載「趙雲字子龍，常山真定人也...為先主主騎...遷為牙門將軍。先主入蜀，雲留荊州。」頁948-949。洪武雄著，＜《三國職官表》蜀漢部份校補＞認「建安中，十九年(214)遷翊軍將軍。」頁373。**列入劉備時期(入荊後)。**

[166] 晉·陳壽，《三國志》，卷40，＜蜀書·魏延傳＞載「魏延字文長，義陽人也。以部曲隨先主入蜀，數有戰功，遷牙門將軍。」頁1002。**列入劉備時期(入蜀後)。**

[167] 晉·陳壽，《三國志》，卷43，＜蜀書·王平傳＞載「王平字子均，巴西宕渠人也...(建安十六年)從曹公征漢中，因降先主，拜牙門將、裨將軍。」頁1049。洪武雄著，＜《三國職官表》蜀漢部份校補＞認「先主世、建興初，拜牙門將，遷裨將軍。」頁374。**列入劉備時期(入荊後)。**

[168] 晉·陳壽，《三國志》，卷41，＜蜀書·向朗傳＞載「向朗字巨達，襄陽宜城人也...朗兄子寵，先主時為牙門將，秭歸之敗，寵營特完。」頁1010-1011。洪武雄著，＜《三國職官表》蜀漢部份校補＞認向寵在「章武年間，建興初遷中部督。」頁374。**列入劉備時期(入蜀後)。**

[169] 晉·陳壽，《三國志》，卷36，＜蜀書·趙雲傳＞載「趙雲字子龍，常山真定人也...雲子統嗣，官至虎賁中郎，督行領軍。次子廣，牙門將，隨姜維沓中，臨陳戰死。」頁951。洪武雄著，＜《三國職官表》蜀漢部份校補＞認在「景耀年間，戰死。」頁374。**列入後主時期。**

[170] 晉·陳壽，《三國志》，卷40，＜蜀書·劉封傳＞載「劉封者，本羅侯寇氏之子，長沙劉氏之甥也。先主至荊州，以未有繼嗣，養封為子。」另注曰「封子林為牙門將，咸熙元年內移河東。」頁991-994。洪武雄著，＜《三國職官表》蜀漢部份校補＞認在「景耀年間。」頁374。**列入後主時期。**

	王沖[171]	（益州）廣漢	諸葛亮時期
	張嶷[172]	（益州）巴郡南充國	諸葛亮時期
	龔祿[173]	（益州）巴西安漢	劉備時期(入蜀後)
	王士[174]	（益州）廣漢郪人	劉備時期(入蜀後)
	句安[175]	籍貫不詳	後主時期
	李歆(韶)	籍貫不詳	後主時期
偏將軍	趙雲[176]	（冀州）常山真定	劉備時期(入荊前)
	黃權[177]	（益州）巴西閬中	劉備時期(入蜀後)

[171] 晉‧陳壽，《三國志》，卷 41，<蜀書‧費詩傳>載「王沖者，廣漢人也。為牙門將，統屬江州督李嚴。」頁 1017。洪武雄著，<《三國職官表》蜀漢部份校補>認在「建興初，後降魏。」頁 374。**列入諸葛亮時期。**

[172] 晉‧陳壽，《三國志》，卷 43，<蜀書‧張嶷傳>載「張嶷字伯岐，巴郡南充國人也…建興五年，丞相亮北住漢中…嶷以都尉將兵…拜為牙門將，屬馬忠。」頁 1051-1054。**列入諸葛亮時期。**

[173] 晉‧陳壽，《三國志》，卷 45，<蜀書‧楊戲傳>載「(龔)德緒名祿，巴西安漢人也。先主定益州，為郡從事牙門將。建興三年，為越嶲太守。」頁 1088。洪武雄著，<《三國職官表》蜀漢部份校補>認在「先主世，建興初。」頁 375。**列入劉備時期(入蜀後)。**

[174] 晉‧陳壽，《三國志》，卷 45，<蜀書‧楊戲傳>載「(王)義彊名士，廣漢郪人，國山從兄也。從先主入蜀後，舉孝廉，為符節長，遷牙門將，出為宕渠太守，徙在犍為。」頁 1088。洪武雄著，<《三國職官表》蜀漢部份校補>認在「建安末由符節長遷，後遷宕渠太守。」頁 375。**列入劉備時期(入蜀後)。**

[175] 晉‧陳壽，《三國志》，卷 22，<魏書‧陳群傳>載「蜀大將軍姜維率眾依麴山築二城，使牙門將句安、李歆等守之，聚羌胡質任等寇偪諸郡。」頁 638。洪武雄著，<《三國職官表》蜀漢部份校補>認在「延熙十二年(249)。」頁 375。**列入後主時期。**

[176] 晉‧陳壽，《三國志》，卷 36，<蜀書‧趙雲傳>注引<雲別傳>曰「從平江南，以為偏將軍，領桂陽太守，代趙範。」頁 948-949。洪武雄著，<《三國職官表》蜀漢部份校補>認在「建安十九年(214)由牙門將軍或偏將軍遷(翊軍將軍)。」頁 372。**列入劉備時期(入荊前)。**

[177] 晉‧陳壽，《三國志》，卷 43，<蜀書‧黃權傳>載「黃權字公衡，巴西閬中人也…先主假權偏將軍…先主以權為護軍…先主為漢中王，猶領益州牧，以權為治中從事。」頁 1043-1045。洪武雄著，<《三國職官表》蜀漢部份校補>認黃權在「建安十九年(214)，章武元年(221)遷鎮北將軍。」頁 376。**列入劉備時期(入蜀後)。**

	張裔[178]	（益州）蜀郡成都	劉備時期(入蜀後)
	費褘[179]	（荊州）江夏鄳人	諸葛亮時期
	許允[180]	（冀州）涿郡高陽	諸葛亮時期
	爨習[181]	（庲降都督）建寧	諸葛亮時期
	劉敏[182]	（荊州）零陵泉陵	諸葛亮時期
	吳壹[183]	（兗州）陳留	劉備時期(入蜀後)
裨將軍	李嚴[184]	（荊州）南陽	劉備時期(入荊後)
	費觀[185]	（荊州）江夏鄳人	劉備時期(入蜀後)
	霍峻[186]	（荊州）南郡枝江	劉備時期(入蜀後)

---

178 晉·陳壽，《三國志》，卷32，＜蜀書·先主傳＞載建安廿五年有「偏將軍張裔。」頁887。同書卷41，＜蜀書·張裔傳＞載「張裔字君嗣，蜀郡成都人也。」頁1011。洪武雄著，＜《三國職官表》蜀漢部份校補＞認在「建安末由司金中郎將遷。」頁372。**列入劉備時期(入蜀後)**。

179 晉·陳壽，《三國志》，卷40，＜蜀書·李嚴傳＞注引建興九年諸葛亮公文上尚書曰「行中護軍偏將軍臣費褘。」頁1000。同書卷44，＜蜀書·費褘傳＞載「費褘字文偉，江夏鄳人也。」頁1060。**列入諸葛亮時期**。

180 晉·陳壽，《三國志》，卷9，＜魏書·夏侯尚傳＞載「中領軍高陽許允」頁302。同書卷40，＜蜀書·李嚴傳＞注引建興九年諸葛亮公文上尚書曰「行前護軍偏將軍漢成亭侯臣許允。」頁1000。**列入諸葛亮時期**。

181 晉·陳壽，《三國志》，卷40，＜蜀書·李嚴傳＞注引建興九年諸葛亮公文上尚書曰「行參軍偏將軍臣爨習。」頁1000。晉·常璩撰，劉琳注，《華陽國志》，卷4，＜南中志＞載「(諸葛)亮收其俊傑建寧爨習，朱提孟琰及獲為官屬，習官至領軍，琰，輔漢將軍，獲，御史中丞。」頁229。**列入諸葛亮時期**。

182 晉·陳壽，《三國志》，卷40，＜蜀書·李嚴傳＞注引建興九年諸葛亮公文上尚書曰「行右護軍偏將軍臣劉敏。」頁1000。同書卷44，＜蜀書·蔣琬傳＞載「蔣琬字公琰、零陵湘鄉人也。弱冠與外弟泉陵劉敏俱知名。」頁1057-1060。**列入諸葛亮時期**。

183 晉·陳壽，《三國志》，卷45，＜蜀書·楊戲傳＞載「(吳)子遠名壹，陳留人也。」頁1083。晉·常璩撰，劉琳注，《華陽國志》，卷6，＜劉先主志＞載章武元年「偏將軍吳懿為關中都督。」頁358。**列入劉備時期(入蜀後)**。

184 晉·陳壽，《三國志》，卷40，＜蜀書·李嚴傳＞載「李嚴字正方，南陽人也…建安十八年…先主拜嚴裨將軍。」頁998-999。**列入劉備時期(入荊後)**。

185 晉·陳壽，《三國志》，卷45，＜蜀書·楊戲傳＞載「(費)賓伯名觀，江夏鄳人也…先主既定益州，拜為裨將軍。」頁1081-1082。**列入劉備時期(入蜀後)**。

186 晉·陳壽，《三國志》，卷41，＜蜀書·霍峻傳＞載「霍峻字仲邈，南郡枝江人也…先主以峻為中郎將…以峻為梓潼太守、裨將軍。」頁1007。洪武雄著，＜《三國職官表》蜀漢部份校補＞認在「建安廿二年(217)由中郎將遷，廿五年(220)卒。」頁378。**列入劉備時期(入蜀後)**。

273

附錄

	王平[187]	（益州）巴西宕渠	劉備時期(入蜀後)
	杜義[188]	籍貫不詳	諸葛亮時期
	黃忠[189]	（荊州）南陽	劉備時期(入蜀後)
將軍 (稱將軍無名號)	吳蘭[190]	籍貫不詳	劉備時期(入蜀後)
	雷銅	籍貫不詳	劉備時期(入蜀後)
	吳班[191]	（兗州）陳留	劉備時期(入蜀後)
	馮習[192]	（荊州）南郡人	劉備時期(入蜀後)
	陳式(戎)[193]	籍貫不詳	劉備時期(入蜀後)
	張南	籍貫不詳	劉備時期(入蜀後)

---

[187] 晉·陳壽,《三國志》,卷43,＜蜀書·王平傳＞載「王平字子均,巴西宕渠人也...(建安十六年)從曹公征漢中,因降先主,拜牙門將、裨將軍。」頁1049。洪武雄著,＜《三國職官表》蜀漢部份校補＞認在「建安末拜牙門將,先主世或建興初遷裨將軍,建興六年(228)遷討寇將軍。」頁378。**列入劉備時期(入蜀後)。**

[188] 晉·陳壽,《三國志》,卷40,＜蜀書·李嚴傳＞注引諸葛亮公文上尚書曰「行參軍裨將軍臣杜義。」頁1000。**列入諸葛亮時期。**

[189] 晉·陳壽,《三國志》,卷36,＜蜀書·黃忠傳＞載「黃忠字漢升,南陽人也...益州既定,拜為討虜將軍...遷征西將軍。是歲,先主為漢中王,欲用忠為後將軍。」頁948。另司馬光《資治通鑑》,卷67,建安十九年載「裨將軍南陽黃忠為討虜將軍。」頁2128。**列入劉備時期(入蜀後)。**

[190] 晉·陳壽,《三國志》,卷32,＜蜀書·先主傳＞載「二十三年,先主率諸將進兵漢中。分遣將軍吳蘭、雷銅等入武都,皆為曹公軍所沒。」頁884。**列入劉備時期(入蜀後)。**

[191] 晉·陳壽,《三國志》,卷45,＜蜀書·楊戲傳＞載「(吳)子遠名壹,陳留人也...壹族弟班,字元雄...先主時,為領軍。」頁1083-1084。洪武雄著,＜《三國職官表》蜀漢部份校補＞認吳班在「章武元年(221)、二年(222)伐吳時為將軍、領軍。」頁309。**列入劉備時期(入蜀後)。**

[192] 晉·陳壽,《三國志》,卷45,＜蜀書·楊戲傳＞載「(馮) 休元名習,南郡人。隨先主入蜀。先主東征吳,習為領軍,統諸軍,大敗於猇亭。」頁1088。洪武雄著,＜《三國職官表》蜀漢部份校補＞認馮習在「章武元年(221)、二年(222)伐吳時為將軍、領軍。」頁309-310。**列入劉備時期(入蜀後)。**

[193] 晉·陳壽,《三國志》,卷32,＜蜀書·先主傳＞載「二年春正月,先主軍還秭歸,將軍吳班、陳式水軍屯夷陵,夾江東西岸。」頁890。據洪武雄著,＜《三國職官表》蜀漢部份校補＞認陳式在「章武元年(221)至二年(222),四人(吳班、馮習、陳式、張南)俱為將軍,隨先主征吳。」頁379。同書尚稱「『陳戎』當作『陳式』」。頁316。**列入劉備時期(入蜀後)。**

陳曶[194]	籍貫不詳	劉備時期(入蜀後)
句安[195]	籍貫不詳	後主時期
李歆(韶)	籍貫不詳	後主時期
(傅)士仁[196]	（幽州）廣陽	劉備時期(入蜀後)
鄭綽[197]	籍貫不詳	劉備時期(入蜀後)
張休[198]	（益州）漢嘉	諸葛亮時期
李盛	籍貫不詳	諸葛亮時期
黃襲	籍貫不詳	諸葛亮時期
張尉[199]	籍貫不詳	後主時期
士仁	（益州）廣陽	參前(傅)士仁
馮習[200]	（荊州）南郡人	劉備時期(入蜀後)

[194] 晉·陳壽,《三國志》,卷 32,＜蜀書·先主傳＞載章武三年(223)「遣將軍陳曶討(黃)元。」頁 891。**列入劉備時期(入蜀後)。**

[195] 晉·陳壽,《三國志》,卷 22,＜魏書·陳群傳＞載「蜀大將軍姜維率眾依麴山築二城,使牙門將句安、李歆等守之,聚羌胡質任等寇偪諸郡。」頁 638。洪武雄著,＜《三國職官表》蜀漢部份校補＞認在「延熙十二年(249)。」頁 375。**列入後主時期。**

[196] 晉·陳壽,《三國志》,卷 45,＜蜀書·楊戲傳＞載「士仁字君義,廣陽人也,為將軍,住公安,統屬關羽;與羽有隙,叛迎孫權。」頁 1090。洪武雄著,＜《三國職官表》蜀漢部份校補＞認在「建安廿四年(219)為將軍,降吳。」頁 380。**列入劉備時期(入蜀後)。**

[197] 晉·陳壽,《三國志》,卷 41,＜蜀書·楊洪傳＞載章武三年(223)時,「使將軍陳曶、鄭綽討元。」頁 1013。**列入劉備時期(入蜀後)。**

[198] 晉·陳壽,《三國志》,卷 43,＜蜀書·王平傳＞載「丞相亮既誅馬謖及將軍張休、李盛,奪將軍黃襲等兵。」頁 1050。洪武雄著,＜《三國職官表》蜀漢部份校補＞認時為「建興六年(228)。」頁 380-381。**列入諸葛亮時期。**另晉·常璩撰,劉琳注,《華陽國志》,卷 12,＜益梁寧二州先漢以來士女目錄＞載「雲南太守張休,右二人,漢嘉人士。【在劉氏世。】」頁 689。

[199] 晉·陳壽,《三國志》,卷 43,＜蜀書·張嶷傳＞載「(建興)十四年,武都氐王苻健請降,遣將軍張尉往迎,過期不到,大將軍蔣琬深以為念。」頁 1051。**列入後主時期。**

[200] 晉·陳壽,《三國志》,卷 58,＜吳書·陸遜傳＞載章武元年(221)「(劉)備從巫峽、建平連圍至夷陵界,立數十屯,以金錦爵賞誘動諸夷,使將軍馮習為大督,張南為前部,輔匡、趙融、廖淳、傅彤等各為別督,先遣吳班將數千人於平地立營,欲以挑戰。」頁 1346。**列入劉備時期(入蜀後)。**

(為前部)	張南	籍貫不詳	劉備時期(入蜀後)
	輔匡[201]	（荊州）襄陽	劉備時期(入蜀後)
	趙融	籍貫不詳	劉備時期(入蜀後)
	廖淳(廖化)	（荊州）襄陽	劉備時期(入蜀後)
	傅肜[202]	（荊州）義陽	劉備時期(入蜀後)
	馬謖[203]	（荊州）襄陽宜城	諸葛亮時期
	廖立[204]	（荊州）武陵臨沅	諸葛亮時期
將	詹晏[205]	籍貫不詳	劉備時期(入蜀後)
	陳鳳	籍貫不詳	劉備時期(入蜀後)
	姚靜[206]	籍貫不詳	諸葛亮時期
	鄭他	籍貫不詳	諸葛亮時期
	王林[207]	籍貫不詳	後主時期
	杜路[208]	籍貫不詳	劉備時期(入蜀後)

[201] 晉·陳壽，《三國志》，卷45，＜蜀書·楊戲傳＞載「輔元弼名匡，襄陽人也。隨先主入蜀。益州既定，為巴郡太守。」頁1084。據洪武雄著，＜《三國職官表》蜀漢部份校補＞認「其任巴守亦當在建安十九(214)、廿年(215)間，不知其與張裔孰先孰後。」頁447。因在入蜀前已跟隨先主，**列入劉備時期(入荊後)**。

[202] 晉·常璩撰，劉琳注，《華陽國志》，卷6，＜劉先主志＞載章武二年(222)有「將軍義陽傅肜為後殿。」頁359。**列入劉備時期(入蜀後)**。

[203] 晉·陳壽，《三國志》，卷26，＜魏書·郭淮傳＞載「太和二年(即建興六年)，蜀相諸葛亮出祁山，遣將軍馬謖至街亭。」頁982-983。**列入諸葛亮時期**。

[204] 晉·陳壽，《三國志》，卷40，＜蜀書·廖立傳＞載「廖立字公淵，武陵臨沅人…後主襲位，徙長水校尉。」另注引＜亮集＞有亮表曰：「陛下即位之後，普增職號，立隨比為將軍。」頁997-998。時諸葛亮還在，**列入諸葛亮時期**。

[205] 晉·陳壽，《三國志》，卷58，＜吳書·陸遜傳＞載「遜遣將軍李異、謝旌等將三千人，攻蜀將詹晏、陳鳳。」頁1345。洪武雄著，＜《三國職官表》蜀漢部份校補＞認在「建安廿五年(220)。」頁382。**列入劉備時期(入蜀後)**。

[206] 唐·房玄齡等撰，《晉書》，卷1，＜宣帝紀＞載「蜀將姚靜、鄭他等帥其屬七千餘人來降。」頁6。洪武雄著，＜《三國職官表》蜀漢部份校補＞認在「建興五年(227)、六年(228)。」頁382。**列入諸葛亮時期**。

[207] 唐·房玄齡等撰，《晉書》，卷2，＜文帝紀＞載「大將軍曹爽之伐蜀也…蜀將王林夜襲帝營。」頁32。曹爽伐蜀在後主延熙七年。**列入後主時期**。

[208] 晉·陳壽，《三國志》，卷58，＜吳書·陸遜傳＞載「備將杜路、劉寧等窮逼請降。備升馬鞍山，陳兵自繞。」頁1347。洪武雄著，＜《三國職官表》蜀漢部份校補＞認在「章武元年(221)至二年(222)。」頁383。**列入劉備時期(入蜀後)**。

	劉寧	籍貫不詳	劉備時期(入蜀後)
	文布[209]	（荆州）秭歸	劉備時期(入蜀後)
	鄧凱	（荆州）秭歸	劉備時期(入蜀後)
	任夔[210]	籍貫不詳	劉備時期(入蜀後)
	馬邈[211]	籍貫不詳	後主時期
	張著[212]	籍貫不詳	劉備時期(入蜀後)

中郎將

掌軍中郎將	董和[213]	（荆州）南郡枝江	劉備時期(入蜀後)
司金中郎將	張裔[214]	（益州）蜀郡成都	劉備時期(入蜀後)
奉車中郎將	劉循[215]	（荆州）江夏竟陵	劉備時期(入蜀後)

---

209 晉·陳壽，《三國志》，卷58，〈吳書·陸遜傳〉載「秭歸大姓文布、鄧凱等合夷兵數千人，首尾西方。遜復部旌討破布、凱。布、凱脫走，蜀以為將。」頁1345。《晉書》，卷15，〈地理下〉載「荆州建平郡秭歸故楚子國。」頁453-456。洪武雄著，＜《三國職官表》蜀漢部份校補＞認在「建安廿五年(220)。」頁383。**列入劉備時期(入蜀後)。**

210 晉·陳壽，《三國志》，卷1，＜魏書·武帝紀＞載「曹洪破吳蘭，斬其將任夔等。」頁51。洪武雄著，＜《三國職官表》蜀漢部份校補＞認在「建安廿三年(218)。」頁383。**列入劉備時期(入蜀後)。**

211 晉·陳壽，《三國志》，卷28，＜魏書·鄧艾傳＞載「蜀守將馬邈降。」頁779。洪武雄著，＜《三國職官表》蜀漢部份校補＞認在「景耀六年(263)。」頁383。列入後主時期。

212 晉·陳壽，《三國志》，卷36，＜蜀書·趙雲傳＞注引＜雲別傳＞曰「(劉備)公軍敗，已復合，雲陷敵，還趣圍。將張著被創，雲復馳馬還營迎著。」頁949。洪武雄著，＜《三國職官表》蜀漢部份校補＞認在「建安廿四年(219)。」頁383。**列入劉備時期(入蜀後)。**

213 晉·陳壽，《三國志》，卷39，＜蜀書·董和傳＞載「董和字幼宰，南郡枝江人也...先主定蜀，徵和為掌軍中郎將，與軍師將軍諸葛亮並署左將軍大司馬府事。」頁979-980。洪武雄著，＜《三國職官表》蜀漢部份校補＞認在「建安十九年(214)以掌軍中郎將參署左將軍、大司馬府事，廿五年(220)、六年(221)。」頁384。**列入劉備時期(入蜀後)。**

214 晉·陳壽，《三國志》，卷41，＜蜀書·張裔傳＞載「張裔字君嗣，蜀郡成都人也...為璋奉使詣先主，先主許以禮其君而安其人也，裔還，城門乃開。先主以裔為巴郡太守，還為司金中郎將...以裔為益州太守。」頁1011-1013。**列入劉備時期(入蜀後)。**

215 晉·陳壽，《三國志》，卷31，＜蜀書·劉璋傳＞載「璋長子循...先主以為奉車中郎將。」頁870。劉璋為劉焉子，江夏竟陵人。洪武雄著，＜《三國職官表》蜀漢部份校補＞認在「建安十九年(214)。」頁384。**列入劉備時期(入蜀後)。**

軍議中郎將	射援[216]	（雍州）扶風	劉備時期(入蜀後)
軍師中郎將	諸葛亮[217]	（徐州）琅邪陽都	劉備時期(入荊後)
	龐統[218]	（荊州）襄陽	劉備時期(入荊後)
翰林中郎將 (為羽林之誤)	諸葛瞻[219]	（徐州）琅邪陽都	後主時期
副軍中郎將	劉封[220]	（荊州）長沙	劉備時期(入荊後)
篤信中郎將	丁威(丁咸)[221]	籍貫不詳	諸葛亮時期
武略中郎將	杜祺[222]	（荊州）南陽	諸葛亮時期
	樊岐[223]	籍貫不詳	諸葛亮時期

---

[216] 晉·陳壽，《三國志》，卷 32，＜蜀書·先主傳＞載建安廿四年(219)「議曹從事中郎軍議中郎將臣射援。」頁 884。洪武雄著，＜《三國職官表》蜀漢部份校補＞認在「建安末為左將軍議曹從事中郎將、軍議中郎將，建興初轉丞相亮祭酒。」頁 385。**列入劉備時期(入蜀後)。**

[217] 晉·陳壽，《三國志》，卷 35，＜蜀書·諸葛亮傳＞載「諸葛亮字孔明，琅邪陽都人也…(建安十三年)先主遂收江南，以亮為軍師中郎將。」頁 911-915。**列入劉備時期。**

[218] 晉·陳壽，《三國志》，卷 37，＜蜀書·龐統傳＞載「龐統字士元，襄陽人也…先主領荊州，統以從事守耒陽令…以為治中從事。親待亞於諸葛亮，遂與亮並為軍師中郎將。」頁 953-956。洪武雄著，＜《三國職官表》蜀漢部份校補＞認在「建安十五年(210)由荊州治中從事遷(軍師中郎將)，十八年(213)卒。」頁 385。**列入劉備時期(入蜀後)。**

[219] 晉·陳壽，《三國志》，卷 35，＜蜀書·諸葛瞻傳＞載「諸葛亮字孔明，琅邪陽都人也…亮子瞻，嗣爵…年十七，尚公主，拜騎都尉。其明年為羽林中郎將。」頁 911-932。洪武雄著，＜《三國職官表》蜀漢部份校補＞認在「延熙七年(244)。」頁 386。**列入後主時期。**

[220] 晉·陳壽，《三國志》，卷 40，＜蜀書·劉封傳＞載「劉封者，本羅侯寇氏之子，長沙劉氏之甥也。先主至荊州，以未有繼嗣，養封為子…益州既定，以封為副軍中郎將…遷封為副軍將軍。」頁 991-994。劉備入荊後已為養子，**列入劉備時期(入荊後)。**

[221] 晉·陳壽，《三國志》，卷 40，＜蜀書·李嚴傳＞注引諸葛亮公文上尚書曰「行左護軍篤信中郎將臣丁咸。」頁 1000。據洪武雄著，＜《三國職官表》蜀漢部份校補＞指「丁威」誤，當作「丁咸」，頁 314-315。**列入諸葛亮時期。**

[222] 晉·陳壽，《三國志》，卷 40，＜蜀書·李嚴傳＞注引諸葛亮公文上尚書曰「行參軍武略中郎將臣杜祺。」頁 1000。**列入諸葛亮時期。**

[223] 晉·陳壽，《三國志》，卷 40，＜蜀書·李嚴傳＞注引諸葛亮公文上尚書曰「領從事中郎武略中郎將臣樊岐等議。」頁 1000。**列入諸葛亮時期。**

昭武中郎將	胡濟[224]	（荊州）義陽	諸葛亮時期
綏南中郎將	張翼[225]	（益州）犍為武陽	諸葛亮時期
忠節中郎將	姓名不詳[226]	籍貫不詳	劉備時期(入蜀後)
武猛中郎將	姓名不詳[227]	籍貫不詳	時段不詳
中郎將	霍峻[228]	（荊州）南郡枝江	劉備時期(入荊後)
	鄧芝[229]	（荊州）義陽新野	諸葛亮時期

校尉

鹽府校尉	王連[230]	（荊州）南陽	劉備時期(入蜀後)
	岑述[231]	籍貫不詳	諸葛亮時期

[224] 晉·陳壽，《三國志》，卷 40，＜蜀書·李嚴傳＞注引諸葛亮公文上尚書曰「行中參軍昭武中郎將臣胡濟。」頁 1000。**列入諸葛亮時期。**

[225] 晉·陳壽，《三國志》，卷 45，＜蜀書·張翼傳＞載「張翼字伯恭，犍為武陽人也...建興九年，為庲降都督、綏南中郎將...亮出武功，以翼為前軍都督，領扶風太守。」頁 1073-1075。**列入諸葛亮時期。**

[226] 洪武雄著，＜《三國職官表》蜀漢部份校補＞補「建安廿六年(221)＜黃龍甘露碑＞：『益州部梓潼從事忠節中郎將臣(闕二字)』」。頁 388。**列入劉備時期(入蜀後)。**

[227] 洪武雄著，＜《三國職官表》蜀漢部份校補＞引羅福頤主編《秦漢南北朝官印徵存》，載有蜀漢「武猛中郎將」印二枚。頁 388。**時段不詳。**

[228] 晉·陳壽，《三國志》，卷 41，＜蜀書·霍峻傳＞載「霍峻字仲邈，南郡枝江人也...先主以峻為中郎將...以峻為梓潼太守、裨將軍。」頁 1007。洪武雄著，＜《三國職官表》蜀漢部份校補＞認在「建安十三年(208)為中郎將，廿二年(217)遷裨將軍。」頁 387-388。**列入劉備時期(入荊後)。**

[229] 晉·陳壽，《三國志》，卷 47，＜吳書·吳主傳＞載「蜀使中郎將鄧芝來聘。」頁 1130。洪武雄著，＜《三國職官表》蜀漢部份校補＞認在「建興元年(223)由尚書轉。」頁 388。列入諸葛亮時期。

[230] 晉·陳壽，《三國志》，卷 41，＜蜀書·王連傳＞載「王連字文儀，南陽人也...及成都既平，以連為什邡令，轉在廣都，所居有績。遷司鹽校尉。」頁 1009-1010。洪武雄著，＜《三國職官表》蜀漢部份校補＞認在「建安末由廣都令遷，建興元年(223)拜屯騎校尉、領丞相長史。」頁 388。**列入劉備時期(入蜀後)。**

[231] 晉·陳壽，《三國志》，卷 41，＜蜀書·楊洪傳＞「(建興) 五年，丞相亮北住漢中，欲用張裔為留府長史...後裔與司鹽校尉岑述不和。」頁 1014。洪武雄著，＜《三國職官表》蜀漢部份校補＞認在「建興五年(227)至八年(230)張裔為丞相留府長史，述任司鹽校尉當在此期間，九年(231)已轉(漢中)督運。」頁 389。**列入諸葛亮時期。**

儒林校尉	周群[232]	（益州）巴西閬中	劉備時期(入蜀後)
典學校尉	來敏[233]	（荊州）義陽新野	劉備時期(入蜀後)
昭信校尉	費禕[234]	（荊州）江夏鄳人	諸葛亮時期
宣信校尉	羅憲(羅獻)[235]	（荊州）襄陽	後主時期
將兵都尉	趙正[236]	籍貫不詳	後主時期
綏戎都尉	盛勃[237]	籍貫不詳	諸葛亮時期

大司馬	蔣琬[238]	（荊州）零陵湘鄉	後主時期
太尉	上官勝[239]	（雍州）隴西上邽	時段不詳

---

[232] 晉·陳壽，《三國志》，卷42，<蜀書·周群傳>載「周羣字仲直，巴西閬中人也…州牧劉璋，辟以為師友從事。先主定蜀，署儒林校尉。」頁1020。洪武雄著，<《三國職官表》蜀漢部份校補>認在「建安十九年(214)。」頁390。**列入劉備時期(入蜀後)。**

[233] 晉·陳壽，《三國志》，卷42，<蜀書·來敏傳>載「來敏字敬達，義陽新野人，來歙之後也…常為璋賓客…先主定益州，署敏典學校尉。」頁1025。洪武雄著，<《三國職官表》蜀漢部份校補>認在「建安十九年(214)，建安廿四年(219)或章武元年(221)遷太子家令。」頁390。**列入劉備時期(入蜀後)。**

[234] 晉·陳壽，《三國志》，卷44，<蜀書·費禕傳>載「費禕字文偉，江夏鄳人也…亮以初從南歸，以禕為昭信校尉使吳…還，遷為侍中。」頁1060-1061。洪武雄著，<《三國職官表》蜀漢部份校補>認在「建興四年(226)由黃門侍郎遷，使吳還，遷侍中。」頁391。**列入諸葛亮時期。**

[235] 晉·陳壽，《三國志》，卷41，<蜀書·霍峻傳>載「巴東領軍襄陽羅憲。」另注引<襄陽記>曰「羅憲字令則…後主立太子，為太子舍人，遷庶子、尚書吏部郎，以宣信校尉再使於吳。」頁1008。洪武雄著，<《三國職官表》蜀漢部份校補>認在「延熙末、景耀初由尚書吏部郎遷宣信校尉。」頁391。**列入後主時期。**另晉·常璩撰，劉琳注，《華陽國志》，卷1，<巴志>載「內領軍襄陽羅獻。」頁11。劉琳注認羅獻即羅憲。

[236] 晉·陳壽，《三國志》，卷40，<蜀書·楊儀傳>「(楊儀)自以為功勳至大，宜當代亮秉政，呼都尉趙正以周易筮之。」頁1005。洪武雄著，<《三國職官表》蜀漢部份校補>認在「建興十二年(234)。」頁392。時諸葛亮已死，**列入後主時期。**

[237] 晉·陳壽，《三國志》，卷40，<蜀書·李嚴傳>注引諸葛亮公文上尚書曰「行參軍綏戎都尉盛勃。」頁1000。**列入諸葛亮時期。**

[238] 晉·陳壽，《三國志》，卷44，<蜀書·蔣琬傳>載「蔣琬字公琰、零陵湘鄉人也…亮卒，以琬為尚書令，俄而加行都護，假節，領益州刺史，遷大將軍，錄尚書事…又命琬開府，明年就加為大司馬。」頁1057-1060。

[239] 宋·歐陽修、宋祁撰，《新唐書》，卷73下，<宰相世系三下>載「漢徙大姓以實關中，上官氏徙隴西上邽。漢有右將軍安陽侯桀，生安，車騎將軍、桑樂侯，以反伏誅。遺腹子期，裔孫勝，蜀太尉。」頁2943。**時段不詳。**

衛尉	劉琰[240]	（豫州）魯國	諸葛亮時期
	陳震[241]	（荊州）南陽	諸葛亮時期
光祿勳	黃權[242]	（益州）巴西閬中	劉備時期(入蜀後)
	黃柱(王柱)[243]	（荊州）南陽	劉備時期(入蜀後)
	李嚴[244]	（荊州）南陽	諸葛亮時期
	向朗[245]	（荊州）襄陽宜城	諸葛亮時期
	裴儁[246]	（司隸）河東聞喜	後主時期
五官中郎將	(伍)五梁[247]	（益州）犍為南安	諸葛亮時期
中郎	郭演(郭攸之)[248]	（荊州）南陽	諸葛亮時期
	董恢[249]	（荊州）襄陽	諸葛亮時期

[240] 晉·陳壽，《三國志》，卷40，＜蜀書·劉琰傳＞載「劉琰字威碩，魯國人也…後主立，封都鄉侯，班位每亞李嚴，為衛尉中軍師後將軍，遷車騎將軍。」頁1001。**列入諸葛亮時期。**

[241] 晉·陳壽，《三國志》，卷39，＜蜀書·陳震傳＞載「陳震字孝起，南陽人也…建興三年，入拜尚書，遷尚書令，奉命使吳。七年，孫權稱尊號，以震為衛尉。」頁984-985。**列入諸葛亮時期。**

[242] 洪武雄著，＜《三國職官表》蜀漢部份校補＞認黃權在「建安廿四年(219)王廿六年(221)為光祿勳，先主稱帝後失其行事。」頁259-260。**列入劉備時期(入蜀後)。**

[243] 晉·陳壽，《三國志》，卷45，＜蜀書·楊戲傳＞載「南陽黃柱為光祿勳」頁1082。《三國職官表》記為王柱，並列《華陽國志》為資料來源，可是翻查劉琳注，《華陽國志》卷6，＜劉先主志＞載「光祿勳黃（權）〔柱〕。」頁357-358。洪武雄著，＜《三國職官表》蜀漢部份校補＞認王柱即黃柱、即黃權，頁260。可是黃權籍貫為益州巴西，黃柱為荊州南陽，似乎並非同一人，既為光祿勳**列入劉備時期(入蜀後)。**

[244] 晉·陳壽，《三國志》，卷40，＜蜀書·李嚴傳＞載「李嚴字正方，南陽人也…建興元年，封都鄉侯，假節，加光祿勳。」頁998-999。**列入諸葛亮時期。**

[245] 洪武雄著，＜《三國職官表》蜀漢部份校補＞認向朗在「建興中為光祿勳，十二年(234)徙左將軍。」頁260。**列入諸葛亮時期。**

[246] 洪武雄著，＜《三國職官表》蜀漢部份校補＞認裴儁在「延熙中。」頁260-261。**列入後主時期。**

[247] 洪武雄著，＜《三國職官表》蜀漢部份校補＞認五梁「當在建興、延熙年間，由諫議大夫遷。」頁261。因在建興二年為諸葛亮功曹，**列入諸葛亮時期。**

[248] 洪武雄著，＜《三國職官表》蜀漢部份校補＞認郭演在「建興初歷侍郎、中郎，三年(225)遷侍中。」頁262。**列入諸葛亮時期。**

[249] 洪武雄著，＜《三國職官表》蜀漢部份校補＞認董恢在「建興中由宣信中郎轉丞相府屬。」頁262。**列入諸葛亮時期。**

附錄

281

郎中	董恢[250]	（荊州）襄陽	後主時期
	常勗[251]	（益州）蜀郡江原	後主時期
	何隨[252]	（益州）蜀郡郫人	後主時期
	王化[253]	（益州）廣漢郪人	後主時期
	李旦[254]	（益州）廣漢郪人	時段不詳
左中郎將	傅僉[255]	（荊州）義陽	劉備時期(入蜀後)
	秦宓[256]	（益州）廣漢縣竹	諸葛亮時期
	杜瓊[257]	（益州）蜀郡成都	諸葛亮時期
右中郎將	宗預[258]	（荊州）南陽安眾	諸葛亮時期
	李譔[259]	（益州）梓潼涪人	後主時期
南中郎將	楊戲[260]	（益州）犍為武陽	後主時期

250 洪武雄著，＜《三國職官表》蜀漢部份校補＞認董恢在「建興十三年(235)至延熙六年(243)費禕為尚書令，董恢任郎中在此期間。」頁262。**列入後主時期**。

251 洪武雄著，＜《三國職官表》蜀漢部份校補＞認常勗「以其資歷觀之，當在延熙年間由督軍從事徙，後遷主事。」頁262。**列入後主時期**。

252 洪武雄著，＜《三國職官表》蜀漢部份校補＞認何隨「以其資歷觀之，當在延熙末、景耀初由從事徙，後遷主事。」頁262。**列入後主時期**。

253 洪武雄著，＜《三國職官表》蜀漢部份校補＞認王化「經歷與何隨略同，當在延熙末、景耀初由從事徙，後遷主事。」頁262-263。**列入後主時期**。

254 洪武雄著，＜《三國職官表》蜀漢部份校補＞認李旦「任光祿郎中、主事當在蜀漢世。」頁263。**時段不詳**。

255 洪武雄著，＜《三國職官表》蜀漢部份校補＞認傅僉「其任在先主章武二(222)、三年(223)間。」頁262-263。**列入劉備時期(入蜀後)**。

256 晉·陳壽，《三國志》，卷38，＜蜀書·秦宓傳＞載「秦宓字子勑，廣漢縣竹人也…建興二年，丞相亮領益州牧，選宓迎為別駕，尋拜左中郎將、長水校尉…遷大司農，四年卒。」頁971-976。**列入諸葛亮時期**。

257 洪武雄著，＜《三國職官表》蜀漢部份校補＞認杜瓊「建興十二年(234)之前由諫議大夫遷，建興末或延熙初遷大鴻臚。」頁264。**列入諸葛亮時期**。

258 晉·陳壽，《三國志》，卷45，＜蜀書·宗預傳＞載「建興初，丞相亮以為主簿，遷參軍右中郎將…遷為侍中，徙尚書。」頁1075。**列入諸葛亮時期**。

259 晉·陳壽，《三國志》，卷42，＜蜀書·李譔傳＞載「李譔字欽仲，梓潼涪人也…始為州書佐、尚書令史。延熙元年，後主立太子，以譔為庶子，遷為僕。轉中散大夫、右中郎將，猶侍太子。」頁1026-1027。**列入後主時期**。

260 洪武雄著，＜《三國職官表》蜀漢部份校補＞認楊戲在「延熙十二年(249)遷，後拜護軍。」頁265。**列入後主時期**。

北中郎將			
虎賁中郎將	來敏[261]	（荊州）義陽新野	諸葛亮時期
	董允[262]	（荊州）南郡枝江	諸葛亮時期
	關統[263]	（司隸）河東解人	後主時期
	麋威[264]	（徐州）東海朐人	後主時期
虎賁中郎	趙統[265]	（冀州）常山真定	後主時期
羽林左右部督	李球[266]（右部）	（庲降都督）建寧俞元	後主時期
羽林中郎將	諸葛瞻[267]	（徐州）琅邪陽都	後主時期
羽林監			
虎步監	孟琰[268]	（庲降都督）朱提	諸葛亮時期
虎騎監	麋照[269]	（徐州）東海朐人	後主時期
奉車都尉	法邈[270]	（雍州）扶風郿人	後主時期

---

261 晉·陳壽，《三國志》，卷 42，＜蜀書·來敏傳＞載「後主踐阼，為虎賁中郎將。」
頁 1025。時為建興元年，**列入諸葛亮時期**。

262 洪武雄著，＜《三國職官表》蜀漢部份校補＞認董允在「建興五年(227)由黃門
侍郎遷侍中領虎賁中郎將。」頁 266。**列入諸葛亮時期**。

263 洪武雄著，＜《三國職官表》蜀漢部份校補＞認關統「當在延熙六年(243)董允
不加此官之後。」頁 266。**列入後主時期**。

264 洪武雄著，＜《三國職官表》蜀漢部份校補＞認「關統與麋威不知合者先任此
官。」頁 266。不管何者先，都在延熙六年以後，**列入後主時期**。

265 洪武雄著，＜《三國職官表》蜀漢部份校補＞認趙統在「後主世。」頁 266-267。
列入後主時期。

266 晉·陳壽，《三國志》，卷 43，＜蜀書·李恢傳＞載「李恢字德昂，建寧俞元人也…
恢弟子球，羽林右部督。」頁 1045-1046。洪武雄著，＜《三國職官表》蜀漢部
份校補＞認李球在「景耀六年(263)。」頁 267。**列入後主時期**。

267 洪武雄著，＜《三國職官表》蜀漢部份校補＞認諸葛瞻在「建興十二年(234)瞻
八歲，年十七拜騎都尉，則遷羽林中郎將當在延熙六(243)、七年(244)間，後遷射
聲校尉。」頁 267。**列入後主時期**。

268 洪武雄著，＜《三國職官表》蜀漢部份校補＞認孟琰在「建興中。」頁 268-269。
列入諸葛亮時期。

269 洪武雄著，＜《三國職官表》蜀漢部份校補＞認麋照在「後主世。」頁 269。**列
入後主時期**。

270 洪武雄著，＜《三國職官表》蜀漢部份校補＞認法邈「當在後主世，後遷漢陽太
守。」頁 269。**列入後主時期**。

	黃皓[271]	籍貫不詳	後主時期
	衛繼[272]	（益州）漢嘉嚴道	後主時期
駙馬都尉	諸葛喬[273]	（徐州）琅邪陽都	諸葛亮時期
	鄧良[274]	（荊州）義陽新野	後主時期
騎都尉	馬秉[275]	（荊州）襄陽宜城	劉備時期(入蜀後)
	諸葛瞻[276]	（徐州）琅邪陽都	後主時期
	柳隱[277]	（益州）蜀郡成都	後主時期
執金吾	尹賞[278]	籍貫不詳	後主時期
司隸校尉	張飛	（幽州）涿郡涿縣	劉備時期(入蜀後)
	諸葛亮	（徐州）琅邪陽都	劉備時期(入蜀後)

271 洪武雄著，＜《三國職官表》蜀漢部份校補＞認黃皓在「景耀末由中常侍遷，王蜀亡。」頁269-270。**列入後主時期**。

272 洪武雄著，＜《三國職官表》蜀漢部份校補＞認衛繼在「延熙末、景耀年間為奉車都尉，後遷大尚書。」頁270。**列入後主時期**。

273 晉・陳壽，《三國志》，卷35，＜蜀書・諸葛喬傳＞載「諸葛亮字孔明，琅邪陽都人也…喬字伯松，亮兄瑾之第二子也，本字仲慎…拜為駙馬都尉，隨亮至漢中。年二十五，建興（元）〔六〕年卒。」頁911-931。當在建興年間，列入諸葛亮時期。

274 洪武雄著，＜《三國職官表》蜀漢部份校補＞認鄧良在「景耀中為尚書左選郎，後遷駙馬都尉，至蜀亡。」頁270。**列入後主時期**。

275 晉・陳壽，《三國志》，卷39，＜蜀書・馬良傳＞載「馬良字季常，襄陽宜城人也…先主拜良子秉為騎都尉。」頁982-983。洪武雄著，＜《三國職官表》蜀漢部份校補＞認在「章武二年(222)。」頁271。**列入劉備時期(入蜀後)**。

276 洪武雄著，＜《三國職官表》蜀漢部份校補＞認諸葛瞻在「延熙六年(243)拜，旋遷羽林中郎將。」頁271。**列入後主時期**。

277 洪武雄著，＜《三國職官表》蜀漢部份校補＞認柳隱在「延熙末、景耀年間由巴郡太守遷，後遷漢中黃金圍督。」頁271。**列入後主時期**。

278 洪武雄著，＜《三國職官表》蜀漢部份校補＞認尹賞在「延熙末或景耀初。」頁282。**列入後主時期時期**。

附錄十二：蜀漢中央武官級別分類查考表　　資料來源：《三國職官表》等資料

(一)大將軍

大將軍	蔣琬[1]	（荊州）零陵湘鄉	後主時期
	費禕[2]	（荊州）江夏鄳人	後主時期
	姜維[3]	（雍州）天水冀人	後主時期
右大將軍	閻宇[4]	（荊州）南郡	後主時期

(二)驃騎、車騎、衛將軍

驃騎將軍	馬超[5]	（雍州）扶風茂陵	劉備時期(入蜀後)
	李嚴[6]	（荊州）南陽	諸葛亮時期

---

[1] 晉·陳壽，《三國志》，卷 44，＜蜀書·蔣琬傳＞載「蔣琬字公琰、零陵湘鄉人也…亮卒，以琬為尚書令，俄而加行都護，假節，領益州刺史，遷大將軍，錄尚書事…又命琬開府，明年就加為大司馬。」頁 1057-1060。洪武雄著，＜《三國職官表》蜀漢部份校補＞認在「建興十三年(235)由尚書令遷，延熙二年(239)遷大司馬。」頁 247。**列入後主時期。**

[2] 晉·陳壽，《三國志》，卷 44，＜蜀書·費禕傳＞載「費禕字文偉，江夏鄳人也…亮卒，禕為後軍師。頃之，代蔣琬為尚書令。琬自漢中還涪，禕遷大將軍，錄尚書事…禕復領益州刺史。」頁 1060-1061。洪武雄著，＜《三國職官表》蜀漢部份校補＞認在「延熙六年(243)由尚書令遷，十六年(253)歲首被害。」頁 247。**列入後主時期。**

[3] 晉·陳壽，《三國志》，卷 44，＜蜀書·姜維傳＞載「姜維字伯約，天水冀人也…延熙…十九年春，就遷維為大將軍…求自貶削。為後將軍，行大將軍事…景耀元年…復拜大將軍。」頁 1062-1065。洪武雄著，＜《三國職官表》蜀漢部份校補＞認在「延熙十九年(256)由衛將軍遷，同年貶為後將軍行大將軍事。景耀元年(258)復為大將軍，六年(263)敗亡。」頁 248。**列入後主時期。**

[4] 晉·陳壽，《三國志》，卷 41，＜蜀書·霍峻傳＞注引＜襄陽記＞曰「時(景耀年間)右大將軍閻宇都督巴東，為領軍。」頁 1008。洪武雄著，＜《三國職官表》蜀漢部份校補＞認閻宇「景耀二年(259)由右將軍遷右大將軍都督巴東。」頁 248。**列入後主時期。**

[5] 晉·陳壽，《三國志》，卷 36，＜蜀書·馬超傳＞載「馬超字孟起，（右）扶風茂陵人也…章武元年，遷驃騎將軍，領涼州牧。」頁 944-946。列入劉備時期(入蜀後)。

[6] 晉·陳壽，《三國志》，卷 40，＜蜀書·李嚴傳＞載「李嚴字正方，南陽人也…(建興)八年，遷驃騎將軍。」頁 998-999。**列入諸葛亮時期。**

右驃騎將軍	胡濟[7]	（荊州）義陽	後主時期
車騎將軍	張飛[8]	（幽州）涿郡涿縣	劉備時期(入蜀後)
	劉琰[9]	（豫州）魯國	諸葛亮時期
	吳壹[10]	（兗州）陳留	後主時期
	鄧芝[11]	（荊州）義陽新野	後主時期
	夏侯霸[12]	（豫州）沛國譙人	後主時期
左車騎將軍	張翼[13]	（益州）犍為武陽	後主時期

---

7 晉·陳壽，《三國志》，卷 39，<蜀書·董和傳>注曰「姓胡，名濟，義陽人。為亮主簿，有忠蓋之效，故見褒述。亮卒，為中典軍，統諸軍，封成陽亭侯，遷中監軍前將軍，督漢中，假節領兗州刺史，至右驃騎將軍。」頁 980。洪武雄著，<《三國職官表》蜀漢部份校補>認胡濟在「景耀初，由鎮西大將軍遷右驃騎將軍。」頁 325。**列入後主時期**。

8 晉·陳壽，《三國志》，卷 36，<蜀書·張飛傳>載「張飛字益德，涿郡人也...章武元年，遷車騎將軍，領司隸校尉。」頁 943-944。**列入劉備時期**。

9 晉·陳壽，《三國志》，卷 40，<蜀書·劉琰傳>載「劉琰字威碩，魯國人也...後主立，封都鄉侯，班位每亞李嚴，為衛尉中軍師後將軍，遷車騎將軍。」頁 1001。洪武雄著，<《三國職官表》蜀漢部份校補>認劉琰在「建興八年(230)由後將軍遷，十二年(234)棄市。」頁 326。**列入諸葛亮時期**。

10 晉·陳壽，《三國志》，卷 45，<蜀書·楊戲傳>載「(吳)子遠名壹，陳留人也...十二年，丞相亮卒，以壹督漢中，車騎將軍。」頁 1083。洪武雄著，<《三國職官表》蜀漢部份校補>認在「建興十二年(234)由左將軍遷，十五年(237)卒。」頁 326。因為在諸葛亮卒後，**列入後主時期**。

11 晉·陳壽，《三國志》，卷 45，<蜀書·鄧芝傳>載「鄧芝字伯苗，義陽新野人...延熙六年，就遷為車騎將軍，後假節。」頁 1071-1073。洪武雄著，<《三國職官表》蜀漢部份校補>認在「延熙六年(243)由前將軍遷，十四年(231)卒。」頁 326。**列入後主時期**。

12 晉·陳壽，《三國志》，卷 9，<魏書·諸夏侯傳>載諸夏侯沛國譙人，霸為夏侯淵中子，「霸，正始中為討蜀護軍右將軍，進封博昌亭侯，素為曹爽所厚。聞爽誅，自疑，亡入蜀。」頁 272。同書卷 44，<蜀書·姜維傳>載姜維「復與車騎將軍夏侯霸等俱出狄道。」頁 1064。洪武雄著，<《三國職官表》蜀漢部份校補>認在「延熙十四年(251)由征北大將軍遷，景耀二年(259)前卒。」頁 327-328。**列入後主時期**。

13 晉·陳壽，《三國志》，卷 45，<蜀書·張翼傳>載「張翼字伯恭，犍為武陽人也...景耀二年，遷左車騎將軍，領冀州刺史。」頁 1073-1075。洪武雄著，<《三國職官表》蜀漢部份校補>認在「景耀二年(259)由鎮南大將軍遷，假節領并州。」頁 328。**列入後主時期**。

右車騎將軍	廖化[14]	（荊州）襄陽	後主時期
衛將軍	姜維[15]	（雍州）天水冀人	後主時期
	諸葛瞻[16]	（徐州）琅邪陽都	後主時期

(三)雜號大將軍

鎮軍大將軍	宗預	（荊州）南陽安眾	參征西大將軍
鎮南大將軍	馬忠[17]	（益州）巴西閬中	後主時期
	張翼	（益州）犍為武陽	參征西大將軍
鎮西大將軍	姜維[18]	（雍州）天水冀人	後主時期
	胡濟[19]	（荊州）義陽	後主時期
鎮北大將軍	王平[20]	（益州）巴西宕渠	後主時期

---

14 晉·陳壽，《三國志》，卷 45，＜蜀書·宗預傳＞載「廖化字元儉，本名淳，襄陽人也…先主薨，為丞相參軍，後為督廣武，稍遷至右車騎將軍。」頁 1077。洪武雄著，＜《三國職官表》蜀漢部份校補＞認在「景耀二年(259)與張翼同時遷，六年(263)蜀亡。」頁 328。**列入後主時期。**

15 晉·陳壽，《三國志》，卷 44，＜蜀書·姜維傳＞載「姜維字伯約，天水冀人也…(延熙)十年，遷衛將軍，與大將軍費禕共錄尚書事。」頁 1062-1065。**列入後主時期。**

16 晉·陳壽，《三國志》，卷 35，＜蜀書·諸葛瞻傳＞載「諸葛亮字孔明，琅邪陽都人也…亮子瞻，嗣爵…景耀四年，為行都護衛將軍，與輔國大將軍南鄉侯董厥並平尚書事。」頁 911-932。**列入後主時期。**

17 晉·陳壽，《三國志》，卷 43，＜蜀書·蔣琬傳＞載「馬忠字德信，巴西閬中人也…延熙五年還朝，因至漢中，見大司馬蔣琬，宣傳詔旨，加拜鎮南大將軍。」頁 1048-1049。洪武雄著，＜《三國職官表》蜀漢部份校補＞認在「延熙六年(243)由安南將軍遷鎮南大將軍，十二年(249)卒。」頁 339。**列入後主時期。**

18 晉·陳壽，《三國志》，卷 44，＜蜀書·姜維傳＞載「姜維字伯約，天水冀人也…亮辟維為倉曹掾，加奉義將軍，封當陽亭侯，時年二十七…後遷中監軍征西將軍…(延熙)六年，遷鎮西大將軍，領涼州刺史。」頁 1062-1065。洪武雄著，＜《三國職官表》蜀漢部份校補＞認「延熙六年(243)由輔漢將軍遷，十年(247)遷衛將軍。」頁 340。**列入後主時期。**

19 晉·陳壽，《三國志》，卷 44，＜蜀書·姜維傳＞載「(延熙)十九年…與鎮西大將軍胡濟期會上邽。」頁 1064。洪武雄著，＜《三國職官表》蜀漢部份校補＞認胡濟延熙年間曾為鎮西大將軍，並在「景耀初，由鎮西大將軍遷右驃騎將軍。」頁 325。**列入後主時期。**

20 晉·陳壽，《三國志》，卷 43，＜蜀書·王平傳＞載「王平字子均，巴西宕渠人也…(延熙)六年，(蔣)琬還住涪，拜平前監軍、鎮北大將軍，統漢中。」頁 1049。**列入後主時期。**

征西大將軍	魏延[21]	（荊州）義陽	諸葛亮時期
	宗預[22]	（荊州）南陽安眾	後主時期
	袁琳(袁綝)[23]	（豫州）穎川	後主時期
	張翼[24]	（益州）犍為武陽	後主時期
輔國大將軍	董厥[25]	（荊州）義陽	後主時期

(四)位在卿上的前後左右將軍及安漢、軍師將軍

前將軍	關羽[26]	（司隸）河東解縣	劉備時期(入蜀後)
	李嚴[27]	（荊州）南陽	諸葛亮時期
	袁琳(袁綝)[28]	（豫州）穎川	諸葛亮時期

21 晉·陳壽,《三國志》,卷 40,＜蜀書·魏延傳＞載「魏延字文長,義陽人也…(建興)八年…遷為前軍師征西大將軍,假節,進封南鄭侯。」頁 1002。**列入諸葛亮時期。**

22 晉·陳壽,《三國志》,卷 45,＜蜀書·宗預傳＞載「宗預字德豔,南陽安眾人也…(延熙年間)遷後將軍,督永安,就拜征西大將軍,賜爵關內侯。景耀元年,以疾徵還成都。後為鎮軍大將軍,領兗州刺史。」頁 1075。洪武雄著,＜《三國職官表》蜀漢部份校補＞認在「延熙十八年(255)由後將軍遷(征西大將軍),景耀元年(258)遷鎮軍大將軍。」頁 336。**列入後主時期。**

23 晉·陳壽,《三國志》,卷 40,＜蜀書·李嚴傳＞注引(諸葛)亮公文上尚書曰「前將軍都亭侯臣袁綝」頁 1000。另晉·常璩撰,劉琳注,《華陽國志》,卷 7,＜劉後主志＞載「穎川袁綝、南郡高翔至大將軍,綝征西將軍。」頁 387。洪武雄著,＜《三國職官表》蜀漢部份校補＞認在「建興十二年(234 諸葛亮卒後)由前將軍遷征西大將軍。」頁 337。**列入後主時期。**

24 晉·陳壽,《三國志》,卷 45,＜蜀書·張翼傳＞載「張翼字伯恭,犍為武陽人也…延熙元年,入為尚書,稍遷督建威,假節,進封都亭侯,征西大將軍…進翼位鎮南大將軍…景耀二年,遷左車騎將軍,領冀州刺史。」頁 1073-1075。**列入後主時期。**

25 晉·陳壽,《三國志》,卷 35,＜蜀書·諸葛亮傳＞載「董厥者,丞相亮時為府令史…亮卒後,稍遷至尚書僕射,代陳祗為尚書令,遷大將軍。」另注引＜晉百官表＞載「董厥字龔襲,亦義陽人。」頁 933。洪武雄著,＜《三國職官表》蜀漢部份校補＞認在「景耀四年(261)由尚書令遷(輔國大將軍),六年(263)蜀亡。」頁 332。**列入後主時期。**

26 晉·陳壽,《三國志》,卷 36,＜蜀書·關羽傳＞載「關羽字雲長,本字長生,河東解人也…(建安)二十四年,先主為漢中王,拜羽為前將軍,假節鉞。」頁 939-942。列入劉備時期(入蜀後)。

27 晉·陳壽,《三國志》,卷 40,＜蜀書·李嚴傳＞載「李嚴字正方,南陽人也…(建興)四年,轉為前將軍…嚴改名為平。」頁 998-999。**列入諸葛亮時期。**

28 晉·陳壽,《三國志》,卷 40,＜蜀書·李嚴傳＞注引建興九年(諸葛)亮公文上尚書曰「前將軍都亭侯臣袁綝」頁 1000。洪武雄著,＜《三國職官表》蜀漢部份校補＞認在「建興末由前將軍遷征西大將軍。」頁 345。**列入諸葛亮時期。**

	鄧芝[29]	（荊州）義陽新野	後主時期
	胡濟[30]	（荊州）義陽	後主時期
後將軍	黃忠[31]	（荊州）南陽	劉備時期(入蜀後)
	劉琰[32]	（豫州）魯國	諸葛亮時期
	吳班[33]	（兗州）陳留	諸葛亮時期
	吳壹[34](吳懿)	（兗州）陳留	誤植於此
	劉邕[35]	（荊州）義陽	時段不詳

---

[29] 晉·陳壽，《三國志》，卷45，〈蜀書·鄧芝傳〉載「鄧芝字伯苗，義陽新野人…亮卒，遷前軍師前將軍，領兗州刺史。」頁1071-1073。洪武雄著，〈《三國職官表》蜀漢部份校補〉認在「建興十二年(234)由揚武將軍遷，延熙六年(243)遷車騎將軍。」頁345。**列入後主時期。**

[30] 晉·陳壽，《三國志》，卷39，〈蜀書·董和傳〉注曰「姓胡，名濟，義陽人…亮卒，為中典軍，統諸軍，封成陽亭侯，遷中監軍前將軍，督漢中。」頁980。洪武雄著，〈《三國職官表》蜀漢部份校補〉認在「延熙中由中典軍遷(前將軍)，延熙末遷鎮西大將軍。」頁345-346。**列入後主時期。**

[31] 晉·陳壽，《三國志》，卷36，〈蜀書·黃忠傳〉載「黃忠字漢升，南陽人也…先主為漢中王，欲用忠為後將軍…遂與羽等齊位，賜爵關內侯。」頁948。洪武雄著，〈《三國職官表》蜀漢部份校補〉認在「建安廿四年(219)先主稱王後，由征西將軍遷，廿五年(220)卒。」頁347。**列入劉備時期(入蜀後)。**

[32] 晉·陳壽，《三國志》，卷40，〈蜀書·劉琰傳〉載「劉琰字威碩，魯國人也…後主立，封都鄉侯，班位每亞李嚴，為衛尉中軍師後將軍，遷車騎將軍。」頁1001。洪武雄著，〈《三國職官表》蜀漢部份校補〉認在「建興四年(226)由衛尉轉(後將軍)，八年(230)遷車騎將軍。」頁347。**列入諸葛亮時期。**

[33] 晉·陳壽，《三國志》，卷40，〈蜀書·李嚴傳〉注引建興九年(諸葛)亮公文上尚書曰「督後部後將軍安樂侯臣吳班」頁1000。洪武雄著，〈《三國職官表》蜀漢部份校補〉認在「建興八年(230)遷後將軍，建興末當另有遷轉，延熙世至驃騎將軍。」頁348。**列入諸葛亮時期。**

[34] 洪武雄著，〈《三國職官表》蜀漢部份校補〉認在「〈李嚴傳〉注引建興九年(231)免李平公文，壹為『左將軍』。此處誤植。」頁348。**不列入計算。**

[35] 晉·陳壽，《三國志》，卷45，〈蜀書·楊戲傳〉載「劉南和名邕，義陽人也。隨先主入蜀。益州既定，為江陽太守。建興中，稍遷至監軍後將軍，賜爵關內侯，卒。」頁1084。洪武雄著，〈《三國職官表》蜀漢部份校補〉認「邕遷為後將軍未知是建興初、劉琰之前或建興末、吳班之後？飴孫『建興十五年(237)』之說，未知何據？」頁348。**列入時段不詳。**

	宗預[36]	（荊州）南陽安眾	後主時期
	姜維[37]	（雍州）天水冀人	後主時期
	張表[38]	（益州）蜀郡	後主時期
左將軍	諸葛亮[39]	（徐州）琅邪陽都	錯置官職
	馬超[40]	（雍州）扶風茂陵	劉備時期(入蜀後)
	吳懿(吳壹[41])	（兗州）陳留	諸葛亮時期
	向朗[42]	（荊州）襄陽宜城	後主時期
	句扶[43](勾扶)	（益州）巴西漢昌	後主時期

---

[36] 晉·陳壽,《三國志》,卷45,〈蜀書·宗預傳〉載「宗預字德豔,南陽安眾人也…延熙十年,為屯騎校尉…遷後將軍,督永安。」頁1075。洪武雄著,〈《三國職官表》蜀漢部份校補〉認在「延熙中由屯騎校尉遷(後將軍),十八年(255)遷征西大將軍。」頁348。**列入後主時期**。

[37] 晉·陳壽,《三國志》,卷44,〈蜀書·姜維傳〉載「姜維字伯約,天水冀人也…(延熙)十九年春,就遷維為大將軍…求自貶削。為後將軍,行大將軍事…景耀元年…復拜大將軍。」頁1062-1065。**列入後主時期**。

[38] 晉·陳壽,《三國志》,卷45,〈蜀書·楊戲傳〉載「蜀郡張表伯達並知名…張表有威儀風觀,始名位與戲齊,後至尚書,督庲降後將軍。」頁1077-1078。洪武雄著,〈《三國職官表》蜀漢部份校補〉認在「延熙十八年(255)由安南將軍遷,不久卒官。」頁349。列入後主時期。

[39] 洪武雄著,〈《三國職官表》蜀漢部份校補〉認「亮以軍師將軍署左將軍劉備府事,亮非左將軍,不應置此。」頁349。**不列入計算**。

[40] 晉·陳壽,《三國志》,卷36,〈蜀書·馬超傳〉載「馬超字孟起,（右）扶風茂陵人也…先主為漢中王,拜超為左將軍,假節。」頁944-947。列入劉備時期(入蜀後)。

[41] 晉·陳壽,《三國志》,卷45,〈蜀書·楊戲傳〉載「(吳)子遠名壹,陳留人也…建興八年…遷左將軍。」頁1083。**列入諸葛亮時期**。吳懿疑為吳壹,原因:第一,《三國志》並沒有吳懿的記載;第二,吳懿最早見於《華陽國志》;第三,《華陽國志》所載吳懿之事跡似為《三國志》所載吳壹相同,如晉·常璩撰,劉琳注,《華陽國志》卷7〈劉後主志〉記建興十二年諸葛亮卒,「以吳懿為車騎將軍,假節,督漢中事。」頁386。與晉·陳壽,《三國志》,卷33,〈蜀書·後主傳〉載「(建興)十二年…秋八月,亮卒于渭濱…以左將軍吳壹為車騎將軍,假節督漢中。」頁897。所以這裡把吳懿與吳壹視為同一人。

[42] 晉·陳壽,《三國志》,卷41,〈蜀書·向朗傳〉載「向朗字巨達,襄陽宜城人也…亮卒後徙左將軍。」頁1010-1011。洪武雄著,〈《三國職官表》蜀漢部份校補〉認「建興十二年(234)由光祿勳徙,延熙十年(247)卒。」頁350。**列入後主時期**。

[43] 晉·陳壽,《三國志》,卷43,〈蜀書·王平傳〉載「(王)平同郡漢昌句扶句古侯反忠勇寬厚,數有戰功,功名爵位亞平,官至左將軍,封宕渠侯。」頁1051。王平為巴西郡。另外,晉·常璩撰,劉琳注,《華陽國志》卷7〈劉後主志〉載為勾扶,左將軍為右將軍,「平同郡勾扶,亦果壯,亞平,官至右將軍,封宕渠侯。」頁390。洪武雄著,〈《三國職官表》蜀漢部份校補〉認「延熙十年(247)為左將軍。」頁350-351。**列入後主時期**。

附錄

	郭修[44]	（涼州）西平	後主時期
	劉備[45]	（幽州）涿郡涿縣	
右將軍	張飛[46]	（幽州）涿郡涿縣	劉備時期(入蜀後)
	高翔[47]	（荊州）南郡	諸葛亮時期
	輔匡[48]	（荊州）襄陽	諸葛亮時期
	諸葛亮	（徐州）琅邪陽都	參軍師將軍
	閻宇[49]	（荊州）南郡	後主時期
安漢將軍	麋竺[50]	（徐州）東海朐人	劉備時期(入蜀後)

---

[44] 郭修即郭脩、郭循，晉·陳壽，《三國志》，卷 33，<蜀書·後主傳>載「(建興)十六年春正月，大將軍費禕為魏降人郭循所殺于漢壽。」頁 898。同書卷 43，<蜀書·張嶷傳>載「後禕果為魏降人郭脩所害。」頁 1053。至於郭脩為西平人。同書卷 4，<魏書·三少帝紀>載「故中郎西平郭脩。」頁 126。洪武雄著，<《三國職官表》蜀漢部份校補>認「延熙十三年(250)或十四年(251)，由魏中郎(將)拜左將軍，十六年(253)伏誅。」頁 351-352。**列入後主時期。**

[45] 此處不把劉備納入計算。

[46] 晉·陳壽，《三國志》，卷 36，<蜀書·張飛傳>載「張飛字益德，涿郡人也...先主為漢中王，拜飛為右將軍、假節。」頁 943-944。洪武雄著，<《三國職官表》蜀漢部份校補>認「建安廿四年(219)由征虜將軍遷，章武元年(221)遷車騎將軍。」頁 355-356。**列入劉備時期(入蜀後)。**

[47] 晉·陳壽，《三國志》，卷 40，<蜀書·李嚴傳>注引建興九年(諸葛)亮公文上尚書曰「督前部右將軍玄鄉侯臣高翔」頁 1000。洪武雄著，<《三國職官表》蜀漢部份校補>認「翔為宿將，建興九年(231)在右將軍位，建興末由右將軍遷諸大將軍。」頁 356。**列入諸葛亮時期。**

[48] 晉·陳壽，《三國志》，卷 45，<蜀書·楊戲傳>載「輔元弼名匡，襄陽人也。隨先主入蜀。益州既定，為巴郡太守。建興中，徙鎮南，為右將軍，封中鄉侯。」頁 1084。洪武雄著，<《三國職官表》蜀漢部份校補>認「建興四年(226)由鎮南將軍遷。」頁 356-357。**列入諸葛亮時期。**

[49] 晉·陳壽，《三國志》，卷 43，<蜀書·馬忠傳>注引<華陽國志>載「閻宇字文平，南郡人也。」頁 1049。另據《漢將相大臣年表》載閻宇為右將軍，頁 2629-2630。洪武雄著，<《三國職官表》蜀漢部份校補>認「延熙末由安南將軍遷，景耀二年(259)遷右大將軍。」頁 357。列入後主時期。

[50] 晉·陳壽，《三國志》，卷 38，<蜀書·麋竺傳>載「麋竺字子仲，東海朐人也...先主將適荊州，遣竺先與劉表相聞，以竺為左將軍從事中郎。益州既平，拜為安漢將軍。」頁 969-970。洪武雄著，<《三國職官表》蜀漢部份校補>認「建安十九年(214)由左將軍從事中郎遷，廿六年(221)卒。」頁 367。**列入劉備時期(入蜀後)。**

	李恢[51]	（益州）建寧俞元	諸葛亮時期
	王平[52]	（益州）巴西宕渠	後主時期
	李邈[53]	（益州）廣漢郪人	諸葛亮時期
軍師將軍	諸葛亮[54]	（徐州）琅邪陽都	劉備時期(入蜀後)
	諸葛瞻[55]	（徐州）琅邪陽都	後主時期

(五)位在卿下、五校之上的雜號將軍

1.四方征、鎮、安、平將軍的相對位次

征南將軍	趙雲[56]	（冀州）常山真定	諸葛亮時期

---

[51] 晉·陳壽，《三國志》，卷43，＜蜀書·李恢傳＞載「李恢字德昂，建寧俞元人也…封漢興亭侯，加安漢將軍。」頁1045-1046。洪武雄著，＜《三國職官表》蜀漢部份校補＞認「建興三年(225)至九年(231)，以庲降都督加安漢將軍。」頁367。**列入諸葛亮時期。**

[52] 晉·陳壽，《三國志》，卷43，＜蜀書·王平傳＞載「王平字子均，巴西宕渠人也…(亮卒後)遷後典軍、安漢將軍，副車騎將軍吳壹住漢中，又領漢中太守。」頁1049。洪武雄著，＜《三國職官表》蜀漢部份校補＞認「建興十二年(234)，由討寇將軍遷(安漢將軍)，延熙六年(243)遷鎮北大將軍。」頁367-368。**列入後主時期。**

[53] 晉·陳壽，《三國志》，卷45，＜蜀書·楊戲傳＞載「(李)永南名邵，廣漢郪人也。」注引＜華陽國志＞曰「邵兄邈，字漢南，劉璋時為牛鞞長。先主領牧，為從事…久之，為犍為太守、丞相參軍、安漢將軍。」頁1086。洪武雄著，＜《三國職官表》蜀漢部份校補＞認「建興九年(231)以後方為安漢將軍，十二年(234)誅死。」頁367。**列入諸葛亮時期。**

[54] 晉·陳壽，《三國志》，卷35，＜蜀書·諸葛亮傳＞載「諸葛亮字孔明，琅邪陽都人也…成都平，以亮為軍師將軍，署左將軍府事。」頁911-922。洪武雄著，＜《三國職官表》蜀漢部份校補＞認「建安十九年(214)由軍師中郎將遷，章武元年(221)遷丞相、錄尚書事。」頁368。**列入劉備時期(入蜀後)。**

[55] 晉·陳壽，《三國志》，卷35，＜蜀書·諸葛瞻傳＞載「諸葛亮字孔明，琅邪陽都人也…亮子瞻，嗣爵…年十七，尚公主，拜騎都尉。其明年為羽林中郎將，屢遷射聲校尉、侍中、尚書僕射，加軍師將軍。」頁911-932。洪武雄著，＜《三國職官官表》蜀漢部份校補＞認「景耀初以尚書僕射加(軍師將軍)，景耀四年(261)遷衛將軍。」頁368。**列入後主時期。**

[56] 晉·陳壽，《三國志》，卷36，＜蜀書·趙雲傳＞載「趙雲字子龍，常山真定人也…建興元年，為中護軍、征南將軍，封永昌亭侯，遷鎮東將軍。」頁948-949。**列入諸葛亮時期。**

附
錄

292

	劉巴[57]	不詳	諸葛亮時期
	姜維[58]	（雍州）天水冀人	誤植
征西將軍	黃忠[59]	（荊州）南陽	劉備時期(入蜀後)
	陳到[60]	（豫州）汝南	諸葛亮時期
	姜維[61]	（雍州）天水冀人	諸葛亮時期
征北將軍	申耽[62]	籍貫不詳	劉備時期(入蜀後)
	黃權[63]	（益州）巴西閬中	與鎮北將軍時相同
鎮東將軍	趙雲	（冀州）常山真定	參征南將軍

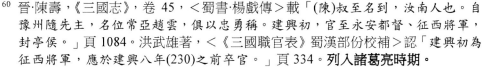

[57] 晉·陳壽，《三國志》，卷 40，＜蜀書·李嚴傳＞注引建興九年(諸葛)亮公文上尚書曰「行前監軍征南將軍臣劉巴」頁 1000。**列入諸葛亮時期**。此劉巴，非劉巴傳之「劉巴字子初，零陵烝陽人也。」因劉子初在章武二年卒。參洪武雄著，＜《三國職官表》蜀漢部份校補＞，頁 333。

[58] 洪武雄著，＜《三國職官表》蜀漢部份校補＞認「『征南』誤，當作『征西』。」，頁 333。**不列入計算**。

[59] 晉·陳壽，《三國志》，卷 36，＜蜀書·黃忠傳＞載「黃忠字漢升，南陽人也...(建安廿四年)遷征西將軍。」頁 948。**列入劉備時期(入蜀後)**。

[60] 晉·陳壽，《三國志》，卷 45，＜蜀書·楊戲傳＞載「(陳)叔至名到，汝南人也。自豫州隨先主，名位常亞趙雲，俱以忠勇稱。建興初，官至永安都督、征西將軍，封亭侯。」頁 1084。洪武雄著，＜《三國職官表》蜀漢部份校補＞認「建興初為征西將軍，應於建興八年(230)之前卒官。」頁 334。**列入諸葛亮時期**。

[61] 晉·陳壽，《三國志》，卷 44，＜蜀書·姜維傳＞載「姜維字伯約，天水冀人也...亮辟維為倉曹掾，加奉義將軍，封當陽亭侯，時年二十七...後遷中監軍征西將軍...(延熙)六年，遷鎮西大將軍，領涼州刺史。」頁 1062-1065。洪武雄著，＜《三國職官表》蜀漢部份校補＞認「建興八年(230)由奉義將軍遷征西將軍，十二年(234)遷輔漢將軍。」頁 335-336。**列入諸葛亮時期**。

[62] 晉·陳壽，《三國志》，卷 40，＜蜀書·劉封傳＞載「建安廿四...先主加(申)耽征北將軍，領上庸太守員鄉侯如故...申耽降魏。」頁 991-994。洪武雄著，＜《三國職官表》蜀漢部份校補＞認「建安廿四年(219)，廿五年(220)降魏。」頁 337。**列入劉備時期(入蜀後)**。

[63] 晉·陳壽，《三國志》，卷 43，＜蜀書·黃權傳＞載「黃權字公衡，巴西閬中人也。」頁 1043。傳中未記其為征北將軍。清·萬斯同著，＜漢將相大臣年表＞記章武元年黃權為征北將軍，二年降魏，其時鎮北將軍為魏延。頁 1，總頁 2625。收錄在《二十五史補編》，第二冊。

	劉琰[64]	（豫州）魯國	劉備時期(入蜀後)
鎮南將軍	輔匡[65]	（荊州）襄陽	諸葛亮時期
	劉邕[66]	（荊州）義陽	後主時期
鎮西將軍			
鎮北將軍	黃權[67]	（益州）巴西閬中	劉備時期(入蜀後)
	魏延[68]	（荊州）義陽	劉備時期(入蜀後)
安南將軍	馬忠[69]	（益州）巴西閬中	後主時期

[64] 晉‧陳壽，《三國志》，卷40，＜蜀書‧劉琰傳＞載「劉琰字威碩，魯國人也。先主在豫州，辟為從事…先主定益州，以琰為固陵太守。後主立，封都鄉侯，班位每亞李嚴，為衛尉中軍師後將軍，遷車騎將軍。」頁1001。洪武雄著，＜《三國職官表》蜀漢部份校補＞認「建安二十六年時為鎮東將軍，先主稱帝後，不知是否另有升遷。後主建興元年(223)遷衛尉。」頁338。**列入劉備時期(入蜀後)。**

[65] 晉‧陳壽，《三國志》，卷45，＜蜀書‧楊戲傳＞載「輔元弼名匡，襄陽人也。隨先主入蜀。益州既定，為巴郡太守。建興中，徙鎮南，為右將軍，封中鄉侯。」頁1084。洪武雄著，＜《三國職官表》蜀漢部份校補＞認「建興元年(223)徙鎮南將軍，四年(226)遷右將軍，故曰年位與李嚴相次。」頁338-339。**列入諸葛亮時期。**

[66] 晉‧陳壽，《三國志》，卷45，＜蜀書‧楊戲傳＞載「劉南和名邕，義陽人也。隨先主入蜀。益州既定，為江陽太守。建興中，稍遷至監軍後將軍，賜爵關內侯，卒。」頁1084。洪武雄著，＜《三國職官表》蜀漢部份校補＞認劉邕在建興十五年(237)官至鎮南將軍，頁340。**列入後主時期。**

[67] 晉‧陳壽，《三國志》，卷43，＜蜀書‧黃權傳＞載「黃權字公衡，巴西閬中人也…以權為鎮北將軍，督江北軍以防魏師。」頁1043-1045。洪武雄著，＜《三國職官表》蜀漢部份校補＞認在「章武元年(221)為鎮北將軍，二年(222)降魏。」頁341。與此征北將軍未知孰是?不過都可列**劉備時期(入蜀後)**。

[68] 晉‧陳壽，《三國志》，卷40，＜蜀書‧魏延傳＞載「魏延字文長，義陽人也…先主踐尊號，進拜鎮北將軍。」頁1002。洪武雄著，＜《三國職官表》蜀漢部份校補＞認「章武元年(221)至二年(222)，魏延與黃權同為鎮北將軍。」頁341。**列入劉備時期(入蜀後)。**

[69] 晉‧陳壽，《三國志》，卷43，＜蜀書‧蔣琬傳＞載「馬忠字德信，巴西閬中人也…(建興)十一年，南夷豪帥劉冑反，擾亂諸郡。徵庲降都督張翼還，以忠代翼。忠遂斬冑，平南土。加忠監軍奮威將軍，封博陽亭侯。加安南將軍，進封彭鄉亭侯。」頁1048-1049。洪武雄著，＜《三國職官表》蜀漢部份校補＞認「延熙三年(240)由奮威將軍遷(安南將軍)，五年(242)遷鎮南大將軍。」頁342。**列入後主時期。**

	霍弋[70]	（荊州）南郡枝江	後主時期
	張表[71]	（益州）蜀郡	後主時期
	閻宇[72]	（荊州）南郡	後主時期
平西將軍	馬超[73]	（雍州）扶風茂陵	劉備時期(入蜀後)
	劉□[74]	籍貫不詳	劉備時期(入蜀後)
平北將軍	馬岱[75]	（雍州）扶風茂陵	諸葛亮時期
	劉□[76]	籍貫不詳	劉備時期(入蜀後)

---

[70] 晉·陳壽，《三國志》，卷 41，＜蜀書·霍峻傳＞載「霍峻字仲邈，南郡枝江人也…子弋，字紹先…景耀六年，進號安南將軍。」頁 1007-1008。列入後主時期。

[71] 晉·陳壽，《三國志》，卷 45，＜蜀書·楊戲傳＞載「蜀郡張表伯達並知名…張表有威儀風觀，始名位與戲齊，後至尚書，督庲降後將軍。」頁 1077-1078。洪武雄著，＜《三國職官表》蜀漢部份校補＞認「延熙十二年(249)張表繼馬忠為庲降都督，先加安南將軍，延熙十八年(255)加後將軍。」頁 343。列入後主時期。

[72] 晉·陳壽，《三國志》，卷 43，＜蜀書·馬忠傳＞注引＜華陽國志＞載「閻宇字文平，南郡人也。」頁 1049。洪武雄著，＜《三國職官表》蜀漢部份校補＞認「景耀元年(258)…閻宇在庲降都督任上六曾加安南將軍…自馬忠後，庲降都督常先加安南將軍，後再遷陞，馬忠遷鎮南大將軍，張表遷後將軍，延熙末閻宇則遷右將軍。」頁 343。列入後主時期。

[73] 晉·陳壽，《三國志》，卷 36，＜蜀書·馬超傳＞載「馬超字孟起，（右）扶風茂陵人也…先主遣人迎超，超將兵徑到城下。城中震怖，璋即稽首，以超為平西將軍。」頁 944-947。洪武雄著，＜《三國職官表》蜀漢部份校補＞認「建安十九年(214)為平西將軍，廿四年(219)遷左將軍。」頁 343。列入劉備時期(入蜀後)。

[74] 洪武雄著，＜《三國職官表》蜀漢部份校補＞補「建安二十六年＜黃龍甘露碑＞有平西將軍劉□(名闕)。」頁 344。列入劉備時期(入蜀後)。

[75] 晉·陳壽，《三國志》，卷 36，＜蜀書·馬超傳＞載「馬超字孟起，（右）扶風茂陵人也…(章武)二年卒…臨沒上疏曰：「臣門宗二百餘口，為孟德所誅略盡，惟有從弟岱，當為微宗血食之繼，深託陛下，餘無復言。」追諡超曰威侯，子承嗣。岱位至平北將軍，進爵陳倉侯。」頁 944-947。同書卷 40，＜蜀書·魏延傳＞載「延獨與其子數人逃亡，奔漢中。(楊)儀遣馬岱追斬之。」頁 1004。故暫列諸葛亮時期。

[76] 洪武雄著，＜《三國職官表》蜀漢部份校補＞補「建安二十六年＜黃龍甘露碑＞在鎮東將軍劉琰之後、平北將軍劉□(名闕)之前。」頁 343。列入劉備時期(入蜀後)。

2.四征之上的其它雜號將軍

輔漢將軍	李嚴[77]	（荊州）南陽	劉備時期(入蜀後)
	張裔[78]	（益州）蜀郡成都	諸葛亮時期
	姜維[79]	（雍州）天水冀人	後主時期
	孟琰[80]	（庲降都督）朱提	後主時期
撫軍將軍	蔣琬[81]	（荊州）零陵湘鄉	諸葛亮時期
綏軍將軍	楊儀[82]	（荊州）襄陽	諸葛亮時期
鎮軍將軍	許靖[83]	（豫州）汝南平輿	劉備時期(入蜀後)

[77] 晉·陳壽,《三國志》,卷 40,＜蜀書·李嚴傳＞載「李嚴字正方,南陽人也…成都既定,為犍為太守、興業將軍…加輔漢將軍,領郡如故。」頁 998-999。洪武雄著,＜《三國職官表》蜀漢部份校補＞認「章武元年(221)由興業將軍遷,二年(222)拜尚書令。」頁 360。列入劉備時期(入蜀後)。

[78] 晉·陳壽,《三國志》,卷 41,＜蜀書·張裔傳＞載「張裔字君嗣,蜀郡成都人也…亮出駐漢中,裔以射聲校尉領留府長史…加輔漢將軍,領長史如故。建興八年卒。」頁 1011-1013。洪武雄著,＜《三國職官表》蜀漢部份校補＞認「建興六年(228)由射聲校尉遷,八年(230)卒。」頁 360。**列入諸葛亮時期。**

[79] 晉·陳壽,《三國志》,卷 44,＜蜀書·姜維傳＞載「姜維字伯約,天水冀人也…(建興)十二年,亮卒,維還成都,為右監軍輔漢將軍,統諸軍,進封平襄侯。」頁 1062-1065。列入後主時期。

[80] 晉·常璩撰,劉琳注,《華陽國志》,卷 4,＜南中志＞載「(諸葛)亮收其俊傑建寧爨習,朱提孟琰及獲為官屬,習官至領軍,琰,輔漢將軍,獲,御史中丞。」頁 229。洪武雄著,＜《三國職官表》蜀漢部份校補＞認「後主世官至輔漢將軍。」頁 360。**列入後主時期。**

[81] 晉·陳壽,《三國志》,卷 44,＜蜀書·蔣琬傳＞載「蔣琬字公琰、零陵湘鄉人也…(建興)八年,代裔為長史,加撫軍將軍。」頁 1057-1060。**列入諸葛亮時期。**

[82] 晉·陳壽,《三國志》,卷 40,＜蜀書·楊儀傳＞載「楊儀字威公,襄陽人也…(建興)八年,遷長史,加綏軍將軍…拜為中軍師。」頁 1004-1005。**列入諸葛亮時期。**

[83] 晉·陳壽,《三國志》,卷 38,＜蜀書·許靖傳＞載「許靖字文休,汝南平輿人…十九年,先主克蜀,以靖為左將軍長史。」頁 963-967。同書卷 32,＜蜀書·先主傳＞載建安廿四年(219)群下上劉備為漢中王時有「左將軍（領）長史〔領〕鎮軍將軍臣許靖。」頁 884。洪武雄著,＜《三國職官表》蜀漢部份校補＞認「建安十九年(214)至廿四年(219)靖為左將軍長史,其領鎮軍將軍當在此期間,廿四年(219)遷太傅。」頁 358。**列入劉備時期(入蜀後)。**

	趙雲[84]	（冀州）常山真定	諸葛亮時期
	陳祗[85]	（豫州）汝南	後主時期
	王嗣[86]	（益州）犍為資中	後主時期
	龔皦[87]	（益州）巴西安漢	後主時期
征虜將軍	張飛[88]	（幽州）涿郡涿縣	劉備時期(入荊後)
盪寇將軍	關羽[89]	（司隸）河東解縣	劉備時期(入荊後)
	張嶷[90]	（益州）巴郡南充國	後主時期

[84] 晉·陳壽，《三國志》，卷 36，＜蜀書·趙雲傳＞載「趙雲字子龍，常山真定人也…(建興)五年…貶為鎮軍將軍。」頁 948-949。**列入諸葛亮時期**。

[85] 晉·陳壽，《三國志》，卷 39，＜蜀書·董允傳＞載「(陳祗)祗字奉宗，汝南人…稍遷至選曹郎…呂乂卒，祗又以侍中守尚書令，加鎮軍將軍。」頁 987。洪武雄著，＜《三國職官表》蜀漢部份校補＞認「延熙十四年(251)加，景耀元年(258)或二年(259)卒。」頁 358。**列入後主時期**。

[86] 晉·陳壽，《三國志》，卷 45，＜蜀書·楊戲傳＞注引＜益部耆舊雜記＞曰「王嗣字承宗，犍為資中人也。其先，延熙世以功德顯著。舉孝廉，稍遷西安圍督、汶山太守，加安遠將軍…遷鎮軍，故領郡。」頁 1090。洪武雄著，＜《三國職官表》蜀漢部份校補＞認「景耀年間由安遠將軍遷(鎮軍將軍)，在陳祗之後。」頁 358。**列入後主時期**。

[87] 晉·常璩撰，劉琳注，《華陽國志》，卷 12，＜益梁寧二州先漢以來士女目錄＞載「越巂太守龔祿，字德緒。(安漢人。父諶，犍為太守，見《巴紀》。)鎮軍將軍龔皦，字德光。(祿弟也。)」頁 670。洪武雄著，＜《三國職官表》蜀漢部份校補＞認「後主世為鎮軍將軍。」頁 358。**列入後主時期**。

[88] 晉·陳壽，《三國志》，卷 36，＜蜀書·張飛傳＞載「張飛字益德，涿郡人也…先主既定江南，以飛為宜都太守、征虜將軍。」頁 943-944。洪武雄著，＜《三國職官表》蜀漢部份校補＞認「建安十五年(210)(征虜將軍)，廿四年(219)遷右將軍。」頁 358。**列入劉備時期(入荊後)**。

[89] 晉·陳壽，《三國志》，卷 36，＜蜀書·關羽傳＞載「關羽字雲長，本字長生，河東解人也…先主收江南諸郡，乃封拜元勳，以羽為襄陽太守、盪寇將軍，駐江北。」頁 939-942。洪武雄著，＜《三國職官表》蜀漢部份校補＞認「建安十五年(210)為盪寇將軍，廿四年(219)遷前將軍。」頁 363。**列入劉備時期(入荊後)**。

[90] 晉·陳壽，《三國志》，卷 43，＜蜀書·張嶷傳＞載「張嶷字伯岐，巴郡南充國人也…後主於是加嶷撫戎將軍，領郡如故…拜盪寇將軍。」頁 1051-1054。洪武雄著，＜《三國職官表》蜀漢部份校補＞認「延熙十七年(254)由撫戎將軍遷(盪寇將軍)，同年陣亡。」頁 364。**列入後主時期**。

副軍將軍	劉封[91]	（荊州）長沙	劉備時期(入蜀後)
討逆將軍	吳壹[92]	（兗州）陳留	劉備時期(入荊後)
討寇將軍	王平[93]	（益州）巴西宕渠	諸葛亮時期

3.四征之下、五校之上的雜號將軍

鎮遠將軍	賴恭[94]	（荊州）零陵	劉備時期(入蜀後)
	魏延[95]	（荊州）義陽	劉備時期(入蜀後)
揚武將軍	法正[96]	（雍州）扶風郿人	劉備時期(入蜀後)
	鄧芝[97]	（荊州）義陽新野	諸葛亮時期

[91] 晉·陳壽，《三國志》，卷40，＜蜀書·劉封傳＞載「劉封者，本羅侯寇氏之子，長沙劉氏之甥也。先主至荊州，以未有繼嗣，養封為子…益州既定，以封為副軍中郎將…遷封為副軍將軍。」頁991-994。洪武雄著，＜《三國職官表》蜀漢部份校補＞認「建安廿四年(219)由副軍中郎將遷(副軍將軍)，廿五年(220)賜死。」頁364。列入劉備時期(入蜀後)。

[92] 晉·陳壽，《三國志》，卷45，＜蜀書·楊戲傳＞載「(吳)子遠名壹，陳留人也…先主定益州，以壹為護軍討逆將軍，納壹妹為夫人。」頁1083。洪武雄著，＜《三國職官表》蜀漢部份校補＞認「建安十八年(213)為討逆將軍，建興八年(230)遷至左將軍。」頁364。列入劉備時期(入荊後)。

[93] 晉·陳壽，《三國志》，卷43，＜蜀書·王平傳＞載「王平字子均，巴西宕渠人也…(建興中)拜參軍，統五部兼當營事，進位討寇將軍。」頁1049。洪武雄著，＜《三國職官表》蜀漢部份校補＞認「建興六年(228)由裨將軍超遷，十二年(234)遷安漢將軍。」頁365。列入諸葛亮時期。

[94] 晉·陳壽，《三國志》，卷32，＜蜀書·先主傳＞載建安廿四年「羣下上先主為漢中王」中有鎮遠將軍臣賴恭，頁884。洪武雄著，＜《三國職官表》蜀漢部份校補＞認「建安末，廿四年(219)遷太常。」頁369。列入劉備時期(入蜀後)。

[95] 晉·陳壽，《三國志》，卷40，＜蜀書·魏延傳＞載「魏延字文長，義陽人也…先主為漢中王…先主乃拔延為督漢中鎮遠將軍，領漢中太守。」頁1002。洪武雄著，＜《三國職官表》蜀漢部份校補＞認「建安廿四年(219)由牙門將軍遷，章武元年(221)遷鎮北將軍。」頁369。列入劉備時期(入蜀後)。

[96] 晉·陳壽，《三國志》，卷37，＜蜀書·法正傳＞載「法正字孝直，（右）扶風郿人也…(先主)以正為蜀郡太守、揚武將軍。」頁957-962。洪武雄著，＜《三國職官表》蜀漢部份校補＞認「建安十九年(214)為揚武將軍，廿四年(219)遷尚書令、護軍將軍。」頁362-363。列入劉備時期(入蜀後)。

[97] 晉·陳壽，《三國志》，卷45，＜蜀書·鄧芝傳＞載「鄧芝字伯苗，義陽新野人…及亮北住漢中，以芝為中監軍、揚武將軍。」頁1071-1073。洪武雄著，＜《三國職官表》蜀漢部份校補＞認「建興五年(227)由中郎將遷，十二年(234)遷前軍師前將軍。」頁363。列入諸葛亮時期。

揚威將軍	李福[98]	（益州）梓潼涪人	諸葛亮時期
	劉敏[99]	（荊州）零陵泉陵	後主時期
	費觀[100]	（荊州）江夏鄳人	諸葛亮時期
輔軍將軍	來敏[101]	（荊州）義陽新野	諸葛亮時期
輔國將軍	董厥	（荊州）義陽	參輔國大將軍
	董允[102]	（荊州）南郡枝江	後主時期
奮威將軍	馬忠[103]	（益州）巴西閬中	諸葛亮時期
撫戎將軍	張嶷[104]	（益州）巴郡南充國	後主時期

---

[98] 晉·陳壽，《三國志》，卷 45，＜蜀書·楊戲傳＞載「(李)孫德名福，梓潼涪人也…建興元年，徙巴西太守，為江州督、楊威將軍。」頁 1087。洪武雄著，＜《三國職官表》蜀漢部份校補＞認「建興九年(231)以揚威將軍督江州，十二年(234)之前遷尚書僕射。」頁 361。**列入諸葛亮時期**。

[99] 晉·陳壽，《三國志》，卷 44，＜蜀書·蔣琬傳＞載「蔣琬字公琰、零陵湘鄉人也。弱冠與外弟泉陵劉敏俱知名…劉敏，左護軍、揚威將軍，與鎮北大將軍王平俱鎮漢中。」頁 1057-1060。洪武雄著，＜《三國職官表》蜀漢部份校補＞認「延熙六年(243)由偏將軍遷，七年(244)仍在揚威將軍。」頁 362。**列入後主時期**。

[100] 晉·陳壽，《三國志》，卷 45，＜蜀書·楊戲傳＞載「（費）賓伯名觀，江夏鄳人也…先主既定益州，拜為裨將軍，後為巴郡太守、江州都督，建興元年封都亭侯，加振威將軍。」頁 1081-1082。**列入諸葛亮時期**。

[101] 晉·陳壽，《三國志》，卷 42，＜蜀書·來敏傳＞載「來敏字敬達，義陽新野人…後主踐阼，為虎賁中郎將。丞相亮住漢中，請為軍祭酒、輔軍將軍，坐事去職。」頁 1025。洪武雄著，＜《三國職官表》蜀漢部份校補＞認「建興五年(227)由虎賁中郎將遷，建興中去職，十二年(234)遷大長秋。」頁 373。**列入諸葛亮時期**。

[102] 晉·陳壽，《三國志》，卷 39，＜蜀書·董允傳＞載「董允字休昭，掌軍中郎將和之子也。先主立太子，允以選為舍人，徙洗馬。後主襲位，遷黃門侍郎…亮尋請禕為參軍，允遷為侍中，領虎賁中郎將…延熙六年，加輔國將軍。七年，以侍中守尚書令，為大將軍費禕副貳。」頁 985-986。另同卷＜蜀書·董和傳＞載「董和字幼宰，南郡枝江人也。」頁 979。**列入後主時期**。

[103] 晉·陳壽，《三國志》，卷 43，＜蜀書·蔣琬傳＞載「馬忠字德信，巴西閬中人也…(建興)十一年，南夷豪帥劉胄反，擾亂諸郡。徵庲降都督張翼還，以忠代翼。忠遂斬胄，平南土。加忠監軍奮威將軍，封博陽亭侯。加安南將軍，進封彭鄉亭侯。」頁 1048-1049。**列入諸葛亮時期**。

[104] 晉·陳壽，《三國志》，卷 43，＜蜀書·張嶷傳＞載「張嶷字伯岐，巴郡南充國人也…後主於是加嶷撫戎將軍，領郡如故…拜盪寇將軍。」頁 1051-1054。洪武雄著，＜《三國職官表》蜀漢部份校補＞認「延熙三年(240)以越巂太守加，十七年(254)拜盪寇將軍。」頁 370。**列入後主時期**。

299

安遠將軍	鄧方[105]	（荊州）南郡人	劉備時期(入蜀後)
	王嗣[106]	（益州）犍為資中	後主時期

(六)五校之下的雜號將軍

興業將軍	李嚴[107]	（荊州）南陽	劉備時期(入蜀後)
	王連[108]	（荊州）南陽	劉備時期(入蜀後)
忠節將軍	楊洪[109]	（益州）犍為武陽	諸葛亮時期
討虜將軍	黃忠[110]	（荊州）南陽	劉備時期(入蜀後)

---

[105] 晉·陳壽，《三國志》，卷45，＜蜀書·楊戲傳＞載「(鄧)孔山名方，南郡人也。以荊州從事隨先主入蜀。蜀既定，為犍為屬國都尉，因易郡名，為朱提太守，遷為安遠將軍、庲降都督，住南昌縣。章武二年卒。失其行事，故不為傳。」頁1081。**列入劉備時期(入蜀後)**。

[106] 晉·陳壽，《三國志》，卷45，＜蜀書·楊戲傳＞注引＜益部耆舊雜記＞曰「王嗣字承宗，犍為資中人也。其先，延熙世以功德顯著。舉孝廉，稍遷西安圍督、汶山太守，加安遠將軍…遷鎮軍，故領郡。」頁1090。洪武雄著，＜《三國職官表》蜀漢部份校補＞認「延熙末或景耀年間加，後遷鎮軍將軍。」頁359。**列入後主時期**。

[107] 晉·陳壽，《三國志》，卷40，＜蜀書·李嚴傳＞載「李嚴字正方，南陽人也…先主拜嚴裨將軍。成都既定，為犍為太守、興業將軍…加輔漢將軍，領郡如故。」頁998-999。洪武雄著，＜《三國職官表》蜀漢部份校補＞認「建安十九年(214)由裨將軍遷，章武元年(221)遷輔漢將軍。」頁371。**列入劉備時期(入蜀後)**。

[108] 晉·陳壽，《三國志》，卷41，＜蜀書·王連傳＞載「王連字文儀，南陽人也…及成都既平，以連為什邡令，轉在廣都，所居有績。遷司鹽校尉…遷蜀郡太守、興業將軍，領鹽府如故。」頁1009-1010。洪武雄著，＜《三國職官表》蜀漢部份校補＞認「章武初以蜀郡太守加，建興元年(223)遷屯騎校尉領丞相長史。」頁371。**列入劉備時期(入蜀後)**。

[109] 晉·陳壽，《三國志》，卷41，＜蜀書·楊洪傳＞載「楊洪字季休，犍為武陽人也…洪建興元年賜爵關內侯，復為蜀郡太守、忠節將軍，後為越騎校尉，領郡如故。」頁1013。洪武雄著，＜《三國職官表》蜀漢部份校補＞認「建興元年(223)，五年(227)之前遷越騎校尉、領蜀郡太守如故。」頁366。**列入諸葛亮時期**。

[110] 晉·陳壽，《三國志》，卷36，＜蜀書·黃忠傳＞載「黃忠字漢升，南陽人也…益州既定，拜為討虜將軍…遷征西將軍。是歲，先主為漢中王，欲用忠為後將軍。」頁948。洪武雄著，＜《三國職官表》蜀漢部份校補＞認「建安十九年(214)由裨將軍遷，廿四年(219)遷征西將軍。」頁365。**列入劉備時期(入蜀後)**。

	上官雝[111]	籍貫不詳	諸葛亮時期
翊軍將軍	趙雲[112]	（冀州）常山真定	劉備時期(入蜀後)
	霍弋[113]	（荊州）南郡枝江	後主時期
奉義將軍	姜維[114]	（雍州）天水冀人	諸葛亮時期

以下各將僅一人出任，也沒有遷黜記錄。

昭德將軍	簡雍[115]	（幽州）涿郡涿縣	劉備時期(入蜀後)
秉忠將軍	孫乾[116]	（青州）北海	劉備時期(入蜀後)
昭文將軍	伊籍[117]	（兗州）山陽	劉備時期(入蜀後)

---

[111] 晉·陳壽，《三國志》，卷 40，＜蜀書·李嚴傳＞注引建興九年諸葛亮公文上尚書曰「行中典軍討虜將軍臣上官雝」頁 1000。**列入諸葛亮時期**。

[112] 晉·陳壽，《三國志》，卷 36，＜蜀書·趙雲傳＞載「趙雲字子龍，常山真定人也…成都既定，以雲為翊軍將軍。」頁 948-949。另據洪武雄著，＜《三國職官表》蜀漢部份校補＞認「建安十九年(214)由牙門將軍或偏將軍遷，建興元年(223)遷征南將軍。」頁 372。**列入劉備時期(入蜀後)**。

[113] 晉·陳壽，《三國志》，卷 41，＜蜀書·霍峻傳＞載「霍峻字仲邈，南郡枝江人也…子弋，字紹先…遷監軍翊軍將軍，領建寧太守，還統南郡事。」頁 1007-1008。洪武雄著，＜《三國職官表》蜀漢部份校補＞認「景耀元年(258)遷，景耀六年(263)進號安南將軍。」頁 372。**列入後主時期**。

[114] 晉·陳壽，《三國志》，卷 44，＜蜀書·姜維傳＞載「姜維字伯約，天水冀人也…亮辟維為倉曹掾，加奉義將軍，封當陽亭侯，時年二十七。」頁 1062-1065。洪武雄著，＜《三國職官表》蜀漢部份校補＞認「建興六年(228)加奉義將軍，八年(230)遷征西將軍。」頁 366。**列入諸葛亮時期**。

[115] 晉·陳壽，《三國志》，卷 38，＜蜀書·簡雍傳＞載「簡雍字憲和，涿郡人也…先主拜雍為昭德將軍。」頁 970-971。洪武雄著，＜《三國職官表》蜀漢部份校補＞認「建安十九年(214)由左將軍從事中郎遷(昭德將軍)。」頁 364。**列入劉備時期(入蜀後)**。

[116] 晉·陳壽，《三國志》，卷 38，＜蜀書·孫乾傳＞載「孫乾字公祐，北海人也。先主領徐州，辟為從事…先主定益州，乾自從事中郎為秉忠將軍。」頁 970。洪武雄著，＜《三國職官表》蜀漢部份校補＞認「建安十九年(214)由左將軍從事中郎遷(秉忠將軍)，『頃之，卒』。」頁 365-366。**列入劉備時期(入蜀後)**。

[117] 晉·陳壽，《三國志》，卷 38，＜蜀書·伊籍傳＞載「伊籍字機伯，山陽人…益州既定，以籍為左將軍從事中郎…後遷昭文將軍。」頁 971。洪武雄著，＜《三國職官表》蜀漢部份校補＞認「建安末由左將軍從事中郎遷(昭文將軍)。」頁 364。**列入劉備時期(入蜀後)**。

建信將軍	申儀[118]	籍貫不詳	劉備時期(入蜀後)
振威將軍	費觀[119]	（荊州）江夏鄳人	諸葛亮時期
建義將軍	閻晏(安)[120]	籍貫不詳	諸葛亮時期
翊武將軍	諸葛攀[121]	（徐州）琅邪陽都	後主時期
綏武將軍	蔣斌[122]	（荊州）零陵湘鄉	後主時期
執慎將軍	來敏[123]	（荊州）義陽新野	後主時期

(七)中央禁衛武官

1.中領軍、中護軍

中領軍	向寵	（荊州）襄陽宜城	參後中部督向寵
（領軍）	吳班[124]	（兗州）陳留	劉備時期(入蜀後)

---

[118] 晉·陳壽，《三國志》，卷40，＜蜀書·劉封傳＞載「建安廿四年...上庸太守申耽舉眾降...先主加耽征北將軍...以耽弟儀為建信將軍、西城太守。」頁991。列入劉備時期(入蜀後)。洪武雄著，＜《三國職官表》蜀漢部份校補＞認「建安廿四年(219)，廿五年(220)降魏。」頁367。**列入劉備時期(入蜀後)。**

[119] 晉·陳壽，《三國志》，卷45，＜蜀書·楊戲傳＞載「（費）賓伯名觀，江夏鄳人也...建興元年封都亭侯，加振威將軍。」頁1081-1082。洪武雄著，＜《三國職官表》蜀漢部份校補＞認「建興元年(223)遷(振威將軍)。」頁361。**列入諸葛亮時期。**

[120] 晉·陳壽，《三國志》，卷40，＜蜀書·李嚴傳＞注引建興九年諸葛亮公文上尚書曰「行參軍建義將軍臣閻晏」頁1000。**列入諸葛亮時期。**

[121] 晉·陳壽，《三國志》，卷35，＜蜀書·諸葛喬傳＞載「諸葛亮字孔明，琅邪陽都人也...喬字伯松，亮兄瑾之第二子也，本字仲慎...子攀，官至行護軍翊武將軍，亦早卒。」頁911-931。洪武雄著，＜《三國職官表》蜀漢部份校補＞認「飴孫推論諸葛攀於延熙中官至翊武將軍。」頁370-371。**列入後主時期。**

[122] 晉·陳壽，《三國志》，卷44，＜蜀書·蔣琬傳＞載「蔣琬字公琰、零陵湘鄉人也...子斌嗣，為綏武將軍、漢城護軍。」頁1057-1060。洪武雄著，＜《三國職官表》蜀漢部份校補＞認「景耀元年(258)，六年(263)為亂兵所殺。」頁370。**列入後主時期。**

[123] 晉·陳壽，《三國志》，卷42，＜蜀書·來敏傳＞載「來敏字敬達，義陽新野人...後以敏為執慎將軍，欲令以官重自警戒也。」頁1025。洪武雄著，＜《三國職官表》蜀漢部份校補＞認「應在延熙末、景耀初任之。」頁370。**列入後主時期。**

[124] 晉·陳壽，《三國志》，卷45，＜蜀書·楊戲傳＞載「（吳）子遠名壹，陳留人也...壹族弟班，字元雄...先主時，為領軍。後主世，稍遷至驃騎將軍，假節，封綿竹侯。」頁1083-1084。洪武雄著，＜《三國職官表》蜀漢部份校補＞認「章武元年(221)、二年(222)伐吳時為將軍、領軍。」頁309。**列入劉備時期(入蜀後)。**

附錄

	馮習[125]	（荊州）南郡人	劉備時期(入蜀後)
	龔衡[126]	（益州）巴西安漢	後主時期
（前領軍）	張翼[127]	（益州）犍為武陽	後主時期
（行領軍）	趙統[128]	（冀州）常山真定	後主時期
(應為副貳)	羅憲(羅獻)[129]	（荊州）襄陽	後主時期
	閻宇[130]	（荊州）南郡人	後主時期
	爨習[131]	（庲降都督）建寧	諸葛亮時期

[125] 晉·陳壽，《三國志》，卷 45，＜蜀書·楊戲傳＞載「(馮) 休元名習，南郡人。隨先主入蜀。先主東征吳，習為領軍，統諸軍，大敗於猇亭。」頁 1088。同書卷 55，＜吳書·潘璋傳＞載「斬備護軍馮習等。」頁 1300。洪武雄著，＜《三國職官表》蜀漢部份校補＞認「章武元年(221)、二年(222)伐吳時為將軍、領軍。」頁 309-310。**列入劉備時期(入蜀後)**。

[126] 晉·陳壽，《三國志》，卷 45，＜蜀書·楊戲傳＞載「(龔) 德緒名祿，巴西安漢人也…弟衡，景耀中為領軍。」頁 1088。**列入後主時期**。

[127] 晉·陳壽，《三國志》，卷 45，＜蜀書·張翼傳＞載「張翼字伯恭，犍為武陽人也…亮卒，拜前領軍，追論討劉胄功，賜爵關內侯。延熙元年，入為尚書。」頁 1073-1075。洪武雄著，＜《三國職官表》蜀漢部份校補＞認「建興十二年(234)由前軍都督轉前領軍，延熙元年(238)入為尚書。」頁 310-311。**列入後主時期**。

[128] 晉·陳壽，《三國志》，卷 36，＜蜀書·趙雲傳＞載「趙雲字子龍，常山真定人也…雲子統嗣，官至虎賁中郎，督行領軍。」頁 951。洪武雄著，＜《三國職官表》蜀漢部份校補＞認「後主世。」頁 311。**列入後主時期**。

[129] 晉·陳壽，《三國志》，卷 41，＜蜀書·霍峻傳＞載「巴東領軍襄陽羅憲。」另注引＜襄陽記＞曰「羅憲字令則…(黃皓預政時)時右大將軍閻宇都督巴東，為領軍，後主拜憲為宇副貳。」頁 1008。另晉·常璩撰，劉琳注，《華陽國志》，卷 1，＜巴志＞載「內領軍襄陽羅獻。」頁 11。劉琳注認羅獻即羅憲。洪武雄著，＜《三國職官表》蜀漢部份校補＞認「＜襄陽記＞所載為是。」頁 311-312。**列入後主時期**。

[130] 晉·陳壽，《三國志》，卷 43，＜蜀書·馬忠傳＞注引＜華陽國志＞載「閻宇字文平，南郡人也。」頁 1049。洪武雄著，＜《三國職官表》蜀漢部份校補＞認「景耀元年(258)至六年(263)為領軍，督永安。」頁 312。**列入後主時期**。

[131] 晉·常璩撰，劉琳注，《華陽國志》，卷 4，＜南中志＞載「(諸葛)亮收其俊傑建寧爨習，朱提孟琰及獲為官屬，習官至領軍，琰，輔漢將軍，獲，御史中丞。」頁 229。**列入諸葛亮時期**。

典軍	上官雝[132]	籍貫不詳	諸葛亮時期
	王平[133]	（益州）巴西宕渠	後主時期
	胡濟[134]	（荊州）義陽	後主時期
中護軍	趙雲[135]	（冀州）常山真定	諸葛亮時期
	費禕[136]	（荊州）江夏鄳人	諸葛亮時期
（前護軍）	許允[137]	（冀州）涿郡高陽	諸葛亮時期
	王平	（益州）巴西宕渠	參典軍王平
（左護軍）	丁威(丁咸)[138]	籍貫不詳	諸葛亮時期

[132] 晉·陳壽，《三國志》，卷40，＜蜀書·李嚴傳＞注引建興九年諸葛亮公文上尚書曰「行中典軍討虜將軍臣上官雝」頁1000。**列入諸葛亮時期。**

[133] 晉·陳壽，《三國志》，卷43，＜蜀書·王平傳＞載「王平字子均，巴西宕渠人也…(亮卒後)遷後典軍、安漢將軍，副車騎將軍吳壹住漢中，又領漢中太守…延熙元年，大將軍蔣琬住沔陽，平更為前護軍，署琬府事。六年，琬還住涪，拜平前監軍、鎮北大將軍，統漢中。」頁1049。洪武雄著，＜《三國職官表》蜀漢部份校補＞認「建興十二年(234)由討寇將軍、丞相參軍遷後典軍、安漢將軍，延熙元年(238)遷前護軍，署琬府事。」頁312-313。**列入後主時期。**

[134] 晉·陳壽，《三國志》，卷39，＜蜀書·董和傳＞注曰「姓胡，名濟，義陽人…亮卒，為中典軍，統諸軍，封成陽亭侯，遷中監軍前將軍，督漢中，假節領兗州刺史，至右驃騎將軍。」頁980。洪武雄著，＜《三國職官表》蜀漢部份校補＞認「建興十二年(234)由丞相中參軍、昭武中郎將遷中典軍，後遷中監軍前將軍。」頁313。**列入後主時期。**

[135] 晉·陳壽，《三國志》，卷36，＜蜀書·趙雲傳＞載「趙雲字子龍，常山真定人也…建興元年，為中護軍、征南將軍，封永昌亭侯，遷鎮東將軍。」頁948-949。另據洪武雄著，＜《三國職官表》蜀漢部份校補＞認「建興元年(223)。」頁313-314。**列入諸葛亮時期。**

[136] 晉·陳壽，《三國志》，卷44，＜蜀書·費禕傳＞載「費禕字文偉，江夏鄳人也…建興八年，轉為中護軍，後又為司馬…亮卒，禕為後軍師。」頁1060-1061。**列入諸葛亮時期。**

[137] 晉·陳壽，《三國志》，卷9，＜魏書·夏侯尚傳＞載「中領軍高陽許允」頁302。同書卷40，＜蜀書·李嚴傳＞注引建興九年諸葛亮公文上尚書曰「行中典軍討虜將軍臣上官雝」頁1000。**列入諸葛亮時期。**

[138] 晉·陳壽，《三國志》，卷40，＜蜀書·李嚴傳＞注引建興九年諸葛亮公文上尚書曰「行左護軍篤信中郎將臣丁咸。」頁1000。洪武雄著，＜《三國職官表》蜀漢部份校補＞指「丁威」誤，當作「丁咸」，頁314-315。**列入諸葛亮時期。**

附錄

（右護軍）	劉敏[139]	（荊州）零陵泉陵	諸葛亮時期
（護軍）	姜維[140]	（雍州）天水冀人	諸葛亮時期
（行護軍）	諸葛攀[141]	（徐州）琅邪陽都	後主時期
	楊戲 （楊羲、楊義）[142]	（益州）犍為武陽	後主時期
	吳壹[143]	（兗州）陳留	劉備時期(入蜀後)
	陳式(戒)[144]	籍貫不詳	諸葛亮時期

---

[139] 晉·陳壽，《三國志》，卷44，＜蜀書·蔣琬傳＞載「蔣琬字公琰、零陵湘鄉人也。弱冠與外弟泉陵劉敏俱知名…劉敏，左護軍、揚威將軍，與鎮北大將軍王平俱鎮漢中。」頁1057-1060。同書卷40，＜蜀書·李嚴傳＞注引建興九年諸葛亮公文上尚書曰「行左護軍篤信中郎將臣丁咸。」頁1000。**列入諸葛亮時期。**

[140] 晉·陳壽，《三國志》，卷44，＜蜀書·姜維傳＞載「姜維字伯約，天水冀人也…後遷中監軍征西將軍…十二年，亮卒，維還成都，為右監軍輔漢將軍，統諸軍，進封平襄侯。」頁1062-1065。洪武雄著，＜《三國職官表》蜀漢部份校補＞認「建興八年(230)至十二年(234)。亮卒後，遷監軍。」頁315。**列入諸葛亮時期。**

[141] 晉·陳壽，《三國志》，卷35，＜蜀書·諸葛喬傳＞載「諸葛亮字孔明，琅邪陽都人也…喬字伯松，亮兄瑾之第二子也，本字仲慎…子攀，官至行護軍翊武將軍，亦早卒。」頁911-931。洪武雄著，＜《三國職官表》蜀漢部份校補＞認「當在延熙、景耀間。」頁315。**列入後主時期。**

[142] 晉·陳壽，《三國志》，卷45，＜蜀書·楊戲傳＞載「楊戲字文然，犍為武陵人也…以疾徵還成都，拜護軍監軍，出領梓潼太守，入為射聲校尉。」頁1077。洪武雄著，＜《三國職官表》蜀漢部份校補＞認「延熙末，後為監軍。」頁315。**列入後主時期。**另據晉·常璩撰，劉琳注，《華陽國志》(臺北：新文豐出版公司，1988年11月)，劉琳注曰「顧校：『楊義』當作楊義。《蜀志》有傳，作楊戲，『戲』、『義』古通用。」頁563。

[143] 晉·陳壽，《三國志》，卷45，＜蜀書·楊戲傳＞載「(吳)子遠名壹，陳留人也…先主定益州，以壹為護軍討逆將軍，納壹妹為夫人。章武元年，為關中都督。」頁1083。洪武雄著，＜《三國職官表》蜀漢部份校補＞認「建安十九年(214)。」頁315。**列入劉備時期(入蜀後)。**

[144] 晉·常璩撰，劉琳注，《華陽國志》，卷2，＜漢中志＞載「(建興)七年，丞相諸葛亮遣護軍陳戒伐之，遂平武都、陰平二郡，還屬益州。」頁72。據洪武雄著，＜《三國職官表》蜀漢部份校補＞認「『陳戒』當作『陳式』。建興七年(229)。」頁316。**列入諸葛亮時期。**

	陳祗[145]	（豫州）汝南	後主時期
	馮習	（荊州）南郡人	參前領軍馮習
殿中督 (中部督)	向寵[146]	（荊州）襄陽宜城	諸葛亮時期
	張通[147]	（豫州）汝南	後主時期

2.中都護

中都護（行都護）	李嚴[148]	（荊州）南陽	劉備時期(入蜀後)
	蔣琬[149]	（荊州）零陵湘鄉	後主時期
	諸葛瞻[150]	（徐州）琅邪陽都	後主時期

3.屯騎、步兵、越騎、長水、射聲等五校尉

屯騎校尉	王連[151]	（荊州）南陽	諸葛亮時期

145 晉·陳壽，《三國志》，卷39，＜蜀書·董允傳＞載「(陳祗) 祗字奉宗，汝南人…稍遷至選曹郎…呂乂卒，祗又以侍中守尚書令，加鎮軍將軍。」頁987。另晉·常璩撰，劉琳注，《華陽國志》，卷7，＜劉後主志＞載「(景耀二年)領中護軍陳祗卒。」頁392。**列入後主時期**。

146 晉·陳壽，《三國志》，卷41，＜蜀書·向朗傳＞載「向朗字巨達，襄陽宜城人也…朗兄子寵，先主時為牙門將…建興元年封都亭侯，後為中部督，典宿衛兵…遷中領軍。」頁1010-1011。洪武雄著，＜《三國職官表》蜀漢部份校補＞認「建興五年(227)由中部督遷。」頁309。**列入諸葛亮時期**。

147 晉·陳壽，《三國志》，卷 42，＜蜀書·郤正傳＞載景耀六年(263)「殿中督汝南張通。」頁1041。**列入後主時期**。

148 晉·陳壽，《三國志》，卷 40，＜蜀書·李嚴傳＞載「李嚴字正方，南陽人也…(章武)三年，先主疾病，嚴與諸葛亮並受遺詔輔少主；以嚴為中都護，統內外軍事，留鎮永安。」頁998-999。**列入劉備時期(入蜀後)**。

149 晉·陳壽，《三國志》，卷 44，＜蜀書·蔣琬傳＞載「蔣琬字公琰、零陵湘鄉人也…亮卒，以琬為尚書令，俄而加行都護，假節，領益州刺史，遷大將軍，錄尚書事。」頁1057-1060。洪武雄著，＜《三國職官表》蜀漢部份校補＞認「建興十二年(234)以尚書令加行都護。」頁393。**列入後主時期**。

150 晉·陳壽，《三國志》，卷 35，＜蜀書·諸葛瞻傳＞載「諸葛亮字孔明，琅邪陽都人也…亮子瞻，嗣爵…景耀四年，為行都護衛將軍，與輔國大將軍南鄉侯董厥並平尚書事。」頁911-932。**列入後主時期**。

151 晉·陳壽，《三國志》，卷41，＜蜀書·王連傳＞載「王連字文儀，南陽人也…建興元年，拜屯騎校尉，領丞相長史，封平陽亭侯。」頁1009-1010。洪武雄著，＜《三國職官表》蜀漢部份校補＞認「建興元年(223)由蜀郡太守、興業將軍領司鹽校尉遷，三年(225)卒。」頁316-317。**列入諸葛亮時期**。

	孟光[152]	（司州）河南洛陽	諸葛亮時期
	宗預[153]	（荊州）南陽安眾	後主時期
步兵校尉	向朗[154]	（荊州）襄陽宜城	諸葛亮時期
	習隆[155]	（荊州）襄陽	後主時期
越騎校尉	楊洪[156]	（益州）犍為武陽	諸葛亮時期
長水校尉	廖立[157]	（荊州）武陵臨沅	諸葛亮時期
	秦宓[158]	（益州）廣漢縣竹	諸葛亮時期

---

[152] 晉·陳壽，《三國志》，卷42，＜蜀書·孟光傳＞載「孟光字孝裕，河南洛陽人…後主踐阼，為符節令、屯騎校尉、長樂少府，遷大司農。」頁1023。洪武雄著，＜《三國職官表》蜀漢部份校補＞認「建興年間由符節令遷，在王連之後，延熙初遷長樂少府。」頁317。**列入諸葛亮時期。**

[153] 晉·陳壽，《三國志》，卷45，＜蜀書·宗預傳＞載「宗預字德豔，南陽安眾人也…延熙十年，為屯騎校尉…遷後將軍。」頁1075。洪武雄著，＜《三國職官表》蜀漢部份校補＞認「延熙十年(247)由尚書轉，後遷後將軍督永安。」頁317。**列入後主時期。**

[154] 晉·陳壽，《三國志》，卷41，＜蜀書·向朗傳＞載「向朗字巨達，襄陽宜城人也。荊州牧劉表以為臨沮長。表卒，歸先主…後主踐阼，為步兵校尉，代王連領丞相長史…為光祿勳。」頁1010-1011。洪武雄著，＜《三國職官表》蜀漢部份校補＞認「建興元年(223)由房陵太守遷，三年(225)領丞相長史，六年(228)免官。」頁317-318。**列入諸葛亮時期。**

[155] 晉·陳壽，《三國志》，卷45，＜蜀書·楊戲傳＞載「(習)文祥名禎，襄陽人也…子忠，官至尚書郎。」又注引＜襄陽記＞曰「忠子隆，為步兵校尉，掌校祕書。」頁1085。洪武雄著，＜《三國職官表》蜀漢部份校補＞認「景耀六年(263)時，在步兵校尉職。」頁318。**列入後主時期。**

[156] 晉·陳壽，《三國志》，卷41，＜蜀書·楊洪傳＞載「楊洪字季休，犍為武陽人也…建興元年賜爵關內侯，復為蜀郡太守、忠節將軍，後為越騎校尉，領郡如故。」頁1013。洪武雄著，＜《三國職官表》蜀漢部份校補＞認「建興五年(227)之前由忠節將軍遷，領蜀郡太守如故，六年(228)卒。」頁318。列入諸葛亮時期。

[157] 晉·陳壽，《三國志》，卷40，＜蜀書·廖立傳＞載「廖立字公淵，武陵臨沅人…後主襲位，徙長水校尉。」頁997-998。洪武雄著，＜《三國職官表》蜀漢部份校補＞認「建興元年(223)由將軍遷，三年(225)廢。」頁318-319。**列入諸葛亮時期。**

[158] 晉·陳壽，《三國志》，卷38，＜蜀書·秦宓傳＞載「秦宓字子勑，廣漢縣竹人也…建興二年，丞相亮領益州牧，選宓迎為別駕，尋拜左中郎將、長水校尉…遷大司農，四年卒。」頁971-976。洪武雄著，＜《三國職官表》蜀漢部份校補＞認「建興三年(225)由左中郎將遷，尋遷大司農，四年(226)卒。」頁319。**列入諸葛亮時期。**

	諸葛均[159]	（徐州）琅邪陽都	後主時期
	胡博[160]	（荊州）義陽	後主時期
射聲校尉	張裔[161]	（益州）蜀郡成都	諸葛亮時期
	諸葛瞻[162]	（徐州）琅邪陽都	後主時期
	楊戲[163] (楊羲、楊義)	（益州）犍為武陽	後主時期
	向充[164]	（荊州）襄陽宜城	後主時期

---

[159] 晉·陳壽，《三國志》，卷35，＜蜀書·諸葛亮傳＞載「諸葛亮字孔明，琅邪陽都人也…亮弟均，官至長水校尉。」頁911-928。洪武雄著，＜《三國職官表》蜀漢部份校補＞認「史未言均早亮卒，則其任至長水校尉當在建興末以後。」頁319。**列入後主時期。**

[160] 晉·陳壽，《三國志》，卷39，＜蜀書·董和傳＞注曰「姓胡，名濟，義陽人…濟弟博，歷長水校尉尚書。」頁980。洪武雄著，＜《三國職官表》蜀漢部份校補＞認「延熙中由長水校尉轉尚書。」頁320。**列入後主時期。**

[161] 晉·陳壽，《三國志》，卷41，＜蜀書·張裔傳＞載「張裔字君嗣，蜀郡成都人也…亮出駐漢中，裔以射聲校尉領留府長吏。」頁1011-1013。洪武雄著，＜《三國職官表》蜀漢部份校補＞認「建興五年(227)由丞相參軍、治中從事遷，六年(228)遷輔漢將軍領長史如故。」頁320。**列入諸葛亮時期。**

[162] 晉·陳壽，《三國志》，卷35，＜蜀書·諸葛瞻傳＞載「諸葛亮字孔明，琅邪陽都人也…亮子瞻，嗣爵…其明年(延熙七年)為羽林中郎將，屢遷射聲校尉、侍中、尚書僕射，加軍師將軍。」頁911-932。洪武雄著，＜《三國職官表》蜀漢部份校補＞認「延熙中由羽林中郎將遷，後遷侍中，延熙十六年(253)在侍中職。」頁320。**列入後主時期。**

[163] 晉·陳壽，《三國志》，卷45，＜蜀書·楊戲傳＞載「楊戲字文然，犍為武陵人也…亮卒…以疾徵還成都，拜護軍監軍，出領梓潼太守，入為射聲校尉。」頁1077。洪武雄著，＜《三國職官表》蜀漢部份校補＞認「延熙末由梓潼太守遷，景耀元年(258)免為庶人。」頁321。**列入後主時期。**另據晉·常璩撰，劉琳注，《華陽國志》(臺北：新文豐出版公司，1988年11月)，劉琳注曰「顧校：『楊義』當作楊羲。《蜀志》有傳，作楊戲，『戲』、『義』古通用。」頁563。

[164] 晉·陳壽，《三國志》，卷41，＜蜀書·向朗傳＞載「向朗字巨達，襄陽宜城人也。荊州牧劉表以為臨沮長。表卒，歸先主…朗兄子寵，先主時為牙門將…寵弟充，歷射聲校尉尚書。」頁1010-1011。洪武雄著，＜《三國職官表》蜀漢部份校補＞認「姜維任大將軍在延熙十九年(256)後，向充由射聲校尉遷尚書當在景耀年間。」頁321。**列入後主時期。**

4.禁衛三卿

衛尉	劉琰[165]	（豫州）魯國	諸葛亮時期
	陳震[166]	（荊州）南陽	諸葛亮時期
光祿勳	黃權[167]	（益州）巴西閬中	劉備時期(入蜀後)
	黃柱(王柱)[168]	（荊州）南陽	劉備時期
	李嚴[169]	（荊州）南陽	諸葛亮時期
	向朗[170]	（荊州）襄陽宜城	諸葛亮時期
	裴儁[171]	（司州）河東聞喜	後主時期
五官中郎將	(伍)五梁[172]	（益州）犍為南安	諸葛亮時期
中郎	郭演(郭攸之)[173]	（荊州）南陽	諸葛亮時期

---

[165] 晉·陳壽,《三國志》,卷40,＜蜀書·劉琰傳＞載「劉琰字威碩,魯國人也...後主立,封都鄉侯,班位每亞李嚴,為衛尉中軍師後將軍,遷車騎將軍。」頁1001。**列入諸葛亮時期。**

[166] 晉·陳壽,《三國志》,卷39,＜蜀書·陳震傳＞載「陳震字孝起,南陽人也...建興三年,入拜尚書,遷尚書令,奉命使吳。七年,孫權稱尊號,以震為衛尉。」頁984-985。**列入諸葛亮時期。**

[167] 洪武雄著,＜《三國職官表》蜀漢部份校補＞認黃權在「建安廿四年(219)王廿六年(221)為光祿勳,先主稱帝後失其行事。」頁259-260。**列入劉備時期(入蜀後)。**

[168] 晉·陳壽,《三國志》,卷45,＜蜀書·楊戲傳＞載「南陽黃柱為光祿勳」頁1082。《三國職官表》記為王柱,並列《華陽國志》為資料來源,可是翻查劉琳注,《華陽國志》卷6,＜劉先主志＞載「光祿勳黃（權）〔柱〕。」頁357-358。**列入劉備時期(入蜀後)。**

[169] 晉·陳壽,《三國志》,卷40,＜蜀書·李嚴傳＞載「李嚴字正方,南陽人也...建興元年,封都鄉侯,假節,加光祿勳。」頁998-999。**列入諸葛亮時期。**

[170] 洪武雄著,＜《三國職官表》蜀漢部份校補＞認向朗在「建興中為光祿勳,十二年(234)徙左將軍。」頁260。**列入諸葛亮時期。**

[171] 洪武雄著,＜《三國職官表》蜀漢部份校補＞認裴儁在「延熙中。」頁260-261。**列入後主時期。**

[172] 洪武雄著,＜《三國職官表》蜀漢部份校補＞認五梁「當在建興、延熙年間,由諫議大夫遷。」頁261。因在建興二年為諸葛亮功曹,**列入諸葛亮時期。**

[173] 洪武雄著,＜《三國職官表》蜀漢部份校補＞認郭演在「建興初歷侍郎、中郎,三年(225)遷侍中。」頁262。**列入諸葛亮時期。**

	董恢[174]	（荊州）襄陽	諸葛亮時期
郎中	董恢[175]	（荊州）襄陽	後主時期
	常勗[176]	（益州）蜀郡江原	後主時期
	何隨[177]	（益州）蜀郡郫人	後主時期
	王化[178]	（益州）廣漢郪人	後主時期
	李旦[179]	（益州）廣漢郪人	時段不詳
左中郎將	傅僉[180]	（荊州）義陽	劉備時期(入蜀後)
	秦宓[181]	（益州）廣漢緜竹	諸葛亮時期
	杜瓊[182]	（益州）蜀郡成都	諸葛亮時期
右中郎將	宗預[183]	（荊州）南陽安眾	諸葛亮時期
	李譔[184]	（益州）梓潼涪人	後主時期

[174] 洪武雄著，<《三國職官表》蜀漢部份校補>認董恢在「建興中由宣信中郎轉丞相府屬。」頁262。**列入諸葛亮時期**。

[175] 洪武雄著，<《三國職官表》蜀漢部份校補>認董恢在「建興十三年(235)至延熙六年(243)費褘為尚書令，董恢任郎中在此期間。」頁262。**列入後主時期**。

[176] 洪武雄著，<《三國職官表》蜀漢部份校補>認常勗「以其資歷觀之，當在延熙年間由督軍從事徙，後遷主事。」頁262。**列入後主時期**。

[177] 洪武雄著，<《三國職官表》蜀漢部份校補>認何隨「以其資歷觀之，當在延熙末、景耀初由從事徙，後遷主事。」頁262。**列入後主時期**。

[178] 洪武雄著，<《三國職官表》蜀漢部份校補>認王化「經歷與何隨略同，當在延熙末、景耀初由從事徙，後遷主事。」頁262-263。**列入後主時期**。

[179] 洪武雄著，<《三國職官表》蜀漢部份校補>認李旦「任光祿郎中、主事當在蜀漢世。」頁263。**不明時段**。

[180] 洪武雄著，<《三國職官表》蜀漢部份校補>認傅僉「其任在先主章武二(222)、三年(223)間。」頁262-263。**列入劉備時期(入蜀後)**。

[181] 晉‧陳壽，《三國志》，卷38，<蜀書‧秦宓傳>載「秦宓字子勑，廣漢緜竹人也…建興二年，丞相亮領益州牧，選宓迎為別駕，尋拜左中郎將、長水校尉…遷大司農，四年卒。」頁971-976。**列入諸葛亮時期**。

[182] 洪武雄著，<《三國職官表》蜀漢部份校補>認杜瓊「建興十二年(234)之前由諫議大夫遷，建興末或延熙初遷大鴻臚。」頁264。**列入諸葛亮時期**。

[183] 晉‧陳壽，《三國志》，卷45，<蜀書‧宗預傳>載「建興初，丞相亮以為主簿，遷參軍右中郎將…遷為侍中，徙尚書。」頁1075。**列入諸葛亮時期**。

[184] 晉‧陳壽，《三國志》，卷42，<蜀書‧李譔傳>載「李譔字欽仲，梓潼涪人也…始為州書佐、尚書令史。延熙元年，後主立太子，以譔為庶子，遷為僕。轉中散大夫、右中郎將，猶侍太子。」頁1026-1027。**列入後主時期**。

南中郎將	楊戲[185]	（益州）犍為武陽	後主時期
北中郎將			
虎賁中郎將	來敏[186]	（荊州）義陽新野	諸葛亮時期
	董允[187]	（荊州）南郡枝江	諸葛亮時期
	關統[188]	（司州）河東解人	後主時期
	麋威[189]	（徐州）東海胊人	後主時期
虎賁中郎	趙統[190]	（冀州）常山真定	後主時期
羽林左右部督	李球[191]（右部）	（庲降都督）建寧俞元	後主時期
羽林中郎將	諸葛瞻[192]	（徐州）琅邪陽都	後主時期
羽林監			
虎步監	孟琰[193]	（庲降都督）朱提	諸葛亮時期
虎騎監	麋照[194]	（徐州）東海胊人	後主時期

---

[185] 洪武雄著，<《三國職官表》蜀漢部份校補>認楊戲在「延熙十二年(249)遷，後拜護軍。」頁265。列入後主時期。

[186] 晉·陳壽，《三國志》，卷42，<蜀書·來敏傳>載「後主踐阼，為虎賁中郎將。」頁1025。時為建興元年，列入諸葛亮時期。

[187] 洪武雄著，<《三國職官表》蜀漢部份校補>認董允在「建興五年(227)由黃門侍郎遷侍中領虎賁中郎將。」頁266。列入諸葛亮時期。

[188] 洪武雄著，<《三國職官表》蜀漢部份校補>認關統「當在延熙六年(243)董允不加此官之後。」頁266。列入後主時期。

[189] 洪武雄著，<《三國職官表》蜀漢部份校補>認「關統與麋威不知合者先任此官。」頁266。不管何者先，都在延熙六年以後，列入後主時期。

[190] 洪武雄著，<《三國職官表》蜀漢部份校補>認趙統在「後主世。」頁266-267。列入後主時期。

[191] 洪武雄著，<《三國職官表》蜀漢部份校補>認李球在「景耀六年(263)。」頁267。列入後主時期。

[192] 洪武雄著，<《三國職官表》蜀漢部份校補>認諸葛瞻在「建興十二年(234)瞻八歲，年十七拜騎都尉，則遷羽林中郎將當在延熙六(243)、七年(244)間，後遷射聲校尉。」頁267。列入後主時期。

[193] 洪武雄著，<《三國職官表》蜀漢部份校補>認孟琰在「建興中。」頁268-269。列入諸葛亮時期。

[194] 洪武雄著，<《三國職官表》蜀漢部份校補>認麋照在「後主世。」頁269。列入後主時期。

奉車都尉	法邈[195]	（雍州）扶風郿人	後主時期
	黃皓[196]	籍貫不詳	後主時期
	衛繼[197]	（益州）漢嘉嚴道	後主時期
駙馬都尉	諸葛喬[198]	（徐州）琅邪陽都	諸葛亮時期
	鄧良[199]	（荊州）義陽新野	後主時期
騎都尉	馬秉[200]	（荊州）襄陽宜城	劉備時期(入蜀後)
	諸葛瞻[201]	（徐州）琅邪陽都	後主時期
	柳隱[202]	（益州）蜀郡成都	後主時期
執金吾	尹賞[203]	籍貫不詳	後主時期

[195] 洪武雄著，<《三國職官表》蜀漢部份校補>認法邈「當在後主世，後遷漢陽太守。」頁269。**列入後主時期。**

[196] 洪武雄著，<《三國職官表》蜀漢部份校補>認黃皓在「景耀末由中常侍遷，王蜀亡。」頁269-270。**列入後主時期。**

[197] 洪武雄著，<《三國職官表》蜀漢部份校補>認衛繼在「延熙末、景耀年間為奉車都尉，後遷大尚書。」頁270。**列入後主時期。**

[198] 晉·陳壽，《三國志》，卷35，<蜀書·諸葛喬傳>載「諸葛亮字孔明，琅邪陽都人也…喬字伯松，亮兄瑾之第二子也，本字仲慎…拜為駙馬都尉，隨亮至漢中。年二十五，建興（元）〔六〕年卒。」頁911-931。當在建興年間，**列入諸葛亮時期。**

[199] 洪武雄著，<《三國職官表》蜀漢部份校補>認鄧良在「景耀中為尚書左選郎，後遷駙馬都尉，至蜀亡。」頁270。**列入後主時期。**

[200] 晉·陳壽，《三國志》，卷39，<蜀書·馬良傳>載「馬良字季常，襄陽宜城人也…先主拜良子秉為騎都尉。」頁982-983。洪武雄著，<《三國職官表》蜀漢部份校補>認在「章武二年(222)。」頁271。**列入劉備時期(入蜀後)。**

[201] 洪武雄著，<《三國職官表》蜀漢部份校補>認諸葛瞻在「延熙六年(243)拜，旋遷羽林中郎將。」頁271。**列入後主時期。**

[202] 洪武雄著，<《三國職官表》蜀漢部份校補>認柳隱在「延熙末、景耀年間由巴郡太守遷，後遷漢中黃金圍督。」頁271。**列入後主時期。**

[203] 洪武雄著，<《三國職官表》蜀漢部份校補>認尹賞在「延熙末或景耀初。」頁282。**列入後主時期時期。**

附錄十三：蜀漢地方官員資料查考表　　資料來源：《三國職官表》等資料

益州牧刺史	(領益州牧)	劉備[1]	（幽州）涿郡涿縣	不列入計算
	(領益州牧)	諸葛亮[2]	（徐州）琅邪陽都	諸葛亮時期
	(領益州刺史)	蔣琬[3]	（荊州）零陵湘鄉	後主時期
	(不曾領)	文立[4]	（益州）巴郡臨江	未領任誤植
	(領益州刺史)	費褘[5]	（荊州）江夏鄳人	後主時期
	蜀郡			
	犍為			
	江陽			
	汶山			
	漢嘉			
	漢中			
	廣漢			

1 洪武雄著，<《三國職官表》蜀漢部份校補>補說「飴孫或因備為一國之主，故建安末劉備曾居官左將軍、益州牧、大司馬皆不列載。但其下益州員職以備為州牧時居多，故仍補述之，以明終始。」頁419。**不列入計算。**

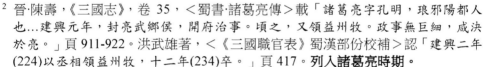

2 晉·陳壽，《三國志》，卷35，<蜀書·諸葛亮傳>載「諸葛亮字孔明，琅邪陽都人也...建興元年，封亮武鄉侯，開府治事。頃之，又領益州牧。政事無巨細，咸決於亮。」頁911-922。洪武雄著，<《三國職官表》蜀漢部份校補>認「建興二年(224)以丞相領益州牧，十二年(234)卒。」頁417。**列入諸葛亮時期。**

3 晉·陳壽，《三國志》，卷44，<蜀書·蔣琬傳>載「蔣琬字公琰、零陵湘鄉人也...亮卒，以琬為尚書令，俄而加行都護，假節，領益州刺史，遷大將軍，錄尚書事...又命琬開府，明年就加為大司馬。」頁1057-1060。洪武雄著，<《三國職官表》蜀漢部份校補>認「建興十二年(234)至延熙七年(244)，先後以尚書令、大將軍、大司馬領。」頁417。**列入後主時期。**

4 晉·常璩撰，劉琳注，《華陽國志》，卷11，<後賢志>載「文立字廣休，巴郡臨江人也...州刺史費褘命為從事，入為尚書郎，復辟褘大將軍東曹掾，稍遷尚書。」頁601。**未領任誤植。**

5 晉·陳壽，《三國志》，卷44，<蜀書·費褘傳>載「費褘字文偉，江夏鄳人也...亮卒，褘為後軍師。頃之，代蔣琬為尚書令。琬自漢中還涪，褘遷大將軍，錄尚書事...褘復領益州刺史。」頁1060-1061。洪武雄著，<《三國職官表》蜀漢部份校補>認「延熙七年(244)以大將軍領，十六年(253)歲首被刺。」頁418。**列入後主時期。**

	梓潼			
	巴郡			
	巴西			
	巴東			
	涪陵			
	宕渠			
	武都			
	陰平			
兗州刺史(遙領)		鄧芝[6]	（荊州）義陽新野	後主時期
		胡濟[7]	（荊州）義陽	後主時期
		宗預[8]	（荊州）南陽安眾	後主時期
冀州刺史(遙領)		張翼[9]	（益州）犍為武陽	後主時期
并州刺史(遙領)		廖化[10]	（荊州）襄陽	後主時期
涼州刺史(遙領)		魏延[11]	（荊州）義陽	諸葛亮時期

[6] 晉·陳壽，《三國志》，卷 45，<蜀書·鄧芝傳>載「鄧芝字伯苗，義陽新野人…亮卒，遷前軍師前將軍，領兗州刺史。」頁 1071-1073。洪武雄著，<《三國職官表》蜀漢部份校補>認「建興十二年(234)領，延熙十四年(251)卒。」頁 420。**列入後主時期**。

[7] 晉·陳壽，《三國志》，卷 39，<蜀書·董和傳>注曰「姓胡，名濟，義陽人…亮卒，為中典軍，統諸軍，封成陽亭侯，遷中監軍前將軍，督漢中，假節領兗州刺史，至右驃騎將軍。」頁 980。洪武雄著，<《三國職官表》蜀漢部份校補>認「建興十二年(234)領，延熙十四年(251)，鄧芝領兗州刺史，延熙十四年(251)濟復督漢中，當於此時『假節領兗州刺史』。」頁 420。**列入後主時期**。

[8] 晉·陳壽，《三國志》，卷 45，<蜀書·宗預傳>載「宗預字德豔，南陽安眾人也…景耀元年，以疾徵還成都。後為鎮軍大將軍，領兗州刺史。」頁 1075。洪武雄著，<《三國職官表》蜀漢部份校補>認「景耀初代胡濟領，至蜀亡。」頁 420-421。**列入後主時期**。

[9] 晉·陳壽，《三國志》，卷 45，<蜀書·張翼傳>載「張翼字伯恭，犍為武陽人也…景耀二年，遷左車騎將軍，領冀州刺史。」頁 1073-1075。**列入後主時期**。

[10] 晉·陳壽，《三國志》，卷 45，<蜀書·宗預傳>載「廖化字元儉，本名淳，襄陽人也。為前將軍關羽主簿…稍遷至右車騎將軍，假節，領并州刺史。」頁 1077。洪武雄著，<《三國職官表》蜀漢部份校補>認「景耀二年(259)至六年(263)。」頁 421。**列入後主時期**。

[11] 晉·陳壽，《三國志》，卷 40，<蜀書·魏延傳>載「魏延字文長，義陽人也…(建興)五年，諸葛亮駐漢中，更以延為督前部，領丞相司馬、涼州刺史。」頁 1002。洪武雄著，<《三國職官表》蜀漢部份校補>認「建興五年(227)至十二年(234)。」頁 421。**列入諸葛亮時期**。

交州刺史(遙領)		李恢[12]	（益州）建寧俞元	劉備時期(入蜀後)
荊州刺史(遙領)		吳懿(吳壹)[13]	（兗州）陳留	諸葛亮時期
雍州刺史(遙領)		吳懿(吳壹)	（兗州）陳留	後主時期
涼州牧(遙領)		馬超[14]	（雍州）扶風茂陵	劉備時期(入蜀後)
涼州刺史(遙領)		姜維[15]	（雍州）天水冀人	後主時期
庲降都督	朱提			統南中七郡
	越巂			
	柯			
	建寧			
	興古			
	永昌			
	雲南			
州掾屬	治中從事	潘濬[16]	（荊州）武陵	劉備時期(入蜀後)

12 晉·陳壽,《三國志》,卷 43,＜蜀書·李恢傳＞載「李恢字德昂,建寧俞元人也,
仕郡督郵,姑夫爨習為建伶令,有違犯之事,恢坐習免官...成都既定,先主領益
州牧,以恢為功曹書佐主簿。後為亡虜所誣,引恢謀反,有司執送,先主明其不
然,更遷恢為別駕從事。章武元年...以恢為庲降都督,使持節領交州刺史...封漢
興亭侯,加安漢將軍...建興七年,以交州屬吳,解恢刺史。更領建寧太守。」頁
1045-1046。**列入劉備時期(入蜀後)。**

13 晉·陳壽,《三國志》,卷 40,＜蜀書·李嚴傳＞注引建興九年(231)免李平公文有「左
將軍領荊州刺史高陽鄉侯臣吳壹。」頁 1000。同書卷 45,＜蜀書·楊戲傳＞載「(吳)
子遠名壹,陳留人也...(建興)十二年,丞相亮卒,以壹督漢中,車騎將軍,假節,
領雍州刺史,進封濟陽侯。」頁 1083。洪武雄著,＜《三國職官表》蜀漢部份校
補＞認「建興八年(230)至十二年(234)領荊州刺史,十二年至十五年(237)領雍州
刺史。」頁 421。**故分別列諸葛亮時期及後主時期,但只計算一次。**

14 晉·陳壽,《三國志》,卷 36,＜蜀書·馬超傳＞載「馬超字孟起,(右)扶風茂陵人
也...章武元年,遷驃騎將軍,領涼州牧。」頁 944-947。**列入劉備時期(入蜀後)。**

15 晉·陳壽,《三國志》,卷 44,＜蜀書·姜維傳＞載「姜維字伯約,天水冀人也...(延
熙)六年,遷鎮西大將軍,領涼州刺史。」頁 1062-1065。**列入後主時期。**

16 晉·陳壽,《三國志》,卷 45,＜蜀書·楊戲傳＞載「潘濬字承明,武陵人也。先主
入蜀,以為荊州治中,典留州事,亦與關羽不穆。孫權襲羽,遂入吳。」頁 1090。
洪武雄著,＜《三國職官表》蜀漢部份校補＞認「建安十六年(211)至廿四年(219)
濬為荊州治中,非益州員職,不應置此。」頁 422-423。**列入劉備時期(入荊後)。**

		楊洪[17]	（益州）犍為武陽	劉備時期(入蜀後)
		彭羕[18]	（益州）廣漢	劉備時期(入蜀後)
		文恭[19]	（益州）梓潼涪人	諸葛亮時期
		張裔[20]	（益州）蜀郡成都	諸葛亮時期
		黃權[21]	（益州）巴西閬中	劉備時期(入蜀後)
		馬忠[22]	（益州）巴西閬中	諸葛亮時期
		李邵[23]	（益州）廣漢郪人	諸葛亮時期

17 晉·陳壽，《三國志》，卷 41，＜蜀書·楊洪傳＞載「楊洪字季休，犍為武陽人也。劉璋時歷部諸郡...蜀郡太守法正從先主北行，亮於是表洪領蜀郡太守，眾事皆辦，遂使即真。頃之，轉為益州治中從事。」頁 1013。洪武雄著，＜《三國職官表》蜀漢部份校補＞認「建安廿五年(220)由蜀郡太守轉，建興元年(223)又由治中轉蜀郡太守加忠節將軍。」頁 423。**列入劉備時期(入蜀後)。**

18 晉·陳壽，《三國志》，卷 40，＜蜀書·彭羕傳＞載「彭羕字永年，廣漢人...羕仕州，不過書佐，後又為眾人所謗毀於州牧劉璋，璋髡鉗羕為徒隸...先主領益州牧，拔羕為治中從事...左遷羕為江陽太守。」頁 994-995。洪武雄著，＜《三國職官表》蜀漢部份校補＞認「建安十九年(214)，後左遷江陽太守。」頁 423。**列入劉備時期(入蜀後)。**

19 晉·常璩撰，劉琳注，《華陽國志》，卷 10 下，＜先賢士女總贊(下)＞載「(李)福同郡梓潼文恭，字仲寶，亦以才幹為牧亮治中從事，丞相參軍。」頁 579。洪武雄著，＜《三國職官表》蜀漢部份校補＞認「建興初，三年(225)轉丞相參軍。」頁 423。**列入諸葛亮時期。**

20 晉·陳壽，《三國志》，卷 41，＜蜀書·張裔傳＞載「張裔字君嗣，蜀郡成都人也...劉璋時，舉孝廉，為魚復長，還州署從事，領帳下司馬...丞相亮以為參軍，署府事，又領益州治中從事。」頁 1011-1013。洪武雄著，＜《三國職官表》蜀漢部份校補＞認「建興三年(225)，五年(227)轉留府長史。」頁 423-424。**列入諸葛亮時期。**

21 晉·陳壽，《三國志》，卷 43，＜蜀書·黃權傳＞載「黃權字公衡，巴西閬中人也。少為郡吏，州牧劉璋召為主簿...先主為漢中王，猶領益州牧，以權為治中從事。」頁 1043-1045。洪武雄著，＜《三國職官表》蜀漢部份校補＞認在「建安廿四年(219)由偏將軍轉，不久又由治中從事轉偏將軍。」頁 424。**列入劉備時期(入蜀後)。**

22 晉·陳壽，《三國志》，卷 43，＜蜀書·蔣琬傳＞載「馬忠字德信，巴西閬中人也...(建興)八年，召為丞相參軍，副長史蔣琬署留府事。又領州治中從事。」頁 1048-1049。洪武雄著，＜《三國職官表》蜀漢部份校補＞認「建興八年(230)由牂牁太守遷，九年(231)轉驃騎將軍李平參軍。」頁 424。**列入諸葛亮時期。**

23 晉·陳壽，《三國志》，卷 45，＜蜀書·楊戲傳＞載「(李)永南名邵，廣漢郪人也...亮南征，留邵為治中從事，是歲卒。」頁 1086。洪武雄著，＜《三國職官表》蜀漢部份校補＞認「建興三年(225)由丞相掾轉，繼文恭為治中，同年卒。」頁 424-425。**列入諸葛亮時期。**

		楊戲[24]	（益州）犍為武陽	後主時期
(州右職)		鐔承[25]	（益州）廣漢郪人	後主時期
		龐統[26]	（荊州）襄陽	劉備時期(入荊後)
		龐林[27]	（荊州）襄陽	劉備時期(入荊後)
別駕從事		趙莋[28]	籍貫不詳	劉備時期(入蜀後)
		秦宓[29]	（益州）廣漢緜竹	諸葛亮時期
		李恢[30]	（益州）建寧俞元	劉備時期(入蜀後)

---

[24] 晉·陳壽，《三國志》，卷 45，＜蜀書·楊戲傳＞載「楊戲字文然，犍為武陵人也...亮卒，為尚書右選部郎，刺史蔣琬請為治中從事史。」頁 1077。洪武雄著，＜《三國職官表》蜀漢部份校補＞認「建興十二年(234)由尚書右選部郎轉，延熙元年(238)遷大將軍東曹掾。」頁 425。**列入後主時期**。另據晉·常璩撰，劉琳注，《華陽國志》(臺北：新文豐出版公司，1988 年 11 月)，劉琳注曰「顧校：『楊義』當作楊義。《蜀志》有傳，作楊戲，『戲』、『義』古通用。」頁 563。

[25] 晉·常璩撰，劉琳注，《華陽國志》，卷 10 中，＜先賢士女總贊(中)廣漢士女＞載「鐔承，字公文，郪人也。歷郡守，州右職，為少府，太常。時費、姜秉政，孟光、來敏皆棲遲，承以和獨立，特進之也。」頁 535。洪武雄著，＜《三國職官表》蜀漢部份校補＞認「此處之『州右職』未知何職？。」頁 424-425。因稱費姜秉政時間，**列入後主時期**。

[26] 晉·陳壽，《三國志》，卷 37，＜蜀書·龐統傳＞載「龐統字士元，襄陽人也...先主領荊州，統以從事守耒陽令...(先主)以為治中從事。親待亞於諸葛亮，遂與亮並為軍師中郎將。」頁 953-956。**列入劉備時期(入荊後)**。

[27] 晉·陳壽，《三國志》，卷 37，＜蜀書·龐統傳＞載「龐統字士元，襄陽人也...統弟林，以荊州治中從事參鎮北將軍黃權征吳。」頁 953-956。**列入劉備時期(入荊後)**。

[28] 晉·陳壽，《三國志》，卷 32，＜蜀書·先主傳＞載「或傳聞漢帝見害，先主乃發喪制服...益州別駕從事趙莋。」頁 887。洪武雄著，＜《三國職官表》蜀漢部份校補＞認在「建安廿五年(220)。」頁 426。**列入劉備時期(入蜀後)**。

[29] 晉·陳壽，《三國志》，卷 38，＜蜀書·秦宓傳＞載「秦宓字子勑，廣漢緜竹人也...建興二年，丞相亮領益州牧，選宓迎為別駕。」頁 971-976。**列入諸葛亮時期**。

[30] 晉·陳壽，《三國志》，卷 43，＜蜀書·李恢傳＞載「李恢字德昂，建寧俞元人也，仕郡督郵，姑夫爨習為建伶令，有違犯之事，恢坐習免官...先主領益州牧，以恢為功曹書佐主簿...更遷恢為別駕從事。」頁 1045-1046。**列入劉備時期(入蜀後)**。

		馬勳[31]	（益州）巴西閬中	劉備時期
		李朝[32]	（益州）廣漢郪人	劉備時期(入蜀後)
		汝超[33]	籍貫不詳	後主時期
		王謀[34]	（益州）漢嘉	劉備時期(入蜀後)
		王甫[35]	（益州）廣漢郪人	劉備時期(入蜀後)
	功曹從事	楊洪[36]	（益州）犍為武陽	劉備時期(入蜀後)
		五梁[37]	（益州）犍為南安	諸葛亮時期

31 晉·陳壽，《三國志》，卷45，＜蜀書·楊儀傳＞載「(馬)盛衡名勳…巴西閬中人也。勳，劉璋時為州書佐，先主定蜀，辟為左將軍屬，後轉州別駕從事，卒。」頁1086。晉·常璩撰，劉琳注，《華陽國志》，卷7，＜劉後主志＞載「丞相亮開府，領益州牧…辟尚書郎蔣琬及廣漢李邵、巴西馬勳為掾。」頁381。同書卷1，＜巴志＞劉琳注曰「〔馬盛衡〕馬勳，閬中人。」頁56。**列入諸葛亮時期**。洪武雄著，＜《三國職官表》蜀漢部份校補＞認在「建安末由左將軍屬轉。」頁426-427。洪氏此處有誤。

32 晉·陳壽，《三國志》，卷45，＜蜀書·楊戲傳＞載「(李)永南名邵，廣漢郪人也…偉南名朝，永南兄。郡功曹，舉孝廉，臨邛令，入為別駕從事。」頁1086-1088。洪武雄著，＜《三國職官表》蜀漢部份校補＞認在「建安廿四年(219)先主稱王前。」頁427。**列入劉備時期(入蜀後)**。

33 晉·陳壽，《三國志》，卷33，＜蜀書·後主傳＞注引王隱＜蜀記＞曰「禪又遣太常張峻、益州別駕汝超受節度。」頁900。洪武雄著，＜《三國職官表》蜀漢部份校補＞認在「景耀六年(263)。」頁427。**列入後主時期**。

34 晉·陳壽，《三國志》，卷45，＜蜀書·楊戲傳＞載「王元泰名謀，漢嘉人也…劉璋時，為巴郡太守，還為州治中從事。先主定益州，領牧，以為別駕。」頁1082。洪武雄著，＜《三國職官表》蜀漢部份校補＞認在「建安十九年(214)時為別駕。」頁427。**列入劉備時期(入蜀後)**。

35 晉·陳壽，《三國志》，卷45，＜蜀書·楊戲傳＞載「(王)國山名甫，廣漢郪人也…劉璋時為州書佐。先主定蜀後，為綿竹令，還為荊州議曹從事。」頁1086。洪武雄著，＜《三國職官表》蜀漢部份校補＞認在「章武年間。」頁427-428。**列入劉備時期(入蜀後)**。

36 晉·陳壽，《三國志》，卷41，＜蜀書·楊洪傳＞載「楊洪字季休，犍為武陽人也。劉璋時歷部諸郡。先主定蜀，太守李嚴命為功曹…嚴欲薦洪於州，為蜀部從事。」頁1013。洪武雄著，＜《三國職官表》蜀漢部份校補＞認在「楊洪為犍為郡功曹非益州功曹，不應置此。」頁428。不過其確為從事，**列入劉備時期(入蜀後)**。

37 晉·陳壽，《三國志》，卷42，＜蜀書·杜微傳＞載「建興二年，丞相亮領益州牧，選迎皆妙簡舊德，以秦宓為別駕，五梁為功曹，微為主簿…五梁者，字德山，犍為南安人也。」頁1019-1020。**列入諸葛亮時時**。

		李恢[38]	（益州）建寧俞元	劉備時期(入蜀後)
		姚伷[39]	（益州）巴西閬中	劉備時期(入蜀後)
	議曹從事	杜瓊[40]	（益州）蜀郡成都	劉備時期(入蜀後)
		王甫[41]	（益州）廣漢郪人	劉備時期(入蜀後)
	勸學從事	張爽[42]	籍貫不詳	劉備時期(入蜀後)
		尹默[43]	（益州）梓潼涪人	劉備時期(入蜀後)
	勸學從事	譙周[44]	（益州）巴西西充國	諸葛亮時期

---

[38] 晉·陳壽，《三國志》，卷43，＜蜀書·李恢傳＞載「李恢字德昂，建寧俞元人也，仕郡督郵，姑夫爨習為建伶令，有違犯之事，恢坐習免官…先主領益州牧，以恢為功曹書佐主簿。」頁1045。洪武雄著，＜《三國職官表》蜀漢部份校補＞認在「建安末為功曹書佐，轉主簿。」頁429。**列入劉備時期(入蜀後)。**

[39] 晉·陳壽，《三國志》，卷45，＜蜀書·楊戲傳＞載「(姚)伷字子緒，亦閬中人。先主定益州後，為功曹書佐。」頁1087。洪武雄著，＜《三國職官表》蜀漢部份校補＞認在「建安末為功曹書佐。」頁429。**列入劉備時期(入蜀後)。**

[40] 晉·陳壽，《三國志》，卷42，＜蜀書·杜瓊傳＞載「杜瓊字伯瑜，蜀郡成都人也…劉璋時辟為從事。先主定益州，領牧，以瓊為議曹從事。」頁1021。洪武雄著，＜《三國職官表》蜀漢部份校補＞認在「建安十九年(214)，建興元年(223)遷諫議大夫。」頁429。**列入劉備時期(入蜀後)。**

[41] 晉·陳壽，《三國志》，卷45，＜蜀書·楊戲傳＞載「(王)國山名甫，廣漢郪人也…劉璋時為州書佐。先主定蜀後，為綿竹令，還為荊州議曹從事。」頁1086。洪武雄著，＜《三國職官表》蜀漢部份校補＞認「甫，廣漢郪人，益州人士任荊州從事，不符地方僚佐任用慣例，『荊州』或為『益州』之誤。」頁429。**列入劉備時期(入蜀後)。**

[42] 晉·陳壽，《三國志》，卷32，＜蜀書·先主傳＞載「或傳聞漢帝見害，先主乃發喪制服…勸學從事張爽。」頁887。洪武雄著，＜《三國職官表》蜀漢部份校補＞認在「建安廿五年(220)。」頁429-430。**列入劉備時期(入蜀後)。**

[43] 晉·陳壽，《三國志》，卷42，＜蜀書·尹默傳＞載「尹默字思潛，梓潼涪人…先主定益州，領牧，以為勸學從事。」頁1026。洪武雄著，＜《三國職官表》蜀漢部份校補＞認在「建安十九年(214)為勸學從事，章武元年(221)遷太子僕。」頁430。**列入劉備時期(入蜀後)。**

[44] 晉·陳壽，《三國志》，卷42，＜蜀書·譙周傳＞載「譙周字允南，巴西西充國人也…建興中，丞相亮領益州牧，命周為勸學從事…大將軍蔣琬領刺史，徙為典學從事，總州之學者。」頁1027-1030。洪武雄著，＜《三國職官表》蜀漢部份校補＞認在「周為勸學從事當在建興中亮領牧時，建興十二年(234)刺史蔣琬辟為典學從事。」頁430。**列入勸學從事在諸葛亮時期，典學從事則在後主時期，但只計算一次。**

	典學從事	譙周	（益州）巴西西充國	後主時期
	部郡從事	楊洪[45]	（益州）犍為武陽	劉備時期(入蜀後)
		李邵[46]	（益州）廣漢郪人	劉備時期(入蜀後)
		龔祿[47]	（益州）巴西安漢	劉備時期(入蜀後)
		費詩[48]	（益州）犍為南安	劉備時期(入蜀後)
		常房[49]	（庲降都督）牂柯	諸葛亮時期
	督軍從事	何祗[50]	（益州）蜀郡	劉備時期(入蜀後)
		王離[51]	（益州）廣漢	諸葛亮時期

45 晉‧陳壽，《三國志》，卷 41，＜蜀書‧楊洪傳＞載「楊洪字季休，犍為武陽人也。劉璋時歷部諸郡。先主定蜀，太守李嚴命為功曹…嚴欲薦洪於州，為蜀部從事。」頁 1013。洪武雄著，＜《三國職官表》蜀漢部份校補＞認在「建安十九年(214)犍為功曹，後轉部蜀部從事，廿二年(217)領蜀郡太守，不久真除。」頁 431。**列入劉備時期(入蜀後)**。

46 晉‧陳壽，《三國志》，卷 45，＜蜀書‧楊戲傳＞載「(李)永南名邵，廣漢郪人也。先主定蜀後，為州書佐部從事。」頁 1086。洪武雄著，＜《三國職官表》蜀漢部份校補＞認在「建安末由州書佐轉，未知部何郡？建興元年(223)丞相亮辟為西曹掾。」頁 431-432。**列入劉備時期(入蜀後)**。

47 晉‧陳壽，《三國志》，卷 45，＜蜀書‧楊戲傳＞載「(龔)德緒名祿，巴西安漢人也。先主定益州，為郡從事牙門將。」頁 1088。洪武雄著，＜《三國職官表》蜀漢部份校補＞認在「建安末為部郡從事，未知部何郡？建興三年(223)遷越巂太守。」頁 432。**列入劉備時期(入蜀後)**。

48 晉‧陳壽，《三國志》，卷 41，＜蜀書‧費詩傳＞載「費詩字公舉，犍為南安人也。劉璋時為綿竹令…先主為漢中王…左遷部永昌從事。」頁 1015-1016。另據洪武雄著，＜《三國職官表》蜀漢部份校補＞認在「廿六年(221)由益州前部司馬左遷部永昌從事。」頁 432。**列入劉備時期(入蜀後)**。

49 清‧洪飴孫，《三國職官表》，記「部郡從事…牂柯常房」。收入《廿五史補編》（北京：中華書局，1986 年 6 月）第二冊，第 86 頁，總頁 2816。洪武雄著，＜《三國職官表》蜀漢部份校補＞認在「建興元年(223)。」頁 432-433。**列入諸葛亮時期**。

50 晉‧陳壽，《三國志》，卷 43，＜蜀書‧張嶷傳＞載「廣漢太守蜀郡何祗。」頁 1051。另據同書卷 41，＜蜀書‧楊洪傳＞注引＜益部耆舊傳雜記＞曰「祗字君肅…初仕郡，後為督軍從事。」頁 1014。洪武雄著，＜《三國職官表》蜀漢部份校補＞認在「建安末由郡吏遷，後兼領成都、郫二縣令。」頁 433。**列入劉備時期(入蜀後)**。

51 晉‧陳壽，《三國志》，卷 41，＜蜀書‧楊洪傳＞注引＜益部耆舊傳雜記＞曰「廣漢王離，字伯元，亦以才幹顯。為督軍從事，推法平當，稍遷，代祗為犍為太守。」頁 1014。洪武雄著，＜《三國職官表》蜀漢部份校補＞認在「建興初。」頁 433-434。**列入諸葛亮時期**。

		費詩[52]	（益州）犍為南安	劉備時期(入蜀後)
		楊戲[53] (楊羲、楊義)	（益州）犍為武陽	諸葛亮時期
		常勗[54]	（益州）蜀郡江原	後主時期
	從事祭酒	何宗[55]	（益州）蜀郡郫人	劉備時期(入蜀後)
		程畿[56]	（益州）巴西閬中	劉備時期(入蜀後)
		秦宓[57]	（益州）廣漢緜竹	劉備時期(入蜀後)

---

[52] 晉·陳壽，《三國志》，卷 41，＜蜀書·費詩傳＞載「費詩字公舉，犍為南安人也。劉璋時為緜竹令，先主攻緜竹時，詩先舉城降。成都既定，先主領益州牧，以詩為督軍從事，出為牂牁太守，還為州前部司馬。」頁 1015-1016。洪武雄著，＜《三國職官表》蜀漢部份校補＞認在「建安十九年(214)，廿四年(219)之前遷牂牁太守。」頁 434。**列入劉備時期(入蜀後)。**

[53] 晉·陳壽，《三國志》，卷 45，＜蜀書·楊戲傳＞載「楊戲字文然，犍為武陵人也…戲年二十餘，從州書佐為督軍從事，職典刑獄，論法決疑，號為平當，府辟為屬主簿。」頁 1077。洪武雄著，＜《三國職官表》蜀漢部份校補＞認在「建興中由州書佐遷，後諸葛亮辟為丞相屬。」頁 434。**列入諸葛亮時期。**另據晉·常璩撰，劉琳注，《華陽國志》(臺北：新文豐出版公司，1988 年 11 月)，劉琳注曰「顧校：『楊義』當作楊羲。《蜀志》有傳，作楊戲，『戲』、『義』古通用。」頁 563。

[54] 晉·常璩撰，劉琳注，《華陽國志》，卷 11，＜後賢志＞載「常勗，字脩(修)業，蜀郡江原人也…命州辟從事。入為光祿郎中主事。又為尚書左選郎。郡請迎為功曹。時州將董軍政，置從事，職典刑獄；以勗清亮，復為督軍；治訟平當。還察孝廉。除郫令。」頁 603。洪武雄著，＜《三國職官表》蜀漢部份校補＞認「就文義而言，其初任從事、復為督軍，皆督軍從事也…延熙末、景耀年間由督軍從事轉光祿郎中，又由郡功曹復轉。」頁 434。**列入後主時期。**

[55] 晉·陳壽，《三國志》，卷 45，＜蜀書·楊戲傳＞載「何彥英名宗，蜀郡郫人也…劉璋時，為犍為太守。先主定益州，領牧，辟為從事祭酒。」頁 1083。洪武雄著，＜《三國職官表》蜀漢部份校補＞認「建安十九年(214)，章武元年(221)遷大鴻臚。」頁 434-435。**列入劉備時期(入蜀後)。**

[56] 晉·陳壽，《三國志》，卷 45，＜蜀書·楊戲傳＞載「(程)季然名畿，巴西閬中人也。劉璋時為漢昌長…遷畿江陽太守。先主領益州牧，辟為從事祭酒。」頁 1089。洪武雄著，＜《三國職官表》蜀漢部份校補＞認「建安末為從事祭酒，先主稱帝後應有它轉，史書未載。」頁 435。**列入劉備時期(入蜀後)。**

[57] 晉·陳壽，《三國志》，卷 38，＜蜀書·秦宓傳＞載「秦宓字子勑，廣漢緜竹人也…劉璋時，宓同郡王商為治中從事…先主既定益州…益州辟宓為從事祭酒…建興二年，丞相亮領益州牧，選宓迎為別駕。」頁 971-976。洪武雄著，＜《三國職官表》蜀漢部份校補＞認「建安末由廣漢師友然酒領五官掾轉，建興二年(224)州牧諸葛亮辟為別駕。」頁 435。**列入劉備時期(入蜀後)。**

		從事	陳震[58]	（荊州）南陽	劉備時期(入荊後)
			馬謖[59]	（荊州）襄陽宜城	劉備時期(入荊後)
			鄧方[60]	（荊州）南郡	劉備時期(入蜀後)
			張嶷[61]	（益州）巴郡南充國	劉備時期(入蜀後)
			李密(李宓)[62]	（益州）犍為武陽	後主時期
			李邈[63]	（益州）廣漢郪人	劉備時期(入蜀後)
			杜禎[64]	（益州）蜀郡成都	諸葛亮時期

58 晉·陳壽，《三國志》，卷39，＜蜀書·陳震傳＞載「陳震字孝起，南陽人也。先主領荊州牧，辟為從事，部諸郡，隨先主入蜀。蜀既定，為蜀郡北部都尉，因易郡名，為汶山太守，轉在犍為。」頁984-985。劉備為荊州牧辟為從事，**列入劉備時期(入荊後)**。

59 晉·陳壽，《三國志》，卷39，＜蜀書·馬謖傳＞載「馬良字季常，襄陽宜城人也…良弟謖，字幼常。以荊州從事隨先主入蜀，除綿竹成都令、越巂太守。」頁982-983。**列入劉備時期(入荊後)**。

60 晉·陳壽，《三國志》，卷45，＜蜀書·楊戲傳＞載「(鄧)孔山名方，南郡人也。以荊州從事隨先主入蜀。蜀既定，為犍為屬國都尉，因易郡名，為朱提太守。」頁1081。**列入劉備時期(入荊後)**。

61 晉·陳壽，《三國志》，卷43，＜蜀書·張嶷傳＞載「張嶷字伯岐，巴郡南充國人也，弱冠為縣功曹。先主定蜀之際，山寇攻縣，縣長捐家逃亡，嶷冒白刃，攜負夫人，夫人得免。由是顯名，州召為從事…建興五年，丞相亮北住漢中…嶷以都尉將兵…拜為牙門將。」頁1051-1054。洪武雄著，＜《三國職官表》蜀漢部份校補＞認「建安末，建興五年(227)之前遷廣漢郡都尉。」頁435。**列入劉備時期(入蜀後)**。

62 晉·陳壽，《三國志》，卷45，＜蜀書·楊戲傳＞注「(楊)戲同縣(犍為武陽)後進有李密者。」又注引＜華陽國志＞曰「本郡禮命不應，州辟從事尚書郎。」頁1078。洪武雄著，＜《三國職官表》蜀漢部份校補＞認「延熙末、景耀年間，後轉尚書郎。」頁435-436。**列入後主時期**。密也有不同版本寫宓，如前引劉琳注，《華陽國志》，卷11，＜後賢志＞，頁607。

63 晉·陳壽，《三國志》，卷45，＜蜀書·楊戲傳＞載「(李)永南名邵，廣漢郪人也。」注引＜華陽國志＞曰「邵兄邈，字漢南，劉璋時為牛鞞長。先主領牧，為從事…久之，為犍為太守、丞相參軍、安漢將軍。」頁1086。洪武雄著，＜《三國職官表》蜀漢部份校補＞認「建安十九年(214)。」頁436。**列入劉備時期(入蜀後)**。

64 晉·常璩撰，劉琳注，《華陽國志》，卷11，＜後賢志＞載「柳隱，字休然，蜀郡成都人也。少與同郡杜禎、柳伸並知名…杜禎，字文然，柳伸，字雅厚，州牧諸葛亮辟為從事。」頁602-603。洪武雄著，＜《三國職官表》蜀漢部份校補＞認「建興中。」頁436。**列入諸葛亮時期**。

		柳伸 (參杜禎條)	（益州）蜀郡成都	諸葛亮時期
		馬齊[65]	（益州）巴西閬中	諸葛亮時期
		文立[66]	（益州）巴郡臨江	後主時期
		司馬勝之[67]	（益州）廣漢綿竹	後主時期
		何隨[68]	（益州）蜀郡郫人	後主時期
		王化[69]	（益州）廣漢郪人	後主時期
		壽良[70]	（益州）蜀郡成都	後主時期
	前部司馬	費詩[71]	（益州）犍為南安	劉備時期(入蜀後)

---

65 晉·陳壽，《三國志》，卷 45，＜蜀書·楊戲傳＞載「(馬)盛衡名勳，(馬)承伯名齊，皆巴西閬中人也…建興中，從事丞相掾，遷廣漢太守。」頁 1086-1087。洪武雄著，＜《三國職官表》蜀漢部份校補＞認「建興中為從事，後遷丞相掾。」頁 436。**列入諸葛亮時期。**

66 晉·常璩撰，劉琳注，《華陽國志》，卷 11，＜後賢志＞載「文立字廣休，巴郡臨江人也…州刺史費禕命為從事，入為尚書郎。」頁 601。洪武雄著，＜《三國職官表》蜀漢部份校補＞認「延熙中，後入為尚書郎。」頁 436。**列入後主時期。**

67 晉·常璩撰，劉琳注，《華陽國志》，卷 11，＜後賢志＞載「司馬勝之，字興先，廣漢緜竹人也…初為郡功曹…州辟從事，進尚書左選郎，徙祕書郎。」頁 603。洪武雄著，＜《三國職官表》蜀漢部份校補＞認「延熙末、景耀年間由廣漢郡功曹轉，後遷尚書左選郎。」頁 436-437。**列入後主時期。**

68 晉·常璩撰，劉琳注，《華陽國志》，卷 11，＜後賢志＞載「何隨，字季業，蜀郡郫人也…郡命功曹。州辟從事。」頁 604。洪武雄著，＜《三國職官表》蜀漢部份校補＞認「延熙末、景耀年間由蜀郡功曹轉，後遷光祿郎中。」頁 437。**列入後主時期。**

69 晉·常璩撰，劉琳注，《華陽國志》，卷 11，＜後賢志＞載「王化，字伯遠，廣漢郪人也…郡命功曹，州辟從事，光祿郎中主事，尚書郎。」頁 605。洪武雄著，＜《三國職官表》蜀漢部份校補＞認「延熙末、景耀年間由廣漢郡功曹轉，後遷光祿郎中。」頁 437。**列入後主時期。**

70 晉·常璩撰，劉琳注，《華陽國志》，11，＜後賢志＞載「壽良，字文淑，蜀郡成都人也…州從事，散騎、黃門侍郎。」頁 612。洪武雄著，＜《三國職官表》蜀漢部份校補＞認「延熙末、景耀年間。」頁 437。**列入後主時期。**

71 晉·陳壽，《三國志》，卷 41，＜蜀書·費詩傳＞載「費詩字公舉，犍為南安人也。劉璋時為緜竹令…先主領益州牧，以詩為督軍從事，出為牂牁太守，還為州前部司馬。」頁 1015-1016。洪武雄著，＜《三國職官表》蜀漢部份校補＞認「建安廿四年(219)前，由牂牁太守遷，廿六年(221)左遷部永昌從事。」頁 437。**列入劉備時期(入蜀前)。**

	後部司馬	張裕[72]	（益州）蜀郡	劉備時期(入蜀後)
	左部司馬			
	右部司馬			
	主簿	杜微[73]	（益州）梓潼涪人	諸葛亮時期
		李恢[74]	（益州）建寧俞元	劉備時期(入蜀前)
	書佐	蔣琬[75]	（荊州）零陵湘鄉	劉備時期(入荊後)
		李譔[76]	（益州）梓潼涪人	後主時期
		李恢[77]	（益州）建寧俞元	劉備時期(入蜀後)
		張翼[78]	（益州）犍為武陽	劉備時期(入蜀後)

[72] 晉·陳壽,《三國志》,卷 42,<蜀書·周羣傳>載「時州後部司馬蜀郡張裕...先主與劉璋會涪時,裕為璋從事,侍坐。」頁 1020-21。洪武雄著,<《三國職官表》蜀漢部份校補>認「建安廿二年(217)時為州後部司馬,廿四年(219)誅。」頁 437-438。**列入劉備時期(入蜀前)**。

[73] 晉·陳壽,《三國志》,卷 42,<蜀書·杜微傳>載「杜微字國輔,梓潼涪人也...劉璋辟為從事,以疾去官...建興二年,丞相亮領益州牧,選迎皆妙簡舊德,以秦宓為別駕,五梁為功曹,微為主簿。」頁 1019-1020。洪武雄著,<《三國職官表》蜀漢部份校補>認「建興二年(224),不久拜諫議大夫。」頁 438。**列入諸葛亮時期**。

[74] 晉·陳壽,《三國志》,卷 43,<蜀書·李恢傳>載「李恢字德昂,建寧俞元人也...先主領益州牧,以恢為功曹書佐主簿...更遷恢為別駕從事。」頁 1045-1046。洪武雄著,<《三國職官表》蜀漢部份校補>認「建安由書佐遷,後遷別駕。」頁 438-439。**列入劉備時期(入蜀前)**。

[75] 晉·陳壽,《三國志》,卷 44,<蜀書·蔣琬傳>載「蔣琬字公琰、零陵湘鄉人也...琬以州書佐隨先主入蜀,除廣都長。」頁 1057-1060。洪武雄著,<《三國職官表》蜀漢部份校補>認在「建安十九年(214)由荊州書佐遷,旋遷什邡令。」頁 481。**列入劉備時期(入荊後)**。

[76] 晉·陳壽,《三國志》,卷 42,<蜀書·李譔傳>載「李譔字欽仲,梓潼涪人也...始為州書佐、尚書令史。」頁 1026-1027。洪武雄著,<《三國職官表》蜀漢部份校補>認「建興末,後轉尚書令史。」頁 439。**列入後主時期**。

[77] 晉·陳壽,《三國志》,卷 43,<蜀書·李恢傳>載「李恢字德昂,建寧俞元人也...仕郡督郵,姑夫爨習為建伶令,有違犯之事,恢坐習免官...先主領益州牧,以恢為功曹書佐主簿...更遷恢為別駕從事。」頁 1045-1046。洪武雄著,<《三國職官表》蜀漢部份校補>認「建安末為功曹書佐。」頁 439。**列入劉備時期(入蜀後)**。

[78] 晉·陳壽,《三國志》,卷 45,<蜀書·張翼傳>載「張翼字伯恭,犍為武陽人也...先主定益州,領牧,翼為書佐。」頁 1073-1075。洪武雄著,<《三國職官表》蜀漢部份校補>認「建安十九年(214),建安末舉孝廉、為江陽長。」頁 439。**列入劉備時期(入蜀後)**。

		楊戲[79] (楊羲、楊義)	（益州）犍為武陽	諸葛亮時期
		李邵[80]	（益州）廣漢郪人	劉備時期(入蜀後)
		姚伷[81]	（益州）巴西閬中	劉備時期(入蜀後)
		李福[82]	（益州）梓潼涪人	劉備時期(入蜀後)
		王長文[83]	（益州）廣漢郪人	後主時期
		陳壽[84]	（益州）巴西安漢	錯置不列入計算
郡太守	固陵郡	劉琰[85]	（豫州）魯國	劉備時期(入蜀後)
		康立[86]	（荆州）武陵	劉備時期(入蜀後)

[79] 晉·陳壽，《三國志》，卷 45，＜蜀書·楊戲傳＞載「楊戲字文然，犍為武陵人也...戲年二十餘，從州書佐為督軍從事。」頁 1077。洪武雄著，＜《三國職官表》蜀漢部份校補＞認「建興初，後遷督軍從事。」頁 439。**列入諸葛亮時期**。另據晉·常璩撰，劉琳注，《華陽國志》(臺北：新文豐出版公司，1988 年 11 月)，劉琳注曰「顧校：『楊義』當作楊義。《蜀志》有傳，作楊戲，『戲』、『義』古通用。」頁 563。

[80] 晉·陳壽，《三國志》，卷 45，＜蜀書·楊戲傳＞載「(李)永南名邵，廣漢郪人也。先主定蜀後，為州書佐部從事。」頁 1086。洪武雄著，＜《三國職官表》蜀漢部份校補＞認「建安末，後遷部郡從事。」頁 439。**列入劉備時期(入蜀後)**。

[81] 晉·陳壽，《三國志》，卷 45，＜蜀書·楊戲傳＞載「(姚)伷字子緒，亦閬中人。先主定益州後，為功曹書佐。」頁 1087。洪武雄著，＜《三國職官表》蜀漢部份校補＞認「建安末為功曹書佐。」頁 439。**列入劉備時期(入蜀後)**。

[82] 晉·陳壽，《三國志》，卷 45，＜蜀書·楊戲傳＞載「(李)孫德名福，梓潼涪人也。先主定益州後，為書佐、西充國長、成都令。」頁 1087。洪武雄著，＜《三國職官表》蜀漢部份校補＞認「建安十九年(214)，後遷西充國長。」頁 440。**列入劉備時期(入蜀後)**。

[83] 晉·常璩撰，劉琳注，《華陽國志》，卷 11，＜後賢志＞載「王長文，字德儁，廣漢郪人也...弱冠，州三辟書佐。」頁 611。洪武雄著，＜《三國職官表》蜀漢部份校補＞認「延熙末、景耀年間。」頁 440。**列入後主時期**。

[84] 晉·常璩撰，劉琳注，《華陽國志》，11，＜後賢志＞載「晉·陳壽，字承祚，巴西安漢人也。少受學於散騎常侍譙周...初應州命。」頁 606。洪武雄著，＜《三國職官表》蜀漢部份校補＞認「壽豈能為諸葛亮門下書佐。所謂長老占，妄言耳。」頁 440。**錯置於此**。

[85] 晉·陳壽，《三國志》，卷 40，＜蜀書·劉琰傳＞載「劉琰字威碩，魯國人也...先主定益州，以琰為固陵太守。」頁 1001。洪武雄著，＜《三國職官表》蜀漢部份校補＞認「建安末。」頁 440。**列入劉備時期(入蜀後)**。

[86] 晉·常璩撰，劉琳注，《華陽國志》，卷 1，＜巴志＞載「建安二十一年，以朐忍、魚復、〉〔漢豐〕、羊渠，及宜都之巫、北井六縣為固陵郡。武陵康立為太守。」頁 11。**列入劉備時期(入蜀後)**。

	西城郡	申儀[87]	籍貫不詳	劉備時期(入蜀後)
	長沙郡	廖立[88]	（荊州）武陵臨沅	劉備時期(入荊後)
	房陵郡	向朗[89]	（荊州）襄陽宜城	劉備時期(入蜀後)
		鄧輔[90]	籍貫不詳	劉備時期(入蜀後)
	宜都郡	廖化[91]	（荊州）襄陽	劉備時期(入蜀後)
		孟達[92]	（雍州）扶風	劉備時期(入蜀後)
		樊友[93]	籍貫不詳	劉備時期(入蜀後)

---

87 晉·陳壽，《三國志》，卷40，＜蜀書·劉封傳＞載「建安廿四年...上庸太守申耽舉眾降...先主加耽征北將軍...以耽弟儀為建信將軍、西城太守。」頁991。列入**劉備時期(入蜀後)**。

88 晉·陳壽，《三國志》，卷40，＜蜀書·廖立傳＞載「廖立字公淵，武陵臨沅人。先主領荊州牧，辟為從事，年未三十，擢為長沙太守。」頁997-998。洪武雄著，＜《三國職官表》蜀漢部份校補＞認「建安十四年(209)先主領荊州牧，十六年(211)入蜀，立由荊州從事遷長沙太守當在建安十四年(209)、五年(210)間，建安廿年(215)轉巴郡太守。」頁441。列入**劉備時期(入荊後)**。

89 晉·陳壽，《三國志》，卷41，＜蜀書·向朗傳＞載「向朗字巨達，襄陽宜城人也。荊州牧劉表以為臨沮長。表卒，歸先主...蜀既平，以朗為巴西太守，頃之轉任牂牁，又徙房陵。」頁1010-1011。洪武雄著，＜《三國職官表》蜀漢部份校補＞認「章武元年(221)由牂牁太守徙，二年(222)先主東征，大敗，不復有房陵郡。」頁442。列入**劉備時期(入蜀後)**。

90 晉·陳壽，《三國志》，卷58，＜吳書·陸遜傳＞載「遜遣將軍李異、謝旌等將三千人，攻蜀將詹晏、陳鳳...又攻房陵太守鄧輔、南鄉太守郭睦，大破之。」頁1345。洪武雄著，＜《三國職官表》蜀漢部份校補＞認鄧輔在「建安廿四年。」頁442。列入**劉備時期(入蜀後)**。

91 晉·陳壽，《三國志》，卷45，＜蜀書·宗預傳＞載「廖化字元儉，本名淳，襄陽人也。為前將軍關羽主簿...會先主東征，遇於秭歸。先主大悅，以化為宜都太守。」頁1077。洪武雄著，＜《三國職官表》蜀漢部份校補＞認在「章武元年(221)，建興元年(223)轉丞相參軍。」頁442。列入**劉備時期(入蜀後)**。

92 晉·陳壽，《三國志》，卷40，＜蜀書·劉封傳＞載「初，劉璋遣扶風孟達副法正，各將兵二千人，使迎先主，先主因令達并領其眾，留屯江陵。蜀平後，以達為宜都太守。」頁991。洪武雄著，＜《三國職官表》蜀漢部份校補＞認鄧輔在「建安十九年(214)至廿四年(219)。」頁443。列入**劉備時期(入蜀後)**。

93 晉·陳壽，《三國志》，卷58，＜吳書·陸遜傳＞載「備宜都太守樊友委郡走，諸城長吏及蠻夷君長皆降。」頁1345。洪武雄著，＜《三國職官表》蜀漢部份校補＞認在「建安廿四年(219)。」頁443。列入**劉備時期(入蜀後)**。

		張飛[94]	（幽州）涿郡涿縣	劉備時期(入荆後)
	南郡	麋芳[95]	（徐州）東海朐人	劉備時期(入蜀後)
		張飛[96]	（幽州）涿郡涿縣	劉備時期(入荆後)
	零陵郡	郝普[97]	（荆州）義陽	劉備時期(入蜀後)
	南鄉郡	郭睦[98]	籍貫不詳	劉備時期(入蜀後)
	弘農郡	楊儀[99]	（荆州）襄陽	劉備時期(入蜀後)
	扶風郡	張翼[100]	（益州）犍為武陽	諸葛亮時期

---

[94] 晉·陳壽，《三國志》，卷 36，＜蜀書·張飛傳＞載「張飛字益德，涿郡人也…先主既定江南，以飛為宜都太守、征虜將軍，封新亭侯，後轉在南郡…以飛領巴西太守。」頁 943-944。洪武雄著，＜《三國職官表》蜀漢部份校補＞認在「建安十五年(210)為宜都太守，後轉南郡。」頁 443。**列入劉備時期(入荆後)。**

[95] 晉·陳壽，《三國志》，卷 45，＜蜀書·楊戲傳＞載「麋芳字子方，東海人也，為南郡太守。」頁 1090。為麋竺弟，參看麋竺條。洪武雄著，＜《三國職官表》蜀漢部份校補＞認在「建安廿四年(219)時，降吳。」頁 443。**列入劉備時期(入荆後)。**

[96] 晉·陳壽，《三國志》，卷 36，＜蜀書·張飛傳＞載「張飛字益德，涿郡人也…先主既定江南，以飛為宜都太守、征虜將軍，封新亭侯，後轉在南郡…以飛領巴西太守。」頁 943-944。洪武雄著，＜《三國職官表》蜀漢部份校補＞認在「建安中由宜都太守轉，十九年(214)轉巴西太守。」頁 443。**列入劉備時期(入荆後)。**

[97] 晉·陳壽，《三國志》，卷 45，＜蜀書·楊戲傳＞載「郝普字子太，義陽人。先主自荆州入蜀，以普為零陵太守。」頁 1090。洪武雄著，＜《三國職官表》蜀漢部份校補＞認在「建安十五年(210)，十九年降吳。」頁 444。**列入劉備時期(入荆後)。**

[98] 晉·陳壽，《三國志》，卷 58，＜吳書·陸遜傳＞載「遜…攻蜀將詹晏、陳鳳…又攻房陵太守鄧輔、南鄉太守郭睦，大破之。」頁 1345。洪武雄著，＜《三國職官表》蜀漢部份校補＞認郭睦在「建安廿四年(219)。」頁 444。**列入劉備時期(入蜀後)。**

[99] 晉·陳壽，《三國志》，卷 40，＜蜀書·楊儀傳＞載「楊儀字威公，襄陽人也。建安中，為荆州刺史傅羣主簿，背羣而詣襄陽太守關羽…及先主為漢中王，拔儀為尚書…左遷遙署弘農太守。」頁 1004-1005。洪武雄著，＜《三國職官表》蜀漢部份校補＞認在「章武元年(221)由尚書左遷，建興三年(225)轉丞相參軍。」頁 444。**列入劉備時期(入荆後)。**

[100] 晉·陳壽，《三國志》，卷 45，＜蜀書·張翼傳＞載「張翼字伯恭，犍為武陽人也…建興九年，為庲降都督、綏南中郎將…亮出武功，以翼為前軍都督，領扶風太守。」頁 1073-1075。洪武雄著，＜《三國職官表》蜀漢部份校補＞認在「建興十二年(234)領扶風太守，亮卒，退軍，不復領郡。」頁 444-445。**列入諸葛亮時期。**

	漢陽郡	法邈[101]	（雍州）扶風郿人	後主時期
	上庸郡	申耽[102]	籍貫不詳	劉備時期(入蜀後)
		陳術[103]	（益州）漢中	時段不詳
	巴郡	張裔[104]	（益州）蜀郡成都	劉備時期(入蜀後)
		輔匡[105]	（荊州）襄陽	劉備時期(入蜀後)
		廖立[106]	（荊州）武陵臨沅	劉備時期(入蜀後)

[101] 晉·陳壽，《三國志》，卷37，＜蜀書·法正傳＞載「法正字孝直，（右）扶風郿人也…賜子邈爵關內侯，官至奉車都尉、漢陽太守。」頁957-961。洪武雄著，＜《三國職官表》蜀漢部份校補＞認在「後主世由奉車都尉轉。」頁445。**列入後主時期**。

[102] 晉·陳壽，《三國志》，卷40，＜蜀書·劉封傳＞載「建安廿四…先主加(申)耽征北將軍，領上庸太守員鄉侯如故…申耽降魏。」頁991-994。**列入劉備時期(入蜀後)**。

[103] 晉·陳壽，《三國志》，卷42，＜蜀書·李譔傳＞載「時又有漢中陳術，字申伯，亦博學多聞，著釋問七篇、益部耆舊傳及志，位歷三郡太守。」頁1027。晉·常璩撰，劉琳注，《華陽國志》，卷10下，＜先賢士女總贊(下)＞載「陳術，字申伯，作《耆舊傳》者也。失其行事。歷新城、魏興、上庸三郡太守。」頁573。劉琳校注曰「按新城、魏興、上庸三郡乃建安二十年曹操立。廿四年屬蜀，太守分別為孟達、申儀、申耽。至次年三郡復歸魏。則陳術歷任三郡太守乃魏官，疑此人是後來歸附蜀漢，不然則係遙置。」頁590。**故陳術任官時段不詳**。

[104] 晉·陳壽，《三國志》，卷41，＜蜀書·張裔傳＞載「張裔字君嗣，蜀郡成都人也…劉璋時，舉孝廉，為魚復長，還州署從事，領帳下司馬…先主以裔為巴郡太守，還為司金中郎將。」頁1011-1013。洪武雄著，＜《三國職官表》蜀漢部份校補＞認在「建安十九年(214)、廿(215)為巴郡太守，不久轉司金中郎將。」頁446-447。**列入劉備時期(入蜀後)**。

[105] 晉·陳壽，《三國志》，卷45，＜蜀書·楊戲傳＞載「輔元弼名匡，襄陽人也。隨先主入蜀。益州既定，為巴郡太守。」頁1084。洪武雄著，＜《三國職官表》蜀漢部份校補＞認在「其任巴守亦當在建安十九年(214)、廿年(215)間，不其與張裔孰先孰後。」頁447。**列入劉備時期(入蜀後)**。

[106] 晉·陳壽，《三國志》，卷40，＜蜀書·廖立傳＞載「廖立字公淵，武陵臨沅人。先主領荊州牧，辟為從事，年未三十，擢為長沙太守…以為巴郡太守。二十四年，先主為漢中王，徵立為侍中。」頁997-998。洪武雄著，＜《三國職官表》蜀漢部份校補＞認在「建安廿年(215)由長沙太守轉，廿年(219)遷侍中。」頁447。**列入劉備時期(入荊後)**。

		費觀[107]	（荊州）江夏鄳人	劉備時期(入蜀後)
		楊顒[108]	（荊州）襄陽	諸葛亮時期
		董恢[109]	（荊州）襄陽	諸葛亮時期
		柳隱[110]	（益州）蜀郡成都	後主時期
		薛齊[111]	（豫州）陳國	後主時期
		王彭[112]	（益州）廣漢郪人	不明時段
	巴東郡(含固陵)	康立[113]	（荊州）武陵	劉備時期(入蜀後)

[107] 晉·陳壽，《三國志》，卷45，＜蜀書·楊戲傳＞載「（費）賓伯名觀，江夏鄳人也。劉璋母，觀之族姑，璋又以女妻觀。觀建安十八年參李嚴軍，拒先主於綿竹，與嚴俱降，先主既定益州，拜為裨將軍，後為巴郡太守、江州都督。」頁1081-1082。洪武雄著，＜《三國職官表》蜀漢部份校補＞認在「章武三年(223)。」頁447-448。列入劉備時期(入蜀後)。

[108] 晉·陳壽，《三國志》，卷45，＜蜀書·楊戲傳＞載「（楊）顒亦荊州人也。」注引＜襄陽記＞曰「楊顒字子昭，楊儀宗人也。入蜀，為巴郡太守，丞相諸葛亮主簿…後為東曹屬典選舉。」頁1082。楊儀襄陽人，參楊儀註。洪武雄著，＜《三國職官表》蜀漢部份校補＞認在「建興初，後轉丞相主簿。」頁448。列入諸葛亮時期。

[109] 晉·陳壽，《三國志》，卷39，＜蜀書·董允傳＞注引＜襄陽記＞曰「董恢字休緒，襄陽人。入蜀，以宣信中郎副費禕使吳…辟為丞相府屬，遷巴郡太守。」頁986。洪武雄著，＜《三國職官表》蜀漢部份校補＞認在「建興十二年(234)前後由丞相府屬遷。」頁448。列入諸葛亮時期。

[110] 晉·常璩撰，劉琳注，《華陽國志》，卷11，＜後賢志＞載「柳隱，字休然，蜀郡成都人也…數從大將軍姜維征伐…為牙門將，巴郡太守。」頁602。洪武雄著，＜《三國職官表》蜀漢部份校補＞認在「延熙末、景耀年間由牙門將遷，後遷騎都尉。」頁449。列入後主時期。

[111] 宋·歐陽修、宋祁撰，《新唐書》，卷73下，＜宰相世系三下＞載「薛氏出自任姓…饒生愿，為淮陽太守，因徙居焉…子永，字茂長，從蜀先主入蜀，為蜀郡太守。永生齊，字夷甫，巴、蜀二郡太守。」頁2989-2990。洪武雄著，＜《三國職官表》蜀漢部份校補＞認在「當在延熙末、景耀年間，後遷蜀郡守。」頁449。列入後主時期。

[112] 晉·常璩撰，劉琳注，《華陽國志》，卷11，＜後賢志＞載「王化，字伯遠，廣漢郪人也…父彭，字仲□巴郡太守。」頁605。洪武雄著，＜《三國職官表》蜀漢部份校補＞認「延熙末、景耀年間，王化歷仕郡、州吏、光祿郎中主事、尚書郎、縣令等職。其父王彭任巴守應在蜀漢世，惟不知年代。」頁449。列入不明時段。

[113] 晉·常璩撰，劉琳注，《華陽國志》，卷1，＜巴志＞載「建安二十一年，以朐忍、魚復、〔漢豐〕、羊渠，及宜都之巫、北井六縣為固陵郡。武陵康立為太守。」頁11。洪武雄著，＜《三國職官表》蜀漢部份校補＞認在「建安廿一年(216)。」頁449-450。列入劉備時期(入蜀後)。

		劉琰[114]	（豫州）魯國	劉備時期(入蜀後)
		輔匡[115]	（荊州）襄陽	參巴郡太守輔匡
		羅憲(羅獻)[116]	（荊州）襄陽	後主時期
	巴西郡	張飛[117]	（幽州）涿郡涿縣	劉備時期(入蜀後)
		向朗[118]	（荊州）襄陽宜城	劉備時期(入蜀後)
		閻芝[119]	籍貫不詳	劉備時期(入蜀後)
		李福[120]	（益州）梓潼涪人	諸葛亮時期

114 晉·陳壽，《三國志》，卷40，＜蜀書·劉琰傳＞載「劉琰字威碩，魯國人也。先主在豫州，辟為從事...先主定益州，以琰為固陵太守。」頁1001。洪武雄著，＜《三國職官表》蜀漢部份校補＞認「劉琰為太守當在建安廿一年(216)廉立之後，章武元年(221)改稱巴東郡之前...建安末。」頁450。**列入劉備時期(入蜀後)**。

115 晉·陳壽，《三國志》，卷45，＜蜀·楊戲傳＞載「輔元弼名匡，襄陽人也。隨先主入蜀。益州既定，為巴郡太守。建興中，徙鎮南，為右將軍，封中鄉侯。」頁1084。洪武雄著，＜《三國職官表》蜀漢部份校補＞認「章武元年(221)。」頁450。**列入劉備時期(入蜀後)**。

116 晉·陳壽，《三國志》，卷41，＜蜀書·霍峻傳＞載「巴東領軍襄陽羅憲。」另注引＜襄陽記＞曰「羅憲字令則，父蒙，避亂於蜀，官至廣漢太守...左遷巴東太守。時右大將軍閻宇都督巴東，為領軍，後主拜憲為宇副貳。」頁1008。洪武雄著，＜《三國職官表》蜀漢部份校補＞認「景耀初，領巴東副貳都督，六年(263)蜀亡。」頁450。**列入後主時期**。另晉·常璩撰，劉琳注，《華陽國志》，卷1，＜巴志＞載「內領軍襄陽羅獻。」頁11。劉琳注認羅獻即羅憲。

117 晉·陳壽，《三國志》，卷36，＜蜀書·張飛傳＞載「張飛字益德，涿郡人也...先主既定江南，以飛為宜都太守、征虜將軍，封新亭侯，後轉在南郡...以飛領巴西太守。」頁943-944。洪武雄著，＜《三國職官表》蜀漢部份校補＞認「建安十九年(214)由南郡太守轉，廿二年(217)後應未領郡。」頁450-451。**列入劉備時期(入蜀後)**。

118 晉·陳壽，《三國志》，卷41，＜蜀書·向朗傳＞載「向朗字巨達，襄陽宜城人也...蜀既平，以朗為巴西太守，頃之轉任牂牁，又徙房陵。」頁1010-1011。洪武雄著，＜《三國職官表》蜀漢部份校補＞認「建安末，後轉牂牁太守。」頁451。**列入劉備時期(入蜀後)**。

119 晉·陳壽，《三國志》，卷43，＜蜀書·馬忠傳＞載「先主東征，敗績猇亭，巴西太守閻芝發諸縣兵五千人以補遺闕，遣忠送往。」頁1048。洪武雄著，＜《三國職官表》蜀漢部份校補＞認在「章武二年(222)。」頁451。**列入劉備時期(入蜀後)**。

120 晉·陳壽，《三國志》，卷45，＜蜀書·楊戲傳＞載「(李)孫德名福，梓潼涪人也...建興元年，徙巴西太守，為江州督、楊威將軍。」頁1087。洪武雄著，＜《三國職官表》蜀漢部份校補＞認在「建興元年(223)由成都令遷，九年(231)遷江州督、揚威將軍。」頁451-452。**列入諸葛亮時期**。

		呂乂(呂義)[121]	（荊州）南陽	諸葛亮時期
		劉幹[122]	（荊州）南鄉	後主時期
		費揖[123]	（益州）犍為南安	不明時段
	涪陵郡	龐宏[124]	（荊州）襄陽	後主時期
	宕渠郡	王士[125]	（益州）廣漢郪人	劉備時期(入蜀後)
	漢中郡	魏延[126]	（荊州）義陽	劉備時期(入蜀後)

---

[121] 晉·陳壽，《三國志》，卷39，＜蜀書·呂乂傳＞載「呂乂字季陽，南陽人也，父常，送故將（軍）劉焉入蜀，值王路隔塞，遂不得還。父常，送故將（軍）劉焉入蜀，值王路隔塞，遂不得還。…乂遷新都、綿竹令…遷巴西太守，丞相諸葛亮連年出軍，調發諸郡，多不相救，乂募取兵五千人詣亮，慰喻檢制，無逃竄者。」頁988。洪武雄著，＜《三國職官表》蜀漢部份校補＞認在「乂遷巴西守當在李福之後，建興九年(231)後由綿竹令遷，後轉漢中守。」頁452。**列入諸葛亮時期**。晉·常璩撰，劉琳注，《華陽國志》，卷7，＜劉後主志＞載「(中)〔尚〕書令董允亦卒。超遷蜀郡太守南陽呂乂為尚書令。」頁390。

[122] 晉·陳壽，《三國志》，卷39，＜蜀書·呂乂傳＞載「南鄉劉幹等並為典曹都尉…劉幹官至巴西太守。」頁988。洪武雄著，＜《三國職官表》蜀漢部份校補＞認「或當在建興末、延熙初。」頁452。**列入後主時期**。

[123] 晉·常璩撰，劉琳注，《華陽國志》，卷11，＜後賢志＞載「費立，字建熙，犍為南安人也。父揖，字君讓，巴西太守。」頁618。**不明時段**。

[124] 晉·陳壽，《三國志》，卷37，＜蜀書·龐統傳＞載「龐統字士元，襄陽人也…統子宏，字巨師，剛簡有臧否，輕傲尚書令陳祗，為祗所抑，卒於涪陵太守。」頁953-956。洪武雄著，＜《三國職官表》蜀漢部份校補＞認「延熙十四年(251)至景耀元年(258)陳祗為尚書令，宏任涪陵守，當在此期間。」頁453。**列入後主時期**。

[125] 晉·陳壽，《三國志》，卷45，＜蜀書·楊戲傳＞載「(王)義彊名士，廣漢郪人，國山從兄也。從先主入蜀後，舉孝廉，為符節長，遷牙門將，出為宕渠太守，徙在犍為。」頁1088。洪武雄著，＜《三國職官表》蜀漢部份校補＞認「建安末、章武初由牙門將遷，章武二年(222)轉犍為太守。」頁453-454。**列入劉備時期(入蜀後)**。

[126] 晉·陳壽，《三國志》，卷40，＜蜀書·魏延傳＞載「魏延字文長，義陽人也。以部曲隨先主入蜀…先主乃拔延為督漢中鎮遠將軍，領漢中太守。」頁1002。洪武雄著，＜《三國職官表》蜀漢部份校補＞認「建安廿四年(219)起以鎮遠將軍、鎮北將軍領，建興五年(227)，改領丞相司馬、涼州刺史。」頁454。**列入劉備時期(入蜀後)**。

		呂乂(呂義)[127]	（荊州）南陽	諸葛亮時期
		王平[128]	（益州）巴西宕渠	後主時期
		常閎[129]	（益州）蜀郡江原	後主時期
	梓潼郡	霍峻[130]	（荊州）南郡枝江	劉備時期(入蜀後)
		張翼[131]	（益州）犍為武陽	諸葛亮時期
		楊戲[132] (楊羲、楊義)	（益州）犍為武陽	後主時期

[127] 晉·陳壽，《三國志》，卷39，＜蜀書·呂乂傳＞載「呂乂字季陽，南陽人也…遷巴西太守，丞相諸葛亮連年出軍，調發諸郡，多不相救，乂募取兵五千人詣亮，慰喻檢制，無逃竄者。徙為漢中太守。」頁988。洪武雄著，＜《三國職官表》蜀漢部份校補＞認「建興九年(231)後由巴西太守轉，十二年(234)轉廣漢太守。」頁454。**列入諸葛亮時期**。晉·常璩撰，劉琳注，《華陽國志》，卷7，＜劉後主志＞載「(中)〔尚〕書令董允亦卒。超遷蜀郡太守南陽呂義為尚書令。」頁390。

[128] 晉·陳壽，《三國志》，卷43，＜蜀書·王平傳＞載「王平字子均，巴西宕渠人也…(亮卒後)遷後典軍、安漢將軍，副車騎將軍吳壹住漢中，又領漢中太守。」頁1049。洪武雄著，＜《三國職官表》蜀漢部份校補＞認「建興十二年(234)以安西將軍領，十五年(237)督漢中後未知是否仍領漢中守？」頁454。**列入後主時期**。

[129] 晉·常璩撰，劉琳注，《華陽國志》，11，＜後賢志＞載「常勗，字脩業，蜀郡江原人也…從父閎，漢中、廣漢太守。」頁603。洪武雄著，＜《三國職官表》蜀漢部份校補＞認「後主世，未確知何時？後轉廣漢守。」頁454。**列入後主時期**。

[130] 晉·陳壽，《三國志》，卷41，＜蜀書·霍峻傳＞載「霍峻字仲邈，南郡枝江人也…先主以峻為中郎將…以峻為梓潼太守、裨將軍。」頁1007。洪武雄著，＜《三國職官表》蜀漢部份校補＞認「建安廿二年(217)，廿五年(220)卒官。」頁455。**列入劉備時期(入蜀後)**。

[131] 晉·陳壽，《三國志》，卷45，＜蜀書·張翼傳＞載「張翼字伯恭，犍為武陽人也…先主定益州，領牧，翼為書佐。建安末，舉孝廉，為江陽長，徙涪陵令，遷梓潼太守，累遷至廣漢、蜀郡太守。」頁1073-1075。洪武雄著，＜《三國職官表》蜀漢部份校補＞認「建興初，建興七年(229)、八年(230)間遷廣漢守。」頁455。**列入諸葛亮時期**。

[132] 晉·陳壽，《三國志》，卷45，＜蜀書·楊戲傳＞載「楊戲字文然，犍為武陵人也…琬以大將軍開府，又辟為東曹掾，遷南中郎參軍，副貳庲降都督，領建寧太守。以疾徵還成都，拜護軍監軍，出領梓潼太守，入為射聲校尉。」頁1077。洪武雄著，＜《三國職官表》蜀漢部份校補＞認「延熙末，後遷射聲校尉。」頁455。**列入後主時期**。另據晉·常璩撰，劉琳注，《華陽國志》(臺北：新文豐出版公司，1988年11月)，劉琳注曰「顧校：『楊義』當作楊義。《蜀志》有傳，作楊戲，『戲』、『義』古通用。」頁563。

	武都郡			
	陰平郡	廖化[133]	（荊州）襄陽	後主時期
	蜀郡	法正[134]	（雍州）扶風郿人	劉備時期(入蜀後)
		楊洪[135]	（益州）犍為武陽	劉備時期(入蜀後)
		射堅[136]	（雍州）扶風	劉備時期(入蜀後)
		王連[137]	（荊州）南陽	劉備時期(入蜀後)
		楊洪[138]	（益州）犍為武陽	諸葛亮時期

---

[133] 晉·陳壽，《三國志》，卷26，<魏書·郭淮傳>載「姜維出石營，從彊川，乃西迎治無戴，留陰平太守廖化於成重山築城。」頁735。同書卷45，<蜀書·宗預傳>載「廖化字元儉，本名淳，襄陽人也。」頁1077。洪武雄著，<《三國職官表》蜀漢部份校補>認「廣武在陰平郡，處蜀魏交壤，化蓋以武職領郡守，其領陰平太守至少自延熙元年(238)至延熙十一年(248)。」頁456。**列入後主時期。**

[134] 晉·陳壽，《三國志》，卷37，<蜀書·法正傳>載「法正字孝直，（右）扶風郿人也⋯建安初，天下饑荒，正與同郡孟達俱入蜀依劉璋，久之為新都令，後召署軍議校尉⋯(先主)以正為蜀郡太守、揚武將軍。」頁957-962。洪武雄著，<《三國職官表》蜀漢部份校補>認「建安十九年(214)至廿二年(217)。」頁456-457。**列入劉備時期(入蜀後)。**

[135] 晉·陳壽，《三國志》，卷41，<蜀書·楊洪傳>載「楊洪字季休，犍為武陽人也。劉璋時歷部諸郡。先主定蜀，太守李嚴命為功曹⋯嚴欲薦洪於州，為蜀部從事⋯亮於是表洪領蜀郡太守，眾事皆辦，遂使即真。」頁1013。洪武雄著，<《三國職官表》蜀漢部份校補>認「建安廿二年(217)以蜀部從事領，廿五年(220)轉治中從事。」頁457。**列入劉備時期(入蜀後)。**

[136] 晉·陳壽，《三國志》，卷32，<蜀書·先主傳>注引<三輔決錄注>曰「(射)援字文雄，扶風人也⋯兄堅，字文固⋯與弟援南入蜀依劉璋，璋以堅為長史。劉備代璋，以堅為廣漢、蜀郡太守。」頁884-886。洪武雄著，<《三國職官表》蜀漢部份校補>認「建安廿五年(220)由廣漢守遷。」頁457。**列入劉備時期(入蜀後)。**

[137] 晉·陳壽，《三國志》，卷41，<蜀書·王連傳>載「王連字文儀，南陽人也。劉璋時入蜀，為梓潼令。先主起事葭萌，進軍來南，連閉城不降，先主義之，不強偪也。及成都既平，遷蜀郡太守、興業將軍，領鹽府如故。」頁1009-1010。洪武雄著，<《三國職官表》蜀漢部份校補>認「建安末、章武年間遷，建興元年(223)遷屯騎校尉、領丞相長史。」頁457。**列入劉備時期(入蜀後)。**

[138] 晉·陳壽，《三國志》，卷41，<蜀書·楊洪傳>載「楊洪字季休，犍為武陽人也。劉璋時歷部諸郡。先主定蜀，太守李嚴命為功曹⋯亮於是表洪領蜀郡太守，眾事皆辦，遂使即真。頃之，轉為益州治中從事⋯洪建興元年賜爵關內侯，復為蜀郡太守、忠節將軍，後為越騎校尉，領郡如故。」頁1013。洪武雄著，<《三國職官表》蜀漢部份校補>認「建興元年(223)由治中從事轉，六年(228)卒官。」頁457-458。**列入諸葛亮時期。**

		張翼[139]	（益州）犍為武陽	諸葛亮時期
		呂乂(呂義)[140]	（荊州）南陽	諸葛亮時期
		薛永[141]	（豫州）淮陽(陳國)[142]	劉備時期(入蜀後)
		薛齊[143]	（豫州）淮陽(陳國)	後主時期
		張太守[144]	（荊州）南陽	後主時期
	廣漢郡	張存[145]	（荊州）南陽	劉備時期(入荊後)

[139] 晉·陳壽，《三國志》，卷45，＜蜀書·張翼傳＞載「張翼字伯恭，犍為武陽人也…先主定益州，領牧，翼為書佐。建安末，舉孝廉，為江陽長，徙涪陵令，遷梓潼太守，累遷至廣漢、蜀郡太守。」頁1073-1075。洪武雄著，＜《三國職官表》蜀漢部份校補＞認「建興六年(228)後由廣漢守遷，九年(231)遷庲降都督、綏南中郎將。」頁458。**列入諸葛亮時期**。

[140] 晉·陳壽，《三國志》，卷39，＜蜀書·呂乂傳＞載「呂乂字季陽，南陽人也…亮卒，累遷廣漢、蜀郡太守…後入為尚書，代董允為尚書令。」頁988。洪武雄著，＜《三國職官表》蜀漢部份校補＞認「建興末、延熙初由廣漢守遷，後入為尚書，延熙九年(246)遷尚書令。」頁458。**列入諸葛亮時期**。晉·常璩撰，劉琳注，《華陽國志》，卷7，＜劉後主志＞載「（中）〔尚〕書令董允亦卒。超遷蜀郡太守南陽呂義為尚書令。」頁390。

[141] 宋·歐陽修、宋祁撰，《新唐書》，卷73下，＜宰相世系三下＞載「薛氏出自任姓…饒生願，為淮陽太守，因徙居焉…子永，字茂長，從蜀先主入蜀，為蜀郡太守。」頁2989-2990。既說隨先主入蜀，其時應在荊州之中，列入荊楚群士，時段上則**列劉備時期(入蜀後)**。

[142] 晉·司馬彪《續漢書·郡國志》（即今收錄在宋·范曄，《後漢書》的＜郡國志＞以下簡稱《續郡國志》）（台北：鼎文書局，1991.6），志20，〈郡國二〉載「陳國高帝置為淮陽，章和二年改。」頁3429。

[143] 宋·歐陽修、宋祁撰，《新唐書》，卷73下，＜宰相世系三下＞載「薛氏出自任姓…饒生願，為淮陽太守，因徙居焉…子永，字茂長，從蜀先主入蜀，為蜀郡太守。永生齊，字夷甫，巴、蜀二郡太守。」頁2989-2990。洪武雄著，＜《三國職官表》蜀漢部份校補＞認「當在延熙末、景耀年間由巴郡守遷。」頁458。**列入後主時期**。

[144] 晉·常璩撰，劉琳注，《華陽國志》，11，＜後賢志＞載「杜軫，字超宗，蜀郡成都人也…鄧艾既破蜀，被徵。鍾會進成都，時太守南陽張府君不肯出官。」頁610。洪武雄著，＜《三國職官表》蜀漢部份校補＞認張太守在「景耀末，蜀世最後一任蜀郡太守。」頁458-459。**列入後主時期**。

[145] 晉·陳壽，《三國志》，卷45，＜蜀書·楊戲傳＞載「(張)處仁本名存，南陽人也。以荊州從事隨先主入蜀，南次至雒，以為廣漢太守…病卒。」頁1085。洪武雄著，＜《三國職官表》蜀漢部份校補＞認「其任、免廣漢太守皆在建安十八年(213)，時先主猶未底定益州。」頁459。**列入劉備時期(入荊後)**。

		夏侯纂[146]	籍貫不詳	劉備時期(入蜀後)
		射堅[147]	（雍州）扶風	劉備時期(入蜀後)
		鄧芝[148]	（荊州）義陽新野	劉備時期(入蜀後)
		習禎[149]	（荊州）襄陽	劉備時期(入蜀後)
		姚伷[150]	（益州）巴西閬中	諸葛亮時期
		何祗[151]	（益州）蜀郡	諸葛亮時期
		張翼[152]	（益州）犍為武陽	諸葛亮時期

---

[146] 晉·陳壽，《三國志》，卷 38，＜蜀書·秦宓傳＞載「先主既定益州，廣漢太守夏侯纂。」頁 974。洪武雄著，＜《三國職官表》蜀漢部份校補＞認在「建安末。」頁 459。**列入劉備時期(入蜀後)。**

[147] 晉·陳壽，《三國志》，卷 32，＜蜀書·先主傳＞注引＜三輔決錄注＞曰「(射)援字文雄，扶風人也…兄堅，字文固…與弟援南入蜀依劉璋，璋以堅為長史。劉備代璋，以堅為廣漢、蜀郡太守。」頁 884-886。洪武雄著，＜《三國職官表》蜀漢部份校補＞認在「建安十九年(214)，廿五年(220)遷蜀郡守。」頁 459。**列入劉備時期(入蜀後)。**

[148] 晉·陳壽，《三國志》，卷 45，＜蜀書·鄧芝傳＞載「鄧芝字伯苗，義陽新野人…漢末入蜀…先主定益州，芝為郫邸閣督…擢為郫令，遷廣漢太守。」頁 1071-1073。洪武雄著，＜《三國職官表》蜀漢部份校補＞認在「建安末由郫令遷，或章武元年(221)遷尚書。」頁 459-460。**列入劉備時期(入蜀後)。**

[149] 晉·陳壽，《三國志》，卷 45，＜蜀書·楊戲傳＞載「(習)文祥名禎，襄陽人也。隨先主入蜀，歷雒、郫令，廣漢太守。失其行事。」頁 1085。洪武雄著，＜《三國職官表》蜀漢部份校補＞認在「或在先主世由郫令遷。」頁 460。**列入劉備時期(入蜀後)。**

[150] 晉·陳壽，《三國志》，卷 45，＜蜀書·楊戲傳＞載「(姚)伷字子緒，亦閬中人…建興元年，為廣漢太守。」頁 1087。洪武雄著，＜《三國職官表》蜀漢部份校補＞認在「建興元年(223)。」頁 460。**列入諸葛亮時期。**

[151] 晉·陳壽，《三國志》，卷 43，＜蜀書·張嶷傳＞載「廣漢太守蜀郡何祗。」頁 1051。另據同書卷 41，＜蜀書·楊洪傳＞注引＜益部耆舊傳雜記＞口「祗字君肅…初仕郡，後為督軍從事…出補成都令，時郫縣令缺，以祗兼二縣…以祗為汶山太守，民夷服信。遷廣漢…轉祗為犍為。年四十八卒。」頁 1014。洪武雄著，＜《三國職官表》蜀漢部份校補＞認在「建興五年(227)由汶山太守遷，接姚伷，後轉犍為。」頁 460。**列入諸葛亮時期。**

[152] 晉·陳壽，《三國志》，卷 45，＜蜀書·張翼傳＞載「張翼字伯恭，犍為武陽人也…建安末，舉孝廉，為江陽長，徙涪陵令，遷梓潼太守，累遷至廣漢、蜀郡太守。」頁 1073-1075。洪武雄著，＜《三國職官表》蜀漢部份校補＞認在「建興中由梓潼守遷，在何祗後，遷蜀郡太守。」頁 460-461。**列入諸葛亮時期。**

		馬齊[153]	（益州）巴西閬中	諸葛亮時期
		呂乂(呂義)[154]	（荊州）南陽	後主時期
		常閎[155]	（益州）蜀郡江原	不明時段
		羅蒙[156]	（荊州）襄陽	不明時段
		李驤[157]	（益州）梓潼涪人	不詳時段
	犍為郡	李嚴[158]	（荊州）南陽	劉備時期(入蜀後)
		龔諶[159]	（益州）巴西安漢	劉備時期(入蜀後)

[153] 晉‧陳壽，《三國志》，卷45，＜蜀書‧楊戲傳＞載「(馬)盛衡名勳，(馬)承伯名齊，皆巴西閬中人也…(齊)建興中，從事丞相掾，遷廣漢太守。」頁1086-1087。洪武雄著，＜《三國職官表》蜀漢部份校補＞認在「建興中由丞相掾遷，後轉丞相參軍。」頁461。**列入諸葛亮時期。**

[154] 晉‧陳壽，《三國志》，卷39，＜蜀書‧呂乂傳＞載「呂乂字季陽，南陽人也…亮卒，累遷廣漢、蜀郡太守。」頁988。洪武雄著，＜《三國職官表》蜀漢部份校補＞認在「建興十二年(234)由漢中守遷，建興末、延熙初遷蜀守。」頁461。**列入後主時期。**晉‧常璩撰，劉琳注，《華陽國志》，卷7，＜劉後主志＞載「(中)〔尚〕書令董允亦卒。超遷蜀郡太守南陽呂義為尚書令。」頁390。

[155] 晉‧常璩撰，劉琳注，《華陽國志》，11，＜後賢志＞載「常勗，字脩業，蜀郡江原人也…從父閎，漢中、廣漢太守。」頁603。洪武雄著，＜《三國職官表》蜀漢部份校補＞認在「未知何時由漢中守遷？」頁461。**列入不明時段。**

[156] 晉‧陳壽，《三國志》，卷41，＜蜀書‧霍峻傳＞載「巴東領軍襄陽羅憲。」另注引＜襄陽記＞曰「羅憲字令則。父蒙，避亂於蜀，官至廣漢太守。」頁1008。洪武雄著，＜《三國職官表》蜀漢部份校補＞認在「不詳何時？」頁461。**列入不明時段。**

[157] 晉‧陳壽，《三國志》，卷45，＜蜀書‧楊戲傳＞注引＜益部耆舊雜記＞曰「(李福)子驤，字叔龍，亦有名，官至尚書郎、廣漢太守。」頁1087。**列入不明時段。**

[158] 晉‧陳壽，《三國志》，卷40，＜蜀書‧李嚴傳＞載「李嚴字正方，南陽人也…劉璋以為成都令，復有能名。建安十八年，署嚴為護軍，拒先主於縣竹。嚴率眾降先主，先主拜嚴裨將軍。成都既定，為犍為太守、興業將軍。」頁998-999。洪武雄著，＜《三國職官表》蜀漢部份校補＞認在「建安十九年(214)，章武二年(222)拜尚書令。」頁461-462。**列入劉備時期(入蜀後)。**

[159] 晉‧常璩撰，劉琳注，《華陽國志》，卷12，＜益梁寧二州先漢以來士女目錄＞載「越巂太守龔祿，字德緒。(安漢人。父諶，犍為太守，見《巴紀》。)」頁670。劉琳注「諶，劉璋時曾為巴西功曹，迎降張飛。」頁699。洪武雄著，＜《三國職官表》蜀漢部份校補＞認在「應於章武二年(222)接續李嚴，然不久任。」頁462。**列入劉備時期(入蜀後)。**

		王士[160]	（益州）廣漢郪人	劉備時期(入蜀後)
		陳震[161]	（荊州）南陽	諸葛亮時期
		李邈[162]	（益州）廣漢郪人	諸葛亮時期
		何祗[163]	（益州）蜀郡	諸葛亮時期
		王離[164]	（益州）廣漢	諸葛亮時期
		壽良父親[165]	（益州）蜀郡成都	後主時期
	江陽郡	劉邕[166]	（荊州）義陽	劉備時期(入蜀後)

---

160 晉·陳壽，《三國志》，卷45，＜蜀書·楊戲傳＞載「(王)義彊名士，廣漢郪人，國山從兄也。從先主入蜀後，舉孝廉，為符節長，遷牙門將，出為宕渠太守，徙在犍為。會丞相亮南征，轉為益州太守，將南行，為蠻夷所害。」頁1088。洪武雄著，＜《三國職官表》蜀漢部份校補＞認在「章武二年(222)由宕渠徙，建興三年(225)轉益州郡守。」頁462。**列入劉備時期(入蜀後)**。

161 晉·陳壽，《三國志》，卷39，＜蜀書·陳震傳＞載「陳震字孝起，南陽人也。先主領荊州牧，辟為從事，部諸郡，隨先主入蜀。蜀既定，為蜀郡北部都尉，因易郡名，為汶山太守，轉在犍為。」頁984-985。洪武雄著，＜《三國職官表》蜀漢部份校補＞認在「建興三年(225)由汶山轉，在王士後，旋入拜尚書。」頁462。**列入諸葛亮時期**。

162 晉·陳壽，《三國志》，卷45，＜蜀書·楊戲傳＞載「(李)永南名邵，廣漢郪人也。」注引＜華陽國志＞曰「邵兄邈，字漢南，劉璋時為牛鞞長。先主領牧，為從事…久之，為犍為太守、丞相參軍、安漢將軍。」頁1086。洪武雄著，＜《三國職官表》蜀漢部份校補＞認在「建興初，在陳震後，五年(227)遷丞相參軍，隨亮北駐漢中。」頁462-463。**列入諸葛亮時期**。

163 晉·陳壽，《三國志》，卷43，＜蜀書·張嶷傳＞載「廣漢太守蜀郡何祗。」頁1051。另據同書卷41，＜蜀書·楊洪傳＞注引＜益部耆舊傳雜記＞曰「祗字君肅…以祗為汶山太守，民夷服信。遷廣漢…轉祗為犍為。年四十八卒。」頁1014。洪武雄著，＜《三國職官表》蜀漢部份校補＞認在「建興中由廣漢守轉，卒官。」頁463。**列入諸葛亮時期**。

164 晉·陳壽，《三國志》，卷41，＜蜀書·楊洪傳＞注引＜益部耆舊傳雜記＞曰「廣漢王離，字伯元，亦以才幹顯。為督軍從事，推法平當，稍遷，代祗為犍為太守。」頁1014。洪武雄著，＜《三國職官表》蜀漢部份校補＞認在「建興中。」頁463。**列入諸葛亮時期**。

165 晉·常璩撰，劉琳注，《華陽國志》，11，＜後賢志＞載「壽良，字文淑，蜀郡成都人也。父祖二世犍為太守。」頁612。洪武雄著，＜《三國職官表》蜀漢部份校補＞認在「其父或在建興末、延熙初。」頁463。**列入後主時期**。

166 晉·陳壽，《三國志》，卷45，＜蜀書·楊戲傳＞載「劉南和名邕，義陽人也。隨先主入蜀。益州既定，為江陽太守。」頁1084。洪武雄著，＜《三國職官表》蜀漢部份校補＞認在「建安十九年(214)。」頁464。**列入劉備時期(入蜀後)**。

		彭羕[167]	（益州）廣漢	劉備時期(入蜀後)
		王山[168]	（荊州）南陽	後主時期
	汶山郡	陳震[169]	（荊州）南陽	劉備時期(入蜀後)
		何祗[170]	（益州）蜀郡	諸葛亮時期
		何祗族人[171]	（益州）蜀郡	諸葛亮時期
		王嗣[172]	（益州）犍為資中	後主時期
	漢嘉郡	黃元[173]	籍貫不詳	劉備時期(入蜀後)

---

167 晉·陳壽，《三國志》，卷40，＜蜀書·彭羕傳＞載「彭羕字永年，廣漢人…羕仕州，不過書佐，後又為眾人所謗毀於州牧劉璋，璋髡鉗羕為徒隸…先主領益州牧，拔羕為治中從事…左遷羕為江陽太守。」頁994-995。洪武雄著，＜《三國職官表》蜀漢部份校補＞認在「建安末由治中從事左遷。」頁464。**列入劉備時期(入蜀後)。**

168 晉·陳壽，《三國志》，卷41，＜蜀書·王連傳＞載「王連字文儀，南陽人也…子山嗣，官至江陽太守。」頁1009-1010。洪武雄著，＜《三國職官表》蜀漢部份校補＞認在「後主世。」頁464。**列入後主時期。**

169 晉·陳壽，《三國志》，卷39，＜蜀書·陳震傳＞載「陳震字孝起，南陽人也…蜀既定，為蜀郡北部都尉，因易郡名，為汶山太守，轉在犍為。」頁984-985。洪武雄著，＜《三國職官表》蜀漢部份校補＞認在「建安末由蜀郡北部都尉遷，建興三年(225)轉犍為守。」頁464。**列入劉備時期(入蜀後)。**

170 晉·陳壽，《三國志》，卷43，＜蜀書·張嶷傳＞載「廣漢太守蜀郡何祗。」頁1051。另據同書卷41，＜蜀書·楊洪傳＞注引＜益部耆舊傳雜記＞曰「祗字君肅…以祗為汶山太守，民夷服信。遷廣漢…轉祗為犍為。年四十八卒。」頁1014。洪武雄著，＜《三國職官表》蜀漢部份校補＞認在「建興初由縣令遷，五年(227)遷廣漢守。」頁464-465。**列入諸葛亮時期。**

171 晉·陳壽，《三國志》，卷45，＜蜀書·楊戲傳＞注引＜益部耆舊雜記＞曰「(何祗)遷廣漢。後夷反叛，辭〔曰〕「令得前何府君，乃能安我耳」！時難〔復〕屈祗，拔祗族人為〔之〕，汶山復得安。」頁1015。洪武雄著，＜《三國職官表》蜀漢部份校補＞認在「約在建興五年(227)、六年(228)間。」頁465。**列入諸葛亮時期。**

172 晉·陳壽，《三國志》，卷45，＜蜀書·楊戲傳＞注引＜益部耆舊雜記＞曰「王嗣字承宗，犍為資中人也。其先，延熙世以功德顯著。舉孝廉，稍遷西安圍督、汶山太守，加安遠將軍…遷鎮軍，故領郡。」頁1090。洪武雄著，＜《三國職官表》蜀漢部份校補＞認在「延熙末、景耀年間。」頁465。**列入後主時期。**

173 晉·陳壽，《三國志》，卷32，＜蜀書·先主傳＞載「冬十二月，漢嘉太守黃元聞先主疾不豫，舉兵拒守。」頁890。洪武雄著，＜《三國職官表》蜀漢部份校補＞認在「章武年間。」頁465。**列入劉備時期(入蜀後)。**

	越巂郡	馬謖[174]	（荊州）襄陽宜城	劉備時期(入蜀後)
		焦璜[175]	（益州）梓潼	劉備時期(入蜀後)
		龔祿[176]	（益州）巴西安漢	諸葛亮時期
		張嶷[177]	（益州）巴郡南充國	後主時期
	牂柯郡	費詩[178]	（益州）犍為南安	劉備時期(入蜀後)
		向朗[179]	（荊州）襄陽宜城	劉備時期(入蜀後)
		朱褒[180]	（庲降都督）朱提	諸葛亮時期

附
錄

339

---

[174] 晉·陳壽，《三國志》，卷39，＜蜀書·馬謖傳＞載「馬良字季常，襄陽宜城人也…良弟謖，字幼常。以荊州從事隨先主入蜀，除綿竹成都令、越巂太守。」頁982-983。洪武雄著，＜《三國職官表》蜀漢部份校補＞認在「建安末由成都令遷，越巂太守後應另有它職，建興初再轉丞相參軍。」頁465-466。**列入劉備時期(入蜀後)。**

[175] 晉·陳壽，《三國志》，卷43，＜蜀書·張嶷傳＞載「越巂郡自丞相亮討高定之後，叟夷數反，殺太守龔祿、焦璜，是後太守不敢之郡。」頁1052。洪武雄著，＜《三國職官表》蜀漢部份校補＞認「建安末、章武年間以將軍領郡，章武三年(223)被害。」頁466-467。**列入劉備時期(入蜀後)。**晉·常璩撰，劉琳注，《華陽國志》，3，＜蜀志＞載「遣都督李承之殺將軍梓潼焦璜，破沒郡土。」頁131。

[176] 晉·陳壽，《三國志》，卷45，＜蜀書·楊戲傳＞載「(龔)德緒名祿，巴西安漢人也。先主定益州，為郡從事牙門將。建興三年，為越巂太守。」頁1088。**列入諸葛亮時期。**

[177] 晉·陳壽，《三國志》，卷43，＜蜀書·張嶷傳＞載「張嶷字伯岐，巴郡南充國人也…拜為牙門將，屬馬忠…除嶷為越巂太守。」頁1051-1054。洪武雄著，＜《三國職官表》蜀漢部份校補＞認「延熙三年(240)由牙門將遷，加撫戎將軍號，十七年(254)遷盪寇將軍。」頁467。**列入後主時期。**

[178] 晉·陳壽，《三國志》，卷41，＜蜀書·費詩傳＞載「費詩字公舉，犍為南安人也。劉璋時為綿竹令，先主攻綿竹時，詩先舉城降。成都既定，先主領益州牧，以詩為督軍從事，出為牂柯太守，還為州前部司馬。」頁1015-1016。**列入劉備時期(入蜀後)。**

[179] 晉·陳壽，《三國志》，卷41，＜蜀書·向朗傳＞載「向朗字巨達，襄陽宜城人也。荊州牧劉表以為臨沮長。表卒，歸先主。先主定江南…以朗為巴西太守，頃之轉任牂柯，又徙房陵。」頁1010-1011。洪武雄著，＜《三國職官表》蜀漢部份校補＞認「建安末由巴西太守轉，章武元年(221)再轉房陵太守。」頁467。**列入劉備時期(入蜀後)。**

[180] 晉·常璩撰，劉琳注，《華陽國志》，卷4，＜南中志＞載「先主薨後…牂柯郡丞朱提朱褒領太守。」頁227。晉·陳壽，《三國志》，卷33，＜蜀書·後主傳＞載「建興元年夏，牂柯太守朱褒擁郡反。」頁894。洪武雄著，＜《三國職官表》蜀漢部份校補＞認在「章武三年(223)夏四月先主薨後，由郡丞遷。」頁467-468。**列入諸葛亮時期。**

		馬忠[181]	（益州）巴西閬中	諸葛亮時期
		羅式[182]	（荊州）襄陽	不詳時段
	益州郡 (含建寧郡)	正昂[183]	籍貫不詳	劉備時期(入蜀後)
		張裔[184]	（益州）蜀郡成都	劉備時期(入蜀後)
		王士[185]	（益州）廣漢郪人	諸葛亮時期
		李恢[186]	（益州）建寧俞元	諸葛亮時期
		楊戲[187]	（益州）犍為武陽	後主時期

[181] 晉·陳壽，《三國志》，卷43，＜蜀書·蔣琬傳＞載「馬忠字德信，巴西閬中人也…(建興)三年，亮入南，拜忠牂牁太守。」頁1048-1049。洪武雄著，＜《三國職官表》蜀漢部份校補＞認在「建興三年(225)由丞相門下督遷，八年(230)遷丞相參軍，領治中從事。」頁468。**列入諸葛亮時期。**

[182] 唐·房玄齡等撰，《晉書》，卷57，＜羅憲傳＞載「羅憲字令則，襄陽人也…兄子尚…父式，牂牁太守。」頁1551-1552。另洪武雄著，＜《三國職官表》蜀漢部份校補＞認羅式任牂牁守或當在蜀漢世，頁468。**列入不明時段。**

[183] 晉·陳壽，《三國志》，卷41，＜蜀書·張裔傳＞「先是，益州郡殺太守正昂。」頁1011。洪武雄著，＜《三國職官表》蜀漢部份校補＞認在「建安末、章武初。」頁468-469。**列入劉備時期(入蜀後)。**

[184] 晉·陳壽，《三國志》，卷41，＜蜀書·張裔傳＞載「張裔字君嗣，蜀郡成都人也…劉璋時，舉孝廉，為魚復長，還州署從事…(先主)以裔為益州太守。」頁1011-1013。洪武雄著，＜《三國職官表》蜀漢部份校補＞認在「章武初由司金中郎將轉。」頁469。**列入劉備時期(入蜀後)。**

[185] 晉·陳壽，《三國志》，卷45，＜蜀書·楊戲傳＞載「(王)義彊名士，廣漢郪人，國山從兄也…會丞相亮南征，轉為益州太守，將南行，為蠻夷所害。」頁1088。洪武雄著，＜《三國職官表》蜀漢部份校補＞認在「建興三年(225)由犍為太守轉，旋為蠻夷所害。」頁469。**列入諸葛亮時期。**

[186] 晉·陳壽，《三國志》，卷43，＜蜀書·李恢傳＞載「李恢字德昂，建寧俞元人也…建興七年，以交州屬吳，解恢刺史。更領建寧太守。」頁1045-1046。洪武雄著，＜《三國職官表》蜀漢部份校補＞認在「建興七年(229)領，九年(231)卒。」頁469。**列入諸葛亮時期。**

[187] 晉·陳壽，《三國志》，卷45，＜蜀書·楊戲傳＞載「楊戲字文然，犍為武陵人也…琬以大將軍開府，又辟為東曹掾，遷南中郎參軍，副貳庲降都督，領建寧太守。」頁1077。洪武雄著，＜《三國職官表》蜀漢部份校補＞認在「延熙十二年(249)，所任時間不長，徵還，拜護軍，至延熙廿年(257)，又轉歷數職。」頁469。**列入後主時期。**另據晉·常璩撰，劉琳注，《華陽國志》(臺北：新文豐出版公司，1988年11月)，劉琳注曰「顧校：『楊義』當作楊義。《蜀志》有傳，作楊戲，『戲』、『義』古通用。」頁563。

		霍弋[188]	（荊州）南郡枝江	後主時期
	朱提郡	鄧方[189]	（荊州）南郡	劉備時期(入蜀後)
		李光[190]	（益州）犍為武陽	不明時段
		李豐[191]	（荊州）南陽	後主時期
	雲南郡	呂凱[192]	(庲降都督)永昌不韋	諸葛亮時期
		張休[193]	（益州）漢嘉	後主時期
	永昌郡	王伉[194]	（益州）蜀郡成都	諸葛亮時期

---

[188] 晉·陳壽，《三國志》，卷41，＜蜀書·霍峻傳＞載「霍峻字仲邈，南郡枝江人也…子弋，字紹先…遷監軍翊軍將軍，領建寧太守，還統南郡事。景耀六年，進號安南將軍。」頁1007-1008。洪武雄著，＜《三國職官表》蜀漢部份校補＞認在「延熙廿年(257)由副貳都督領永昌太守遷庲降都督，領建寧太守，至景耀六年(263)蜀亡。」頁470。**列入後主時期**。

[189] 晉·陳壽，《三國志》，卷45，＜蜀書·楊戲傳＞載「(鄧)孔山名方，南郡人也。以荊州從事隨先主入蜀。蜀既定，為犍為屬國都尉，因易郡名，為朱提太守。」頁1081。洪武雄著，＜《三國職官表》蜀漢部份校補＞認「建安十九年(214)、廿年(215)間由犍為屬國都尉遷(朱提太守)，章武元年(221)或二年(222)卒官。」頁470。**列入劉備時期(入蜀後)**。

[190] 晉·常璩撰，劉琳注，《華陽國志》，11，＜後賢志＞載「李宓，字令伯，犍為武陽人也。祖父光，朱提太守。」頁607。洪武雄著，＜《三國職官表》蜀漢部份校補＞認李光必在蜀漢前期，頁470-471。**列入不明時段**。

[191] 晉·陳壽，《三國志》，卷40，＜蜀書·李嚴傳＞載「李嚴字正方，南陽人也…(建安八年)嚴子豐為江州都督督軍…豐官至朱提太守。」頁998-1000。洪武雄著，＜《三國職官表》蜀漢部份校補＞認在「蜀漢世，參軍與郡守在伯仲間，其官至朱提太守或在建興末、延熙初。」頁471。**列入後主時期**。

[192] 晉·陳壽，《三國志》，卷43，＜蜀書·呂凱傳＞載「呂凱字季平、永昌不韋人也。仕郡五官掾功曹…以凱為雲南太守。」頁1046-1048。洪武雄著，＜《三國職官表》蜀漢部份校補＞認在「建興三年(225)諸葛亮平南中，嘉呂凱功，由郡功曹超遷，旋被害。」頁471。**列入諸葛亮時期**。

[193] 晉·常璩撰，劉琳注，《華陽國志》，卷12，＜益梁寧二州先漢以來士女目錄＞載「雲南太守張休，右二人，漢嘉人士。【在劉氏世。】」頁689。洪武雄著，＜《三國職官表》蜀漢部份校補＞認「當於建興末、延熙年間以後至雲南太守。」頁471-472。**列入後主時期**。

[194] 晉·陳壽，《三國志》，卷43，＜蜀書·呂凱傳＞載「(呂)凱與府丞蜀郡王伉…王伉亦封亭侯，為永昌太守。」頁1046-1048。另晉·常璩撰，劉琳注，《華陽國志》，12，＜益梁寧二州先漢以來士女目錄＞載「永昌太守王伉。成都人。」頁665。洪武雄著，＜《三國職官表》蜀漢部份校補＞認「建興三年(225)諸葛亮平南中，嘉王伉功，由永昌郡丞遷。」頁472。**列入劉備時期(入蜀後)**。

		霍弋[195]	（荊州）南郡枝江	後主時期
	南廣郡	常竺[196]	（益州）蜀郡江原	後主時期
		令狐衷[197]	（益州）巴西	後主時期
	興古郡			
	郡名不詳	杜祺[198]	（荊州）南陽	後主時期
		譚承[199]	（益州）廣漢鄞人	後主時期
		張翌[200]	（益州）蜀郡成都	後主時期
郡掾屬	蜀郡北部都尉	陳震[201]	（荊州）南陽	劉備時期(入蜀後)

[195] 晉·陳壽，《三國志》，卷41，<蜀書·霍峻傳>載「霍峻字仲邈，南郡枝江人也…子弋，字紹先…時永昌郡夷獠恃險不賓，數為寇害，乃以弋領永昌太守。」頁1007-1008。洪武雄著，<《三國職官表》蜀漢部份校補>認「延熙末以庲降副都督領，廿年(257)遷都督領建寧太守。」頁472。**列入後主時期。**

[196] 晉·常璩撰，劉琳注，《華陽國志》，11，<後賢志>載「常騫，字季慎，蜀郡江原人也。祖父竺，字代文，南廣太守，侍中。」頁619。洪武雄著，<《三國職官表》蜀漢部份校補>認「延熙中，後遷侍中。」頁472。**列入後主時期。**

[197] 晉·常璩撰，劉琳注，《華陽國志》，4，<南中志>載「南廣郡，蜀延熙中置，以蜀郡常竺為太守。蜀朝召竺，入為侍中，巴西令狐衷代之。」頁238。洪武雄著，<《三國職官表》蜀漢部份校補>認「延熙中、晚期，代常竺。」頁472。**列入後主時期。**

[198] 晉·陳壽，《三國志》，卷39，<蜀書·呂乂傳>載「先主定益州，置鹽府校尉，較鹽鐵之利，後校尉王連請乂及南陽杜祺、南鄉劉幹等並為典曹都尉。」頁988。洪武雄著，<《三國職官表》蜀漢部份校補>認「當在建興末、延熙年間，後遷監軍。」頁473。**列入後主時期。**

[199] 晉·常璩撰，劉琳注，《華陽國志》，卷10中，<先賢士女總贊(中)廣漢士女>載「譚承，字公文，鄞人也。歷郡守，州右職，為少府，太常。時費、姜秉政，孟光、來敏皆棲遲，承以和獨立，特進之也。」頁535。洪武雄著，<《三國職官表》蜀漢部份校補>認「其任郡守或在建興末、延熙初，後轉州右職。」頁473。**列入後主時期。**

[200] 晉·陳壽，《三國志》，卷41，<蜀書·張裔傳>載「張裔字君嗣，蜀郡成都人也…劉璋時，舉孝廉，為魚復長，還州署從事，領帳下司馬…子翌嗣，歷三郡守監軍。」頁1011-1013。洪武雄著，<《三國職官表》蜀漢部份校補>認「張裔卒於建興八年(230)，翌歷三郡守當在後主後期較有可能。」頁473。**列入後主時期。**

[201] 晉·陳壽，《三國志》，卷39，<蜀書·陳震傳>載「陳震字孝起，南陽人也…蜀既定，為蜀郡北部都尉，因易郡名，為汶山太守，轉在犍為。」頁984-985。洪武雄著，<《三國職官表》蜀漢部份校補>認「建安末，蜀郡北部都尉易為汶山郡，遷汶山守。」頁473-474。**列入劉備時期(入蜀後)。**

犍為屬國都尉	鄧方[202]	（荊州）南郡人	劉備時期(入蜀後)
廣漢都尉	張嶷[203]	（益州）巴郡南充國	諸葛亮時期
牂柯五部都尉			
陰平郡關尉 (閣尉)			
巴東郡江關都尉			
功曹掾	常播[204]	（益州）蜀郡江原	不應置於此
	楊洪[205]	（益州）犍為武陽	劉備時期(入蜀後)
	呂凱[206]	（益州）永昌不韋	劉備時期(入蜀後)
	古樸(古濮)[207]	（益州）廣漢德陽	劉備時期(入蜀後)

---

202 晉·陳壽，《三國志》，卷45，＜蜀書·楊戲傳＞載「(鄧)孔山名方，南郡人也。以荊州從事隨先主入蜀。蜀既定，為犍為屬國都尉，因易郡名，為朱提太守。」頁1081。洪武雄著，＜《三國職官表》蜀漢部份校補＞認「建安十九(214)、廿年(215)間犍為屬國都尉易為朱提郡，遷朱提守。」頁474。**列入劉備時期(入蜀後)。**

203 晉·陳壽，《三國志》，卷43，＜蜀書·張嶷傳＞載「張嶷字伯岐，巴郡南充國人也…州召為從事…建興五年，丞相亮北住漢中…嶷以都尉將兵。」頁1051-1054。洪武雄著，＜《三國職官表》蜀漢部份校補＞認「建興五年(227)，遷牙門將。」頁474。**列入諸葛亮時期。**

204 晉·陳壽，《三國志》，卷45，＜蜀書·楊戲傳＞注引＜益部耆舊雜記＞曰「常播字文平，蜀郡江原人也。播仕縣主簿功曹。…舉孝廉，除郪長，年五十餘卒。」頁1090-1091。洪武雄著，＜《三國職官表》蜀漢部份校補＞認「建興十五年(237)，常播為蜀郡江原縣功曹，非郡吏，不應置此。」頁475。**不應置此不列入計算。**

205 晉·陳壽，《三國志》，卷41，＜蜀書·楊洪傳＞載「楊洪字季休，犍為武陽人也。劉璋時歷部諸郡。先主定蜀，太守李嚴命為功曹。」頁1013。洪武雄著，＜《三國職官表》蜀漢部份校補＞認「建安十九年(214)，後轉部蜀郡從事。」頁476。**列入劉備時期(入蜀後)。**

206 晉·陳壽，《三國志》，卷43，＜蜀書·呂凱傳＞載「呂凱字季平，永昌不韋人也。仕郡五官掾功曹…以凱為雲南太守。」頁1046-1048。洪武雄著，＜《三國職官表》蜀漢部份校補＞認「章武年間由五官掾轉功曹，建興三年(225)遷雲南太守。」頁476。**列入劉備時期(入蜀後)。**

207 晉·常璩撰，劉琳注，《華陽國志》，3，＜蜀志＞載「德陽縣…太守夏侯纂時，古濮為功曹。康、古、袁氏為四姓，大族之甲者也。」頁126。可見古濮應為此縣大族。另劉琳註稱「〔古濮〕《蜀志·李宓傳》及本書(即華陽國志)卷十二《目錄》作古樸。」頁186。洪武雄著，＜《三國職官表》蜀漢部份校補＞認「建安末。」頁476。**列入劉備時期(入蜀後)。**

		李朝[208]	（益州）廣漢郪人	劉備時期(入蜀後)
		馬齊[209]	（益州）巴西閬中	劉備時期(入蜀後)
		司馬勝之[210]	（益州）廣漢綿竹	後主時期
		王化[211]	（益州）廣漢郪人	後主時期
		杜軫[212]	（益州）蜀郡成都	後主時期
		何隨[213]	（益州）蜀郡郫人	後主時期
		常勖[214]	（益州）蜀郡江原	後主時期
	功曹史(即功曹)	杜軫	（益州）蜀郡成都	參功曹杜軫

208 晉·陳壽，《三國志》，卷45，＜蜀書·楊戲傳＞載「(李)永南名邵，廣漢郪人也…偉南名朝，永南兄。郡功曹，舉孝廉，臨邛令，入為別駕從事。」頁1086-1088。洪武雄著，＜《三國職官表》蜀漢部份校補＞認「建安末，後舉孝廉，遷臨邛令。」頁476。**列入劉備時期(入蜀後)**。

209 晉·陳壽，《三國志》，卷45，＜蜀書·楊戲傳＞載「(馬)盛衡名勳，(馬)承伯名齊，皆巴西閬中人也…齊為太守張飛功曹。飛貢之先主，為尚書郎。」頁1086-1087。洪武雄著，＜《三國職官表》蜀漢部份校補＞認「建安末，廿四年(219)後遷尚書郎。」頁477。**列入劉備時期(入蜀後)**。

210 晉·常璩撰，劉琳注，《華陽國志》，卷11，＜後賢志＞載「司馬勝之，字興先，廣漢緜竹人也…初為郡功曹…州辟從事，進尚書左選郎，徙祕書郎。」頁603。洪武雄著，＜《三國職官表》蜀漢部份校補＞認「延熙末、景耀年間，後轉州從事。」頁477。**列入後主時期**。

211 晉·常璩撰，劉琳注，《華陽國志》，卷11，＜後賢志＞載「王化，字伯遠，廣漢郪人也…祖父商，字文表，州牧劉璋時為蜀太守…郡命功曹，州辟從事，光祿郎中主事，尚書郎。」頁605。洪武雄著，＜《三國職官表》蜀漢部份校補＞認「延熙末、景耀年間，後轉州從事。」頁477。**列入後主時期**。

212 唐·房玄齡等撰，《晉書》，卷90，＜良吏杜軫傳＞載「杜軫字超宗，蜀郡成都人也…軫師事譙周，博涉經書。州辟不就，為郡功曹史。時鄧艾至成都。」頁2331。洪武雄著，＜《三國職官表》蜀漢部份校補＞認「景耀六年(263)。」頁477。**列入後主時期**。

213 晉·常璩撰，劉琳注，《華陽國志》，卷11，＜後賢志＞載「何隨，字季業，蜀郡郫人也…郡命功曹。州辟從事。光祿郎中主事。除安漢令。蜀亡，去官。」頁604。洪武雄著，＜《三國職官表》蜀漢部份校補＞認「延熙末、景耀年間，後轉州從事。」頁477。**列入後主時期**。

214 晉·常璩撰，劉琳注，《華陽國志》，卷11，＜後賢志＞載「常勖，字脩(修)業，蜀郡江原人也…又為尚書左選郎。郡請迎為功曹。」頁603。洪武雄著，＜《三國職官表》蜀漢部份校補＞認「延熙末、景耀年間由尚書左選郎轉，後遷督軍從事。」頁477。**列入後主時期**。

	五官掾	呂凱[215]	（益州）永昌不韋	劉備時期(入蜀後)
		秦宓[216]	（益州）廣漢縣竹	劉備時期(入蜀後)
	師友祭酒	秦宓	（益州）廣漢縣竹	參五官掾秦宓
	督軍從事	何祗[217]	（益州）蜀郡	錯置
		王離	（益州）廣漢	錯置
	門下書佐	何祗[218]	（益州）蜀郡	劉備時期(入蜀後)
	主簿 (縣主簿非郡吏)	常播[219]	（益州）蜀郡江原	錯置
		楊玩[220]	（益州）蜀郡	錯置

<hr />

[215] 晉·陳壽，《三國志》，卷43，＜蜀書·呂凱傳＞載「呂凱字季平、永昌不韋人也。仕郡五官掾功曹...以凱為雲南太守。」頁1046-1048。洪武雄著，＜《三國職官表》蜀漢部份校補＞認「章武年間為永昌郡吏，由五官掾轉功曹。」頁478。**列入劉備時期(入蜀後)。**

[216] 晉·陳壽，《三國志》，卷38，＜蜀書·秦宓傳＞載「秦宓字子勑，廣漢縣竹人也...劉璋時，宓同郡王商為治中從事...先主既定益州，廣漢太守夏侯纂請宓為師友祭酒，領五官掾，稱曰仲父。」頁971-976。洪武雄著，＜《三國職官表》蜀漢部份校補＞認「建安末，後遷益州從事祭酒。」頁478。**列入劉備時期(入蜀後)。**

[217] 晉·陳壽，《三國志》，卷43，＜蜀書·張嶷傳＞載「廣漢太守蜀郡何祗。」頁1051。另據同書卷41，＜蜀書·楊洪傳＞注引＜益部耆舊傳雜記＞曰「祗字君肅...初仕郡，後為督軍從事。」頁1014。洪武雄著，＜《三國職官表》蜀漢部份校補＞認「督軍從事為州吏非郡吏，不應置此。」頁478。**故同職位的王離也是錯置不列入計算。**

[218] 晉·陳壽，《三國志》，卷43，＜蜀書·張嶷傳＞載「廣漢太守蜀郡何祗。」頁1051。另據同書卷41，＜蜀書·楊洪傳＞載「洪迎門下書佐何祗，有才策功幹，舉郡吏，數年為廣漢太守。」頁1014。洪武雄著，＜《三國職官表》蜀漢部份校補＞認「建安末，後遷督軍從事。」頁478-479。**列入劉備時期(入蜀後)。**

[219] 晉·陳壽，《三國志》，卷45，＜蜀書·楊戲傳＞注引＜益部耆舊雜記＞曰「常播字文平，蜀郡江原人也。播仕縣主簿功曹。...舉孝廉，除郪長，年五十餘卒。」頁1090-1091。洪武雄著，＜《三國職官表》蜀漢部份校補＞認「建興年間，常播與楊玩皆曾任蜀郡江原縣主簿，非郡吏，不應置此。」頁479。**不列入計算。**

[220] 清·洪飴孫，《三國職官表》記「蜀郡常播楊玩」，收入《廿五史補編》第二冊，第87頁，總頁2817。參上註，楊玩非郡吏，不應置此。**不列入計算。**

	郡丞	王伉[221]（永昌郡）	（益州）蜀郡成都	劉備時期(入蜀後)
		宋遠[222]（犍為郡）	籍貫不詳	劉備時期(入蜀後)
		朱褒[223]	（庲降都督）朱提	劉備時期(入蜀後)
縣令長	蜀郡成都令	馬謖[224]	（荊州）襄陽宜城	劉備時期(入蜀後)
		李福[225]	（益州）梓潼涪人	劉備時期(入蜀後)
		何祗[226]	（益州）蜀郡	諸葛亮時期

221 晉·陳壽，《三國志》，卷 43，＜蜀書·呂凱傳＞載「(呂)凱與府丞蜀郡王伉…王伉亦封亭侯，為永昌太守。」頁 1046-1048。另晉·常璩撰，劉琳注，《華陽國志》，12，＜益梁寧二州先漢以來士女目錄＞載「永昌太守王伉。成都人。」頁 665。洪武雄著，＜《三國職官表》蜀漢部份校補＞認「章武初至建興三年(225)，永昌郡丞。」頁 479。**列入劉備時期(入蜀後)**。

222 洪武雄著，＜《三國職官表》蜀漢部份校補＞據建安二十六年＜黃龍甘露碑＞「時(犍為)太守南陽李嚴正方、丞宋遠文奇、武陽令陰化。」補，頁 479。**列入劉備時期(入蜀後)**。

223 晉·常璩撰，劉琳注，《華陽國志》，卷 4，＜南中志＞載「先主薨後…牂柯郡丞朱提朱褒領太守。」頁 227。洪武雄著，＜《三國職官表》蜀漢部份校補＞認在「章武年間，章武三年(223)夏四月先主薨後遷太守。」頁 479。**列入劉備時期(入蜀後)**。

224 晉·陳壽，《三國志》，卷 39，＜蜀書·馬謖傳＞載「馬良字季常，襄陽宜城人也…良弟謖，字幼常。以荊州從事隨先主入蜀，除綿竹成都令、越嶲太守。」頁 982-983。洪武雄著，＜《三國職官表》蜀漢部份校補＞認在「建安末由綿竹令遷，後遷越嶲太守。」頁 479-480。**列入劉備時期(入蜀後)**。

225 晉·陳壽，《三國志》，卷 45，＜蜀書·楊戲傳＞載「(李)孫德名福，梓潼涪人也。先主定益州後，為書佐、西充國長、成都令。」頁 1087。洪武雄著，＜《三國職官表》蜀漢部份校補＞認在「建安末由西充國長遷，建興元年(223)遷巴西太守。」頁 480。**列入劉備時期(入蜀後)**。

226 晉·陳壽，《三國志》，卷 43，＜蜀書·張嶷傳＞載「廣漢太守蜀郡何祗。」頁 1051。另據同書卷 41，＜蜀書·楊洪傳＞注引＜益部耆舊傳雜記＞曰「祗字君肅…初仕郡，後為督軍從事…出補成都令。」頁 1014。洪武雄著，＜《三國職官表》蜀漢部份校補＞認在「建興初由督軍從事遷，後遷汶山太守。」頁 480。**列入諸葛亮時期**。

附錄

346

	呂辰[227]	（荊州）南陽	後主時期
蜀郡郫令	鄧芝[228]	（荊州）義陽新野	劉備時期(入蜀後)
	習禎[229]	（荊州）襄陽	劉備時期(入蜀後)
	何祗[230]	（益州）蜀郡	諸葛亮時期
	常勗[231]	（益州）蜀郡江原	後主時期
蜀郡臨邛令	李朝[232]	（益州）廣漢郪人	劉備時期(入蜀後)
蜀郡廣都長	蔣琬[233]	（荊州）零陵湘鄉	劉備時期(入蜀後)

[227] 晉·陳壽，《三國志》，卷39，＜蜀書·呂乂傳＞載「呂乂字季陽，南陽人也…子辰，景耀中為成都令。」頁988。**列入後主時期。**

[228] 晉·陳壽，《三國志》，卷45，＜蜀書·鄧芝傳＞載「鄧芝字伯苗，義陽新野人…漢末入蜀…先主定益州，芝為郫邸閣督…擢為郫令，遷廣漢太守。」頁1071-1073。洪武雄著，＜《三國職官表》蜀漢部份校補＞認在「建安末由郫邸閣督遷，後遷廣漢太守。」頁480。**列入劉備時期(入蜀後)。**

[229] 晉·陳壽，《三國志》，卷45，＜蜀書·楊戲傳＞載「(習)文祥名禎，襄陽人也。隨先主入蜀，歷雒、郫令，廣漢太守。失其行事。」頁1085。洪武雄著，＜《三國職官表》蜀漢部份校補＞認在「建安末由雒令遷，後遷廣漢太守。」頁480。**列入劉備時期(入蜀後)。**

[230] 晉·陳壽，《三國志》，卷43，＜蜀書·張嶷傳＞載「廣漢太守蜀郡何祗。」頁1051。另據同書卷41，＜蜀書·楊洪傳＞注引＜益部耆舊傳雜記＞曰「祗字君肅…初仕郡，後為督軍從事…出補成都令，時郫縣令缺，以祗兼二縣。」頁1014。洪武雄著，＜《三國職官表》蜀漢部份校補＞認在「建興初由督軍從事遷成都令兼領郫令，後遷汶山太守。」頁480。**列入諸葛亮時期。**

[231] 晉·常璩撰，劉琳注，《華陽國志》，卷11，＜後賢志＞載「常勗，字脩(修)業，蜀郡江原人也…除郫令。」頁603。洪武雄著，＜《三國職官表》蜀漢部份校補＞認在「景耀末由督軍從事遷，蜀亡。」頁480。**列入後主時期。**

[232] 晉·陳壽，《三國志》，卷45，＜蜀書·楊戲傳＞載「(李)永南名邵，廣漢郪人也…偉南名朝，永南兄。郡功曹，舉孝廉，臨邛令，入為別駕從事。」頁1086-1088。洪武雄著，＜《三國職官表》蜀漢部份校補＞認在「建安末由郡功曹遷，後遷別駕從事。」頁480-481。**列入劉備時期(入蜀後)。**

[233] 晉·陳壽，《三國志》，卷44，＜蜀書·蔣琬傳＞載「蔣琬字公琰、零陵湘鄉人也…琬以州書佐隨先主入蜀，除廣都長。」頁1057-1060。洪武雄著，＜《三國職官表》蜀漢部份校補＞認在「建安十九年(214)由荊州書佐遷，旋遷什邡令。」頁481。**列入劉備時期(入蜀後)。**

		王連[234]	（荊州）南陽	劉備時期(入蜀後)
蜀郡江原令長		朱游(稱長)[235]	（益州）蜀郡廣都	後主時期
		趙敦(稱令)[236]	（豫州）穎川	後主時期
廣漢郡雒令		習禎[237]	（荊州）襄陽	劉備時期(入蜀後)
		杜雄[238]	（益州）蜀郡成都	不明時段
		常忌[239]	（益州）蜀郡江原	後主時期
廣漢郡緜竹令		王甫[240]	（益州）廣漢郪人	劉備時期(入蜀後)

---

234 晉·陳壽,《三國志》,卷 41,＜蜀書·王連傳＞載「王連字文儀,南陽人也。劉璋時入蜀,為梓潼令...及成都既平,以連為什邡令,轉在廣都,所居有績。」頁 1009-1010。洪武雄著,＜《三國職官表》蜀漢部份校補＞認在「建安末由什邡令轉,後遷司鹽校尉。」頁 481。**列入劉備時期(入蜀後)。**

235 晉·陳壽,《三國志》,卷 45,＜蜀書·楊戲傳＞注引＜益部耆舊雜記＞曰「縣長廣都朱游」頁 1090-1091。《續郡國志》,志 23,〈郡國五〉載「蜀郡秦置...廣都」,頁 3509。洪武雄著,＜《三國職官表》蜀漢部份校補＞認在「建興末,稱『縣長』。」頁 481。**列入後主時期。**

236 晉·陳壽,《三國志》,卷 45,＜蜀書·楊戲傳＞注引＜益部耆舊雜記＞曰「縣令穎川趙敦」頁 1091。洪武雄著,＜《三國職官表》蜀漢部份校補＞認在「延熙初,稱『縣令』。」頁 481。**列入後主時期。**

237 晉·陳壽,《三國志》,卷 45,＜蜀書·楊戲傳＞載「(習)文祥名禎,襄陽人也。隨先主入蜀,歷雒、郫令,廣漢太守。失其行事。」頁 1085。洪武雄著,＜《三國職官表》蜀漢部份校補＞認在「建安末,後轉蜀郡郫令。」頁 482。**列入劉備時期(入蜀後)。**

238 晉·常璩撰,劉琳注,《華陽國志》,11,＜後賢志＞載「杜軫,字超宗,蜀郡成都人也。父雄,字伯休,安漢、雒令。」頁 610。洪武雄著,＜《三國職官表》蜀漢部份校補＞認「依父子經歷推論,杜雄為縣令當在蜀漢世。」頁 482。**列入不明時段。**

239 晉·常璩撰,劉琳注,《華陽國志》,卷 11,＜後賢志＞載「常勗,字脩(修)業,蜀郡江原人也...忌字茂通,蜀謁者、黃門侍郎...使吳,稱職。歷長水參軍,什邡、雒令。」頁 603-604。另同書卷 12,＜益梁寧三州三國【兩晉】以來人士目錄＞載「州都常忌,字茂通。(勗從弟也。)」頁 686。另洪武雄著,＜《三國職官表》蜀漢部份校補＞認「景耀末由什邡令轉。」頁 482。**列入後主時期。**

240 晉·陳壽,《三國志》,卷 45,＜蜀書·楊戲傳＞載「(王)國山名甫,廣漢郪人也...劉璋時為州書佐。先主定蜀後,為緜竹令。」頁 1086。洪武雄著,＜《三國職官表》蜀漢部份校補＞認「建安十九年(214)先主定蜀之初,後轉議曹從事。」頁 482。**列入劉備時期(入蜀後)。**

附錄

		馬謖[241]	（荊州）襄陽宜城	劉備時期(入蜀後)
		呂乂(呂義)[242]	（荊州）南陽	諸葛亮時期
		杜雄[243]	（益州）蜀郡成都	不明時段
	廣漢郡什邡令	王連[244]	（荊州）南陽	劉備時期(入蜀後)
		蔣琬[245]	（荊州）零陵湘鄉	劉備時期(入蜀後)
		常忌[246]	（益州）蜀郡江原	後主時期
	廣漢郡新都令	呂乂[247](呂義)	（荊州）南陽	諸葛亮時期

241 晉·陳壽，《三國志》，卷39，＜蜀書·馬謖傳＞載「馬良字季常，襄陽宜城人也…良弟謖，字幼常。以荊州從事隨先主入蜀，除綿竹成都令、越嶲太守。」頁982-983。洪武雄著，＜《三國職官表》蜀漢部份校補＞認「建安十九年(214)先主定蜀之初，後遷成都令。」頁482。**列入劉備時期(入蜀後)。**

242 晉·陳壽，《三國志》，卷39，＜蜀書·呂乂傳＞載「呂乂字季陽，南陽人也…乂遷新都、綿竹令」頁988。洪武雄著，＜《三國職官表》蜀漢部份校補＞認「建興中由新都令轉，建興九年(231)後遷巴西太守。」頁482-483。**列入諸葛亮時期。**晉·常璩撰，劉琳注，《華陽國志》，卷7，＜劉後主志＞載「(中)〔尚〕書令董允亦卒。超遷蜀郡太守南陽呂義為尚書令。」頁390。

243 晉·常璩撰，劉琳注，《華陽國志》，11，＜後賢志＞載「杜軫，字超宗，蜀郡成都人也。父雄，字伯休，安漢、雒令。」頁610。洪武雄著，＜《三國職官表》蜀漢部份校補＞認在「蜀漢世，杜雄歷諸縣令。」頁483。**列入不明時段。**

244 晉·陳壽，《三國志》，卷41，＜蜀書·王連傳＞載「王連字文儀，南陽人也。劉璋時入蜀，為梓潼令…及成都既平，以連為什邡令。」頁1009-1010。洪武雄著，＜《三國職官表》蜀漢部份校補＞認在「建安十九年(214)，後轉廣都長。」頁483。**列入劉備時期(入蜀後)。**

245 晉·陳壽，《三國志》，卷44，＜蜀書·蔣琬傳＞載「蔣琬字公琰、零陵湘鄉人也…琬以州書佐隨先主入蜀，除廣都長…頃之，為什邡令。」頁1057-1060。洪武雄著，＜《三國職官表》蜀漢部份校補＞認在「建安末由廣都長遷，廿四年(219)轉尚書郎。」頁483。**列入劉備時期(入蜀後)。**

246 晉·常璩撰，劉琳注，《華陽國志》，卷11，＜後賢志＞載「常勗，字脩(修)業，蜀郡江原人也…忌字茂通，蜀謁者、黃門侍郎…察孝廉，為郎。使吳，稱職。歷長水參軍，什邡、雒令。」頁603-604。另同書卷12，＜益梁寧三州三國【兩晉】以來人士目錄＞載「州都常忌，字茂通。(勗從弟也。)」頁686。洪武雄著，＜《三國職官表》蜀漢部份校補＞認在「景耀年間由長水參軍遷，後轉雒令。」頁483。**列入後主時期。**

247 晉·陳壽，《三國志》，卷39，＜蜀書·呂乂傳＞載「呂乂字季陽，南陽人也…先主定益州…乂遷新都、綿竹令。」頁988。洪武雄著，＜《三國職官表》蜀漢部份校補＞認在「建興中由鹽府典曹都尉轉，後轉綿竹令。」頁483。**列入諸葛亮時期。**晉·常璩撰，劉琳注，《華陽國志》，卷7，＜劉後主志＞載「(中)〔尚〕書令董允亦卒。超遷蜀郡太守南陽呂義為尚書令。」頁390。

廣漢郡郪長	常播[248]	（益州）蜀郡江原	後主時期
巴西郡閬中令	常偉[249]	（益州）蜀郡江原	後主時期
	王化[250]	（益州）廣漢郪人	後主時期
巴西郡安漢令	杜雄[251]	（益州）蜀郡成都	不明時段
	何隨[252]	（益州）蜀郡郫人	後主時期
巴西郡西充國長	李福[253]	（益州）梓潼涪人	劉備時期(入蜀後)
巴西郡漢昌長	馬忠[254]	（益州）巴西閬中	劉備時期(入蜀後)

[248] 晉·陳壽，《三國志》，卷 45，＜蜀書·楊戲傳＞注引＜益部耆舊雜記＞曰「常播字文平，蜀郡江原人也。播仕縣主簿功曹。…舉孝廉，除郪長，年五十餘卒。」頁 1090-1091。洪武雄著，＜《三國職官表》蜀漢部份校補＞認在「延熙初。」頁 483。**列入後主時期**。

[249] 晉·常璩撰，劉琳注，《華陽國志》，11，＜後賢志＞載「常騫，字季慎，蜀郡江原人也…父偉，字公然，閬中令。」頁 619。洪武雄著，＜《三國職官表》蜀漢部份校補＞認「在蜀漢末葉或晉初，難以確知。」頁 484。既然是蜀漢末，故暫**列入後主時期**。

[250] 晉·常璩撰，劉琳注，《華陽國志》，卷 11，＜後賢志＞載「王化，字伯遠，廣漢郪人也…郡命功曹，州辟從事，光祿郎中主事，尚書郎。除閬中令，為政清靜。」頁 605。洪武雄著，＜《三國職官表》蜀漢部份校補＞認「景耀年間由尚書郎轉。」頁 484。**列入為後主時期**。

[251] 晉·常璩撰，劉琳注，《華陽國志》，11，＜後賢志＞載「杜軫，字超宗，蜀郡成都人也。父雄，字伯休，安漢、雒令。」頁 610。洪武雄著，＜《三國職官表》蜀漢部份校補＞認在「蜀漢世，杜雄歷諸縣令。」頁 483。**列入不明時段**。

[252] 晉·常璩撰，劉琳注，《華陽國志》，卷 11，＜後賢志＞載「何隨，字季業，蜀郡郫人也，漢司空武後…郡命功曹。州辟從事。光祿郎中主事。除安漢令。蜀亡，去官。」頁 604。洪武雄著，＜《三國職官表》蜀漢部份校補＞認在「景耀末由光祿主事轉。」頁 484。**列入後主時期**。

[253] 晉·陳壽，《三國志》，卷 45，＜蜀書·楊戲傳＞載「(李)孫德名福，梓潼涪人也。先主定益州後，為書佐、西充國長、成都令。」頁 1087。洪武雄著，＜《三國職官表》蜀漢部份校補＞認在「建安末由書佐遷，後遷成都令。」頁 485。**列入劉備時期(入蜀後)**。

[254] 晉·陳壽，《三國志》，卷 43，＜蜀書·蔣琬傳＞載「馬忠字德信，巴西閬中人也…為郡吏，建安末舉孝廉，除漢昌長。」頁 1048-1049。洪武雄著，＜《三國職官表》蜀漢部份校補＞認在「建安末，建興元年(223)遷丞相門下督。」頁 485。**列入劉備時期(入蜀後)**。

	漢中郡沔陽長	張翼[255]	（益州）犍為武陽	劉備時期(入蜀後)
	涪陵郡涪陵令	張翼	（益州）犍為武陽	參沔陽長張翼
	江陽郡符節長	王士[256]	（益州）廣漢郪人	劉備時期(入蜀後)
	建寧郡雙柏長	何雙[257]	（益州）蜀郡郫人	後主時期
	漢嘉郡嚴道長	張君[258]	蜀郡成都	後主時期
	犍為郡武陽令	陰化[259]	籍貫不詳	劉備時期(入蜀後)
縣諸曹掾史	功曹	常播[260]	（益州）蜀郡江原	後主時期
		衛繼父[261]	（益州）漢嘉嚴道	後主時期
	主簿	常播	（益州）蜀郡江原	參功曹常播

[255] 晉·陳壽，《三國志》，卷 45，＜蜀書·張翼傳＞載「張翼字伯恭，犍為武陽人也…先主定益州，領牧，翼為書佐。建安末，舉孝廉，為江(沔)陽長，徙涪陵令。」頁 1073-1075。洪武雄著，＜《三國職官表》蜀漢部份校補＞認在「建安廿四年(219)由書佐遷，後遷涪陵令。」頁 485。**列入劉備時期(入蜀後)。**

[256] 晉·陳壽，《三國志》，卷 45，＜蜀書·楊戲傳＞載「(王)義彊名士，廣漢郪人，國山從兄也。從先主入蜀後，舉孝廉，為符節長。」頁 1088。洪武雄著，＜《三國職官表》蜀漢部份校補＞認在「建安末，後遷牙門將。」頁 486。**列入劉備時期(入蜀後)。**

[257] 晉·陳壽，《三國志》，卷 45，＜蜀書·楊戲傳＞載「何彥英名宗，蜀郡郫人也…子雙，字漢偶…為雙柏長。早卒。」頁 1083。洪武雄著，＜《三國職官表》蜀漢部份校補＞認「當蜀漢末葉。」頁 486。**列入後主時期。**

[258] 晉·陳壽，《三國志》，卷 45，＜蜀書·楊戲傳＞注引＜益部耆舊雜記＞曰「衛繼字子業，漢嘉嚴道人也。兄弟五人。繼父為縣功曹。繼為兒時，與兄弟隨父游戲庭寺中，縣長蜀郡成都張君無子，數命功曹呼其子省弄，甚憐愛之。」頁 1090。洪武雄著，＜《三國職官表》蜀漢部份校補＞認「延熙世。」頁 486。**列入後主時期。**

[259] 洪武雄著，＜《三國職官表》蜀漢部份校補＞認「建安廿六年(221)＜黃龍甘露碑＞，『武陽令陰化』。」頁 487。**列入劉備時期(入蜀後)。**

[260] 晉·陳壽，《三國志》，卷 45，＜蜀書·楊戲傳＞注引＜益部耆舊雜記＞曰「常播字文平，蜀郡江原人也。播仕縣主簿功曹…舉孝廉，除郪長，年五十餘卒。」頁 1090-1091。洪武雄著，＜《三國職官表》蜀漢部份校補＞認在「建興末，後蜀郡江原轉縣功曹。」頁 488。**列入後主時期。**

[261] 晉·陳壽，《三國志》，卷 45，＜蜀書·楊戲傳＞注引＜益部耆舊雜記＞曰「衛繼字子業，漢嘉嚴道人也。兄弟五人。繼父為縣功曹。」頁 1091。洪武雄著，＜《三國職官表》蜀漢部份校補＞認「延熙世。」頁 487。**列入後主時期。**

		楊玩[262]	（益州）蜀郡	後主時期
地方武職				
都督中外		姜維[263]	（雍州）天水冀人	後主時期
漢中都督		魏延[264]	（荊州）義陽	劉備時期(入蜀後)
		吳懿(吳壹)[265]	（兗州）陳留	後主時期
		王平[266]	（益州）巴西宕渠	後主時期
		胡濟[267]	（荊州）義陽	後主時期

262 清.洪飴孫，《三國職官表》記「蜀郡常播楊玩」，收入《廿五史補編》第二冊，第87頁，總頁2817。洪武雄著，<《三國職官表》蜀漢部份校補>認在「建興十五年(237)。」頁488。**列入後主時期。**

263 晉.陳壽，《三國志》，卷44，<蜀書·姜維傳>載「姜維字伯約，天水冀人也...(延熙)十六年春...明年，加督中外軍事。」頁1062-1065。洪武雄著，<《三國職官表》蜀漢部份校補>認在「延熙十七年(254)，『加督中外軍事』。」頁394。**列入後主時期。**

264 晉.陳壽，《三國志》，卷40，<蜀書·魏延傳>載「魏延字文長，義陽人也...先主為漢中王...先主乃拔延為督漢中鎮遠將軍，領漢中太守...先主踐尊號，進拜鎮北將軍。建興元年，封都亭侯。五年，諸葛亮駐漢中，更以延為督前部，領丞相司馬、涼州刺史。」頁1002。洪武雄著，<《三國職官表》蜀漢部份校補>認在「建安廿四年(219)起，先後以鎮遠、鎮北將軍督漢中，建興五年(227)轉督前部，領丞相司馬、涼州刺史。」頁395。**列入劉備時期(入蜀後)。**

265 晉.陳壽，《三國志》，卷33，<蜀書·後主傳>載「(建興)十二年...秋八月，亮卒于渭濱...以左將軍吳壹為車騎將軍，假節督漢中。」頁897。**列入後主時期。**吳懿疑為吳壹，原因：第一，《三國志》並沒有吳懿的記載；第二，吳懿最早見於《華陽國志》；第三，《華陽國志》所載吳懿之事跡似為《三國志》所載吳壹相同，如卷7<劉後主志>記建興十二年諸葛亮卒，「以吳懿為車騎將軍，假節，督漢中事。」頁386。與《三國志》相同，所以這裡把吳懿與吳壹視為同一人。

266 晉.陳壽，《三國志》，卷43，<蜀書·王平傳>載「王平字子均，巴西宕渠人也...(亮卒後)遷後典軍、安漢將軍，副車騎將軍吳壹住漢中，又領漢中太守。(建興)十五年，進封安漢侯，代壹督漢中。」頁1049。洪武雄著，<《三國職官表》蜀漢部份校補>認在「建興十五年(237)以安漢將軍首次督漢中。」頁395。**列入後主時期。**

267 晉.陳壽，《三國志》，卷39，<蜀書·董和傳>注曰「姓胡，名濟，義陽人。為亮主簿，有忠藎之效，故見襃述。亮卒，為中典軍，統諸軍，封成陽亭侯，遷中監軍前將軍，督漢中，假節領兗州刺史，至右驃騎將軍。」頁980。**列入後主時期。**

江州都督		費觀[268]	（荊州）江夏鄳人	劉備時期(入蜀後)
		李嚴[269]	（荊州）南陽	諸葛亮時期
		李豐[270]	（荊州）南陽	諸葛亮時期
		李福[271]	（益州）梓潼涪人	諸葛亮時期
		鄧芝[272]	（荊州）義陽新野	後主時期
		趙雲[273]	（冀州）常山真定	劉備時期(入蜀後)

---

[268] 晉·陳壽，《三國志》，卷 45，＜蜀書·楊戲傳＞載「(費) 賓伯名觀，江夏鄳人也。劉璋母，觀之族姑，璋又以女妻觀…先主既定益州，拜為裨將軍，後為巴郡太守，江州都督。」頁 1081-1082。洪武雄著，＜《三國職官表》蜀漢部份校補＞認在「章武三年(223)邊，建興元年(223)加振威將軍，四年(226)前卒官。」頁 398-399。**列入劉備時期(入蜀後)。**

[269] 晉·陳壽，《三國志》，卷 40，＜蜀書·李嚴傳＞載「李嚴字正方，南陽人也…(建興)四年，轉為前將軍。以諸葛亮欲出軍漢中，嚴當知後事，移屯江州。」頁 998-999。洪武雄著，＜《三國職官表》蜀漢部份校補＞認在「建興四年(226)至八年(230)，以前將軍、驃騎將軍屯江州。」頁 399。**列入諸葛亮時期。**

[270] 晉·陳壽，《三國志》，卷 40，＜蜀書·李嚴傳＞載「李嚴字正方，南陽人也…嚴子豐為江州都督督軍。」頁 998-999。洪武雄著，＜《三國職官表》蜀漢部份校補＞認在「建興八年(230)至九年(231)。」頁 399-400。**列入諸葛亮時期。**

[271] 晉·陳壽，《三國志》，卷 45，＜蜀書·楊戲傳＞載「(李)孫德名福，梓潼涪人也…建興元年，徙巴西太守，為江州督、楊威將軍，入為尚書僕射，封平陽亭侯。」頁 1087。洪武雄著，＜《三國職官表》蜀漢部份校補＞認在「建興九年(231)以揚威將軍督江州，十二年(234)亮卒前已入為尚書僕射。」頁 400。**列入諸葛亮時期。**

[272] 晉·陳壽，《三國志》，卷 45，＜蜀書·鄧芝傳＞載「鄧芝字伯苗，義陽新野人…亮卒，遷前軍師前將軍，領兗州刺史，封陽武亭侯，頃之為督江州…延熙六年，就遷為車騎將軍，後假節。」頁 1071-1073。洪武雄著，＜《三國職官表》蜀漢部份校補＞認在「建興十三年(235)至延熙十四年(251)，先後以前將軍、車騎將軍督江州。」頁 400-401。**列入後主時期。**

[273] 晉·陳壽，《三國志》，卷 36，＜蜀書·趙雲傳＞載「趙雲字子龍，常山真定人也。」又注引＜雲別傳＞曰「先主大怒，欲討權…先主不聽，遂東征，留雲督江州。」頁 948-949。洪武雄著，＜《三國職官表》蜀漢部份校補＞認在「章武元年(221)至二年(222)先主東征期間，趙雲以翊軍將軍督江州，其督江州猶在費觀之前。」頁 400-401。**列入劉備時期(入蜀後)。**

永安都督	（巴東都督）	李嚴[274]	（荊州）南陽	劉備時期(入蜀後)
		陳到[275]	（豫州）汝南	諸葛亮時期
		宗預[276]	（荊州）南陽安眾	後主時期
		羅獻(羅憲)[277]	（荊州）襄陽	錯置
		閻宇[278]	（荊州）南郡	後主時期
關中都督		吳懿(吳壹)[279]	（兗州）陳留	劉備時期(入蜀後)

[274] 晉·陳壽，《三國志》，卷 40，＜蜀書·李嚴傳＞載「李嚴字正方，南陽人也…(章武)三年，先主疾病，嚴與諸葛亮並受遺詔輔少主；以嚴為中都護，統內外軍事，留鎮永安。」頁 998-999。洪武雄著，＜《三國職官表》蜀漢部份校補＞認在「章武三年(223)至建興四年(226)，以中都護留鎮永安。」頁 401。**列入劉備時期(入蜀後)。**

[275] 晉·陳壽，《三國志》，卷 45，＜蜀書·楊戲傳＞載「(陳)叔至名到，汝南人也。自豫州隨先主，名位常亞趙雲，俱以忠勇稱。建興初，官至永安都督、征西將軍，封亭侯。」頁 1084。洪武雄著，＜《三國職官表》蜀漢部份校補＞認在「建興四年(226)以征西將軍督永安，建興八年(230)前卒。」頁 401-402。**列入諸葛亮時期。**

[276] 晉·陳壽，《三國志》，卷 45，＜蜀書·宗預傳＞載「宗預字德豔，南陽安眾人也…延熙十年，為屯騎校尉…遷後將軍，督永安，就拜征西大將軍。」頁 1075。洪武雄著，＜《三國職官表》蜀漢部份校補＞認在「延熙末，先後以後將軍、征西大將軍督永安，景耀元年(258)，以疾徵還成都。」頁 401-402。**列入後主時期。**

[277] 晉·陳壽，《三國志》，卷 41，＜蜀書·霍峻傳＞載「巴東領軍襄陽羅憲。」另注引＜襄陽記＞曰「羅憲字令則…左遷巴東太守。時右大將軍閻宇都督巴東，為領軍，後主拜憲為宇副貳。」頁 1008。洪武雄著，＜《三國職官表》蜀漢部份校補＞認在「羅憲為巴東副貳都督，未曾遷都督。」頁 402。**錯置不列入計算。**

[278] 晉·陳壽，《三國志》，卷 43，＜蜀書·馬忠傳＞注引＜華陽國志＞載「閻宇字文平，南郡人也。」頁 1049。洪武雄著，＜《三國職官表》蜀漢部份校補＞認閻宇在「景耀元年(258)至六年(263)，閻宇以右大將軍督巴東。」頁 404。**列入後主時期。**

[279] 晉·陳壽，《三國志》，卷 45，＜蜀書·楊戲傳＞載「先主定益州，以壹為護軍討逆將軍，納壹妹為夫人。章武元年，為關中都督。」頁 1083。洪武雄著，＜《三國職官表》蜀漢部份校補＞認在「章武元年(221)。」頁 405。**列入劉備時期(入蜀後)。**

		傅僉[280]	（荊州）義陽	後主時期
黃金督		柳隱[281]	（益州）蜀郡成都	後主時期
庲降都督		鄧方[282]	（荊州）南郡人	劉備時期(入蜀後)
		李恢[283]	（益州）建寧俞元	劉備時期(入蜀後)
		張翼[284]	（益州）犍為武陽	諸葛亮時期
		馬忠[285]	（益州）巴西閬中	諸葛亮時期
		張表[286]	（益州）蜀郡	後主時期

---

[280] 晉·陳壽，《三國志》，卷45，＜蜀書·楊戲傳＞載「有義陽傅肜…戰死。拜子僉為左中郎，後為關中都督，景耀六年，又臨危授命。論者嘉其父子奕世忠義。」頁1089。洪武雄著，＜《三國職官表》蜀漢部份校補＞認在「景耀六年(263)。」頁405-406。**列入後主時期**。

[281] 晉·常璩撰，劉琳注，《華陽國志》，卷11，＜後賢志＞載「柳隱，字休然，蜀郡成都人也…遷漢中黃金圍督。」頁602。洪武雄著，＜《三國職官表》蜀漢部份校補＞認在「景耀年間至六年(263)蜀亡。」頁406。**列入後主時期**。

[282] 晉·陳壽，《三國志》，卷45，＜蜀書·楊戲傳＞載「(鄧)孔山名方，南郡人也。以荊州從事隨先主入蜀。蜀既定，為犍為屬國都尉，因易郡名，為朱提太守，選為安遠將軍、庲降都督，住南昌縣。」頁1081。洪武雄著，＜《三國職官表》蜀漢部份校補＞認在「建安十九(214)、廿年(215)間為安遠將軍、庲降都督，領朱提太守。」頁406-407。**列入劉備時期(入蜀後)**。

[283] 晉·陳壽，《三國志》，卷43，＜蜀書·李恢傳＞載「李恢字德昂，建寧俞元人也…章武元年…以恢為庲降都督，使持節領交州刺史。」頁1045-1046。洪武雄著，＜《三國職官表》蜀漢部份校補＞認在「章武元年(221)或二年(222)代方為都督，建興九年(231)卒官。」頁406-407。**列入劉備時期(入蜀後)**。

[284] 晉·陳壽，《三國志》，卷45，＜蜀書·張翼傳＞載「張翼字伯恭，犍為武陽人也…建興九年，為庲降都督、綏南中郎將。」頁1073-1075。**列入諸葛亮時期**。

[285] 晉·陳壽，《三國志》，卷43，＜蜀書·蔣琬傳＞載「馬忠字德信，巴西閬中人也…(建興)十一年，南夷豪帥劉胄反，擾亂諸郡。徵庲降都督張翼還，以忠代翼。」頁1048-1049。洪武雄著，＜《三國職官表》蜀漢部份校補＞認在「建興十一年(233)至延熙十二年(249)。」頁407。**列入諸葛亮時期**。

[286] 晉·陳壽，《三國志》，卷45，＜蜀書·楊戲傳＞載「蜀郡張表伯達並知名…張表有威儀風觀，始名位與戲齊，後至尚書，督庲降後將軍。」頁1077-1078。洪武雄著，＜《三國職官表》蜀漢部份校補＞認在「延熙十二年(249)起，任期不詳。」頁407-408。**列入後主時期**。

		閻宇[287]	（荊州）南郡	後主時期
		霍弋[288]	（荊州）南郡枝江	後主時期
庲降副貳都督		霍弋[289]	（荊州）南郡枝江	後主時期
		楊戲[290]	（益州）犍為武陽	後主時期
庲降都督參軍		霍弋	（荊州）南郡枝江	參前
		楊戲	（益州）犍為武陽	參前
巴東都督參軍		楊宗[291]	（益州）巴郡	後主時期
其他督區	武興督	蔣舒[292]	籍貫不詳	後主時期

[287] 晉·陳壽，《三國志》，卷 43，＜蜀書·蔣琬傳＞注引＜華陽國志＞載「閻宇字文平，南郡人也。」頁 1049。洪武雄著，＜《三國職官表》蜀漢部份校補＞認閻宇在「延熙末繼張表為都督，延熙廿年(257)自南中領兵支援巴東，景耀元年(258)徙巴東都督。」頁 408。**列入後主時期。**

[288] 晉·陳壽，《三國志》，卷 41，＜蜀書·霍峻傳＞載「霍峻字仲邈，南郡枝江人也…子弋，字紹先…遷監軍翊軍將軍，領建寧太守，還統南郡事。景耀六年(263)，進號安南將軍。」頁 1007-1008。洪武雄著，＜《三國職官表》蜀漢部份校補＞認閻宇在「延熙廿年(257)由副貳都督遷，景耀六年(263)蜀亡。」頁 408。**列入後主時期。**

[289] 晉·陳壽，《三國志》，卷 41，＜蜀書·霍峻傳＞載「霍峻字仲邈，南郡枝江人也…子弋，字紹先…後為參軍庲降屯副貳都督，又轉護軍，統事如前。」頁 1007-1008。洪武雄著，＜《三國職官表》蜀漢部份校補＞認閻宇在「延熙末為參軍庲降屯副貳都督，後遷護軍，延熙廿年(257)遷監軍、都督。」頁 408-409。**列入後主時期。**

[290] 晉·陳壽，《三國志》，卷 45，＜蜀書·楊戲傳＞載「楊戲字文然，犍為武陵人也…琬以大將軍開府，又辟為東曹掾，遷南中郎參軍，副貳庲降都督，領建寧太守。」頁 1077。洪武雄著，＜《三國職官表》蜀漢部份校補＞認在「延熙十二年(249)。」頁 409。**列入後主時期。**另據晉·常璩撰，劉琳注，《華陽國志》(臺北：新文豐出版公司，1988 年 11 月)，劉琳注曰「顧校：『楊義』當作楊義。《蜀志》有傳，作楊戲，『戲』、『義』古通用。」頁 563。

[291] 晉·陳壽，《三國志》，卷 41，＜蜀書·霍峻傳＞注引＜襄陽記＞曰「吳聞鍾、鄧敗，百城無主，有兼蜀之志，而巴東固守，兵不得過，使步協率眾而西。憲臨江拒射，不能禦，遣參軍楊宗突圍北出，告急安東將軍陳騫，又送文武印綬、任子詣晉王。」頁 1008-1009。晉·常璩撰，劉琳注，《華陽國志》，卷 11，＜後賢志＞載「文立，字廣休，巴郡臨江人也…同郡毛楚、楊【崇】宗，皆有德美，楚牂柯，【崇】宗武陵太守。」頁 601-602。據洪武雄著，＜《三國職官表》蜀漢部份校補＞認「景耀六年(263)。」頁 409-410。**列入後主時期。**

[292] 晉·陳壽，《三國志》，卷 44，＜蜀書·姜維傳＞注引＜蜀記＞曰「蔣舒為武興督，在事無稱。」頁 1066。洪武雄著，＜《三國職官表》蜀漢部份校補＞認在「延熙末、景耀年間。」頁 410。**列入後主時期。**

	建威督	張翼[293]	（益州）犍為武陽	後主時期
	廣武督領陰平太守	廖化[294]	（荊州）襄陽	後主時期
	西安督領汶山太守	王嗣[295]	（益州）犍為資中	後主時期
（諸監軍）		劉邕[296]	（荊州）義陽	諸葛亮時期
		馬忠[297]	（益州）巴西閬中	諸葛亮時期
		杜祺[298]	（荊州）南陽	後主時期
		張毣[299]	（益州）蜀郡成都	後主時期

---

[293] 晉·陳壽，《三國志》，卷45，<蜀書·張翼傳>載「張翼字伯恭，犍為武陽人也…延熙元年，入為尚書，稍遷督建威，假節，進封都亭侯，征西大將軍。」頁1073。洪武雄著，<《三國職官表》蜀漢部份校補>認在「延熙中。」頁410。**列入後主時期。**

[294] 晉·陳壽，《三國志》，卷45，<蜀書·宗預傳>載「廖化字元儉，本名淳，襄陽人也…先主薨，為丞相參軍，後為督廣武，稍遷至右車騎將軍，假節，領并州刺史，封中鄉侯。」頁1077。洪武雄著，<《三國職官表》蜀漢部份校補>認在「延熙世、景耀初，以將軍督廣武，並領陰平太守。」頁410。**列入後主時期。**

[295] 晉·陳壽，《三國志》，卷45，<蜀書·楊戲傳>注引<益部耆舊雜記>曰「王嗣字承宗，犍為資中人也。其先，延熙世以功德顯著。舉孝廉，稍遷西安圍督、汶山太守，加安遠將軍。」頁1090。洪武雄著，<《三國職官表》蜀漢部份校補>認在「延熙末、景耀年間，以將軍督西安，並領汶山太守。」頁411。可是從<益部耆舊雜記>所載先為督、汶山太守後再加將軍，不過在時間上是在**後主時期。**

[296] 晉·陳壽，《三國志》，卷45，<蜀書·楊戲傳>載「劉南和名邕，義陽人也。隨先主入蜀。益州既定，為江陽太守。建興中，稍遷至監軍後將軍，賜爵關內侯，卒。」頁1084。**列入諸葛亮時期。**

[297] 晉·陳壽，《三國志》，卷43，<蜀書·蔣琬傳>載「馬忠字德信，巴西閬中人也…(建興)十一年，南夷豪帥劉冑反，擾亂諸郡。徵庲降都督張翼還，以忠代翼。忠遂斬冑，平南土。加忠監軍奮威將軍，封博陽亭侯。」頁1048-1049。**列入諸葛亮時期。**

[298] 晉·陳壽，《三國志》，卷39，<蜀書·呂乂傳>載「先主定益州，置鹽府校尉，較鹽鐵之利，後校尉王連請乂及南陽杜祺、南鄉劉幹等並為典曹都尉…杜祺歷郡守監軍大將軍司馬。」頁988。洪武雄著，<《三國職官表》蜀漢部份校補>認「當在延熙、景耀年間。」頁411。**列入後主時期。**

[299] 晉·陳壽，《三國志》，卷41，<蜀書·張裔傳>載「張裔字君嗣，蜀郡成都人也…子毣嗣，歷三郡守監軍。」頁1011-1013。洪武雄著，<《三國職官表》蜀漢部份校補>認「當在延熙、景耀年間。」頁411。**列入後主時期。**

附錄

		姜維[300]	（雍州）天水冀人	諸葛亮時期
	樂城監軍	王含[301]	籍貫不詳	後主時期
		霍弋[302]	（荊州）南郡枝江	後主時期
		楊戲[303]	（益州）犍為武陽	後主時期
		靳詳[304]	（并州）太原	諸葛亮時期
	前監軍鎮北大將軍	王平[305]	（益州）巴西宕渠	後主時期

300 晉·陳壽，《三國志》，卷44，＜蜀書·姜維傳＞載「姜維字伯約，天水冀人也…亮辟維為倉曹掾，加奉義將軍，封當陽亭侯，時年二十七…後遷中監軍征西將軍…十二年，亮卒，維還成都，為右監軍輔漢將軍，統諸軍，進封平襄侯。」頁1062-1065。洪武雄著，＜《三國職官表》蜀漢部份校補＞認「建興十二年(234)由護軍征西將軍遷監軍輔漢將軍。」頁411。**列入諸葛亮時期**。

301 晉·陳壽，《三國志》，卷44，＜蜀書·姜維傳＞「於是令督漢中胡濟卻住漢壽，監軍王含守樂城，護軍蔣斌守漢城。」頁1065。洪武雄著，＜《三國職官表》蜀漢部份校補＞認在「景耀元年(258)至六年(263)。」頁412。**列入後主時期**。

302 晉·陳壽，《三國志》，卷41，＜蜀書·霍峻傳＞載「霍峻字仲邈，南郡枝江人也…子弋，字紹先…遷監軍翊軍將軍，領建寧太守，還統南郡事。」頁1007-1008。洪武雄著，＜《三國職官表》蜀漢部份校補＞認在「延熙廿年(257)由護軍、庲降屯副貳都督遷監軍庲降都督。」頁412。**列入後主時期**。

303 晉·陳壽，《三國志》，卷45，＜蜀書·楊戲傳＞載「楊戲字文然，犍為武陵人也…以疾徵還成都，拜護軍監軍，出領梓潼太守，入為射聲校尉。」頁1077。洪武雄著，＜《三國職官表》蜀漢部份校補＞認在「延熙中由護軍遷，後出領梓潼太守。」頁412。**列入後主時期**。另據晉·常璩撰，劉琳注，《華陽國志》(臺北：新文豐出版公司，1988年11月)，劉琳注曰「顧校：『楊義』當作楊義。《蜀志》有傳，作楊戲，『戲』、『義』古通用。」頁563。

304 晉·陳壽，《三國志》，卷3，＜魏書·明帝紀＞注引＜魏略＞載「使將軍郝昭築陳倉城；會亮至，圍昭，不能拔。昭字伯道，太原人…亮圍陳倉，使昭鄉人靳詳於城外遙說之。」所以靳詳為太原人，頁94。另《元和郡縣圖志》引《魏略》曰「及亮圍陳倉，詳為亮監軍，使於城外來昭諭之。」據洪武雄著，＜《三國職官表》蜀漢部份校補＞認在「建興六年(228)。」頁413。**列入諸葛亮時期**。

305 晉·陳壽，《三國志》，卷43，＜蜀書·王平傳＞載「王平字子均，巴西宕渠人也…延熙元年，大將軍蔣琬住沔陽，平更為前護軍，署琬府事。六年，琬還住涪，拜平前監軍、鎮北大將軍，統漢中。」頁1049。洪武雄著，＜《三國職官表》蜀漢部份校補＞認在「延熙六年(243)由前護軍安漢將軍、署大司馬蔣琬府事，遷前監軍鎮北大將軍、統漢中，十一年(248)卒。」頁413。**列入後主時期**。

前監軍入領大將軍司馬	李福[306]	（益州）梓潼涪人	後主時期
中監軍前將軍	胡濟[307]	（荊州）義陽	後主時期
中監軍揚武將軍	鄧芝[308]	（荊州）義陽新野	諸葛亮時期
行前監軍征南將軍	劉巴[309]	（荊州）零陵烝陽	諸葛亮時期
中監軍	關興[310]	（司隸）河東解人	後主時期

306 晉·陳壽，《三國志》，卷45，＜蜀書·楊戲傳＞載「(李)孫德名福，梓潼涪人也…延熙初，大將軍蔣琬出征漢中，福以前監軍領司馬，卒。」頁1087。洪武雄著，＜《三國職官表》蜀漢部份校補＞認在「延熙元年(238)末李福由尚書僕射遷前監軍領大將軍司馬，不久亡故，二年(239)三月蔣琬進位大司馬，改以姜維為大司馬司馬。」頁413。**列入後主時期。**

307 晉·陳壽，《三國志》，卷39，＜蜀書·董和傳＞注曰「姓胡，名濟，義陽人。為亮主簿，有忠藎之效，故見褒述。亮卒，為中典軍，統諸軍，封成陽亭侯，遷中監軍前將軍，督漢中，假節領兗州刺史，至右驃騎將軍。」頁980。洪武雄著，＜《三國職官表》蜀漢部份校補＞認在「延熙十一年(248)末中典軍遷中監軍前將軍，代王平督漢中。」頁413。**列入後主時期。**

308 晉·陳壽，《三國志》，卷45，＜蜀書·鄧芝傳＞載「鄧芝字伯苗，義陽新野人…及亮北住漢中，以芝為中監軍、揚武將軍。亮卒，遷前軍師前將軍，領兗州刺史，封陽武亭侯，頃之為督江州。」頁1071-1073。洪武雄著，＜《三國職官表》蜀漢部份校補＞認在「建興五年(227)遷中監軍、揚武將軍，十二年(234)遷前軍師前將軍。」頁413。**列入諸葛亮時期。**

309 晉·陳壽，《三國志》，卷39，＜蜀書·劉巴傳＞載「劉巴字子初，零陵烝陽人也。」頁980-981。晉·陳壽，《三國志》，卷40，＜蜀書·李嚴傳＞注引(諸葛)亮公文上尚書曰「行前監軍征南將軍臣劉巴。」頁1000。洪武雄著，＜《三國職官表》蜀漢部份校補＞認在「建興九年(231)。」頁413-414。**列入諸葛亮時期。**

310 晉·陳壽，《三國志》，卷36，＜蜀書·關羽傳＞載「關羽字雲長，本字長生，河東解人也…子興嗣。興字安國，少有令問，丞相諸葛亮深器異之。弱冠為侍中、中監軍，數歲卒。」頁939-942。洪武雄著，＜《三國職官表》蜀漢部份校補＞認在「當在建興末、延熙初由侍中遷中監軍，卒官。」頁413-414。**列入諸葛亮時期。**

（諸護軍）	漢中左	劉敏[311]	（荊州）零陵泉陵	諸葛亮時期
	永安	陳到[312]	（豫州）汝南	諸葛亮時期
	江州	輔匡[313]	（荊州）襄陽	諸葛亮時期
	漢城	蔣斌[314]	（荊州）零陵湘鄉	後主時期
	庲降	霍弋[315]	（荊州）南郡枝江	後主時期

---

311 晉·陳壽，《三國志》，卷 44，＜蜀書·蔣琬傳＞載「蔣琬字公琰、零陵湘鄉人也。弱冠與外弟泉陵劉敏俱知名...劉敏，左護軍、揚威將軍，與鎮北大將軍王平俱鎮漢中。」頁 1057-1060。洪武雄著，＜《三國職官表》蜀漢部份校補＞認在「建興九年(231)劉敏曾任右護軍...延熙六年(243)王平第二次督鎮漢中，劉敏當於此時為左護軍。」頁 414。**列入諸葛亮時期。**

312 晉·陳壽，《三國志》，卷 45，＜蜀書·楊戲傳＞載「(陳)叔至名到，汝南人也。」頁 1084。晉·陳壽，《三國志》，卷 40，＜蜀書·李嚴傳＞載建興四年「留護軍陳到駐永安。」頁 999。洪武雄著，＜《三國職官表》蜀漢部份校補＞認在「建興初。」頁 414。**列入諸葛亮時期。**

313 晉·陳壽，《三國志》，卷 45，＜蜀書·楊戲傳＞載「輔元弼名匡，襄陽人也。」頁 1084。同卷尚載「都護李嚴性自矜高，護軍輔匡等年位與嚴相次。」頁 1082。洪武雄著，＜《三國職官表》蜀漢部份校補＞認在「建興初，李嚴督江州時。」頁 415。**列入諸葛亮時期。**

314 晉·陳壽，《三國志》，卷 44，＜蜀書·蔣琬傳＞載「蔣琬字公琰、零陵湘鄉人也...子斌嗣，為綏武將軍、漢城護軍。」頁 1057-1060。洪武雄著，＜《三國職官表》蜀漢部份校補＞認蔣斌在「景耀元年(258)至六年(263)。」頁 415。**列入後主時期。**

315 晉·陳壽，《三國志》，卷 41，＜蜀書·霍峻傳＞載「霍峻字仲邈，南郡枝江人也...子弋，字紹先，...後為參軍庲降屯副貳都督，又轉護軍，統事如前。」頁 1007-1008。洪武雄著，＜《三國職官表》蜀漢部份校補＞認在「延熙末遷護軍，廿年(257)遷監軍。」頁 415。**列入後主時期。**

		黃權[316]	（益州）巴西閬中	劉備時期(入蜀後)
		吳懿(吳壹)[317]	（兗州）陳留	劉備時期(入蜀後)
		陳戒(陳式)[318]	籍貫不詳	諸葛亮時期

---

[316] 晉·陳壽，《三國志》，卷43，＜蜀書·黃權傳＞載「黃權字公衡，巴西閬中人也。少為郡吏，州牧劉璋召為主簿…先主假權偏將軍…先主以權為護軍。」頁1043-1045。洪武雄著，＜《三國職官表》蜀漢部份校補＞認在「建安廿年(215)曹操征漢中，張魯走巴西、先主以黃權為護軍迎張魯，非建安廿三年(218)、四年(219)先主征漢中時。」頁415。**列入劉備時期(入蜀後)**。

[317] 晉·陳壽，《三國志》，卷45，＜蜀書·楊戲傳＞載「(吳)子遠名壹，陳留人也。隨劉焉入蜀。劉璋時，為中郎將…先主定益州，以壹為護軍討逆將軍，納壹妹為夫人」頁1083。據洪武雄著，＜《三國職官表》蜀漢部份校補＞認在「建安十九年(214)。」頁315。**列入劉備時期(入蜀後)**。另外《華陽國志》有吳懿，筆者懷疑吳懿疑為吳壹，原因：第一，《三國志》並沒有吳懿的記載；第二，吳懿最早見於《華陽國志》；第三，《華陽國志》所載吳懿之事跡似為《三國志》所載吳壹相同，如晉·常璩撰，劉琳注，《華陽國志》卷7＜劉後主志＞記建興十二年諸葛亮卒，「以吳懿為車騎將軍，假節，督漢中事。」頁386。與晉·陳壽，《三國志》，卷33，＜蜀書·後主傳＞載「(建興)十二年…秋八月，亮卒于渭濱…以左將軍吳壹為車騎將軍，假節督漢中。」頁897。所以這裡把吳懿與吳壹視為同一人。

[318] 晉·常璩撰，劉琳注，《華陽國志》，卷2，＜漢中志＞載「(建興)七年，丞相諸葛亮遣護軍陳戒伐之。」頁72-73。據洪武雄著，＜《三國職官表》蜀漢部份校補＞認在「建興七年(229)。」頁316。列入諸葛亮時期。同書尚稱「『陳戒』當作『陳式』」。頁316。

附錄十四：蜀漢時期地方文職官員資料查考表

資料來源：《三國職官表》等資料

州郡	州郡等屬官	姓名	籍貫	時期
益州牧刺史	(領益州牧)	劉備[1]	（幽州）涿郡涿縣	
	(領益州牧)	諸葛亮[2]	（徐州）琅邪陽都	諸葛亮時期
	(領益州刺史)	蔣琬[3]	（荊州）零陵湘鄉	後主時期
	(不曾領)	文立[4]	（益州）巴郡臨江	未領任誤植
	(領益州刺史)	費禕[5]	（荊州）江夏鄳人	後主時期
兗州刺史(遙領)		鄧芝[6]	（荊州）義陽新野	後主時期

---

[1] 洪武雄著，<《三國職官表》蜀漢部份校補>補說「飴孫或因備為一國之主，故建安末劉備曾居官左將軍、益州牧、大司馬皆不列載。但其下益州員職以備為州牧時居多，故仍補述之，以明終始。」頁419。**不列入計算**。

[2] 晉·陳壽，《三國志》，卷35，<蜀書·諸葛亮傳>載「諸葛亮字孔明，琅邪陽都人也...建興元年，封亮武鄉侯，開府治事。頃之，又領益州牧。政事無巨細，咸決於亮。」頁911-922。洪武雄著，<《三國職官表》蜀漢部份校補>認「建興二年(224)以丞相領益州牧，十二年(234)卒。」頁417。**列入諸葛亮時期**。

[3] 晉·陳壽，《三國志》，卷44，<蜀書·蔣琬傳>載「蔣琬字公琰、零陵湘鄉人也...亮卒，以琬為尚書令，俄而加行都護，假節，領益州刺史，遷大將軍，錄尚書事...又命琬開府，明年就加為大司馬。」頁1057-1060。洪武雄著，<《三國職官表》蜀漢部份校補>認「建興十二年(234)至延熙七年(244)，先後以尚書令、大將軍、大司馬領。」頁417。**列入後主時期**。

[4] 晉·常璩撰，劉琳注，《華陽國志》，卷11，<後賢志>載「文立字廣休，巴郡臨江人也...州刺史費禕命為從事，入為尚書郎，復辟禕大將軍東曹掾，稍遷尚書。」頁601。**未領任誤植**。

[5] 晉·陳壽，《三國志》，卷44，<蜀書·費禕傳>載「費禕字文偉，江夏鄳人也...亮卒，禕為後軍師。頃之，代蔣琬為尚書令。琬自漢中還涪，禕遷大將軍，錄尚書事...禕復領益州刺史。」頁1060-1061。洪武雄著，<《三國職官表》蜀漢部份校補>認「延熙七年(244)以大將軍領，十六年(253)歲首被刺。」頁418。**列入後主時期**。

[6] 晉·陳壽，《三國志》，卷45，<蜀書·鄧芝傳>載「鄧芝字伯苗，義陽新野人...亮卒，遷前軍師前將軍，領兗州刺史。」頁1071-1073。洪武雄著，<《三國職官表》蜀漢部份校補>認「建興十二年(234)領，延熙十四年(251)卒。」頁420。**列入後主時期**。

		胡濟[7]	（荊州）義陽	後主時期
		宗預[8]	（荊州）南陽安眾	後主時期
冀州刺史(遙領)		張翼[9]	（益州）犍為武陽	後主時期
并州刺史(遙領)		廖化[10]	（荊州）襄陽	後主時期
涼州刺史(遙領)		魏延[11]	（荊州）義陽	諸葛亮時期
交州刺史(遙領)		李恢[12]	（益州）建寧俞元	劉備時期(入蜀後)
荊州刺史(遙領)		吳懿(吳壹)[13]	（兗州）陳留	諸葛亮時期

---

[7] 晉·陳壽，《三國志》，卷39，＜蜀書·董和傳＞注曰「姓胡，名濟，義陽人…亮卒，為中典軍，統諸軍，封成陽亭侯，遷中監軍前將軍，督漢中，假節領兗州刺史，至右驃騎將軍。」頁980。洪武雄著，＜《三國職官表》蜀漢部份校補＞認「建興十二年(234)領，延熙十四年(251)，鄧芝領兗州刺史，延熙十四年(251)濟復督漢中，當於此時『假節領兗州刺史』。」頁420。**列入後主時期。**

[8] 晉·陳壽，《三國志》，卷45，＜蜀書·宗預傳＞載「宗預字德豔，南陽安眾人也…景耀元年，以疾徵還成都。後為鎮軍大將軍，領兗州刺史。」頁1075。洪武雄著，＜《三國職官表》蜀漢部份校補＞認「景耀初代胡濟領，至蜀亡。」頁420-421。**列入後主時期。**

[9] 晉·陳壽，《三國志》，卷45，＜蜀書·張翼傳＞載「張翼字伯恭，犍為武陽人也…景耀二年，遷左車騎將軍，領冀州刺史。」頁1073-1075。**列入後主時期。**

[10] 晉·陳壽，《三國志》，卷45，＜蜀書·宗預傳＞載「廖化字元儉，本名淳，襄陽人也…稍遷至右車騎將軍，假節，領并州刺史。」頁1077。洪武雄著，＜《三國職官表》蜀漢部份校補＞認「景耀二年(259)至六年(263)。」頁421。**列入後主時期。**

[11] 晉·陳壽，《三國志》，卷40，＜蜀書·魏延傳＞載「魏延字文長，義陽人也…(建興)五年，諸葛亮駐漢中，更以延為督前部，領丞相司馬、涼州刺史。」頁1002。洪武雄著，＜《三國職官表》蜀漢部份校補＞認「建興五年(227)至十二年(234)。」頁421。**列入諸葛亮時期。**

[12] 晉·陳壽，《三國志》，卷43，＜蜀書·李恢傳＞載「李恢字德昂，建寧俞元人也…章武元年…以恢為庲降都督，使持節領交州刺史…封漢興亭侯，加安漢將軍…建興七年，以交州屬吳，解恢刺史。更領建寧太守。」頁1045-1046。**列入劉備時期(入蜀後)。**

[13] 晉·陳壽，《三國志》，卷40，＜蜀書·李嚴傳＞注引建興九年(231)免李平公文有「左將軍領荊州刺史高陽鄉侯臣吳壹。」頁1000。同書卷45，＜蜀書·楊戲傳＞載「(吳)子遠名壹，陳留人也…(建興)十二年，丞相亮卒，以壹督漢中，車騎將軍，假節，領雍州刺史，進封濟陽侯。」頁1083。洪武雄著，＜《三國職官表》蜀漢部份校補＞認「建興八年(230)至十二年(234)領荊州刺史，十二年至十五年(237)領雍州刺史。」頁421。**故分別列諸葛亮時期及後主時期，只計算一次。**

雍州刺史(遙領)		吳懿(吳壹)	（兗州）陳留	後主時期
涼州牧(遙領)		馬超[14]	（司隸）扶風茂陵	劉備時期(入蜀後)
涼州刺史(遙領)		姜維[15]	（雍州）天水冀人	後主時期
州掾屬	治中從事	潘濬[16]	（荊州）武陵	劉備時期(入蜀後)
		楊洪[17]	（益州）犍為武陽	劉備時期(入蜀後)
		彭羕[18]	（益州）廣漢	劉備時期(入蜀後)
		文恭[19]	（益州）梓潼涪人	諸葛亮時期
		張裔[20]	（益州）蜀郡成都	諸葛亮時期

---

[14] 晉·陳壽，《三國志》，卷36，＜蜀書·馬超傳＞載「馬超字孟起，（右）扶風茂陵人也…章武元年，遷驃騎將軍，領涼州牧。」頁944-947。**列入劉備時期(入蜀後)。**

[15] 晉·陳壽，《三國志》，卷44，＜蜀書·姜維傳＞載「姜維字伯約，天水冀人也…(延熙)六年，遷鎮西大將軍，領涼州刺史。」頁1062-1065。**列入後主時期。**

[16] 晉·陳壽，《三國志》，卷45，＜蜀書·楊戲傳＞載「潘濬字承明，武陵人也。先主入蜀，以為荊州治中，典留州事，亦與關羽不穆。孫權襲羽，遂入吳。」頁1090。洪武雄著，＜《三國職官表》蜀漢部份校補＞認「建安十六年(211)至廿四年(219)濬為荊州治中，非益州員職，不應置此。」頁422-423。**列入劉備時期(入荊後)。**

[17] 晉·陳壽，《三國志》，卷41，＜蜀書·楊洪傳＞載「楊洪字季休，犍為武陽人也…蜀郡太守法正從先主北行，亮於是表洪領蜀郡太守，眾事皆辦，遂使即真。頃之，轉為益州治中從事。」頁1013。洪武雄著，＜《三國職官表》蜀漢部份校補＞認「建安廿五年(220)由蜀郡太守轉，建興元年(223)又由治中轉蜀郡太守加忠節將軍。」頁423。**列入劉備時期(入蜀後)。**

[18] 晉·陳壽，《三國志》，卷40，＜蜀書·彭羕傳＞載「彭羕字永年，廣漢人…先主領益州牧，拔羕為治中從事…左遷羕為江陽太守。」頁994-995。洪武雄著，＜《三國職官表》蜀漢部份校補＞認「建安十九年(214)，後左遷江陽太守。」頁423。**列入劉備時期(入蜀後)。**

[19] 晉·常璩撰，劉琳注，《華陽國志》，卷10下，＜先賢士女總贊(下)＞載「(李)福同郡梓潼文恭，字仲寶，亦以才幹為牧亮治中從事，丞相參軍。」頁579。洪武雄著，＜《三國職官表》蜀漢部份校補＞認「建安初，三年(225)轉丞相參軍。」頁423。**列入諸葛亮時期。**

[20] 晉·陳壽，《三國志》，卷41，＜蜀書·張裔傳＞載「張裔字君嗣，蜀郡成都人也…丞相亮以為參軍，署府事，又領益州治中從事。」頁1011-1013。洪武雄著，＜《三國職官表》蜀漢部份校補＞認「建興三年(225)，五年(227)轉留府長史。」頁423-424。**列入諸葛亮時期。**

		黃權[21]	（益州）巴西閬中	劉備時期(入蜀後)
		馬忠[22]	（益州）巴西閬中	諸葛亮時期
		李邵[23]	（益州）廣漢郪人	諸葛亮時期
		楊戲[24]	（益州）犍為武陽	後主時期
	(州右職)	鐔承[25]	（益州）廣漢郪人	後主時期
		龐統[26]	（荊州）襄陽	劉備時期(入荊後)
		龐林[27]	（荊州）襄陽	劉備時期(入荊後)

[21] 晉·陳壽,《三國志》,卷 43,＜蜀書·黃權傳＞載「黃權字公衡,巴西閬中人也...先主為漢中王,猶領益州牧,以權為治中從事。」頁 1043-1045。洪武雄著,＜《三國職官表》蜀漢部份校補＞認在「建安廿四年(219)由偏將軍轉,不久又由治中從事轉偏將軍。」頁 424。**列入劉備時期(入蜀後)。**

[22] 晉·陳壽,《三國志》,卷 43,＜蜀書·蔣琬傳＞載「馬忠字德信,巴西閬中人也...(建興)八年,召為丞相參軍,副長史蔣琬署留府事。又領州治中從事。」頁 1048-1049。洪武雄著,＜《三國職官表》蜀漢部份校補＞認「建興八年(230)由牂牁太守遷,九年(231)轉驃騎將軍李平參軍。」頁 424。**列入諸葛亮時期。**

[23] 晉·陳壽,《三國志》,卷 45,＜蜀書·楊戲傳＞載「(李)永南名邵,廣漢郪人也...亮南征,留邵為治中從事,是歲卒。」頁 1086。洪武雄著,＜《三國職官表》蜀漢部份校補＞認「建興三年(225)由丞相掾轉,繼文恭為治中,同年卒。」頁 424-425。**列入諸葛亮時期。**

[24] 晉·陳壽,《三國志》,卷 45,＜蜀書·楊戲傳＞載「楊戲字文然,犍為武陵人也...亮卒,為尚書右選部郎,刺史蔣琬請為治中從事史。」頁 1077。洪武雄著,＜《三國職官表》蜀漢部份校補＞認「建興十二年(234)由尚書右選部郎轉,延熙元年(238)遷大將軍東曹掾。」頁 425。**列入後主時期。**另據晉·常璩撰,劉琳注,《華陽國志》,劉琳注曰「顧校:『楊義』當作楊義。《蜀志》有傳,作楊戲,『戲』、『義』古通用。」頁 563。

[25] 晉·常璩撰,劉琳注,《華陽國志》,卷 10 中,＜先賢士女總贊(中)廣漢士女＞載「鐔承,字公文,郪人也。歷郡守,州右職,為少府,太常。時費、姜秉政,孟光、來敏皆棲遲,承以和獨立,特進之也。」頁 535。洪武雄著,＜《三國職官表》蜀漢部份校補＞認「此處之『州右職』未知何職?」頁 424-425。因稱費姜秉政時間,**列入後主時期。**

[26] 晉·陳壽,《三國志》,卷 37,＜蜀書·龐統傳＞載「龐統字士元,襄陽人也...先主領荊州,統以從事守耒陽令...(先主)以為治中從事。親待亞於諸葛亮,遂與亮並為軍師中郎將。」頁 953-956。**列入劉備時期(入荊後)。**

[27] 晉·陳壽,《三國志》,卷 37,＜蜀書·龐統傳＞載「龐統字士元,襄陽人也...統弟林,以荊州治中從事參鎮北將軍黃權征吳。」頁 953-956。**列入劉備時期(入荊後)。**

	別駕從事	趙筰[28]	籍貫不詳	劉備時期(入蜀後)
		秦宓[29]	（益州）廣漢縣竹	諸葛亮時期
		李恢[30]	（益州）建寧俞元	劉備時期(入蜀後)
		馬勳[31]	（益州）巴西閬中	諸葛亮時期
		李朝[32]	（益州）廣漢郪人	劉備時期(入蜀後)
		汝超[33]	籍貫不詳	後主時期
		王謀[34]	（益州）漢嘉	劉備時期(入蜀後)

---

28 晉·陳壽，《三國志》，卷 32，＜蜀書·先主傳＞載「或傳聞漢帝見害，先主乃發喪制服…益州別駕從事趙筰。」頁 887。洪武雄著，＜《三國職官表》蜀漢部份校補＞認在「建安廿五年(220)。」頁 426。**列入劉備時期(入蜀後)。**

29 晉·陳壽，《三國志》，卷 38，＜蜀書·秦宓傳＞載「秦宓字子勑，廣漢縣竹人也…建興二年，丞相亮領益州牧，選宓迎為別駕。」頁 971-976。**列入諸葛亮時期。**

30 晉·陳壽，《三國志》，卷 43，＜蜀書·李恢傳＞載「李恢字德昂，建寧俞元人也…先主領益州牧，以恢為功曹書佐主簿…更遷恢為別駕從事。」頁 1045-1046。**列入劉備時期(入蜀後)。**

31 晉·陳壽，《三國志》，卷 45，＜蜀書·楊儀傳＞載「(馬) 盛衡名勳…巴西閬中人也。勳，劉璋時為州書佐，先主定蜀，辟為左將軍屬，後轉州別駕從事，卒。」頁 1086。晉·常璩撰，劉琳注，《華陽國志》，卷 7，＜劉後主志＞載「丞相亮開府，領益州牧…辟尚書郎蔣琬及廣漢李邵、巴西馬勳為掾。」頁 381。同書卷 1，＜巴志＞劉琳注曰「〔馬盛衡〕馬勳，閬中人。」頁 56。**列入諸葛亮時期。** 洪武雄著，＜《三國職官表》蜀漢部份校補＞認在「建安末由左將軍屬轉。」頁 426-427。洪氏此處有誤。

32 晉·陳壽，《三國志》，卷 45，＜蜀書·楊戲傳＞載「(李)永南名邵，廣漢郪人也…偉南名朝，永南兄。郡功曹，舉孝廉，臨邛令，入為別駕從事。」頁 1086-1088。洪武雄著，＜《三國職官表》蜀漢部份校補＞認在「建安廿四年(219)先主稱王前。」頁 427。**列入劉備時期(入蜀後)。**

33 晉·陳壽，《三國志》，卷 33，＜蜀書·後主傳＞注引王隱＜蜀記＞曰「禪又遣太常張峻、益州別駕汝超受節度。」頁 900。洪武雄著，＜《三國職官表》蜀漢部份校補＞認在「景耀六年(263)。」頁 427。**列入後主時期。**

34 晉·陳壽，《三國志》，卷 45，＜蜀書·楊戲傳＞載「王元泰名謀，漢嘉人也…劉璋時，為巴郡太守，還為州治中從事。先主定益州，領牧，以為別駕。」頁 1082。洪武雄著，＜《三國職官表》蜀漢部份校補＞認在「建安十九年(214)時為別駕。」頁 427。**列入劉備時期(入蜀後)。**

		王甫[35]	（益州）廣漢郪人	劉備時期(入蜀後)
	功曹從事	楊洪[36]	（益州）犍為武陽	劉備時期(入蜀後)
		五梁[37]	（益州）犍為南安	諸葛亮時期
		李恢[38]	（益州）建寧俞元	劉備時期(入蜀後)
		姚伷[39]	（益州）巴西閬中	劉備時期(入蜀後)
	議曹從事	杜瓊[40]	（益州）蜀郡成都	劉備時期(入蜀後)
		王甫[41]	（益州）廣漢郪人	劉備時期(入蜀後)

---

[35] 晉·陳壽，《三國志》，卷 45，＜蜀書·楊戲傳＞載「(王) 國山名甫，廣漢郪人也…劉璋時為州書佐。先主定蜀後，為緜竹令，還為荊州議曹從事。」頁 1086。洪武雄著，＜《三國職官表》蜀漢部份校補＞認在「章武年間。」頁 427-428。**列入劉備時期(入蜀後)。**

[36] 晉·陳壽，《三國志》，卷 41，＜蜀書·楊洪傳＞載「楊洪字季休，犍為武陽人也。劉璋時歷部諸郡。先主定蜀，太守李嚴命為功曹…嚴欲薦洪於州，為蜀部從事。」頁 1013。洪武雄著，＜《三國職官表》蜀漢部份校補＞認在「楊洪為犍為郡功曹非益州功曹，不應置此。」頁 428。不過其確為從事，**列入劉備時期(入蜀後)。**

[37] 晉·陳壽，《三國志》，卷 42，＜蜀書·杜微傳＞載「建興二年，丞相亮領益州牧，選迎皆妙簡舊德，以秦宓為別駕，五梁為功曹，微為主簿…五梁者，字德山，犍為南安人也。」頁 1019-1020。**列入諸葛亮時時。**

[38] 晉·陳壽，《三國志》，卷 43，＜蜀書·李恢傳＞載「李恢字德昂，建寧俞元人也…先主領益州牧，以恢為功曹書佐主簿。」頁 1045。洪武雄著，＜《三國職官表》蜀漢部份校補＞認在「建安末為功曹書佐，轉主簿。」頁 429。**列入劉備時期(入蜀後)。**

[39] 晉·陳壽，《三國志》，卷 45，＜蜀書·楊戲傳＞載「(姚)伷字子緒，亦閬中人。先主定益州後，為功曹書佐。」頁 1087。洪武雄著，＜《三國職官表》蜀漢部份校補＞認在「建安末為功曹書佐。」頁 429。**列入劉備時期(入蜀後)。**

[40] 晉·陳壽，《三國志》，卷 42，＜蜀書·杜瓊傳＞載「杜瓊字伯瑜，蜀郡成都人也…劉璋時辟為從事。先主定益州，領牧，以瓊為議曹從事。」頁 1021。洪武雄著，＜《三國職官表》蜀漢部份校補＞認在「建安十九年(214)，建興元年(223)遷諫議大夫。」頁 429。**列入劉備時期(入蜀後)。**

[41] 晉·陳壽，《三國志》，卷 45，＜蜀書·楊戲傳＞載「(王) 國山名甫，廣漢郪人也…劉璋時為州書佐。先主定蜀後，為緜竹令，還為荊州議曹從事。」頁 1086。洪武雄著，＜《三國職官表》蜀漢部份校補＞認「甫，廣漢郪人，益州人士任荊州從事，不符地僚佐任用慣例，『荊州』或為『益州』之誤。」頁 429。**列入劉備時期(入蜀後)。**

	勸學從事	張爽[42]	籍貫不詳	劉備時期(入蜀後)
		尹默[43]	（益州）梓潼涪人	劉備時期(入蜀後)
	勸學從事	譙周[44]	（益州）巴西西充國	諸葛亮時期
	典學從事	譙周	（益州）巴西西充國	後主時期
	部郡從事	楊洪[45]	（益州）犍為武陽	劉備時期(入蜀後)
		李邵[46]	（益州）廣漢郪人	劉備時期(入蜀後)
		龔祿[47]	（益州）巴西安漢	劉備時期(入蜀後)
		費詩[48]	（益州）犍為南安	劉備時期(入蜀後)

[42] 晉·陳壽，《三國志》，卷32，＜蜀書·先主傳＞載「或傳聞漢帝見害，先主乃發喪制服…勸學從事張爽。」頁887。洪武雄著，＜《三國職官表》蜀漢部份校補＞認在「建安廿五年(220)。」頁429-430。**列入劉備時期(入蜀後)。**

[43] 晉·陳壽，《三國志》，卷42，＜蜀書·尹默傳＞載「尹默字思潛，梓潼涪人…先主定益州，領牧，以為勸學從事。」頁1026。洪武雄著，＜《三國職官表》蜀漢部份校補＞認在「建安十九年(214)為勸學從事，章武元年(221)遷太子僕。」頁430。**列入劉備時期(入蜀後)。**

[44] 晉·陳壽，《三國志》，卷42，＜蜀書·譙周傳＞載「譙周字允南，巴西西充國人也…建興中，丞相亮領益州牧，命周為勸學從事…大將軍蔣琬領刺史，徙為典學從事，總州之學者。」頁1027-1030。洪武雄著，＜《三國職官表》蜀漢部份校補＞認在「周為勸學從事當在建興中亮領牧時，建興十二年(234)刺史蔣琬辟為典學從事。」頁430。**列入勸學從事在諸葛亮時期，典學從事則在後主時期。只計算一次。**

[45] 晉·陳壽，《三國志》，卷41，＜蜀書·楊洪傳＞載「楊洪字季休，犍為武陽人也。劉璋時歷部諸郡。先主定蜀，太守李嚴命為功曹…嚴欲薦洪於州，為蜀部從事。」頁1013。洪武雄著，＜《三國職官表》蜀漢部份校補＞認在「建安十九年(214)犍為功曹，後轉部蜀部從事，廿二年(217)領蜀郡太守，不久真除。」頁431。**列入劉備時期(入蜀後)。**

[46] 晉·陳壽，《三國志》，卷45，＜蜀書·楊戲傳＞載「(李)永南名邵，廣漢郪人也。先主定蜀後，為州書佐部從事。」頁1086。洪武雄著，＜《三國職官表》蜀漢部份校補＞認在「建安末由州書佐轉，未知部何郡？建興元年(223)丞相亮辟為西曹掾。」頁431-432。**列入劉備時期(入蜀後)。**

[47] 晉·陳壽，《三國志》，卷45，＜蜀書·楊戲傳＞載「(龔)德緒名祿，巴西安漢人也。先主定益州，為郡從事牙門將。」頁1088。洪武雄著，＜《三國職官表》蜀漢部份校補＞認在「建安末為部郡從事，未知部何郡？建興三年(223)遷越嶲太守。」頁432。**列入劉備時期(入蜀後)。**

[48] 晉·陳壽，《三國志》，卷41，＜蜀書·費詩傳＞載「費詩字公舉，犍為南安人也。劉璋時為緜竹令…先主為漢中王…左遷部永昌從事。」頁1015-1016。另據洪武雄著，＜《三國職官表》蜀漢部份校補＞認在「廿六年(221)由益州前部司馬左遷部永昌從事。」頁432。**列入劉備時期(入蜀後)。**

附錄

		常房[49]	（庲降都督）牂柯	諸葛亮時期
	督軍從事	何祗[50]	（益州）蜀郡	劉備時期(入蜀後)
		王離[51]	（益州）廣漢	諸葛亮時期
		費詩[52]	（益州）犍為南安	劉備時期(入蜀後)
		楊戲[53]（楊羲、楊義）	（益州）犍為武陽	諸葛亮時期
		常勖[54]	（益州）蜀郡江原	後主時期

[49] 清.洪飴孫，《三國職官表》，記「部郡從事...牂柯常房」。收入《廿五史補編》（北京：中華書局，1986 年 6 月）第二冊，第 86 頁，總頁 2816。洪武雄著，<《三國職官表》蜀漢部份校補>認在「建興元年(223)。」頁 432-433。**列入諸葛亮時期。**

[50] 晉·陳壽，《三國志》，卷 43，<蜀書·張嶷傳>載「廣漢太守蜀郡何祗。」頁 1051。另據同書卷 41，<蜀書·楊洪傳>注引<益部耆舊傳雜記>曰「祗字君肅...初仕郡，後為督軍從事。」頁 1014。洪武雄著，<《三國職官表》蜀漢部份校補>認在「建安末由郡吏遷，後兼領成都、郫二縣令。」頁 433。**列入劉備時期(入蜀後)。**

[51] 晉·陳壽，《三國志》，卷 41，<蜀書·楊洪傳>注引<益部耆舊傳雜記>曰「廣漢王離，字伯元，亦以才幹顯。為督軍從事，推法平當，稍遷，代祗為犍為太守。」頁 1014。洪武雄著，<《三國職官表》蜀漢部份校補>認在「建興初。」頁 433-434。**列入諸葛亮時期。**

[52] 晉·陳壽，《三國志》，卷 41，<蜀書·費詩傳>載「費詩字公舉，犍為南安人也。劉璋時為緜竹令，先主攻緜竹時，詩先舉城降。成都既定，先主領益州牧，以詩為督軍從事，出為牂柯太守，還為州前部司馬。」頁 1015-1016。洪武雄著，<《三國職官表》蜀漢部份校補>認在「建安十九年(214)，廿四年(219)之前遷牂柯太守。」頁 434。**列入劉備時期(入蜀後)。**

[53] 晉·陳壽，《三國志》，卷 45，<蜀書·楊戲傳>載「楊戲字文然，犍為武陵人也...戲年二十餘，從州書佐為督軍從事，職典刑獄，論法決疑，號為平當，府辟為屬主簿。」頁 1077。洪武雄著，<《三國職官表》蜀漢部份校補>認在「建興中由州書佐遷，後諸葛亮辟為丞相屬。」頁 434。**列入諸葛亮時期。**另據晉·常璩撰，劉琳注，《華陽國志》，劉琳注曰「顧校：『楊義』當作楊義。《蜀志》有傳，作楊戲，『戲』、『義』古通用。」頁 563。

[54] 晉·常璩撰，劉琳注，《華陽國志》，卷 11，<後賢志>載「常勖，字脩(修)業，蜀郡江原人也...州命辟從事。入為光祿郎中主事。又為尚書左選郎。郡請迎為功曹。時州將董軍政，置從事，職典刑獄；以勖清亮，復為督軍；治訟平當。還察孝廉。除郫令。」頁 603。洪武雄著，<《三國職官表》蜀漢部份校補>認「就文義而言，其初任從事、復為督軍，皆督軍從事也...延熙末、景耀年間由督軍從事轉光祿郎中，又由郡功曹復轉。」頁 434。**列入後主時期。**

	從事祭酒	何宗[55]	（益州）蜀郡郫人	劉備時期(入蜀後)
		程畿[56]	（益州）巴西閬中	劉備時期(入蜀後)
		秦宓[57]	（益州）廣漢緜竹	劉備時期(入蜀後)
	從事	張嶷[58]	（益州）巴郡南充國	劉備時期(入蜀後)
		李密(李宓)[59]	（益州）犍為武陽	後主時期
		李邈[60]	（益州）廣漢郪人	劉備時期(入蜀後)

[55] 晉·陳壽，《三國志》，卷45，<蜀書·楊戲傳>載「何彥英名宗，蜀郡郫人也…劉璋時，為犍為太守。先主定益州，領牧，辟為從事祭酒。」頁1083。洪武雄著，<《三國職官表》蜀漢部份校補>認「建安十九年(214)，章武元年(221)遷大鴻臚。」頁434-435。**列入劉備時期(入蜀後)**。

[56] 晉·陳壽，《三國志》，卷45，<蜀書·楊戲傳>載「(程)季然名畿，巴西閬中人也。劉璋時為漢昌長…遷畿江陽太守。先主領益州牧，辟為從事祭酒。」頁1089。洪武雄著，<《三國職官表》蜀漢部份校補>認「建安末為從事祭酒，先主稱帝後應有它轉，史書未載。」頁435。**列入劉備時期(入蜀後)**。

[57] 晉·陳壽，《三國志》，卷38，<蜀書·秦宓傳>載「秦宓字子勑，廣漢緜竹人也…劉璋時，宓同郡王商為治中從事…先主既定益州…益州辟宓為從事祭酒…建興二年，丞相亮領益州牧，選宓迎為別駕。」頁971-976。洪武雄著，<《三國職官表》蜀漢部份校補>認「建安末由廣漢師友祭酒領五官掾轉，建興二年(224)州牧諸葛亮辟為別駕。」頁435。**列入劉備時期(入蜀後)**。

[58] 晉·陳壽，《三國志》，卷43，<蜀書·張嶷傳>載「張嶷字伯岐，巴郡南充國人也…州召為從事…建興五年，丞相亮北住漢中…嶷以都尉將兵…拜為牙門將。」頁1051-1054。洪武雄著，<《三國職官表》蜀漢部份校補>認「建安末，建興五年(227)之前遷廣漢郡都尉。」頁435。**列入劉備時期(入蜀後)**。

[59] 晉·陳壽，《三國志》，卷45，<蜀書·楊戲傳>注「(楊)戲同縣(犍為武陽)後進有李密者。」又注引<華陽國志>曰「本郡禮命不應，州辟從事尚書郎。」頁1078。洪武雄著，<《三國職官表》蜀漢部份校補>認「延熙末、景耀年間，後轉尚書郎。」頁435-436。**列入後主時期**。密也有不同版本寫宓，如前引劉琳注，《華陽國志》，卷11，<後賢志>，頁607。

[60] 晉·陳壽，《三國志》，卷45，<蜀書·楊戲傳>載「(李)永南名邵，廣漢郪人也。」注引<華陽國志>曰「邵兄邈，字漢南，劉璋時為牛鞞長。先主領牧，為從事…久之，為犍為太守、丞相參軍、安漢將軍。」頁1086。洪武雄著，<《三國職官表》蜀漢部份校補>認「建安十九年(214)。」頁436。**列入劉備時期(入蜀後)**。

		杜禎[61]	（益州）蜀郡成都	諸葛亮時期
		柳伸(參杜禎條)	（益州）蜀郡成都	諸葛亮時期
		馬齊[62]	（益州）巴西閬中	諸葛亮時期
		文立[63]	（益州）巴郡臨江	後主時期
		司馬勝之[64]	（益州）廣漢綿竹	後主時期
		何隨[65]	（益州）蜀郡郫人	後主時期
		王化[66]	（益州）廣漢郪人	後主時期
		壽良[67]	（益州）蜀郡成都	後主時期

[61] 晉·常璩撰，劉琳注，《華陽國志》，卷 11，＜後賢志＞載「柳隱，字休然，蜀郡成都人也。少與同郡杜禎、柳伸並知名…杜禎，字文然，柳伸，字雅厚，州牧諸葛亮辟為從事。」頁 602-603。洪武雄著，＜《三國職官表》蜀漢部份校補＞認「建興中。」頁 436。**列入諸葛亮時期。**

[62] 晉·陳壽，《三國志》，卷 45，＜蜀書·楊戲傳＞載「(馬)盛衡名勳，(馬)承伯名齊，皆巴西閬中人也…建興中，從事丞相掾，遷廣漢太守。」頁 1086-1087。洪武雄著，＜《三國職官表》蜀漢部份校補＞認「建興中為從事，後遷丞相掾。」頁 436。**列入諸葛亮時期。**

[63] 晉·常璩撰，劉琳注，《華陽國志》，卷 11，＜後賢志＞載「文立字廣休，巴郡臨江人也…州刺史費禕命為從事，入為尚書郎。」頁 601。洪武雄著，＜《三國職官表》蜀漢部份校補＞認「延熙中，後入為尚書郎。」頁 436。**列入後主時期。**

[64] 晉·常璩撰，劉琳注，《華陽國志》，卷 11，＜後賢志＞載「司馬勝之，字興先，廣漢緜竹人也…初為郡功曹…州辟從事，進尚書左選郎，徙祕書郎。」頁 603。洪武雄著，＜《三國職官表》蜀漢部份校補＞認「延熙末、景耀年間由廣漢郡功曹轉，後遷尚書左選郎。」頁 436-437。**列入後主時期。**

[65] 晉·常璩撰，劉琳注，《華陽國志》，卷 11，＜後賢志＞載「何隨，字季業，蜀郡郫人也…郡命功曹。州辟從事。」頁 604。洪武雄著，＜《三國職官表》蜀漢部份校補＞認「延熙末、景耀年間由蜀郡功曹轉，後遷光祿郎中。」頁 437。**列入後主時期。**

[66] 晉·常璩撰，劉琳注，《華陽國志》，卷 11，＜後賢志＞載「王化，字伯遠，廣漢郪人也…郡命功曹，州辟從事，光祿郎中主事，尚書郎。」頁 605。洪武雄著，＜《三國職官表》蜀漢部份校補＞認「延熙末、景耀年間由廣漢郡功曹轉，後遷光祿郎中。」頁 437。**列入後主時期。**

[67] 晉·常璩撰，劉琳注，《華陽國志》，11，＜後賢志＞載「壽良，字文淑，蜀郡成都人也…州從事，散騎、黃門侍郎。」頁 612。洪武雄著，＜《三國職官表》蜀漢部份校補＞認「延熙末、景耀年間。」頁 437。**列入後主時期。**

附錄

371

	主簿	杜微[68]	（益州）梓潼涪人	諸葛亮時期
		李恢[69]	（益州）建寧俞元	劉備時期(入蜀前)
	書佐	李譔[70]	（益州）梓潼涪人	後主時期
		李恢[71]	（益州）建寧俞元	劉備時期(入蜀後)
		張翼[72]	（益州）犍為武陽	劉備時期(入蜀後)
		楊戲[73] (楊義、楊羲)	（益州）犍為武陽	諸葛亮時期
		李邵[74]	（益州）廣漢郪人	劉備時期(入蜀後)

68 晉·陳壽，《三國志》，卷42，＜蜀書·杜微傳＞載「杜微字國輔，梓潼涪人也…劉璋辟為從事，以疾去官…建興二年，丞相亮領益州牧，選迎皆妙簡舊德，以秦宓為別駕，五梁為功曹，微為主簿。」頁1019-1020。洪武雄著，＜《三國職官表》蜀漢部份校補＞認「建興二年(224)，不久拜諫議大夫。」頁438。**列入諸葛亮時期。**

69 晉·陳壽，《三國志》，卷43，＜蜀書·李恢傳＞載「李恢字德昂，建寧俞元人也…先主領益州牧，以恢為功曹書佐主簿…更遷恢為別駕從事。」頁1045-1046。洪武雄著，＜《三國職官表》蜀漢部份校補＞認「建安由書佐遷，後還別駕。」頁438-439。**列入劉備時期(入蜀前)。**

70 晉·陳壽，《三國志》，卷42，＜蜀書·李譔傳＞載「李譔字欽仲，梓潼涪人也…始為州書佐、尚書令史。」頁1026-1027。洪武雄著，＜《三國職官表》蜀漢部份校補＞認「建興末，後轉尚書令史。」頁439。**列入後主時期。**

71 晉·陳壽，《三國志》，卷43，＜蜀書·李恢傳＞載「李恢字德昂，建寧俞元人也…先主領益州牧，以恢為功曹書佐主簿…更遷恢為別駕從事。」頁1045-1046。洪武雄著，＜《三國職官表》蜀漢部份校補＞認「建安末為功曹書佐。」頁439。**列入劉備時期(入蜀後)。**

72 晉·陳壽，《三國志》，卷45，＜蜀書·張翼傳＞載「張翼字伯恭，犍為武陽人也…先主定益州，領牧，翼為書佐。」頁1073-1075。洪武雄著，＜《三國職官表》蜀漢部份校補＞認「建安十九年(214)，建安末舉孝廉、為江陽長。」頁439。**列入劉備時期(入蜀後)。**

73 晉·陳壽，《三國志》，卷45，＜蜀書·楊戲傳＞載「楊戲字文然，犍為武陵人也…戲年二十餘，從州書佐為督軍從事。」頁1077。洪武雄著，＜《三國職官表》蜀漢部份校補＞認「建興初，後遷督軍從事。」頁439。**列入諸葛亮時期。**另據晉·常璩撰，劉琳注，《華陽國志》，劉琳注曰「顧校：『楊義』當作楊羲。《蜀志》有傳，作楊戲，『戲』、『義』古通用。」頁563。

74 晉·陳壽，《三國志》，卷45，＜蜀書·楊戲傳＞載「(李)永南名邵，廣漢郪人也。先主定蜀後，為州書佐部從事。」頁1086。洪武雄著，＜《三國職官表》蜀漢部份校補＞認「建安末，後遷部郡從事。」頁439。**列入劉備時期(入蜀後)。**

		姚伷[75]	（益州）巴西閬中	劉備時期(入蜀後)
		李福[76]	（益州）梓潼涪人	劉備時期(入蜀後)
		王長文[77]	（益州）廣漢郪人	後主時期
		陳壽[78]	（益州）巴西安漢	錯置不列入計算
郡太守	固陵郡	劉琰[79]	（豫州）魯國	劉備時期(入蜀後)
		康立[80]	（荊州）武陵	劉備時期(入蜀後)
	西城郡	申儀[81]	籍貫不詳	劉備時期(入蜀後)
	長沙郡	廖立[82]	（荊州）武陵臨沅	劉備時期(入荊後)

---

75 晉·陳壽，《三國志》，卷 45，＜蜀書·楊戲傳＞載「(姚)伷字子緒，亦閬中人。先主定益州後，為功曹書佐。」頁 1087。洪武雄著，＜《三國職官表》蜀漢部份校補＞認「建安末為功曹書佐。」頁 439。**列入劉備時期(入蜀後)**。

76 晉·陳壽，《三國志》，卷 45，＜蜀書·楊戲傳＞載「(李)孫德名福，梓潼涪人也。先主定益州後，為書佐、西充國長、成都令。」頁 1087。洪武雄著，＜《三國職官表》蜀漢部份校補＞認「建安十九年(214)，後遷西充國長。」頁 440。**列入劉備時期(入蜀後)**。

77 晉·常璩撰，劉琳注，《華陽國志》，卷 11，＜後賢志＞載「王長文，字德儁，廣漢郪人也…弱冠，州三辟書佐。」頁 611。洪武雄著，＜《三國職官表》蜀漢部份校補＞認「延熙末、景耀年間。」頁 440。**列入後主時期**。

78 晉·常璩撰，劉琳注，《華陽國志》，11，＜後賢志＞載「晉·陳壽，字承祚，巴西安漢人也。少受學於散騎常侍譙周…初應州命。」頁 606。洪武雄著，＜《三國職官表》蜀漢部份校補＞認「壽豈能為諸葛亮門下書佐。所謂長老占，妄言耳。」頁 440。**錯置於此**。

79 晉·陳壽，《三國志》，卷 40，＜蜀書·劉琰傳＞載「劉琰字威碩，魯國人也…先主定益州，以琰為固陵太守。」頁 1001。洪武雄著，＜《三國職官表》蜀漢部份校補＞認「建安末。」頁 440。**列入劉備時期(入蜀後)**。

80 晉·常璩撰，劉琳注，《華陽國志》，卷 1，＜巴志＞載「建安二十一年，以朐忍、魚復、〉〔漢豐〕、羊渠，及宜都之巫、北井六縣為固陵郡。武陵康立為太守。」頁 11。**列入劉備時期(入蜀後)**。

81 晉·陳壽，《三國志》，卷 40，＜蜀書·劉封傳＞載「建安廿四年…上庸太守申耽舉眾降…先主加耽征北將軍…以耽弟儀為建信將軍、西城太守。」頁 991。**列入劉備時期(入蜀後)**。

82 晉·陳壽，《三國志》，卷 40，＜蜀書·廖立傳＞載「廖立字公淵，武陵臨沅人。先主領荊州牧，辟為從事，年未三十，擢為長沙太守。」頁 997-998。洪武雄著，＜《三國職官表》蜀漢部份校補＞認「建安十四年(209)先主領荊州牧，十六年(211)入蜀，立由荊州從事遷長沙太守當在建安十四年(209)、五年(210)間，建安廿年(215)轉巴郡太守。」頁 441。**列入劉備時期(入荊後)**。

	房陵郡	向朗[83]	（荊州）襄陽宜城	劉備時期(入蜀後)
		鄧輔[84]	籍貫不詳	劉備時期(入蜀後)
	宜都郡	廖化[85]	（荊州）襄陽	劉備時期(入蜀後)
		孟達[86]	（司隸）扶風	劉備時期(入蜀後)
		樊友[87]	籍貫不詳	劉備時期(入蜀後)
		張飛[88]	（幽州）涿郡涿縣	劉備時期(入荊後)
	南郡郡	糜芳[89]	（徐州）東海朐人	劉備時期(入蜀後)
		張飛[90]	（幽州）涿郡涿縣	劉備時期(入荊後)

[83] 晉·陳壽，《三國志》，卷41，＜蜀書·向朗傳＞載「向朗字巨達，襄陽宜城人也…蜀既平，以朗為巴西太守，頃之轉任牂牁，又徙房陵。」頁1010-1011。洪武雄著，＜《三國職官表》蜀漢部份校補＞認「章武元年(221)由牂牁太守徙，二年(222)先主東征，大敗，不復有房陵郡。」頁442。**列入劉備時期(入蜀後)**。

[84] 晉·陳壽，《三國志》，卷58，＜吳書·陸遜傳＞載「遜遣將軍李異、謝旌等將三千人，攻蜀將詹晏、陳鳳…又攻房陵太守鄧輔、南鄉太守郭睦，大破之。」頁1345。洪武雄著，＜《三國職官表》蜀漢部份校補＞認鄧輔在「建安廿四年。」頁442。**列入劉備時期(入蜀後)**。

[85] 晉·陳壽，《三國志》，卷45，＜蜀書·宗預傳＞載「廖化字元儉，本名淳，襄陽人也…會先主東征，遇於秭歸。先主大悅，以化為宜都太守。」頁1077。洪武雄著，＜《三國職官表》蜀漢部份校補＞認在「章武元年(221)，建興元年(223)轉丞相參軍。」頁442。列入劉備時期(入蜀後)。

[86] 晉·陳壽，《三國志》，卷40，＜蜀書·劉封傳＞載「初，劉璋遣扶風孟達副法正，各將兵二千人，使迎先主，先主因令達并領其眾，留屯江陵。蜀平後，以達為宜都太守。」頁991。洪武雄著，＜《三國職官表》蜀漢部份校補＞認鄧輔在「建安十九年(214)至廿四年(219)。」頁443。**列入劉備時期(入蜀後)**。

[87] 晉·陳壽，《三國志》，卷58，＜吳書·陸遜傳＞載「備宜都太守樊友委郡走，諸城長吏及蠻夷君長皆降。」頁1345。洪武雄著，＜《三國職官表》蜀漢部份校補＞認在「建安廿四年(219)。」頁443。**列入劉備時期(入蜀後)**。

[88] 晉·陳壽，《三國志》，卷36，＜蜀書·張飛傳＞載「張飛字益德，涿郡人也…先主既定江南，以飛為宜都太守、征虜將軍，封新亭侯，後轉在南郡…以飛領巴西太守。」頁943-944。洪武雄著，＜《三國職官表》蜀漢部份校補＞認在「建安十五年(210)為宜都太守，後轉南郡。」頁443。**列入劉備時期(入荊後)**。

[89] 晉·陳壽，《三國志》，卷45，＜蜀書·楊戲傳＞載「糜芳字子方，東海人也，為南郡太守。」頁1090。為糜竺弟，參看糜竺條。洪武雄著，＜《三國職官表》蜀漢部份校補＞認在「建安廿四年(219)時，降吳。」頁443。**列入劉備時期(入荊後)**。

[90] 晉·陳壽，《三國志》，卷36，＜蜀書·張飛傳＞載「張飛字益德，涿郡人也…先主既定江南，以飛為宜都太守、征虜將軍，封新亭侯，後轉在南郡…以飛領巴西太守。」頁943-944。洪武雄著，＜《三國職官表》蜀漢部份校補＞認在「建安中由宜都太守轉，十九年(214)轉巴西太守。」頁443。**列入劉備時期(入荊後)**。

	零陵郡	郝普[91]	（荊州）義陽	劉備時期(入荊後)
	南鄉郡	郭睦[92]	籍貫不詳	劉備時期(入蜀後)
	弘農郡	楊儀[93]	（荊州）襄陽	劉備時期(入蜀後)
	扶風郡	張翼[94]	（益州）犍為武陽	諸葛亮時期
	漢陽郡	法邈[95]	（司隸）扶風郿人	後主時期
	上庸郡	申耽[96]	籍貫不詳	劉備時期(入蜀後)
		陳術[97]	（益州）漢中	時段不詳

[91] 晉·陳壽，《三國志》，卷 45，＜蜀書·楊戲傳＞載「郝普字子太，義陽人。先主自荊州入蜀，以普為零陵太守。」頁 1090。洪武雄著，＜《三國職官表》蜀漢部份校補＞認在「建安十五年(210)，十九年降吳。」頁 444。列入劉備時期(入荊後)。

[92] 晉·陳壽，《三國志》，卷 58，＜吳書·陸遜傳＞載「遜...攻蜀將詹晏、陳鳳...又攻房陵太守鄧輔、南鄉太守郭睦，大破之。」頁 1345。洪武雄著，＜《三國職官表》蜀漢部份校補＞認郭睦在「建安廿四年(219)。」頁 444。列入劉備時期(入蜀後)。

[93] 晉·陳壽，《三國志》，卷 40，＜蜀書·楊儀傳＞載「楊儀字威公，襄陽人也...及先主為漢中王，拔儀為尚書...左遷遙署弘農太守。」頁 1004-1005。洪武雄著，＜《三國職官表》蜀漢部份校補＞認在「章武元年(221)由尚書左遷，建興三年(225)轉丞相參軍。」頁 444。列入劉備時期(入蜀後)。

[94] 晉·陳壽，《三國志》，卷 45，＜蜀書·張翼傳＞載「張翼字伯恭，犍為武陽人也...建興九年，為庲降都督、綏南中郎將...亮出武功，以翼為前軍都督，領扶風太守。」頁 1073-1075。洪武雄著，＜《三國職官表》蜀漢部份校補＞認在「建興十二年(234)領扶風太守，亮卒，退軍，不復領郡。」頁 444-445。列入諸葛亮時期。

[95] 晉·陳壽，《三國志》，卷 37，＜蜀書·法正傳＞載「法正字孝直，（右）扶風郿人也...賜子邈爵關內侯，官至奉車都尉、漢陽太守。」頁 957-961。洪武雄著，＜《三國職官表》蜀漢部份校補＞認在「後主世由奉車都尉轉。」頁 445。列入後主時期。

[96] 晉·陳壽，《三國志》，卷 40，＜蜀書·劉封傳＞載「建安廿四...先主加(申)耽征北將軍，領上庸太守員鄉侯如故...申耽降魏。」頁 991-994。列入劉備時期(入蜀後)。

[97] 晉·陳壽，《三國志》，卷 42，＜蜀書·李譔傳＞載「時又有漢中陳術，字申伯，亦博學多聞，著釋問七篇、益部耆舊傳及志，位歷三郡太守。」頁 1027。晉·常璩撰，劉琳注，《華陽國志》，卷 10 下，＜先賢士女總贊(下)＞載「陳術，字申伯，作《耆舊傳》者也。失其行事。歷新城、魏興、上庸三郡太守。」頁 573。劉琳校注曰「按新城、魏興、上庸三郡乃建安二十年曹操立。廿四年屬蜀，太守分別為孟達、申儀、申耽。至次年三郡復歸魏。則陳術歷任三郡太守乃魏官，疑此人是後來歸附蜀漢，不然則係遙置。」頁 590。故陳術任官時段不詳。

	巴郡	張裔[98]	（益州）蜀郡成都	劉備時期(入蜀後)
		輔匡[99]	（荊州）襄陽	劉備時期(入蜀後)
		廖立[100]	（荊州）武陵臨沅	劉備時期(入蜀後)
		費觀[101]	（荊州）江夏鄳人	劉備時期(入蜀後)
		楊顒[102]	（荊州）襄陽	諸葛亮時期
		董恢[103]	（荊州）襄陽	諸葛亮時期
		柳隱[104]	（益州）蜀郡成都	後主時期

[98] 晉·陳壽，《三國志》，卷41，＜蜀書·張裔傳＞載「張裔字君嗣，蜀郡成都人也…先主以裔為巴郡太守，還為司金中郎將。」頁1011-1013。洪武雄著，＜《三國職官表》蜀漢部份校補＞認在「建安十九年(214)、廿年(215)為巴郡太守，不久轉司金中郎將。」頁446-447。**列入劉備時期(入蜀後)。**

[99] 晉·陳壽，《三國志》，卷45，＜蜀書·楊戲傳＞載「輔元弼名匡，襄陽人也。隨先主入蜀。益州既定，為巴郡太守。」頁1084。洪武雄著，＜《三國職官表》蜀漢部份校補＞認在「其任巴守亦當在建安十九年(214)、廿年(215)間，不其與張裔孰先孰後。」頁447。**列入劉備時期(入蜀後)。**

[100] 晉·陳壽，《三國志》，卷40，＜蜀書·廖立傳＞載「廖立字公淵，武陵臨沅人。先主領荊州牧，辟為從事，年未三十，擢為長沙太守…以為巴郡太守。二十四年，先主為漢中王，徵立為侍中。」頁997-998。洪武雄著，＜《三國職官表》蜀漢部份校補＞認在「建安廿年(215)由長沙太守轉，廿四年(219)遷侍中。」頁447。**列入劉備時期(入蜀後)。**

[101] 晉·陳壽，《三國志》，卷45，＜蜀書·楊戲傳＞載「(費)賓伯名觀，江夏鄳人也。劉璋母，觀之族姑，璋又以女妻觀…先主既定益州，拜為裨將軍，後為巴郡太守、江州都督。」頁1081-1082。洪武雄著，＜《三國職官表》蜀漢部份校補＞認在「章武三年(223)。」頁447-448。**列入劉備時期(入蜀後)。**

[102] 晉·陳壽，《三國志》，卷45，＜蜀書·楊戲傳＞載「(楊)顒亦荊州人也。」注引＜襄陽記＞曰「楊顒字子昭，楊儀宗人也。入蜀，為巴郡太守，丞相諸葛亮主簿…後為東曹屬典選舉。」頁1082。楊儀襄陽人，參楊儀註。洪武雄著，＜《三國職官表》蜀漢部份校補＞認在「建興初，後轉丞相主簿。」頁448。**列入諸葛亮時期。**

[103] 晉·陳壽，《三國志》，卷39，＜蜀書·董允傳＞注引＜襄陽記＞曰「董恢字休緒，襄陽人。入蜀，以宣信中郎副費禕使吳…辟為丞相府屬，遷巴郡太守。」頁986。洪武雄著，＜《三國職官表》蜀漢部份校補＞認在「建興十二年(234)前後由丞相府屬遷。」頁448。**列入諸葛亮時期。**

[104] 晉·常璩撰，劉琳注，《華陽國志》，卷11，＜後賢志＞載「柳隱，字休然，蜀郡成都人也…數從大將軍姜維征伐…為牙門將，巴郡太守。」頁602。洪武雄著，＜《三國職官表》蜀漢部份校補＞認在「延熙末、景耀年間由牙門將遷，後遷騎都尉。」頁449。**列入後主時期。**

		薛齊[105]	（豫州）陳國	後主時期
		王彭[106]	（益州）廣漢郪人	不明時段
	巴東郡 (含固陵)	康立[107]	（荊州）武陵	劉備時期(入蜀後)
		劉琰[108]	（豫州）魯國	劉備時期(入蜀後)
		輔匡[109]	（荊州）襄陽	參巴郡太守輔匡
		羅憲(羅獻)[110]	（荊州）襄陽	後主時期

[105] 宋·歐陽修、宋祁撰，《新唐書》，卷 73 下，＜宰相世系三下＞載「薛氏出自任姓…饒生愿，為淮陽太守，因徙居焉…子永，字茂長，從蜀先主入蜀，為蜀郡太守。永生齊，字夷甫，巴、蜀二郡太守。」頁 2989-2990。洪武雄著，＜《三國職官表》蜀漢部份校補＞認在「當在延熙末、景耀年間，後遷蜀郡守。」頁 449。**列入後主時期。**

[106] 晉·常璩撰，劉琳注，《華陽國志》，卷 11，＜後賢志＞載「王化，字伯遠，廣漢郪人也…父彭，字仲□巴郡太守。」頁 605。洪武雄著，＜《三國職官表》蜀漢部份校補＞認「延熙末、景耀年間，王化歷仕郡、州吏、光祿郎中主事、尚書郎、縣令等職。其父王彭任巴守應在蜀漢世，惟不知年代。」頁 449。**列入不明時段。**

[107] 晉·常璩撰，劉琳注，《華陽國志》，卷 1，＜巴志＞載「建安二十一年，以朐忍、魚復、〉〔漢豐〕、羊渠，及宜都之巫、北井六縣為固陵郡。武陵康立為太守。」頁 11。洪武雄著，＜《三國職官表》蜀漢部份校補＞認在「建安廿一年(216)。」頁 449-450。**列入劉備時期(入蜀後)。**

[108] 晉·陳壽，《三國志》，卷 40，＜蜀書·劉琰傳＞載「劉琰字威碩，魯國人也。先主在豫州，辟為從事…先主定益州，以琰為固陵太守。」頁 1001。洪武雄著，＜《三國職官表》蜀漢部份校補＞認「劉琰為太守當在建安廿一年(216)康立之後，章武元年(221)改稱巴東郡之前…建安末。」頁 450。**列入劉備時期(入蜀後)。**

[109] 晉·陳壽，《三國志》，卷 45，＜蜀書·楊戲傳＞載「輔元弼名匡，襄陽人也。隨先主入蜀。益州既定，為巴郡太守。建興中，徙鎮南，為右將軍，封中鄉侯。」頁 1084。洪武雄著，＜《三國職官表》蜀漢部份校補＞認「章武元年(221)。」頁 450。**列入劉備時期(入蜀後)。**

[110] 晉·陳壽，《三國志》，卷 41，＜蜀書·霍峻傳＞載「巴東領軍襄陽羅憲。」另注引＜襄陽記＞曰「羅憲字令則…左遷巴東太守。時右大將軍閻宇都督巴東，為領軍，後主拜憲為宇副貳。」頁 1008。洪武雄著，＜《三國職官表》蜀漢部份校補＞認「景耀初，領巴東副貳都督，六年(263)蜀亡。」頁 450。**列入後主時期。**另晉·常璩撰，劉琳注，《華陽國志》，卷 1，＜巴志＞載「內領軍襄陽羅獻。」頁 11。劉琳注認羅獻即羅憲。

	巴西郡	張飛[111]	（幽州）涿郡涿縣	劉備時期(入蜀後)
		向朗[112]	（荊州）襄陽宜城	劉備時期(入蜀後)
		閻芝[113]	籍貫不詳	劉備時期(入蜀後)
		李福[114]	（益州）梓潼涪人	諸葛亮時期
		呂乂(呂義)[115]	（荊州）南陽	諸葛亮時期
		劉幹[116]	（荊州）南鄉	後主時期
		費揖[117]	（益州）犍為南安	不明時段

[111] 晉·陳壽，《三國志》，卷36，＜蜀書·張飛傳＞載「張飛字益德，涿郡人也…先主既定江南，以飛為宜都太守，征虜將軍，封新亭侯，後轉在南郡…以飛領巴西太守。」頁943-944。洪武雄著，＜《三國職官表》蜀漢部份校補＞認「建安十九年(214)由南郡太守轉，廿二年(217)後應未領郡。」頁450-451。**列入劉備時期(入蜀後)**。

[112] 晉·陳壽，《三國志》，卷41，＜蜀書·向朗傳＞載「向朗字巨達，襄陽宜城人也…蜀既平，以朗為巴西太守，頃之轉任牂牁，又徙房陵。」頁1010-1011。洪武雄著，＜《三國職官表》蜀漢部份校補＞認「建安末，後轉牂牁太守。」頁451。**列入劉備時期(入蜀後)**。

[113] 晉·陳壽，《三國志》，卷43，＜蜀書·馬忠傳＞載「先主東征，敗績猇亭，巴西太守閻芝發諸縣兵五千人以補遺闕，遣忠送往。」頁1048。洪武雄著，＜《三國職官表》蜀漢部份校補＞認在「章武二年(222)。」頁451。**列入劉備時期(入蜀後)**。

[114] 晉·陳壽，《三國志》，卷45，＜蜀書·楊戲傳＞載「(李)孫德名福，梓潼涪人也…建興元年，徙巴西太守，為江州督、楊威將軍。」頁1087。洪武雄著，＜《三國職官表》蜀漢部份校補＞認在「建興元年(223)由成都令遷，九年(231)遷江州督、揚威將軍。」頁451-452。**列入諸葛亮時期**。

[115] 晉·陳壽，《三國志》，卷39，＜蜀書·呂乂傳＞載「呂乂字季陽，南陽人也…乂遷新都、綿竹令…遷巴西太守，丞相諸葛亮連年出軍，調發諸郡，多不相救，乂募取兵五千人詣亮，慰喻檢制，無逃竄者。」頁988。洪武雄著，＜《三國職官表》蜀漢部份校補＞認在「乂遷巴西守當在李福之後，建興九年(231)後由綿竹令遷，後轉漢中守。」頁452。**列入諸葛亮時期**。晉·常璩撰，劉琳注，《華陽國志》，卷7，＜劉後主志＞載「(中)〔尚〕書令董允亦卒。超遷蜀郡太守南陽呂乂為尚書令。」頁390。

[116] 晉·陳壽，《三國志》，卷39，＜蜀書·呂乂傳＞載「南鄉劉幹等並為典曹都尉…劉幹官至巴西太守。」頁988。洪武雄著，＜《三國職官表》蜀漢部份校補＞認「或當在建興末、延熙初。」頁452。**列入後主時期**。

[117] 晉·常璩撰，劉琳注，《華陽國志》，卷11，＜後賢志＞載「費立，字建熙，犍為南安人也。父揖，字君讓，巴西太守。」頁618。**列入不明時段**。

涪陵郡	龐宏[118]	（荊州）襄陽	後主時期
宕渠郡	王士[119]	（益州）廣漢郪人	劉備時期(入蜀後)
漢中郡	魏延[120]	（荊州）義陽	劉備時期(入蜀後)
	呂乂(呂義)[121]	（荊州）南陽	諸葛亮時期
	王平[122]	（益州）巴西宕渠	後主時期
	常閎[123]	（益州）蜀郡江原	後主時期
梓潼郡	霍峻[124]	（荊州）南郡枝江	劉備時期(入蜀後)

---

[118] 晉·陳壽，《三國志》，卷37，＜蜀書·龐統傳＞載「龐統字士元，襄陽人也…統子宏，字巨師，剛簡有臧否，輕傲尚書令陳祗，為祗所抑，卒於涪陵太守。」頁953-956。洪武雄著，＜《三國職官表》蜀漢部份校補＞認「延熙十四年(251)至景耀元年(258)陳祗為尚書令，宏任涪陵守，當在此期間。」頁453。列入**後主時期**。

[119] 晉·陳壽，《三國志》，卷45，＜蜀書·楊戲傳＞載「(王)義彊名士，廣漢郪人，國山從兄也。從先主入蜀後，舉孝廉，為符節長，遷牙門將，出為宕渠太守，徙在犍為。」頁1088。洪武雄著，＜《三國職官表》蜀漢部份校補＞認「建安末、章武初由牙門將遷，章武二年(222)轉犍為太守。」頁453-454。**列入劉備時期(入蜀後)**。

[120] 晉·陳壽，《三國志》，卷40，＜蜀書·魏延傳＞載「魏延字文長，義陽人也…先主乃拔延為督漢中鎮遠軍，領漢中太守。」頁1002。洪武雄著，＜《三國職官表》蜀漢部份校補＞認「建安廿四年(219)起以鎮遠將軍、鎮北將軍領，建興五年(227)，改領丞相司馬、涼州刺史。」頁454。**列入劉備時期(入蜀後)**。

[121] 晉·陳壽，《三國志》，卷39，＜蜀書·呂乂傳＞載「呂乂字季陽，南陽人也…遷巴西太守，丞相諸葛亮連年出軍，調發諸郡，多不相救，乂募取兵五千人詣亮，慰喻檢制，無逃竄者。徙為漢中太守。」頁988。洪武雄著，＜《三國職官表》蜀漢部份校補＞認「建興九年(231)後由巴西太守轉，十二年(234)轉廣漢太守。」頁454。**列入諸葛亮時期**。晉·常璩撰，劉琳注，《華陽國志》，卷7，＜劉後主志＞載「(中)〔尚〕書令董允亦卒。超遷蜀郡太守南陽呂義為尚書令。」頁390。

[122] 晉·陳壽，《三國志》，卷43，＜蜀書·王平傳＞載「王平字子均，巴西宕渠人也…(亮卒後)遷後典軍、安漢將軍，副車騎將軍吳壹住漢中，又領漢中太守。」頁1049。洪武雄著，＜《三國職官表》蜀漢部份校補＞認「建興十二年(234)以安西將軍領，十五年(237)督漢中後未知是否仍領漢中守？」頁454。**列入後主時期**。

[123] 晉·常璩撰，劉琳注，《華陽國志》，11，＜後賢志＞載「常勗，字脩業，蜀郡江原人也…從父閎，漢中、廣漢太守。」頁603。洪武雄著，＜《三國職官表》蜀漢部份校補＞認「後主世，未確知何時？後轉廣漢守。」頁454。**列入後主時期**。

[124] 晉·陳壽，《三國志》，卷41，＜蜀書·霍峻傳＞載「霍峻字仲邈，南郡枝江人也…先主以峻為中郎將…以峻為梓潼太守、裨將軍。」頁1007。洪武雄著，＜《三國職官表》蜀漢部份校補＞認「建安廿二年(217)，廿五年(220)卒官。」頁455。**列入劉備時期(入蜀後)**。

		張翼[125]	（益州）犍為武陽	諸葛亮時期
		楊戲[126] (楊羲、楊義)	（益州）犍為武陽	後主時期
	武都郡			
	陰平郡	廖化[127]	（荊州）襄陽	後主時期
	蜀郡	法正[128]	（司隸）扶風郿人	劉備時期(入蜀後)
		楊洪[129]	（益州）犍為武陽	劉備時期(入蜀後)

[125] 晉·陳壽，《三國志》，卷45，＜蜀書·張翼傳＞載「張翼字伯恭，犍為武陽人也…先主定益州，領牧，翼為書佐。建安末，舉孝廉，為江陽長，徙涪陵令，遷梓潼太守，累遷至廣漢、蜀郡太守。」頁1073-1075。洪武雄著，＜《三國職官表》蜀漢部份校補＞認「建興初，建興七年(229)、八年(230)間遷廣漢守。」頁455。**列入諸葛亮時期。**

[126] 晉·陳壽，《三國志》，卷45，＜蜀書·楊戲傳＞載「楊戲字文然，犍為武陵人也…琬以大將軍開府，又辟為東曹掾，遷南中郎參軍，副貳庲降都督，領建寧太守。以疾徵還成都，拜護軍監軍，出領梓潼太守，入為射聲校尉。」頁1077。洪武雄著，＜《三國職官表》蜀漢部份校補＞認「延熙末，後遷射聲校尉。」頁455。**列入後主時期。**另據晉·常璩撰，劉琳注，《華陽國志》，劉琳注曰「顧校：『楊義』當作楊義。《蜀志》有傳，作楊戲，『戲』、『義』古通用。」頁563。

[127] 晉·陳壽，《三國志》，卷26，＜魏書·郭淮傳＞載「姜維出石營，從彊川，乃西迎治無戴，留陰平太守廖化於成重山築城。」頁735。同書卷45，＜蜀書·宗預傳＞載「廖化字元儉，本名淳，襄陽人也。」頁1077。洪武雄著，＜《三國職官表》蜀漢部份校補＞認「廣武在陰平郡，處蜀魏交壤，化蓋以武職領郡守，其領陰平太守至少自延熙元年(238)至延熙十一年(248)。」頁456。**列入後主時期。**

[128] 晉·陳壽，《三國志》，卷37，＜蜀書·法正傳＞載「法正字孝直，（右）扶風郿人也…建安初，天下饑荒，正與同郡孟達俱入蜀依劉璋，久之為新都令，後召署軍議校尉…(先主)以正為蜀郡太守、揚武將軍。」頁957-962。洪武雄著，＜《三國職官表》蜀漢部份校補＞認「建安十九年(214)至廿二年(217)。」頁456-457。**列入劉備時期(入蜀後)。**

[129] 晉·陳壽，《三國志》，卷41，＜蜀書·楊洪傳＞載「楊洪字季休，犍為武陽人也。劉璋時歷部諸郡。先主定蜀，太守李嚴命為功曹…嚴欲薦洪於州，為蜀部從事…亮於是表洪領蜀郡太守，眾事皆辦，遂使即真。」頁1013。洪武雄著，＜《三國職官表》蜀漢部份校補＞認「建安廿二年(217)以蜀部從事領，廿五年(220)轉治中從事。」頁457。**列入劉備時期(入蜀後)。**

		射堅[130]	（司隸）扶風	劉備時期(入蜀後)
		王連[131]	（荊州）南陽	劉備時期(入蜀後)
		楊洪[132]	（益州）犍為武陽	諸葛亮時期
		張翼[133]	（益州）犍為武陽	諸葛亮時期
		呂乂(呂義)[134]	（荊州）南陽	諸葛亮時期
		薛永[135]	（豫州）淮陽(陳國)[136]	劉備時期(入蜀後)

[130] 晉·陳壽，《三國志》，卷 32，＜蜀書·先主傳＞注引＜三輔決錄注＞曰「(射)援字文雄，扶風人也…兄堅，字文固…與弟援南入蜀依劉璋，璋以堅為長史。劉備代璋，以堅為廣漢、蜀郡太守。」頁 884-886。洪武雄著，＜《三國職官表》蜀漢部份校補＞認「建安廿五年(220)由廣漢守遷。」頁 457。**列入劉備時期(入蜀後)。**

[131] 晉·陳壽，《三國志》，卷 41，＜蜀書·王連傳＞載「王連字文儀，南陽人也。劉璋時入蜀，為梓潼令。先主起事葭萌，進軍來南，連閉城不降，先主義之，不強偪也。及成都既平…遷蜀郡太守、興業將軍，領鹽府如故。」頁 1009-1010。洪武雄著，＜《三國職官表》蜀漢部份校補＞認「建安末、章武年間遷，建興元年(223)遷屯騎校尉、領丞相長史。」頁 457。**列入劉備時期(入蜀後)。**

[132] 晉·陳壽，《三國志》，卷 41，＜蜀書·楊洪傳＞載「楊洪字季休，犍為武陽人也。劉璋時歷部諸郡。先主定蜀，太守李嚴命為功曹…亮於是表洪領蜀郡太守，眾事皆辦，遂使即真。頃之，轉為益州治中從事…洪建興元年賜爵關內侯，復為蜀郡太守、忠節將軍，後為越騎校尉，領郡如故。」頁 1013。洪武雄著，＜《三國職官表》蜀漢部份校補＞認「建興元年(223)由治中從事轉，六年(228)卒官。」頁 457-458。**列入諸葛亮時期。**

[133] 晉·陳壽，《三國志》，卷 45，＜蜀書·張翼傳＞載「張翼字伯恭，犍為武陽人也…先主定益州，領牧，翼為書佐。建安末，舉孝廉，為江陽長，徙涪陵令，遷梓潼太守，累遷至廣漢、蜀郡太守。」頁 1073-1075。洪武雄著，＜《三國職官表》蜀漢部份校補＞認「建興六年(228)後由廣漢守遷，九年(231)遷庲降都督、綏南中郎將。」頁 458。**列入諸葛亮時期。**

[134] 晉·陳壽，《三國志》，卷 39，＜蜀書·呂乂傳＞載「呂乂字季陽，南陽人也…亮卒，累遷廣漢、蜀郡太守…後入為尚書，代董允為尚書令。」頁 988。洪武雄著，＜《三國職官表》蜀漢部份校補＞認「建興末、延熙初由廣漢守遷，後入為尚書，延熙九年(246)遷尚書令。」頁 458。**列入諸葛亮時期。**晉·常璩撰，劉琳注，《華陽國志》，卷 7，＜劉後主志＞載「(中)〔尚〕書令董允亦卒。超遷蜀郡太守南陽呂義為尚書令。」頁 390。

[135] 宋·歐陽修、宋祁撰，《新唐書》，卷 73 下，＜宰相世系三下＞載「薛氏出自任姓…饒生愿，為淮陽太守，因徙居焉…子永，字茂長，從蜀先主入蜀，為蜀郡太守。」頁 2989-2990。既說隨先主入蜀，其時應在荊州之中，列入荊楚群士，時段上則**列入劉備時期(入蜀後)。**

[136] 晉·司馬彪《續漢書·郡國志》(即今收錄在宋·范曄，《後漢書》的＜郡國志＞以下簡稱《續郡國志》)(台北：鼎文書局，1991.6)，志 20，〈郡國二〉載「陳國高帝置為淮陽，章和二年改。」頁 3429。

附錄

381

		薛齊[137]	（豫州）淮陽(陳國)	後主時期
		張太守[138]	（荊州）南陽	後主時期
	廣漢郡	張存[139]	（荊州）南陽	劉備時期(入荊後)
		夏侯纂[140]	籍貫不詳	劉備時期(入蜀後)
		射堅[141]	（司隸）扶風	劉備時期(入蜀後)
		鄧芝[142]	（荊州）義陽新野	劉備時期(入蜀後)
		習禎[143]	（荊州）襄陽	劉備時期(入蜀後)

---

137 宋·歐陽修、宋祁撰，《新唐書》，卷 73 下，＜宰相世系三下＞載「薛氏出自任姓…饒生愿，為淮陽太守，因徙居焉…子永，字茂長，從蜀先主入蜀，為蜀郡太守。永生齊，字夷甫，巴、蜀二郡太守。」頁 2989-2990。洪武雄著，＜《三國職官表》蜀漢部份校補＞認「當在延熙末、景耀年間由巴郡守遷。」頁 458。**列入後主時期。**

138 晉·常璩撰，劉琳注，《華陽國志》，11，＜後賢志＞載「杜軫，字超宗，蜀郡成都人也…鄧艾既破蜀，被徵。鍾會進成都，時太守南陽張府君不肯出官。」頁 610。洪武雄著，＜《三國職官表》蜀漢部份校補＞認張太守在「景耀末，蜀世最後一任蜀郡太守。」頁 458-459。**列入後主時期。**

139 晉·陳壽，《三國志》，卷 45，＜蜀書·楊戲傳＞載「(張)處仁本名存，南陽人也。以荊州從事隨先主入蜀，南次至雒，以為廣漢太守…病卒。」頁 1085。洪武雄著，＜《三國職官表》蜀漢部份校補＞認「其任、免廣漢太守皆在建安十八年(213)，時先主猶未底定益州。」頁 459。**列入劉備時期(入荊後)。**

140 晉·陳壽，《三國志》，卷 38，＜蜀書·秦宓傳＞載「先主既定益州，廣漢太守夏侯纂。」頁 974。洪武雄著，＜《三國職官表》蜀漢部份校補＞認在「建安末。」頁 459。**列入劉備時期(入蜀後)。**

141 晉·陳壽，《三國志》，卷 32，＜蜀書·先主傳＞注引＜三輔決錄注＞曰「(射)援字文雄，扶風人也…兄堅，字文固…與弟援南入蜀依劉璋，璋以堅為長史。劉備代璋，以堅為廣漢、蜀郡太守。」頁 884-886。洪武雄著，＜《三國職官表》蜀漢部份校補＞認在「建安十九年(214)，廿五年(220)遷蜀郡守。」頁 459。**列入劉備時期(入蜀後)。**

142 晉·陳壽，《三國志》，卷 45，＜蜀書·鄧芝傳＞載「鄧芝字伯苗，義陽新野人…漢末入蜀…先主定益州，芝為郫邸閣督…擢為郫令，遷廣漢太守。」頁 1071-1073。洪武雄著，＜《三國職官表》蜀漢部份校補＞認在「建安末由郫令遷，或章武元年(221)遷尚書。」頁 459-460。**列入劉備時期(入蜀後)。**

143 晉·陳壽，《三國志》，卷 45，＜蜀書·楊戲傳＞載「(習)文祥名禎，襄陽人也。隨先主入蜀，歷雒、郫令，廣漢太守。失其行事。」頁 1085。洪武雄著，＜《三國職官表》蜀漢部份校補＞認在「或在先主世由郫令遷。」頁 460。**列入劉備時期(入蜀後)。**

附

錄

		姚伷[144]	（益州）巴西閬中	諸葛亮時期
		何祗[145]	（益州）蜀郡	諸葛亮時期
		張翼[146]	（益州）犍為武陽	諸葛亮時期
		馬齊[147]	（益州）巴西閬中	諸葛亮時期
		呂乂[148](呂義)	（荊州）南陽	後主時期
		常閎[149]	（益州）蜀郡江原	不明時段
		羅蒙[150]	（荊州）襄陽	不明時段

[144] 晉·陳壽，《三國志》，卷45，＜蜀書·楊戲傳＞載「(姚)伷字子緒，亦閬中人…建興元年，為廣漢太守。」頁1087。洪武雄著，＜《三國職官表》蜀漢部份校補＞認在「建興元年(223)。」頁460。**列入諸葛亮時期。**

[145] 晉·陳壽，《三國志》，卷43，＜蜀書·張嶷傳＞載「廣漢太守蜀郡何祗。」頁1051。另據同書卷41，＜蜀書·楊洪傳＞注引＜益部耆舊傳雜記＞曰「祗字君肅…初仕郡，後為督軍從事…出補成都令，時郫縣令缺，以祗兼二縣…以祗為汶山太守，民夷服信。遷廣漢…轉祗為犍為。年四十八卒。」頁1014。洪武雄著，＜《三國職官表》蜀漢部份校補＞認在「建興五年(227)由汶山太守遷，接姚伷，後轉犍為。」頁460。**列入諸葛亮時期。**

[146] 晉·陳壽，《三國志》，卷45，＜蜀書·張翼傳＞載「張翼字伯恭，犍為武陽人也…建安末，舉孝廉，為江陽長，徙涪陵令，遷梓潼太守，累遷至廣漢、蜀郡太守。」頁1073-1075。洪武雄著，＜《三國職官表》蜀漢部份校補＞認在「建興中由梓潼守遷，在何祗後，遷蜀郡太守。」頁460-461。**列入諸葛亮時期。**

[147] 晉·陳壽，《三國志》，卷45，＜蜀書·楊戲傳＞載「(馬)盛衡名勳，(馬)承伯名齊，皆巴西閬中人也…(齊)建興中，從事丞相掾，遷廣漢太守。」頁1086-1087。洪武雄著，＜《三國職官表》蜀漢部份校補＞認在「建興中由丞相掾遷，後轉丞相參軍。」頁461。**列入諸葛亮時期。**

[148] 晉·陳壽，《三國志》，卷39，＜蜀書·呂乂傳＞載「呂乂字季陽，南陽人也…亮卒，累遷廣漢、蜀郡太守。」頁988。洪武雄著，＜《三國職官表》蜀漢部份校補＞認在「建興十二年(234)由漢中守遷，建興末、延熙初遷蜀守。」頁461。**列入後主時期。**晉·常璩撰，劉琳注，《華陽國志》，卷7，＜劉後主志＞載「(中)〔尚〕書令董允亦卒。超遷蜀郡太守南陽呂義為尚書令。」頁390。

[149] 晉·常璩撰，劉琳注，《華陽國志》，11，＜後賢志＞載「常勗，字脩業，蜀郡江原人也…從父閎，漢中、廣漢太守。」頁603。洪武雄著，＜《三國職官表》蜀漢部份校補＞認在「未知何時由漢中守遷？」頁461。**列入不明時段。**

[150] 晉·陳壽，《三國志》，卷41，＜蜀書·霍峻傳＞載「巴東領軍襄陽羅憲。」另注引＜襄陽記＞曰「羅憲字令則。父蒙，避亂於蜀，官至廣漢太守。」頁1008。洪武雄著，＜《三國職官表》蜀漢部份校補＞認在「不詳何時？」頁461。**列入不明時段。**

附錄

		李驤[151]	（益州）梓潼涪人	不詳時段
	犍為郡	李嚴[152]	（荊州）南陽	劉備時期(入蜀後)
		龔諶[153]	（益州）巴西安漢	劉備時期(入蜀後)
		王士[154]	（益州）廣漢郪人	劉備時期(入蜀後)
		陳震[155]	（荊州）南陽	諸葛亮時期
		李邈[156]	（益州）廣漢郪人	諸葛亮時期
		何祇[157]	（益州）蜀郡	諸葛亮時期

---

[151] 晉·陳壽，《三國志》，卷45，＜蜀書·楊戲傳＞注引＜益部耆舊雜記＞曰「(李福)子驤，字叔龍，六有名，古至尚書郎、廣漢太守。」頁1087。**列入不詳時段。**

[152] 晉·陳壽，《三國志》，卷40，＜蜀書·李嚴傳＞載「李嚴字正方，南陽人也…劉璋以為成都令，復有能名。建安十八年，署嚴為護軍，拒先主於綿竹。嚴率眾降先主，先主拜嚴裨將軍。成都既定，為犍為太守、興業將軍。」頁998-999。洪武雄著，＜《三國職官表》蜀漢部份校補＞認在「建安十九年(214)，章武二年(222)拜尚書令。」頁461-462。**列入劉備時期(入蜀後)。**

[153] 晉·常璩撰，劉琳注，《華陽國志》，卷12，＜益梁寧二州先漢以來士女目錄＞載「越嶲太守龔祿，字德緒。(安漢人。父諶，犍為太守，見《巴紀》。)」頁670。劉琳注「諶，劉璋時曾為巴西功曹，迎降張飛。」頁699。洪武雄著，＜《三國職官表》蜀漢部份校補＞認在「應於章武二年(222)接續李嚴，然不久任。」頁462。**列入劉備時期(入蜀後)。**

[154] 晉·陳壽，《三國志》，卷45，＜蜀書·楊戲傳＞載「(王)義彊名士，廣漢郪人，國山從兄也。從先主入蜀後，舉孝廉，為符節長，遷牙門將，出為宕渠太守，徙在犍為。會丞相亮南征，轉為益州太守，將南行，為蠻夷所害。」頁1088。洪武雄著，＜《三國職官表》蜀漢部份校補＞認在「章武二年(222)由宕渠徙，建興三年(225)轉益州郡守。」頁462。**列入劉備時期(入蜀後)。**

[155] 晉·陳壽，《三國志》，卷39，＜蜀書·陳震傳＞載「陳震字孝起，南陽人也。先主領荊州牧，辟為從事，部諸郡，隨先主入蜀。蜀既定，為蜀郡北部都尉，因易郡名，為汶山太守，轉在犍為。」頁984-985。洪武雄著，＜《三國職官表》蜀漢部份校補＞認在「建興三年(225)由汶山轉，在王士後，旋入拜尚書。」頁462。**列入諸葛亮時期。**

[156] 晉·陳壽，《三國志》，卷45，＜蜀書·楊戲傳＞載「(李)永南名邵，廣漢郪人也。」注引＜華陽國志＞曰「邵兄邈，字漢南，劉璋時為牛鞞長。先主領牧，為從事…久之，為犍為太守、丞相參軍、安漢將軍。」頁1086。洪武雄著，＜《三國職官表》蜀漢部份校補＞認在「建興初，在陳震後，五年(227)遷丞相參軍，隨亮北駐漢中。」頁462-463。**列入諸葛亮時期。**

[157] 晉·陳壽，《三國志》，卷43，＜蜀書·張嶷傳＞載「廣漢太守蜀郡何祇。」頁1051。另據同書卷41，＜蜀書·楊洪傳＞注引＜益部耆舊傳雜記＞曰「祇字君肅…以祇為汶山太守，民夷服信。遷廣漢…轉祇為犍為。年四十八卒。」頁1014。洪武雄著，＜《三國職官表》蜀漢部份校補＞認在「建興中由廣漢守轉，卒官。」頁463。**列入諸葛亮時期。**

		王離[158]	（益州）廣漢	諸葛亮時期
		壽良父親[159]	（益州）蜀郡成都	後主時期
	江陽郡	劉邕[160]	（荊州）義陽	劉備時期(入蜀後)
		彭羕[161]	（益州）廣漢	劉備時期(入蜀後)
		王山[162]	（荊州）南陽	後主時期
	汶山郡	陳震[163]	（荊州）南陽	劉備時期(入蜀後)
		何祗[164]	（益州）蜀郡	諸葛亮時期

[158] 晉·陳壽，《三國志》，卷41，〈蜀書·楊洪傳〉注引〈益部耆舊傳雜記〉曰「廣漢王離，字伯元，亦以才幹顯。為督軍從事，推法平當，稍遷，代祗為犍為太守。」頁1014。洪武雄著，〈《三國職官表》蜀漢部份校補〉認在「建興中。」頁463。**列入諸葛亮時期**。

[159] 晉·常璩撰，劉琳注，《華陽國志》，11，〈後賢志〉載「壽良，字文淑，蜀郡成都人也。父祖二世犍為太守。」頁612。洪武雄著，〈《三國職官表》蜀漢部份校補〉認在「其父或在建興末、延熙初。」頁463。**列入後主時期**。

[160] 晉·陳壽，《三國志》，卷45，〈蜀書·楊戲傳〉載「劉南和名邕，義陽人也。隨先主入蜀。益州既定，為江陽太守。」頁1084。洪武雄著，〈《三國職官表》蜀漢部份校補〉認在「建安十九年(214)。」頁464。**列入劉備時期(入蜀後)**。

[161] 晉·陳壽，《三國志》，卷40，〈蜀書·彭羕傳〉載「彭羕字永年，廣漢人…羕仕州，不過書佐，後又為眾人所謗毀於州牧劉璋，璋髡鉗羕為徒隸…先主領益州牧，拔羕為治中從事…左遷羕為江陽太守。」頁994-995。洪武雄著，〈《三國職官表》蜀漢部份校補〉認在「建安末由治中從事左遷。」頁464。**列入劉備時期(入蜀後)**。

[162] 晉·陳壽，《三國志》，卷41，〈蜀書·王連傳〉載「王連字文儀，南陽人也…子山嗣，官至江陽太守。」頁1009-1010。洪武雄著，〈《三國職官表》蜀漢部份校補〉認在「後主世。」頁464。**列入後主時期**。

[163] 晉·陳壽，《三國志》，卷39，〈蜀書·陳震傳〉載「陳震字孝起，南陽人也…蜀既定，為蜀郡北部都尉，因易郡名，為汶山太守，轉在犍為。」頁984-985。洪武雄著，〈《三國職官表》蜀漢部份校補〉認在「建安末由蜀郡北部都尉遷，建興三年(225)轉犍為守。」頁464。**列入劉備時期(入蜀後)**。

[164] 晉·陳壽，《三國志》，卷43，〈蜀書·張嶷傳〉載「廣漢太守蜀郡何祗。」頁1051。另據同書卷41，〈蜀書·楊洪傳〉注引〈益部耆舊傳雜記〉曰「祗字君肅…以祗為汶山太守，民夷服信。遷廣漢…轉祗為犍為。年四十八卒。」頁1014。洪武雄著，〈《三國職官表》蜀漢部份校補〉認在「建興初由縣令遷，五年(227)遷廣漢守。」頁464-465。**列入諸葛亮時期**。

		何祇族人[165]	（益州）蜀郡	諸葛亮時期
		王嗣[166]	（益州）犍為資中	後主時期
	漢嘉郡	黃元[167]	籍貫不詳	劉備時期(入蜀後)
	越巂郡	馬謖[168]	（荊州）襄陽宜城	劉備時期(入蜀後)
		焦璜[169]	（益州）梓潼	劉備時期(入蜀後)
		龔祿[170]	（益州）巴西安漢	諸葛亮時期
		張嶷[171]	（益州）巴郡南充國	後主時期

[165] 晉·陳壽，《三國志》，卷45，＜蜀書·楊戲傳＞注引＜益部耆舊雜記＞曰「(何祇)遷廣漢。後夷反叛，辭〔曰〕「令得前何府君，乃能安我耳」！時難〔復〕屈祇，拔祇族人為〔之〕，汶山復得安。」頁1015。洪武雄著，＜《三國職官表》蜀漢部份校補＞認在「約在建興五年(227)、六年(228)間。」頁465。**列入諸葛亮時期。**

[166] 晉·陳壽，《三國志》，卷45，＜蜀書·楊戲傳＞注引＜益部耆舊雜記＞曰「王嗣字承宗，犍為資中人也。其先，延熙世以功德顯著。舉孝廉，稍遷西安圍督、汶山太守，加安遠將軍...遷鎮軍，故領郡。」頁1090。洪武雄著，＜《三國職官表》蜀漢部份校補＞認在「延熙末、景耀年間。」頁465。**列入後主時期。**

[167] 晉·陳壽，《三國志》，卷32，＜蜀書·先主傳＞載「冬十二月，漢嘉太守黃元聞先主疾不豫，舉兵拒守。」頁890。洪武雄著，＜《三國職官表》蜀漢部份校補＞認在「章武年間。」頁465。**列入劉備時期(入蜀後)。**

[168] 晉·陳壽，《三國志》，卷39，＜蜀書·馬謖傳＞載「馬良字季常，襄陽宜城人也...良弟謖，字幼常。以荊州從事隨先主入蜀，除綿竹成都令、越巂太守。」頁982-983。洪武雄著，＜《三國職官表》蜀漢部份校補＞認在「建安末由成都令遷，越巂太守後應另有它職，建興初再轉丞相參軍。」頁465-466。**列入劉備時期(入蜀後)。**

[169] 晉·陳壽，《三國志》，卷43，＜蜀書·張嶷傳＞載「越巂郡自丞相亮討高定之後，叟夷數反，殺太守龔祿、焦璜，是後太守不敢之郡。」頁1052。洪武雄著，＜《三國職官表》蜀漢部份校補＞認「建安末、章武年間以將軍領郡，章武三年(223)被害。」頁466-467。**列入劉備時期(入蜀後)。**晉·常璩撰，劉琳注，《華陽國志》，3，＜蜀志＞載「遣都督李承之殺將軍梓潼焦璜，破沒郡土。」頁131。

[170] 晉·陳壽，《三國志》，卷45，＜蜀書·楊戲傳＞載「(龔)德緒名祿，巴西安漢人也。先主定益州，為郡從事牙門將。建興三年，為越巂太守。」頁1088。**列入諸葛亮時期。**

[171] 晉·陳壽，《三國志》，卷43，＜蜀書·張嶷傳＞載「張嶷字伯岐，巴郡南充國人也...拜為牙門將，屬馬忠...除嶷為越巂太守。」頁1051-1054。洪武雄著，＜《三國職官表》蜀漢部份校補＞認「延熙三年(240)由牙門將遷，加撫戎將軍號，十七年(254)遷盪寇將軍。」頁467。**列入後主時期。**

牂柯郡	費詩[172]	（益州）犍為南安	劉備時期(入蜀後)
	向朗[173]	（荊州）襄陽宜城	劉備時期(入蜀後)
	朱褒[174]	（庲降都督）朱提	諸葛亮時期
	馬忠[175]	（益州）巴西閬中	諸葛亮時期
	羅式[176]	（荊州）襄陽	不詳時段
益州郡 (含建寧郡)	正昂[177]	籍貫不詳	劉備時期(入蜀後)
	張裔[178]	（益州）蜀郡成都	劉備時期(入蜀後)

---

[172] 晉·陳壽，《三國志》，卷41，〈蜀書·費詩傳〉載「費詩字公舉，犍為南安人也。劉璋時為緜竹令，先主攻緜竹時，詩先舉城降。成都既定，先主領益州牧，以詩為督軍從事，出為牂柯太守，還為州前部司馬。」頁1015-1016。**列入劉備時期(入蜀後)。**

[173] 晉·陳壽，《三國志》，卷41，〈蜀書·向朗傳〉載「向朗字巨達，襄陽宜城人也。荊州牧劉表以為臨沮長。表卒，歸先主。先主定江南...以朗為巴西太守，頃之轉任牂柯，又徙房陵。」頁1010-1011。洪武雄著，〈《三國職官表》蜀漢部份校補〉認「建安末由巴西太守轉，章武元年(221)再轉房陵太守。」頁467。列入劉備時期(入蜀後)。

[174] 晉·常璩撰，劉琳注，《華陽國志》，卷4，〈南中志〉載「先主薨後...牂柯郡丞朱提朱褒領太守。」頁227。晉·陳壽，《三國志》，卷33，〈蜀書·後主傳〉載「建興元年夏，牂柯太守朱褒擁郡反。」頁894。洪武雄著，〈《三國職官表》蜀漢部份校補〉認在「章武三年(223)夏四月先主薨後，由郡丞遷。」頁467-468。**列入諸葛亮時期。**

[175] 晉·陳壽，《三國志》，卷43，〈蜀書·蔣琬傳〉載「馬忠字德信，巴西閬中人也...(建興)三年，亮入南，拜忠牂柯太守。」頁1048-1049。洪武雄著，〈《三國職官表》蜀漢部份校補〉認在「建興三年(225)由丞相門下督遷，八年(230)遷丞相參軍，領治中從事。」頁468。列入諸葛亮時期。

[176] 唐·房玄齡等撰，《晉書》，卷57，〈羅憲傳〉載「羅憲字令則，襄陽人也...兄子尚...父式，牂柯太守。」頁1551-1552。另洪武雄著，〈《三國職官表》蜀漢部份校補〉認羅式任牂柯守或當在蜀漢世，頁468。**列入不明時段。**

[177] 晉·陳壽，《三國志》，卷41，〈蜀書·張裔傳〉「先是，益州郡殺太守正昂。」頁1011。洪武雄著，〈《三國職官表》蜀漢部份校補〉認在「建安末、章武初。」頁468-469。**列入劉備時期(入蜀後)。**

[178] 晉·陳壽，《三國志》，卷41，〈蜀書·張裔傳〉載「張裔字君嗣，蜀郡成都人也...劉璋時，舉孝廉，為魚復長，還州署從事...(先主)以裔為益州太守。」頁1011-1013。洪武雄著，〈《三國職官表》蜀漢部份校補〉認在「章武初由司金中郎將轉。」頁469。**列入劉備時期(入蜀後)。**

		王士[179]	（益州）廣漢郪人	諸葛亮時期
		李恢[180]	（益州）建寧俞元	諸葛亮時期
		楊戲[181]	（益州）犍為武陽	後主時期
		霍弋[182]	（荊州）南郡枝江	後主時期
	朱提郡	鄧方[183]	（荊州）南郡	劉備時期(入蜀後)
		李光[184]	（益州）犍為武陽	不明時段
		李豐[185]	（荊州）南陽	後主時期

---

179 晉·陳壽，《三國志》，卷45，＜蜀書·楊戲傳＞載「(王)義彊名士，廣漢郪人，國山從兄也…會丞相亮南征，轉為益州太守，將南行，為蠻夷所害。」頁1088。洪武雄著，＜《三國職官表》蜀漢部份校補＞認在「建興三年(225)由犍為太守轉，旋為蠻夷所害。」頁469。**列入諸葛亮時期**。

180 晉·陳壽，《三國志》，卷43，＜蜀書·李恢傳＞載「李恢字德昂，建寧俞元人也…建興七年，以交州屬吳，解恢刺史。更領建寧太守。」頁1045-1046。洪武雄著，＜《三國職官表》蜀漢部份校補＞認在「建興七年(229)領，九年(231)卒。」頁469。**列入諸葛亮時期**。

181 晉·陳壽，《三國志》，卷45，＜蜀書·楊戲傳＞載「楊戲字文然，犍為武陵人也…琬以大將軍開府，又辟為東曹掾，遷南中郎參軍，副貳庲降都督，領建寧太守。」頁1077。洪武雄著，＜《三國職官表》蜀漢部份校補＞認在「延熙十二年(249)，所任時間不長，徵還，拜護軍，至延熙廿年(257)，又轉歷數職。」頁469。**列入後主時期**。另據晉·常璩撰，劉琳注，《華陽國志》，劉琳注曰「顧校：『楊義』當作楊義。《蜀志》有傳，作楊戲，『戲』、『義』古通用。」頁563。

182 晉·陳壽，《三國志》，卷41，＜蜀書·霍峻傳＞載「霍峻字仲邈，南郡枝江人也…子弋，字紹先…遷監軍翊軍將軍，領建寧太守，還統南郡事。景耀六年，進號安南將軍。」頁1007-1008。洪武雄著，＜《三國職官表》蜀漢部份校補＞認在「延熙廿年(257)由副貳都督領永昌太守遷庲降都督，領建寧太守，至景耀六年(263)蜀亡。」頁470。**列入後主時期**。

183 晉·陳壽，《三國志》，卷45，＜蜀書·楊戲傳＞載「(鄧)孔山名方，南郡人也。以荊州從事隨先主入蜀。蜀既定，為犍為屬國都尉，因易郡名，為朱提太守。」頁1081。洪武雄著，＜《三國職官表》蜀漢部份校補＞認「建安十九年(214)、廿年(215)間由犍為屬國都尉遷(朱提太守)，章武元年(221)或二年(222)卒官。」頁470。**列入劉備時期(入蜀後)**。

184 晉·常璩撰，劉琳注，《華陽國志》，11，＜後賢志＞載「李宓，字令伯，犍為武陽人也。祖父光，朱提太守。」頁607。洪武雄著，＜《三國職官表》蜀漢部份校補＞認李光必在蜀漢前期，頁470-471。**列入不明時段**。

185 晉·陳壽，《三國志》，卷40，＜蜀書·李嚴傳＞載「李嚴字正方，南陽人也…(建安八年)嚴子豐為江州都督督軍…豐官至朱提太守。」頁998-1000。洪武雄著，＜《三國職官表》蜀漢部份校補＞認在「蜀漢世，參軍與郡守在伯仲間，其官至朱提太守或在建興末、延熙初。」頁471。**列入後主時期**。

	雲南郡	呂凱[186]	(庲降都督)永昌不韋	諸葛亮時期
		張休[187]	（益州）漢嘉	後主時期
	永昌郡	王伉[188]	（益州）蜀郡成都	諸葛亮時期
		霍弋[189]	（荊州）南郡枝江	後主時期
	南廣郡	常竺[190]	（益州）蜀郡江原	後主時期
		令狐衷[191]	（益州）巴西	後主時期
	興古郡			
	郡名不詳	杜祺[192]	（荊州）南陽	後主時期

---

186 晉·陳壽，《三國志》，卷43，＜蜀書·呂凱傳＞載「呂凱字季平、永昌不韋人也。仕郡五官掾功曹…以凱為雲南太守。」頁1046-1048。洪武雄著，＜《三國職官表》蜀漢部份校補＞認在「建興三年(225)諸葛亮平南中，嘉呂凱功，由郡功曹超遷，旋被害。」頁471。**列入諸葛亮時期。**

187 晉·常璩撰，劉琳注，《華陽國志》，卷12，＜益梁寧二州先漢以來士女目錄＞載「雲南太守張休，右二人，漢嘉人士。【在劉氏世。】頁689。洪武雄著，＜《三國職官表》蜀漢部份校補＞認「當於建興末、延熙年間以後至雲南太守。」頁471-472。**列入後主時期。**

188 晉·陳壽，《三國志》，卷43，＜蜀書·呂凱傳＞載「(呂)凱與府丞蜀郡王伉…王伉亦封亭侯，為永昌太守。」頁1046-1048。另晉·常璩撰，劉琳注，《華陽國志》，12，＜益梁寧二州先漢以來士女目錄＞載「永昌太守王伉。成都人。」頁665。洪武雄著，＜《三國職官表》蜀漢部份校補＞認「建興三年(225)諸葛亮平南中，嘉王伉功，由永昌郡丞遷。」頁472。**列入劉備時期(入蜀後)。**

189 晉·陳壽，《三國志》，卷41，＜蜀書·霍峻傳＞載「霍峻字仲邈，南郡枝江人也…子弋，字紹先…時永昌郡夷獠恃險不賓，數為寇害，乃以弋領永昌太守。」頁1007-1008。洪武雄著，＜《三國職官表》蜀漢部份校補＞認「延熙末以庲降副都督領，廿年(257)遷都督領建寧太守。」頁472。**列入後主時期。**

190 晉·常璩撰，劉琳注，《華陽國志》，11，＜後賢志＞載「常騫，字季慎，蜀郡江原人也。祖父竺，字代文，南廣太守，侍中。」頁619。洪武雄著，＜《三國職官表》蜀漢部份校補＞認「延熙中，後遷侍中。」頁472。**列入後主時期。**

191 晉·常璩撰，劉琳注，《華陽國志》，4，＜南中志＞載「南廣郡，蜀延熙中置，以蜀郡常竺為太守。蜀朝召竺，入為侍中，巴西令狐衷代之。」頁238。洪武雄著，＜《三國職官表》蜀漢部份校補＞認「延熙中、晚期，代常竺。」頁472。**列入後主時期。**

192 晉·陳壽，《三國志》，卷39，＜蜀書·呂乂傳＞載「先主定益州，置鹽府校尉，較鹽鐵之利，後校尉王連請乂及南陽杜祺、南鄉劉幹等並為典曹都尉。」頁988。洪武雄著，＜《三國職官表》蜀漢部份校補＞認「當在建興末、延熙年間，後遷監軍。」頁473。**列入後主時期。**

蜀漢政權中政治派系之研究

郡掾屬	功曹掾	鐔承[193]	（益州）廣漢郪人	後主時期
		張翌[194]	（益州）蜀郡成都	後主時期
		常播[195]	（益州）蜀郡江原	不應置於此
		楊洪[196]	（益州）犍為武陽	劉備時期(入蜀後)
		呂凱[197]	（益州）永昌不韋	劉備時期(入蜀後)
		古樸(古濮)[198]	（益州）廣漢德陽	劉備時期(入蜀後)
		李朝[199]	（益州）廣漢郪人	劉備時期(入蜀後)

[193] 晉·常璩撰，劉琳注，《華陽國志》，卷10中，<先賢士女總贊(中)廣漢士女>載「鐔承，字公文，郪人也。歷郡守，州右職，為少府，太常。時費、姜秉政，孟光、來敏皆棲遲，承以和獨立，特進之也。」頁535。洪武雄著，<《三國職官表》蜀漢部份校補>認「其任郡守或在建興末、延熙初，後轉州右職。」頁473。**列入後主時期。**

[194] 晉·陳壽，《三國志》，卷41，<蜀書·張裔傳>載「張裔字君嗣，蜀郡成都人也...子翌嗣，歷三郡守監軍。」頁1011-1013。洪武雄著，<《三國職官表》蜀漢部份校補>認「張裔卒於建興八年(230)，翌歷三郡守當在後主後期較有可能。」頁473。**列入後主時期。**

[195] 晉·陳壽，《三國志》，卷45，<蜀書·楊戲傳>注引<益部耆舊雜記>曰「常播字文平，蜀郡江原人也。播仕縣主簿功曹。...舉孝廉，除郪長，年五十餘卒。」頁1090-1091。洪武雄著，<《三國職官表》蜀漢部份校補>認「建興十五年(237)，常播為蜀郡江原縣功曹，非郡吏，不應置此。」頁475。**不應置此不列入計算。**

[196] 晉·陳壽，《三國志》，卷41，<蜀書·楊洪傳>載「楊洪字季休，犍為武陽人也。劉璋時歷部諸郡。先主定蜀，太守李嚴命為功曹。」頁1013。洪武雄著，<《三國職官表》蜀漢部份校補>認「建安十九年(214)，後轉部蜀郡從事。」頁476。**列入劉備時期(入蜀後)。**

[197] 晉·陳壽，《三國志》，卷43，<蜀書·呂凱傳>載「呂凱字季平、永昌不韋人也。仕郡五官掾功曹...以凱為雲南太守。」頁1046-1048。洪武雄著，<《三國職官表》蜀漢部份校補>認「章武年間由五官掾轉功曹，建興三年(225)遷雲南太守。」頁476。**列入劉備時期(入蜀後)。**

[198] 晉·常璩撰，劉琳注，《華陽國志》，3，<蜀志>載「德陽縣...太守夏侯慕時，古濮為功曹。康、古、袁氏為四姓，大族之甲者也。」頁126。可見古濮應為此縣大族。另劉琳註稱「〔古濮〕《蜀志·李宓傳》及本書(即華陽國志)卷十二《目錄》作古樸。」頁186。洪武雄著，<《三國職官表》蜀漢部份校補>認「建安末。」頁476。**列入劉備時期(入蜀後)。**

[199] 晉·陳壽，《三國志》，卷45，<蜀書·楊戲傳>載「(李)永南名邵，廣漢郪人也...偉南名朝，永南兄。郡功曹，舉孝廉，臨邛令，入為別駕從事。」頁1086-1088。洪武雄著，<《三國職官表》蜀漢部份校補>認「建安末，後舉孝廉，遷臨邛令。」頁476。**列入劉備時期(入蜀後)。**

附錄

390

		馬齊[200]	（益州）巴西閬中	劉備時期(入蜀後)
		司馬勝之[201]	（益州）廣漢綿竹	後主時期
		王化[202]	（益州）廣漢郪人	後主時期
		杜軫[203]	（益州）蜀郡成都	後主時期
		何隨[204]	（益州）蜀郡郫人	後主時期
		常勗[205]	（益州）蜀郡江原	後主時期
	功曹吏(即功曹)	杜軫	（益州）蜀郡成都	參功曹杜軫
	五官掾	呂凱[206]	（益州）永昌不韋	劉備時期(入蜀後)

---

200 晉·陳壽，《三國志》，卷45，＜蜀書·楊戲傳＞載「(馬)盛衡名勳，(馬)承伯名齊，皆巴西閬中人也…齊為太守張飛功曹。飛貢之先主，為尚書郎。」頁1086-1087。洪武雄著，＜《三國職官表》蜀漢部份校補＞認「建安末，廿四年(219)後遷尚書郎。」頁477。**列入劉備時期(入蜀後)。**

201 晉·常璩撰，劉琳注，《華陽國志》，卷11，＜後賢志＞載「司馬勝之，字興先，廣漢縣竹人也…初為郡功曹…州辟從事，進尚書左選郎，徙祕書郎。」頁603。洪武雄著，＜《三國職官表》蜀漢部份校補＞認「延熙末、景耀年間，後轉州從事。」頁477。**列入後主時期。**

202 晉·常璩撰，劉琳注，《華陽國志》，卷11，＜後賢志＞載「王化，字伯遠，廣漢郪人也…祖父商，字文表，州牧劉璋時為蜀太守…郡命功曹，州辟從事，光祿郎中主事，尚書郎。」頁605。洪武雄著，＜《三國職官表》蜀漢部份校補＞認「延熙末、景耀年間，後轉州從事。」頁477。**列入後主時期。**

203 唐·房玄齡等撰，《晉書》，卷90，＜良吏杜軫傳＞載「杜軫字超宗，蜀郡成都人也…軫師事譙周，博涉經書。州辟不就，為郡功曹史。時鄧艾至成都。」頁2331。洪武雄著，＜《三國職官表》蜀漢部份校補＞認「景耀六年(263)。」頁477。**列入後主時期。**

204 晉·常璩撰，劉琳注，《華陽國志》，卷11，＜後賢志＞載「何隨，字季業，蜀郡郫人也…郡命功曹。州辟從事。光祿郎中主事。除安漢令。蜀亡，去官。」頁604。洪武雄著，＜《三國職官表》蜀漢部份校補＞認「延熙末、景耀年間，後轉州從事。」頁477。**列入後主時期。**

205 晉·常璩撰，劉琳注，《華陽國志》，卷11，＜後賢志＞載「常勗，字脩(修)業，蜀郡江原人也…又為尚書左選郎。郡請迎為功曹。」頁603。洪武雄著，＜《三國職官表》蜀漢部份校補＞認「延熙末、景耀年間由尚書左選郎轉，後遷督軍從事。」頁477。**列入後主時期。**

206 晉·陳壽，《三國志》，卷43，＜蜀書·呂凱傳＞載「呂凱字季平、永昌不韋人也。仕郡五官掾功曹…以凱為雲南太守。」頁1046-1048。洪武雄著，＜《三國職官表》蜀漢部份校補＞認「章武年間為永昌郡吏，由五官掾轉功曹。」頁478。**列入劉備時期(入蜀後)。**

附錄

391

		秦宓[207]	（益州）廣漢緜竹	劉備時期(入蜀後)
	師友祭酒	秦宓	（益州）廣漢緜竹	參五官掾秦宓
	督軍從事	何祗[208]	（益州）蜀郡	錯置
		王離	（益州）廣漢	錯置
	門下書佐	何祗[209]	（益州）蜀郡	劉備時期(入蜀後)
	主簿 (縣主簿非郡吏)	常播[210]	（益州）蜀郡江原	錯置
		楊玩[211]	（益州）蜀郡	錯置
	郡丞	王伉[212](永昌郡)	（益州）蜀郡成都	劉備時期(入蜀後)

207 晉·陳壽，《三國志》，卷38，＜蜀書·秦宓傳＞載「秦宓字子勑，廣漢緜竹人也...劉璋時，宓同郡王商為治中從事...先主既定益州，廣漢太守夏侯纂請宓為師友祭酒，領五官掾，稱曰仲父。」頁971-976。洪武雄著，＜《三國職官表》蜀漢部份校補＞認「建安末，後遷益州從事祭酒。」頁478。**列入劉備時期(入蜀後)**。

208 晉·陳壽，《三國志》，卷43，＜蜀書·張嶷傳＞載「廣漢太守蜀郡何祗。」頁1051。另據同書卷41，＜蜀書·楊洪傳＞注引＜益部耆舊傳雜記＞曰「祗字君肅...初仕郡，後為督軍從事。」頁1014。洪武雄著，＜《三國職官表》蜀漢部份校補＞認「督軍從事為州吏非郡吏，不應置此。」頁478。故同職位的王離也是**錯置**，**不列入計算**。

209 晉·陳壽，《三國志》，卷43，＜蜀書·張嶷傳＞載「廣漢太守蜀郡何祗。」頁1051。另據同書卷41，＜蜀書·楊洪傳＞載「洪迎門下書佐何祗，有才策功幹，舉郡吏，數年為廣漢太守。」頁1014。洪武雄著，＜《三國職官表》蜀漢部份校補＞認「建安末，後遷督軍從事。」頁478-479。**列入劉備時期(入蜀後)**。

210 晉·陳壽，《三國志》，卷45，＜蜀書·楊戲傳＞注引＜益部耆舊雜記＞曰「常播字文平，蜀郡江原人也。播仕縣主簿功曹。...舉孝廉，除郪長，年五十餘卒。」頁1090-1091。洪武雄著，＜《三國職官表》蜀漢部份校補＞認「建興年間，常播與楊玩皆曾任蜀郡江原縣主簿，非郡吏，不應置此。」頁479。**不應置此不列入計算**。

211 清·洪飴孫，《三國職官表》記「蜀郡常播楊玩」，收入《廿五史補編》第二冊，第87頁，總頁2817。參上註，楊玩非郡吏，**不應置**此不列入計算。

212 晉·陳壽，《三國志》，卷43，＜蜀書·呂凱傳＞載「(呂)凱與府丞蜀郡王伉...王伉亦封亭侯，為永昌太守。」頁1046-1048。另晉·常璩撰，劉琳注，《華陽國志》，12，＜益梁寧二州先漢以來士女目錄＞載「永昌太守王伉。成都人。」頁665。洪武雄著，＜《三國職官表》蜀漢部份校補＞認「章武初至建興三年(225)，永昌郡丞。」頁479。**列入劉備時期(入蜀後)**。

		宋遠[213](犍為郡)	籍貫不詳	劉備時期(入蜀後)
		朱褒[214]	（庲降都督）朱提	劉備時期(入蜀後)
縣令長	蜀郡成都令	馬謖[215]	（荊州）襄陽宜城	劉備時期(入蜀後)
		李福[216]	（益州）梓潼涪人	劉備時期(入蜀後)
		何祇[217]	（益州）蜀郡	諸葛亮時期
		呂辰[218]	（荊州）南陽	後主時期
	蜀郡郫令	鄧芝[219]	（荊州）義陽新野	劉備時期(入蜀後)

---

[213] 洪武雄著，<《三國職官表》蜀漢部份校補>據建安二十六年<黃龍甘露碑>「時 (犍為)太守南陽李嚴正方、丞宋遠文奇、武陽令陰化。」補，頁479。**列入劉備 時期(入蜀後)。**

[214] 晉·常璩撰，劉琳注，《華陽國志》，卷4，<南中志>載「先主薨後...牂牁郡丞 朱提朱褒領太守。」頁227。洪武雄著，<《三國職官表》蜀漢部份校補>認在 「章武年間，章武三年(223)夏四月先主薨後遷太守。」頁479。**列入劉備時期(入 蜀後)。**

[215] 晉·陳壽，《三國志》，卷39，<蜀書·馬謖傳>載「馬良字季常，襄陽宜城人也... 良弟謖，字幼常。以荊州從事隨先主入蜀，除綿竹成都令、越巂太守。」頁982-983。洪武雄著，<《三國職官表》蜀漢部份校補>認在「建安末由綿竹令遷， 後遷越巂太守。」頁479-480。**列入劉備時期(入蜀後)。**

[216] 晉·陳壽，《三國志》，卷45，<蜀書·楊戲傳>載「(李)孫德名福，梓潼涪人也。 先主定益州後，為書佐、西充國長、成都令。」頁1087。洪武雄著，<《三國 職官表》蜀漢部份校補>認在「建安末由西充國長遷，建興元年(223)遷巴西太 守。」頁480。**列入劉備時期(入蜀後)。**

[217] 晉·陳壽，《三國志》，卷43，<蜀書·張嶷傳>載「廣漢太守蜀郡何祗。」頁1051。 另據同書卷41，<蜀書·楊洪傳>注引<益部耆舊傳雜記>曰「祗字君肅...初仕 郡，後為督軍從事...出補成都令。」頁1014。洪武雄著，<《三國職官表》蜀 漢部份校補>認在「建興初由督軍從事遷，後遷汶山太守。」頁480。**列入諸葛 亮時期。**

[218] 晉·陳壽，《三國志》，卷39，<蜀書·呂乂傳>載「呂乂字季陽，南陽人也...子辰， 景耀中為成都令。」頁988。**列入後主時期。**

[219] 晉·陳壽，《三國志》，卷45，<蜀書·鄧芝傳>載「鄧芝字伯苗，義陽新野人...漢 末入蜀...先主定益州，芝為郫邸閣督...擢為郫令，遷廣漢太守。」頁1071-1073。 洪武雄著，<《三國職官表》蜀漢部份校補>認在「建安末由郫邸閣督遷，後遷 廣漢太守。」頁480。**列入劉備時期(入蜀後)。**

		習禎[220]	（荊州）襄陽	劉備時期(入蜀後)
		何祇[221]	（益州）蜀郡	諸葛亮時期
		常勗[222]	（益州）蜀郡江原	後主時期
	蜀郡臨邛令	李朝[223]	（益州）廣漢郪人	劉備時期(入蜀後)
	蜀郡廣都長	蔣琬[224]	（荊州）零陵湘鄉	劉備時期(入蜀後)
		王連[225]	（荊州）南陽	劉備時期(入蜀後)
	蜀郡江原令長	朱游(稱長)[226]	（益州）蜀郡廣都	後主時期

---

220 晉·陳壽，《三國志》，卷45，＜蜀書·楊戲傳＞載「(習)文祥名禎，襄陽人也。隨先主入蜀，歷雒、郫令，廣漢太守。失其行事。」頁1085。洪武雄著，＜《三國職官表》蜀漢部份校補＞認在「建安末由雒令遷，後遷廣漢太守。」頁480。**列入劉備時期(入蜀後)。**

221 晉·陳壽，《三國志》，卷43，＜蜀書·張嶷傳＞載「廣漢太守蜀郡何祗。」頁1051。另據同書卷41，＜蜀書·楊洪傳＞注引＜益部耆舊傳雜記＞曰「祗字君肅…初仕郡，後為督軍從事…出補成都令，時郫縣令缺，以祗兼二縣。」頁1014。洪武雄著，＜《三國職官表》蜀漢部份校補＞認在「建興初由督軍從事遷成都令兼領郫令，後遷汶山太守。」頁480。列入諸葛亮時期。

222 晉·常璩撰，劉琳注，《華陽國志》，卷11，＜後賢志＞載「常勗，字脩(修)業，蜀郡江原人也…除郫令。」頁603。洪武雄著，＜《三國職官表》蜀漢部份校補＞認在「景耀末由督軍從事遷，蜀亡。」頁480。**列入後主時期。**

223 晉·陳壽，《三國志》，卷45，＜蜀書·楊戲傳＞載「(李)永南名邵，廣漢郪人也…偉南名朝，永南兄。郡功曹，舉孝廉，臨邛令，入為別駕從事。」頁1086-1088。洪武雄著，＜《三國職官表》蜀漢部份校補＞認在「建安末由郡功曹遷，後遷別駕從事。」頁480-481。**列入劉備時期(入蜀後)。**

224 晉·陳壽，《三國志》，卷44，＜蜀書·蔣琬傳＞載「蔣琬字公琰、零陵湘鄉人也…琬以州書佐隨先主入蜀，除廣都長。」頁1057-1060。洪武雄著，＜《三國職官表》蜀漢部份校補＞認在「建安十九年(214)由荊州書佐遷，旋遷什邡令。」頁481。**列入劉備時期(入蜀後)。**

225 晉·陳壽，《三國志》，卷41，＜蜀書·王連傳＞載「王連字文儀，南陽人也。劉璋時入蜀，為梓潼令…及成都既平，以連為什邡令，轉在廣都，所居有績。」頁1009-1010。洪武雄著，＜《三國職官表》蜀漢部份校補＞認在「建安末由什邡令轉，後遷司鹽校尉。」頁481。**列入劉備時期(入蜀後)。**

226 晉·陳壽，《三國志》，卷45，＜蜀書·楊戲傳＞注引＜益部耆舊雜記＞曰「縣長廣都朱游」頁1090-1091。《續郡國志》，志23，〈郡國五〉載「蜀郡秦置…廣都」，頁3509。洪武雄著，＜《三國職官表》蜀漢部份校補＞認在「建興末，稱『縣長』。」頁481。**列入後主時期。**

附
錄

394

		趙敦(稱令)[227]	（豫州）穎川	後主時期
	廣漢郡雒令	習禎[228]	（荊州）襄陽	劉備時期(入蜀後)
		杜雄[229]	（益州）蜀郡成都	不明時段
		常忌[230]	（益州）蜀郡江原	後主時期
	廣漢郡緜竹令	王甫[231]	（益州）廣漢郪人	劉備時期(入蜀後)
		馬謖[232]	（荊州）襄陽宜城	劉備時期(入蜀後)
		呂乂(呂義)[233]	（荊州）南陽	諸葛亮時期

---

227 晉·陳壽，《三國志》，卷 45，＜蜀書·楊戲傳＞注引＜益部耆舊雜記＞曰「縣令穎川趙敦」頁 1091。洪武雄著，＜《三國職官表》蜀漢部份校補＞認在「延熙初，稱『縣令』。」頁 481。**列入後主時期。**

228 晉·陳壽，《三國志》，卷 45，＜蜀書·楊戲傳＞載「(習)文祥名禎，襄陽人也。隨先主入蜀，歷雒、郫令，廣漢太守。失其行事。」頁 1085。洪武雄著，＜《三國職官表》蜀漢部份校補＞認在「建安末，後轉蜀郡郫令。」頁 482。**列入劉備時期(入蜀後)。**

229 晉·常璩撰，劉琳注，《華陽國志》，11，＜後賢志＞載「杜軫，字超宗，蜀郡成都人也。父雄，字伯休，安漢、雒令。」頁 610。洪武雄著，＜《三國職官表》蜀漢部份校補＞認「依父子經歷推論，杜雄為縣令當在蜀漢世。」頁 482。**列入不明時段。**

230 晉·常璩撰，劉琳注，《華陽國志》，卷 11，＜後賢志＞載「常勖，字脩(修)業，蜀郡江原人也…忌字茂通，蜀謁者、黃門侍郎…使吳，稱職。歷長水參軍，什邡、雒令。」頁 603-604。另同書卷 12，＜益梁寧三州三國【兩晉】以來人士目錄＞載「州都常忌，字茂通。(勖從弟也。)」頁 686。另洪武雄著，＜《三國職官表》蜀漢部份校補＞認「景耀末由什邡令轉。」頁 482。**列入後主時期。**

231 晉·陳壽，《三國志》，卷 45，＜蜀書·楊戲傳＞載「(王) 國山名甫，廣漢郪人也…劉璋時為州書佐。先主定蜀後，為緜竹令。」頁 1086。洪武雄著，＜《三國職官表》蜀漢部份校補＞認「建安十九年(214)先主定蜀之初，後轉議曹從事。」頁 482。**列入劉備時期(入蜀後)。**

232 晉·陳壽，《三國志》，卷 39，＜蜀書·馬謖傳＞載「馬良字季常，襄陽宜城人也…良弟謖，字幼常。以荊州從事隨先主入蜀，除緜竹成都令、越巂太守。」頁 982-983。洪武雄著，＜《三國職官表》蜀漢部份校補＞認「建安十九年(214)先主定蜀之初，後遷成都令。」頁 482。**列入劉備時期(入蜀後)。**

233 晉·陳壽，《三國志》，卷 39，＜蜀書·呂乂傳＞載「呂乂字季陽，南陽人也…乂遷新都、緜竹令」頁 988。洪武雄著，＜《三國職官表》蜀漢部份校補＞認「建興中由新都令轉，建興九年(231)後遷巴西太守。」頁 482-483。**列入諸葛亮時期。**
晉·常璩撰，劉琳注，《華陽國志》，卷 7，＜劉後主志＞載「(中)〔尚〕書令董允亦卒。超遷蜀郡太守南陽呂義為尚書令。」頁 390。

		杜雄[234]	（益州）蜀郡成都	不明時段
	廣漢郡什邡令	王連[235]	（荊州）南陽	劉備時期（入蜀後）
		蔣琬[236]	（荊州）零陵湘鄉	劉備時期（入蜀後）
		常忌[237]	（益州）蜀郡江原	後主時期
	廣漢郡新都令	呂乂[238](呂義)	（荊州）南陽	諸葛亮時期
	廣漢郡郪長	常播[239]	（益州）蜀郡江原	後主時期
	巴西郡閬中令	常偉[240]	（益州）蜀郡江原	後主時期

[234] 晉·常璩撰，劉琳注，《華陽國志》，11，＜後賢志＞載「杜軫，字超宗，蜀郡成都人也。父雄，字伯休，安漢、雒令。」頁610。洪武雄著，＜《三國職官表》蜀漢部份校補＞認在「蜀漢世，杜雄歷諸縣令。」頁483。**列入不明時段。**

[235] 晉·陳壽，《三國志》，卷41，＜蜀書·王連傳＞載「王連字文儀，南陽人也。劉璋時入蜀，為梓潼令…及成都既平，以連為什邡令。」頁1009-1010。洪武雄著，＜《三國職官表》蜀漢部份校補＞認在「建安十九年(214)，後轉廣都長。」頁483。**列入劉備時期(入蜀後)。**

[236] 晉·陳壽，《三國志》，卷44，＜蜀書·蔣琬傳＞載「蔣琬字公琰、零陵湘鄉人也…琬以州書佐隨先主入蜀，除廣都長…頃之，為什邡令。」頁1057-1060。洪武雄著，＜《三國職官表》蜀漢部份校補＞認在「建安末由廣都長遷，廿四年(219)轉尚書郎。」頁483。**列入劉備時期(入蜀後)。**

[237] 晉·常璩撰，劉琳注，《華陽國志》，卷11，＜後賢志＞載「常勗，字脩(修)業，蜀郡江原人也…忌字茂通，蜀謁者、黃門侍郎…察孝廉，為郎。使吳，稱職。歷長水參軍，什邡、雒令。」頁603-604。另同書卷12，＜益梁寧三州三國【兩晉】以來人士目錄＞載「州都常忌，字茂通。(勗從弟也。)」頁686。洪武雄著，＜《三國職官表》蜀漢部份校補＞認在「景耀年間由長水參軍遷，後轉雒令。」頁483。**列入後主時期。**

[238] 晉·陳壽，《三國志》，卷39，＜蜀書·呂乂傳＞載「呂乂字季陽，南陽人也…先主定益州…乂遷新都、綿竹令。」頁988。洪武雄著，＜《三國職官表》蜀漢部份校補＞認在「建興中由鹽府典曹都尉轉，後轉綿竹令。」頁483。**列入諸葛亮時期。**晉·常璩撰，劉琳注，《華陽國志》，卷7，＜劉後主志＞載「(中)〔尚〕書令董允亦卒。超遷蜀郡太守南陽呂義為尚書令。」頁390。

[239] 晉·陳壽，《三國志》，卷45，＜蜀書·楊戲傳＞注引＜益部耆舊雜記＞曰「常播字文平，蜀郡江原人也。播仕縣主簿功曹。…舉孝廉，除郪長，年五十餘卒。」頁1090-1091。洪武雄著，＜《三國職官表》蜀漢部份校補＞認在「延熙初。」頁483。**列入後主時期。**

[240] 晉·常璩撰，劉琳注，《華陽國志》，11，＜後賢志＞載「常騫，字季慎，蜀郡江原人也…父偉，字公然，閬中令。」頁619。洪武雄著，＜《三國職官表》蜀漢部份校補＞認「在蜀漢末葉或晉初，難以確知。」頁484。既然是蜀漢末，故暫**列為後主時期。**

		王化[241]	（益州）廣漢郪人	後主時期
	巴西郡安漢令	杜雄[242]	（益州）蜀郡成都	不明時段
		何隨[243]	（益州）蜀郡郫人	後主時期
	巴西郡西充國長	李福[244]	（益州）梓潼涪人	劉備時期(入蜀後)
	巴西郡漢昌長	馬忠[245]	（益州）巴西閬中	劉備時期(入蜀後)
	漢中郡沔陽長	張翼[246]	（益州）犍為武陽	劉備時期(入蜀後)
	涪陵郡涪陵令	張翼	（益州）犍為武陽	參沔陽長張翼
	江陽郡符節長	王士[247]	（益州）廣漢郪人	劉備時期(入蜀後)

---

[241] 晉·常璩撰，劉琳注，《華陽國志》，卷11，〈後賢志〉載「王化，字伯遠，廣漢郪人也…郡命功曹，州辟從事，光祿郎中主事，尚書郎。除閬中令，為政清靜。」頁605。洪武雄著，〈《三國職官表》蜀漢部份校補〉認「景耀年間由尚書郎轉。」頁484。**列入為後主時期。**

[242] 晉·常璩撰，劉琳注，《華陽國志》，11，〈後賢志〉載「杜軫，字超宗，蜀郡成都人也。父雄，字伯休，安漢、雒令。」頁610。洪武雄著，〈《三國職官表》蜀漢部份校補〉認在「蜀漢世，杜雄歷諸縣令。」頁483。**不明時段。**

[243] 晉·常璩撰，劉琳注，《華陽國志》，卷11，〈後賢志〉載「何隨，字季業，蜀郡郫人也，漢司空奮後…郡命功曹。州辟從事。光祿郎中主事。除安漢令。蜀亡，去官。」頁604。洪武雄著，〈《三國職官表》蜀漢部份校補〉認在「景耀末由光祿主事轉。」頁484。**列入後主時期。**

[244] 晉·陳壽，《三國志》，卷45，〈蜀書·楊戲傳〉載「(李)孫德名福，梓潼涪人也。先主定益州後，為書佐、西充國長、成都令。」頁1087。洪武雄著，〈《三國職官表》蜀漢部份校補〉認在「建安末由書佐遷，後遷成都令。」頁485。**列入劉備時期(入蜀後)。**

[245] 晉·陳壽，《三國志》，卷43，〈蜀書·蔣琬傳〉載「馬忠字德信，巴西閬中人也…為郡吏，建安末舉孝廉，除漢昌長。」頁1048-1049。洪武雄著，〈《三國職官表》蜀漢部份校補〉認在「建安末，建興元年(223)遷丞相門下督。」頁485。**列入劉備時期(入蜀後)。**

[246] 晉·陳壽，《三國志》，卷45，〈蜀書·張翼傳〉載「張翼字伯恭，犍為武陽人也…先主定益州，領牧，翼為書佐。建安末，舉孝廉，為江(沔)陽長，徙涪陵令。」頁1073-1075。洪武雄著，〈《三國職官表》蜀漢部份校補〉認在「建安廿四年(219)由書佐遷，後遷涪陵令。」頁485。**列入劉備時期(入蜀後)。**

[247] 晉·陳壽，《三國志》，卷45，〈蜀書·楊戲傳〉載「(王)義彊名士，廣漢郪人，國山從兄也。從先主入蜀後，舉孝廉，為符節長。」頁1088。洪武雄著，〈《三國職官表》蜀漢部份校補〉認在「建安末，後遷牙門將。」頁486。**列入劉備時期(入蜀後)。**

	建寧郡雙柏長	何雙[248]	（益州）蜀郡郫人	後主時期
	漢嘉郡嚴道長	張君[249]	蜀郡成都	後主時期
	犍為郡武陽令	陰化[250]	籍貫不詳	劉備時期(入蜀後)
縣諸曹掾史	功曹	常播[251]	（益州）蜀郡江原	後主時期
		衛繼父親[252]	（益州）漢嘉嚴道	後主時期
	主簿	常播	（益州）蜀郡江原	參功曹常播
		楊玩[253]	（益州）蜀郡	後主時期

248 晉·陳壽，《三國志》，卷45，＜蜀書·楊戲傳＞載「何彥英名宗，蜀郡郫人也…子雙，字漢偶…為雙柏長。早卒。」頁1083。洪武雄著，＜《三國職官表》蜀漢部份校補＞認「當蜀漢末葉。」頁486。**列入後主時期**。

249 晉·陳壽，《三國志》，卷45，＜蜀書·楊戲傳＞注引＜益部耆舊雜記＞曰「衛繼字子業，漢嘉嚴道人也。兄弟五人。繼父為縣功曹。繼為兒時，與兄弟隨父游戲庭寺中，縣長蜀郡成都張君無子，數命功曹呼其子省弄，甚憐愛之。」頁1090。洪武雄著，＜《三國職官表》蜀漢部份校補＞認「延熙世。」頁486。**列入後主時期**。

250 洪武雄著，＜《三國職官表》蜀漢部份校補＞認「建安廿六年(221)＜黃龍甘露碑＞，『武陽令陰化』。」頁487。**列入劉備時期(入蜀後)**。

251 晉·陳壽，《三國志》，卷45，＜蜀書·楊戲傳＞注引＜益部耆舊雜記＞曰「常播字文平，蜀郡江原人也。播仕縣主簿功曹…舉孝廉，除郪長，年五十餘卒。」頁1090-1091。洪武雄著，＜《三國職官表》蜀漢部份校補＞認在「建興末，後蜀郡江原轉縣功曹。」頁488。**列入後主時期**。

252 晉·陳壽，《三國志》，卷45，＜蜀書·楊戲傳＞注引＜益部耆舊雜記＞曰「衛繼字子業，漢嘉嚴道人也。兄弟五人。繼父為縣功曹。」頁1091。洪武雄著，＜《三國職官表》蜀漢部份校補＞認「延熙世。」頁487。**列入後主時期**。

253 清·洪飴孫，《三國職官表》記「蜀郡常播楊玩」，收入《廿五史補編》第二冊，第87頁，總頁2817。洪武雄著，＜《三國職官表》蜀漢部份校補＞認在「建興十五年(237)。」頁488。**列入後主時期**。

附錄十五：蜀漢地方武職官員資料查考表

資料來源：《三國職官表》等資料

都督中外	姜維[1]	（雍州）天水冀人	後主時期
漢中都督	魏延[2]	（荊州）義陽	劉備時期(入蜀後)
	吳懿(吳壹)[3]	（兗州）陳留	後主時期
	王平[4]	（益州）巴西宕渠	後主時期
	胡濟[5]	（荊州）義陽	後主時期
江州都督	費觀[6]	（荊州）江夏鄳人	劉備時期(入蜀後)

1 晉·陳壽，《三國志》，卷 44，<蜀書·姜維傳>載「姜維字伯約，天水冀人也…(延熙)十六年春…明年，加督中外軍事。」頁 1062-1065。洪武雄著，<《三國職官表》蜀漢部份校補>認在「延熙十七年(254)，『加督中外軍事』。」頁 394。**列入後主時期。**

2 晉·陳壽，《三國志》，卷 40，<蜀書·魏延傳>載「魏延字文長，義陽人也…先主為漢中王…先主乃拔延為督漢中鎮遠將軍，領漢中太守…先主踐尊號，進拜鎮北將軍。建興元年，封都亭侯。五年，諸葛亮駐漢中，更以延為督前部，領丞相司馬、涼州刺史。」頁 1002。洪武雄著，<《三國職官表》蜀漢部份校補>認在「建安廿四年(219)起，先後以鎮遠、鎮北將軍督漢中，建興五年(227)轉督前部，領丞相司馬、涼州刺史。」頁 395。**列入劉備時期(入蜀後)。**

3 晉·陳壽，《三國志》，卷 33，<蜀書·後主傳>載「(建興)十二年…秋八月，亮卒于渭濱…以左將軍吳壹為車騎將軍，假節督漢中。」頁 897。**列入後主時期。**吳懿疑為吳壹，原因：第一，《三國志》並沒有吳懿的記載；第二，吳懿最早見於《華陽國志》；第三，《華陽國志》所載吳懿之事跡似為《三國志》所載吳壹相同，如卷 7<劉後主志>記建興十二年諸葛亮卒，「以吳懿為車騎將軍，假節，督漢中事。」頁 386。與《三國志》相同，所以這裡把吳懿與吳壹視為同一人。

4 晉·陳壽，《三國志》，卷 43，<蜀書·王平傳>載「王平字子均，巴西宕渠人也…(亮卒後)遷後典軍、安漢將軍，副車騎將軍吳壹住漢中，又領漢中太守。(建興)十五年，進封安漢侯，代壹督漢中。」頁 1049。洪武雄著，<《三國職官表》蜀漢部份校補>認在「建興十五年(237)以安漢將軍首次督漢中。」頁 395。**列入後主時期。**

5 晉·陳壽，《三國志》，卷 39，<蜀書·董和傳>注曰「姓胡，名濟，義陽人。為亮主簿，有忠蓋之效，故見褒述。亮卒，為中典軍，統諸軍，封成陽亭侯，遷中監軍前將軍，督漢中，假節領兗州刺史，至右驃騎將軍。」頁 980。**列入後主時期。**

6 晉·陳壽，《三國志》，卷 45，<蜀書·楊戲傳>載「(費) 賓伯名觀，江夏鄳人也。劉璋母，觀之族姑，璋又以女妻觀…先主既定益州，拜為裨將軍，後為巴郡太守，江州都督。」頁 1081-1082。洪武雄著，<《三國職官表》蜀漢部份校補>認在「章武三年(223)遷，建興元年(223)加振威將軍，四年(226)前卒官。」頁 398-399。**列入劉備時期(入蜀後)。**

	李嚴[7]	（荊州）南陽	諸葛亮時期
	李豐[8]	（荊州）南陽	諸葛亮時期
	李福[9]	（益州）梓潼涪人	諸葛亮時期
	鄧芝[10]	（荊州）義陽新野	後主時期
	趙雲[11]	（冀州）常山真定	劉備時期(入蜀後)
永安都督 （巴東都督）	李嚴[12]	（荊州）南陽	劉備時期(入蜀後)

[7] 晉·陳壽，《三國志》，卷40，＜蜀書·李嚴傳＞載「李嚴字正方，南陽人也…(建興)四年，轉為前將軍。以諸葛亮欲出軍漢中，嚴當知後事，移屯江州。」頁998-999。洪武雄著，＜《三國職官表》蜀漢部份校補＞認在「建興四年(226)至八年(230)，以前將軍、驃騎將軍屯江州。」頁399。**列入諸葛亮時期。**

[8] 晉·陳壽，《三國志》，卷40，＜蜀書·李嚴傳＞載「李嚴字正方，南陽人也…嚴子豐為江州都督督軍。」頁998-999。洪武雄著，＜《三國職官表》蜀漢部份校補＞認在「建興八年(230)至九年(231)。」頁399-400。列入諸葛亮時期。

[9] 晉·陳壽，《三國志》，卷45，＜蜀書·楊戲傳＞載「(李)孫德名福，梓潼涪人也…建興元年，徙巴西太守，為江州督、楊威將軍，入為尚書僕射，封平陽亭侯。」頁1087。洪武雄著，＜《三國職官表》蜀漢部份校補＞認在「建興九年(231)以揚威將軍督江州，十二年(234)亮卒前已入為尚書僕射。」頁400。**列入諸葛亮時期。**

[10] 晉·陳壽，《三國志》，卷45，＜蜀書·鄧芝傳＞載「鄧芝字伯苗，義陽新野人…亮卒，遷前軍師前將軍，領兗州刺史，封陽武亭侯，頃之為督江州…延熙六年，就遷為車騎將軍，後假節。」頁1071-1073。洪武雄著，＜《三國職官表》蜀漢部份校補＞認在「建興十三年(235)至延熙十四年(251)，先後以前將軍、車騎將軍督江州。」頁400-401。**列入後主時期。**

[11] 晉·陳壽，《三國志》，卷36，＜蜀書·趙雲傳＞載「趙雲字子龍，常山真定人也。」又注引＜雲別傳＞曰「先主大怒，欲討權…先主不聽，遂東征，留雲督江州。」頁948-949。洪武雄著，＜《三國職官表》蜀漢部份校補＞認在「章武元年(221)至二年(222)先主東征期間，趙雲以翊軍將軍督江州，其督江州猶在費觀之前。」頁400-401。**列入劉備時期(入蜀後)。**

[12] 晉·陳壽，《三國志》，卷40，＜蜀書·李嚴傳＞載「李嚴字正方，南陽人也…(章武)三年，先主疾病，嚴與諸葛亮並受遺詔輔少主；以嚴為中都護，統內外軍事，留鎮永安。」頁998-999。洪武雄著，＜《三國職官表》蜀漢部份校補＞認在「章武三年(223)至建興四年(226)，以中都護留鎮永安。」頁401。**列入劉備時期(入蜀後)。**

	陳到[13]	（豫州）汝南	諸葛亮時期
	宗預[14]	（荊州）南陽安眾	後主時期
	羅獻(羅憲)[15]	（荊州）襄陽	錯置
	閻宇[16]＊	（荊州）南郡	後主時期
關中都督	吳懿(吳壹)[17]	（兗州）陳留	劉備時期(入蜀後)
	傅僉[18]	（荊州）義陽	後主時期
黃金督	柳隱[19]	（益州）蜀郡成都	後主時期

---

[13] 晉·陳壽，《三國志》，卷 45，＜蜀書·楊戲傳＞載「(陳)叔至名到，汝南人也。自豫州隨先主，名位常亞趙雲，俱以忠勇稱。建興初，官至永安都督、征西將軍，封亭侯。」頁 1084。洪武雄著，＜《三國職官表》蜀漢部份校補＞認在「建興四年(226)以征西將軍督永安，建興八年(230)前卒。」頁 401-402。列入諸葛亮時期。

[14] 晉·陳壽，《三國志》，卷 45，＜蜀書·宗預傳＞載「宗預字德豔，南陽安眾人也…延熙十年，為屯騎校尉…遷後將軍，督永安，就拜征西大將軍。」頁 1075。洪武雄著，＜《三國職官表》蜀漢部份校補＞認在「延熙末，先後以後將軍、征西大將軍督永安，景耀元年(258)，以疾徵還成都。」頁 401-402。列入後主時期。

[15] 晉·陳壽，《三國志》，卷 41，＜蜀書·霍峻傳＞載「巴東領軍襄陽羅憲。」另注引＜襄陽記＞曰「羅憲字令則…左遷巴東太守。時右大將軍閻宇都督巴東，為領軍，後主拜憲為宇副貳。」頁 1008。洪武雄著，＜《三國職官表》蜀漢部份校補＞認在「羅憲為巴東副貳都督，未曾遷都督。」頁 402。**錯置不列入計算。**

[16] 晉·陳壽，《三國志》，卷 43，＜蜀書·馬忠傳＞注引＜華陽國志＞載「閻宇字文平，南郡人也。」頁 1049。洪武雄著，＜《三國職官表》蜀漢部份校補＞認閻宇在「景耀元年(258)至六年(263)，閻宇以右大將軍督巴東。」頁 404。**列入後主時期。**

[17] 晉·陳壽，《三國志》，卷 45，＜蜀書·楊戲傳＞載「先主定益州，以壹為護軍討逆將軍，納壹妹為夫人。章武元年，為關中都督。」頁 1083。洪武雄著，＜《三國職官表》蜀漢部份校補＞認在「章武元年(221)。」頁 405。**列入劉備時期(入蜀後)。**

[18] 晉·陳壽，《三國志》，卷 45，＜蜀書·楊戲傳＞載「有義陽傅肜…戰死。拜子僉為左中郎，後為關中都督，景耀六年，又臨危授命。論者嘉其父子奕世忠義。」頁 1089。洪武雄著，＜《三國職官表》蜀漢部份校補＞認在「景耀六年(263)。」頁 405-406。**列入後主時期。**

[19] 晉·常璩撰，劉琳注，《華陽國志》，卷 11，＜後賢志＞載「柳隱，字休然，蜀郡成都人也…遷漢中黃金圍督。」頁 602。洪武雄著，＜《三國職官表》蜀漢部份校補＞認在「景耀年間至六年(263)蜀亡。」頁 406。**列入後主時期。**

庲降都督	鄧方[20]	（荊州）南郡人	劉備時期(入蜀後)
	李恢[21]	（益州）建寧俞元	劉備時期(入蜀後)
	張翼[22]	（益州）犍為武陽	諸葛亮時期
	馬忠[23]	（益州）巴西閬中	諸葛亮時期
	張表[24]	（益州）蜀郡	後主時期
	閻宇[25]	（荊州）南郡	後主時期
	霍弋[26]	（荊州）南郡枝江	後主時期

---

20 晉·陳壽,《三國志》,卷 45,＜蜀書·楊戲傳＞載「(鄧)孔山名方,南郡人也。以荊州從事隨先主入蜀。蜀既定,為犍為屬國都尉,因易郡名,為朱提太守,遷為安遠將軍、庲降都督,住南昌縣。」頁 1081。洪武雄著,＜《三國職官表》蜀漢部份校補＞認在「建安十九(214)、廿年(215)間為安遠將軍、庲降都督,領朱提太守。」頁 406-407。**列入劉備時期(入蜀後)**。

21 晉·陳壽,《三國志》,卷 43,＜蜀書·李恢傳＞載「李恢字德昂,建寧俞元人也...章武元年...以恢為庲降都督,使持節領交州刺史。」頁 1045-1046。洪武雄著,＜《三國職官表》蜀漢部份校補＞認在「章武元年(221)或二年(222)代方為都督,建興九年(231)卒官。」頁 406-407。**列入劉備時期(入蜀後)**。

22 晉·陳壽,《三國志》,卷 45,＜蜀書·張翼傳＞載「張翼字伯恭,犍為武陽人也...建興九年,為庲降都督、綏南中郎將。」頁 1073-1075。**列入諸葛亮時期**。

23 晉·陳壽,《三國志》,卷 43,＜蜀書·蔣琬傳＞載「馬忠字德信,巴西閬中人也...(建興)十一年,南夷豪帥劉冑反,擾亂諸郡。徵庲降都督張翼還,以忠代翼。」頁 1048-1049。洪武雄著,＜《三國職官表》蜀漢部份校補＞認在「建興十一年(233)至延熙十二年(249)。」頁 407。**列入諸葛亮時期**。

24 晉·陳壽,《三國志》,卷 45,＜蜀書·楊戲傳＞載「蜀郡張表伯達並知名...張表有威儀風觀,始名位與戲齊,後至尚書,督庲降後將軍。」頁 1077-1078。洪武雄著,＜《三國職官表》蜀漢部份校補＞認在「延熙十二年(249)起,任期不詳。」頁 407-408。**列入後主時期**。

25 晉·陳壽,《三國志》,卷 43,＜蜀書·蔣琬傳＞注引＜華陽國志＞載「閻宇字文平,南郡人也。」頁 1049。洪武雄著,＜《三國職官表》蜀漢部份校補＞認閻宇在「延熙末繼張表為都督,延熙廿年(257)自南中領兵支援巴東,景耀元年(258)徙巴東都督。」頁 408。**列入後主時期**。

26 晉·陳壽,《三國志》,卷 41,＜蜀書·霍峻傳＞載「霍峻字仲邈,南郡枝江人也...子弋,字紹先...遷監軍翊軍將軍,領建寧太守,還統南郡事。景耀六年(263),進號安南將軍。」頁 1007-1008。洪武雄著,＜《三國職官表》蜀漢部份校補＞認閻宇在「延熙廿年(257)由副貳都督遷,景耀六年(263)蜀亡。」頁 408。**列入後主時期**。

附
錄

402

庲降副貳都督	霍弋[27]	（荊州）南郡枝江	後主時期
	楊戲[28]	（益州）犍為武陽	後主時期
庲降都督參軍	霍弋	（荊州）南郡枝江	參前
	楊戲	（益州）犍為武陽	參前
巴東都督參軍	楊宗[29]	（益州）巴郡	後主時期
其他督區			
武興督	蔣舒[30]	籍貫不詳	後主時期
建威督	張翼[31]	（益州）犍為武陽	後主時期
廣武督領陰平太守	廖化[32]	（荊州）襄陽	後主時期

[27] 晉·陳壽，《三國志》，卷41，＜蜀書·霍峻傳＞載「霍峻字仲邈，南郡枝江人也…子弋，字紹先…後為參軍庲降屯副貳都督，又轉護軍，統事如前。」頁1007-1008。洪武雄著，＜《三國職官表》蜀漢部份校補＞認閻宇在「延熙末為參軍庲降屯副貳都督，後遷護軍，延熙廿年(257)遷監軍、都督。」頁408-409。列入後主時期。

[28] 晉·陳壽，《三國志》，卷45，＜蜀書·楊戲傳＞載「楊戲字文然，犍為武陵人也…琬以大將軍開府，又辟為東曹掾，遷南中郎參軍，副貳庲降都督，領建寧太守。」頁1077。洪武雄著，＜《三國職官表》蜀漢部份校補＞認在「延熙十二年(249)。」頁409。列入後主時期。另據晉·常璩撰，劉琳注，《華陽國志》(臺北：新文豐出版公司，1988年11月)，劉琳注曰「顧校：『楊義』當作楊義。《蜀志》有傳，作楊戲，『戲』、『義』古通用。」頁563。

[29] 晉·陳壽，《三國志》，卷41，＜蜀書·霍峻傳＞注引＜襄陽記＞曰「吳聞鍾、鄧敗，百城無主，有兼蜀之志，而巴東固守，兵不得過，使步協率眾而西。憲臨江拒射，不能禦，遣參軍楊宗突圍北出，告急安東將軍陳騫，又送文武印綬、任子詣晉王。」頁1008-1009。晉·常璩撰，劉琳注，《華陽國志》，卷11，＜後賢志＞載「文立，字廣休，巴郡臨江人也…同郡毛楚、楊【崇】宗，皆有德美，楚牂柯，【崇】宗武陵太守。」頁601-602。據洪武雄著，＜《三國職官表》蜀漢部份校補＞認「景耀六年(263)。」頁409-410。列入後主時期。

[30] 晉·陳壽，《三國志》，卷44，＜蜀書·姜維傳＞注引＜蜀記＞曰「蔣舒為武興督，在事無稱。」頁1066。洪武雄著，＜《三國職官表》蜀漢部份校補＞認在「延熙末、景耀年間。」頁410。列入後主時期。

[31] 晉·陳壽，《三國志》，卷45，＜蜀書·張翼傳＞載「張翼字伯恭，犍為武陽人也…延熙元年，入為尚書，稍遷督建威，假節，進封都亭侯，征西大將軍。」頁1073。洪武雄著，＜《三國職官表》蜀漢部份校補＞認在「延熙中。」頁410。列入後主時期。

[32] 晉·陳壽，《三國志》，卷45，＜蜀書·宗預傳＞載「廖化字元儉，本名淳，襄陽人也…先主薨，為丞相參軍，後為督廣武，稍遷至右車騎將軍，假節，領并州刺史，封中鄉侯。」頁1077。洪武雄著，＜《三國職官表》蜀漢部份校補＞認在「延熙世、景耀初，以將軍督廣武，並領陰平太守。」頁410。列入後主時期。

西安督領汶山太守	王嗣[33]	（益州）犍為資中	後主時期
（諸監軍）	劉邕[34]	（荊州）義陽	諸葛亮時期
	馬忠[35]	（益州）巴西閬中	諸葛亮時期
	杜祺[36]	（荊州）南陽	後主時期
	張翼[37]	（益州）蜀郡成都	後主時期
	姜維[38]	（雍州）天水冀人	諸葛亮時期
樂城監軍	王含[39]	籍貫不詳	後主時期

33 晉·陳壽，《三國志》，卷45，<蜀書·楊戲傳>注引<益部耆舊雜記>曰「王嗣字承宗，犍為資中人也。其先，延熙世以功德顯著。舉孝廉，稍遷西安圍督、汶山太守，加安遠將軍。」頁1090。洪武雄著，<《三國職官表》蜀漢部份校補>認在「延熙末、景耀年間，以將軍督西安，並領汶山太守。」頁411。可是從<益部耆舊雜記>所載先為督、汶山太守後再加將軍，不過在時間上是在**後主時期**。

34 晉·陳壽，《三國志》，卷45，<蜀書·楊戲傳>載「劉南和名邕，義陽人也。隨先主入蜀。益州既定，為江陽太守。建興中，稍遷至監軍後將軍，賜爵關內侯，卒。」頁1084。**列入諸葛亮時期**。

35 晉·陳壽，《三國志》，卷43，<蜀書·蔣琬傳>載「馬忠字德信，巴西閬中人也…(建興)十一年，南夷豪帥劉胄反，擾亂諸郡。徵庲降都督張翼還，以忠代翼。忠遂斬胄，平南土。加忠監軍奮威將軍，封博陽亭侯。」頁1048-1049。**列入諸葛亮時期**。

36 晉·陳壽，《三國志》，卷39，<蜀書·呂乂傳>載「先主定益州，置鹽府校尉，較鹽鐵之利，後校尉王連請乂及南陽杜祺、南鄉劉幹等並為典曹都尉…杜祺歷郡守監軍大將軍司馬。」頁988。洪武雄著，<《三國職官表》蜀漢部份校補>認「當在延熙、景耀年間。」頁411。**列入後主時期**。

37 晉·陳壽，《三國志》，卷41，<蜀書·張裔傳>載「張裔字君嗣，蜀郡成都人也…子翼嗣，歷三郡守監軍。」頁1011-1013。洪武雄著，<《三國職官表》蜀漢部份校補>認「當在延熙、景耀年間。」頁411。**列入後主時期**。

38 晉·陳壽，《三國志》，卷44，<蜀書·姜維傳>載「姜維字伯約，天水冀人也…亮辟維為倉曹掾，加奉義將軍，封當陽亭侯，時年二十七…後遷中監軍征西將軍…十二年，亮卒，維還成都，為右監軍輔漢將軍，統諸軍，進封平襄侯。」頁1062-1065。洪武雄著，<《三國職官表》蜀漢部份校補>認「建興十二年(234)由護軍征西將軍遷監軍輔漢將軍。」頁411。**列入諸葛亮時期**。

39 晉·陳壽，《三國志》，卷44，<蜀書·姜維傳>「於是令督漢中胡濟卻住漢壽，監軍王含守樂城，護軍蔣斌守漢城。」頁1065。洪武雄著，<《三國職官表》蜀漢部份校補>認在「景耀元年(258)至六年(263)。」頁412。**列入後主時期**。

	霍弋[40]	（荊州）南郡枝江	後主時期
	楊戲[41]	（益州）犍為武陽	後主時期
	靳詳[42]	（并州）太原	諸葛亮時期
前監軍鎮北大將軍	王平[43]	（益州）巴西宕渠	後主時期
前監軍入領大將軍司馬	李福[44]	（益州）梓潼涪人	後主時期
中監軍前將軍	胡濟[45]	（荊州）義陽	後主時期

---

[40] 晉·陳壽，《三國志》，卷 41，＜蜀書·霍峻傳＞載「霍峻字仲邈，南郡枝江人也…子弋，字紹先…遷監軍翊軍將軍，領建寧太守，還統南郡事。」頁 1007-1008。洪武雄著，＜《三國職官表》蜀漢部份校補＞認在「延熙廿年(257)由護軍、庲降屯副貳都督遷監軍庲降都督。」頁 412。**列入後主時期**。

[41] 晉·陳壽，《三國志》，卷 45，＜蜀書·楊戲傳＞載「楊戲字文然，犍為武陵人也…以疾徵還成都，拜護軍監軍，出領梓潼太守，入為射聲校尉。」頁 1077。洪武雄著，＜《三國職官表》蜀漢部份校補＞認在「延熙中由護軍遷，後出領梓潼太守。」頁 412。**列入後主時期**。另據晉·常璩撰，劉琳注，《華陽國志》(臺北：新文豐出版公司，1988 年 11 月)，劉琳注曰「顧校：『楊義』當作楊義。《蜀志》有傳，作楊戲，『戲』、『義』古通用。」頁 563。

[42] 晉·陳壽，《三國志》，卷 3，＜魏書·明帝紀＞注引＜魏略＞載「使將軍郝昭築陳倉城；會亮至，圍昭，不能拔。昭字伯道，太原人…亮圍陳倉，使昭鄉人靳詳於城外遙說之。」所以靳詳為太原人，頁 94。另《元和郡縣圖志》引《魏略》曰「及亮圍陳倉，詳為亮監軍，使於城外采昭諭之。」據洪武雄著，＜《三國職官表》蜀漢部份校補＞認在「建興六年(228)。」頁 413。**列入諸葛亮時期**。

[43] 晉·陳壽，《三國志》，卷 43，＜蜀書·王平傳＞載「王平字子均，巴西宕渠人也…延熙元年，大將軍蔣琬住沔陽，平更為前護軍，署琬府事。六年，琬還住涪，拜平前監軍、鎮北大將軍，統漢中。」頁 1049。洪武雄著，＜《三國職官表》蜀漢部份校補＞認在「延熙六年(243)由前護軍安漢將軍、署大司馬蔣琬府事，遷前監軍鎮北大將軍、統漢中，十一年(248)卒。」頁 413。**列入後主時期**。

[44] 晉·陳壽，《三國志》，卷 45，＜蜀書·楊戲傳＞載「(李)孫德名福，梓潼涪人也…延熙初，大將軍蔣琬出征漢中，福以前監軍領司馬，卒。」頁 1087。洪武雄著，＜《三國職官表》蜀漢部份校補＞認在「延熙元年(238)末李福由尚書僕射遷前監軍領大將軍司馬，不久亡故，二年(239)三月蔣琬進位大司馬，改以姜維為大司馬司馬。」頁 413。**列入後主時期**。

[45] 晉·陳壽，《三國志》，卷 39，＜蜀書·董和傳＞注曰「姓胡，名濟，義陽人。為亮主簿，有忠蓋之效，故見褒述。亮卒，為中典軍，統諸軍，封成陽亭侯，遷中監軍前將軍，督漢中，假節領兗州刺史，至右驃騎將軍。」頁 980。洪武雄著，＜《三國職官表》蜀漢部份校補＞認在「延熙十一年(248)末中典軍遷中監軍前將軍，代王平督漢中。」頁 413。**列入後主時期**。

中監軍揚武將軍	鄧芝[46]	（荊州）義陽新野	諸葛亮時期
行前監軍征南將軍	劉巴[47]	（荊州）零陵烝陽	諸葛亮時期
中監軍	關興[48]	（司隸）河東解人	後主時期
（諸護軍）			
漢中左	劉敏[49]	（荊州）零陵泉陵	諸葛亮時期
永安	陳到[50]	（豫州）汝南	諸葛亮時期
江州	輔匡[51]	（荊州）襄陽	諸葛亮時期

46 晉·陳壽，《三國志》，卷 45，＜蜀書·鄧芝傳＞載「鄧芝字伯苗，義陽新野人…及亮北住漢中，以芝為中監軍、揚武將軍。亮卒，遷前軍師前將軍，領兗州刺史，封陽武亭侯，頃之為督江州。」頁 1071-1073。洪武雄著，＜《三國職官表》蜀漢部份校補＞認在「建興五年(227)遷中監軍、揚武將軍，十二年(234)遷前軍師前將軍。」頁 413。**列入諸葛亮時期。**

47 晉·陳壽，《三國志》，卷 39，＜蜀書·劉巴傳＞載「劉巴字子初，零陵烝陽人也。」頁 980-981。晉·陳壽，《三國志》，卷 40，＜蜀書·李嚴傳＞注引(諸葛)亮公文上尚書曰「行前監軍征南將軍臣劉巴。」頁 1000。洪武雄著，＜《三國職官表》蜀漢部份校補＞認在「建興九年(231)。」頁 413-414。**列入諸葛亮時期。**

48 晉·陳壽，《三國志》，卷 36，＜蜀書·關羽傳＞載「關羽字雲長，本字長生，河東解人也…子興嗣。興字安國，少有令問，丞相諸葛亮深器異之。弱冠為侍中、中監軍，數歲卒。」頁 939-942。洪武雄著，＜《三國職官表》蜀漢部份校補＞認在「當在建興末、延熙初由侍中遷中監軍，卒官。」頁 413-414。**列入諸葛亮時期。**

49 晉·陳壽，《三國志》，卷 44，＜蜀書·蔣琬傳＞載「蔣琬字公琰、零陵湘鄉人也。弱冠與外弟泉陵劉敏俱知名…劉敏，左護軍、揚威將軍，與鎮北大將軍王平俱鎮漢中。」頁 1057-1060。洪武雄著，＜《三國職官表》蜀漢部份校補＞認在「建興九年(231)劉敏曾任右護軍…延熙六年(243)王平第二次督鎮漢中，劉敏當於此時為左護軍。」頁 414。**列入諸葛亮時期。**

50 晉·陳壽，《三國志》，卷 45，＜蜀書·楊戲傳＞載「(陳)叔至名到，汝南人也。」頁 1084。晉·陳壽，《三國志》，卷 40，＜蜀書·李嚴傳＞載建興四年「留護軍陳到駐永安。」頁 999。洪武雄著，＜《三國職官表》蜀漢部份校補＞認在「建興初。」頁 414。**列入諸葛亮時期。**

51 晉·陳壽，《三國志》，卷 45，＜蜀書·楊戲傳＞載「輔元弼名匡，襄陽人也。」頁 1084。同卷尚載「都護李嚴性自矜高，護軍輔匡等年位與嚴相次。」頁 1082。洪武雄著，＜《三國職官表》蜀漢部份校補＞認在「建興初，李嚴督江州時。」頁 415。**列入諸葛亮時期。**

漢城	蔣斌[52]	（荊州）零陵湘鄉	後主時期
庲降	霍弋[53]	（荊州）南郡枝江	後主時期
	黃權[54]	（益州）巴西閬中	劉備時期(入蜀後)
	吳懿(吳壹)[55]	（兗州）陳留	劉備時期(入蜀後)
	陳戒(陳式)[56]	籍貫不詳	諸葛亮時期
州武職			

---

[52] 晉·陳壽，《三國志》，卷 44，＜蜀書·蔣琬傳＞載「蔣琬字公琰、零陵湘鄉人也...子斌嗣，為綏武將軍、漢城護軍。」頁 1057-1060。洪武雄著，＜《三國職官表》蜀漢部份校補＞認蔣斌在「景耀元年(258)至六年(263)。」頁 415。**列入後主時期。**

[53] 晉·陳壽，《三國志》，卷 41，＜蜀書·霍峻傳＞載「霍峻字仲邈，南郡枝江人也...子弋，字紹先，...後為參軍庲降屯副貳都督，又轉護軍，統事如前。」頁 1007-1008。洪武雄著，＜《三國職官表》蜀漢部份校補＞認在「延熙末遷護軍，廿年(257)遷監軍。」頁 415。**列入後主時期。**

[54] 晉·陳壽，《三國志》，卷 43，＜蜀書·黃權傳＞載「黃權字公衡，巴西閬中人也。少為郡吏，州牧劉璋召為主簿...先主假權偏將軍...先主以權為護軍。」頁 1043-1045。洪武雄著，＜《三國職官表》蜀漢部份校補＞認在「建安廿年(215)曹操征漢中，張魯走巴西、先主以黃權為護軍迎張魯，非建安廿三年(218)、四年(219)先主征漢中時。」頁 415。**列入劉備時期(入蜀後)。**

[55] 晉·陳壽，《三國志》，卷 45，＜蜀書·楊戲傳＞載「(吳)子遠名壹，陳留人也。隨劉焉入蜀。劉璋時，為中郎將...先主定益州，以壹為護軍討逆將軍，納壹妹為夫人」頁 1083。據洪武雄著，＜《三國職官表》蜀漢部份校補＞認在「建安十九年(214)。」頁 315。**列入劉備時期(入蜀後)。**另外《華陽國志》有吳懿，筆者懷疑吳懿疑為吳壹，原因：第一，《三國志》並沒有吳懿的記載；第二，吳懿最早見於《華陽國志》；第三，《華陽國志》所載吳懿之事跡似為《三國志》所載吳壹相同，如晉·常璩撰，劉琳注，《華陽國志》卷 7＜劉後主志＞記建興十二年諸葛亮卒，「以吳懿為車騎將軍，假節，督漢中事。」頁 386。與晉·陳壽，《三國志》，卷 33，＜蜀書·後主傳＞載「(建興)十二年...秋八月，亮卒于渭濱...以左將軍吳壹為車騎將軍，假節督漢中。」頁 897。所以這裡把吳懿與吳壹視為同一人。

[56] 晉·常璩撰，劉琳注，《華陽國志》，卷 2，＜漢中志＞載「(建興)七年，丞相諸葛亮遣護軍陳戒伐之。」頁 72-73。據洪武雄著，＜《三國職官表》蜀漢部份校補＞認在「建興七年(229)。」頁 316。**列入諸葛亮時期。**同書尚稱「『陳戒』當作『陳式』」。頁 316。

前部司馬	費詩[57]	（益州）犍為南安	劉備時期(入蜀前)
後部司馬	張裕[58]	（益州）蜀郡	劉備時期(入蜀前)
左部司馬			
右部司馬			
郡武職			
蜀郡北部都尉	陳震[59]	（荊州）南陽	劉備時期(入蜀後)
犍為屬國都尉	鄧方[60]	（荊州）南郡人	劉備時期(入蜀後)
廣漢都尉	張嶷[61]	（益州）巴郡南充國	諸葛亮時期
牂柯五部都尉			
陰平郡關尉(閣尉)			
巴東郡江關都尉			

[57] 晉·陳壽，《三國志》，卷41，＜蜀書·費詩傳＞載「費詩字公舉，犍為南安人也。劉璋時為緜竹令…先主領益州牧，以詩為督軍從事，出為牂柯太守，還為州前部司馬。」頁1015-1016。洪武雄著，＜《三國職官表》蜀漢部份校補＞認「建安廿四年(219)前，由牂柯太守遷，廿六年(221)左遷部永昌從事。」頁437。列入**劉備時期(入蜀前)**。

[58] 晉·陳壽，《三國志》，卷42，＜蜀書·周羣傳＞載「時州後部司馬蜀郡張裕。」頁1020。洪武雄著，＜《三國職官表》蜀漢部份校補＞認「建安廿二年(217)時為州後部司馬，廿四年(219)誅。」頁437-438。列入**劉備時期(入蜀前)**。

[59] 晉·陳壽，《三國志》，卷39，＜蜀書·陳震傳＞載「陳震字孝起，南陽人也…蜀既定，為蜀郡北部都尉，因易郡名，為汶山太守，轉在犍為。」頁984-985。洪武雄著，＜《三國職官表》蜀漢部份校補＞認「建安末，蜀郡北部都尉易為汶山郡，遷汶山守。」頁473-474。列入**劉備時期(入蜀後)**。

[60] 晉·陳壽，《三國志》，卷45，＜蜀書·楊戲傳＞載「(鄧)孔山名方，南郡人也。以荊州從事隨先主入蜀。蜀既定，為犍為屬國都尉，因易郡名，為朱提太守。」頁1081。洪武雄著，＜《三國職官表》蜀漢部份校補＞認「建安十九(214)、廿年(215)間犍為屬國都尉易為朱提郡，遷朱提守。」頁474。列入**劉備時期(入蜀後)**。

[61] 晉·陳壽，《三國志》，卷43，＜蜀書·張嶷傳＞載「張嶷字伯岐，巴郡南充國人也…州召為從事…建興五年，丞相亮北住漢中…嶷以都尉將兵。」頁1051-1054。洪武雄著，＜《三國職官表》蜀漢部份校補＞認「建興五年(227)，遷牙門將。」頁474。列入**諸葛亮時期**。

國家圖書館出版品預行編目（CIP）資料

蜀漢政權中政治派系之研究 / 黃熾霖　著　--初版

臺中市：天空數位圖書　2023.04

面：17X23 公分
ISBN：978-626-7161-58-6（平裝）
1.CST：中國政治制度　2.CST：派系政治　2.CST：蜀漢
573.125　　　　　　　　　　　　　　　　112005145

書　　　名：蜀漢政權中政治派系之研究
發 行 人：蔡輝振
出 版 者：天空數位圖書有限公司
作　　　者：黃熾霖
版面編輯：採編組
美工設計：設計組
出版日期：2023年04月（初版）
銀行名稱：合作金庫銀行南臺中分行
銀行帳戶：天空數位圖書有限公司
銀行帳號：006-1070717811498
郵政帳戶：天空數位圖書有限公司
劃撥帳號：22670142
定　　　價：新臺幣740元整
電子書發明專利第　Ｉ　306564　號

※如有缺頁、破損等請寄回更換

服務項目：個人著作、學位論文、學報期刊等出版印刷及DVD製作
影片拍攝、網站建置與代管、系統資料庫設計、個人企業形象包裝與行銷
影音教學與技能檢定系統建置、多媒體設計、電子書製作及客製化等
TEL　：(04)22623893　　　MOB：0900602919
FAX　：(04)22623863
E-mail：familysky@familysky.com.tw
Https：//www.familysky.com.tw/
地　　址：台中市南區忠明南路 787 號 30 樓國王大樓
No.787-30, Zhongming S. Rd., South District, Taichung City 402, Taiwan (R.O.C.)